KB089960

제주큰굿 자료집 1

문무병 지음

황금알

1일차

초감제

〈각호각당배례〉

〈베포도업〉

〈푸다시〉

〈물감상〉

〈군문열림〉

〈산받음〉

초신맞이

〈신청궤〉

〈본향듦〉

〈토산당신놀림〉

초상계

〈오방각기시군문 잡음〉

추물공연

〈시왕당클추물공연〉

〈오방각기〉

3일차

관세우

〈관세우〉

보세감상

〈죄목죄상〉

초공본풀이

〈도지마을굿〉

삼공본풀이

이공본풀이

세경본풀이

불도맞이

〈불도맞이 초감제〉

〈바랑탐〉

〈할망다리 추낌〉

〈걸렛배 베낌〉

〈꽃점〉

〈악심꽃 꺾음〉

5일차

초 · 이공맞이

〈초 · 이공맞이 초감제〉

〈도래둘러맴〉

〈방광침〉

〈초공 신질치기〉

〈이공꽃질치기〉

공시풀이

초 · 이공맞이

〈초 · 이공 메어듦〉

〈본향놀림―방울침〉

〈본향놀림―아기놀림〉

제오상계

〈전상내놀림〉

칠성본풀이

〈용놀이〉

머리말

신(神)의 인연, 안공시와 밧공시

2011년 신구월(10월) 성읍리 민속촌 마방집에서 17일 동안 〈정공철 심방 초역례를 바치는 큰굿〉이 실연되었다. 신(神)의 인연이라는 이름으로 굿을 하러 온 심방 밧공시와 굿을 배우는 본주 심방 안공시가 만났다. 15일, 보름을 넘기는 제일 큰굿인 제주 신굿은 안공시의 멩두와 밧공시의 멩두가 써 내려가는 신길, 새로운 신의 질서 속에 본주 심방의 초신질을 바로잡아 주는 굿이었다.

제주 신굿은 멩두의 내력, 신의 뿌리를 이야기하는 〈초공본풀이〉를 폭넓게 이해하는 데서부터 시작된다. 무조신화 〈초공본풀이〉는 무조신(巫祖神) '본멩두(요령) · 신멩두(신칼) · 살아살축삼멩두(산판)'이라 부르는 '젯부기 삼형제'가 세상에 태어나 왜 굿을 하게 되었는가를 이야기하는 신화다. 무조신 삼형제가 삼멩두이며, 삼형제를 상징하는 요령 · 신칼 · 산판을 삼멩두, 곧 멩두라 하니 제주의 신 이야기는 멩두 이야기에 다름 아니다. 굿을 하려면 심방이 있어야 한다. 심방집 큰굿은 굿을 맡긴 본주도 심방이고, 굿을 맡아 하는 쪽도 심방이다. 굿하러 온 심방과 소미들을 밧공시, 굿을 맡긴 본주심방을 안공시라 한다. 2011년 음력 9월 17일 안공시 정공철 심방과 밧공시 서순실 심방이 신의 인연으로 만났고 큰대세우기를 시작으로 굿판이 벌어졌다.

마당 넓은 곳에 하늘과 땅을 잇는 하늘길, 천지염렛대와 좌우독기(左右纛旗)가 세워지고 맞이굿 큰상이 차려지면 마당은 저만정으로 이어지고, 들어오면 네당클과 당주당클이 배치되고, 굿청은 청신의례가 시작된다. 처음에는 하늘의 신들을 미참한 신없이 본향당의 신목(宇宙木)을 타고 땅에 강신(降神)시키는 〈초감제〉, 그다음에 하늘에서 내려온 신들과 땅의 신들을 오리 밖의 본향당에서부터 집안까지 모셔오는 〈초신맞이〉, 그 다음엔 집안까지 모셔온 하늘과 땅의 모든 신들을 집안으로 모셔와 집안을 지키는 마을영신까지 상방 마루 위에 제붕을 매어 삼천천제당클, 열두시왕당클, 문전본향당클, 마을 영신당클이라는 네 개의 당클에 모셔 놓고, 네 당클과 중앙까지 오방각기를 2기씩 붙이면 그때부터 굿이 끝날 때까지 신들은 임시 가설된 우주의 모형인 신역을 나갈 수 없다. 이제 차례차례 각 신들을 맞이하여 '신질을 발루어 가는 것'이 굿의 시작이다.

맞이굿 한 석(席)이 끝날 때마다 신을 대접하고 보내기 위하여 바깥에 차린 맞이상과 상방당클과 안방에 차린 큰상 앞에는 굿을 진행하는 데 필요한 세 개의 작은 상이 차려진다. 신이 오는 문전에 차려놓은 향촉, 술 등으로 신에게 대접하는 〈데령상〉, 신에게 바치는 출물, 삼곡마량[1]과 폐백, 고리동반[2] 등을 차려놓은 〈보답상〉, 그리고 굿을 하는 심방의 멩두를 놓아두는 〈공싯상〉이다. 심방은 이 〈공싯상〉에 있는 멩두로 굿을 해 나가기에 밖에서 가지고 와 굿을 하는 멩두도, 그 멩두를 가지고 굿을 하는 심방도 밧공시라 한다. 또한 본주심방의 멩두도 안공시, 본주심방도 안공시라 부른다. 제주 신굿은 멩두 조상 초공 젯부기 삼형제, 초공의 무당서 삼 천 권의 굿법을 전수한 최초의 심방 유정승 뜨님아기, 이후 차례차례 굿법을 전승해 온 고 옛선생님들, 그리고 집안의 당주방에서 가지고 와 굿을 하는 멩두까지 공싯상에 놓인 멩두의 이야기를 듣는 것이 신길을 바르게 이해하는 길이 된다.

이제 2011년 정공철 심방 초역례 신굿의 대서사시 자료를 차례차례 채록하여 세상에 내보낸다.

(1) 〈멩두물림굿〉

성읍리 마방집 큰굿은 정공철 심방이 양창보 심방의 멩두를 물려받는 〈멩두물림〉 굿이었다. 실제로 심방이 집안에서 조상으로 모시고 당주상(堂主床)에 보관하고 있는 멩두는 바로 이 무구를 말한다. 그러므로 멩두는 심방의 조상이며, 무조신의 영험이 담겨있는 증거물로서 '본메'라 하며, 이 멩두를 지님으로써 비로소 심방의 자격을 얻는 것이다. 그러므로 족보 있는 멩두 조상을 만나는 것은 팔자 그르친 사람, 심방의 운명과 같은 것이다. 그런 의미에서 정공철 심방이 초역례를 바치는 큰굿엔 〈멩두물림〉이라는 중요한 굿이 있

---

1) 수확한 3곡의 햇곡식.
2) 죽은 원강아미를 살려내는 이공떡.

었다. 정공철 심방이 초역례를 바치는 신굿은 양창보 원로 심방과 정공철 심방이 부자의 연을 맺고, 멩두를 물려주어 심방의 족보를 갖게 하는 〈멩두물림〉, 쇠놀림굿이라는 멩두놀림굿을 통해 심방으로서 가야 할 길, 신길을 바로잡아주는 굿, '신질 발루는 굿'이었다.

(2) 〈초역례굿〉

　서순실 심방은 정공철 심방의 '초신길을 발루는 굿'을 위해 소미들을 데리고 굿을 하러 왔다. 심방이 되어 번 돈은 역가라 하여 일정한 시기가 되면 신에게 바쳐야 한다. "초신질을 발룬다." "초역례를 바친다."는 말에는 심방의 바른길을 안내한 스승을 얻는 뜻과 심방으로서 최초의 자격을 얻어 '하신충'에 오른다는 의미가 있다. 서른 다섯부터 굿판에서 심방의 길에 들어섰으나 멩두 조상 없이 다니던 정공철 심방은 〈멩두물림굿〉을 하여 양창보 신아버지로부터 멩두를 물렸고, 이제 그동안 심방일 하여 벌어먹은 노임을 바친다는 의미의 초역례를 올리는 굿을 하는 것이다. 정공철 심방이 처음으로 삼시왕(=본멩두·신멩두·삼멩두)에게 '역가 올려(役禮)', 초신질 발루는 초역례는 새 심방이 되고 비로소 하신충의 자격을 얻은 자격심사제의 의미를 지닌다.

　서순실 심방의 멩두는 큰굿 보유자 이중춘 심방으로부터 대를 잇는 멩두로, 이때 굿을 통해 질서를 바로잡는 큰심방 서순실의 멩두를 '불휘공 멩두'라 한다. 심방집 큰굿은 굿을 하는 멩두, 밧멩두가 신길을 안내하고 굿을 배우는 본주의 멩두, 안멩두가 있어 이 안팟멩두를 한꺼번에 흔들다 던져 산(算)을 받는 〈쇠놀림굿〉을 통해 안공시와 밧공시가 질서를 잡아가는 '신질 발루는 굿'이 진행된다. '초신질을 발라 준' 큰심방과 이를 마련하고 배운 본주심방은 이 굿을 끝낸 뒤로는 새로운 인연, 스승과 제자의 관계가 이루어지게 된다.

(3) 〈걸렛배 베낌굿〉

　신굿은 신과의 인연을 중심으로 심방의 인연을 바로잡는 굿인 만큼 이 굿에는 〈걸렛배 베낌굿〉이라는 특별한 제차(祭次)가 있다. 이는 정공철 심방이 어렸을 때 심방집에 양자로 가 매었던 걸렛배를 벗겨주는 굿이었다. 정공철 심방은 어렸을 때 몸이 약해 하루에도 수없이 넋이 나가 죽었다 살았다 했다. 하다못해 어머니는 아이의 넋을 들여 주는 한경면 신창 사는 삼싱할망인 '신창할망' 집에 아이를 맡겼다. 아이가 죽지 않고 살면 심방일이라도 배워서 제

밥벌이라도 하라고 아이를 주었던 것이다. 그러면 나약한 아이의 명(命)이라도 이어줄 수 있을까 해서였다. 신창할망에게 "아이를 맡겼다." "아들로 주었다."는 말은 심방으로 키우면 아기를 살릴 수 있겠다 생각했기 때문이고, 신창할망도 그렇게 알고 그때부터 아이를 삼시왕에 녹을 먹는 심방으로 키우려 하였던 것이다. 그렇게 보면 아이는 그때부터 심방의 길을 걷고 있었던 것이다.

그 후 정공철 심방은 건강을 찾아 집으로 돌아오게 되었다. 심방집에 맡겼던 아이를 찾아올 때는 굿을 하여 걸렛배를 벗겨주어야 한다. 그것도 초걸레, 이걸레, 삼걸레하여 15세가 되기 전에 세 번 걸렛배를 벗겨야 하는데 그 걸렛배 벗기는 굿을 하지 않고 아이만 데려왔기 때문에 삼싱할망 걸렛배에 묶여 병을 주는 것인지, 아이를 저승으로 데려가는 구삼싱할망 '당주ᄉ록'이 들어 어지럽히는 것인지 정공철 심방의 아이가 아프고, 정공철 심방도 좋지 않다는 괘가 자꾸 나왔다. 그러므로 정공철 심방의 신굿에서는 '당주ᄉ록'이 들어 아이를 아프게 하는 액을 막기 위해 〈불도맞이〉에서 아이를 저승으로 데려가는 〈구삼싱할망 질치기〉를 할 때는 액을 막고, 구삼싱할망의 당주ᄉ록, 악심꽃을 꺾어 제초하고, 신창할망 걸렛배를 벗겨주는 굿이 끼어들게 되었다. 〈걸렛배 베낌〉은 어렸을 때 벗겨주지 못한 걸레를 벗겨 당주 액을 막는 〈액막이〉로, 신창 할망 몫으로 옷 한 벌을 준비해 놓고 역가도 올려 신창할망의 몸을 받은 조상들을 대접하는 굿이었다.

이 굿으로 인한 수많은 사연은 뒤로 하고 제주큰굿의 제차를 하나도 빠뜨리지 않고 세상에 보고하는 것만을 목표로 1년을 살아냈다. 제주큰굿의 가치를 알리고 후대에 전승하기를 바라는 연구자 김태욱, 문봉순, 강순희 선생들께 감사드린다. 이 책을 집필하는 데 도움을 준 세 분의 노력과 열정은 제주큰굿을 연구 계승할 젊은 자산일 거라 믿는다.

끝으로 어려운 출판계 사정에도 불구하고 『제주큰굿연구』와 『제주큰굿 자료집』을 흔쾌하게 발간해준 황금알출판사의 김영탁 시인과 편집팀께도 무한한 고마움을 전한다.

차 례

1. 첫째 날

《큰대 세우기》

《초감제》

1. 첫째날
《큰대세우기》《초감제》
(10월 13일 목요일, 음력 9. 17.)

《큰대 세우기》

　초감제는 수심방 서순실(밧공시=굿을 하러 온 심방)과 본주 정공철(안공시 =굿을 부탁한 심방)이 큰대 앞에 나란히 서서 진행하며, 주위에 소미들은 버릿줄을 당겨 대를 세운다. 이어서 수심방은 〈큰대 세운 연유〉를 말한다. "어떻게 하여 큰대를 세워 큰굿을 하게 되었는가"를 말하고, "천신기(큰대)는 지낮춥니다. 흑신기(좌우돗기)는 지도툽니다. 염랫대 설연합니다. 좌우돗기도 설연합니다."하여 큰대는 하늘과 땅을 잇는 다리임을 설명하게 된다.

《초감제》 서순실

　〈초감제〉는 모든 굿에서 맨 처음에 하늘 궁전의 1만8천신들을 청하여 굿판 (祭廳)에 모시는 '청신의례'다. 〈초감제〉는 신들이 내려오는 하늘올레 역할을 한다.

〈각호각당 배례〉

　(오춘옥 심방 향로 들고 오른쪽에 서고, 왼쪽에는 가운데 수심방 서순실,

신굿 초역례를 올리는 본주 정공철이 신칼을 들고 나란히 서서 각당각호에 먼저 삼천천제석궁[1]부터 엎드려 절을 한다.)

(무악)
삼천천제석궁으로 돌아삽서. 엎드려 삼배한다.

(무악)
천제석궁당클, 다음엔 당주당클에, 안방 일월조상 상으로 계속 절을 해 나간다.

수심방: 안공시에 잔들여줍서. 잔들입서. (소미 잔을 올린다.) (서심방과 정심방 잔을 올린다. 서심방은 하역례를 올리는 정공철에게 자리에 가 앉으라하고, 혼자서 진행해 나가다. 양창보 심방을 찾았는데 없다. 수심방은 정심방과 마주 앉아 오늘 굿의 의미를 전달한다.)

(무악)
각호각당에 절이 끝나면, 본주와 수심방 잔을 올린다.
수심방: (본주에게) 인제랑 앉입서.
　　　　(심방드레 삼배하고) 창보 삼춘 어디 가싱고?
　　　　(본주심방 정공철 심방에게 절을 하고)
　　　　쾌자 입영 굿허기 시작한 게 17년. 그동안 이 심방의 길을 걸어오면서 배왔던 거, 못 배왔던 거, 이 굿 허면서 끝나면 참고적으로 잘 해주고, 굿을 시작하기는 힘들어도 시작하는 마음은 끝까지 마무리를 잘 시켱. 순실아. 야이 말 안듣는 거 닮글랑, 그 때도 말 안들언게, 말 안들으민 욕도 허고, 삼촌이 이시난 나가 이 굿을 허는거주 삼촌이 어시믄 내가 이굿을 어떵 헙네까. 게난, 삼춘 힘들어도 이 제자들을 잘 フ리청, 막 잘 フ리쳐줍서. 삼춘 잘 부탁허쿠다. 또 형님네영 아지방네 이 길을 걸어오면서 내가 이것은 안 봐서 모르는 거 넓으면 내가 잘못하는 일이 있다면, 아지방이건 아지망이건 "영허는 거 아니꽈?" 의논해 주고 또 우리 심방들이 스쳐시니 기면서 말 한마디라

---

1) 옥황상제에서부터 삼공까지의 신

도 신경 상허는 일이 있어도, 본주가 이해허게 해서 굿을 잘해보게 예. 경허고 이제부터는 마음을 단단히 먹읍서. 어제까지만 해도 없었는데 이제부터는 의지가 생기는 겁니다. 아방 어멍 어신 애기는 기죽고, 아방 어멍 있는 애긴 기십²⁾이 살아. 마찬가지라. 아방 어멍이 없었는데 아방 어멍이 생겼으니까 이젠 어디 가드레도 떳떳다. 심방의 자격으로 굿을 하고 있다. 내가 잘 못하는 거는 다음에는 참고적으로 들어서 악착같이 배웁서. 기십이라는 게 기죽지 말고 이 굿을 했으니까 자신감을 가져서 굿 잘하게 예.

(양창보에게) 삼촌. 영 굿 허쿠다. 삼촌이 31년 전에 신질³⁾을 발롸주난⁴⁾ 31년 만에 나도 이 굿을 하게 되었고 삼춘이 힘들어도 제자들을 잘 이끌어 주고, 잘 가르쳐주고, 삼촌 부탁허쿠다. 경허고 삼촌네영 언니네영 아지방네 참, 우리 남아있는 사람으로서 이 굿은 지켜야 될 게 아니우꽈. 보름동안 성심성의껏 웃으며 이 형제간들이랑 진짜 돌아서서 아팠다 하지 말고 같이 손잡고 같이 가게 예? 잘 부탁허쿠다. (소미들에게도 절을 한다)

정심방: 부탁허쿠다. KBS 선생님네도 잘 부탁허쿠다.

〈날과국 섬김〉

(악무)
(수심방 요령을 들고 흔들며)

날이외다.
어느 날. 에-
둘⁵⁾이외다. 어느 둘, 장내는 어느 장내 수년 장내 (요령)
올 금년 해는 갈라 갑기는 신묘년입니다.
둘을 갈라 갑긴 원 전성에 팔저궂어 (요령)

---

2) 기(氣)
3) 신의 길
4) 바르게 잡아주니
5) 달

상구월에 원구월 초 ᅌᅳ드레 본멩두[6]가 솟아나고

신구월은 열 ᅌᅳ드레 신멩두가 솟아나고 (요령)

상구월 스무 ᅌᅳ드레는 살아살죽 삼멩두가 솟아난

원전싱 팔저궂인 애산 신구월 열일뤠날에 (요령)

옥황드레 서른 세 하늘문에 초체 울려 초공 하늘 (요령)

이체 울려 이공 하늘, 삼체 울려 삼공,

하늘로 서른 세 하늘문에 쇠북소리 울련

이 제청 설연 허기는 국은 대한민국 (요령)

제주도는 제주시 동문밧은 나사난 조천읍은 북촌리 1151-2번지에 (요령)

가지노픈[7] 신전집 지애[8] 너른[9] 절당집 어주애 삼녹거리 서강베포땅

탱저생인 질 유저생인 질은 (요령)

탱저나무 뷔어다 마흔 ᅌᅳ돕 초간주를 설연허고

유자나무 뷔어다 서른 ᅌᅳ돕 이간주를 설연허고

신폭나무 뷔어다 스물마흔 ᅌᅳ돕 하간주를 설연허여 (요령)

ᄇᆞ름[10]부난 ᄇᆞ름도벽을 막고 뜻드난

뜻도벽을 막고 동산새별[11] 신영상간주를 묶고

동심절은 곱이첩첩[12]눌련 마흔 ᅌᅳ돕 모람장

서른 ᅌᅳ돕 비꼴장 스물 ᅌᅳ돕 고무살장

솝솝드리 조상 연양 당주집 신전집을 무어[13] 궁의 아들 삼형제 놓은 연줄

유정싱 ᄯᅵ님아기 놓은 연줄 (요령)

〈연유닦음〉

하신충입네다 정씨로 공자 철자 씁네다.

---

6) 요령

7) 가지 높은

8) 기미

9) 넓은

10) 바람

11) 동(東)샛별 「-산-」은 동산에 유추(類推)되어 붙은 조율음(調律音)

12) 겹겹이 굽이돈 모양

13) 맺어

생갑은 경자생 쉬은둘님 받은 공섭네다.
서처 고단헌 아기들 설연 단신헌 아기 당줏아기 몸줏아기 (요령)
삼천여궁녀 정연담 스물흔설 정수정 열두설 받은 공서[14] 올리나네
밥이 없어 이 공서 아닙네다 (요령)
옷이 없어 이 공서 아닙네다 옷과 밥은 빌어 밥 얻어 옷입네다.
인명은 재천이고 춘추는 연연록입네다
왕의손은 귀불귀라건 (요령)
어떠헌 수실로 이 공서 올립네까 영허난
옛날도 답답허민 송설가고 목무른 백성은 물을 춫고
조상없는 주순이 잇십네까 뿌리없는 송애가 납네까 (요령)
칙도 걷젠허민 뿌리로 걷어사 그 칙을 걷는 법입네다.
이 천당을 무어 촛대흔상 우알알동 초롱동 동성방에 휜이 피와 올려건
천신 공덕허저 만신 공양허저 일만일신으로 적선허고 (요령)
아자 동네 대우허저 살아 만선 대우를 허젠 영해여
이제청을 설연 허옵기는 (요령)
성은 정씨로 쉬은두설[15]이 선대선조 부모 고향 땅은 대정읍은 상모린데
정씨 주당에서 큰아들로 소생해연 어릴적부터 죽억살악 죽억살악 영허는게
중학교에강 천주교를 믿언 뎅기단
대학교 가난 큰굿 족은굿 굿허는데
연구자로 뎅기고 연극허고 놀이굿허레 뎅기멍
초년에 스물혼설 나준 어머니 산이 이별허고 열두설 난 어멍 (요령)
산이도 이별허고 혼잔술이엔 허민 산도넘저 물도넘저 허멍 사난
좋은 금전 벌어도 끝끝낸 나한텐 없고 무형문화재 71호에 들어가난
사무장으로 몇년동안 일해엿수다.
4.3에 행사 영혼들 질처가고 심방들과 노념놀이[16] 해여가난
이전싱을 그리치난 서른다섯 나는해에 성은 김씨로 병술생 내외간이
우리연구실 심방질 허래 뎅기랜 허난 (요령)

---

14) 신에게 굿을 하게 된 연유를 알리고 신을 통하여 인간이 풀려고 하는 일
15) 쉰 두살
16) 놀음놀이

형님 아시17)야 허멍 큰굿나도 글라 성주풀이 귀양풀이 일월맞이 불도맞이

푸다시18) 행사나도 글렌허민 안채포 옷가방 들렁19) ᄀ찌20) 뎅기멍

북두드림 대양두드림 설쇠두드림 장구두드림 당반 매는거 기메 매는거

제청 츨리는거 잔 내는거 배웁고 새ᄃ림 추물21)공연 푸다시 허는거 (요령)

배웁고 석살림굿 쾌지 입기는 선흘 와산은 가난 석시 놀랜해연

곧 마흔에 쾌지 입언 석살림굿 허난

일월맞이 불도맞이 성주풀이 귀양풀이 글랜허민 강22)

본풀이도 배웁고 영해여가난 굿 잘 해염저 건의우품(權威位品) 나난 (요령)

일본도 오랜허난 십년전부터 일본 동경으로 오사카로

일본으로 굿 허래 뎅기고

정의 대정도 착허다 얌전허다

남자소미로 오랜 허민 오토바이 탄 뎅기고 (요령)

모관서도 오랜허민 비온날 눈온날 안개낀날 ᄇᆞ름분날 어시23)

오토바이 타아저 뎅기멍

삼시왕에 거불량이 만허고 삼시왕에 허가허신 굿허래 뎅기고 유무유전허니

허가허신 쾌지입고 관디입고 굿 해여가난 궁24)에 행실 허저 궁에 밥을 먹저

궁에 옷을 입저 영허는 것이 (요령)

서처 고단허고 설연 단신허고 팔저궂인 형제간들은 부모형제 궨당 잇주만은

쉬은두설은 양반의 집 ᄉ당공쟁이25)가 나난 뿌리없는 이심방을 헌게

조상 의지가 없고 팔저 형제간 의지가 어시난

연 17년 동안 눈물은 울음도 하영26) 울고 눈물은 설움도 하영 받공

ᄂᆞᆷ 모르게 간장도 하영 석어 이 심방질을 허민 백이 넘도록 돌아오멍 삽네까

난날난시 나복력 나팔자저 험악허난 (요령)

---

17) 작은 아우

18) 치병굿

19) 들고

20) 같이

21) 출물(出物) 굿이냐 제사를 하기 위해 차린 제물 일체

22) 가서

23) 없이

24) '궁'은 宮, 하늘 제1궁 삼시왕 '삼천천제석궁'의 왕, 초공 무조신 '어궁(御宮)또 똔 무조신의 궁. 궁=무조=신으로 통한다.

25) 분쟁에 휘말릴 일.

26) 많이

늠지여도 밥을주고 못지어도 밥을주는 이내 몸천[27]인데

쉬은두설은 부모 저싱가불고 누님은 멀리살고 동성들은 인녁만 썩 살젠허난

나 가숙 엇고 오유월 영청 물 기립듯

그린 젓 뚤[28] 성제[29] 어멍 뚤라 육지 보내여두고

제주시에서 신구간 되어가민 짐 설렁

이집이도 가고 저집이도 가고 (요령) (운다)

영허여 오는게 큰아들이라도 선대선조 부모조상 조상산엔 소분검질 해여도

조상신엔 삼멩일 기일제사가 (요령)

돌아 오라가민 모실포 다시 살고 재수씨 살안

아시하고 아즈망한티 멩질도 츨립센 식게도 츨립센 해여

오토바이 탕 가고오멍 오늘 π 지[30] 살앗습네다. (요령)

어떵허민 좋고 이 심방질 이왕 심방소리 들어신디 나 몸받은[31] 조상 어시난

어떵허민 좋고 무형문화재 71호에서 일부종서 다하여도 의지가 아니되고

어딜가민[32] 좋고 (운다)

영허는게 양씨로 억만드러 도신네 (요령)

이른 o 돕님도 스물다섯살에 앞눈 어둑어 이 심방질 해여건

오십년이 넘도록 심방질을 해여도 나 속 헐령 나은 아기 잇어도

이조상 물릴 애기 없고 τ 찌 일본땅에 가도 나복력 닮은 정공철이

이레오라 오라는디도

느도 느만큼 외롭고 나도 나 맘큼 외로우난 (요령)

부모 조식삼게 기영[33]헙서.

아바지야 어머님아 부를 부모도 생기고 이른 o 돕님도 밤이 누워 곰곰이 생각허민

오십평생 이 심방질 해영 쉬은두설에 이조상 물려두고 살당 살당

녹이 떨어정 삼시왕에 종명[34] 허민 가젠. 재산 못 물려주어도

---

27) 온전한 몸으로서의 육체
28) 딸
29) 형제
30) 오늘까지
31) 「몸받다」는 「수호신(守護神)으로부터 수호와 권능(權能)을 받다」의 뜻
32) 어디로 가면은
33) 그렇게
34) 명(삶)을 마침

쉬은두설한테 손때 묻은 저 당주 손때 묻은 저 조상 시름시끄던 저 당주
시름시끄던 조상들 물려가랜 허난
쉬은두설도 너무나 고마웁고 집밧이 아니고
돈이 아니라도 의지헐 조상 물려준댄 허난 이게 너무나 고마와도 (요령)
아이고 아바지 걱정허지 맙서.
일흔ㅇ돕님도 아이고 놈난 애기고 키웁고 나난 애기도 키웁고
영해당 보아도 나복력 나팔저가 험악허난 쉬은두살 난 아들ㄱ찌 의지해영
공철아 나 아들아 나 아들아
나 손 때묻은 조상 물령 강 의지해여 살고
나 이땅 삼시왕의 종명 해여도 공싯상³⁵⁾으로라도 거니려 허드랜 영허난
아이고 쉬은두설도 아바지 걱정하지 맙서
영허는 이 가운데 쉬은두설이 오늘ㄲ지 살아도 거부량도 못허고
놈들이 죽이켜 살리켜 해여도 ㄱ찌 맞잡앙 죽저 살저 싸운일도 없고
배고픈 사람 밥주고 ㅁ모른 사람 술 사주고
아이고 돈 어신사람 돈 꾸어주고
이름 좋은 정공철이 답답허민 춫앙가고 영해여 오는게
아이고 연극허는 사람들끼리 놀이허는 사람들끼리
정공철이 좋다 착허다 얌전허다.
아이고 ᄒ잔 먹으멍 싸우멍 틀으멍이라도 해여도
아이고 팔자궂인 유학 형제간에 가난 토라저 공논허고 (운다)
이녁 난 아들ㄱ찌 이름 부르멍 오라가라 돌아상 욕허구
영헐 때마다 가슴이 천장만장 무너지어
아이고 어떤 땐 이 심방질 아니허젠 허당도
이왕 들어온디 안해면 아니 될꺼난
아이고 이제 영 눈물 지염시난 도와줄 사람 생겨건
전통문화연구소에서나 KBS에서 5년전부터
삼대 세왕 큰굿 재현허젠 해여도 아니 되엇는디
니 기운데 ᄋᆞᆮ힌 나나 큰굿 재현허게 허난
아이고 이제랑 나도 도와 줄사람 잇구나

---

35) 굿을 할 때 심방의 무구를 올려놓는 상

신질도 발루저 연질도 발루저 초역례를 바치저 약밥약술[36]을 타저

어인타인[37]을 맞저 삼시왕에 역가 올려

남수화주 적쾌지 홍포관디 조심띠 헐루레비 허튼짓도

삼천기덕[38] 일만제기[39] 궁전궁납 멩도멩천

아강베포[40] 직부잘리[41] 호럼준치[42] 받고

신줄 연줄 고비 연줄 감아맞고 휘어감아 연질을 발루젠 영해여

관청에는 변호서를 매기난 어딜 허민 좋고 어딜 허민 좋고 영허난

신의성방[43] 의논허고 공론허고

아이고 쉬은두설을 만나난 인생이 너무 불쌍허고

나ㅉ지 이 굿 못해영 돌아사민 어떵허민 좋고 신의성방도 열일을 다 제처도

아이고 쉬은두설 처가숙만 잇어사민[44]

이것도 츨리고 저것도 츨리고 허주만은

쉬은두설 정녜가 불쌍허는게 신의성방에 밤이가고 낮이오고 오멍가멍

문씨ㅈ순 박씨ㅈ순 강씨ㅈ순 다섯사람 의논허멍

공론허멍 굿헐땐 어디서 허민 좋고 돌문화공원에 강 서너시간 헤매고

성읍리 오란 서너시간 헤매고 해연

이 집마련 허난 아이고 강씨 ㅈ순은 이집이 오란 보난

굿헐 장소는 좋은디 모든것 다 아니 갖춰지난 열일을 다 덮어

이 ᄆᆞ을[45] 성읍리 이장은 마흔다섯 설과 의논허고 공론허난

ᄆᆞ을이장도 기영헙서

우리가 마을에서 큰일을 허는디 협조허쿠덴 영해연

강씨ㅈ순 문씨ㅈ순 박씨ㅈ순 마을이장에 의론허고

공론해연 어느날을 받으민 좋고 영해여

---

36) 신굿에서 심방이 되었음을 인정하고 신이 내리는 음식과 술

37) (御印打印) 약속 혹은 인정하는 의미로 도장을 찍음. 혹은 그러한 의미의 의례. 신굿에서 등에 점구 상잔과 천문을 올려놓고 심방이 되었음을 인정하는 의례.

38) (三千器德)여러 무구

39) (一萬祭器)모든 제기

40) 중이 재미(齋米)를 얻으러 다닐 때 등에 지는 멜빵으로 보자기 비슷한 물건

41) 삼베자루. 중이 재미(齋米)를 얻넣는 자루.

42) 중이 지고 다니는 자루

43) (神의刑房) 무당(巫覡) 제주 방언 구어(口語)「심방(巫覡)」은「신(神)의 형방(刑房)」의 약어라 봄

44) 있었으면

45) 마을

24

구월돌에 허젠허난 본멩두날은 너무 시간이 다급허고

신멩두 날은 시작허젠 허난 너무 날짜가 늘어지고 영허난

본멩일이랑 피해여 상구월 돌이난 굿허게 마씨

옛날도 굿 허민 성 담을 넘고 굿 허민 울담도 (요령)

넘는 법입니다.

초ᄋᆞ드렛날은 하귀 간 억만드러 도신녜 당주 하직 해염수다.

당주 지완 몸받은 조상님 황씨 임씨 이씨선성 이씨선성 임씨선성 양씨선성

쉬은두설 ᄌᆞ순 머리쯤 운동헙서

양단어깨 강림헙센 해연 (요령)

삼천기덕 일만제기 (요령)

멩도멩철 부모조상 업고 당주기 들런 차에 모셔 ᄆᆞ을 넘고 재넘고

월산백리 도랑갓질 재를 넘어 북촌 천백오십일 다시 이번지에 가건 (요령)

그날 당주집을 설연 해엿습네.

이제랑 부모조상 선성님 쉬은두설과 ᄀᆞ찌 좌정해여

이ᄌᆞ순 머리쯤에 운동허고 양단어깨 강림해영

가지노픈 단골 골목진 단골 부제단골

마은ᄋᆞ돕 상단골 서른ᄋᆞ돕 중단골 (요령)

스물ᄋᆞ돕 하단골 재민수하 만민단골 ᄌᆞ순들 내와 줍센 허고

먹을 연 입을 연 이때ᄁᆞ지 ᄂᆞᆷ의 조름46)에만 뎅기고

나가 행사 맡아도 마음대로 행사 못허고 영허난

앞으로 오란 큰굿 족은굿 일월맞이 불도맞이

성주풀이 비념 도에 행사를 맡아건 덩드렁포 지영 둥둥안채 지영 들게헙서

보답으로 당주를 싸게 헙서

도전으로 성을 싸고 울담싸서 안간주가 잦아지게

밧간주가 휘어지게 먹을 연 입을 연 내와줍센 허고

얼굴좋고 매치좋고 소리좋고 굿 잘허고 춤 잘추는 선성님 (요령)

머리쯤 운둥해여건 좋은몸짓 좋은언담 내와줍센 영허고

조상에 머리쯤 운둥해여 상통천문 기지역신 명산명절 시겨줍센47) 해연

---

46) 꽁무니, 뒤

47) 시켜 주십시오

심방 정시 아니우다. 나준 아바지 나준 어머님 설운 동싕

천주교를 믿언 천주교 공동묘지 이신 아바님 어머님 설운 동싕이랑

당주전에 신수퍼[48] 아들 뎅기는 질 발라줍센 허고 (요령)

성님 뎅기는데 질 발라줍센 허고

아이고 어멍 생각허민 동싕도 총각머리 등에 지어건

요왕에서 죽은 설운 동생 이 심방질허는 아들 성님 몸받은 당주전드레

신수품센 당주를 설연허고 (요령)

조상모셔다 놓아 ᄀ날밤은 줌을 자젠 허난

아이고 이제 나도 조상도 잇구나

아이고 그전엔 붉아가민 일어나 밥 해먹을 생각도 어서.

해가 중천에 떵 일어나서 밥ᄒᆞ자 해먹어지민 해먹고

배고프민 나가 식당밥도 먹고 영허단 조상 모셔 노난

일어나 당주전에 강 상불도 살르고 촛불도 키고 물도 떠다 올리고

잔도 비와 올려건 큰큰헌집 혼자만 어둑엉 가도 혼자 붉앙[49]가도 ᄒᆞ자

쉬은두설 의지가 생기고 나가민 기십 어성 심방들끼리 가도 기십이 엇다건

조상 모셔다 노난 밥 아니 먹어도 배가 분둣허고

아이고 성읍리 굿 허래 갈거로구난허연 영해여

ᄒᆞ를 이틀 조상 삭일해연 이들 ᄇᆞ름날은 신의성방 강 (요령)

옵서 조상님 굿 허래 감수다.

쉬은두설에 조상님 옵써 양단어깨 강림해여 옵써

당주문을 열려건 상안채 짓뜰우고 중안채 짓뜰내려

하안채는 삼천기덕 일만제기 (요령)

멩두멩천 부모조상님에 ᄆᆞ딱 성읍리드레 걸읍센 해연 오란 이 주당에 오란

동살장[50] 침방우전 서살장 방안우전으로 당주를 설연해영

그날밤을 지세왓습네다.

신이 성방들 어젯날은 몸을 받은 연양당주문[51] 열럿수다 몸주문 열럿수다.

48) 여기서는 신이 내려 모여의 뜻
49) 밝아서
50) 동(東)살창
51) 심방(神房)이 자기 집에 그의 수호신을 모신 곳을 「당주」 또는 「연양당주」라 함 「연양」은 「영연(靈莚)」인 듯 「당주」는 보통 고팡(庫房)에 선반을 매어 모심 「-문」은 문(門)

상안채는 짓뜰릅고 중안채 지뜰내려 하안채는

삼척기덕 일만제기 멩도멩천 부모조상 업은

아이고 팔저궂인 설운 삼춘님네 젊을때엔 걸음도 활활 걷고

나이들어도 설운 삼춘님네 설운 오라바님 아즈바님

설운성님 설운조캐 옵서 가겐 해연

모을 넘고 재 넘고 월산벡리 도랑갓질 넘언 이주당 오라

몸받은 연향 당주전에 조상올려 조상님네 늦알림네 허고

신의성방도 굿 허래 오랏수댄 해연 당주전에 국궁사배 올렷습네다.

안팟공시 신공시상⁵²⁾ 설연허고

준지 너른 금마답으로 천지 이망주 서른 세모작

하늘이 칭칭허게 큰대 천지 이망죽을 설연허고 좌우독 생명을 설연허고

대통기 소통기 지리여기 양산기 나븨 줄전 나븨ᄃ리 설연허고

안으로는 비저나무 상당클 계수나무 중당클

준재나무 하당클 춤실ᄀ뜬⁵³⁾ 우리 베로 말귀ᄀ치 늬귀⁵⁴⁾ 좀숙메고

팔만 금새진 기초발인 허고 연양 당주전으로 안당주 밧당주 설연허고

고옛선성님 연향탁상 좌우접상 재청 설연허고 재물 배당 허난

기몰른된 기메잔입네다.

기메코ᄉ로 일문전⁵⁵⁾ 대청한간⁵⁶⁾ 어간삼아 삼ᄃ리 대전상 안팟공시 신수퍼

양씨로 억만드러 도신녜 이른ᄋ돕님 나아장

기메ᄏ사 넘어 어제 간밤에 좀을 자단

오늘날 이정 진시 위로 옥황드레 쇠북소리

서른 세하늘에 초채올려 초공하늘 이채올려 이공하늘 삼채올려 삼공하늘로

쇠북소리 울리고 천지 이망죽 천신기는 지낮춤고 흑신기는 지도투고

서른 세모작 하늘이 칭칭허게 천지 이망죽은 신수푸난

일문전 천보답상 만보답상 안팟공시 어간 되엇습네다

천상천하 영실당 누변대천 노는 신전

---

52) 공신상(恭神床) 굿을 할 때 축원 대상신(對象神)의 젯상 앞에 무격의 수호신을 위해 차려 놓는 작은 젯상을 공신상(恭神床)이라 함

53) 같은

54) 네 귀퉁이

55) (一門前) 삼방(上房) 즉 마루방의 앞쪽 문 또는 그 문의 신(神)

56) 대청 한가운데로. 제주의 가옥 구조로는 삼방(상방: 마루방)을 말함

ᄀᆞ랑빗발 세빗발 산섭돌섭 나무돌굽 노는 신전
일만일신 주문천신 만조백관님은
준지 너른 금마답으로 청대고고리 가늠허고
깃발 보멍 연발 보멍 울북울정 가늠허고 연불상내 가능허멍 천보답상드레
ᄎᆞ레ᄎᆞ레 연ᄎᆞ레 옵서 청허저 허십네다.
신의성방 연주단발 신연백무[57] 헙네다.
홍포관대 조심띠 홀루레비 허튼짓 궁전궁납 거느리난 (요령)

〈베포도업〉

초감제 연ᄃᆞ리로
천지(天地)가 혼합(混合)시 되여옵네다.
천지혼합시(天地混合時) 도업[58](都業)입네다.

(장고) (수심방, 장고를 잡고 초감제 상 앞에 앉는다)

천지혼합시 도업 허난 신의성방 은진 무릎 제비 꿀련
삼동메기 설운장귀 ᅌᅩ돕부체 열두 가막미 (요령)
든변남변 재왓수다.
ᄂᆞ단손[59]엔 채를 죄고 왼손엔 궁을 받아
기픈 궁은 내울리고 야픈 궁은 신가심 열리며
신관은 좌로 도는 법입네다.
초감제 연ᄃᆞ리로 천지가 개벽시 도업입네다예~

(악무)
천지가 개벽시[60] 도업허난

---

57) (剪爪斷髮身嬰白茆) 몸단장하고 굿할 준비와 정성을 다함의 뜻
58) 사물의 시초, 창업의 뜻으로 쓴 것
59) 오른손
60) 천지혼합 즉, 어둠의 덩어리처럼 되어 있던 우주는 금이가 하늘과 땅이 갈리기 시작하였다 이를ᆞ

상갑자년 갑자월 갑자일 갑자시에

낮도 와왁 일무꿍/ 밤도 와왁 일무꿍/ 허십데다 (장고)

을축년은/ 을축월 을축일/ 을축시에

천가에는 자(子)허고/ 지가에는 축(丑)허고/ 인가에는 인(寅)허시니

하늘로는 청이슬/ 땅으로는 흑이슬 솟아올라

갑을동방 늬엄들고[61] 경진서방 츨릴치고

병오남방 늘 갤들고 임계북방 활길치어 (장고)

먼동금동[62] 대명천지(大明天地) 붉은날 뒈엇수다.[63] (장고)

동성개문 수성개문 상경지개문은 도업 허난 (장고)

두든 이도 삼하늘 잉헌 이도 삼하늘 삼십삼천

서른 세(三十三) 하늘문 도업은 제 이르난 (장고)

노프고 검고 희고 묽고[64] 청량(清涼)헌 것은

하늘이고 무거웁고 산발(散發)허고 검고 허터 헌것은 땅입데다 (장고)

천고일(天高日)은 명(明)허고 지부초목(地厚草木)

황해수(黃海水) 뒈엇수다. (장고)

노프고 노픈건 팔도명산(八道名山)

함경도라 백두산 평양도라 묘향산

황해도라 구월산 강원도는 금강산

경기도는 삼각산 충청도는 계룡산

경상도는 태백산 전라도라 지리산

제주도 할로영상 팔도명산 삼베포 도업허난

기프고 기픈 것은 동에요왕 청요왕 서에요왕 백요왕

남에요왕 적요왕 북에요왕 흑요왕 중앙 황신요왕

조금산은 수미산 수금산은 동에요왕 광덕왕 서에요왕 광인왕

남에요왕 광신왕 북에요왕 광애왕은

ᄉ만ᄉ천 제용신 물베포 도업허난 (장고)

선시새벽'의 떼긔 한다

61) 잇몸 들어. 열리는 모습의 표현

62) 금동(金東) 동쪽 하늘이 밝아옴

63) 되었습니다

64) 맑고

요 하늘은 요금성 별이 먼저 솟아나니
갑을동방(甲乙東方) 동산새별 견우성(牽牛星)
경진서방(庚辰西方) 서산새별 직녀성(織女星)
병정남방(丙丁南方) 노인성(老人星)
해저북방(壬癸北方) 태금성(太金星)은
공 태자엔 태성군(太星君), 으뜸 원자 원성군(元星君)
춤 진자에 진성군(直星君), 실마 목자 목성군(繆星君)
벼리 강자 강성군(綱星君), 기러 기자 기성군(紀星君)
짓알새별 짓우새별 선우성별(先後星別) (장고)
별자리 ᄎ징협던 성군님도 동허고 제(祭次) 이르난
월광(月光)님도 도업 일광(日光)님도 도업

[천지왕 도업(천지왕본풀이)]

천지왕은 지부왕 총명부인 되옵니다.
천지왕이 총명부인안티 ᄂ리난 총명부인님 밥 ᄒ상 올릴 쌀이 어시난
제인들어 제인장제 만년들어 만년장제 집에
ᄂ의밧 곡식들런 쌀 ᄒ되를 빌레가난
대미쌀엔 대몰레 소미쌀엔 소몰레 서껀 주난 집이오란
ᄒ불 두불 싀불을 시서 놓안 밥 ᄒ상을 ᄎ렷수다.
천지왕님 쳇 수꾸락에 머흘이 드릅디다.
총명부인님아. 정성을 드려도 어떵허연 쳇 수꾸락 머흘이 들엄수과.
그게 아닙네다. 제인들어 제인장제 만년들어 만년장제가
쌀 ᄒ되빡 빌레 가민, ᄂ을 꾸어줄 땐 되를 깎아 꾸어주고
ᄎ일 땐 되소쁙이 받으곡, 궂인 쌀은 아래 노코 조은 쌀은 우의 더펑
꾸어주었다 곤 곡석으로 받고
대미쌀엔 대몰레 소미쌀엔 소몰레 섞엉 주니까 가저오란
초불 이불 제삼불을 씻어 밥 한상을 ᄎ렷수다 이-
어허이 이밥이랑 나의 두에 일천명의 저 군사 오천명의 저 군졸
적시 실명법으로 마련헙서.
그날 밤은 새와근 옥항드레 오르젠 허난 총명부인 ᄀ는 말이
간밤에 밴 애기 이름 성명이나 지어줘동 가옵소서.

에에 천지왕이 콕씨 세 방울 내어주멍

이 콕씨를 심어건 한 콕줄랑 지붕드레 줄이 뻗고

두 콕줄랑 지붕웃트레 줄이 벋으면 아방 춫앙 보냅서.

아들 성제 나건 먼저 난 건 대별왕, 말쩨 난 건 소별왕,

뚤 성제 나건 먼저 난 건 대돌왕 말쩨 난 건 소돌왕,

이름이나 지웁센 허연, 천지왕 님은 옥황으로 오릅다 이-

총명부인 아긴 나난 아들 성제 납다.

먼저 난 건 대별왕 말쩨 난 건 소별왕 낳았구나.

열다섯 십오세가 당허난 아방국도 ᄃ투고 어멍국도 ᄃ퇴가난

설운 나 성님아. 수치껌엉[65] 마련허게. 어서 기영허라.

설운 성님아. 어떤 낭은 동지섯ᄃᆯ 설한풍 백눈 우의 입이 떨어지고

어떤 낭은 입이 아니 떨어지옵니까.

설운 나 동생아.

속이 ᄋᆞ믄 나무는 입이 아니 떨어지고, 속이 구린 나무는 입이 떨어진다.

나 성님아. 모른 소리 맙서.

왕대모작은 ᄆᆞ디ᄆᆞ디 속이 구려도, 동지섯달 설한풍에 입이 아니 떨어지고,

머구낭은 속이 ᄋᆞ아도 입이 떨어집네다. 영허난

수치껌언 대별왕이 집데다. (장고)

설운 나 성님아.

굴형에 메는 메가 노파지고 동산에 메는 메가 쫄릅니까.

설운 나 동생아. 비가 오민 동산에 물은 굴헝드레 끌어가난

수분이 만아근 메가 질어지고

동산에 껀 물을 못 먹으난 메가 쫄라진덴허난,

설운 나 성님 모른 소리 맙서.

우리 인간 사람은 머리가 질 우의라도

쉬은뎃자 수패머리 되엇수다. (장고)

수치꺾어 지어간다.

오라 우리, 꼿씨나 심엉

우리 꼿빈장이나 허여보게. 경협서.

---

65) 수수께끼를 풀어

벡몰레왓 은수반에 꼿씨를 드리칩데다. (장고)
대별왕 꼿은 불휘는 외불휘요
송애는 가지가지 동드레 버든가지
서드레 뻐든 가지 남드레 버든 가지
북드레 버든 가지 중앙드레 버든 가지
가지가지 송애송애 꼿은 봉을 메저가난 꼿은 피난
종지만썩 사발만썩 낭푼만썩 버럭버럭 헤여간다. (장고)
소별왕은 은소반에 꼿씨 드리치난 불휘도 외불휘 송이도 외송이
봉은 메저가난 꼿은 피어가난 검뉴울꼿[66]이 되어가는구나. (장고)
대별왕은 무정눈에 즘을 자고 소별왕은 일어난 성님 꼿사발을 바꾸난
설운 성님아. 일어납서. 꼿빈장 허여보게.
대별왕이 일어난 나 동생아 늘랑 이승 어멍 차지하라마는
널로부터 응큼하고 도둑마음 먹으난
이승에 살젠 허민 살인, 역적, 도둑, 방화, 강간 만흐리라. (장고)
남자 열다섯 넘으면 눔의 여자 굽어보고
여자 열다섯이 넘어 가민 눔의 남자 굽어보게
인간의 법을 마련허라
저승법은 죽는날 춤실긑은 이수농장법이로구나. (장고)
삼진정월 정해일에 콕씨 세 방울 심으난
흔 콕줄은 낭아레 줄이 빈고 두콕줄은 지붕드레 줄이 벋어가난
옥황드레 올르저. 그 법으로 아직까진
제주도 정월나면 정해일에 포제하는 법입네다. (장고)
대별왕이 옥황드레 올르자 말 모른 새 가막새 길짐승 오조조조
구신불러 생인대답 생인불러 구신대답 해염구나.
송피가루 석섬 닷말 가져단 허트난
말 모른 푸십세 새짐승 질짐승 말은 멕혀간다.
옥항에 올르나네 용의 용상이 이십데다.
용의 용상드레 탄 한쪽으로 올라사난
우르릉 우르릉 이 용상아, 저 용상아 아무 타도 용상의 임자여.

---

66) 시들어가는 꽃

흔짝 뿔은 끈어단 하늘 천자님은 연구름 타고
대국천자님은 코끼리 용상을 타고,
우리나라 용상은 용의 용상을 타는 법입니다. (장고)
천지왕도 도업 지부왕 총명부인 도업
대별왕은 저승법, 소별왕은 이승법,
남정중 화정네 마련하는 도업입네다. (장고)
인충도 삼백이요 묘충도 삼백이요 비충도 삼백이요,
만물의 영장은 인간이로되
삼십삼천 도솔천왕 도시왕도 도업을 제이르난 (장고)

〈십오성인 도업〉

태고(太古)라 천황씨(天皇氏)가 솟아나난, 이목덕(以木德) 왕허니
형제에는 열둘에 무위유화(無爲而化) 허난 일만팔천신 도업을허니
일월성신(日月星辰) 도임허고, 지황씨(地皇氏)가 솟아나난
화덕(火德)으로 왕허난 형제 열한형제
무위유화 허니초목금수(草木禽獸)가 소생(蘇生)허고
인황씨(人皇氏)가 솟아나
형제에는 아홉형제 소용은 분장구주(分掌九州)허니 범 백오십세에
ᄉ만오천 육백년 도업 해엿습네다예 (장고)
그뒤후로 유활유소씨(有巢氏)는 솟아나난
나무를 세와 집을 지어 그물치어 사냥법 ᄀ리치고
수인씨(燧人氏)가 솟아나, 나무를 베어다 신찬수에 불을 얻어
도인화식법(導人火食法) 마련허고, 여화씨(女媧)氏가 솟아나
가죽으로 옷을 만드라건 입는 법 ᄀ리치난 (장고)
태호복희씨(太昊伏羲氏) 솟아나난
성은 풍성(風姓)이라건 사신인수(蛇身人首) 헙데다.
머리는 사람머리 몸뗑이는 베넘 몸이 되웁데디.
팔괘(八卦)를 그어 글을 씌고
남자 여자 시집장개 가는 법 음(陰)과 양(陽)을 ᄀ리치난

그 후젠 염제신농씨(炎帝神農氏) 솟아나니
성은 강성(姜姓)이라근 인신(人身)은 우두(牛頭)허니
머리는 소에 머리 몸뗑이[67]는 사람 몸이 되어
따비와 농잠대를 지어 농사짓고 백가지 푸십세의 맛을보아
한약조약법(韓藥調藥法)을 마련 해엿습네다예~ (장고)
황제헌원씨(皇帝軒轅氏)가 솟아나난 성은 희성(姬姓)이라
방패 지어 부량을 막고 창을지어 난리막고 황장 목에 배를 지어
저 바당[68]을 건너가고 건너오세 수레를 지어 먼길을 통행허게 해엿수다.
전오고양씨(顯項高陽氏) 솟아나난
책력(冊曆)을 지어놓고 입춘상들 봄 여름 가을 겨울
일년은 열두 들 날은 365일 하루는
스물 네 시간 하늘에 굴메를 지어 가는대로
시간보아 사는법을 ㄱ리쳣습네다예~ (장고)
주완씨(中央氏)는 연원씨(軒轅氏) 고양씨(高陽氏)는 혼돈씨(神農氏)
갈천씨(葛天氏)는 소호금천씨(少昊金天氏)도 도업허난
하우왕(夏禹) 상탕(成湯) 주무왕(周武王) 춘추전국허니
풍성(風姓) 강성(姜姓) 희성(姬姓) 십오성인(十五聖人)님도 도업입고
염라대왕님 저싱법도 ㄱ리치엇수다.
천왕베포도업, 지왕베포도업, 인왕베포도업
초감제연ᄃ리 제청신도업입네다예~ (장고)

〈날과국 섬김〉

이 제청 설련헙긴, 날은 갈라 갑네다 어느전 날이오면,
둘은 갈라 갑네다 어느 전 둘이오며 (장고)
장네는 수년장네 올금년 해는 갈라갑기는
신묘년 전싱굿인 상구월 열일뤳날 (장고)

---

67) 몸뚱이
68) 바다

34

이 제청 설연헙긴 (장고)

국(國)은 갈라 갑니다 해튼국은 둘튼국(韃靼國)

주리팔만(周圍八蠻) 십이제국(十二諸國)

강남 드난 천자국(天子國) 일본 드난 주년국

우리 국은 천하해동 대한민국 (장고)

첫서울은 송태조 개국허난, 둘째는 신임허고

셋째는 한성서울, 넷째는 왜정삼십육년은

다섯째는 조부올라 상서울 마련허고

안동밧골 좌동밤골 먹자골은 수박꼴 모시정꼴 불탄대꼴

경상도는 칠십칠관, 전라도는 오십삼관 충청도는 삼십삼관

일제주(一濟州)는 이거제(二巨濟) 삼진도(三珍島)는 亽남해(四南海)

오강화(五江華)는 육칸도(六莞島) 그 중 제일 큰 섬은 제줍네다.

저 산 앞은 당 오백, 이 산 앞은 절 오백[69] 어싱생(御乘生岳)은

단골머리 아흔아홉 골머리 혼골 어서

범도 왕도 곰도 신도 못나던 섬입네다.

산은 갈라 갑네다. 할로영산 땅은 드난

금천지는 노고짓땅 물은 황해수인데 (장고)

영평8년(永平八年) 모인굴(毛興穴)

고량부(高良夫)는 삼성친(三姓親) 도읍허고

항파두리 짐통정 만리토성 둘르난 정의(旌義縣) 이십칠도

대정 일경 삽십팔리 주의 모관 80여리 마련허니

옛날 섬 도째 질 도째로 바꽜수다.

길 도자는 2006년 1월 1일 제주특별자치도가 승격해엿습네다.

제주시 동문밧은 나서민

조천읍은 북촌린데 1151-2번지 가지 높은 신전집

지애 너른 절당집 어주애삼녹거리 서강베포땅은

팽자생인 질 유자생인 질

팽자낭은 뷔어다 마은ᄋ돕 초간주

---

69) 제주도에는 신당도 오백, 절간도 오백이 있다. 당과 절이 많다는 의미를 내포한다.

유자낭은 뷔어다 서른 o 돕 이간주
신폭낭은 뷔어다 스물 o 돕 하간주를 무어노아
ᄇ름부난 ᄇ름뚜벽 뜻드난 뜻드벽 동산새별
신영상간주 연양당주 육고비[70] 동심절 곱이첩첩 놀리고
마흔 o 돕 모람장, 서른 o 돕 비꼴장, 스물 o 돕 고무살장
솝솝드리 조사건 부첫수다.
삼시왕의 덕으로 유정싱 ᄄ님아기 놓은 연줄로
당주집을 무읍고 몸주집을 무읍고
황씨 임씨 이씨 선성 이씨선성 임씨선성
양씨선성님 부모조상 모셔건 사는집입네다. (장고)
하신충은 서처고단허고 혈연단신허고
조상들이 허당 집밧이랑 물려준일도 아니고
좋은 금전일랑 물려준 일 아니고
난날 난시 나 복력 나 팔저가 날 울리난
대공단에 삭발해여 절간 법당 들어강 푼처[71]님도 공양 못허고
좋은 전싱 서른다섯설에 좋은 전싱 그르치난
올해 쉬은두설 당주집을 무언[72], 오늘은 당당한 하신충드레 올려줍센
삼시왕에 역가 올리는 이름은 정공철
생갑은 경자생 쉬은두설 받은 공섭네다. (장고)
불상헌 설운 아기들 아비님 제주고 어멍 뚤라 육지 간[73] 사는 큰뚤아기
정연담이 21살 정수정이 12살 받은 공섭네다.
이녁집 놓아두고 표선면은 성읍리 이집이 오란
이 천당을 무언 낮도 보름 밤도 보름
영청 서천제미공연을 올리저 허심네다. 이- (장고)

---

70) 기메의 하나. 육항렬의 상징
71) 부처(佛)
72) 지어, 만들어,
73) 가서(去)

〈연유닦음〉

어떵허신 일롭서
이 공서를 올립네까 영협기는, 밥이 없어 이 공서 아닙네다
옷이 없어서 이 공서도 아닙네다.
옷과 밥은 빌어도 밥입네다.
얻어도 옷입네다마는
천지는 지간허고 만물은 지중허고 유인에 최귀 허니
인간지사라 오륜지사는
가장 귀허고 중허고 아름다운건
우리 인간 밖에 더 잇습네까
춘추는 연연록입니다.
말모른 푸십세 구시월 설한풍 백눈이 낙엽이 되어도
멩년 춘삼월 돌아오민 잎은 피어 청산이 되고
꼿은 피어 화산이 되어 명사십리 해당화 제 몸 자랑허건만은 (장고)
왕의손 귀불귀야라건 우리야 인간은 이 세상에 불담으레 온 인생
ᄇᄅ름 분날은 촛불과 ᄀ뜬 인생이라 (장고)
살다 살다건 멩이 부족 되어 저성서 염라대왕님 오랜 허민
양손과짝 폐와건 저승가건
이세상 돌아 환생 못허는 토란잎 이슬만도 못헌 건 우리 인생인데
저승이 멀어도 창문 바껏 저승이고 (장고)
멩왕질이 멀어도 창문 바껏 신발 돌려노민 멩왕질인데
저싱보다 머나면 강남길이 멀어도 강남갔던 제비도 이 제주에 오란
첫 상강에 당허민 멀고면 강남길로 다시 돌아가고
동양삼국[74] 서양각국 일본 주년국에 먼다 헌들
돈벌어 고향산천 츷아오고[75] 인간에 독한 죄 지엉 감옥에 잇당도
형을 마치면 부모형제 츷아 집으로 오건만
우리 인간은 천석궁이 부재 만석궁이 부재

---

74) 한국, 중국, 일본
75) 찾아오고

어린아이 젊아 청춘 백발노인 혼번 가민
이 세상 돌아 환생 못하는 토란잎 이슬만도 못 헌 건
우리야 인간이 아닙네까 (장고)
어떠헌 ㅅ실 옵서
구시월이 당허여 옥황에 쇠북소리 울려 축원원정 올립긴
옛날도 답답허민 송서를 가는 법입네다.
목마른 백성은 물을 춫는 법 아닙네까
조상없는 ㅈ순이 잇습네까
ㅈ순 어시 후손을 볼 수가 잇십네까
뿌리없는 송애가 납네까
칡도 걷젠허민 뿌리로 걷는 법입네다예~ (장고)
이간 주당 안에 하신충입니다.
쉬은두설 부모조상 선대부모 고향땅은 대정읍은 상모린데
하르바님 대에 좋은 몸천 탄생허난 아바지는 ㅅ형제 가운데
쉬은두설 나준 아버지 말젯 아들이옵네다 (장고)
설운 아바지 윤댁에 장개 들어건 윤씨 어머님 오라건
저뚤 하나 나난 서너 네 살 나난에 윤씨 어머님
아닌 몸천 신병나 저싱 가불어 아바지 살아 생전 때에
저 뚤아기 서너 네 살에 쿰에 쿠멍
가숙 정허영 오민 이뚤 ㄱ속 빋으카부댄
이뚤 울려지카부댄 가숙 정허지 안 허연 이뚤 키웁다건
설운 아바지 고씨 어머니 인연 되연 오라건
쉬은두설 낳고 설운 동생들 아들 4형제 나난
쉬은 두설은 4형제 가운데 큰아들이 되옵니다.
이 아들 나난 낮 역시ㄱ치 밤 역시ㄱ치 우는 정끼ㄱ치
자는 정끼ㄱ치 경진경세를 내여 가난
아이고 걸음마를 배와 가난 죽억살억 죽억살악허난
이거 큰아들에 잘못허다 무슨일 잇을거고
헌댄 허는 일에 헌댄 허는 약 구해다 먹여 살리젠
골채영 삽이영 멫번 들렁
죽어시카부댄 묻으레 가당 보민 살아낭 오고 (장고)

영 해여가난 이 아기 살려논 것이

쉬은두설 중학교 가 가난 불쌍헌 설운 아바지도 (장고)

갑자기 아파건 굿하는 거엔 헌 건 다 해보고

병원에 다 가도 병명을 몰라 설운 나준 어머님 고씨 어머님

이 남편네 허건 살리젠 허건 살리젠 없는 살렴[76]

버문 몸빼 벗인 날 엇고 골겡이[77] 노은 날 어서지고

아이고 나 답답허댄 나가불민 이 아이들 다섯 오누이

아이고 큰 아방도 독허고 셋아방 족은 아방도 독허고

어떵허민 좋고. 이번 촘악 저번 촘악 허는 게 간장이 물이 되고

훷징ᄀ찌 살징ᄀ찌 하던 어마님도 저승 가불고 (장고)

설운 아바지도 신병 오르난

아들이영 똘이영 아바지 살리젠 뎅기단 보난에 (장고)

설운 아버지 신병으로 병은 못 고쳐 가난

쉬은두설이 천주교에 들어가난

큰아들 천주교 믿으는디 우리덜도 천주교나 믿어보게 (장고)

천주교 믿언 뎅겨가난 식게멩질도 천주교식으로 허고

아바지도 죽엉가난 천주교공동묘지

어머님도 저싱가난 천주교공동묘지 가건 묻어두고

고등학교 졸업해연 대학졸업허난에

난 날 난 시 나 팔저가 날 울리어 (장고)

이력 아니 되고 놀이 좋아하고 풍악 좋아허난

저 몸천 큰굿 족은굿 허는데 연구자 생활허고 (장고)

연구자 생활허멍 연극 공연에 몰두 해여건

공연도 하고 해여 가는 게 소리좋고 끼가 이시난 잘해여건

무형문화재 71호에 사무실 들어가난 사무장 생활허고

아이고 4.3행사에 영혼들 질처보랜 허난

나상 쾌지입언 질을 처가나네

주위에서 너 심방질 허랜 영허난

---

76) 살림
77) 호미

그게 인생은 영 될줄 누게가 알앗수까

서른다섯 꽃다운 나이에 이 심방질 허난에

성은 김씨 설운 성님 병술생

부배[78]간 의지허난 남은 돌의지 돌은 남의지

큰굿나도 오라 족은굿 나도 오라

성주풀이 나도 오라 귀양풀이 나도 오랜 허민

가건 북뚜드림 장구뚜드림 대양뚜드림 설쇠뚜드림

제청도 같이강 촐리고 기매고 강 매고 당반[79]도 강 매고

아자건 여자 소미할꺼 소나이 심방이라도 허랜허민

놈이 뒤에 간 몸이라 안헬 수가 어서건

잔도 내고 영허여 가난 새도 ᄃ려보라

공연도 해여 보랜 허민 새도 ᄃ려보고 공연도 해여보고

영해여 가는게 혼 오년동안을 댕겻수다.

곧 마흔나는 해에 와산 굿허레 가난

섭수쾌지 입언 나산 조상놀려보랜 허난

그때에 나사건 석살림굿 배왓수다. (장고)

그 조름부터 석살림굿 배우난

질치는굿도 배웁고 일월맞이 허는거

불도맞이 허는거 초 · 이공맞이[80] 해는거

보세감상 제오상기 허는거 배웁고

영해여 가난 정의 대정도 굿 잘헌다고

아이고 착하고 얌전하고 허난 오랜허민

오타바이 타아정 가방들렁 정의 대정 모관으로

인연 인연이 되난 일본도 굿갈래 허난

말 모르고 길 모르고 열에 한섬 넘는 일본땅에 가건

굿 허래가난 아장 굿헐때 소렴소렴 말명 소리영 굿 잘해여 가난

아이고 얌전하게 굿도 잘해엿구나 헌게

연 십년동안은 일본에서 오멍가멍 해엿수다 (장고)

---

78) 부부
79) 큰굿 때 삼방(마루방) 4벽 위에 선반처럼 달아매어 놓는 제붕(祭棚). 곧 당클.
80) 무조신인 초공신, 생명을 관장하는 이공신 맞이를 한번에 할때

조상복이 이시민 부모복도 잇고
부모복이 이시민 형제간 복도 잇고
형제간 복도 이시민 처가숙 복이 이실거
조상 복력 조상들한테에 좋은 재산 못 물리고
부모복은 부모들 살단 일쯕 가부난
하늬보름 샛보름 의지가 어선 의지 못허고
형제간들은 우위 성 ᄀᄄ민 도와나 줌센헌다
아래 동싱이랑 의지 못허난에 어느 의지헐 곳 어시난 처가숙도
나 복력 나 팔저가 날 울리난 처가 복력 어선
스물ᄒᆞᆫ설 나준 어머니 인연되어 살림사나
이때ᄁᆞ지 이가숙 이살림을 살앗으면
든든한 살림을 살 걸 이게 다 조상에서
초년고생을 다 어프랜 해연 이라 산디
이가숙도 이ᄄᆞᆯ아기 산이별 해여건
어딜가리 인연 인연 또만나는 게 열두설 나준 어멍 만나
저 ᄄᆞᆯ하나 나난 남의 조름에 강
큰굿도 해영오랑 품 받아 오랑
가숙한테 손에 심지고 성주풀이 귀양풀이 강 왕
손에 심정 놓아두면 말모른 금전이 놈은 벌엄젠 허여도
갈산질산 간디 온디 어선 깨진 항아리에
물이 어서지듯이 점점 살기가 곤란허고 (장고)
아이고 남들은 말하기 좋댄
아이고 정공철이 돈벌어도 다 무싱거 행 써부럼서
신구간 되어가민 아기들 가숙 대령 들어갈 집 어성
일천간장 다 석고 일천눈물 다 쏟고 (장고)
그렇다고 누구안티 강 하소연 헐 디 엇고
어떤땐 밤이 누워 곰곰드리 생각하민
나가 전생에 무슨 죄를 지어저싱고
악허게도 삵지 못한 난디
나가 영 고비고비 인생고비가 영도 힘들고 고달프고
산은 오르닥지 노프고 굴형은 내리닥지 굴형질이 되고

위에 성들이나 아래 아시들이나 만나민

아이고 정신 츨련 살랜 해여도, 누게가 쉬은두설 쏙마음을 압네까

한로산에 눈 묻고 저산에 불이 부뜨는 건 제주도민이나 다 알주

쉬은두설 가심에[81] 먹장ㄱ찌 이운 실피 묻은 것은 (장고)

어느 누게가 압네까

아이고 나복력이라 옛날 선성님네들도, 오죽해여사 이 심방질 해영

이심방질을 허민 눔보다 더 잘살고 눔보다 멩길게 삽네까

이 심방질 아니허도 잘먹고 잘사는 세상인데

옛날 어르신 선성님네 정이월 칼날ㄱ뜬 ㅂ름살에

이삼사월 진진 오뉴월은 조작벳듸 등으로 더운 땀이 나고

동지섯달 설한풍에 백눈 우에[82] 청사초롱 불을 밝혀 (장고)

비온날 요즘 세상은 자동차도 타고 영허지만은

그옛날에 청사초롱 불을 밝혀

게겟연변에 강 굴막은 땐 굴마다 산천마다 춫앙 뎅기고

등으로 짐지엉 안채포 지엉 뎅겨싱디

쉬은두설 댄 나난 아이고 복색옷 볼잰내어도

옛날 선성님네 아이고 눔이이영 보앙 심방이엔 허카부덴 굿하러 강 오민

밤내로 빨아 밤이슬에 몰리고 경해여도 쉬은두설은 복색옷 가속어서도

세탁소에 가민 복색옷도 츨려주고 영허멍

오랜허민 술 먹엉 일어낭 못갈 때도, 팔저궂인 형제간들 오랜허민

정신 츨려 오토바이 탕 가저 (장고)

오늘ㄱ지 간장 썩어 삼년 눈 어둑어 삼년

귀 막아도 삼년 말 몰라도 삼년, 연17년 동안 뎅기멍 (장고)

아이고 소리도 하영 드렁 댕겻수다

욕도 하영 드렁 댕겻수다. 눈물도 하영 지영 댕겻수다.

영허난에 (장고)

이때ㄱ지 의지가 어시난 양씨 설운 부모님이 (장고)

아이고 오라 나 아들허게

아이고 기영헙서.
아바지허게 양부모 삼앗습니다. (장고)
이 조상을 모셔 당주 설연허난 이때ᄁᆞ지 의지 어시 사난 당주설연허여
유무무정을 허난 삼시왕에 허가 얻고 삼시왕에 허락어시
삼천기덕 일만제기 멩도멩철 이 심방질 해여 뎅기난
이번 참에 초역례를 바치저 초역례 초신질을 발루저
약밥약술 어인타인 금린옥린 수레감봉 막음 막아건
남주화지 적쾌지 홍포관대 조심띠 (장고)
삼천기덕 일만제기 멩두멩철 직부잘리 아강베포 호럼준치 받아 (장고)
당당허게 하신충드레 지를 부쳐줍센 영해여건
이 천당을 무어건 이 불공을 올리난 (장고)
하느님 공은 천덕이요, 지하님 공은 은덕이요.
부모조상 공은 호천만극 아닙네까 (장고)
삼시왕에 역가 올리저 삼하늘에 역가 올리저
고옛선성님에 부모조상 선성님에 역가를 올리저
이 제장을 일루난에 할마님 한테 수룩원정 올려건
아이고 불쌍헌 우리 큰ᄄᆞᆯ 스물혼설 아까운 열두설
입도 성제 잘 불공 드려건 남의 산천 태왕 시집 갈지라도
아들손자 ᄄᆞᆯ손자 오망속속 소생시겨줍센 허고 (장고)
열두설 난 애기 불공적선 올리건
잘 수둑느녕 할마님한테 고맙수댄해여
할마님에 서천은 제미공연 올리고 (장고)
칠원은 성군님에 서천 제미공연을 올리고 (장고)
동해용궁할마님 연반물 진옥색 치매저고리에
걸렛배 세치셍깃곰에 인정을 잘 걸어 (장고)
말똥쇠똥 유기전답 좋은 딜로 잘 전송해영
열두설 열다섯 곱게 키와줍세 해여, 할마님전에 수룩원정 올리고
초 · 이공 연맞이로 잘 올리고 놀고오던 시왕 쉬고 오던 시왕
저싕은 염라대왕 연라구에 저싕은 십이대왕 청허고 (장고)
십이대왕에 몸받은 대명왕ᄎᆞᄉᆞ님을 청허여 (장고)
시왕님에서 돌아 아장 석시 석시 좋은 원정 올리건

준지 너른 금마답드레 신수퍼 만고재판 시겨건 죄를 다 풀러나 줍서.
대명왕 ㅊㅅ에 방액 올려건 이 ㅈ순 금년 중삼재 운
내년은 나가는 삼재 운은 곱게 내와나 줍서
대명왕 ㅊㅅ님에 인정 걸고 (장고)
삼시왕으로 저승 삼시왕을 청허고 이승 삼하늘을 청하고
삼시왕에 몸받은 멩두멩감 삼ㅊㅅ님 청하여 (장고)
삼시왕에 역가를 올리고 삼하늘에 역가를 올리고 멩두멩감 삼ㅊㅅ에
이 ㅈ순 홍포관대 조심띠 벋어노안 방액 올려건
올해 중삼재 내년 나가는 삼재 곱게 막아줍선 허고 이 세상에 오라건
살다살다 저승간 선대부모 조상 부모조상 영혼님네
저싱에서 기러기 연줄 건삼ㄱ뜬 지레에 노용삼ㄱ뜬 고운 얼굴
서산 백옥ㄱ뜬 양지[83]에 관디청에 눈물 주홍아반에 연주지듯 올 때에라근
비새ㄱ찌 울멍 하늘가린 금주랑철죽대 지프고 (장고)
아바지 어머니 천주교공동묘지에서 십자가 등에 진거 부려건 (장고)
부모님네 놀던 부모 아바지네 외가에
윤씨부모 외가 고씨부모 외가에 영혼들 (장고)
저싱호상 출려건 어주리 비주리[84]에 놈비개 탈낫밤 가시덤블 띠덤블 (장고)
높은 동산 낮은 굴형 삼천칠백리길 멀고먼 질이로구나 (장고)
아버지 어머니 귀양 못내 풀려건,
저싱 가난 설운 아버지 어머니 귀양풀려 (장고)
이 아들 이 굿해영 이 조상 모셔 뎅기멍 굿허는디마다
아버지도 거느리고 어머니도 거느리고 (장고)
설운 동생 거느릴 때마다 아들머리 쯤에 운둥허여 질을 발라건에 (장고)
이 가슴을 풀리저 저승사남 올리고 (장고)
삼시왕 연맞이로 초역례를 바치저 유정승 ㅼ님애기 노은 연줄로
쉬은두설도 초역례 초신질 발라건 약밥약술 타고 영허젠 헙네.
곱은멩두 길은 곱게 시왕 곱은 연질[85]을 잘 치어 (장고)
낮도 ㅂ름 밤도 ㅂ름, 두 밤낮 ㅂ름 밤낮 한 둘 동안

---

83) 얼굴
84) 굴곡이 매우 심한
85) 신이 하강하는 길

원성기도 올리젠 영해염수다

얼굴 모른 조상님네도 의논헙서 공론헙서.

정가를 헐 데를 정가를 시겨건 종이도 늬귀를 둘러 발루는 법입네다.

수 만석도 모다둘러[86] 가벼우는 법입네다

하늘이 높아도 땅에 비가 내리는 법 아닙네까

삼천선비 놀고 간 디는 천장판에 글을 두고 갑네다. (장고)

새가 놀고 간 디는 짓을 두고 가는 법입네다. (장고)

아ᄀ이양 비ᄒ늘 ᄁᄀ 벳신생 조상부모 오랑 간디는

이 조손 말명도리 젯도리 엇슨[87] 언담 엇는 수덕을 내와줍서.

가정에 풍파를 막아줍센 영허여 공을 드렴수다.

공든 탑이 무너집네까

인정을 싯겅 놓아두민 인정을 싯금에 팝네까. (장고)

봄이 오면 꼿 소식도 들려오는 법이라건

천하 생인 공부자도 이부산에 빌어낫수다.

진나라 왕의손도 부성산에 빌어난 법이 잇습네다. (장고)

불쌍헌 설운 정녜 쉬은두설에 이 천당 무어 이불공 올리건

하늘ㄱ찌 노픈 덕을 내리웁서

지애ㄱ찌 너른 덕을 거도와 줍센 해여

인명에 축허고 제명에 부족할 일

천살 지살 인살은 노중살 수중살 화덕살은 금전살은 (장고)

살기를 다 제초를 시겨건 삼시왕에서 삼하늘에서 고 옛 선생님에서

몸받은 부모조상 안공시 조상님 저ㄷ순 머리쯤에 운동허여 (장고)

옛날 초공 임정국 삼시당 하나님

성진땅은 황금산 외진땅은 적금산

황금산 주접선생님 천하 임정국 대감 지하는 ㄴ려 짐진국 부인님

이산 압은 발이나 벋고 저산 압은 줄이 벋어

왕대월산 금하늘 노가단풍자주명왕 아기씨

원구월 초ᄋ드레 본맹두로 웡이자랑

---

86) 모여들면

87) 없는

신구월 열ᄋ드레 신멩두도 웡이자랑
상구월 스무ᄋ드레 살아살축 삼멩두도 웡이자랑
아방어신 아기들 키왕 15세가 당허난 (장고)
삼천서당에 글공부 가젠허난 돈 어선
삼천서당에 물지기 벼루지기 굴묵지기로 드러간
넘어가멍 글하나 외웁고 넘어오멍 글하나 외웁고
삼천선비들 하늘천 따지 해여건
이 아기들은 붓도 엇고 종이도 엇고 벼두도 어시난
굴묵에 재를 홈판 손바닥으로 눌런 하늘천 따지 그 글을 배완
서울이라 상시관더레 과거보레 올라 가난
삼천선비에 일만선비들 올라가난 황금산이 영급신령으로
앞이 가는 선비들은 글도 장원 활도 장원 떨어지고
뒤에 가는 애기들 글도 장원 활도 장원 급제를 헐로구나
구름쌀에 ᄇᆞ름쌀에 삼천선비가 이 말을 들언 좌우공론을 헙다.
저것들 데령갓당 우리가 과거 못 헐거난
올라가단 보난 배나무 배좌수 집이 당허난
삼천선비들 굽은디 굽엉 나무 우의 올라
배 탕 오민 우리 돈 ᄒᆞᆫ냥씩 모다주켄허난 기영헙서.
배낭 우의 올려두원 삼천선비는 서울 상시관에 올라가멍
동문 서문 남문 다 ᄌᆞᆷ가붑다. 이ᅳ
이 아이들 삼성젠 올라가도 못 허고 ᄂᆞ려오도 못 해여근
그날 저녁 황금산이 주접선생님 영급신령으로 선몽을 시깁다.
청룡 백룡 황룡이 얼켜진 듯 감아진 듯
배좌수가 나와서 귀신이냐 생인이냐
옥출경을 읽으난 귀신이 어디 올 수 잇습네까.
사람이건 사다리를 탕 어서 ᄂᆞ려오라.
ᄂᆞ려오난, 밥을 뽕그랭이 먹고 인정 걸어주난
서울 상시관드레 올라가단 보난
청만주애미가 ᄂᆞ다들러 웨우 웨우들러 ᄂᆞ다
질을 갈르난 필아곡절하다.
청비게 흑비게 어러비게 비러비게 드는 법을 설연헌다. (장고)

동문 서문 남문 다 잡아부난, 풀죽 할망신디 간 풀죽 흔 사발씩 먹고
그럭저럭 이말저말 골멍 해는 다 지완 시양버들낭에 간 좀잣구나.
그날 저녁 풀죽할망안티 선몽시키길
어저께 와난 아이들 왓걸랑 풀죽 쑤엉 멕이고,
종이전에 강 종일 구하고, 붓전에 강 붓을 구하고,
벼루전에 강 벼룰 구하고, 먹전에 강 먹을 구해 주라 선몽을 시곗구나,
그날 아침에 오라시난 풀죽 쑤어 멕이고 종이 벼루를 주난.
큰 성님은 천도천황, 셋성님은 지도지황, 족은 아신 인도인황 글을 써지난
외손지 물질어 가당 동헌마당 들어간 무릎 알더레 놉데다.
삼천선비들 과거 줄만한 선비가 어섯구나. (장고)
이 글은 누구가 썻느냐. 두리펀펀
이 글 쓴 사람 데령오민 과거 준댄 허난
춫당보난 시양버들낭 아래 강 보난 중의 아들 삼성제가 이섯구나.
혼저 궁에 데령가난, 이거 너네가 쓴 글이야
아이고 이만썩 헌 글을 무사 못씁네까? 붓을 발가락에 젭견
이레활활 저레활활 써 가난 아 착한 선비로구나 이~ (장고)
그만허면 과거 줄 만 허여진다.
과거 문선급제 장원급제 팔도도장원을 시킵데다.
과거를 내어주난 삼천선비 일만선비들 곧는 말이
중의 아들은 과걸 주고 왜 우린 과거를 안 줍니까.
그때엔 배옥상 차려 놘 돼지고기하고 술을 내주난
그때 먹었으면 심방들도 이런 천대 안 받을 걸
그때에 술과 고기 아니 먹언 상 알드레 노난 중의 아이들이엔
과거 낙방시키난 과거 줄 만헌 선비가 어섯구나.
연추문을 맞추면 과거주켄 허난,
경허난 아무도 못 맞추난,
우리 과거 안 해줘도 좋수다.
한 번 기술이나 부려 보쿠다. 예~ (장고)
큰성님은 우외 마쳐긴다. 셋성님은 아래 마쳐산나.

죽은 아신[88] 청동같은 풀따시[89]로 활을 확허게 겨누완 뜨리난
연주문이 한복판에 맞안 퉁허게 넘어지난
중의 아들 삼성제 너미 벌난허게 낫저
삼천선비들 노가단풍 자주명왕 아기씨
물맹지전대로 지픈 궁에 가둡데다 예~ (장고)
이 아기들 과거 주난 어수애 비수애 상도래기 놀매물색
벌련뒷게 연가매 호신체를 들러간다.
선베 후베 행군군대 피리단자 옥단자 비비둥당 받아둥당
과거허멍 어주애삼녹거리 서강베포땅드레 내려오람시난
느진덕이정하님안티 물맹지 단소곳 본메본짱 묻어두고
품펜지 가정 강 너네 상전들 돌려동 오민 종반문서 시켜주켄 허난
느진덕이정하님은 머리 풀어 산디찌께기[90]로 머리무껀
아이고 아이고 허멍 어주애삼녹거리 서강베포땅에서 만났구나.
아이고 상전님네 험도[91] 허염수다.
과거엔 말은 뭔 말이꽈. 큰상전님 그제ᄀ냑 죽언
출병막 츨련 품펜지 가전 오랏수다. (장고)
어멍 어멍 우리 어멍 어멍어신디 이 과걸 허민 뭣허리야.
어수애도 돌아가라
비수애도 삼만관속 육방하인 돌려두고
우리 어멍, 아방어신 우리들 킵센허난 조컨 ᄆ음 먹었구나.
행경 벗언 웃튼 두건 쓰고 두루막 벗언 ᄒ어께에 둘러매고
단소곳 둘렁 어딜 가코 머구낭 꺾언 방장대 집퍼근
어머님 간 출병막을 츨련 보난 (장고)
어멍 본메본짱[92] 이게 물맹지 단소곳이로구나.
아이고 젯부기삼형제 어멍 물맹지 단소곳 가저근
어딜가민 조코 웨진 땅을 춫앙가난

---

88) 아우는
89) 구리빛(청동같은) 팔뚝
90) 산디(山稻) 짚
91) 하기도
92) 증거물

나 아기들아 아방 촛이고 어멍 촛이커들랑

황금산을 촛앙가렌허난

배석자리 내어주난 신자리 법도 마련허고, (장고)

가단보난 삼녹거리[93]에 너사무삼성제가 비새굳이 울엄시난

아이고 설운 아기들아. 무사 울엄시니.

우린 일가도 엇고 괸당도 엇고 부모도 어십네다.

아이고 불쌍헌 아기들이여. 오라 우리 육항렬 무어보게

물멩지 단소곳 노단쪽으로 들어가난 왼쪽으로 나와근

육항렬을 무언 느네들 여기 이시랜 해연 황금산을 올라가건 (장고)

절 삼배 올려가난, 나 아기가 아니여. 어떵허민 아방 애기우꽈.

양반풀앙 무반삼으라. 오라 대공단에 머리 삭발허렌 허난 (장고)

이게 젯부기 삼형제가 차지한 초전싱을 그르치언

아이고 불상한 정네, 정씨로 정공철이 쉬은두설도 초전싱은 서른 다섯에

아이고 심방질이 영 힘들고 고달프고 간장 석을 줄 알앗수꽈

초전싱을 그리처 잇습네다. (장고)

대공단에 머리삭발 허여건 하늘 굳른 굴송낙 지애 굳른 굴장삼

아강베포 접두잘리 호름준치[94] 메연 절삼배 올리난 (장고)

아이구 나 아기들아. 어멍 촛지커들랑 심방질 허랜허난 어멍 촛지쿠다.

설운 아기들아, 굴미굴산 아야산 신산곳을 도올르라.

신산곳을 도올라 물사오기 세사오기 똘롸당

첫쩨봉은 아버지 절간법당 북을 설연하고

이쳇봉은 똘롸다 울랑국을 설연하고, 셋체봉은 똘롸다 삼동멕이

설운 장귀 ㅇ솟부체 열두 가막쇠 든변 난변 죄와근 (장고)

서산 벡몰래왓디 ㄴ리난 옥황에 정명녹이 ㄴ립데다.

동해바당 쉐철이 아들 불러간다.

아끈도간 한도간 아끈지게 한지게 아끈몰래 한몰래

남천문에 남상잔 객을 새기저 설운 애기들 오젠허난

촛이멍 촛이멍 하늘보멍 오랏구나 하늘 천자

---

93) 어주애삼녹거리, 젯부기삼형제가 악기의 신 너사무삼형제를 만났던 서강베포땅의 세거리.

94) 심방의 중요한 복색 열맷자 아강베포(포), 석자5치 접두잘리(자루), 호름줌치(주머니)

땅으로 걸으멍 오랏구나 따 지자.

물으멍 물으멍 오랏구나 물을 문자

혜보멍 오랏구나 둘보멍 오랏구나 일월삼멩두

남천문에 남상잔 각을 새겨노아 간다. (장고)

설운 내 아기들아. 상시관에 올르난 뭐시 조아냐.

큰아들은 배옥상이 좁데다. 도임상이 좁데다.

느라근 초감제상 받아보라. 그것보다 더 조아진다.

셋아들은 무엇이 조아니.

배임상도 조코 도임상이 조아도 어수애 비수애

쌍도래기 놀매월색 벌련뒷개95) 연가매 호신채가 조옵디다.

늘랑 초신맞이 해여보라 그것보다 더 존나.

족은 아들은 뭣이 좋아니.

도임상도 좋고 어수애도 좋아도 나는 삼만관속 육방하인이 좁데다.

피리단절 옥단절 행금주대 소리가 조옵데다.

시왕대를 짚엉 홍포관대 조심띠 입엉 (장고)

시왕맞이 허여보라 그것보다 더 조아진덴허난(장고)

이 아이들 삼형제 어멍 춫젠허난 허공을 울려

초채울려 초공하늘 이채울려 이공하늘 삼채울려 삼공하늘로

옥항드레 쇠북소리 울령 지픈 궁에 간 어멍 야픈 궁드레 내울립서.

야픈 궁에 간 어멍 시님 초공드레 내울립서.

언뜻허난 어머님이 나오랏구나

어머님 홀목심언 (장고) 아이고 어머님아 어머님아

어머님 춫젠허난 양반풀안 심방질을 ㅎ엿수댄 허난

혼저 그릅서 어주애삼녹거리 서강베포땅을 내리난

펭자생인질 유자생인질 ㄴ련 펭자남을 뷔어다 마흔ㅇ돕 초간주

유자남을 뷔어다 서른ㅇ돕 이간주

신폭낭을 뷔어다 스물ㅇ덥 하간주를 무어근

ᄇ름불어 오라가난 ᄇ름도벽을 막고 뜻들어 오라가난 뜻도벽을 막고

동산새별 신연상간주 연양당주 육고비 동심절을 고비첩첩이 누올련

_____

95) 別筵獨轎(별연독교),

마흔ᄋ돕 모람장 서른ᄋ돕 비꼴장 스물ᄋ돕 고무살장
숩숩드리 고사 부쪈, 어머님아. 우리 보고프거들랑
동산세별 신연상간주 세별보멍 우리 생각헙서.
어머님아 너사무너도령허고 요기 이시민 신전집이 이시민
춫아올 자손 잇수뎬 허멍 저싱 삼시왕더레 올라가젠허난
양반의 원수를 어떵 갚으리.
양반잡으레 오는 칼은 ᄋ든닷돈 칼이로다.
중인 잡으레 오는 칼은 이른닷돈 칼이로고나.
팔자궂인 성제간들 데리레 오는 칼은 ᄒ 닷돈 칼이로구나. (장고)
시왕대번지[96] 설연허여두고 삼시왕더레 올라가저
올라가단 보난 유정승ᄯ님애기가 일곱 살에 놀암구나.
아이고 양반의 웬수 갚으젠 헌게 잘 되었구나.
황금산에 올라간 아버지안티 ᄀ르난 파란공에 육간제비 체와동 가랜허난,
파란공에 육간제빌 체우난, 유정승의 ᄯ님애기
그걸 가전 놀단 집이 들어갈 땐 ᄆ팡돌에 놔동가고 영허는게
열일곱 살은 나난 눈 어둑고 스물일곱 나난 눈뜨고
서른일곱 되난 눈 어둡고 마흔일곱 나난 눈뜨고 (장고)
쉰일곱 나난 눈 어둑고 예순일곱 나난 눈뜨고 (장고)
고만 거두고 벌랑 영허는게 예순일곱은 나난 눈 뜨난
아이고 정신이나 차리젠 다니단 보난 아랫녁에 내렷구나예 (장고)
아랫녁에 내려가단 보난 ᄋ옴소리기 빈 들이긴 필 서긋인 아이 넹섬수다.
아이고 팔저고 사주고 우리집의 단ᄯᆯ애기 초렴허영 묶엇뎬 허난
영해봅서 진맥이나 지퍼보게. 진맥은 지프난에
아기 속맥은 살고 겉맥만 죽엇수다.
굿해사쿠다 허연 '백지알대김[97]'허영 신놀립서. (장고)
일문전드레 상차려 낭 ᄀᆯ을 말 어시난 먼 올레로 보난
"공신이 내려온다 가신이 내려온다[98]"
첫말이 "공서는 공서외다." (장고)

---

96) 신칼
97) 최초의 심방 유정승따님이 자복장자집 딸을 굿을 해 살릴 수 있다며 다짐했던 상밑에 놓은 백지
98) 최초의 심방이 처음 했던 말명. 신이 내린다는 말인지, 공사는 공사다. 굿은 굿이라는 최초의 굿말.

백지알 초고비 이고비 삼고비 네고비 다섯고비
백지알 여섯고비 꺾어근 나 나가 불민
아기가 소한 게끔[99] 물엉 살아날 거우다 경헐거난
살아나민 내일랑 굿허쿠댄 굿허레 오클랑
남천문밧 유정승의 따님애기엔 허영
나를 찾아오랜 해동 오란 어주애삼녹거리에 미치광이도 아니고
두린 사름도 아니고 한 십년동안에 (장고)
뎅기단 보난 유정승 따님애기안티
아랫녁 자복장재 집이서 굿허여도랜 오난
시왕법난에 잡히난 삼시왕에선 저 문밖에 엎드린 건 누게냐.
유정승의 따님애깁니다. 부정이 만허다.
삼선향으로 부정 가이라. 아이고 물멩지 전대로 목을 걸리라
물멩지 전대로 목을 걸려 올리난
꽃가마 저울릴 때 저울로 저울리난 백근냥이 못 차난
무당서[100]를 내어주멍 신전집이 강 통달허영 오랜허난
유정승 따님애기 신전집이 간 무당서를 다 통달허연
따시 삼시왕에 간 엎대허난, 유정싱 따님애기 저디 업대허엿수다.
물멩지 전대로 걸려 올리라.
꽃가마 근저울대로 저울리난 백근이 참데다. (장고)
저승삼시왕에서 약밥약술[101] 내여주라. (장고)
약밥약술을 먹어간다. 어인타인 아방주던 개천문으로 어인을 눌리라
어멍주던 개상잔으로 타인을 눌리라
수레감봉 옥닌목닌(玉印木印)[102] 어인타인[103] 수레감봉 막안
이제라근 홍포관대도 내어주라. 조심띠도 내어주라.
남수와지 적쾌지도 내어주라 (장고)
삼천기덕 일만제기도 내어주라. 궁전궁납도 내어주라.

---

99) 거품
100) 초공신으로부터 최초의 심방 유정승 따님에게 전승하였다는 3000권의 제주큰굿의 해설서
101) 초공신이 심방에게 내리는 신이되는 신약
102) 신의 옥쇄
103) 신이 심방에게 옥쇄를 등에 찍어주는 행위. 어인을 타인하면 심방이 자격을 얻는다.

명도명철도 내어주라. (장고)

명도명철 내어주난 글제비청 내어주라. (장고)

신소미도 내어주라. (장고)

신줄 연줄 고비연줄 당베 절베 아산신베 거둬당

노단둑지에서 왼둑지레 감아맛고 풀어맛앗더니

니나난니 니나난니로 노래허멍 간 아랫녁에 간

자복장자집이 간 전세남굿 허연

이른일곱에 대천겁을 저울리난 삼시왕에 종명을 허엿수다. (장고)

이 조상 내운 연줄로 유정승ᄄᆞ님애기 놓은 연줄로

옛날 부모조상 고 엣선생님네 쉬은 두설도 이 전싱을 그르쳐 뎅기난

굿하는 이번 참에 역가올려 초승질을 발루건

삼시왕에서 이 자손 앞 임댕이 느린 의견 뒷이맹이 빠른 의견

글 재주 내웁서 활 재주 내웁서. 말명ᄃᆞ리 내와줍서.

목청도 올렷당 내렷당 고비고비 잘 꺼끄게 해여줍서.

어디강 몸받은 신공싯상 받앗거들랑 초레초레 말명도 잘허게 헙서.

점서도 잘 판단 잘 허게 헙서. 없는 언담도 내웁서. 업는 수덕도 내웁서.

몸짓조은 선생님에 몸짓도 조케 헙서.

춤 잘 추는 선생님네 춤도 잘 추게 도와줍서. (장고)

이번 이굿 허건 당주모상 조상모시난 황씨 임씨 이씨선성 이씨 선성

임씨선성 양씨선성님 조상에 덕으로

가지 높은 단골 부재단골 골목진 단골 내웁서.

마은ᄋᆞ돕 상단골, 서른ᄋᆞ돕 중단골, 스물ᄋᆞ돕 하단골

제민수헌 단골 ᄌᆞ손들 내와근

이때까진 단골도 엇고, 이때까진 조상도 어성

행사 강 맡아도 그대로 행사 못허난 이제랑 행사도 하영 맡아근

나 마음대로 내 조상 모셩 강 소미들 데령 뎅기게시리

삼시왕에서 삼하늘에서

유정승 ᄄᆞ님애기 고 옛선생님에서 도와주어근에 (장고)

당ᄌᆞᄯᆞᆯ에기들도 편안하게 헙서.

아이고 조상 모셔당 크게 대궐ᄀᆞ뜬 집을 바랩네까

경해여도 조상모신집을 해여건 정해여 식게멩질도 허고 조상 신구간 되민

이집 저집 대려 뎅기게 허지마라 몸 받은[104] 조상님아 거부량 안허쿠다.
쉬은두설 아침에 일어나민 상물도 잘 올리고 상불도 잘 피우고
술도 잘 비와 올리고 영허걸랑 은시렁 세가지로 돈벌게 헙서.
지장산새밋물 솟아날시에 돈벌어건 흔푼두푼 모아건 이녁집이엔 해영
조상 당주집 모셔 발 벋어 좀 잘땐 아기덜 오민
늠이 집이 아니 자 이녁집에 자게시리 (장고)
아이고 아시하고 아즈망한테 식게멩질때 춫앙 뎅기게 마라
아씨들이영 아즈망들이영 식게멩질 때라건
성내 집이엔 해여건 오라건에 모당 아자근 (장고)
살게끔 삼시왕에서 도와줍센 영허여건 (장고)
이 제장을 일롸습네다 옛날 선성님네 그 옛날엔 잘도 잘도 고생 해엿신데
궁의아들 삼형제 문성급제 장원급제 팔도도장원 허난
아이고 시국이 좋아지고 (장고)
나라에서도 무속신앙도 인간문화재가 탄생을 허난 무형문화재 71호
제주영감놀이 2호 제주큰굿 13호 지정 받아건 (장고)
아이고 이 영감놀이에 이 큰굿이여
무형문화재 71호에 인간문화재가 탄생 허난
월급도 받아 살고 전수생 이수생들도 이 굿 배우젠
열심히 열심히 해염수다 영허난 삼시왕에서
이번에 내려건 고옛 선성님네 다 내려
앞으로 이 우리세대 나건 큰굿이라도
일년에 흔번 대행사로 해잰 ᄆ음 먹엇수다.
삼시왕에서도 도와주저 영해여 이 제장을 일롸습네다.
이집 이에 금년 13579 내년 앞으로 연삼년 편안 시겨줍센 영허여

(장고를 치며 노래하듯이)
관청에는 변호사법/ 신청에는 영집서 매겻수다/
신의 성방은/ 김녕 살암수다/
열네설 나는 해에 부터/ 이 전싱을 그리치난/

---

104) 몸 받은'은 심방이 되는데 필요한 것들을 '유래전득한', 조상으로부터 물려받은

곧 스물 나는 해에 초심제를 발라/
안칩이강 첫공시상 받아지고 이신질 삼신질 대역례를 바쳣수다. (장고)
신의 성방에/ 은진 물어 제비 꿀려/
상동막이 설운장개 ᄋ솟부체 열두 가막새는/
든변 난변 제왓수다./
기픈궁은 내올리고 야픈궁은 신의에 신 가심을 열리멍 (장고)
초감제 연ᄃ리로/ ᄎ래ᄎ래 연ᄎ래로/
천보답상드레 신도업을 허저 허심네다 신도업 드립네다. (장고)
천상천하 영실당/ 누변대천 노는 신전님/ 산설물설 나무 돌곱 노는 신전/
고랑빗발 새빗발 노는 신전/

일만일신 주문 천신 만주백관님도 청대고고리 가늠허고
깃발부멍 연발부멍 울북울적 가늠허고 연당 상내 가늠허멍
초감제상 천보답상드레 다들 신도업을입네다예~ (장고)
풍성 강성 희성 십오생인님도 신도업 드립네다.
인신중에 올라사민 청룡산 대불법 천지옥황 상전님
내려사민 지부소천대왕님 산ᄎ지 산왕대신 물ᄎ지 동해요왕 청요왕
서해요왕 백요왕 남해용왕 적요왕 북에요왕 흑요왕
중앙황신 요왕님 (장고)
ᄉ만ᄉ천 제용신님도 신도업 드립니다예~ (장고)
절ᄎ지는 서선대서 육환대서 소명당 전안에 신도업드립네다.
천왕불도 할마님 지왕불도 할마님 인왕불도 할마님 (장고)
석화산은 석불법여리 신전 맹진국 할마님
할마님은 상 갑자년 삼진정월 초사흘날 (장고)
금세상에 어멍 배안에서 배울일을 다 배완, 금세상에 탄생을 허난
남방사주 붕애바지 백방사주 접저고리
물멩지 단속곳 연반물 진옥색 치매저고리
멩지 줄장옷 열두 단추를 매고 만산 쪽도리에 호양매 감퇴에
아늠 ᄀ득 콩이 봇에 삼천상에 베리놀 오천장에 먹을 ᄀ라
사월초파일날 노각성 조부 연줄로 옥황에 올르난,
할마님 누룩으로 해성을 둘런

벨총당을 무으난 할마님은 문안에 지국을 허고
문배꼇에는 구덕삼싱[105] 걸레삼싱[106] 어깨삼싱을 거느리난
할마님은 해튼국 둘튼국 주리 팔만십이제국을 마련해영
산천영기를 보아건 산천이 좋은집은 아들을 나게 허고
산천이 부족헌 집은 똘을 나게허고 아방 몸에 흰피를 내리웁고
어멍 몸엔 감은피를 내리웁고 굼도리 방석 애미 젖줄 동경 종이봇을 씌와
열달은 차가면 할마님이 춤실 고세 가정 들어가멍 검지벗엉 곤지에 걸곡
호탄치매 벗어 곤지에 걸고 좋은 비단이불 걷어 북덕자리 꿀앙
할마님 은결ㄱ뜬 손으로 금결ㄱ뜬 손으로 늦뜬건 보뜸고 보뜸건 늦추와건
아기머리도 쓰건 청이슬 내리민 동드레 머리헌 아기 동부재
서드레 머리헌 아기 서개남 남드레 머리헌 아기 남장수
북드레 머리헌 아긴 북단멩법을 마련해여 할마님 생진일을 초사흘 초일뤠
열사흘 열일뤠 스무사흘 스무일뤠
생진일을 마련을 해영 할마님이 열다섯ㄱ지
곱게 잘키와 열다섯이 넘으민 할마님이 물러서는 법입니다예 (장고)

할마님도 고맙수다.
쉬은두설이 할마님 덕택에 정칩이 선대 선조 부모 조상
유래전득시킬 아들애기는 어서도 똘아기 스물흔설
할마님덕에 곱닥[107]헌 아기 난 이제 스불흔설〃지 컷수다.
족은 똘이 이거 열두설이우다
할마님 할마님도 신도업을 드리건 열두설 곱게잘 키와줍서. (장고)
할마님 공은 쉬은두설이 어떵 다 갚읍네까
쉬은 대자 수패 머리를 끈엉 집신을 삼앙 용갱일 가망 올린듯
할마님 공을 다 갚으멍 만리장성을 둘러 두손 납작해영
무릅이 벗어지도록 허배헌들 할마님 공을 다 값을수가 잇습네까
할마님 불도연맞이 해영 할마님 서천 재미공연을 잘 올리겟습네다.
할마님도 신도업드립네다예~ (장고)

---

105) 아기 구덕(搖籃)의 보호신
106) 아기를 업는 멜빵을 보호하는 신
107) 고운

얼굴 ㅊ지 ㅎ합 천조 별금상

서신국에 마누라님 신도업 드립네다. (장고)

날공 들공 월공 일공

신임 삼천천제석궁 초공 임정국 삼시당은 하나님은 (장고)

초공 임정국 삼시당 하나님 성진땅[108]은 황금산 웨진땅은 적금산 (장고)

초공아방 황금산에 주접선성님

초공 외하르방 천하 임전국 대감님 지애내려 김진국에 부인님 (장고)

이산앞은 발이벋고 저산앞은 줄이벋고

왕대월산 금하늘 노가단풍 ㅈ지명왕아기씨 본멩두 신멩두 삼멩두

궁의아들 삼형제 너사무 너도령 남천문밧 유정싱 ㄸ님아기 거느리어 (장고)

초공은 신불립네다 안초공은 밧초공님도

신도업드립네다. 이공서천 도산국님은

청개왕도 삼시당 흑개왕도 삼시당 백개왕도 삼시당 (장고)

원진국 대감 김진국이 대감님 사라도령 월강부인 원강아미

꼿감관(花監官) 꼿셍인(花聖人) 할락궁이 거느리어건

이공은 꼿불립 안이공은 밧이공도 신도업 드립네다. (장고)

삼공안당 주년국님은 웃상식은 강의영성 이서불

알상식은 궁에궁전 홍은소천 은장아기 놋장아기 감은장아기

마퉁이 삼형제 거느려 나님 ㄱ뜬[109] 전상[110] 드님 ㄱ뜬 전상

신전국이 대전상이로다

글허기도 전상이요. 활허기도 전상, 농ㅅ짓기 전상이요

심방허기도 전상이여 굿허래 뎅기는디 공부허래

이거 뎅기는 학자들도 전상이여

카메라들러 찍으는 것도 전상이여

전상없는 일이 어디잇심네까

이주당 쉬은두설 술ㅎ잔 먹어건 뎅기는 것도 전상이여

굿허래 가쿠댄 해영 아니가는 것도 전상이로구나.

---

108) 친가, 성편(姓便) 땅. 곧 부친 쪽의 출처
109) 나가는 님 같은
110) 어떠한 행위를 하거나 그러한 행위를 하고자 하는 마음

살림살젠 허민 못살게 허는것도 전상이로 구나.
나쁜전상이랑 오늘 천지왕 골목드레 내놀리고
어질고 순허고 착헌 전상 돈벌 전상이라 안으로 메살리어
삼공안땅은 노전상 노불립네다.
안삼공 밧삼공님도 초감제 연ᄃ리도 신도업 드립네다예~ (장고)
사람목슴 ᄎ지도 시왕전입네다
죽어목슴 ᄎ지도 시왕전입네다
원앙감서[111] 원병성 시왕감서 신병서 짐추염나는 태선대왕
범ᄀ뜬 소천대왕 초제 진광대왕 이제 초강대왕
제삼은 송제대왕 제넷 오관대왕 다섯 염라대왕 ᄋ섯 변성대왕
일곱은 태산대왕 ᄋ돕 평등대왕 (장고)
아홉 도시대왕 열시왕님도 신도업 드립네다 (장고)
지장대왕 생불대왕 좌둑생명 우득생명 십오동저 판관
심육소제님 이십은 소판관 이부제왕관님도 신도업드립네다예- (장고)
안으론 하신충 쉬은두설 몸받은 연향당주 전으로 삼시왕도 신도업
삼하늘도 신도업 고 옛선성님도 신도업 드립네다. (장고)
당주 하르바님 당주할마님 당주아바지 당주어머님
당주도령 당주아미 당주벨감 신도업 초감제 연ᄃ리 신도업 드립네다.
마은ᄋ돕 초간주 서른ᄋ돕 이간주 스물ᄋ돕 하간주님도
초감제 연ᄃ리로 신도업 드립네다예 (장고)
천왕멩감 지왕멩감 인왕멩감 동의 청멩감 서의 백멩감 남의 적멩감
북의 흑멩감은 중앙황신 멩감님 신도업 드립네다. (장고)
산신멩감 선왕멩감 첵불멩감 신도업 드립네다.
당주멩감 일흔ᄋ돕 도멩감님 신도업 드립네다
천왕ᄎᄉ 지왕ᄎᄉ 인왕ᄎᄉ님 연직ᄉ제 월직ᄉ제 일직ᄉ제 시직ᄉ제
옥황군부 도서님 저싕이원 소제님 이싱 강림ᄉ제님 멩두멩감 삼ᄎᄉ님
대명왕 처서님 신도업 드립네다
눈이붉어 황소제 코에붉어 모람소제 입이붉어 악심ᄎᄉ
본당ᄎᄉ 신당ᄎᄉ (장고)

---

111) (元王監司) 시왕 밑에 종사하는 관원신, 「신병서」까지 같음.

전량ᄎᆞᄉᆞ 도약ᄎᆞᄉᆞ 화덕ᄎᆞᄉᆞ (장고)
일곱은 귀양 아홉신앙 수멩이 아들 수멩이 덕덜떠ᄁᆞ지
초감제 연ᄃᆞ리도 신도업 드립니다예 (장고)
조부일월 상세경 신중마누라님 신도업 드리저
상세경[112]은 염제신농씨 중세경은 문도령 하세경은 조이청베
세경장남 세경 백모래전 거느리어, 상세경 신중마누라님도 신도업입네다.
직부일월 상세경 신중마누라님도 신도업 드립네다예- (장고)
일월이요.
군웅일월 삼진 제석님은 군웅하르바님 천왕제석 할마님 지왕제석
군웅아바지 낙수개남 군웅의 어머니 서수개남 (장고)
아들이사 삼형제 솟아나난 (장고)
큰아들은 동의요왕 ᄎᆞ지허고 셋아들은 서의요왕은 ᄎᆞ지허고
ᄌᆞ은아들은 좋은전싱 팔저 그리치니
대공단 머리 삭발을 허니 줄줄러라 호피미녕 두루마기 (장고)
한산모시에 바지 저고리에 벌통행경 백녹버선
하늘 ᄀᆞ른 굴속낙 지애 ᄀᆞ른 굴장삼 아강베포 직부잘리 호렴준치 (장고)
ᄂᆞ단손엔 금바랑[113] 왼손에는 옥바랑을 들러
강남드레 응허난 강남가민 황제군웅 일본드레 응허난 일본가민 소제군웅
삼세번을 뜨누난 우리나라 대웅대비 서대비 놀덜일월
물아래 ᄉᆞ신요왕 물우엔 요왕이여 인물 쪽지 병풍에 내기적삼
물멩지나 강멩지[114] 새양베는 새미녕[115] 고리비단 한비단
능아도비 열네물색[116] 황메물색 삼색물색 (장고)
놀던일월 신도업 드립네다.
이정칩이 쉬은두설은 어떵헌[117] 조상이 잇신줄 모르켄 영해염수다.
산신일월 신도업 선왕일월 신도업 췌불일월 (장고)
신도업 드립네다.

112) 상(床)세경: 농신(農神)을 일컬음. 무가(巫家)의 굿을 할 때는 「직부일월상세경」이라 함
113) 금(金)바라
114) 명주(明紬)의 일종
115) 미녕: 명수
116) 물색: 색깔 있는 천
117) 어떻게 된

고씨어머님 펜으로 윤씨 어머님 펜으로 할마님은 남평문씨 창녕성씨 할마님
이씨 할마님 펜으로 일월 조상님네들도 신도업 드립니다예 (장고)
산신님은 아방국은 구엄쟁의 어멍궁의 신엄쟁이 도리알은 송씨염감
지달페감태 마세조청 거느리고,
언선달설 녹미녹설 거느립던 산신조상 (장고)
나중에 시왕맞이 넘으민 산신놀이 해양놀이 허젠 해염수다
산신님도 신도업 드립네다. (장고)
선왕님은 선흘곳은 아기씨선왕 띠미곳은 도령선왕 대정 곳은 영감선왕
완동가민 덕판선왕, 육지가민 긴대선왕 장대선왕
일본가민 곰배선왕 가메상에 선왕님, 서울이라 먹자골 허정싱의 아이들
일곱성제 나난에 허터지민 열네동서 모여지민 일곱동서 (장고)
야 허민 천리 야 허민 만리 가던 선왕님은 (장고)
함경도 백두산 두만강 ᄎ지 평양도 묘양산은 대동강 ᄎ지
황해도 구월산은 임진강 ᄎ지 강원도 금강산 해금강을 ᄎ지 (장고)
경기도 삼각산 한강 줄기 (장고)
충청도 계룡산 금강 줄기 경상도 태백산은 낙동강의 줄기 (장고)
전라도 지리산 영산강 목포 유달산
노념허고 제주도라 할로영산 물장오리[118] 테역장오리
어시생은 ᄉ해바다 ᄎ지허니, 갓만 부뜬 새페리 짓만 부뜬 도포
오장삼은 때방거리 ᄒ짝[119]손엔 ᄒ법 못헌, 곰방대 연불 신불을 들려건
한로영산에 오랑 ᄒ가닥은 성산 일출봉에 ᄒ가닥은 삼방산에
꿩아진 존제 매아진 존제 어시생 단골머리 아흔아홉 골머리로
ᄉ벽리 주의 안을 마련허던 선왕님도 (장고)
신도업드령 이굿 ᄆ치민[120] 가수리[121] 뒤맞으로 요왕맞이 허고
요왕 질치고 영감놀이 영헤여 쉬은두설이 무형문화재 71호에
사무실에 잇실때부터 행사 맡아 뎅기멍

---

118) 한라산 중턱 봉우리(濟州市 奉蓋洞 境上)에 있는 지명(池名)
119) 한쪽
120) 마치면
121) 큰굿 때의 제차 이름. 도진 제차에서 모든 신들을 돌려 보낸 후, 마지막으로 그 신들을 따라온 하
    위잡신들을 대접하여 보내는 제차

영감선왕[122]님덕에 먹고 입고 행궁발신허난 (장고)

선왕님 우르적선 허꾸다 일본도 후지명산 고야명산 이꼬명산 신기명산

호당야마 핫도리카와 놀던 신기명산 마다 (장고)

일동 동경으로 오사까로 놀던 선왕 일본 굿 허래가민 무세계 똘라오던

이런 선왕님들도 나중에 상선 중선 하선 무어

저 할로산은 초깃발 웃드린 산유지 해각으론 우미 전각 전배 독선 실엉

선왕님 잘 우르적선 잘 허쿠다. 선왕님도 신도업 드립니다예 (장고)

선왕님 신도업 드리난 일월이요 (장고)

당주도 일월 몸주도 일월 신영간주 일월

마흔ㅇ돕 초간주에 놀던 일월 (장고)

서른ㅇ돕 이간주에 놀덜 일월 (장고)

스물ㅇ돕 하간주에 놀던 일월 (장고)

어주애 삼녹거리 서강베포땅에 놀던 일월

팽저 생인질에 유저 생인질에 놀던 일월

삼천기덕 일만제기 궁전궁납 놀던 일월 (장고)

멩도멩철 놀던 일월 (장고)

아강베포 직부잘리 호렴준치 놀던 일월님도

초감제 연ㄷ리로 신도업 드립니다예~ (장고)

제주시 조천읍 북촌리 1151-2번지에 일문전 하나님은

성주님 오방신장 삼덕 조왕[123] 할마님 안칠성은 밧칠성

가한지방 터에 터신 올레 주목지신[124]님도 보름날 굿허대 짐우다 옵셴허난

집안 못받은 조상도 신도업 드립네다. (장고)

문전모른 공서가 어디잇십네까

이집이 몸받은 일문전 하나님은, 성주님도 신도업 드립네다 (장고)

오방신장님도 신도업 드립네다

안칠성은 밧칠성 내외칠성님도 신도업

---

122) (슈監船王) 신의 이름. 도깨비 신이라(觀念) 하는데 높여서 영감, 참봉(參奉) 또는 야차(夜叉)라
     하고 배(船)에 따라 다니며 어획(漁獲)을 도우다 하여 서낭(船王)이라 하기두 함.

123) (竈王) 부엌의 뜻

124) (柱木之神) 거릿길에서 집으로 드나드는 골목길인 「올레」어귀 양쪽에 대문 대신 굵은 나뭇대를 꿰
     어 걸치게 구멍을 파 세워 놓은 기둥을 「주목」 또는 「정주목」이라 하고 그 신을 「주목지신」이라 함

초월ᄒ일은 초덕조왕 이덕조왕 삼덕조왕 (장고)

청대조왕 백대조왕 적대조왕 흑대조왕 (장고)

팔만ᄉ천 제 조왕 할마님도 신도업드려 이굿 ᄆ칠때ᄭ지 하다 까스솥에나

가스버너에나 조왕할망[125]에 조왕 ᄉ록 일게마랑 밥도 설게 허지맙서

ᄌ순도 ᄂ래기 허지맙서 조왕할마님도 (장고)

신도업 드립네다.

각항지방 터에 터신님도 (장고)

올레지기 정사지기 주목지신뉘도 (장고)

신도업 드립네다.

낳는날 생산ᄎ지 죽는날 물고 호적 ᄎ지협던 한집[126]님

칡도 거두젠 허민 불휘로 걷어사 그 칡을 걷는법 입니다.

우선 선대선조 부모조상땅은

서사니물 개로육서ᄄ 한집님 신도업 드립네다.

이 ᄆ을은 안할마님 ᄇ름웃ᄄ 산천백매 문오부인님 창할망 옥토부인

광주부인 개당 일뤠중저 동원할망

ᄆ름밧듸 배 돌려오던 서낭당 한집님 (장고)

북촌강 그 땅에 물을 먹고 행공발신 해염수다. (장고)

북촌 몸받은 여산주 노산주 (장고)

웃손당은 금백조 셋손당은 세명주 알손당은 소로소천국은 (장고)

가지 갈라온 바릿당 한집님도 신도업 드립네다. (장고)

조상 연줄로 김녕에 주리 벗엇습네다.

김녕은 큰도안전 큰도부인 (장고)/ 알성세기 밧성세기 내외천ᄌ님 (장고)

ᄇ름웃ᄄ 동래국 소공전 마누라님 궤네기는 일곱차대제님 (장고)

웃손당은 금백조 셋손당은 세명주 매알손당은 소로소천국

아들아기 열ᄋ둡 ᄄ아기 스물ᄋ둡 손지 일흔ᄋ둡

질소생 일뱅에서 손지방상 거느리어 (장고)

ᄂᄆ리 일뤠한집 한개하르바님 내외간 남당지관 거씨하르방 내외간

세기하르방님 내외간 궤네기 일곱차 대제님은 김녕 조상 연줄로

---

125) 조왕할망
126) 본향신을 높여 일컫는 말

가시리 뒤맞이 헐때민 땅세 ㅋ세 벌어먹은 역가 벌어쓴 역가

항밧갈쇠 네발 공서 올리젠 해염수다.

조상은 먹으민 먹은 값 씌민[127] 쓴 값 협네다.

항밧갈쇠 바치젠 허난에 한집님도 신도업 드립네다. (장고)

제주 ㅅ백리 주리 안을 마련허던 웃손당 금백조님 (장고)

셋손당 세명주 내알손당 소로소천국은 (장고)

큰아들은 거멀 문국성 둘째는 정의 광정당 셋째는 시내왓당

넷째는 본산국 다섯째 어싱 비싱 ㅇ섯째 하루 수산한집

일곱째 궤네기 ㅇ돕째 시월도병서

아홉째 서흘개 감낭하르방 산신한집님도 신도업 드립네다예~ (장고)

동의 동산앞 한집님은/ 웃당 일뤠 알당은 ㅇ드레 한집

좋은 전싱을 그리처 뎅기난 본향의 덕에 먹고 입고 행공발신 허난

자리보전 악기보전 한집님 제미치 재기상 그려 노앗수다.

아기나처 상마을 어깨나처 중마을 매방방 청방광

강씨성방 ㅁ처오던 마흔ㅇ돕 상방울

오씨성방 ㅁ처오던 서른ㅇ돕 중방울

한씨성방 ㅁ처오던 스물ㅇ돕 하방울 거느리어

신도업 드립네다. (장고)

상청가민 상ㅁ을 중청가민 중ㅁ을 하청가민 하ㅁ을입네다.

주문 도청 마을 영가영신님 이세상에 오란 살다 살다 멩이 부족해연

거싱은 기나 세경땅에 엄투감깅 허닌, 비오는양 눈오는양 ㅂ름불어 가는양

고운 얼굴은 고운 술[128]은 석어 시내방천 물이 되고

고운 뼤는 석엉 저 진토에 묻히난

저세상에서 삼ㅎ정 옥황에 쇠복소리 울려 옵센허난

기러기 연줄ㄱ찌 건삼ㄱ뜬 지레에 노용산ㄱ뜬 고운 얼굴

서산 배옥ㄱ뜬 양지에 관듸청이 눈물이로구나.

주홍아반 연주지덩 올때랑덜 비새ㄱ찌 울명 오라도 백발노인 영혼들을

금주랑 철쭉대 짚으고 젊은 청춘 영ㅎ들이랑 부모조상 질 인도 허고

---

127) 쓰면
128) 살

아기 영ᄒ들이랑 앞이 세와건 어서들 삼ᄒ정 어서 옵서 (장고)

성읍리 일관현이우다.

금마답에 저싱 이망주 신수푸난, 청대고고리 가능허멍 영ᄒ님네 옵서.

깃발보멍 연발보멍 울북울정¹²⁹⁾ 가능허멍 옵서.

하느님 공은 천덕 지하님 공은 은덕 부모공은 호천망극이라

살아잇는 부모한티 옷도 사당 안네고 신발도 사당 안네고

먹을것도 사당 안네고 아기 ᄃ래로 ᄌ순 ᄃ래로 다 해당 안네주만은

저싱간 부모조상들은 조상산에 소분검질이나허고 제ᄉ¹³⁰⁾ 멩질이나 더합네까

부모의 공을 갚으저 조상에 공을 갚으저

좋은 몸천이 어디서 떨어집네까

부모 조상덕에 탄생을 허고 부모 조상덕에 오늘⁷⁷지 장성 허난

쉬은두설이 부모공 가프젠¹³¹⁾ 해염수다. (장고)

저싱사남 어젠 해염수다.

웃대부모 조상들은 다 지제ᄒ여불고 불쌍헌 설운 하르방님

청주정씨 우자 진자 씨난 ᄉ월 스무날이우다.

남평문씨 할마님 문자 옥자 씨난 시월 초ᄒ늘날 할마님 오란

아기들 나멍¹³²⁾ 살젠허단, 이팔청춘에 저싱가난

창녕성씨 할마님 군자 열자 씨난 오란 이야기들 키멍 살젠허난

영등당 스무ᄋ셋날 끝끝내 이씨집 일부종서 못허난

다시 이씨 할마님 오란 이씨할마님도 끝끝네 못 살아건

이세상을 떠나난 이씨 할마님은 어느날 어느 시간인지 몰람수다.

ᄉ부체가 호상츨령 이 손지 사남 허젠 해염수다예 (장고)

설운 큰아바지 봉자 주자 씁네.

이팔청춘의 고향산천 왕 일본땅에 간 저세상을 가난

어느날 어느 시간인줄 모르고 불쌍한 설운 셋아바지 홍자 주자 쓰난

스물ᄒ설에 정칠월 스물아흐렛날이우다.

ᄒ연잔치 허난 처가숙은 앞 발는양 가불고 스물ᄒ설에 이세상을 떠난

---

129) 북과 징을 일컫는 말. 울리는 북 울리는 징의 뜻
130) 제사
131) 갚으려고
132) 낳으면서

불쌍헌 얼굴 모른 김씨어머님 사흔을 허난

칠월 스물아흐렛날 사흔합젱허는설운 셋아바지 셋어머니 (장고)

이 조캐 좋은 호상 출려노앙 저성 사남허젠 해염수다 신도업 드립네다. (장고)

나주던 불쌍한 아바지 병자 주자 씩난 예순ᄋ섯 아들 ᄉ형제 가운데

말젯아들로 나난 강단허고 독헌 성들 아ᄉ133)들 통에 들어건

가심에 천천지 한이 맺히고난 애기들은 아기들대로 가슴에 한이 맺히고

이 큰 아들랑 윤칩이 장개들어 첫똘하나 나난 어릴 때 서너네설에

윤씨 처가숙 죽어불고 이 애기 어떵 키웁고 어멍기린 애기 데려건 살젠허난

가숙 정해여 살민 애기 구속 받을카부덴 쿰에쿰어건 설운 아바지 (울먹이며)

아까운 똘 아니 울리젠 저 똘아기 키우단 키우단

끝끝내 끝끝내 혼자만 못 사난

쉬은두설 나준 어머님 오라건 어멍 기린 애기 쿰에 안고

저 아들 네성제 난 쿰에쿰어134) 살젠허난

아이고 강단헌 시형제 간에, 아이고 가난헌 살림살이 살젠허난

버문 옷 버싯날 엇고 아이고 답답헐 때엔 아멩이나 아멩이나 발른양

아무디라도 가불젠 허다건 나 나가불민

요것들 족은 어멍 손에 구속받을 생각허멍

이번 춤고 저번 춤고 아이고 어멍기린 아기 키완 시집보내고 쉬은두설

죽억살억 죽억살악 오손 받드시 이 애기 살리젠 허단 보난 이 애기 살려놓고

아이고 저 남편네 저 신병을 만나난 저남편네 살리젠 헌데

허는긴 디 허뵈도 이나뒈고 시울꾸지 기도 병명 엇고 성헤여 기느게

설운 어머님도 고씨부모 설운어머님 이 세상은 윤씨 어머님이 우다.

임자 순자 씩난 쉬은흔설 나는 해에 정칠월 열이틀날

저세상 가불고 큰어머님도

순자 봉자 스물다섯설에 ᄉ시월둘 초닷셋날 저싱 가불고

불쌍한 아바지 이아기들 어찌허젠 허난

성도 의지 안되고 각시도 의지 안되고

불쌍한 누이 동싱들 누님들 의지허멍 살아오는게 아바지 어머님 산 때에

---

133) 아우(弟)
134) 품에 품어

쉬은두설 영 심방질 해질줄도 모르고 중학교에 가가난 천주교에 들어가난
큰아들 천주교 믿음 시난 우리도 천주교 들어가겐해연 세례받고 영해여
아바지도 병자 주자 예순ᄋ섯설에 ᄉ월 스물ᄋ드렛날 저싱가난
나준 아바지 나준 어머님은 천주교 공동묘지에간 묻언
오늘ᄭ지라도 천주교 공동묘지에 잇쓰네다.
서른 다섯살에 이 심방질을 허난
아바지도 생각 모디모디 어머님도 생각 모디모디
일본 굿허래 갈때민 일본간 동생 ᄎ앙 뎅기고 식게멩질 돌아오라 가민
모실포 아시 집드레 가고 누님은 누님대로 형제가 갈산질산
불상헌 동생은 스물ᄒ설에 죽어불고 영허난 아이고 불쌍한 아바지
어머님네 먼저 신도업 허건들랑 오라건 아까운 아들 이 심방질 해여건
시왕앞으로 귀향풀려 질치영 안네건 애산가심 불립서
먹장ᄀ찌 이열실피[135] 무던 가심 풀려건 (장고)
아바지도 신도업 어머님 나주던 어머님도 신도업 드립네다. (장고)
불상헌 족은 아바지 문자 주자 씌난 구월 열ᄒ를날 올해 저싱갔십네다.
아직 생혼이난 족은 아버지도 산때에 사 마음 아픈일이 잇어도
다 구신에 질은 애산 가심을 풀라는거 아니우꽈
족은 아바지도 신도업 드립네다. (장고)
불상헌 설운 동싱 광자 수자 쓰난 스물두설 나는 해에
아이고 바당에 갓단 정칠월 ᄎᄉ흘날 신체는 ᄆ름밧듸 올라오라도
불쌍헌 설운 나 동싱 살아잇는 동싱들은 가멍오멍 식게멩질때도 강 만나고
일본도 갈때민 만나고 돈도 벌어지민 강
이거 용돈도 쓰랜 내여주고 허주만은
아이고 불쌍헌 광수동생 (울먹인다)
영ᄒ님 아바지 흘목 심고[136] 어머님 흘목 심고 설운 동싱도
아이고 시왕 앞으로 사남허젠 허염수다. (장고)
아이고 살앗시민 장개도 가고 아들도 나고 뚤도 나고 헐
설운 나 동싱들 (장고)

---

135) 가슴이 답답한 증세
136) 흘목 심고: 손목 잡고

아이고 억센놈이 우는 얼굴을 보아지카 가심에 댕이댕이 무어지고 (장고)

먹장거틴 이열실피 묻은 가슴이여

불쌍한 설운 큰고모님 창자 열자 고모부님

오자 성자 구자 쓰는 고모부님 (장고)

열흔 고모님네 이 조캐들 보아가민 불쌍허고

아깝게 이여주던 고모 생각 잊읍네까

고모부 생각은 잊일수가 잇십네까 (장고)

족은 고모는 구자 열자 아직 생흔 고모부도

지자 성자 전자 쓰난 생흔이우다.

이 고모들이 돈도 주고 먹을 것도 주고 울멍 가심을 달래어도 주고 (장고)

허던 설운 고모님도 (장고) 신도업 드립네다.

설운 고씨 어머님 스물 다섯설에 저싱은 가난 외손지 똘 흐나 나고

얼굴 모른 윤씨 똘 시집오랑 아들 손지들 나난 똘을 생각을 허난

이 손지들 가심인 나 손지들 (장고)

아이고 아까운 나 손지들아 돈도 주고

먹을 것도 주고 해여주던 외하르바님은 (장고)

외가의 땅은 중문면 상예리가 되옵네다. (장고)

군위오씨 설운 할마님 (장고)

외삼춘은 제주 고씨우다.

서른설 나는 해에 흔잔술이엔 허민

산도 넘어가저 물도 넘어가저 실연광중[137] 헤어긴 (장고)

저싱간 설운 외삼춘 외가의 영혼도 호상 출려건 (장고)

저싱 사남 올려 안네젠 해염수다. (장고)

나주던 파평 윤씨 외하르방님 고향은 안덕면 사계리우다.

설운 외할마님 설운 이모님 인자 옥자 쓰난 태평리우다 이모부는 양씨

아이고 이모 이모부님 이 조캐들 가심이 아깝고 스랑허게 해여주던

외가에 부모조상들 나가 이번 춤 옷해영 질 아니치민 평생 한이 맺힐일이라

이번 춤에랑 누님 생각허고 나 외가 생각 해영 (장고)

누게 의지해여 삽네까 외가에 부모조상 영혼님네 (장고)

---

137) 발작증세

팔저궂인 ᄌ순 질치저 안네젠 해염수다.

불상헌 ᄉ춘 동싱 용자 성자 쓰난 일선군인가난

군복무 끝끝내 못 마치어 저싱가며 총각머리 등에 진 설운 동생이여 (장고)

질치영 안네여 어주리질 비주리질 눈비여건 한탈낭 가시덤불 띠덤불질

높은 동산 깎아내리옵고 낮은 굴헝 높으게 도꾸와 (장고)

저 초산 노간댓질 금박 올린 질이로다. (장고)

와랑치랑 돋는 ᄒ마음 홍글래 우리 동생 ᄃ리노아 (장고)

노픈동사 흘목심어 울려줍센 허고 낮은굴헝 흘목심어 내다줍센 허고

가당 가당 지치건 이구산에 올라건 아픈 종애 아픈다리 쉬엉가고 (장고)

실던 가심 잔질릅서 영해여 질 아니 치는 영가

큰고모 할마님 이팔청춘에 시집 간 일부종사 다 못 해연

인간에 오라간 후손도 엇고 어디간 들으민 이팔청춘에 간 무방친헌

고모할마님이 자꾸 영허난 고모 할마님도 호상 츨려 안네고 (장고)

큰고모님 셋고모님 (장고)

아홉살에 서천꽃밧[138]에 간 고모님도 어서 신도업 드려건

저싱 질은 멀고 험란헌 질 검무도산이요 (장고)

놀센 칼날 연꼿으로 화하시고 한탄지옥 얼음물

한탄지옥이라건 온천수로 변해고 한빙지옥 얼음물일랑 온천수로 보내고

독사지옥이라건 청냐븨 백나븨 몸에 환싱허고 (장고)

철상지옥 모진 고문이랑 반야용선 태웁고

흑간지옥 월광님 일광님 밝은 빛을 비추와(장고)

저싱 열대왕 열지옥 열불에 힘을 얻어건

세계세계 극락세계 왕생극락 지를 붙여 줍센허난

양사돈 육마을 영ᄒ님네들도 다들 신도업이옵네다예-(장고)

신공시[139]로 도ᄂ리민 안팟공시우다.

정씨로 하신충 몸받은 안공시 서씨로 억만드러 도신녜

신축생 몸받은 밧공시로 (장고)

삼시왕 삼하늘 남천문밧 유정승 ᄄ님애기 고옛선성님네들도 안팟공시로

---

138) 서천꽃밭
139) 무격의 수호신을 일컬음

신도업드립네다예- (장고)
안공사 도ᄂ리민 전승 그리치게 허던 선성님네 신도업드립네다. (장고)
양씨부모 아바지 몸을 받은 부모조상 선성님 신도업 드립네다. (장고)
황씨 이 조상은 김녕이우다.
황씨선성 임씨선성 이씨선성님 이씨 하르바남
임씨에 할마님 양씨 할마님 신도업 드립네다
안공시로 심방 정씨가 아닙네다. 아바지여 냐주던 어머님이여
설운 동생도 선성질 아니라도 아기는 부모의지
남은 돌이지 돌은 남이지 누겔 의지헙네까
아바지 어머님도 천주교에서 몸에 십자가를 다 때여두엉
앞으로 몇 년 어시민 철리해여당 납골당에 놓젠 ᄆ음을 먹엄시난
전승 그리친 아기 몸받은 신공실에 다들 신도업 드립네다예 (장고)
양씨 수양아바지 몸받은 부모조상 선성님네도
안공시로 신도업 드립네다. (장고)
밧공시로 신의성방 몸받은 신공시로
신의성방도 난날난시 팔자가 험악허여 열네설 나던 해부터
어머님 전승 그리처 뎅기난 홀목 심어 어머님과 뎅기난
설운어머님 신의성방 곧 스물나는 해에 삼대틀언 초역례를 바쳣구나. (장고)
안칩이 강 첫 공시상 받앗수다. (장고)
이 신질도 발릅고 삼신 질도 발릅고 대역례도 바쳣수다. (장고)
붇상헌 설운 어머니 (장고) 이 똘 심방질 내올젠 히난 (장고)
고생허던 설운어머님 (장고) 몸받은 신공시에 신수퍼건 (장고)
이 똘 머리쯤 운동협서. (장고)
간장 석던 어머님 술 석던 어머님 이 똘에 애들른 가심도 풀려건에 (장고)
어머님네 신도업 드립네다. (장고)
진내편 김씨하르방님 영급좋은 첵불조상
임씨할마님 몸받은 영급좋은 삼불도님 (장고)
웨진 하르바님 몸을 받은 첵불 족은 하르바지 몸받은 첵불고모 할마님
몸받은 삼불도도 신공시로 신도업 입네다예- (장고)
어머님 마흔일곱 나는 해에
초신질 발라주던 선성님은 조천 정씨 하르바님 (장고)

신도업 드립네다.(장고)

몸받은 조상님은 벵뒤[140] 진밧가름 물ㅋ실낭 상가지 솟아난 고씨 대선성님

안씨 김씨 선생님 서김녕 임씨 대장간 아끈도간 한도간 아끈지기 한지기

아끈몰레 한몰레 고운얼굴 본메를 보난 게천문[141]은 자꾸 살이살성이 들언

경기도 군포 공일공에사에 강 고은 얼굴 본메 무어습네다예~ (장고)

신도업 드립네다. (장고)

설운 임씨 삼촌도 신도업 드립네다. (장고)

신의성방은 설운 양씨로 억만드러 도신네

설운 삼춘님이 초신질 발라주엇습네다.

안공시에 몸받은 선성님이 신의성방의 초신질을 발랏수다. (장고)

신도업 드립네다. (장고)

이 신질은 정씨 하르방님 발랏수다. (장고)

설운 삼신질 대역례 이씨부모 삼춘 부모조상 발랏수다. (장고)

설운 안사인님 설운 부모님도 (장고)

신의 성방 곧 스물 나는 해에 무형문화재 71호 되난

아이고 나들러랑 데려 뎅기멍 (장고)

굿 배와주고 연물 두두는거 배와주던 설운 안씨 설운 부모님도 (장고)

신도업 드립네다. 한씨 설운 삼춘님도 신도업 드립네다. (장고)

고씨 설운 큰어머니 신도업 드립네다.

심방정씨 아니우다 신의성방 나주던 설운 서씨부모 설운 아버지도 (장고)

신도업 드립네다. 설운 이씨 부모님 (장고)

23년 전에 삼춘님 굿 배와줍센 허난 큰굿 나도 오라 족은굿 나도 오라 (장고)

가민 굿 해여가민 연필하고 잡기장 가정 뎅기멍

다 써건 나 상 굿해여가민 (장고)

굿 다행 가시민 순실아 요건 저영허고 저건 영해야 된다.

나 잇을때 큰굿 배와건에 (장고)

나 죽어도 심방축에 강 기십 죽지마라 (장고)

굿 잘해여 사 된데 해여 굿 배와주고 (장고) 뎅기멍 (울먹이며)

---

140) 널따란 벌판
141) 산판에 소속된 엽전 모양의 점구(占具). 보통 「천문」이라고 함

순실아 나 죽건들랑 조상들이랑 박물관드레 보내어주고 (장고)
나 난 애이들은 분시 몰르난 잘해여 도랜 영해여
아이고 죽기 전 삼일 전에 오라건 (장고)
순실아 나 죽건들랑 귀양해여 질처주고 조상이랑
꼭 박물관드레 보내주랜 허난 (장고)
삼일만에 저싱갈 줄 누게가 알앗수꽈
삼춘 초망 이십서. 나 애기 아팡 서울 잇어부난
나 가민 잘해여 안네쿠덴 해여도
삼일만에 삼시왕에 종명 해여건 조상은 나가 모셔 뎅기젠은 해엿수다만는
아이고 설운 삼춘님 유언을 해여신디
말을 아니들민 아니될거란 말이여 (장고)
조상님은 서울 국립박물관에 강 모셧수다 (장고)
질치영 안네고 영허엿수다.
설운 삼춘님아 산때에 제주도 삼대틀엉 큰굿 헐때민 큰심방으로 허젠
ᄆᆞ음먹언 잇단 삼춘님 산 때에 허젠 문씨 ᄌᆞ순 박씨 ᄌᆞ순이 암만 힘을써
동서남북으로 인연을 촛저 촛저 해여도 못 해여신데 (장고)
아이고 삼춘님 삼시왕에 종명허난 삼시왕에서 도와주난
이번 춤은 KBS에서 후원해여주고 전통문화연구소에서 박씨ᄌᆞ순 문씨ᄌᆞ순이
열정성을 다해영 이 굿 해엿수다 허난 이씨 부모 설운 삼촌님도 (장고)
큰굿 잘배와도 놔두난 이름 좋은 서순실이
산춘 더태에 큰대 세와 큰굿히께 오랏수디.
몸 받은 밧공실에 신수푸어 (장고)
신도업 드립네다. (장고)
조상님은 할마님 육간제비 돈제비여 (장고)
현씨일월 맹씨 큰아바지 최씨 부모님도 (장고)
신도업 드립네다. 이씨 하르바님 한씨 할마님 정씨 할마님도 (장고)
신도업 드립네다. (장고)
설운 이씨 부모님 오씨 부모님 (장고)
아이고 설운 한씨 삼춘 이거 친정 땅이우다.
이름 좋은 한일춘이 놈인 성읍리 사람들은 모른 사람 엇십네다 (장고)
신도업 드립네다. (장고)

종달이 시왕박씨 할마님 얼굴모른 오씨에 하르바님 김씨에 할마님 (장고)

일본서 삼시왕 종명한 김만종 하르바님 (장고)

신도업 드립네다. (장고)

종달이 웨진편 삼촌대ꞏ지 스물다섯된 유래전득헌 청군복답 (장고)

조상님 웨진할마님 막녀 할마님도 (장고)

신도업 드립네다. 신촌 큰물당 김씨할마니 (장고)

역개 낙수통경 문씨영감님 (장고)

도련들어 큰굴 조만호 조철방 원당오름 가매 웃판 일어나난

열운이 그 등에 맹오안전 맹오부인 (장고)

도래모사랑도 박씨 부모조상님 질친밧도 박씨 하르바님

쉐죽은밧 김씨 할마님 월정 빙겡이 박씨할마님 (장고)

골막 게우모루 천왕문쇠 지리대천문에 놀던 조상 (장고)

증고조 웃대 하르바님 형제도 선질머리 웨진조상 논밧거리

웨진 조상 동거리도 웨진조상님 김녕 큰삼춘네 내외간 큰누님네 내외간

백건이 아방 내외간 이씨 설운 삼춘님 초신질 이신질

삼신질 발라준 선성님은 안공시 몸받은 선성부모조상들이우다.

초신질 이신질 삼신질 발라준 선성님네 (장고)

신도업 드립네다예~ (장고)

혼어깨에 오랏습네다.

양씨로 억만드러 도신녜 일흔ꞏ돕 김씨로 당주ꞏ님 곧ꞏ든 내외간 몸받은

부모조상은 안공시로 안팟공시로 신도업 드립네다. (장고)

정씨 오라바님 불상허난 (장고)

열네 서너살때부터 이전성을 그리치난

아이고 젊을땐 굿 잘허고 이제 나이들어 몸이 아파도 이질로 뎅기단

오랏습네다. 이씨 설운 성님 부배간이우다

몸받은 부모조상 선성님네 처부모 조상선성님네들

신도업드립네다. (장고)

설운 강씨 삼촌님 몸받은 (장고)

아이고 설운 한씨 삼촌님도 (장고)

산 때엔 순실아 순실아 허멍 큰굿 족은굿 나도 옵서 허민 ꞏ찌 가게허민

ꞏ찌뎅기고 아이고 삼춘님 어서들 (장고)

처 삼춘 부모 7찌 의지해여 흘목심어 댕겻수다. (장고)

한씨 설운 삼촌님네 (장고)

첵불조상님 고모육간제비 조상이여 친정 큰아바지 나준 아바지

불상헌 동저독녀 설운 동생 (장고)

몸받은 조작 삼멩두 조상 친정 어머니 홍씨 편으로

어멍 몸받은 조상 허씨선성

이씨선성은 세화 해녀박물관에 모셧수다 (장고)

신도업 드립네다예- (장고)

혼 어깨에 오랏수다 강씨 설운 아즈바님

몸받은 첵불 나경판 놀던 첵불조상님

아바지 어머님네 삼부처 몸받은 일월삼멩두에

당주ㄸ님 몸받은 부모조상 선성님네 (장고)

신도업 드립네다. (장고)

오씨 설운 성님 몸받은 원당할마니 (장고)

전싱 그리친 아기난 아버지 어머니 설운 언니영 (장고)

강씨 선성 김씨 선성 한씨 선성님 (장고)

시부모 아바지 몸받은 부모조상 선성님네들도 (장고)

신도업 드립네다.

송씨로 서른네설 (장고)

글이랑 전득허고 활이라건 물립네까

쇠힐미님 놓은 연줄 이머님 놓은 연줄도 실쳄 허난 벵 빋치고 (상고)

어멍 심방질 허는거 보멍 불쌍허고

어멍 정월 나민 정월코ㅅ 뎅기젠 허민

어멍 혼저만 뎅기는거 보멍 불쌍허고

어멍 모셔 뎅겨가난 자꾸 몸 아파노단 몸만 아프난

어멍 나 심방질 허쿠뎬 허난 (울먹이며)

난 어멍도 가심이 먹먹허고 아이고 저 남편네 아직 젊고 애기들도

아직 열 살 미만이고 영해여도 (장고)

심방질 허레 뎅겨가난 몸 많이 아프난 남펴도 (장고)

이가숙 안 아프난 ㄴ의엔 말 못허고 허난 이번 춤도 어멍은 아니 오라도

어멍이 나 동생아 나 하나보는게 우리똘 같이 흘목심어 뎅기멍

굿도 배와주고 영허랜 해여건 나도 외롭고 저 조캐 대려 뎅기멍
굿배와 주젠 해영 오랏습네다. (장고)
어머님 몸받은 조상은 신의 안도 암씨 선성 (장고)
신의 밧도 임씨 선성 (장고)
물동산 최씨 선성 신도업 드립네다. (장고)
웨진 부모 하르바님 할마님 쳇불조상이여 신도업드립네다.
몸 받은 조상님은 한질에서 유래전득헌 조상님
최씨 선성 송씨 할마님 (장고)
송씨 선성님네 영순이 어멍 영순이네 신도업 드립네다.
양씨 설운 할마님도 (장고)
아이고 동문밧 권위웃품나고 굿 잘허고 소리좋고 언담좋고
문세 좋던[142] 설운 양씨 할마님네 (장고)
신도업 드립네다. (장고)
고씨 설운 하르바님도 옛날은 심방집이 굿 가민 곱은 멩두 잘맞고
강씨 하르바님은 당주 연맞이 잘허고 이공맞이 종달이 김씨할마님네가
권위웃품 나게해여 나난 (장고)
고씨 말젯 하르바님네 저 손지 조름으로 신공시로 신도업 드립네다. (장고)
이 성읍리도 안팟공시로 옛날 ▫을굿 허던 고씨 선성님네
양씨 선성님네 양씨 선성님네들
아이고 설운 왕저 설운 삼춘님네 (장고)
친정땅입니다 설운 왕저 설운 삼춘님도 신도업 드립니다 (장고)
일로 표선은 내려가민 신씨 대선성님 신도업 드립네다
맹구님 맹오기 선성님 서너 오누이도 신도업 드립네다
일로 저레 가민 남원은 가면 신씨 대선성님 (장고)
신금년이 설운 할마님네도 신도업 드립네다
박수물은 조씨 선성님 학선이 선성님네들도 신도업 드립니다 (장고)
서귀포 가도 박씨 인봉주대 김씨 김봉주대에
박성옥이 하르바님네 박희신이 하르바님네 김용주 선성님네 서너 성제우들
신도업을 드립네다 (장고)

---

142) 글 잘 쓰던

신대연이 설운 아즈바님네들도 신도업 드립네다 (장고)

이름 좋은 오방근이 설운 오라바님도예~ (장고)

이 굿 오기 전에 열흘 앞서에 희영헌 두루막 입고

갓 씌고 해연 아자건 (장고)

아이고 이때^까지 삼시왕에 종명허여도 흔번 꿈에 아니 싯꾸우단

이 굿허젠 해연 ᄆ음 먹어가난 생전에 같이 꿈에 선몽을 시겨건 (장고)

방근이 오라바님도 아이고 이때^까지만 살앗시민

ᄀ찌 벗들 허멍 이 굿 헐 걸 삼시왕에 갈지라도 선성님네들이영

안팟공시로 신도업 드립네다 (장고)

글로¹⁴³⁾ 저레 가민 열리가도 김명선이 설운 삼촌님

안덕 가민 덕수우다 김덕수 설운 삼촌님네 신도업 드립니다 (장고)

모실포 가민 다마짱 설운 사돈님네도 신도업 드립네다

한림은 가민 이성용에 설운 삼춘님네 서문밧은 문통경 양씨 대선성님

양씨 선성또에 양씨 선성님네 (장고)

홍씨 선성님 홍씨 선성님네도 신도업 드립네다

벵뒤 하르바님네도 신도업 드립네다

저 하귀 가면 강종규 설운 삼촌님네도예~ (장고)

신도업 드립네다

설운 이만송이 설운 삼촌님네 서문밧 이씨 선성님네 (장고)

조씨 선성님네 신도업 드립네다

도그내 문창옥이 하르방님네도 신도업 드립네다

제주시 들어오민 고씨 대선성님 신도업 드립네다

내팟골은 김씨 선성 김씨 선성, 또에 김씨 선선님 신도업 드립네다

남문통은 가면 문옥선이 설운 삼촌님네 (장고)

형제우들 신도업 드립네다

문성남이 설운 아즈바님도 신도업 드립네다

아이고 대정 설운 삼촌님도예~ (장고)

아이고 살저살저 허단 나이 들어건

삼시왕에 종명허던 설운 대정 삼촌님네 (장고)

---

143) 거기로

신도업 드립네다. 이름 좋은 강도하 설운 삼촌님네 (장고)

굿 잘 허고 소리 좋고 메치 좋던 설운 삼촌님네 (장고)

신도업 드립네다

산짓 할마님네 김씨 선성님네 홍씨 선성님네

홍상옥이 설운 하르바님네도 신도업 드립네다 (장고)

화북은 오민 만근이 하르바님 홍씨 선성님네 신도업 드립네다

서씨 웨진 조상도 신도업 드립네다

설운 강시숙이 설운 아지바님도예~ (장고)

아이고 삼시왕에서 성님아 걸읍서

삼춘 걸읍서들 허멍 안팟공시로 (장고)

신숙이 아즈바님 신도업 드립네다

아버지네 삼형제도 신도업 드립네다

말젯 어머니 홍씨우다. 아이고 설운 홍씨 삼촌도 신도업 입네다예~ (장고)

삼양오민 이원신님 양씨 선성 양씨 삼춘님네

설가물개 김씨 선성 김씨 할망 설운 영수 삼촌 (장고)

신도업 드립네다.

신촌은 오민 고씨 할마님도 신도업 드립네다

정씨선성 안씨선성 윤주삼춘님네 신도업 드립네다

조천 가도 안씨선성 김씨선성 설운 정씨선성 (장고)

신도업 드립네다 함덕 오민 김씨 선성님 또 예

김씨 하르바님 김만보 설운 삼촌님네 신도업 드립네다

상원이 설운 삼촌님네 연춘이 삼촌님네 신도업 드립니다

상원이 신펭이 연옥이 국화삼춘네들 (장고)

신도업 드립네다 (장고)

북촌 오민 홍씨선성 김씨선성

동복은 오민 고씨선성님 박인주 설운 삼춘님네

굿 잘허고 언담 좋고 소리 좋던 설운 삼촌 (장고)

신도업 드립네다. 김녕은 다 거니렷수다

고씨 선생님네 신도업 드립네다 월정은 베롱개 임씨 선성 (장고)

백장빌레 고씨 선성님 터낭거리 김씨 선성 김씨 삼촌 (장고)

행원 이씨 고씨 강씨 선성님도 초감제 연ᄃ리 신도업 입네다예~ (장고)

한동 가민 큰머실 새터실 조근 허씨 선성 허정화 하르바님

설운 강태우 설운 삼춘님네 부배간도 신도업 드립네다

모살왓도 박씨 선성 불그못도 박씨 선성

모살동산 김씨 선성 산농이 선성님네 금순이 어머니 금옥이 어머니

독개 삼춘님네 송당 하르바님 내외간도 신도업 드립네다예~ (장고)

상세화리 가민 정씨 대선성님 신도업 드립네다

대준이 설운 삼춘님네 부배간도 신도업 드립네다

송당 가도 고씨 선성님네 신도업 드립네다

하돈 다 거니렸습네다

하돈 강씨 하르바님네 신도업 드립네다 (장고)

시흥린 가민 달곤이 설운 선성님네 이수녀 선성님네 (장고)

이씨 선성님네 시흥리도 이씨 선성님네 현씨 선성님

신도업 드립네다 (장고)

동남 가민 정씨 선성 정씨 삼춘님네

한씨 선성 한씨 선성 김씨 선성님네

저 우도 가민 양씨 선성 한씨 선성 김씨 선성 (장고)

산내끼 신황수님도 신도업 드립네다 (장고)

신풍리 가민 문일이 어머님은 아직 생혼이옵네다 (장고)

홍매화 할마님네 신도업 드립네다 (장고)

동래 부산 놀던 선성님네들 고중녀 문춘보 개꼬 어머님네

동래 부산 놀던 선성님네 일본 주년국 땅에서 놀던 선성님네들도

다 신도업 드립네다예~ (장고)

멘공원[144]에 멘황수 도공원에 도황수님

옛날 입춘춘경 치던 선성님네 정의 가도 천주국주 대선성 모관 와도

천주국주 대선성님 (장고) 신도업 드립네다 (장고)

굿 잘하고 언담 좋고 몸짓 좋고 소리 좋던 선성님

안팟공시로 신도업 드립네다

천문선생 덕환이 상잔선성 덕신이 요랑선성 홍글대대 북선성은 조막손이

---

144) (面公員) 일제 초기까지 제주도 무격 단체 신방청(神房廳)이 있었는데, 심방청의 면(面)의 장을
도황수(都行首)라 하고 그 밑에 보좌역(補佐役)으로 「도공원(都公員)」이 있으며 그 산하에 각 면
신방청이 있었으니 그 장을 멘황수(面行首)라 하고 그 보좌역을 멘공원(面公員)이라 했다 함.

장고선성 명철광대 대양선성[145] 화랭이 설쇠선성 누저왕은 나저왕
입춘춘경 하산지옥 울려오던 선성님 (장고)
천보답에 만보답에 고리동벽 안동벽 좌동벽에 놀던 선성님
떡선성은 내애기 밥선생은 제애기 술선성은 이태백이 (장고)
놀메선성 기메선성 당반선성 자리베 선성님네 (장고)
신도업 드립네다 산이 멩도 천도천명 죽어 멩도 부두대천명
놀아옵던 선성님네 깃발보멍 연발보멍 울북울적 가늠허멍
안팟공시로 신ᄃ업 ᄃ립네다예~ (장고)
시군문 연ᄃ리로 나사민 어시럭이 멩도발 더시럭이 멩도발
고부랑은 살죽멩도발은 당주ᄉ록 몸주[146]ᄉ록 신영간주ᄉ록
울랑국[147]에 범천왕[148]에 대제김[149]에 살이살성 불러주던 멩도발
어주애 삼녹거리 서강베포땅에 노는 멩도발
팽저생인 유저생인 질에 노는 멩도발들, 다들 신도업드립네다예~ (장고)
시군문 연ᄃ리에 나사민 할마님 뒤에는
걸레삼싱 구덕삼싱 업개삼싱 악살대기 아양대기 호용대기 (장고)
초공전에 군줄이여 이공전에 군줄이여 삼공전에 군줄이여 (장고)
시왕뒤에는 선배 후배 마후배 걸남베는 조삼베
기들른 이 창들른 이 행금주대 들른 이들 (장고)
삼멩감에 삼ᄎᄉ에 노는 군줄들 당주 조상 뒤에 노는 임신
상안채에 중안채에 하안채에 전대기에 차대기에 똘라오던 (장고)
멩도발도 저먼정에 군마절진협서
본당에 군줄 신당에 군줄 오름산이 봉산이 서저구리 귀마구리에
청칼에 청토실멩 흑칼에 흑토실멩 백칼에 백토실멩질에 (장고)
노는 실멩질 동산앞 한집 뒤에 노는 신전님들 (장고)
저 먼정에 군마절진들 협서
일월조상 뒤에 요왕군졸 선왕군졸 영감에 참봉에 애애기에 제애기에

---

145) 징(鉦)선생
146) 「몸주」는 수호신의 뜻. 「넉신몸주」라고도 함
147) 북의 별칭
148) 모든 무악기를 일컫는 말. 「울랑국범천왕」이라고 한 단어로 일컫기도 함.
149) 북, 징을 일컫는 말

우미 상고 팽고 상고 뒤에 놀아오던 임신들
영혼들 저싱 벗이나 저싱 친구들도 저 먼정에 군마절진들 협서
동설용엔 군줄이나 서설용에 군줄이나
남설용은 북설용은 거부용신 대용신은 (장고)
한좌자기 당오벽이 구대연이 김통경 진좌수 난리때
무진년은 4.3사태에 죽어가던 임신들
남에 엄살 물에 엄살 어서라 벗어라 굶어 가던 임신들 (장고)
큰낭지기 큰돌지기 엉덕지기 수덕지기 냇골지기 고랑지기들
성읍리 현관 안에 큰 굿소리 남구나 이 현관에 노는 임신들
다들 저 먼정에 군마절진들 협서
낮도 보직 성도 보직 이름 보직 해영
당주 하직해연 당주 모셔오란 북촌간 당주 설연해여 가난
이 ᄌᆞ순들 굿 허젠 해염구나
밤에 누워 꿈에 선몽 남개일몽 비몽선몽 허여옵던 (장고)
이런 임신들 저 먼정에 군마절진들 협서
저만정에 나사민, 갑자 을축 병인 정묘 무진 기사 일에 가던 임신
경오 임신 계유 갑술 을해 일에 가던 임신
병자 정축 무인 기묘 경진 신사 일에 가던 임신
임오 계미 갑신 을유 병술 정해 일에 가던 임신 (장고)
무자 기축 경인 신묘 임진 계사 일에 가던 임신들
갑오 을미 병신 정유 무술 기해 일에 가던 임신들
경자 신축 임인 계묘 갑진 을사 일에 가던 임신들
병오 정미 무신 기유 경술 신해 일에 가던 임신들이여
임자 계축 갑인 을묘 병진 정사 일에 가던 임신들
무오 기미 경신 신유 임술 계해 일에 가던 이런 임신들 (장고)
쉬은두설이 모실포에서 대학공부 헐 때에
ᄒᆞᆫ잔 술에 의탁허던 임신들 (장고)
얼굴 좋다 몸 좋다 의탁허던 임신들
굿허레 뎅기멍 말명입질 떨어지던 임신들 (장고)
일본은 주년국에 굿 허레 갈때에 똘라들던 임신들 (장고)
ᄒᆞᆫ잔 술을 먹으민 두잔 생각나게 허고

두잔 술을 먹으민 세잔 생각나게 허던 임신 (장고)
저면정으로 나중에민 이 굿 끝나민 떨어진 조상들 어시 배고픈 조상이랑
안네건 젖은 걸랑 먹고 ᄆ른 걸랑 가정 임과 신을 곱을 갈라건
ᄀᆸ을 지저 어서 가저 영험네다 (장고)
초감제 연ᄃ리로 떨어진 조상들 어시 다들 신도업 드립네다예~ (장고)
초감제 연ᄃ리로 떨어진 조상들 어시 다 신도업 드령잇습네다

(장고를 놓고 신칼을 들ᄀ 자리에서 일어선다.)
안공시 몸받은 조상님과 밧공시 몸받은 조상님네 떨어진 조상들이나 어시
(신칼점)
다들 고맙수다 신도업이나 군문을 잡읍서 (신칼점) 고맙습네다
안공시 몸받은 조상님은 조상님 다 알암수다
ᄌ순 쫓앙 뎅기난 보난 정의도 뎅기고 모관도 가고
이때ᄭ지 조상도 말은 못해여도 신질이야 어딜 갑네까
이젠 절대 ᄌ순은 절대 거부량도 안허고 영헐거난
안공시로 신수퍼건 군문을 잡읍서
경해사 신의 성방도 (신칼점) 고맙습네다
밧공시 몸받은 조상님 설운 어머니 영급 좋은 첵불조상님이영
설운 이씨 부모님이영 몸받은 조상님네 밧공시로 신수퍼
ᄌ순 머리쯤 문둥허고 양단어깨 강림해여 명산명점을 시겨건
갈때도 군문 올때도 군문 (신칼점) 고맙습네다 경허민
이번ᄎᆷ 신질 발루래 오랏수다
신질을 곱게 발라준댄허건 (신칼점) 고맙습네다
초감제 연ᄃ리에 신도업 허엿습네다
일만팔천 신전님 준지너른 금마답 천보답상 만보답상드레
청대고고리 가늠허고 깃발보멍 연발보멍 울북울정 가늠허멍
천보답상드레 ᄂ리저 허시는데
천리땅 만리요 만리땅 천리길이로구나

〈물감상〉

오리 안도 부정이요. 오리밧껫도 부정이요
십리안 십리바꼍, 준지너른 금마답
대통기 소통기 지리여기 양산기 좌우둣 안으로 ㅅ해 열두당클
연양당주전 놀매전지 기메전지 당반지 부정
천보답상 만보답상 부정신 본주지관에 부정신, 신의 성방 신에 신청 부정신
약밥약내 가견내 놀낭내[150] 놀핏내[151] 동경내
거리부정 질착부정 만헌듯 허십네다
서울물은 임 석어 부정되고, 산짓물은 궁녀 신녀 손발 씻어 부정되고
조천 금돈지물은 정등ᄆᆞᆯ발굽 씻어 부정되고
산으로 내린 물은 나무돌곱이 석어 부정되엇습네다
하늘로 내리는 물 지장산새밋물
굽이 너븐 초동초대접 웃숫복에 떠다 잠시만 점주해여십서
신소미 나사건 부정도 신가여 드리겟습네다예~
(수심방 손을 모아 절한다.)

〈새ᄃᆞ림〉 이승순

〈새ᄃᆞ림〉은 하늘의 은하 봉천수 맑은 물을 떠다가 제장의 부정을 씻는 〈부정신가임〉, 신이 하강하는 길의 모든 사(邪)를 쫓아, 굿판[祭場]의 부정을 씻어내는 〈새ᄃᆞ림〉, 아픈 환자의 몸을 아프게 하는 병(病), 마음의 부정까지 쫓아내는 〈푸다시〉를 하고 〈겟북제맞이굿〉까지 이어진다.

[물감상굿]
(소미 이승순 님 감상기와 물그릇을 들고 제장에 들어와
춤을 추어 제장의 부정을 가이는[152] 물감상굿을 진행한다.)

---

150) 노린내
151) 피냄새
152) 씻는, 정화하는

바껫딜[153]로 천지염라대 좌우독기 안으로 ᄉ해연당클 삼천천제석궁
안으로 안시왕 삼본향 양서 마을 알로 내려 군웅일월 삼진 제왕세석님과
초감제로 1만8천 신우엄전님네 내려 하강허시저 헙네다
그리말고 초강초대접 산석벽 흐르는 산새밋물 떠받아 물감상 굿이외다

(감상기와 물그릇 들고 각 당클을 돌며 악무)
물감상 아뢰오난 백근이 차다헙네다
금마답으로 천지월덕기에도 부정이 많읍네다
좌우돗기에도 부정이 많읍네다
삼버리줄 나비줄전기에도 부정이 많읍네다
안으로 들어오난 비ᄌ나무 상당클 계수나무 중당클
하ᄌ나무 하당클에도 부정 서정이 많읍네다
기메전지 놀메전지 당반지에도 부정 서정이 많읍네다
천보답은 만보답에도 부정서정이 많읍네다
각서추물에도 부정 서정이 많읍네다
신의 성방 앞장 단골님 앞장 본주제관 앞장에도
부정 서정이 만허여 옵네다
부정 서정 신가이고 내카일수 있겟느냐
그리 말고 하늘로 ᄂ린 물은 천덕숩네다
지하로 솟은물은 지덕숩네다
동해와당 산석벽 흐르는 산새밋물 초강 초대접 떠받아 청댓섶 온놀리며
안으로 바껫드레 바껫으로 안트레 부정 서정 신도 신가이고 내카입네다

(감상기 물그릇 들고 악무)

부정 서정 신가이고 내카이난 정씨에 쉰에둘님
몸받은 연양당주전에도 부정 서정이랑 신가이고 내카입네다

---

153) 바깥에는

(감상기 물그릇 들고 악무)

안으론 연양당주전으로 마흔ㅇ돕 빗골장에 서른ㅇ돕 고모살장
스물ㅇ돕 모란장에도 부정 서정 신가이고 내카엿수다
동심절 육고비에도 부정 서정 신가이고 내카이난 몱고 창량헙네다
이 물은 아래 버령 마당 너구리[154] 땅 너구리 돈돈이 주워먹이민
ㅈ순에도 죄가 될듯 헙네다
지붕 상구역 억만수계 무어 들여가며
기픈 물엔 용이 놀고 얕은 물에 새아자 놉네다
용광새랑 낫낫치[155] ㄷ리자[156]

[새ㄷ림]
(소미는 본주(환자)를 제상앞에 앉혀놓고 요령을 흔들며 창을 하여 환자의
몸에 붙은 새[不淨]을 쫓아낸다)

천왕새 ㄷ리자/ 지왕새 ㄷ리자/ 인왕새 ㄷ리자/ 초감제 연ㄷ리로/
ㅎ합시 개벽시에/ 천지왕 지부왕 바구왕/ 열다섯 십오생인/ 대소별왕님네/
오시는데/ 새아자 옵네다./
천군지군/ 인왕낭군님 오는데/ 새아자 옵네다 (요령)/
옥황엔 부엉새/ 지하엔 도덕새[157]/ 영락엔 호박새/ 준주세 마을새/
안당엔 노념새[158]/ 밧당엔 시념새/ 총돌기 알롱새/ 낫낫치 ㄷ리자/
정씨 쉰에둘님/ 몸을 받은/ 당줏하르바님 할마님/ 당줏아바님/
당줏어머님네/ 오시는데/ 새아자 옵네다 (요령)/
궁이삼형제 오는데/ 새아자 옵네다/ 요 새의 본초가/ 어디에 새란고 (요령)/
옥황은 문도령/ 지하에 ㅈ청비/ 얼굴이 좋던고/
서수왕 뚤아기/ 문수이 덕이사/

---

154) 지렁이
155) 낱낱이
150) 꽃이 비러지
157) 도둑새(盜邪)
158) 놀음놀이하는 새

시녁¹⁵⁹⁾을 못가난/ 이열에 죽던고/새몸에 갑데다 (요령)/

머리론 두통새/ 귀에는 월구새/ 눈에는 곰방새 (요령)/

코에 숭임새/ 입에는 하늬새/ 목에랑 천징 フ른 징/ 가슴에 장열새 버리자/

오른뚝지 청비개/ 왼뚝지 흑비개찡/ 불러야 주던 새/

애믈른 새라건/ 물주며 ㄷ리고 (요령)/ 배고픈 새라건/ 쏠주며 ㄷ리자/

저멀리 ㄷ리자/ 주워라 휠쭉 (요령)/ 휠쭉휠짝/ 동서남북드리/ 짓놀아 가는 곳/

요새가 들어서/ 아니고 ㄷ리면/성은 정씨/ 쉰에 쉰에일곱님/

넋새 ㅎ새 ㄷ리자 (요령)/ ㅎ병을 주던 새/ 신병을 주던 새/ 산은 살려면/

해낼년 주던 새/ 낫낫지 ㄷ리자/ 낳은 아기/ 여궁녀 스물ㅎ설/ 열두설/

이 아기들 앞장/ 숭엄을 주던 새/ 재화를 주던 새/

벌어논 금전에/ 해말년 주던 새 (요령)/ 물주며 쏠주며/ 저멀리 ㄷ리자 (요령)/

주어라 휠~쭉/ 휠쭉휠짝/ 동서남북드레/ 짓놀아 가는 곳/ 아니고 ㄷ리면/

요새가 들어서/ 마흔ㅇ돕 상단골/ 서른ㅇ돕 중단골/ 스물ㅇ돕/ 하단골 (요령)/

열ㅇ돕은/ 재민단골에 (요령)/ 아자난디 사난디/ ㅎ설을 주던새 (요령)/

해말년 주던 새/ 상안채 중안채에/ 하안채에/ 뜰라도 오던 새 (요령)/

낫낫치 ㄷ리자/ 당주ㅅ록 몸주ㅅ록/ 신영간주ㅅ록 (요령)/ 불러야 주던 새/

애믈른 새라건/ 물주며 ㄷ리자/ 배고픈 새라건/ 쏠주며 ㄷ리자/

저멀리 ㄷ리자/ 주워라 휠~쭉 (요령)/ 휠쭉휠짝/ 동서남북드레 (요령)/

짓놀아가는 곳/새끝엔 멧징이 놉네다 (요령)/

천왕가면 열두메/ 지왕은 열ㅎ 메찡/

인왕은 아홉메 (요령)/ 징월상상 메찡/ 이월은 영등네 (요령)/ 삼월삼진 메씽/

ㅅ월은 파일메 (요령)/ 오월 단오 메찡/ 유월 유두 (요령)/ 칠월 칠석메 (요령)/

팔월은 추석메 (요령)/ 구월은 단풍메 (요령)/ 오동짓돌 동짓메 (요령)/

육섯돌은/ 늦은메 버뜬메찡 (요령)/ 요메찡이 들엉/ 쉰에아홉님 (요령)/

병원드레 가고/ 약방드레 가게허던 (요령)/ 열두숭엄/ 메찡이라(요령)/

시왕올라 대번지 (요령)

써 써 써 나라

(악무)

---

159) 시집

(신칼점)
(물을 입으로 뿜는다)
허쉬 허쉬~
정씨 쉰에둘님 군마결진 불럿저
구진새는 난나치 드려수다

(악무)

〈도래둘러맴〉

향로를 들고 춤을 추다가 소미들이 치는 북, 설쇠, 징 앞에서 연물(樂器)이 잘 울리도록 기원하며 향로를 돌리며 춤을 추고, 악기의 신인 '너사무너도령'을 대접하는 도래상의 돌래떡과 과일 등이 든 채롱을 악기 위에 얹어 놓고 대접하며, 굿판에 모인 구경꾼과 단골들에게도 인정을 받는다.

(요란한 악무가 시작된다. 심방은 각 상에 신칼점을 한다. 여러번 신칼점을 한 뒤 절을 하고 일어서서 요령과 신칼를 흔들며 사설을 한다.)

동방새물 지주에잔 서방 건주에잔 새물 지주에잔 저먼정 들여가면 (요령)
초감제로 금마답 천지월덕기 가늠허여 일만팔천 신전님이 내리시저
너희국 전래 있겟느냐
우리 전래법은 원흔들면 사래법이 잇고 신은 들면 도래법이 잇습네다

(향로를 왼손에 든다.)

천왕도래 신나수면 천군님도 응허실듯 (요령)
지왕도래 신나수면 지군님도 응헐듯
인왕도래 신나수면 인왕만민 군사가 응헐듯 헙네다
그리말고 쿄미 언단상님이 제단상 삽선창 신부치머
천왕 초도래도 신나수와 신부쩌~

(향로춤)

삼선향 지도튼 천왕도래 신나수와 신부찌난
천군님도 응험네다 청이슬잔 지넹겨 드립네다
지왕도래 신나수와 신부찌면 지군님도 응헐듯 험네나
삼선향 신붙이면 지왕 이도래도 신나수와 신부쩌~

(향로춤)

지왕 이도래 신나수와 신부찌난 지왕 영헌 지군님도 응험네다
흑이슬잔 지넹겨 들여가며 삼선향 지도터 신부찌며
인왕도래도 신나수와 신부찝네다~

(향로춤)

인왕도래 신붙이난 인왕만민 군사가 응험네다
흑이슬잔 도래마을잔 지넹겨 드립네다
상방 상도랩네다 중방 중도대 하방 하도래 신나수난
원전싱 팔잡네다 원전싱 ᄉ줍네다
이간 군문안 이름 좋은 정자 공자 철자 금년 경지생 쉰에둘님
어느 부모조상 유기전답이랑 좋은 물림허영 삽네까만은
난날 난시 기박허여 좋은 공부허여 좋은대학 나오랑
연극사무실에서 몇년 동안 종사허당 나팔자 나ᄉ주 새기질 못허여
좋은전싱 팔자그리처 내난가위 밤엔 불성가위 마련허여
서른다섯부터 좋은전싱 그리쳔 뎅기단
어느 부모조상 허던 전래 물림헐 때 엇고 허난
금년 신묘년 원구월달 초ᄋ드레날 저 하귀 양씨 부모 조상님 물림허여
옛날 궁의아들 삼형제 기픈궁에 든 어머님 야픈궁드레 오고
야픈궁에든 어머님 신가심을 열리젠 영허시어 어주애 서강베포땅 들어가
마흔ᄋ돕 초간주 서른ᄋ돕 이간주 스물ᄋ돕 하간주집 마련허고

가지 높은 신전집 지애 너른 연양당주집 몸주집을 무어건
금년 쉰에둘님 초신질을 발르젠 허엿수다
몸받은 연양당주 당주도래가 올라온다 몸주도래 올라온다
진영간주 도래도 동글동글 신나수와 신부찝네다~

(향로춤)

쉰에둘님 몸받은 당주 몸주 신영간주도래 신나수난
안도래가 올라온나 맛노래가 올라온나
그리 말고 삼선향 지도투고 영로 삼주잔[160] 각서추물 둘러받아
안도래랑 밧드레 밧도래랑 안드레 동글동글 내놀리자~

(과일 메가 담긴 쟁반을 들고 악무)

안도래 밧도래 안팟도래 동글동글 아이고 인정을 받아 [받주]
아이고 이거 쉰에둘님 스물하나 영 열두설 영
스물하나는 몰라도 열두설은 나도 보고프다 영

(인정을 받으러 다닌다.)

오늘은 마당드레 갑니까 가지말주게
오늘 여러 선생님네 고생햄수다
심방 심방들 굿허는데 오젠허민, 인정 돈도 하영 [만원걸엇수다예]
안 바꿔 수표라도 천원짜리라도 흡써게 하도[161] 인정 족아도 인정 아닙네까
아이고 야 지갑 텅텅 비난 경해도 심방은 마음좋은 심방이어게
아 나 카드 필요 없수다 나 카드 안 씁네다
우선 저 이 어른들 앞이 우선 카메라맨들 앞이 이것도 선왕이라 기계선왕
인정 하영 걸엄시난 [다음에나 받주게]

---

160) 굿을 할 때 신에게 권하는 3개의 술잔
161) 많아도, 아주, 대단히

이거 어디로 양쪽 밧딜로 인정하영 걸엄수다

아이고 일본서온 선생님네 일본강 살암심 나도 또 봐질지 몰라예

만나질지 몰라 사람 인연이라는게 인정 하영 받앗수다 영헌

인정 하영 받아 위올리난 공든자를 촛이라 지든자를 촛이라 헙네다

공든자 지든자 촛안보난 단골님네 드리젠 허여도

공은 들고 지도 못내 들엇구나

본주제관 안해젠 허여도 공은 들고 지가 못내 들엇구나

신의 성방들 드리젠 영허여도 공은 들고 지가 못내 들엇구나

연당일 굽어보난 밤낮 몰라 울어가고 울어오는 너사부너도령 삼형제

원불수룩[162] 올리면 원전싱 팔저 구저오던 원구월 둘이우다

원구월둘 초으드레 본멩두도 신나술 듯 열으드레 신멩두도 신나술듯

스무으드레 시왕삼멩두 신나수와 원전싱 팔저ᄉ주 기렴헌 정씨 쉰에둘님

이조상 울림허영 앞으로랑 푸다시 굿이영

일월맞이 귀양풀이 성주풀이 불도맞이

시왕맞이 나술듯 밧공시로도 전싱 팔저 ᄉ주 기렴헌 서씨 신의 하나님 (요령)

초신질 발라주저 오랏수다

푸다시 굿이여 귀양풀이여 일월맞이 불도맞이

안시왕맞이굿 밧시왕맞이굿 나수와

덩드렁포 지영들건 마깨포를 지영 들게 허고

마깨포를 지영나건 덩드렁포 지영들게 해영

안간주가 휘어지고 밧간주가 휘어지고 간주대가 부러지도록

삼시왕 삼천왕에서

나수와줄듯 헙네다

삼선향 지도툽네다 영로 삼주잔 둘러받아 원불당 젯북제맞이굿이외다

('당당 당당당'으로 시작하는 수룩연물에 맞춰서 요령과 신칼을 흔든다.)

(안연물과 밧연물 앞에서 차례로 신칼점)

(북 장단에 맞춰서 사설)

---

162) 부처에게 바치는 시주

저먼정/ 도래마을잔/ 지넹겨 드립네다/
저먼정 나사민/ 기메선생님네 놀메선생님/보답선생님네 자리선생님/
북선생은 조막손이/ 대양선생 와랭이/장고선생 명철광이/
도래마을잔 드립네다/
설쇠선생 느저나저/ 요랑선생 홍글쟁이/ 천문선생님네/ 신칼선생님네/
바랑[163]선생님네/ 주잔협네다/ 저먼정 나사면/ 옛날 대정가도 천저금저/
정의가도 천저금저/ 맨공원에 멘황수/ 도공원에 도황수/ 입춘춘경 딸려오던/
선생님네/ 안공시로들/ 쉰에둘에 유래전득 받던 선생님네/ 서씨 신에 하나님/
부모조상 저먼정/ 도래 마을잔 주잔권잔입네다/

도래 마을잔 많이 지넹겨 드려가면 잔도 오겟수헙네다
대도 오겟수허여 불법전 위올리면
초감제로 초군문 이군문 삼시도군문 열리레 가겟습네다.

〈군문열림〉 서순실

〈군문열림〉은 심방이 하늘 신궁의 문을 여는 과정이다. 심방은 감상기라는 생죽(生竹)이 달린 깃발을 들고 신들을 안내하는 춤, 요령춤, 신칼춤, 신에게 고마움을 표현하는 손바닥춤을 춰 신의 뜻을 점치며, 도랑춤(回轉舞) 등 요란하고 격렬한 춤으로 신명나는 한판을 만든다. 그런 다음, 문이 열린 금을 알아보는 신칼점을 치는 〈산받음〉으로 신의 뜻을 알고 그 분부를 아뢰는 〈분부사룀〉 그리고 모든 신에게 술을 권하는 〈주잔권잔〉을 하고 나면 〈군문열림〉은 끝난다.

초감제 연듸리로
천상천하 영실당 누병대천 노는 일만일신 주문천신 만조백관님
청대고고리 가늠허고 울북울정 가늠허고
천보답상드레 신수푸저 부정이 탕천허나

---

163) 바라를 일컫는 말

부정 서정 신가이고 내카이난 부정 사인데
동방새물주잔 서방서잔 남방 월에잔
북방 해방제주잔 지녱기난 도랠 블바 내립서
천왕도래 지왕도래 인왕도래 당주도래 몸주도래 신영간주도래 초간주도래
이간주도래 하간주도래 신나수와 신부찌난
도래 마을주잔 지녱겨 드럿수다
천왕가민 초군문 지왕가민 이군문 인왕가민 삼시도군문 어찌되며
동이청문 서이백문 남이적문 북이흑문 중앙황신문이 어찌되며
옥황 도성문이 어찌되며 할마님 생불환싱문이 어찌되며
당주문 몸주문 신영간주문 서강베포땅 문이 어찌되며
일월제석문 츠ᄉ님문은 시군문 본당 신당문 영혼영신문 오는 시군문
안팟공시 옛선성님 오는 시군문 운수운방문 어찌되며
각항지방 이른ᄋ돕 도군문이 어찌되며 모릅네다
하늘옥황 도성문 열려옵던 천왕낙해 금정옥술발¹⁶⁴⁾ 둘러받아
시왕 청너울 둘러받아 선신허며¹⁶⁵⁾ 삼서도군문 돌아봅네다

(악무)

삼서도군문 돌아봅네다~

(악무)

삼천전제석궁에~
도군문이로구나

(악무)

시왕 상서 도군문에~

---

164) 무구의 하나인 요령(搖鈴)을 부르는 명칭
165) 현신(現身)하며. 인사하며의 뜻.

(악무)

삼서도군문이로구나예~
옥황도성문 동에청문 서에백문 남에적문 북에흑문 중앙황신문 돌아보난
안으로 하신충 경자생 쉬은두설 몸받은
연양당주문 몸주문 신영간주문이로구나
옛날 궁이아들 삼형제 놓은 연정
어느 정칩이 선대선조 부모조상들 허든 일도 아니고
성주성편 외주외편 진내편 부모조상들 허든 일도 아니고
난날 난시 나 복력 나 팔자로
죽억살악 죽억살악 가정풍파 들고 서른다섯 나는 해에
유정싱 뜨님아기 놓은 연줄로
이 전싱 그르치어 궁에 밥을 먹고 궁에 줌을 자고 궁의 행실허고
김씨 성님 병술생 내외간 홀목 심엉 뎅기멍
북 두드림 장고 두드림 대양 설쇠 두드림
기메 몰르는거 당반 매는거 제청 출리는거 새ᄃ림 추물공연 푸다시 배완
곧 마흔 나는 해에 와산 고칩이 강
섭수쾌지 입언 석살림굿 허난 일월맞이 불도맞이
질치는거 초 · 이공맞이 시왕맞이 매어드는걸 배웁젠허난
10년이면 강산도 변허는데
17년을 살젠 허난 산은 오르닥지 노프고 굴렁은 내리닥지 굴형이고
간장 석고 술 석고 이 심방질을 허민 돌아오멍 돌아오멍 삽네까
이 심방질 허젠 허난 고생도 하영 허고 눈물도 하영 지고 천대도 하영 받고
악착ᄀ찌 이 심방질 배완 신묘년 애산 신구월 초여드레날
하귀 간 양씨 부모 아버지 당주 하직 당주지완
영급 좋은 황씨 임씨 이씨 선성
이씨하르방 임씨 할망 양씨 할마님 손때 묻은 이 조상 조상땅은 김녕인데
ᄌ순 쫓아 뎅기단 보난 나의 연 만들언 쉬은두설에 이 조상 업엉
사는 십이 상 낭ᄌ 실언해연 오ᄂᆞᆯ부디 이 당ᄌ기 부모 ᄌ상이고
아버지고 어머니고 형제간이 되고 아이고 조상님네 다들 도와줍서

아이고 쉬은두설 이제 정녜가 불쌍허고

(울먹인다.)

오유월 영청 물기린 아기들 똘성제 어멍신디 키우랜 해여도
일본으로 정의 대정으로 굿허레 오래허민 오토바이 타건
정이월 칼날ㄱ뜬 ㅂ름살 밤에 밤중이라도 오랜허민 오토바이 탕 가고
이 ㅈ순 오늘부터랑 조상 의지해여
심방질을 허여도 당주도 엇고 조상노 어시난
하늬ㅂ름에도 의지 엇고 셋ㅂ름에도 의지 어서
눔한티 이런 저런 소리 다 들멍 산
이 ㅈ순 이번 이 굿허멍 안당주에 신수퍼건 가지 노픈 단골 내와줍서
굴묵진 단골 내와줍서
마흔ㅇ돕 상단골 서른ㅇ돕 중단골
스물ㅇ돕 하단골 내세와 조상님네 선성님네
아바지 어머님 천주교 공동묘지에서
오래 기다리게 한 이 형 이 아들 앞에 발라
흔적흔적 돈벌민 공동묘지에서 어머님 좋은 자리드레 모시젠 해염수다
등에 진 십자가랑 벗어 이 당주에 신수퍼
아바지도 도와주고 어머님도 도와주고
설운 동싱도 도와주고 영헙서
아이고 조상님은 ㅈ순 조름만 쫓으당 보난 몇해 몇십년 의지 엇고 얼마나
기픈 당주에 이서 얼마나 답답허고 ㅁㅁ르고 애썻수꽈
이제랑 이 ㅈ순 당주전드레 신수퍼 이번첨 신질 발루저 허십네다
당주문이여 몸주문이로구나 신영상간주문이여~
마흔ㅇ돕 초간주문 서른ㅇ돕 이간주문 스물ㅇ돕
하간주문 어찌되멍 모릅네다
어주애 삼녹거리 서강베포땅 팽저생인질 유저생인질
서강베포땅 문이랑 몸받은 안공시 몸받은 시왕 청너울 둘러받아
서강베포땅 문도 돌아봅네다~

[군문돌아봄]
초간주 이간주 하간주

(악무)

간장 석던 조상이여
어허 서강베포땅문도 돌아봅네다.

(악무)

조상님 이제라건 ㅈ순 잘허쿠다.
신질 잘 발라줍서.

(악무)

안공시로도
어허 당주문 몸주문 신영간주문 서강베포땅 문 돌아보았습네다.
차서님 오는 시군문 본당문은 신당문 일월제석 당주일월 몸주일월
신영 간주 일월문 저승간 선대선조 부모조상 영혼님 문은
시군문 어찌되며 을수문밧 어찌되며
하신충 정씨로 쉬은두설 몸받은 안공시에
신질 발루레 오난 신의 성방 몸받은 밧공시로 옛선성님 오는 시군문
각항지방 일흔ㅇ돕 시군문도 돌아봅네다~

(심방은 앉아서 춤을 춘다. 먼저 요령을 흔들고, 신칼점을 하고, 점괘를 보고 "고맙습네다" 절하고, 손춤을 추고 나서 신칼과 요령을 들고 일어선다.)

각항지방 이른ㅇ돕 도군문은 돌아보난 문직대장 감옥성내 지영이방 감찰관님
시군문 잡앗구나.
시군문 연ㄷ리에 쉬은두설 스물ㅎ설 열ㅎ설 받은 인정입네다.

발로 재어 발나재 질로 재어 질나재 일천복은 삼천냥 큰굿 족은굿
성주풀이 귀양풀이 오랜허민 강 벌어온 역갑네다.
벌어 쓴 역갑네다
삼서도군문 옥항도성문에도 제인정 겁네다

(연물)

옥항도성문에 제인정거난 연양당주 몸주 신영간주문에도 17년 동안 뎅기멍
벌어먹은 역가 벌어쓴 역가 올리건
오늘부터 보름동안 신질 연질 발루젠 해염수다
신질을 곱게 발뤄근 조상님네
당주전으로 신수퍼 우굽허 어신 단골도 내와줍서
수덕도 내와줍서 명산 명점 시켜줍서 말명ᄃ리 젯ᄃ리 내와줍서
단골도 내세와줍센 허여 벌어먹은 역가 벌어쓴 역가 연향당주문에도
제인정 걸레 갑네다

(연물)

연향당주문에 인정거난 처삿문 본당 신당문 일월제석 영혼영신 앞장에도
안팟공시 각항지방 일흔ᄋ돕 도군문에도 인정걸레 갑네다

(연물)
(앉아서 신칼점 다시 일어나서)
(악무)

에헤에, 인정 거난 인정이 과속허다
시군문 열려가라 영이 났습네다
옛날 옛적 주성삼문은 열두 집서관이 열리는 법입네다
조상문은 시군문 일문전 개문개탁허난 본도 신감상[166] 둘러받아건

---

166) (神監床) 감상기를 뜻함. 신을 맞아들일 때 들고 춤추는 기.

천황 초군문 지황 이군문 인황 삼시도군문
동의 청문 서의 백문 남의 적문 북의 흑문 중앙 황신문
옥황 도성문이랑 밧감상 들러받아 삼서도군문도 열려~

(악무)

시군문부터 열려줍서
(심방은 자리에 앉은 채로 엎드려 양손에 잡은 감상기를 세운다. 감상기를
던지고 신칼을 놀리며 춤을 준다. 요령을 흔늘고 성성늘여 신칼섬을 하고 섬
괘를 보고 "고맙습니다" 절하고, 손바닥을 꺾으며 손바닥 춤을 추고 절을 하
고 일어선다.)

(악무)
(도랑춤(回轉舞)을 춘다.)

삼천천제석궁
(요란하게 도랑춤을 추다 앉아서 감상기를 세운다. 감상기를 던지고 요령
흔들고 신칼점하고 손춤을 추고, 신칼 들고 일어선다.)

(악무)
(다시 앉아서 감상기를 세우고 같은 동작 반복)
(악무)

당주문이로구나 몸주문이로구나 신영상간주문이로구나
마흔ㅇ둡 초간주문이여 서른ㅇ둡 이간주문이여 스물ㅇ둡 하간주문이로구나
어주애삼녹거리 서강베포땅문을 열리저 허십네다
서강베포땅 문을 열려그네 연양당주전에서 하신충 쉬은두설
신질 연질 발루저 삼시왕에 역가올령
약밥약술을 타저 수리감봉 어인태인을 마청
홍포관디 조심띠 헐부레비 허튼싯 남수화주 적쾌시를 바쳐
연양당주문을 열리저 몸주문 열리저 허십네다

연양당주문 몸주문이랑 안감상 들러받아, 서강베포땅 문도 열려~

(악무)
(도랑춤, 손바닥춤, 요령춤)

예 서강베포땅 문도 열려줍서
안당주 밧당주 문도 열려줍서
연향당주문에서
(신칼점)

(악무)

[분부사룀]
일흔ㅇ돕님아 조상한테 오랑 절을 헙서
쉬은두설아 쉬은두설아 이굿 허게 삼천배를 허엿구나
조상에 당주전에 신수푸젠 허난 어딜 의지허래
이때꺼지 조상들 나ㅈ순들아 귀신이 없는 거 같아도 조상은 있구나
이 조상들이 당주전드레 신수푸젠 허난 영청 바당 고이 없는 일이로구나
일흔ㅇ돕님도 불쌍한 정녜 곧ㅇ든도 불쌍한 정녜
조상도 ㅈ순 어시난 불쌍헌 조상 쉬은두설도 의지 어시난 불쌍허고
조상이나 조손이나 어떵허민 좋고 어떵허민 좋고 영해염시니
쉬은두설아 심방이 벌어가민 얼마나 벌어가느냐
먹으민 얼마나 먹느니 제주산은 인정지 산이로구나
연양당주전으로 17년 동안 벌어먹은 역가를 올리라 허는구나
초역례로 신질을 발루저 발라제 질라제
일천 먹은 삼천냥 인정걸멍 당주문 몸주문 열려줍서

(악무)
(신칼점)
아이고 조상님 안심허젠
아이고 고맙습네다

96

(신칼점을 치고, 점괘를 보고, "고맙습네다" 절을 하고, 신칼을 들고 자리에서 일어선다.)
조상에 섭섭하게 맙써
아앙~ 당주문 몸주문 신영간주문 서강베포땅문 열엇습네다
처사문이여
일월제석 본당신당 영혼영신 문수문밧 문이로구나
안공시 밧공시 몸받은 당주문 몸주문 각항지방 일흔ᄋ돕 도군문이랑
밧감상기 들러받아 도군문도 열려

[도군문 열림]
(악무)
(군문춤, 도랑춤, 엽전점)

각항지방 일흔ᄋ돕 도군문 ᄋ렷습네다
ᄋ려주며 아니 ᄋ려주며 알 수가 잇습네까
하신충 경자생 몸받은 안공시 부모조상 두루대천근
신의 성방 신축생 몸받은 두루대천근 둘러받아
삼서도군문 옥황도성문 열린 그믓이여

(악무)

[쇠놀림굿[167]]
곱게 잘 ᄋ령 잘되영 안네쿠다
삼천천제석공에서 열시왕에서 시군문 곱게 열려
이번서 서천재미공연 올리건 들라거네 ᄌ순들 발라줍센 영해여
양공시 문열리는 그믓이여
(엽전을 던져 점친다.)

---

167) 안팟공시의 엽전을 한꺼번에 던져 종합적으로 산을 받는 점굿.

안으로 몸받은 당주문이로구나 몸주문이로구나
신영간주문이 어찌되며 안당주문이 어찌되며 밧당주문이 어찌되며
마흔ㅇ돕 초간주문 서른ㅇ돕 이간주문 스물여돕 하간주문이 어찌되며
서강베포땅 문이 어찌되며 안공시 몸받은 황씨 김씨 이씨 선성
이씨 하르방 김씨 할망 양씨 할망 성은 정씨로 쉬은두설 당주전드레 신수퍼
이 ㅈ순 의지허고 신질 발라줍서
신의성방 신축생 몸받은 부모조상님네 신질을 발루젠 오랐습네다
ᄒ어깨 오던 부모형제 초감제 신도업헐 때 거느린 선성님네
시군문이 어찌되며 다 동참헙서
안멩두랑 밧멩두드레 밧멩두랑 안멩두드레
당주문 몸주문 서강베포땅문 열린 그믓이여

(소미는 입으로 술을 뿜고, 심방은 멩두가 든 양푼을 들고 흔들다가 당주방
과 본주 머리 위에 흔들고, 제장 곳곳을 다니;다가 제자리에서 도랑을 돌다가
신자리에 던진다. 신칼점을 본다.)

멩두 담읍서 멩두담읍서. 두드립서.
(양푼에 다시 멩두를 담아 흔들며 춤을 추다가 신자리에 던져서 점괘를
본다.)
　봐봅서 삼촌
　딩주문 열린 그믓이나양

　시왕대번지서도 (신칼점)
　아직은 문 열린 그믓이난, 아직은 뭐 문 열린 그믓이나양
　첫 번은 아니현 야
　당주문 몸주문 열린 그믓 알았습네다
　아아 조상님네 처사문이 열린 그믓 모릅네다
　일월제석문 본당문이 어찌되며 모릅네다
　삼본향문 열린 그믓도 아룁네다 (멩두점)
　본향에 (엽전점)
　시군문 곱게 열려 잘 허쿠다

본향시군문 잘 내놓고 일월제석문 열린 그믓이우다

일월제석문 (엽전점)

이 조상을 잘 ᄎ잔허랜 햄수꽈

잘 알앗수다. 쉬은두설님아 잘생각해봅서.

어떵해난 첵불조상이카

책을 크게 봐나시카 할망 뒤에를 뎅겨나시카

꼭 집안이 아니라 외가 조상이라도 잘 생각을 해여건

[나 어릴적 하도 죽억살악 해나니깐 심방 알로 한 몇 개월 살아난]

선왕발도 아니고 첵불같이 불도발이여 나타남시난

그걸 잘 생각해영 불도맞이 헐때라거네 걸레를 벗겨야 되쿠다

당주알로 강 놔나수다. (엽전점) 알앗수다

당주문 몸주문 안팟공시 옛선성님 문열린 그믓 나루난

각항지방 일흔ᄋ돕 도군문 열린데 다들 열려 시름은 이 시름을 거둬줍서

양도막음 이거 외상잔은 아니라 다 시름이랑 (엽전점) 알암수다.

핸줄 알암시난 삼시왕 군문은 좋은 군문이우다마는

안심허렌 허건 외상잔 하나 막음을 주어건, 저것만 이레 줍서

오늘부터 한굿 한시름을 먹엉, 잘 우로적선 할망 알로 심방 알로 강

초걸레를 벗기지 못해엿수다 난

불도맞이 헐때랑 걸레를 벗겨 영해여 불민

시왕대번지에서도 잘 걸레 벗기고 (신칼점)

쉬은두설 몸받은 조상에서도 군문은 좋수다만은 (신칼점)

걱정말라 영허건 고맙습네다.

천왕 초군문 열린디도 인정잔입네다

지왕 이군문 열린디도 인정잔입니다

인왕 삼서도군문 열린디도 인정잔입니다

당주문 몸주문 신영간주문 열린디도 인정잔입니다

처사문 일월제석 본당 신당문 열린디 영혼 영신님네 이거

대정읍에서 성읍리 일관헌

이굿 허는드레 오는 디도 영ᄒ님네 주잔 있고

안공시 부모소상님 맛공시 부모조싱님 문 열린 디도 구잔 있고

각항지방 일흔ᄋ돕 도군문 열린디 제인정 잔입네다

어시럭멩두 더시럭이멩두 모사멩두 사멩두 고부랑 살축멩두발
주잔은 지넹기난 쉬은두설님도 전싱 그리처 뎅기는 몸이난
점사는 알 거난 판단을 허고 이 일 해영 불도맞이 헐 때라건
초걸레를 배껴건 해여사주
경 아니멍 자꾸자꾸 불도발겉이 불도발겉이 쉬은두설님은
경 아니허젠 착한 마음을 먹다보민 자꾸 허튼 짓만 해여지고
허튼 말멩이 들어지고 나가 가속을 미와 멀리 허는 일도 아니고
나 난 애기가 미와건 어멍한테 떼어 논 일도 아니고
늠들은 늠의 말 허기좋덴 ㄱ라도 쉬은두설님아 나 마음 속은 누게가 압네까
이런 궂인 세빨이 자꾸 들어오난 악심이 들어 돈도 손해가고
나 몸 천이 혼자 먹으민 이내 정신엇게 허고 허난
불도맞이 헐때랑 잘 ㄱ[168]갈르고 할마님한테 고맙수댄 해영
이 뚤들 성제 멀리서도 잘 키워줍센 해여건 잘 굽어 잘 허고
조상한테도 조상님아 이제랑 안심헙서
양씨 부모가 잘못헌건 나가 잘 모셔 잘허쿠덴 영헙서
산 사람 같으면 ㅁ음을 못 노는 넋이난
쉬은두설님이 이 굿허는 날부터 끝나건
집에 강 조상 모셔 어드레 갈 땐 당주드레 잔걸엉,
조상님아 굿 허레 감수다
양단 어깨드레 강림헙센 해여 뎅겸시민
조상에서도 이제 달망은 단골 어실거 닮아도
단골도 나올 듯 허고 나 앞에 굿도 날 거고 행사도 나오건
디밀역 나밀역 허지 말고 나가 17년 동안 이 밥을 먹으멍
어느 ㅎ때라도 성 아니 내린 날 엇고
늠의 조름에 강 품 받아올때도성 아니 내릴 때가 엇고
영 허영 산 일 생각해여건 살암시민 굿도 나고 단골도 나고
이제 달망 의지 어실거 닮아도 돈도 벌엉 이녁 집 해여
조상에 악착ㄱ찌 나 ㅈ순아 나 업어 뎅기멍
나 ㅈ순도 기십 허고 나도 기십 살리고

---

168) 갑, 구분. 사리를 분별하여 한계를 지음

이제부터랑 쉬은두설님도 마음을 다짐해여건

난 나 조상 이 조상은 크게 놀던 조상이난

이 조상이 뒤에서 도와 주난 절대 놈한테 강이라도

이런저런 말을 해여도 디물러지 마라건 해염시민 큰심방 되여건

나도 옛말 ᄀᆞᆯ 일이 잇고 누게 우른 살림이고 누게 우른 세상이꽈

나 난 부모도 나 키웁젠 허난 지극정성으로 살려주고

나도 우리 부모가 나 사랑해영 살려준만큼

나 뚤들도 어멍 뚤랑 간 이신 큰년도 오뉴월 영청 물 기립듯 그린

수정이 전화 혀 목소리 들으민 어떤 땐 가슴이 노릇허고

어떤 땐 전화받으민 (울먹인다.)

아이고 아니 먹젠 해당도 술도 먹어지고

어린이날 돌아오라가도 아기 보고프고

명절 때 오랑가도 놈들은 차탕 애기들 손시멍

멩질 먹으레 뎅겨가도 생각이 나고

아이고 쉬은두설 복력은 무신[169] 놈의 복력인고 산엘강 조카 물에강 조카

몇 번 몇 번 해어봐도 목숨은 기난 기난 이 세상을 뜨겨 살아건

쉬은두설님아 지금 달망은 애기들 못 봄직해여도

일 년에 몇 번 아기들 돈 도래허민 돈 부치고

보구정 허민 강 보왕 오민 며칠 동안은 애기얼굴 생각이 나고

영해여도 올해 쉬은두설 어떵 어떵 허멍 55 넘고 57이 나감시믄

그땐 옛말 ᄀᆞ랑 살아질거고 이때ᄁᆞ지 고생헌거

저싱 간 아버지도 맨날 울멍 뎅기고

우선 동생이 성 굿 허레 가가민 조름에 좇앙 강

성 욕 듣는거 보멍 아이고 천대 받으는 거 보멍

우리 성 우리 성 동싱이 비새ᄀᆞ찌 울멍

몇 번 질에 누워도 성 일어나 일어나 일어나 허멍 뎅겼구나 뎅겼구나

쉬은두설님아 이 동생이라건

공시상으로 거느릴 때마다 동생한테 도와주랜 해영

자꾸 축원헙서 축원헙서

---

169) 무슨

큰굿 갈 때나 죽은굿 갈 때나 오토바이 탈 때라도
아방 어멍은 십자가를 등에 지난
조름에 못 쫓아도 이 동생은 조름에 바짝 똘안 고비 고비 힘들 때마다
고비고비 혼자만 옥간에 앉을 때도 이 동생이 도왔구나 도왔구나
놈도 혼자 사는 세상 나가 살아온 정녜를 누게가 알코
아이고 나 손지야 나 손지야
아이구 우리 조상들이 잘못해여 니가 업을 지었구나
나 즈순아 오랜허난 우리도 니네 할머님네 사부체가 오람쩌
아이고 부보 아버지 우선 고씨 어머니
아들아 아들아 나 아들아, 고씨 어머님이 비새フ찌 울어 오란 아자
아까운 나 아들아 나 똘 하나 나동 강
아이고 누님 의지 해여, 우리 생각헐 즈순이여
해단 보난 이거 무슨 일이고 우리도 오란 아바지 어머니
아들아 아이고 나 아들아
아이고 무사 이런 일이 있이니 나 아들아 (운다.)
아이고 놈フ찌 못 배왓시냐 나 아들아 나 아들아
공철아 공철아 아이고 12년 형도 힘들게 살암시난
아이고 나 아들아 아까운 아들아 아들아
아이고 나 아들 울멍 뎅기는 거 보멍
어멍아방 간장 썪고 나 아들아
이제랑 허리 딱 페우라 나 아들아, 놈한테 욕도 듣지 말라이
나 아들아 아방 어멍 한테는 귀한 애기여 나 아들아
아이고 눈물진 생각허민 영청 바당 고이어신 아바지 어머니
아이고 식게날 오라도 불쌍 허고 멩질때 오라도 불썽 허고
누게 울어 세상 살앗시니 이놈아 나 아기야 (운다.)
아바지도 형제간 못 만나난 고생 허난
아이고 나 아들은 큰아방도 닮지 말자. 죽은 아방도 닮지 말자
아이고 동생들 보민 불쌍히 생각해여
일본 갈 때도 돈 벌어지민 아시 츷아가고
아지망 식게멩질 츨리멍 아즈망한티 말 한마디 フ젠 허민 미안허고
나 아들아 아바지 어마님 귀향 못 풀려 아이고 우리 아들 심방질 해여

오랜 허란 오람쩌 아이고 나 아들아, 은이야 금이야 나 아기야 (운다.)
아이고 누님 의지나 해여지카부덴 누님 의지도 못허고
각시 의지해여지카부덴 각시 의지 못 허고
아이고 긴긴 밤에 혼자만 앉아 밥먹고 해여가민
오장 다 타는 나 아들아 우리들 질 칠 때라건 나도 울고 니도 울고
니 답답한 거이 우리한테 다 골라 아이고 서른다섯설에 꽃다운 청춘에
무사 심방질 해였어 나 아들아 심방 안 허민 누게 죽이켄 허냐 나 아들아
아이고 그 구속 받으멍 구속 받으멍 나 아기야 이제랑 허리 잔뜩 페왕
아이고 이 조상님들 우리도 고맙수덴 해영 잘 해키영
우리 아들한테 힘을 주고 우리 아들한테 돈 벌게 해여 주고
멩 질게 해여 주는 조상이난 나 아들아 이제랑 ᄆᆞ음 놓아 잉
이제랑 ᄆᆞ음 놓아 잉, 누구한테도 강 굽실굽실 허지 말고 잉
이제랑 잘 살아사 된다 나 아들아 (운다.)
아이고 이 굿 허젠 허난 나 아들 아이고
다음 생각허멍 생각허엉 혼 줄 알암저 나 아들아
어머님도 오젠 허난 가슴이 답답 허고 목이 탁탁 멕히고
우리 질 칠 적에랑 가심 풀리고 성 성 형님 형님 형님
형님 나 뒤에 쫓아 뎅기는거 알암수꽈
형님 몇 번 질에 누운 것도
나 우리 성 살려 줍서 허멍 뎅겸구나 (운다.)
아이고 우리 성 배꼇에 나와 담배 한 대 피울때민
아이고 불쌍헌 우리 성 우리 성 어떡허민 좋고 형님아 형님아
좋은 공부허여 아이고 나라도 나라도 이어시민
경해여도 산 동생은 의지 안 해여도 양
형님 난 죽어건 형님 조름에 뎅기멍 형님 마음 다 알아 뎅겸수다
이제라건 형님 행사도 맡아예 굿도 맡아 예
그럼 나 조름에 쫓아뎅겨 잘되게 해여 줄꺼난 잘되게 해여 줄꺼난
형님 우리들 다들 오람수다
오람수다 아방 어멍 할망 하르방네 큰아바지
셋아바시 어머님 ᄉᆞᆨ은 아바시 생훈ᄐᆞ이너
아이고 나 조캐야 산 때 ᄆᆞ음광 죽엉과는 틀리구나

나 조캐여 우리 성에 섭섭헌 일을 다 풀려

고맙다 오랜허난 곱게 상 받아 가고

고모님네들이여 고모부네여

아이고 나 조캐여 이거 어디고 성읍리 (운다.)

이 굿 헌데 허난 우리들 다 오람저

니 혼자만 이만이 앉저 울어도 혼자 웃어도 혼자

경해여도 우리 죽은 조상들은 방안 ᄀ득[170] 다 아자시난[171]

아이고 나 조캐야 외가에 부모조상 고칩이 외가 조상들도

아이고 나 ᄌ순 착허다 누님 받아 생각해여 우리들 오랜 해였구나

아이고 나 속 헐령 나은 ᄌ순보다 더 착허게 고맙다 고맙다

생가에 외진 하르바님 할마님 이모님네들은 오젠 허난 눈이 왁왁 허고

이 ᄌ순이영 우리 생각할 줄은 누게가 알았신고

고맙다 고맙다

질 안 치는 부모조상들도 곱게 곱게 신수푸난

불쌍헌 연향당주 조상에서도 얼굴 모른 나 ᄌ순아

우리들 저 김녕 땅 떠난 니네 양씨 부모 조상

등에 업언 뎅기단 보난 우리들 일로 절로 뎅기단

이 ᄌ순 나이 들어가고 가정에 몇 번 풍파 만나 가난

우리들은 어딜 가민 좋을 껀고 박물관드레 갈건가 영해다 보난

나 ᄌ순아 고맙다 고맙다

우리들 생각해여 오랜 허난 이젠 난 황씨 임씨 이씨 선성 이씨 하르방

임씨 할망 양씨 할마님은 나 ᄌ순아 너 머리쯤드레 문둥하마 이

조상 강 산판 ᄂ민 몰를 때난 조상님 나 도와줍센 허라

경해민 우리가 도와주마

굿도 허게 해여 주마

우리 크게 놀던 조상이여 나 ᄌ순아

니 손에서 니 걸어지는 날ᄁ지 우리 조상 어디레 갑센도 말고

니가 나이 들어 못 허민 우리들도 가불꺼 아니가

---

170) 가득
171) 앉아 있으니, 좌정 해였으니

나 ᄌ순아

집도 나게 해여 주마 돈도 벌게 해여 주마

니네 애기들도 잘 키와 주마

우리 조상 이집 저집 설렁 아니뎅기게 집도 내세와 주마

나 ᄌ순아

금방 집 재산 일롸지느냐

조금씩 조금씩 첫 수숟구락에 배 부느냐

이게 도리가 아니강

양씨 부모도 불쌍헌 부모난 양씨부모 아바지한테도 고맙수덴 허고

어머님한테도 고맙수덴 허고 니난 아방 어멍 있어 이 부모 섬기랜 해염시민

답답한 일이주만은 니도 외롭고 저부모도 외로우난

서로 의지가 되고 흔ᄋ돕 곧 여든 나 ᄌ순아 나 ᄌ순아

우리 조상들 모셔간 이 전싱을 그리천

손때 묻은 저 당주 지와두고 손때 묻은 저 조상 보내젠 허난

밤에 누민 ᄌ미 안 오고 어떵 허민 좋고 어떵 허민 좋고

이 ᄌ순 물려주어건 어떵 아닐건가

아이고 나 살민 멷 술 살리야

공철이도 보난 불썽허고 나도 나난 내 애기 나 마음대로 아니되고

요거나 잘 심방질 배와 주와건 우리 내외간 살다 삼시왕에 가민

공시상이라도 잘 거느려 주랜허여

이 조상 내일은 모시려고 오늘밤을 지세우젠 허난

아이고 나 ᄌ순아 마음고생 하영 해였구나

하영 해였구나 (운다.)

아이고 놈들은 ᄀ기좋데 이말 ᄀ고 저 말 ᄀ아도 속에사 어디 가리야

진실로 아들 곹이 믿어 관대도 물려주고 갓도 물려주고

당주기도 모셔가라 조상도 모셩가라

난 이제 늙었시니 늙었시니

아이고 나 ᄌ순아 고생해엿저

우리조상들 니네집에 강

나 ᄌ순아

새 ᄌ순한테 물려주언 이번 참에 오란 부모 의지허난

고마웁다 착허다 나 ᄌ순들아
우리 조상들은 다 오랐구나
안팟공시 ᄒ어깨 오던 부모조상들도 신질 발루젠 다들 신수푸는데
어떵허난 정칩에 하르바지 웃대 하르바지
고모 할마님 마라도 청춘에 간 영혼이 있구나
이 영혼은 지제를 해엿시카
제ᄉ 멩질을 허단 제ᄉ 멩질을 아니 해염시카
영헌 부모조상님 굿 해여가난 신수펌시난 잘 해여 안네고
이 굿을 아니 허고 이 조상을 물리젠 아니 해엿시민
금년 중삼제 9월을 넘기고 동짓달이 당허민
쉬은두설에 구설수에 올라건 궂인 일에 닥칠뻔 해엿구나
이 굿해여 삼재 오늘 곱게 막아줍센 해여
시왕에 잘 등수 들고 삼시왕에 잘 등수 들고
영혼들 잘 가심 풀려 안네고 영해염 시민 편안헐듯 허고
이 굿을 시작해여 일주일이 강 ᅌ드레가 대캉 허민
난데없는 ᄌ순이 들어 조금 불안헐 일이 있을커메
멩심허라 신에 신청에도 조심허라
조왕간도 조심허라
카메라 들른 ᄌ순들도 카메라 하나라도 조심해 들렁 허고
연구 허는 ᄌ순들도 어떤 말을 들을지라도
다 ᄎᆞᆷ으밍 ᄎᆞᆷ으멍 이 굿 잘 필봉허고 영해염시믄
이번 첨에 이 굿 헌 보람이 있을듯 헙네다
분부문안 입네다예~
수월미나 청감주 싫던 가심이랑 시군문 연ᄃ리에 나사민
천군 웃대 부모조상님들은 다들 지제 허난
당하르방님 할마님 ᄉ부체 설운 큰아바지 일본서 저싕간 큰아바지
셋아바지 사혼한 셋어머님 ᄌᆞ은아바진 구월 열ᄒᆞ를날
이세상 떠난 생ᄒᆞᆫ이우다
수월미 받읍서
이 굿 허젠 허난 몸 비려지카부덴 ᄌᆞ은아바지 어떵헌
우리 공철이 안 와신고 허지 마라건

신수퍼 수월미 받읍서
아바지도 수월미 받읍서. 어머님도 수월미 받읍서.
고씨 어머님 나준 윤씨 어머님 천주교에서 저싱 공동묘지에 가난
아이고 귀향 못내 풀령 수월미 받읍서
불쌍헌 설운 동싱도 요왕에서 저싱 간 설운 동생도 수월미 받읍서
불쌍허던 고모님 고모부님 죽은 고모 고모부님 수월미 받읍서
고칩이 외가 부모 하르바님 할마님 외삼춘 윤칩이 하르바님 할마님
이모 이모부 이모님 고모 할마님 청춘에 저싱간 영혼님이여
큰고모 셋고모님네 일곱 귀향 아홉 신앙 수멩이 아들 수멩이 넋들들
많이 많이 수월미 청감주 싫던 가심 잔질릅서예~
잠시만 점주 해여 이십서 물 흔직 먹어건

〈석살림〉

(장고를 앞에 놓고 앉아서 시작한다.)

시군문은 열렸습니다
분부문안은 여쭤와 있십네다
초감제 연드리로 ㅊ래ㅊ래 재ㅊ래
재ㅊ래로 어서들 살려옵서 예~ (장고)
은동 탈 임신은 은동 탑서 (장고)
금동 탈 임신 금동 탑서 (장고)
쌍도래기 놀메월색 벌련뒷개 영가메 호신체를 타며 (장고)
초잔은 오리정잔 이잔은 물부림잔 시삼잔
신근돌에 몰팡돌 하메주잔 받으멍 호엉 (장고)
호호ㅎ멍[172] 깃발보멍 천보답상드레 살려옵서 (장고)
일만일신 주문천신 (장고)
만조백관님도 살려옵서 (장고)

---

172) 호호하면서 가마나 말에 고관을 태우고 행차할 때 하인이 부르는 소리

풍성 강성 희성은 십오생인 살려옵서 (장고)

임신주엉 올라사민 청룡산 대불법, 천지옥황상제님 살려옵서 (장고)

내려사민 지부소천대왕

산 ᄎ지 산왕대신 물 ᄎ지 다섯 용궁 (장고)

절 ᄎ진 서산대사 육한대ᄉ ᄉ명당 전하님 살려옵서 (장고)

천왕불도 할마님 지왕불도 할마님 인왕불도 할마님

석카산은 석불법 여리신전 맹진국 할마님 (장고)

혼합천조 별금상 서신국 마누라님 (장고)

어느 물은 물 몱고 어느 물은 여불 마오리꽈

싱근 돌에 몰팡돌 하메 주잔 받으멍 호엉 (장고)

호엉허면 은동 탑서 금동 탑서

쌍도래기 놀메월색 벌련뒷개 영가메 호신채를 타멍 (장고)

초감제상 천보답상드레 다들 살려옵서예~ (장고)

궁입네다 (장고)

월궁일궁 신이에 삼천천제석궁 (장고)

초공 임정국 삼시당 하나님, 성진땅은 황금산 웨진땅은 적금산 (장고)

황금산은 주접선생, 이산 앞은 발이 벋고 저산 앞은 줄이 벋어 (장고)

왕대월산 금하늘 노가단풍ᄌ지맹왕아기씨

궁의 아들 삼형제 너사무녀도령 (장고)

남천문밧 유정승ᄄ님아기 거느리어 (장고)

안초공은 밧초공에 살려옵서 이공 서천도산국

청개왕 삼시당 흑개왕도 삼시당 백개왕도 삼시당 (장고)

원진국이 대감님 김진국이 대감님 (장고)

사라도령 월광부인 꽃감관은 꽃셍인 황세군관 도새군관 정남청 소남청

궁녜신녜청들을 거느리어 (장고)

안이공 밧이공님도 살려옵서 (장고)

삼공 안당 주년국에, 웃상식은 강이영성 이서불[173]

알상식은 홍은소천 마누라님 (장고)

은장아기 놋장아기 (장고)

---

173) 가믄장아기의 부신명(父神名)

가믄장아기 마퉁이는 삼형제 거느리난 나님 ?뜬 전상

드님 ?뜬 전상 신정국이 대전상은 (장고)

안삼공 밧삼공님도 천보답상드레 호옹 호옹(장고)

호옹허멍 금동 탑서 옥동 탑서

쌍도래기 놀메월색 벌련뒷개(別輦獨轎) 영가메(兩乘轎) 호신채를 타멍 (장고)

초공은 신불휘 이공은 꽃불휘 삼공은 노전상 노불휩네다

천보답상드레 살려옵서예~ (장고)

시왕전입네다 (장고)

원앙감사 원병서 시왕감사 신병서 짐추염나 태선대왕 (장고)

범 ?뜬 ᄉ천대왕 초제 진광대왕 이제 초관대왕 제삼 송도대왕님

제넷 오관대왕 다섯 염라대왕 ᄋ섯 번성대왕 일곱 태산대왕

ᄋ돕 평등대왕 아홉 도시대왕 열시왕 지장대왕 생불대왕

좌독생명 우독생명 십오 동저판관 (장고)

십육ᄉ제 이십은 소판관 이구 제왕관님 호호 호옹 (장고)

호엉허멍 어느 물은 물 묽고 어느 물은 열물 마오리까

초잔은 오리정 이잔은 물부림잔 제삼잔 신군돌에

물팡돌 하메 주잔받으멍 천보답상드레 신수품서예~ (장고)

하신충 몸을 받은 연향당주전으로, 당주 하르바님 당주 할마님

당주 아방 당주 어멍 당주 도령 당주 아미 당주 벨감

마흔ᄋ돕 초간주 서른ᄋ돕 이간주 스물ᄋ돕 하간주 놀던 선성님네 (장고)

고 옛선성님도 은동 탑서 금동 탑서

쌍도래기 놀매월색 벌련뒷개 영가메 호신채를 타멍

호호 호엉 호엉허멍 (장고)

천보답상드레 다들 살려들 옵소예~ (장고)

천왕멩감 지왕메감 인왕멩감님 (장고)

동의 청멩감은 서의 백멩감

남에 가민 적멩감 북에 가민 흑멩감 중앙 황신멩감 (장고)

산신멩감 요왕멩감 서낭멩감 제석멩감 (장고)

첵불멩감 불도멩감 (장고)

당주멩감 일흔ᄋ돕 도멩감님도 (장고)

천보답상드레 살려옵서 (장고)

천왕ᄎᄉ 관장님 지왕ᄎᄉ 관장님 인왕ᄎᄉ 관장님
연직 월직 일직 시직ᄉ제 금부도사 이원ᄉ제 강림ᄉ제 부원군 삼ᄎᄉ (장고)
멩두멩감 삼ᄎᄉ님도 (장고)
살려옵서 눈이붉어 황ᄉ제 코에붉거 모람ᄉ제 입이붉거 적ᄉ제 (장고)
본당ᄎᄉ 신당ᄎᄉ (장고)
설운 부모 아바지 도랑가던 놀 신왕은 삼ᄎᄉ님
일곱 귀향 아홉 신앙님도 살려옵서
대명왕ᄎᄉ님도 어서옵서
은농 탑서 금동 탑서
쌍도래기 놀메월색 벌련뒷개 영가메 호신채를 타멍
어느 몰을 알수 잇습네까 삼공 마련타멍
호엉 호엉 호엉허멍 (장고)
초감제상드레 신수품서 (장고)
그 등으로 세경신중 마누라님 (장고)
상세경 염제신농씨 중세경은 (장고)
문도령 하세경은 ᄌ청비 세경장남 세경 백모레청 (장고)
거느리어 옵서 (장고)
연향당주전으로 직부일월 상세경 신중마누리님 (장고)
살려옵서 (장고)
일월입네다 일월이요 (장고)
군웅하르방님은 천왕제석 군웅할망 지왕제석 (장고)
군웅에 아바지 낙수개낭 군웅에 어머니 서수개낭 (장고)
아들이사 삼형제가 나난 큰아들 동의요왕 ᄎ질허고 (장고)
셋아들은 서의요왕 ᄎ질허고 (장고)
ᄌᆨ은아들 대공단은 머리삭발허니 (장고)
줄줄러라 호피미녕 두루마기 한삼모시 바지저고리에
벌통행경 백녹버선이여 (장고)
하늘 ᄀᆯ른 굴송낙 지애 ᄀᆯ른 굴장삼 (장고)
아강베포 직부잘리 호림준치들러 (장고)
ᄂ단손엔 금바랑 왼손에는 옥바랑을 들러건
ᄒᆫ번을 뚝닥을 치난 강남가면 황제군웅이여 (장고)

두번이사 뚝닥 치난 일본가면 소제군웅 (장고)

삼세번 뚝닥 치난 우리나라 대웅대비 서대비

인물 쪽지나 벵풍 네귀 접상에 (장고)

물우엔 요왕 물아랜 사신요왕 물멩지나 강멩지 새양베나 새미녕

고리비단 한비단 능하도비 물에물색 황에물색 삼색물색 (장고)

놀아나옵던 일월이여 (장고)

이 정칩이 산신도 일월 요왕도 일월 (장고)

첵불도 일월이여 (장고)

당주일월 몸주일월 신영간주 일월 (장고)

어주애 삼녹거리 서강베포땅에

팽저생인질에 노는 일월 유저생인질에 노는 일월

삼천기덕 일만제기 멩두멩철 부모조상 노는 일월 (장고)

아강베포 직부잘리 호름준치에 놀던 일월

초감제 연ᄃ리로 여기저기 근당[174]허는구나

금바랑 전지 옥바랑 전지로

연향탁상 우전드레 천보답상드레 다 신수퓸서

[바랑탐]

(자리에서 일어나 양손에 바랑을 들고 친다.)

일월이여

(바랑을 치다가 바닥에 던져서 점괘를 본다.)

당주일월 몸주일월 신영간주일월 (바랑점)

(바랑을 상위에 놓고 신칼춤을 춘다.)

(신칼점)

[덕담]

어리서 지치고 다쳤구나

해가 지나 조르나 아침에 중천에 뜬 해가 서산에 다 기울었구나

---

174) 정해진 목표나 목적지에 가까이 이르다

오늘로 놀고 가자

삼시왕 삼하늘 유정승뜨님아기 고 옛선성님네가

전에 듣던 울북울정 소리로구나

오늘로 놀고 가자

(심방이 덕담 창으로 노래하면 악사들이 "좋다"는 추임새를 넣으며 진행
한다.)

어제오늘 오늘은 오늘이라 (좋다)/ 날도 좋아 오늘이라 (좋다)/

둘도야 좋아서 오늘이라 (좋다)/ 성도할망 가시서낭 (좋다)/

성도리도 내 ᄎ지라 (좋다)/ 앞마당엔 연서당 놀고 (좋다)/

뒷마당엔 신서당 놀고 (좋다)/ 월매뜰 춘향이는 (좋다)/

이도령 품에서 놀고가니 (좋다)/ 어떤 새는 낮에 울고 (좋다)/

어떤 새는 밤에 울고 (좋다)/ 낮에 우는 새는 배가고파 울고 (좋다)/

밤에 우는 새는 임그려 우네 (좋다) 이 새 저 새 날 닮은 새로구나 (좋다)/

밤낮 몰라 울고나 가니 (좋다)/ 팔도야 명산을 새겨나 보자 (좋다)/

함경도라 백두산 두만강 줄기로 줄이나 번처 (좋다)/

평양도라 묘향산은 대동강 줄기로 줄이나 번처 (좋다)/

황해도라 구월산은 임진강 줄기로 줄이나 번처 (좋다)/

강원도라 금강산은 해금강 줄기에 줄이나 번처 (좋다)/

경기도라 삼각산은 한강 줄기에 줄이나 번처 (좋다)/

충청도라 계룡산은 금강 줄기에 줄이나 번처 (좋다)/

경성도라 태백산은 낙동강 줄기에 줄이나 번처 (좋다)/

제주도라 할로영산 ᄉ해바다에 노념을 허니 (좋다)/

이내 청춘이 놀고나 가저 (좋다)/

명사십리 해당화야 (좋다)/ 꽃 진다고 서러워 마라 (좋다)/

너는 명년 춘삼월이 돌앙오민 (좋다) 잎은 피어나 청산이 되고 (좋다)/

꽃은 피어나 화산이 되어 (좋다)/

명사십리 해당화도 제 몸 자랑을 허건마는 (좋다)/

나무도 늙어 고목이 되민 (좋다)/ 날아오던 새도 아니나 오고 (좋다)/

님도야 늙어 백발이 되면 (좋다)/ 오던 님도 아니오니 (좋다)/

우리야 인생은 이 세상에 불가분에 운 인생이여 (좋다)/

ᄇ름 분 날 촛불과 ᄀ뜬 인생 (좋다)/ 살다 살다 저성을 가민 (좋다)/

돌아 환생 못 허는 인생이라 (좋다)/
가는 세월을 어느 누가 잡을소냐 (좋다)/
오는 세월을 어느 누가 막을소냐 (좋다)/
에~ 놀고 가져 쉬고 가져 조상이 놀저 (좋다)/
생겨 들이자 굿이로구나 (좋다)/ 생겨 들이자 굿이로구나 (좋다)/
천왕베포 지왕베포 (좋다)/ 인왕베포 생겨 드리난 (좋다)/
이 제청을 설연을 허난 (좋다)/ 국은 대한민국 제주도는 제주신데 (좋다)/
조천읍은 북촌리 가지 높은 신전집 (좋다)/ 지애너른 절당집 (좋다)/
연향당주집을 무어건 사는 ᄌ순 (좋다)/ 하신충은 쉬은두설 (좋다)/
당주ᄯᅳ기 스물ᄒᆞᆫ설 열두설에 (좋다)/ 사는 집안인데 (좋다)/
삼시왕에 역가를 올려거네 (좋다)/
초신질을 발롸건 약밥약술 어인타인 수레감봉 막음막아 (좋다)/
남수화지 적쾌지에 홍포관대 조심띠에 (좋다)/ 헐루래기 허튼짓 (좋다)/
삼천기덕 일만제기 궁전궁납 멩도멩철 (좋다)/
부모조상 의지허젠 원성기도 올리는데 (좋다)/
표선면은 성읍리 이집 빌어오란(좋다)/
당주집을 무어건 바껫둘러 천지 희망주고 (좋다)/
좌우둑을 신수 푸고 (좋다)/ 안으로는 ᄉ해당클을 줄싸메고 (좋다)/
연향 당주집은 안당주 밧당주 (좋다)/ 고 옛선성님 안팟공시 (좋다)/
부모조상을 모셔놓아 (좋다)/ 초감제를 놀고갑서[175] (좋다)/
군웅하르바님은 천왕제석 (좋다)/ 군웅할마님 지왕제석 (좋다)/
군웅에 아바지는 낙수개낭 (좋다)/ 군웅에 어머니 서수개낭 (좋다)/
아들이사 삼형제 나니 (좋다)/ 큰아들은 동의요왕을 ᄎ지를 허고 (좋다)/
셋아들은 서의요왕을 ᄎ지를 허고 (좋다)/
ᄌᆨ은아들 전싱팔자를 그리치니 (좋다)/
대공단에 머리삭발 허니 (좋다)/ 줄줄러라 호피미녕 두루막은 (좋다)/
한산모시 바지저고리에 (좋다)/ 열대자는 아강베포 (좋다)/
직부잘리에 호름준치를 둘러나 받고 (좋다)/
강낚드레 응허난 황제나 군웅 (좋다)/

---

175) 갑서 : 가십시오

일본드레 응허난 일본 소제군웅 (좋다)/
우리나라 대웅대비에 서대비 놀던 (좋다)/
일월이여 (좋다)/ 산신일월도 놀고나 갑서 (좋다)/
아방국은 구엄쟁이 어멍국[176]은 신엄쟁이 (좋다)/
ᄃᆞ리알은 송씨염감 지달패 감태 마세조총 (좋다)/
언설단설 녹미녹설 거느리던 산신이여 (좋다)/
선왕에 놀저 임을 받은 선왕 (좋다)/
공을 받은 선왕 (좋다)/ 낙화에 도시염불 지장항라는 용도허래 (좋다)/
선흘곳은 아기씨 선왕이 놀저 (좋다)/ 띠미곳은 도령이 선왕 (좋다)/
대정 가민 영감선왕이 놀고 가저 (좋다)/
안동 가민 덕판선왕이 놀고 가저 (좋다)/
육지 가민 진대선왕 장대선왕 (좋다)/
일본은 가민 가미상에 선왕이 놀저 (좋다)/
선왕에 놀저 놀고 가저 (좋다)/ 당주도 일월 몸주도 일월 (좋다)/
신영간주 일월에 놀고 가저 (좋다)/
궁의아들 삼형제 서울 상시관에 올르난 (좋다)/
어수애 비수애 상도래기 놀메월색 (좋다)/
벌련뒷개 영감에 호신채를 받아 내려올 때 (좋다)/
영감 위에 놀던 일월이여 (좋다)/
어주애 삼녹거리 서강베포땅에 놀던 일월 (좋다)/
팽저생일실에 놀던 일월 (좋다)/ 유저생인질에 놀던 일월 (좋다)/
마흔ᄋᆞ돕 초간주에 놀던 일월 (좋다)/
서른ᄋᆞ돕 이간주에 놀던 일월 (좋다)/
스물ᄋᆞ돕 하간주에 놀던 일월 (좋다)/
삼천기덕 일만제기 놀던 일월 (좋다)/
멩도멩철에 놀던 일월 (좋다)/ 아강베포 직부잘리 (좋다)/
호름준치에 놀던 일월이여 (좋다)/
일월조상님아 간장 간장 무이친 간장 (좋다)/
(신칼점) 고맙수다

---

176) 어머니. 부모를 일컬을 때에 흔히 「-국」을 붙임

조상님은 군문으로 신나락헙서/ 군문으로 상을 받아/ 하다 조상님아/
고맙수다 고맙수다/ 상단골도 내와줍서/
중단골도 내와줍서/ 하단골도 내와줍서/
어른단골 아이단골도 내와줍서/ 권위 우품 나게 헙서/ 행사도 맡아건에/
큰굿 죽은굿 성주풀이 귀양풀이/
일월맞이 불도맞이에 내세와건/ 몸치 좋게 햅서/
소리 좋게 해여줍서/ 춤 잘추게 해여나줍서/ 명산 명점을 고맙수다/
(신칼점)
에 헤~ 놀고 가저/ 은시렁 세 가지로/ 좋은 금전 벌게나 해여줍서./

[담불소리]

나무아미 담불이여
(심방은 양손에 바랑을 들고 치면서 노래를 한다.)
ㅎ끔 더 춥서
(본주에게 춤을 더 추라고 말한다.)

(심방이 바랑을 치며 선창을 하면, 악사들이 "담불아~"라는 후창을 한다.)
담불 불러 석양을 발르저 어어엉 (담불아~)/
전싱 궂인 담불이여 (어어어엉 담불아)/
쉬은두설 어릴 적에 (어어어엉 담불아)/
신창할망 알로 놓앙 (어어어엉 담불아)/
초걸레 이걸레 못 베꼇수다 (어어어엉 담불아)/ 으허 어~ 담불아/
불도[177]조상님 간장 풀려건/ 으허 어~ 담불아/ 쉬은두설 정녜 보멍/
으허 엉~ 담불아 (바랑점)/ 금바랑 전지 옥바랑 전지/
으허 엉~ 담불아 (바랑점)/
간장 간장 다 풀려건 (바랑점)/

(심방은 바랑점을 마치고 자리에서 일어나고, 본주는 절을 하고 자리로 돌아간다.)

---

177) 산육신(産育神)

고맙습네다
ᄌ순일랑 ᄒ끔 도꾼허게 처불게 서우제 다깐 길로 놀고 가저

[서우젯소리]
(노래)
어야 어허어야/ 어야 디야아 상사디야/어어어양 어어디여/ 떴구나 떴구나/
칠산바다에 조기선 떴네/ 아앙 아아아양 어어어야 어요/
히밀아기에 졸풍네로 신전국에 대축게로나/ 아 아아아양 어어양 어허요/
낮도 영청 놀고 가저/ 밤도 영청 놀고나 가저/아 아아아양 어어양 어허요/
정칩이 일월조상도/ 이 질로도 놀고 가저/ 아 아아아양 어어양 어허요/
무쳤구나 감겨구나/ 성은 정씨 쉬은두설/ 아 아아아양 어어양 어허요/
양단 어깨 두겨나 둘러/ 아 아아아양 어어양 어허요/
감테거튼 절방어리/ 아 아아아양 어어양 어허요/ 설설설설 놀고나 가저

(악무)
허쉬~
(본주가 연물에 맞춰서 제장을 뛰면서 춤을 추다가 신칼 들고 춤춘다.)
허쉬~
(연물소리 그치고 본주 제상에 절한다.)

[심방 나쩬 허는 생이라.]
[심방 남직허다.]
[신칼 이시민 추어네.]
[큰심방 나켜. 대번에 신칼 심엉.]

[살려옵서]
주잔들랑 내여다 시군문 연ᄃ리에 나사민 요왕에 군졸이여 선왕에 군졸이여
쉬은두설이 대학교 다닐 때부터 혼자 술먹어 뎅기멍
연극허러 뎅기멍 외국으로 일본 동경으로 대판으로 뎅기멍
얼굴이 좋다 ᄆ음씨가 좋다 의탁헌 조상들이여
가정에 풍파를 불러주어 어떡허민 조상인 듯

어떡허민 본향인 듯 어떡허민 영혼인듯

이름 불러 성 불러 나이 불러 낯도 부지 성도 부지 허던 임신들

저 면정으로 많이 열두 소잔 지넹겨 드립네다예~

(앉아서 장고를 치며)

선왕님도 살려옵서

선왕님은 제주도 할로영산 물장오리 테역장오리

어시생 당돌머리 놀던 선왕님, 가수리 뒤맞이 영감놀이 헐때랑

선왕님 잘 우로적선 허겟습네다

선왕님네들도 다들 천보답상드레 살려옵서예~ (장고)

일문전 하나님은 (장고)

저 북촌리 1151-2번지에, 일문전 하나님 성주님 오방신장님도 (장고)

살려옵서~ (장고)

삼덕조왕 할마님, 안팟칠성 각항지방 터에 터신 (장고)

올레[178] 주목지신님도 살려옵서

이집에 일문전 하나님 (장고)

상성주 중성주 하성주님 (장고)

천보답상드레 신수풉서 (장고)

오방신장님도 신수풉서 안칠성은 밧칠성

아방국은 장나라 장설용의 대감님, 어멍국은 송나라 송씨부인 (장고)

소피골은 고장난밧 질친밧 솟아난

아리롱아기 공단아기 비단아기 서단아기 (장고)

일곱아기 거느리어 (장고)

관관생인 호도생인 섬지기 말지기 되지기에 홉지기를 거느리어 (장고)

안칠성도 어서 옵서 (장고)

동방 청대장군 서방 백대장군 남방 적대장군 북방 흑대장군

중앙 황대장군님도 살려옵서

초월은 초덕 조왕 초이틀은 이덕 조왕 조상으로 (장고)

삼덕 조왕 할마님 청대 조왕 백대 조왕 흑대 조왕 (장고)

---

178) 큰 길에서 집까지 이어진 작은 길

팔만ᄉ천 제조왕 할마님도 신수퍼 상 받아

이 굿 끝날때ᄭ지 조왕에 ᄉ록 일게 맙서

조왕할마니도 살려옵서예~ (장고)

올레지기 정살지기 (장고)

주목지신님도 (장고) 살려옵서(장고)

우선 이 성읍리 오란 이 마을에서서 굿을 해염수다

문전 모른 공서가 이십네까

주인 모른 나그네가 올수 있습네까

성읍리 낳는 날은 생산 ᄎ지 (장고)

죽는 날은 물고 호적 ᄎ지 해영 옵던 (장고)

안할마님 ᄇ름웃ᄄ 삼천백매 문오부인님 창할마님 옥토부인 (정고)

광주부인 개당 일뤠중저 (장고)

동원할망 모름밧이 배돌려 오던 선왕당은 한집 (장고)

오늘 아침에 안할마님한테 갔다 오랏수다

제청 초감제상드레 (장고)

신수품서 (장고)

츩도 걷젠허민 불휘로 걷어사 되는 법이우다

모실포 본향 한집 (장고)

서사니물 개로육서또 한집 (장고)

북촌간 살암수다 영산주는 노산주님 (장고)

웃손딩은 금백조 세손당은 세명주 알손당은 소로소천국은 (장고)

가지 갈라온 가릿당 한집님도 어서옵서 (장고)

조상간디 ᄌ순 아니 갑네까

조상 간디 일월 (장고)

저 김녕 조상 연줄로 큰도안전 큰도부인 알성세기 내외 천존님 (장고)

어서엉 (장고)

ᄇ름웃도 동래국 소궁전 마누라님 궤네기 일곱째 대전님

웃손당 세손당 알손당 ᄂ모리 일뤠한집 한계 하르방 내외간 남당일뤠

거씨 하르방 할망 세경하르바님 (장고)

할마님네 (장고)

웃손당은 금백조 셋손당은 세명주 내알손당 (장고)

소로소천국은 (장고)

큰아들은 거멀 문국성 (장고)

둘째 정의에 광정당 셋째는 시 내왓당 (장고)

넷째는 본산국 다섯째는 어시비시 (장고)

요섯째는 하로 수산한집 (장고)

일곱째는 궤네기 대정은 예~ (장고)

ᄋ돕째는 시월도병서 (장고)

아홉째는 선흘 탈남밧 산신한집님도 어서 은동 탑서 (장고)

금동 탑서(장고)

동의동산 앞 한집 웃당 일뤠 알당 ᄋ드레 한집님도 (장고)

은동 탑서 금동 탑서

쌍도래기 놀매월색 벌련뒷개 영가메 호신채를 타멍 (장고)

초잔은 오리정잔 이잔은 물부림잔

제삼은 신군돌에 몰팡돌 하메 주잔입네다예~ (장고)

호오 호옹 하멍 (장고)

초감제상 천보답상드레 신수품서 (장고)

상천 가민 상마을 중천가민 중마을 하천 가민 하마을

선망조상 후망부모 영혼영신님네 이 세상 오랑 살다살다

멩이 부족해여 저싕은 가난 고운 얼굴 고운 살은 석어 시내방천 물이 되고

고운 뼈는 석어 진토에 무처 오늘은 아이고 쉬은두설 굿 햄뗀 해연

저 세상에 저싕문을 열려 옵셴허난 기러기 연줄겉이 옵네다예~ (장고)

선대선조 부모조상 고조부님 중조부님넨 요즘 시국이 변천되난

다 지제 해였습네다

선대 부모 조상 고조부 증조부님 (장고)

이번 첨 사남허는 하르바님 우자 진자 쓰난 (장고)

시월 스무날 설운 남평 문씨 할마님 시월 초ᄒ를날 (장고)

창녕 성씨 할마님 영등이월 스물ᄋ셋날 (장고)

족은 할마님은 기일제사 모릅네다. 큰아바지 (장고)

봇자 주자 쓰난 일본서 저싕 간 부모아바지 셋아바지는

스물ᄒ설에 이 세상 칠월 스무아흐렛날 떠나난 숙은 사ᄋ 뇌있누나

김씨 셋어머니 (장고) 어서 옵서 (장고)

하늘フ뜬 부모 아바지 설운 파평 윤씨 어머님은

천주교 공동묘지에 이십네다

등에 진 십자가 버려두고 (장고)

아들 사남 허젠 해염수다

아바지 고씨 큰어머니 (장고)

아이고 설운 놔 준 어머니 옵서

죽은 아바지도 구월 열흐를날 (장고)

이 세상 떠난 큰일 허게 되난

죽은 아바지 조문도 못가고 강 복도 못 입었수다

아이고 나 조캐야 어떵헌 일이고

영해연 오라도 옷 흔벌 출려놓아 사남허젠 해염수다예~ (장고)

죽은 아바지 옵서 (장고)

설운 동생 광수 스물두설 나는 해에 정칠월은 초이튼날 요왕에서 (장고)

저싱 가난 신체 모름밧에 올랐수다

큰고모 창자 열자 고모부님 오성호 고모 (장고)

작은 고모님은 구자 열자 쓰고 고모부는 지성권 생흔이우다

어서 옵서예~ (장고)

고씨 어머님 키우진 못 해여도 웨진 할마님 웨진 하르바님 집에 가민

손지 생각허난 이 손지도 질치젠 해염수다 (장고)

외가땅은 중문면 상예리우다

고씨 하르바님 군위 오씨 할마님 외삼춘님

서른 살에 저싱 가던 외가 부모 조상 (장고)

당 외가는 파평 윤씨우다

고향은 안덕면 사계리인데 외하르바님 외할마님

설운 인자 옥자 쓰는 이모는 태평이우다

이모부는 양씨 ㅅ춘동생 용자 성자 씨난

군대에서 총각머리 등에 지어 저싱간 설운 동생 (장고)

질은 못 치어도 큰고모 할마님 무오방친이우다

어디가 자꾸 들으민 무방친인 허난 큰고모 할마님은 정칩이서 난

이십 스물 넘어 시집을 가난 시집에서 일부종서 못하고 (장고)

난 날 난시 팔자가 그리치난 경해여신디 몰라도

이 세상에 오라간 아들 하나 뚤 하나 어시 ᄉ고무친허던 고모 할마님 (장고)

이 고모 할마님도 어서 옵서예~ (장고)

큰고모님 셋고모님은 아홉 설에 서천꽃밭 간 설운 고모님은 (장고)

불도맞이 헐때영 이공맞이 헐때영

서천꽃밭드레 인정 잘 걸어 안네쿠다 (장고)

양사돈육마을 서사돈육마을 영ᄒ영신님네들도 다들 천보답상드레 (장고)

은동 탑서 (장고) 금동 탑서 (장고)

쌍도래기 놀매월색 벌련뒷개 영감에 호신채를 타멍

초잔은 오리정잔 이잔은 ᄆ부림잔 제삼잔은 신군돌에 몰팡돌 하메 주잔 타멍

호오 호옹 호옹허멍 (장고) 살려옵서 (장고)

안팟공시로 삼시왕 삼하늘 남천문밧 유정승 ᄯ님아기 고 옛선성님 (장고)

어서옵서 (장고)

안공시로 정씨로 하신충 쉬은두설 몸받은 안공시로

황씨 선성 임씨 선성 이씨 선성님 (장고)

이씨 하르방님 임씨 할마님 양씨 할마님도 (장고)

얼굴 모른 ᄌ순이라도 이 조상 의지허여 뎅겸수다

안공시로 신수퐙서 (장고)

설운 아바지에 설운 어머님은 심방도 아닙네다 만은

전싱 궂인 이 아기 몸받은 신공시드레 불쌍헌 설운 동생도

설운 성님 몸받은 안공시드레 (장고)

아바지 어머님 삼부체 설운 동생들도 신수퐙서

양씨 부모님 내외간 몸받은 부모 조상님도 (장고)

좋은 전싱 그리치게 해여 주던 부모조상님도 (장고)

신수퐙서 (장고)

쉬은두설이 어릴 적에 죽억살악 죽억살악 허난

신창할망 한테간 당주알로 놓아, 그 집에서 열한달 살앗수다 (장고)

신창할마님네들도 이번 춤은 당주집을 벗어나저

초걸레 이걸레 삼걸레를 벳기젠 해염수다 (장고)

안공시로 신수퍼건 (장고)

이젠 풍파도 일게 맙서. 이 ᄌ순 못 견디게 굴지 맙서 (상고)

안공시로 신수푸고 밧공시로 신의성방 몸받은 밧공시에 (장고)

신수푸저 (장고)

설운 어머님 신수품서 (장고)

외가에 몸받은 부모조상님 초감제 신도업 헐 때 다 거느리엇습네다 (장고)

흔어깨 오던 부모조상 선성님네들도 (장고)

정의 가도 천조국조 대선성 (장고)

모관 와도 천조국조 대선성 (장고)

맨공원에 맨황수 (장고)

도공원에 도황수 (장고)

입춘춘경 화산지옥 불려오던 선성님네 (장고)

천보답에 만보답에/ 놀아오던 선성님/ 천문선성 덕환이/ 상잔선성 덕신이/

요랑선성 홍글제대/ 신칼선성 시왕대번지/ 북선생은 조막손이/

장고선성 명철광대/ 대양선성 와랭이/

설쇠선성 누저왕은나저왕에/ 놀던 선성님네/

천보답에 만보답에 고리동벽 안동벽 좌동벽은 신동벽에 (장고)/

놀아 옵던 선성님/ 떡선성은 내애기/ 밥선성은 저애기/ 술선성은 이태백이/

놀메선성 기메선성 당반선성/ 자리비 선성님네/ 굿 잘 허고 언담 좋고/

소리 좋고 몸짓 좋던/ 선성님네들/ 산이 멩도 천도천명/

죽어 멩도 부두야 대천명에/ 놀아옵던 선성님네/

안팟공시드레 초감제상드레 다들 신수퍼 살려옵서예~ (장고)/

시군문 연ᄃ리에/ 어시럭이 멩도들/ 더시럭이 멩도들/원살축은 신살축/

개움투기 허던 멩두발들/ 저 먼정에 군마절진 협서/

할마님 뒤에는/ 걸레삼싱 구덕삼싱 업게삼싱[179] 악살대기 앙살대기/

호용대기/ 초공전에 군줄이여/ 이공전에 군줄이여/ 삼공전에 군즐이여/

시왕 뒤에 선배 후배 마후배 걸한베 조삼베/

기들은 이 창들은 이 행금주대들/

삼멩감에 삼츠ᄉ에 군줄들/ 행이 바쁜 처서님네/ 질이 바쁜 처서님네/

목 ᄆ르고 허기지고/ 배고프고 일곱 귀향 아홉 시왕 수멩이 아들은/

수멩이덕들/ 놀아오는 임신들/ 당주조상님 뒤에/

---

179) 업저지의 보호신

당주 ᄉ록 몸주 ᄉ록 신영간주 ᄉ록/

울랑국에 범천왕에 살이살성 단골 앞이 해말림 주고/

당주 ᄯ아기들 숭엄 주던 멩도발/

상안채에 중안채에 하안채에 전대기에 차대기에/

안체포에/ ᄂ의조름 굿허레 갔당/

말명에 입질해여 떠러지어 ᄯ아오던 임신들 (장고)/

시군문 연ᄃ리에 금마절진들 협서/ 본당에 군줄이여 신당에 군줄이여/

요왕군줄 선왕군줄이여/ 영혼들 저싱벗 저싱친구들/ 해여오던 임신들/

동설용에 서설용에/ 남설용은 북설용은/ 거부용신 대용신/ 노는 임신들/

인칙에 신도업 할 때/ 떨어진 임신들/ 갑을 병정 무기 경신 임계/

자축 인묘 진사 오미 신유 술해/ 예순 육갑 낮마치에 죽어가던 임신들/

정의 형관에 큰낭지기 큰돌지기/ 언덕지기 수덕지기/

냇골지기 호랑지기들 (장고)/

저 먼정에 다들 금마절진들 협서예~ (장고)/

말저예랑 하영 하영 안네쿠다 (장고)

팔만금세진 칩네다/

가는 신전 오는듯 오는 신전 가는 듯 (장고)/ 허십네다/

팔만금세진 (장고)/ 본도신감상 들러받아 오리정 정대우[180] 협네다/

위 아치고 좌 아치고 (장고)/ 위 버리고 신 버립서 (장고)/

안고 보난 멩감네 사겨보난 가견내 눌낭내[181]여 눌핏내/

동경내여 부정쉬는 (장고)/

서울물은 임 석어 부정되고/ 산짓물은 궁녀 신녀 손발 씻어 부정되고/

조천 금돈지물 정동 ᄆ발굽 씻어 부정되고/

산으로 ᄂ린 물은 나무돌ᄀ 석어건 부정되난 (장고)/

산으로 내리는 물 지장산 새밋물/ 굽이 너븐 초동초대접은/

웃솟복이 떠올련 부정가입네다/ 삼선향이 웨다 부정 가입네다/

이룬 역가 이룬 정성 올리건 받아삽서/

강남서 들어온 대청역/ 일본서 들어온 소청역/

---

180) 신을 모셔 맞아들임
181) 노린내

우리나라 만세력/ 일상생기 이중천에 삼하절재 소에파에 (장고)/
멩망일 고추일 적엇수다/ 조상님은 하강일/ ᄌ순은 복덕일에/
신묘년은 애산 신구월둘/ 열일뤠날/ 옹줄났네 금줄[182]이나/
금줄났네 옹줄이나(장고)/
황토 뜰에/ 울선 장안 둘러봅서/ 상물 솔망 부정 가엿수다/
알자리[183] 남웅서 들 자리는 신자리로/
받읍서. 준지너른 금마답을 내려봅서/
천신기는 지낮추고 흑신기는 지도투고/ 천지이망주 서른세모작은/
하늘이 칭칭허게 매엿수다/
천지이망주 대통기는 소통기/ 지리여기 양산기/
나븨나븨 줄전나븨 ᄃ리노았수다/ 좌우독도 신수폈수다/
안으로나 굽어봅서/
비저낭은 상당클 계수나무 중당클/ 준지낭은 하당클은/
ᄎᆷ실ᄀ뜬 우리 배로 말기ᄀ찌 내기 ᄌᆷ승 매엿수다/
팔만금세진법 마련해엿수다/
천보답도 받읍서 만보답상 받읍서 (장고)/ 광목도 전필로 해여 올렷수다/
시왕ᄃ리 받읍서/ 청비개 도리에 흑비개 도리에/ 대명왕 ᄎᄉ도리 (장고)
본향 풀지거리 동저이칭꺼 받읍서/
고리동벽 안동벽 좌동벽은 신동벽도 받읍서 (장고)/
멩실복실 받으옵서/ 상백미도 우~엄/
중백미 외백미 닝풍 ᄀ득 사발 ᄀ득 (장고)/
올렷수다/ 베은녜의 진덕/ 좁은녜의 만두/ 야냐께냐 자냐깽/
돌래 월변 손의 송편 받읍서/ 칠산바다 조기 생선 건어 제수/ 받읍서/
설래적도 받읍서/ 계랄안주 받읍서/ 배 능금 대유지 실과섭실 칠중과일/
받읍서/ 초잔은 청감주/ 이잔은 졸정주/
도라닭은 한난주/ 부성대에 부성잔/
지리분분 비와 올렷수다/

---

182) 부정인(不淨人)의 출입을 막기 위해 친 줄 금승(禁繩)
183) 밑에 깔아 놓은 자리

조상님아 이때⁷⁷⁾지 굿을 허래 뎅기여도 청주여 탁주여
고소리술을 해여 올리는 건
처음이우다

이 정성 받읍서
부성대에 부성잔 지리분분 비와 올렷습네다
다 일부 흔잔씩 해여건 의논허고 공론허멍
다들 몸받은 상드레 다들 도올릅서예~ (장고)

일만팔전 신전님네/ 상받아/ 삼천천제석궁드레/ 도올릅서/
임신 중에/ 올라사민 청룡산은 대불법 한집님/ 내려사믄 지부 소천대왕/
산신대왕 다섯 용궁/ 육환서 소명당 전하님도/
삼천천제석궁드레 다들 도올릅서예~ (장고)/
맹진국에 할마님이라건/ 할마님 몸상드레 신수풉서/
안초공 안이공 안삼공이랑/ 연향당주들드레 신수풉서/
밧초공 밧이공 밧삼공은/ 어서어서 천제석궁드레 신수풉서/
시왕전이외다/ 시왕전이랑 시왕당클¹⁸⁴⁾드레 신수풉서/
안시왕이랑 연향당주당클드레 신수풉서/삼멩감도 신수풉서 (장고)/
당주하르방님 당주할마님/ 몸받은 당주조상이랑/
당주전드레 안당주 밧당주/
끄 옛선성님네들/ 다들 당주전드레 신수풉서예~ (장고)/
츳수님도 시왕당클드레 신수풉서/ 세경신중 마누라님/
직부일월 상세경 신중마누라님이랑/
당주전드레 신수푸고/ 조부일월 상세경이랑/
천제석궁당클드레 신수풉서/ 일월입네다/ 일월 조상님이랑/
연향탑상 좌우접상드레/ 몸받은 상드레 신수풉서 (장고)
의지해 본향한집님이랑/ 본향 당클드레 신수풉서
주문도청 마을 영게영신님들이랑/ 주문도청 당클드레 신수풉서/
사남허는 영혼들/ 동살장 심방우전드레/몸받은 상드레 신수풉서/

---

184) 큰굿 때의 4당클(祭棚) 중 시왕차지의 당클

안공시에 몸받은 조상님/ 안공시 상드레 신수풉서/
밧공시 몸받은 조상님은/ 밧공시드레 신수풉서/
흔 어깨 오던 선성님네/ 안팟공시로 다들 신수풉서예~ (장고)/
신수푸난/ 날로 가면 나력이난/ 돌로 가면 돌력이난/
월력이나 일력이난 관송입서/
한라상궁이라/ 아찐둥 마찐둥 곱이 첩첩이외다예~ (장고)

초감제 연ᄃ리로 옵서옵서 청허여 있십네다
하늘 ᄀ른 광전지 지애 ᄀ른 도련지 공노난 공소지 원정
옥황연주문 지부찌건 하늘ᄀ찌 높은 덕을 내리웁고
지애ᄀ찌 너른 덕을 거둡고 멩과 복을 줍센 영허여
웃제반 걷읍네다. 알잡식 걷읍네다.
기자철변 해여당 지붕 상상ᄆ루 올리난
천보답상도 꾸립네다. 만보답상도 꾸립네다.
고리안 동벽 좌동벽 보답상도 꾸밉네다
보답상을 꾸며당 안으로 삼천천제석궁 열시왕 안으로
연향당주 삼시왕 안팟공시에 선성님ᄭ지 둘러베고, 둘러베여 잇습네다

(쌀그릇의 쌀을 집어 제비쌀점을 친다.)
천왕멩걸리 지왕뭇걸리 인왕 허튼점사로
나가 쓸을 잘 잡아신가 [고맙습네다]
팔년은 풍덕이라 이 굿해여 칠하지 전명이라
이때ᄭ지 ᄌ순도 중천에 뜨고 조상도 중천에 뜬
이 굿이나 해여건 둘 넷 여섯 여덜 열 (살점의 쌀의 갯수를 세며)
이 굿 헌 덕을 봄직허우다예 [고맙습네다]
일월 삼멩두 조상에서
(산판점)
이 군문은 어떵헌 군문이우꽈
ᄌ들아지는 군문인 허건 다시 제축 군문을 주고
아니라 허건 (산판점) 고맙수다
신질 발르래 오랏수다

안공시 하신충은 경자생

몸받은 일월 삼멩두 조상에서도 (산판점) 고맙수다

신질 발루건 들랑 먹을 연 입을 연, 단골도 내옵고 행사도 내옵고

이 조상을 업어건 덩드렁포 지엉낭 막개포를 지게

둥둥한채 지엉 뎅기멍 먹을 연 입을 연 내세와주고

큰굿이여 족은굿이여 내옵고 몸짓도 춤도 잘추게 헙서

목소리도 좋게 헙서

명산 명점 이름 좋은 정공철이 빌어다 굿허고 성주풀이 귀양풀이허고

아이고 푸다시도 해 놔두난 환자도 나삿져

아이고 소망 이뤈 돈도 하영 벌엄쩌

영허게 시리 (산판점)

막음은 아직꺼지는 조상마음이나 조순 마음이나

영허는 일이나 (산판점) 고맙수다

조상님은 군문질로 행허난

이 군문 질로 삼시왕에서 군문해여 (산판점)

잘 알앗수다

역가도 잘 올리고 조상 간장 잘 풀리고

신의 성방도 오란 간 신질 발르레 오란 가는 질에 (산판점)

고맙수다

신질 발라줘 신의 성방도 소망 일롸

갈 때도 군문 올 때도 군문이난, 이것도 군문인줄 알암수다 만은

어데 시왕은 경해여 신의 성방도 여기서, 잘 초래초래 잘하고 (산판점)

액막을 때라도 잘해여, 경해민 이건 어떵헌 막음이우꽈

이 굿 모칠때꼬지 어떵연, 바꼇딜로 소문이 아니 들어올 일이라도 들어오랑

호썰 시름을 질일이랑 이걸 명심해여건

시왕대번지에서도 (신칼점) 고맙수다

대번지도 군문을 잡읍서 (신칼점)

조상님 두 번 세 번 오게 허지마랑

잘 허쿠다 낭 바꼇디 일을 어떵 우리가 막음네까

잘 해여건 소리가 들어오라도

남 바꼇들로 이상한 소문이 들어올지라도 그자

그걸 다 수긍해영 예
조상에서도 영 해짐직하고, 경허고 그 악심을
악심을
[보답상을 꾸며사주게]
악심 제초해영 불도맞이 헐때랑, 걸렛베[185] 베끼고영
경허게 해민 어떵 안햄직허우다

좋은 점서 좋은 분부 여쭈와 드렷습네다
보답상도 꾸며건 삼천천제석궁 시왕에도
연향당주전에도 둘러배고 안팟공시에도 둘러배난
이게 지금 초신맞이 허민 기픈 밤중이 될꺼난
오늘 밤이랑 조상도 취침 허고 ㅈ순들도 줌 잤다
내일 아적 초신연맞이드레 도올려 드리겠습네다
신의 성방이 잘못할 일이나 불찰헌 일 있건
죄랑 삭 시겨줍서 벌랑 풀려줍서
[신공시상 이쪽으로 돌리게난 이. 이초석을 해영. 그래 땡깁서. 경해도 이
리 났단.]
신공시 안팟공시 조상님 이 알로[186] 굽어승천 하려함네다 예~

(심방은 제상에 절을 하고 굿을 마친다.)
[아이고 고생 했습니다.]
삼춘 영 해여줍서
당주에 영 절해나게 조금만 영해줍서
본주 심방 그리 앉읍서

(본주와 수심방이 맞절)
[아이고 수고해수다.]
영 초감제 영 해여수다예~

---

185) 어린 아기를 업는데 쓰는 피륙
186) 그 아래로

자꾸 영 굿해 날때마다 큰심방한테 절해고 본주심방한테 절해는 것은
나이가 어리든 나이가 많든 다 몸받은 조상한테 절해는 거난
그자 신의 성방들도 다 굿해나민
큰 심방한테도 절허고 본주심방한테도 절허고
잘해줍센 해 절해는 거라예~

(다른 심방들을 향해)
팔저 굿인 형제간들 삼춘네 다 고생들 해엿수다예
아이고 영 돌아상
삼춘영 굿 햇수다예

2. 둘째 날

《초신맞이》

《초상계》

《추물공연》

2. 둘째 날

《초신맞이》《초상계》《추물공연》

(10월 14일 금요일, 음력 9. 18.)

《초신맞이》 오춘옥

〈초신맞이〉는 〈초감제〉와 함께 다음에 남은 신들을 재차 청신하는 제차(祭次)다. 〈초감제〉가 모든 신들을 하늘에서 지상으로 내려오게 하는 '군문열림'의 수직 하강의 청신의례라면, 〈초신맞이〉는 하늘에서 내려온 신들과 땅의 신들을 모두 모아 굿판으로 재차 모셔오는 청신의례다.

〈초감제〉

밧겻딜론, 천도천왕 지도지왕 인도인왕
삼관지 오륜지법을 마련허연, 천신긴 지늦축 흑생긴 지도투고
대통기 소통기 나부줄전지 줄싸메고, 안으론 ㅅ외열두당클 줄싸메고
연양당주전 어간이 되어 잇습네다.
초감제연도리로 내운 신전님, 초신연맞이가 어간이 되엇습니다.
초신연맞이로 제청신도업 신설연입네다.

(악무)

[각호각당 배례]

관복차림의 오춘옥 심방 요령과 신칼들고 청신무, 각호각당의 배례가 끝나면 심방은 본주에게 가서, 본주에게 "나 굿허쿠다."하고 상견례의 배례를 한다.

심방 : 신맞이 허쿠다, 모른 거 시문 시켜주고 협서.

　　　　(큰심방에게 절하며) 나 굿허쿠다.

　　　　(모든 소미와 손님들에도) 나 굿허쿠다.

(악무)

[베포도업]

초신연맞이로. 제청은 신설연허난, 천지가 혼합이 되어옵니다.

어허 천지흡합시 도업입네다.

(악무)

천지혼합 제이르난, 천지가 개벽이 되어옵니다.

천지개벽시 도업 제이르난, 밤도 왁왁 일무꿍,

늦도 왁왁 일무꿍, 하옵디다.

천가엔 자ᄒ고, 지가엔 축허고, 인가인 인ᄒ시니

상갑자년 갑자월 갑자일 갑자시로, 하늘 머린 지가솟고, 땅에 머린 지늦추난

하늘론 청이슬이 ᄂ립데다. 땅으론 흑이슬이 소습데다.

떡칭끝이 굽이 납디다.

갑을동방은 늬엄들고, 경신서방은 출릴차고

병자남방은 늘겔들고, 임계북방은 활갤들러 옵니다.

동성개문 수성개문, 상경지 개문 도업허난

잉헌이도 삼하늘 드든이도 삼하늘, 삼십삼천 구천 서른시하늘 도업입네다.

(악무)

이 하늘 요 금싱, 지아래는

천고일월 명하고, 지부초목(地厚草木)은 황해수(黃海水) 허난
검고 희고 노픈건 하늘이요
무거웁고 산발(散發)한건 땅입니다.
지프고 지픈 물은, 대천바당이 되엇수다.
갑을동방은 견우성, 경진서방 직녀성,
병정남방은 노인성, 임계북방은 태금성,
짓알은 시별 짓우인 니별, 삼태육성 선우성별
벨자린 칠원성군님 도업허난, 북두칠원 큰 대자 대성군
으뜸 원자 원성군, 춤진자 진성군
실마 목자 목성군, 벼리 강자 강성군
기록 기자 기성군은, 열릴 개자 개성군
지다른 시별 지우인 네별
삼태육성 선후성별 별자리 칠원성군님도 도업드립니다.
돈아오는 일광님도 도업, 두에 월광님도 도업드립네다.
초신연맞이로 월알광님도 도업입니다.

(악무)

월일광님 도업을 제이르난
요하늘 요금성 대명천지가 불근날이 되어옵데다.
동악산 서악산 남악산 북악산
함경도 백두산 두만강 줄기에 뼈쳐 잇고
평안도 묘향산은 대동강 줄기에 뼈쳐 잇고
황해도 구월산은 임진강 줄기로 뼈쳐 잇고
강원도 금강산은 해금강 줄기로 뼈쳐 잇고
경기도 삼각산은 한강줄기로 뼈쳐 잇고
충청도 계룡산은 금강 줄기로 뼈쳐 잇고
경상도는 태백산 낙동강 줄기로 뼈쳐 잇고
절라도 지리산은 용림수 줄기로 뼈쳐 잇고
제주도 할라산 서해바다로 둘러싸니
팔도명산 느린 물은 대천바당이 되엇수다.

산은 보난 팔도뭥산 도업을 드립니다.

물은 보난 수재지중 황해수라 동해요윙 청요왕

서해요왕 벡요왕 남해요왕 적요왕 북해요왕 흑요왕

적금산 조금산 수미산 수금산 ᄉ만ᄉ천 ᄉ해용산 도업드립네다.

초신연맞이로 신도업 드립네다.

산도 도업드립네다. 물도 도업드립네다.

산과물도 도업입네다.

(악무)

산과물도 도업허니, 천지왕도 도업드립네다.

지부왕도 도업, 대별왕도 도업 소별왕도 도업,

대별왕은 저싕법을 마련헙네다.

소별왕은 이싕법도 마련허난, 대소별왕 남정주 화정녀 도업을 드립니다.

태고라 천황씨 시절에, 이화 목덕으로 왕을 하여

성제 열둘이 무위유화허니

각 일만팔천시 도업하실적에, 일월성신님 도업하고

지왕씨는 솟아나 화덕으로 왕을 하여

성제 열ᄒ나 무위유화허니, 일만팔천 신도업 허실적에

일월성신님 조립허고, 인왕씨는 솟아나니

분장구주하여 성제 구인이 무이유화하니

범 백오십세에 사만오천육백년을 도업한, 성인님도 도업을 드립네다.

글지후론, 유화유수씨가 솟아나니

나무깨어 세와, 집을 지어 사는 법을 ᄀ르치니, 성주님이 되옵데다.

수인씨는 솟아나니, 시천수에 불을 얻어

교엔 화식법을 마련허고

여화씨는 솟아나난, 옷을 허영 입는법을 ᄀ르친

성인님도 도업을 드립네다.

글지후로, 태호복희씨는 솟아나니

성은 풍성이라 사신인수허난, 머리는 사름머리 몸은 뱀의 몸아 되난

팔괘를 그령 글쓰는 법을 ᄀ리고, 그물을 치어 사냥법을 마련허고

시집가고 장개들어, 남녀구별법 마련한, 성인님도 도업드립네다.

글지후로, 염제신농씨 솟아나난, 성은 강성이라 인신우송허난

머리는 소에 머리요 몸은 사람몸이 되어

농잠대를 지어 농사를 지어

사는법 ᄀ르치고, 백가지 만물 푸십새 맛을 보아

의약 박물법 설연한, 성인님도 도업드립네다.

황제 헌원씨가 솟아나난, 성은 희성이라 방패를 지어 부량을 막고

창을 지어 난리를 막고, 수레를 지어 번길을 통행히고

황장목에 배를 지어 저 바당을 넘어가고

넘어온 성인님도 도업을 드립네다.

전옥고양씨가 솟아나니, 첵력을 내어 음과 양을 분간하고

굴메를 보아 시간법을 마련하고

1년 12달 입춘 상달 ᄉ계절, 1년은 365일 팔천칠백예순시간

밤과 낮을 분간허신, 성인님도 도업을 드립네다.

주안씨는 열연씨 고양씨 혼돈씨

갈천씨 생인 도업허난, 하우상탕 주무왕이 솟아나니

권력싸움을 허여가니, 공자 활은 하늘에서 나온 성인이라

서역 주역을 지언 악한사름 선하게 허고

책을 내어 글을 씌어, 선비됨을 ᄀ르친

성인님도 도업드립네다.

은하상탕 주무왕 춘추전국 허난

풍성 강성 희성 열다섯 15성인님, 도업드립네다.

초신연맞이로, 제- 천왕베포 지왕베포 인왕베포

제청신도업으로 제이룹네다 이~

(악무)

[날과국 섬김]

제청신도업 제이르난 에~

날은 갈라 어느 전 날이오며, 둘은 갈라 어느 전 둘이오며

올금년은 수년장내 해는 가르난, 신묘년입네다.

들은 갈란보난 전싱긎은 상구월들

늘은 보니 열일뤳날, 초감제에 매운 신전

오늘은 열ᄋ드렛날이 되엿수다.

국은 갈라 갑네다.

동양삼국 서양각국, 강남은 천저국 일본은 주년국

우리국은 천하해동 대한민국입네다.

쳇서울은 송태조가 개국허난

둘체는 시님서울, 셋쩨는 한성서울, 네쩨는 왜정 삼십육년

다솟체 조부올랑 상서월을 마련허엿수다.

안동반골은 좌동반골 먹자골은 수박골

모시정골 불탄대궐을 마련허니

경상도 칠십칠관이고, 절라도는 오십삼관이고, 충청도는 삼십삼관

일제주는 이거제, 삼남해 ᄉ진도는 오강화 육칸도를 마련허니

그 가운데 지중 제일 큰섬은, 물로 뱅뱅 바우 돌롸진 제주섬입네다.

땅은 보니 금천지 노고짓땅, 산은 할로영산 삼신산 허령진 산입네다.

동소문밧은 서른ᄋ돕 대도장냅네다.

서소문밧은 마은ᄋ돕 대도장냅네다.

대정은 이십칠도 정의는 삼십팔리

주의 모관 팔십여리, 두루 장관은 ᄉ벽린데

영내읍중 도성삼문 일서당을 마련허난

항교 삼선 부어, 엿날 정의현감 살고, 대정 원님살고 모관 판관살고

명월은 만호를 살아, 삼고을에 ᄉ관장을 마련헌 섬입네다.

개판되난 북군 남군은 제주시 서귀포시, 읍면동 곱을 갈릅데다.

이제는 제주특별자치도가 되엇수다.

[연유닦음]

어느 고을 어떠헌 ᄌ순이, 겨울 석둘 근당허난

모든 세상에 살기가 힘들고, 물가도 나날이 고동허고

엄중허 이시기에 이 제청을 무언, 쇽횡드네 쇠북소리 울리멍

촛대 ᄒ쌍 불을 볼켜 올려, 이 제청을 무어 이공서를 드리켄

국은 대한민국, 제주도는 제주시 조천읍 북촌리 251-2번지

현주소 거주권명 헙네다.

부모조상 고향 태ㅅ른 고향은, 대정읍 모슬포 상모가 됩네다.

성은 보난 정씨로 공자 철자, 쉬흔둘 올금년 경자생 드신 공섭네다.

장녀 큰뚤 정연담이 스물ㅎ나, 차녀 정수정 열두설 받은 공섭네다.

천근만근 귀한 이 애기들 거느리고, 설운 동생 아십네다 정길수 마흔아홉

이은영 제수 마흔넷. 정상민 조카 열ㅇ섯 받은 공섭네다.

설운 동생 정동수 마흔둘, 김양수 제수 마흔아홉 받은 공서

조카 정경중 열여섯 조카 정혜진 ㅎ네설, 설운 누님 정형숙 그뒤에선

매형님 박석우 예순ㅇ돕, 조카 박기준 박병국 들며 나며 가며 오며

낭은 돌을 의지허고 돌은 낭을 의지삼아 의지 암지허멍

살아가는 집안인데 어떠 허신 일로 이녁 사는 집도 노아두고

엣날 말로 정의고을 성읍 민속마을

이 초간삼간 집을 빌어 민속촌 집을 빌엉오랑

이 제청을 무언 이 공서를 드리켄

밥이 어선 밥을 줍센 허영 드리는 원정도 아닙데다.

옷이 나빤 옷을 줍센허는 이 공서도 아닙네다.

옷과 밥은 가락ㄱ악 빌어도 밥이고, 얻어서도 옷입네다.

천지는 지간허고 만물은 지중허와

유인은 최귀허난, 속인자이기요 오륜지서라

저산천 모든 만물 푸십새, ㅜ시월 상강일이 근당허면

입도 지고 꽃도 다 떨어졍 낙화가 되엇당도

멩년 춘삼월이 돌아오면, 가지마다 ㅍ릿ㅍ릿 송애송애 솟아나

꽃은 피어 화산, 입은 피어 청산이 되민

일년 ㅎ번싹은 제몸자랑 허건마는

우리 인간은 아버님전 뻬를 빌고, 어머님전에는 술을 빌어

칠성님전 멩빌고 제석님전 복을 빌어

석가여레 공덕으로 이내일신 탄생허민

어릴적엔 아무 분시 몰랑 크고, 열댓넘고 스무나문 너멍

분절 알아가민 혼인입장허영, 살렴살고 살렴에 욕심허여지고

아들 뚤 낭 키우당 보민, 이 아기들 아ㄲ운 생각들어

혼자 부지런히 요돈 벌어사, 이 애기들 배고프게 마라사클

춥게 마라사쿨, 공부시켜사쿨

혼자 요것을 해드려사, 부모조상에 기일제사 모시쿨

일가방상 동네이웃 돌아보쿨 허당보면

밤은 눚을 삼아, 농촌에선 헌 갈몸뻬 벗인날 ᄒ루 어시

저 손에 공갱이 내분날 ᄒ루어시

저 밧고랑 아장 고생고생 십생고생허멍

살당보민 해가 연락서산 지어가민, 배고파도 허리에 띠꼼 벙울르멍

눔광 ᄀ치 먹을 첸 것도 아니먹고

입을 첸 옷도 아니입고, 호ᄉ ᄒ번 못허연

아이고 어느제문 이 애기들 크고, 어느제문 공부 ᄆ치고 경허당보민

마흔도 넘고 쉬은도 넘고 예순도 넘엉

소곡소곡¹⁸⁷⁾ 늘거가민, 고생 끄테 몹쓸빙은 들어

아이고 구완허당 버천 이싱 녹이 털어지믄

아까운 애기들 다 노아두고

고생허멍 일롸노은 고대광실 노픈집도 다 놔두고

남전북답 너른밧도 노아두고

ᄒ푼이엔 모아노은 금전 써보지도 못허영

통장ᄀᆞ득 노아두고, 구사당엔 하직허고 신사당엔 허뱁허연

양손 구착 폐왕, 어느 날 ᄯ로로롭게 떨어지고 보면

토란잎에 이슬만도 못헌 인생

ᄇᆞ름 부는날 촛불과 ᄀᆞᆮ은 초로인생 아닙네까.

ᄒ번 실수 떨어지면, 조은 몸천 신체시켜다 엄토감장허면

고운열굴 살은 석어 물이 되고, 뻬는 석어 진토에 묻혀불민

삼혼정 벳기 업는 우리 인생입니다.

절망죽어도 한번 가민 다신 돌아오지 못하는 인생

나이가 들어 돌아가도, 한번가면 못오는 초로인생

어른아이 남녀노소 구별업시, 한번가면 못오는 인생이여

천석공 부자도 죽엉 갈땐, 다 놓아도 양손 비짝 비왕 가는 법입네다.

얼어머는 게아ᄉᆞ도, 죽엉기민 양ᄂᆞᆫ짝 미와 사는 법입네.

---

187) 거침없이 앞으로 다가가는 모양. 또는 불평 없이 순종하는 모양

이집안 어떠한 사실로, 이 구월들에 열일을 다 자쳐두고
이녁 살던 집도 노아두고, 성읍리 이거 엣날말로
이곳 민속마을 유적지엔 되엇수다.
이마을 오랑에 민속촌집 빌어
밤도 ᄇᆞ름 놎도 ᄇᆞ름 흔들 모르게 이긋을 허저
정의고을 마을ᄁᆞ지 오랑 이 공서를 드리겐
성은 정씨 ᄌᆞ순 쉬은두설에, 모슬포에서 부모양친 부모에
ᄉ남일녀 중에 장남으로 탄생허엿수다
어릴때부터 ᄒᆞ끔만 허민, 아픔을 버리지 안헷고
엣날에 약학공부는 의학이 부족한 때난
ᄒᆞ설허민 이세상 사람이 안 됨직허여
ᄀᆞ채들렁 묻으레 가젠 허다보면 살아나고 허멍
죽을 고비를 넘으멍 넘으멍, 어릴때부터 살아오는게
중학꼴 가난 서른셋에 설운 아바진 돌아가불고
아이고 고등학교 대학은 제주대학은 가난
농촌에서 돈은 어서지믄 허고
성제간들 많고, 어느누게 부모조상 의지헐 때 엇고
놈광 ᄀᆞᇀ이 어느 조은 재산
조은 부자집 애기로 못나 어렵게 어렵게
제주대학을 가난 대학 뎅길 때
양친부모 다 돌아강 고생허멍 살아오는 것이
대학뎅기멍 연극부여 아런 동아리 할동을 하는 것이
한라산 소리왓패여 한라산패여 허멍, 단체생활허고 살단보난
밤에 나강 늦게 와도 어느 어멍 잇어
얘야 어디니 혼자 오랜허영
의지해줄 사람 없이 크단보난, 가는게 집이고, 오는게 집이고
벗이랑 놀다보면, 철모르고 맛모른 술배와
ᄒᆞᆫ잔 술에 시름을 시켜뎅기다 보민
놈이 산 담에서 날을 세고, 놈이 집 무뚱[188]에서 날을 세고

---

188) 처마 밑에 신발 따위를 벗어둘 수 있도록 마련된 공간

사는거엔 살고 멩 이시난 살아오란

불도 남도 모른데, 마음고생 몸고생허멍

살아오랏수다 영해여 오는 것이, 쉬은두설 제주시 71호 무형문화제

짐씨성님을 알안 그 사무실에 직원으로영

단돈 흔푼이라도 사무장 헤여 월급타멍

의지허멍 살아오는 것이, 요 심방질을 허게 되어간

서른다섯 나는 해에부터, 신의 밥을 먹저, 신의 줌을 자저,

짐씨성님과 이씨아지망 의지허여

가민 굳이 가고 오면 굳이 오고, 뎅기단 보난,

북두드림 설쇠두드림 장구두드림, 대영두드림 연물치는거 배우고

아이고 공연도 해보랜허연 해여가고, 새ᄃ림도 해여가고

영해여가는 것이 심방말명도 배와가고, 춤추는 거 배와가고

곧 마흔 나는 해엔 와산 굿간와흘굿갓다

석살림굿 해여보렌 허난, 쾌지입언 나산 무시거엔사 ᄀ라저신자

신자리 나사난 가슴이 탕탕허고, 온몸아 떨리고

그 굿허멍 살아오는 것이, 글로 인해 17년 오르게

심방들과 정의드레도 오랜허민, 남자소미 굿허는 수소미로 강

큰굿 족은굿 뎅기고, 모관드레도 가고,

제주시서 이집저집 집도 절도 어서

1년에 흔번씩 신구간 되어가민, 이사뎅기멍 살아오랏수다.

영해오는게 중간해부터 또 일본으로도

연결되어 일본서도 왕 굳이 일냉겨도랜허민 강

일본도 강 굿허영 돈벌어 오고

어떤땐 한라산 패영 단체로들, 공연도 맡아 중국도 가고

서울도 가고, 육지도 가고, 외국도 뎅기고 허멍

끼가 잇고, 신끼가 잇고, 신빨이 이섯던가.

그런대로 허연 이 심방질을 허멍

어느 부모조상 불휘어신 새삼 나듯, 어느 조상허던 일도 아니고

대학거 뎅길 때 생각엔

혼자 요 공부해영, 아무디라도 직장 시험빵 들어강

책상받아 나라에 공녹 먹엉 공무원 생활허저

영해여신디 쉬은둘님 팔저전상에, 난날 난시 기박허난
낭을 저도 밥을 주고, 물을 지어도 옷을 주고
노가다 일을 헌들사 밥삼시 못먹엉
흔 세상을 삽네까.
꽃곹은 청춘 고운 얼굴 조운 허대에
양친부모 곱게 열두 신베 나수운 보람어시
기계일 허당 손도 다쳐, 손구락도 장애인이 되어불고
거리개똥도 츰실로 줏엉
하늬ㅂ름에도 의지가 잇고, 샛ㅂ름에도 의지가 잇주마는
어느누게 의지헐 때 어선, 멩 이시난 살아오랏수다.
영해연 사는게 첫장개 가난
아이고 큰년 난 어멍과는, 끗내 서로 유살림도 못살안
그 살렴 사라지고 그 애기 어멍 뜨란 가부난
흔잔 술로 시름을 씻겨지고,
족은년 난 어멍이랑 이번이랑, 백년해로 무어 살젠 해여신디
서로가 인연이 아니되엇던가
이 살림도 끝내 살지 못하여 가단 보난
쉬은둘 고생도 많이 허고, 몸고생 마음고생 많이 허고
요 심방질 배우젠 허난 천대도 하영 받고
아이고 설운 이 ㅈ순, 마음고생 눈 어둑어 삼년, 귀막어 삼년
말몰라 삼년 된, 시집살이 험보다 더 어렵게 시리
제주대학ㄲ지 공부허여도 요 심방질 허여
아이고 조상님아. 어델 갑네까.
아이고 이제ㄲ지 살어도 돈은 벌어오는 것 달마도
뎅기당 오랑 쓰당보민 어서저
어느 들어갈 집 엇고, 심방은 허여도 어디강 당맨디도 엇고
조상연결 어시난, 이제ㄲ지 놈이 조름에 뎅기멍
요 심방질 허연 살아오랏수다.
살단보난 양씨부모 아바지, 아닌부모 수양부모 아바지 삼고
설운 아들아, 너도 공철아 외롭고,, 나도 고단한 몸이고
짐씨 어멍 곧 ᄋ든광 아이고 나도 몸 늘거져 가고

이조상 나 업어 뎅기멍 심방허라

조상의지가 잇어사 허여진다.

아이고 셍각해보난 아바지 경허쿠다.

아닌부모 부모삼고 가는 내가 애기삼아

이 조상을 물리저 ㅁ음먹단 보난, 기회가 당허여

ㅁ음이 고왐시문 헌옷압섭 버무는 법

쉬은 두설 고운 ㅁ음으로 올은일을 해연시난

제주도 KBS방송국에서, 전통문화연구소에서

제주큰굿이 보유되난, 큰굿자료도 냉기고

큰굿을 헌댄허난 이 기회에 의논허영

신굿 붙여근 허는발레에 삼대틀엉, 팔저그르친 심방으로 허영

대로 들러 큰굿 자료를 냉기저

영해여 ㅁ음먹어 의논허는게, 서로 의논이 단합되난

날은 보난 구월 초ㅇ드렛날로 날받아

본멩두 생일날로 다가, 애월간 하귀간

양씨 아지바님 몸받은 당주간 지완, 집서관을 메웁기는

서씨 동싱 쉬은ㅎ나 집서관을 메왓수다.

양씨 아지바님 사는 예순 일흔ㅇ돕

곧 ㅇ든 사는디로 간 몸받은 당주전에 간 빌언

당주 하직허고 당주를 지완

조상님이랑 쉬은 두설 정씨 ᄌ순 머리전드레

양단둑지드레 강림허여

이 ᄌ순 업어 뎅기젠 허염수덴 옵센해연

저 북촌은 정씨 아지바님 사는 집으로 오란

어주애삼녹거리 서강베포땅 신전집을 무엇수다.

펭저남은 뷔어다, 마흔ㅇ돕 초간주를 설연하고

유저남은 뷔어다, 서른ㅇ돕 이간주를 설연하고

신폭남은 뷔어다, 스물ㅇ돕 하간주를 설연하고

ᄇ름블어 ᄇ름도벽 믹고 뜻 불어 뜻 노벽을 막고

동산새별은 신연상간주 중간주 하간주

연양육고비 구비첩첩 눌럿수다.

당주 설연 허엿수다. 몸주 설연허여
쉬은 두설 정씨 ᄌ순 머리전 운동허여, 양단어께 강림허여
조상님아. 압니멍에 너른 이견 뒷이멍에 ᄇ뜬 이견
어신말명 어신언담 어신 단골들 나수와
정공철이 이젠 당주도 설연헷젠 해라.
압으로 조상 업어다 모셔 뎅겸젠 해라.
연물도 키고 지와 뎅기난
아이고 새심방 발엉 우리 큰굿도 허고, 족은굿도 허게.
귀양풀이도 허게 성주푸리도 허게 불도맞이도 허게 허영
어신 단골들 제주 산압산뒤 동서남북으로
바리바리 나수와줍센 허영, 당주 설연을 허엿수다.
영해여 심방도 열아이 들어살거고, 혼자만은 못허는 일이고
집도 마련해여살꺼고 난
아이고 이거 서너 심방들 서너 누이허고
전통문화연구소 직원들 책임진 ᄌ순들
저 KBS방송국 국장님 직원들 영상헐 ᄌ순들
서너네 밧디 돌아보난 그 가운데, 성읍리 정의고을 옛날 말로
민속마을 초가집이 적당험직 허연, 장소를 마련햇수다.
상구월 열일뤠날부터 시작허젠
날을 받고 열엿셋날 아침 일출이 개동열로, 김녕 삽네다.
서씨 동싱 쉬은ᄒ나 몸받은, 억만들어 상신충
당주문 울렷수다. 몸주문 울렷수다.
상안체 짓우로 중안체는 짓알로
하안체는 삼천기덕 일만제기 궁전궁납
멩도멩철 부모조상 업은
이 성읍리 정의고을 민속마을, 요 집으로 오랏수다.
기메설연 협긴 바껏들로, 천도천왕 지도지왕 인도인왕
삼강지 오륜지법을 마련허여, 천신기는 지늦추고 흑신기는 지도투고
하늘이 칭칭허게 천지염례대를 신수푸고, 좌우돗기 신수퍼 잇습네다.
대통기 소통기 나부여기줄전기 줄싸메고, 지리여기 양산기 줄싸매엇수다.
안으로는 ᄉ혜열두당클, 네귀ᄌᆷ쑥 줄싸메고

엣 연양당주를 어간허저 허난
성은 정씨로 쉬은 두설 경자생 몸받은, 당주를 어간허젠 허난
어주애삼녹거리 서강베포땅 신전집을 무언
마흔으돕 초간주집, 서른으돕 이간주
스물으돕 하간주를 설연허고
안으로도 ᄉ헤당클 안팟으로 메어잇습네다.
기메선연 허엿수다. 당반설연 허엿수다. 제물베당 허엿수다.
어제 열일뤳날 아적 일출우로 대를 세왓수다.
야아 초감제연ᄃ리로, 연양탁상 좌우접상 초감제상
천년오른 천보답상 만년오른 만보답상
고라안동벽 신동벽 상별문세 중별문세 하별문세
초감제상 받아잇고, 안팟신공시 어간허고
삼도리대전상 어간허여, 삼선향 지도투멍 삼주잔 위올리멍
성은 서씨 동싱 집서관 나사건, 천조단발허고 신현벡무허연
초감제로 천상천하 니별궁제, 산설 물설 나무돌굽 노는
일만일신 삼만제석 만조벡관 저 대신님
일만팔천 각 신우 조상님, 어서 옵서 옵서
초감제로 몬 신도업을 드려 잇습니다.
초감제로 청헌 조상들 어리는데, 부정개이고 궂인새도 ᄃ렷수다.
도래도 둘러매어 새물주잔 지냉기며,
초감제연ᄃ리 메운 신전, 시군문을 을려 제청드레 신메와
초감제상드레 신메운 조상, 천보답상드레 몬 살려옵서.
좌우점지시켠 각서추물 유공지 제물로도, 무언이불식이라 허엿수다.
압반마다 몬 고단고단 천하금공서, 초감제로 올렷수다.
각 당클드레 도올릴 조상 급 갈르멍, 몬 도올려 잇습네다.
초감제 청헌 조상, 초신연맞이 어간이 되엇수다.
오늘은 구월 열으드렛날, 신멩두 솟아난 멩도제일입네다.
초신맞이 올리저, 성은 서씨 동싱 대신대납
압비린 지자우다. 뛰머빈 신의아이
성은 오씨로 계사생 쉬은 아홉설
엄중헌 신전님전 무신 말씀 여쭐 가망이 잇십네까마는

잘못허는 일랑 이 자리에서 죄다 사죄헙서

벌랑 소멸시켜근, 쉬은 두설 사는 집안 정씨 ᄌ순

전싱궂인 이 ᄌ순 우렁 이굿 헤염수다.

이번 첨 이굿헌 덕으로

천이 신종허게 헙서. 신이 감동허게 헙서.

지성이면 감천 화련이면 공덕법

인정식끈 배가 파헐수가 잇습네까.

종이도 네귀 들렁 바릅네다.

공든탑이 무너질 수가 잇습네까.

ᄆᆞ음이 고왐시민 헌옷압섭 아무는 법

옛날 천하성인 공부자도, 이부산을 올라 빌엇수다.

진나라의 왕의 손도, 우성산 올라 빌엇습네다.

비는 장수가 목을 걸릴 수가 잇십네까.

황서는 불섭네다.

쉬은둘림 이번기회에 KBS방송국에서영

전통문화연구소에서영, 모다들언 뒷받침허고

서로 이끌어주고 의지암지허여, 이번 첨 초신질을 발롸

초역가[189]를 올려 초역례[190]를 올려

어에 어인타인 감봉수레 막음주어

약밥약술 타멕영 당당한 하신충으로 해여

신질을 발루건, 압이멍 너른 이견 뒷이멍 보뜬 이견 나수와

아이고 어신 말명도 슬슬슬 나오게 헙서.

어신 언담도 나오게 헙서.

기도 죽지마랑 기살앙, 심방질도 기페왕 왈랑실랑허게 헙서.

아이고 시름시꼬고 술로만 달래고 허단보난

먹던 술도 열잔 먹던 거 다섯잔만 먹게허고

두병 먹던 거 ᄒᆞᆫ병만 먹게허고, 먹던 술도 줄이게 헙서.

몸도 펜안허게 헙서.

---

189) 처음 심방질 하여 번 돈
190) 처음 신에게 바치는 역의 대가

146

위 나쁜 징 속쓰리는 징. 기관지 천식끝이 허는 징,
가래끄르는 징 거둬줍서. 혈길 골라줍서.
동으로도 큰굿도 해여줍서
서으로도 족은굿도 해여줍서
아이고 우리애기 아파시메 넋도 드려줍서 빌어줍서
푸다시도 해여줍서 성주도 내여줍서
영 안질저리 어시 올리 굿허건 이 정월 나가건
문전철갈이도 해여줍서. 안택도 해여줍서
칠성코사도 해여줍서. 불도맞어도 해여줍서
허멍 들라 일라 아이고 문세돌앙
아이고 날잡으멍 손구락 오그력 페왁허멍
오늘은 어디 가살로구나 내일은 어디 가살로구나
영 놈이 뒤로 갈절어시 소미들데령 뎅기게시리
안체포 지어나건 막게포 덩더렁포 일롸근
당주대가 휘어지게 연양대가 뿌러지게
도전으로 울성 둘르고, 도십쓸로 노적을 눌고
보답으로 금동쾌상 고비첩첩 잔뜩 해여노케시리
마흔ᄋ돕 상단골도 나숩서.
서른ᄋ돕 중단골도 나숩서
스물ᄋ돕 하단골도 나숩서
큰굿 족은굿 전새남, ᄆᆞ을굿 도청굿 행사들 나수와 먹다 쓰다 남게
아이고 공철이 수양아버지 정해여 조상업엉 뎅기난
몸도 펜안허고 성도 올란 동시락허게 슬쩟고
돈벌언 집도 해연 살암젠 허여라.
각시도 얻어다 잘 살암젠 해여라.
아이고 늦둥이라도 아들도 난 살암젠 해여라 허게
울던 엣말 골으멍 살게끔, 조상에서 독보족허여줍서
이번첨 저싱간 나 부모 아버지
하르바님 할마님 그엣날 어렵게 살던 부모조상
톨밥먹던 나 부모 무쓸망 먹던 나 부모조상
4.3사건 무자년 6.25사변, 그런 보릿고개 고난당허멍 살던 부모조상님전

하느님 덕은 천덕이요 지하님 덕은 은덕이요, 부모공은 호천망극이라
아이고 이제꺼지 살아시문 요 심방질해여 번돈으로라도, 옷도 사다 안네고
아이고 괴기도 큰거사다 안네여드령 먹읍센허고
용돈도 이실땐 앗당 안네여보고
생일도 오라가민 상출령 안네지 못허민, 외식이라도 시켜네고 허여불고
이 ᄌ순 부모조상 공가프저, 부자 저싱 호상옷 한 벌씩 츨려노코 해영
시왕 앞으로 십이대왕 앞으로, 저승 사남 해드리젠 해염수다.
저싱질은 어주리질 비주리질, 진부역 한탈남에 가시덤불질 전지옥질
노픈 동산질 외진 굴형질 치고대껴내건
초초산 노강댓질 금박올린 질로, 살대긑은 곱은질랑 화살긑이 곧은질로
석자두치 대잔합에 숙식으로 ᄃ리노왕, 질치어내건 귀양도 ᄒ번 못내고
이 부모조상들 아이고 그전에 보낸, 성당에 좀 뎅겨나고 허난
등에 맨 십자가랑 **뻬여놔뒁**
아이고 오늘 이 애기 큰손지 큰아들, 이조케 굿해염수다 성읍리에
옛날 정의고을 마을민속촌 집들이 어서, 어서 깃발보멍들 연발보멍
굿소리 가늠허멍 연당상네 가늠허멍 오라
설운 애기 연해는 호상엇 받고, 저싱사남 받아
저싱 완생극락 귀양 긑가르지 못허난
내일 모래 시왕맞이 날은, 시왕 앞으로 방광침 지옥 산내왕
귀양도 긑갈라 부모조상들
열두문 잡아 저싱질 쳐드리건, 부모조상 왕생극락 시켜줍서.
상마을로 중마을로 하마을로 지부쩌줍서.
검무도사 ᄂᆞ쎈칼 연꽃으로 하고
한탄지옥 끓는물 감로수로 변해여, 저싱왕에 등장들건
하다 문직대장에서 못견디게 마라
열두문에 인정 하영 걸어드리고, 부모조상 어둑은 가심 ᄋᆞ리건
이제꺼지 저 가심에 먹장긑은 가심, 이열 신베 품은 가심
아이고 석배같이 싸인눈 돌담같이 치운가심
얼음 녹아가듯 구름 걷혀가듯 안개 거둬가듯
설설이 풀리건 저싱드레 갈때랑
저 아들 저 손지 아픈것도 거둬가불고

148

큰손지영 족은 손녀 똘들, 똘이라도 잘크게 도와주고 멩 제겨주고
이 세상서 도와주지 못헌 대신 저 세상서
돈도 벌어 이층 삼층집도 살게 헙서
남전북답 너른 밧도 나수왕 살게 헙서.
가정도 화목하게 시켜줍서.
공든 덕을 제겨줍센 해연, 이 제장을 일루고
이번 첨 초신질을 발루저, 지성이면 감천으로 KBS방송국에서 영
전통문화연구소에 인연이 되어
쉬은둘 이굿을 해연 삼대틀언, 당당헌 하신충에
이번에 약밥약술 멕여 어인타인 감봉수레 두엉
에~ 이번참에 예~ 영허건, 하신충으로 해영 큰심방 허게헙서.
안질절 어시 이녁굿 하영 낭 뎅기게 헙서.
버는돈도 잘 지탱허게 헙서.
은쇠시랑 상가지 미늘조은 홍낙시로 바리바리 나숩서
멩이 부족헌 ᄌ순 멩도 줍서 복도 줍서
장골라 진 목숨줍서
아이고 이루후제라도 순실이 아지방 오랑
굿 잘해주고, KBS방송국 직원 어른들 모두 덕이우다.
아이고 이거 전통문화연구소서, 연구허는 어른들 덕이우다.
아이고 서로 반갑수다 고맙수다 영해여
반가운 얼굴로 지네게 도와줍서.
멩과 복을 제겨줍서.
당주ᄉ록 멩두ᄉ록 긑이 가정에 들어, 풍파도 일게 맙서.
영해여 초신연맞이로 소원을 빌엄수다
초신연맞이로, 천궁 지궁 인왕 만궁
열다섯 십오성인님 도업드립네.
천지왕 지부왕 대소별왕, 남정중 화정네도 신도업드립네.
옥항상제 대명왕 지부ᄉ천대왕, 산ᄎ지 산왕대신 물ᄎ지 팔대용신
설ᄉ시 서산대ᄉ 육한대ᄉ 사명당
인간ᄎ지 천왕불도 할마님 지왕불도 할마님 인왕불도 할마님
석가여래 삼불도 멩진국할마님, 초신연맞이로 제청신도업입네.

(악무)

어 어, 제청신도업 드립네다.
늘이하민 늘궁전, 둘이하면 둘궁전
월궁일궁 지퍼 야파 천제석궁
신의문 초공 임진국상시당 하늘님
초공하르방 초공할망, 황금산이 주접선생
초공어멍 저산에 발이벋고 이산에 줄이벋언
왕대월산 금하늘 노가단풍 ᄌ지멩왕 아기씨
원구월 초ᄋ드레 본멩두, 신구월 열ᄋ드레 신멩두
상구월 스무ᄋ드레 살아살축 삼멩두
궁의 아들 삼성제 너사무너도령 거느리멍
오늘 초신맞이로 산수퍼사저 허시는데
안초공은 밧초공도 제청신도업 드립네다.
이공 서천도산국 마누라님, 원진국대감 짐진국부인
청계왕도 상시당 벡계왕도 상시당
흑계왕도 상시당 흑계왕도 상시당
사라대왕 원강부인 신산만산 할락궁이
꽃감관 꽃셍인 궁에 시녀청
정남청 소남청 황서군관 도서군관 거느려오던
안이공 밧이공전님도, 초공연맞이로 신도업을 드립네다.
삼공알당 주년국은, 웃상실은 강이영성
알상실은 어설부인, 궁문구천 은장 놋장 가문장애기
월메 마퉁이 삼성제, 글허기도 전상 활허기도 전상
농서지여 삼도 전상
세경땅에 저 바당에 물질허기, 베부리기 장사사업허기 전상
전상 못이겨 팔제궂어, 심방험도 전상 노름험도 전상
도둑질험도 전상 술잘먹는 것도 전상
전상어신 일 어십네다.
전상만상 순보산의 대전상, 쉬은 두설 전상궂어 뎅겨 이젠 조상업엉

당주를 의지하고 조상을 의지허건

먹던술 하영먹던 전상이랑, 다 올레 베꼈드레 내놀립서.

영게ᄉ록곹이 당주ᄉ록곹이, 나가면 북도록 술먹는 전상도 내놀리고

신체건강허고 동서으로, 아이고 공철이 심방 굿잘햄젠해라.

새심방 수덕조텐 허여라.

큰굿도 해여도라 족은굿도 해여도라

아이고 아무디 새심방난, 이젠 멩두도 모션 뎅겸젠 해라.

영해여 안질저리 어시, 먹을 연 입을 연 나수와주게허는 전상

물어들면 생금 풀어주어 팔모야광조, 멕우의 멕만석 섬우의 섬만석

이층집도 사계허는 전상, 빌딩도 사계하는 전상

과수원도 만평만 사계허는 조은 전상

먹을연 입을연 나수는 전상이랑

안으로 당주전드레 ᄎ짐 실러줍센 허연

안삼공 밧삼공전[77]지도, 초신연맞이로 신도업이우다.

(악무)

시왕이여 시왕이여

살아 목숨ᄎ지도 시왕, 죽어 목숨ᄎ지도 시왕

시왕감서 신병서 원앗감서 워병서

도시도벵서 짐추염나(金楸閻羅) 범곹은 ᄉ천왕도

초신맞이로 소천왕도 신도업을 드립네다.

불위본서(不違本誓) 진광대왕(秦廣大王)[191]

식본자심(植本慈心) 초강대왕(初江大王)[192]

수의왕생(隨意往生) 송겨대왕(宋帝大王)[193]

칭량업인(秤量業因) 오관대왕(五官大王)[194]

---

191) 본래 근본을 어기지 않음을 으뜸으로 삼는 진광대왕
192) 본래 자비의 마음을 심어주는 초강대왕
193) 생각 따라 왕생시켜주는 송제대왕
194) 업의 원인을 저울질하는 오관대왕

당득작불(當得作佛) 염라대왕(閻羅大王)[195)]
단분출옥(斷分出獄) 번성대왕(變成大王)[196)]
수록선한(收錄善案) 태산대왕(太山大王)[197)]
불착사호(不錯絲毫) 평등대왕(平等大王)[198)]
탄지멸화(彈指滅火) 도시대왕(都市大王)[199)]
권성불도(勸成佛道)는 오도전륜대왕(五道轉輪大王)[200)]
지장왕(地藏王)[201)] 생불왕(生佛王)[202)] 좌두(左頭王)[203)] 우두(右頭王)[204)]
십오동ᄌᆞ판관(十五童子判官)[205)] 십육ᄉᆞ제(十六使者)님도
초신맞이로 제청신도업 드립네다.
초신연맞이로 열ᄋᆢ섯 십육ᄉᆞ제님ᄁᆞ지도, 제청드레 신도업이우다.

(악무)

어주에삼녹거리 서강베포땅 신전집을 무은건, 전싱궂인 집안입네다.
어느 부모조상 허던일도 아니고, 글이랑 전득허멍 활이랑 유전허멍
집밧이랑 어느제물이엔 물립네까마는
쉬은 두 정씨 ᄌᆞ순 난날 난시, 팔제복력이 기박허난 화련성을 메언 낫던가.
어릴 때부터 죽억살악 허여 오는게, 멩 이선 실 헌때부터
어이고 중학교때 부모여이고, 대학시절이영 양ᄂᆞᆯ개 꺽건
어느 의지어시 그 대학
아이고 착실ᄒᆞ게 공부나 허영, 공무원이나 허카부덴 허난
할라산패여 소리왓패여 이런 단체생활허멍
연극반이여 이런 예술쪽으로 나가단 보난

195) 미래에 성불케하는 염라대왕
196) 끊어 헤쳐 지옥을 벗어나게 하는 변성대왕
197) 선악을 거두어 기록하는 태산대왕
198) 가는 실 터럭 만큼도 착오 없는 평등대왕
199) 손가락 한번 퉁겨서 지옥의 업을 없애주는 도시대왕
200) 불도를 이루도록 힘써주는 오도전륜대왕
201) 중생들을 구제하며 망자들을 저승까지 안내해주는 저승사자 같은 신
202) 아기를 잉태시키고 태어나게 하는 신
203) 널리 미혹한 무리를 제도하는 좌두왕
204) 두루 훈계하면서 돌아다니며 모두 통괄하는 우두왕
205) 명계와 명계를 오가며 심부름을 하는 아이와 명부의 왕들을 힘써 돕는 종관

민예총사무실 71호 무형문화제사무실에, 사무장으로영 이레저레
의지헐 때 어선 허당보난, 요 심방질을 해여 점수다.
35설부떠 심방자리에 ᄀ찌 뎅기멍, 연물두두리는거 배우고
말명ᄃ리 춤추는거 배우고, 넘으난 넘고 사난 살고
그만이 간장석고, 그만이 괴로왐시믄
모든거 ᄎ앙 이겨나가시믄, 요만헌 고생 어서시문
공무원을 해여도 과장을 허나 게장을 허나
그 공부 그만이 허영
그만큼 심방허는 거만이 속석고 고생해여시민
관녹은 못먹음니까마는 벌써 팔저복력이, 이만 베끼 아니되엿든가
짐씨성님 만나 이씨아지망이영
성제간ᄀ읕이 의지암지허멍 요 심방질 배완
에 저 문화재에 ᄀ읕이 71호에 뎅기멍, 행사도 ᄀ읕이 허고
궂인일 조은일 아니ᄀ려 애써 그만 눈물지멍
영해여 살아오는게 어제 달마도
18년, 17년동안 이 심방질을 허고
이 신질로 뎅겨도 어느 조상ᄒ나 의지엇고
ᄂ이 두로 일본도 가고, 대정도 가고, 정이도 가고 모관도 가고,
영헤여오던 양씨부모 의지허고, 이에 김씨어머님 만난
이번참에 KBS방송국에서영, 전통문화연구소에서영
우리 제주도 큰굿 보유가 되난, 자료를 남기저 굿을허게 되난
허는 발레에 기회가 딱 되연, 쉬은 두설 초신질을 발루저허연
성읍리 이곳 민속ᄆ을로 집빌언 오란, 이굿을 허염수다.
쉬은둘 몸받은 연양당주전으로
어주애삼녹거리 서강베포땅에 신전집을 무어
마흔ᄋ돕 초간주, 서른ᄋ돕 이간주, 스물ᄋ돕 하간주를 설연허고
연양 육고비 동심절을 무어노안, 안당주 밧당주를 노코
고 엣선성님을 어간허여 잇습네.
쉬은눌 몸받은 당주전으로 당주하르방 당주할망
당주아방 당주어멍 당주도령, 당주벨캄 당주아미 거느리멍
초신맞이로 신도업 드립네다.

제청신도업은 허난, 초공하르방 초공할망 황금산 주접선생
저산압 발이벋고 이산압 줄이벋언
왕대월산 금하늘 노가단풍 ᄌᆞ지멩왕 아기씨
원구월 초ᄋᆢ드레 본멩두, 열ᄋᆢ드레 신멩두
스무ᄋᆢ드레 살아살축 삼멩두
궁의 아들 삼성제 너사무너도령 거느리멍
안당주 밧당주 뎡주조상님도, 어서 신도업 해영
이번참 초신질을 발루건, 당당한 하신충으로 올려
쉬은 두설 당주조상에서 멩두 제겨줍서.
당주ᄌᆞ순들도 그눌롸줍서.
말명 젯ᄃᆞ리 나숩서.
신 단골들 바리바리 나수왕
조상업엉 아질절 어시 비념이여 굿이여
푸다시여 성주풀이여 불도맞이여, 뎅기게 도외어주고 헙서.
간장석던 이당주 조상
조상 가슴도 ᄋᆞᆯ리고, ᄌᆞ순도 이번첨에 신질을 발롸
내풀리고 허여가건 인연이 마자
동서으로 나수와 줍센 허여
연양당주 조상님도, 쉬은둘 몸받은 당주전으로
초신연맞이로 제청신도업입네다. 에~

(악무)

천왕멩감 지왕멩감 인왕멩감, 청멩감 벡멩감 적멩감
일흔ᄋᆢ돕 도멩감님도 신도업드립네다.
천왕체서 지왕체서 인왕체서, 연직 월직 일직 시직
옥항금부도ᄉᆞ 이원ᄉᆞ제 강림ᄉᆞ제 부원군ᄉᆞ제
본당 신당체서 삼시왕 몸받은 체서
십이대왕 몸받은 대명왕 삼체서
전싱굿인 고 엣선생 부모조상, 안동헌 멩두멩감 삼체서 관장님
열다섯 십오생인 안동헌 구불법체서님

삼멩감 체서관장님도, 초신맞이로 신도업드립네다.
ᄌ부일월 상세경 직부세경 중세경, 하세경도 신도업드립네다.
안으로는 안칠성 직부칠성님, 강남 옥봉산 미영상 송페골
대서ᄆ들로 솟아난, 진 장제 베풀 장제 칠성님도 신도업 드립네다.
초덕 이덕 삼덕할마님도 신도업 드립네다.
들적 문전 날적 문전, 문전하르방 문전할망 문전아방 문전어멍
영녁허고 똑똑헌 일문전 ᄎ지헌 녹디셍이 거느리멍
동방택신 성주신 목성으로 도우시고, 서방택신 성주신 금성으로 도우시고
남방택신 성주신 화성으로 도우시고, 북방택신 성주신 수성으로 도우시고
중앙택신 성주신 토성으로 도우시어, 목금화수토 오행육갑법 마련허던
오방신장 거느리며 일문전 하느님, 성주님도 신도업 드립네다.
이 ᄆ을은 낳는날 생산을 받던 한집님
죽는날 물고 호적 장적 ᄎ지헌, 삼천벡메또 어진 한집님
오늘 이거 성읍리에, 정이고을 이곳 중산간 ᄆ을
엣 관광지 ᄆ을로 오란 이굿 해염수다.
조상 태술은 고향 주인몰른 나그네가 잇습네까.
저 모실포 상모가 고향이우다.
본향한집님²⁰⁶⁾ 섯사니물²⁰⁷⁾ 개로육서또²⁰⁸⁾한집님
어서어서 성읍리 이ᄆ을 이 굿밧드레 ᄂ립서²⁰⁹⁾.
굿소리 들으멍 옵서 긴밧 ᄇ멍²¹⁰⁾ 옵서.
북촌 거주헙네다. 북촌 토주관²¹¹⁾ 한집님은
여산주 노산주에 놀던 본향 한집님
웃손당은 금벡주 셋손당은 세명주, 알손당은 소로소천국서
가지갈라온 가릿당 한집님 거느리멍
어서 이 성읍리 굿밧드레 옵서 신도업을 드립네다
성읍리 토주관은 한집님은 안할마님이우다

---

206) 마을 본향당의 당신
207) 지명
208) 육식식성을 가진 사냥의 신
209) 내리세요.
210) 보면서
211) 본향당신의 다른 이름

이에 요 서녁편 위에 좌정해여 잇수다

안할마님도 도ᄂ립서

옥토부인 광주부인 개당 일뤠중저 거느리멍 ᄂ립서

어제 아침에 요 굿 허젠허난 본향으로도 가니

인사처 두게협서 옵서 굿해염수다

전송ᄎ지 영해여 모실에 가옥 해엿수다

어서 신도업 드립네다

창할마님 거느리멍 신도업 협서

동원 할마님 모른밧 배돌려 오던, 선왕당 한집님 신도업으로 ᄂ려

어서 장적 비개맙서 호적 비개맙서 신도업 드립네다

멩두 뒤후로도 발이 벋고 몸 받은 심방도 김녕이고 겸서 겸서우다

큰도안전 큰도부인 안성세기 밧성세기, 내외 천존님 거느려 ᄂ립서

보름웃ᄄ 동네국 소궁전 마누라님도 ᄂ립서

궤네기 일뤠 일곱자 대전님도 거느리멍 ᄂ립서

웃손당 셋손당 알손당 한집님 ᄂᄆ리 일뤠한집도 ᄂ립서

한개 하르방님 내외간도 ᄂ립서

이에 남당일뤠 고씨 하르방님 할마님, 세기 하르바님도 신도업 드립네다

본향 한집님은 전싱궂인 집안이우다

삼업 토주관 한집님 어서 다 ᄂ립서

웃손당 금백조 셋손당 세명주 알손당은 소로소천국

아들 ᄌ순 열ᄋ돕 ᄄᆯ ᄌ순 스물ᄋ돕, 손지방상 질수싱 일흔ᄋ돕 거느리멍

어서 초신맞이로 신도업 드립네다

모를 넘은 저 토산 한집님은

웃손리 웃당은 일뤠한집님 알당²¹²⁾은 ᄋ드레 한집님

애기내청 상마을 업개 중마을 걸레 하마을 일곱애기내청 거르니며

신도업 드립네다

알당 ᄋ드레 한집님은

강씨 성방 오씨 성방 한씨 성방 거느리멍, 신도업 드립네다

흩어지난 각서본향 모야지면 삼사오륙칠팔 본향 한집님

---

212) 아래쪽 당

초신연맞이로 신도업 헙서

(악무)

신도업으로 ㄴ립네다예~
묽고묽은[213] 일월도 ㄴ립서
큰굿 해염수다 군웅일월조상 양반
이 집이 ㅅ당일월 중인이 집인 첵불일월
팔저궂인 심방집인 당주일월
삼싱할마님 집은 불도일월, 정씨칩인 첵불일월이여
배 허는집인 선왕일월, 줌녀 허는 집은 요왕일월
농부의 집은 세경일월입네다
군웅하르방 천궁대왕 군웅할망 옥재부인
군웅아방 낙수개낭 군웅어멍 서수개낭
아들을 나난 삼형제를 납데다
큰아들은 솟아나난 동의요왕 ㅊ지
셋아들은 서의요왕 ㅊ지, 족은아들은 ㅎ역 기르친 팔저
ㅎ침 질러야 대공단 곳칼드려 머리에 삭발을 허고
ㅎ침 질러 굴송낙 두침 질러 비랑장삼
목에는 염주 다주는 솜에 걸고
왼쪽손엔 금바랑 ㅎ짝손엔 옥바랑, 초지 바랑 둘러잡어
ㅎ번을 뚝딱치난 강남드레 응허시니, 황저군웅이 됩데다
두번을 뚝딱치난 일본드레 응허난 소제군웅
제삼번을 뚝딱치난 우니나라 대웅대비 서대비
물아랜 ㅅ신군웅 물우엔 요왕군웅
인물 쪽지 벵풍연향 탁상우전에 놀던 일월도, 신도업 드립네다
정씨집안 안네에 묽고 묽은 정선달 정벨감
이에 쉬은두설 집안으로 저 문장에 놀던 일월
아이고 툽내여보난 굿해가난

---

213) 맑고 맑은

어떵허난 불도발이꽈 췍불발이꽈 입질해난 툽내여보난
어릴때 동네에 어디에 신창할망이 잇는 할망알로간
불도에 노아난 도래가 잇신듯 허우다
신창 할마님 몸받은 불도일월도 신도업헙서
이번 첨 불도맞이 앞으로, 초걸래 이걸렛베 잘 베끼고 허쿠다
불도일월도 신도업 드립네다
산으로 가민 산신일월, 아방궁 구엄장 어멍국은 신엄장
ᄃ리알 송씨영감 앞을 세와 지달피 감티
늭눈이반둥개 청삽살이 흑삽살이 거느려
놀간 놀리 언설 단설 늘미녹설 대강록 소강록 받아오던
ᄆᆞᆰ고 ᄆᆞᆰ은 영급좋은 산신님도 신도업 헙서
제주도 한라산 백록담 어싱생 단골머리로
동남업개 서남업개로 영실로 교래리로
어리목산장 너리목산장 놀던 산신님
어느야 울음 자치마다 궤 뻗엉마다
영급 좋은 산신님 어서 ᄂᆞ립서
이번에 떨어진 조상 어시 ᄆᆞᆫ 옵센해영
포어신 조상 옷다내고 배고픈 조상 밥다내고
애ᄆᆞᆯ른 조상 청감지 ᄌᆞ소지 수월미 잔질 눠드리저 허십네다
ᄆᆞᆰ고ᄆᆞᆰ은 산신님도 초신맞이로 신도업 드립네다
물로 가난 요왕일월 배로 선왕
동에요왕 청요왕 서에용왕 백요왕
남에요왕 적요왕 북에요왕 흑요왕
청금산도 요왕 조금산도 요왕, 수금산 수미산도 요왕이로구나
들물줄엔 서해와당 썰물줄엔 동해와당
든여 난여 숨은여 정살여 안여 밧여 지방여
놀아오고 삼성제 절국에 엮어 도울건마다
놀던 선왕님도 말젯날 뒤맞이 요왕맞이 허고 영감놀이 허고
산도 잡아 장제맞이 빌고서 잘 해영
조상들 선왕님도 떨어진 조상 어시 잘해여
호글년 대잔치 잘허구 허쿠다

맑고맑은 요왕 선왕님도, 초신맞이로 신도업 드립니다예~
어느 펜으로 발 벋은 불도발이라도 잇건 기지역신 헙서
첵불발이라 잇건 기지역신 헙서
선왕발이라도 잇건 기지역신 헙서
인간이사 ㅈ순이야 무신 분실 압네까
당주도 일월 몸주도 일월 신영간주도 일월
만쉬은돌 정씨 ㅈ순 몸받은 연향 당주전으로
마흔 ㅇ 돕 초간주에 서른 ㅇ 돕 이간주에
스물 ㅇ 돕 하간주에 놀던 일월, 아강베포에 놀던 일월이로구나
직부잘리에 놀던 일월이로구나
어서 신도업 드립네다
당주하르방 당주할망 당주아방 당주어멍
당주도령 당주아미 당주벨감 거느리멍
어서 신도업
간장 석던 당주일월도 신도업 드립네다
이 집안에 맑고맑은 산신 일월 요왕
맑고맑은 군웅일월 불도첵불
연향당주 일월ㄲ지도 신도업입네다

(아무)

신도업을 드립니다예~
선망조상 후망부모 형제일신, 쉬은돌 부모조상님 어서옵서 옵서
성읍리 이거 정의고을 이거 관광마을
이름난 데로 오란 요집 마련해여, 요 장소 마련해연 이ㅈ순
전싕구전 뎅기난 이런 기회가 오란
조상 나 조상 어둑헌 가심 열려내젠, 이 굿 해염수다
쉬흔둘 뒤에 당조부 하르방님 우자 진짜 씁네다 ㅅ월 스무날에
불쌍헌 영ㅎ ㄴ 립서
당주할마님 남평 문씨우다. 문자 옥자 씁네다

설운 영혼님 시월초 ᄒᆞ를날[214]

설운 창녕 성씨우다 군자 열자 씁네다 이월열ᄋᆞ셋날

당 조모님 ᄉᆞ부체우다

이씨 영혼도 석은 흘목 잡아 ᄂᆞ립서

큰아바지 백부님 봉자 주자 씁네다

일본서 돌아간 큰아바지 배 타멍 비행기 타멍 옵서

아이고 셋아바지 중부님 홍자 주자 씁네다

스물하나에 칠월 스물아흐레날

서운헌 셋어머님 김씨어머님 흘목심어 옵서

나주던 아바지 병자 주자 씁네다

예순여섯 나는 해에 사월 스무여드렛날

아이고 설운 아바지, 어머니는 제주 고씨우다 순자 봉자 씁네다

스물다섯에 아이고 설운 어머님 오월 ᄇᆞ름에

물촐촐 허는 애기들 나둔 눈을 못감다 설운 어머님 옵서

설운 어머님 파평 윤씨로 쉬은하나에 돌아갓수다

인자 순자 씁네다 양력 칠월 열이틀날

나보멍 공 갚으젠 생각하민

돈 벌어 써저 가도 아이고 옛날 부모산 때 생각나고

어머니날 돌아와가도, 아이고 나도 어멍 허나만 거저 살앗시민

아방하나만 살앗시민, 요런 기회에 나 쓰지 못해여도

고운옷이라도 해다 안네보고, 좋은 음식이라도 사다 안네보고

어려워도 용돈이라도 단돈 ᄒᆞᆫ 푼 안네여 볼 걸

차곡차곡 뎅기멍 튼네는 이 애기 (운다.)

이번 참에 이 부모 공 갚으저

살아 입는 몫, 살아 먹는 몫, 살아 부모 효도 못 허나마

혼자 울어라도 이 큰아들 마음먹어 부모공 갚으저 해염수다

건상ᄀᆞ뜬 질에 노용산ᄀᆞ뜬 고운 얼굴

관디청 눈물 서산백옥ᄀᆞ뜬 양지

주홍아반 연주지듯 비새ᄀᆞ찌 울멍 옵서

---

214) 하룻날

아이고 숙부 죽은 아바지 문자 주자 씁네다
구월 열일뤠날 저싱간 영혼
아이고 생혼이우다 요작에 돌아가도
팔저 궂인 이 조캐 고리가 경 되여비언
아이고 요것 허젠 발해연 사흘안에 들어노난
아이고 마음은 죽은 아바지 감장허는데도 가고
절이라도 해보젠 햄신디 애돌리 생각맙서
아이고 설운 동생 광자 수자우다
스물둘에 저싱 갓수다
칠월 초이틀날 요왕연께 조상 흘목심으멍 옵서
큰고모 창자 열자 영혼옵서
고모부 오자 성자 후자님 옵서
작은고모 구자열자님 생혼이우다
고모부 성자 권자 영혼 두배간이 흘목심어 옵서
아이고 외가에 조상, 조상 어시 몸이 어디로 납네까
외하르바님 제주고씨로 중문면 상예리우다
난 모루쿠다 조상님이 몬 알아옵서
철모른 애기 숭허지 마라
외조모님 군위오씨 영혼 하르방님을 흘목 심으멍 옵서
이산춘 제주고씨 삼십데에 들이긴길모 생끽 햄쑤나
하르방님 할마님 흘목잡아 옵서 다~
다시 외가에 설운 외조부님 파평윤씨 영가우다
어서 옵서 안덕면이우다 사계리우다
어서옵서 외조모님도 옵서 이모님도 옵서
인자 옥자우다 안덕면 대평리 우다 고향은
사춘동생도 옵서 용자 성자, 군대에 간 나라에 목숨을 받쳤수다
이번 군병초수 잘사겨 급 갈라네곡 허쿠다
질 못치는 큰고모 할마님 아이고 설운 영혼님
무추방친 무이방친헌 영혼도 옵서
큰고모 셋고모 설운 영혼님 생각허민, 어느 영혼은 어떵 헙네까
고생고생 책으로나 엮엇시민, 열대권씩 역을 사연이 많은 영혼님

멩질어 살앗으면 살만한 부모들

아이고 이 애기 부모공 갚암수다 조상 공 갚암수다

하느님 덕은 천덕이요 지하님 덕은 은덕이요

부모공은 호천망극이로구나

살아 생존 때에 마음적 잇어도, 복막공목 가픈 나부모 조상님네

애 들른 가심 잔 질루저 싫던 가심 잔질루저

저싱 호상바처 저싱 사남 바처

옵센허민 조상은 천리도 자순 뜰라 가고 만리도 갑네다

아이고 살긴 북촌살아도, 성읍민속마을 정의고을 오란 요 굿 해엾수다

요 집트레 깃발 보멍 옵서

앞에 걸읍서 뒤에 오라 앞에 걸라 뒤에 가망 허멍

비새7찌 울멍 하늘님도 울고, 조상도 울고 ᄌ순도 울고

건삼7뜬 질에 노용삼 7뜬 고운얼굴에

관디청 눈물지멍 어서 흘목 잡아 ᄂ립서

사춘 오춘 육춘 칠팔춘 ᄒ자리에 제받던 영ᄒ 다 ᄂ립서

어느 쉬은둘 친구 벗 군대동기 학생동기, 한라산 놀이패 동기라도

멩 쫄랑 아이고 안현 나이에 돌아간 친구벗이라도 잇건

아이고 공철이 형님 공철이 동생

ᄀ 벗 굿햄제 허는데 오라 굿 구경가게 굿 구경가게

오민 올만한 영ᄒ들 다 ᄂ립서

술 ᄒ잔씩이라도 다 네쿠다 안네쿠다

여 이 단목 잔질루저 ᄂ립서

일가 웨진웨펜 진웨펜 삼춘 사춘 오육 칠팔춘

예~ 떨어진 영신 어시, 초신연맞이로 제청 신도업으로 ᄂ립서

(악무)

(신칼점)

(악무)

ᄂ리는 질에 하늘7뜬 신공시로

책상7뜬 연공시로 안팟신공시 옛선성님

성은 서씨동생 몸 받아 오랏수다

안팟공시로 안공시 정씨로 쉬은둘 몸받은 안공시로

삼시왕도 ㄴ립서 삼하늘도 ㄴ립서

유정승 ㄸ님애기 ㄴ립서

궁에 아둘 삼형제 너사무너도령

원구월 초ㅇ드레 전싱굿인 상구월 달이우다

본명두 신구월 열ㅇ드레, 오늘 신멩두 솟아난 멩두 제일이우다

스물ㅇ드레 살아살축 삼멩두

궁에아들 삼형제 너사무 너도령 거느리멍 ㄴ립서

천제심방 선성 유정승 ㄸ님애기도 ㄴ립서

일은일곱에 대천급제 올리던 선성님도, 안팟공시로 신도업 드립네다

안공시로 성은 보난 정씨로 쉬은둘, 몸받은 안공시로 옛 선성님 ㄴ립서

어느 부모조상 논연줄 어서도

대학교 뎅기멍 놀이패에, 풍물패에 영허멍 허단보난

끼가 잇어졋던가 신질이 오란, 이 ㅈ순 서른닷세부터 심방질로 뎅겨

연물 치는거 배우고 춤추는거 말멩ㄷ리 배워

십칠년 오르게 이질을 걸어오랏수다

쉬은둘 몸받은 공시로, 이 얼굴 모른 이거 황씨 선성님

임씨선성 이씨선성님 ㄴ립서

이씨하르바님 ㄴ립서

임씨할마님 양씨할마님 삼부체도 옵서

양씨 아즈방님 부모 ㅈ식 해연, 이 조상 유래전득 시겻수다

초실질 이신질 발라주던 선성님, 김씨성님 못받은 조상님

안공시로 정씨 아즈방 몸받은 공실에 ㄴ려

이 ㅈ순 머리쯤 문둥해여 앞발릅서 뒤발릅서

안공시 몸받은 조상님, 좋은 본메 주던 선성님네 어서 ㄴ립서

밧공시로 성은 서씨동생, 몸 받은 신공시 옛선성님도 어서옵서

이거야 큰굿 맡아 오랏수다

팔저 굿인 집이 오랏수다

삼시왕 삼하늘 고 옛선성님네

어서 유전승 ㄸ님애기 궁에 아둘 삼형제 ㄴ립서

친외편 김씨하르방님 첵불조상도 옵서

임씨 할마님 삼불도 신도업으로 밧공시로 ㄴ립서

외하르바님 첵불 죽은 하르바님 첵불 고모할마님 불도조상도 옵서

어머님 초신질 발라준 정씨 하르방님도 옵서

야 모다[215] 몸받은 조상은, 벵뒤 진밧가름 멀쿠씨랑 산가지에 솟아난

고씨 대선성님 안씨 김씨 선성님도 옵서

서김녕 임씨 대장간에 간 본메에 노앗수다

이에 천문이 헐언 자꾸 영 벌러저 가난

경기도 국일공예사에 간, 천문은 새로 잘 개조 해왓수다

어서 ㄴ립서 초신질 발라준, 양씨 부모조상 몸받은 조상도 옵서

황씨 임씨 이씨 선성님, 이씨 하르바님 임씨 할마님도 옵서

이 신질은 정씨 하르방님 발랏수다 옵서

안씨 부모님도 옵서 하씨 사촌도 옵서

고씨 큰 어멍 옛 서씨 부모 할아바지 옵서

삼신질꼬지 대역례꼬지 바처 주엇수다

이씨 부모조상 어서 ㄴ립서

서씨동생 몸받은 밧공시로, 몸받은 조상님 어서 신도업 드립네다

전식궂인 형제간들 다 흘목 심어 오랏수다

양씨 아즈바님 내외간 몸받은 조상도 옵서

강씨성님 몸받은 조상, 정씨 아즈방님 몸받은 내외간

몸받은 부모조상도 ㄴ립서

강씨 아즈방님 몸받은 조상도 옵서

옛 송씨 조캐 어머님 논 연줄로 이 애기 몸 아프난

이 심방질 해여 멩 이서 살아보저

몸 편안허난 뎅겨보젠, 팔저궂인 질도 뎅겸수다

이 애기 몸받은 부모, 어머님 몸받은 조상 외조상님 다 ㄴ립서

신의 아이 몸받은 조상님도 옵서

부모조상 논 연줄 엇수다

나 팔저 나 전싱 못이겨, 여나뭇 서른하나 병이난 죽억살악허단

---

215) 모두

열아홉에부터 현씨 수양어멍 의지해여 뎅겨

요 심방질해여 멩 이선, 쉬은아홉[77]지 조상덕에 살암수다

멩잇수완 어서 원당할마님 ㄴ립서

일월 조상도 ㄴ립서

얼굴모른 강씨선성 한씨김씨 선성님 옵서

김씨 시부모님 민봉주대조상 시부모님네 옵서

팔저궂인 이 애기 나준 어머님 아바지

애들른 가심 잘질루저 옵서

설운 형님 거느리멍 옵서

수양어머님 수양아바지도 옵서 이모님도 옵서

초신질 발라준 이씨 선성

웨진편 조상 한씨성님네 오씨성님 다 ㄴ립서

이 성읍리 마을에 오라 굿 해염수다

성읍리도 이본향 안할마님 이 본향 당 경허고

이본향 앞에 아자 놀던

얼굴모른 선성님 삼춘네도 난 말만 들엇수다

성읍리 ㅁ을랑 굿햄수다

애둘리[216] 생각마랑 옵서

조인배 아즈방네 이 성읍리에 이에서 크고

큰심방질 수산 강 해낫수다

조씨 선성님도 ㄴ립서

표선이 ㄴ려가민 장터에 홍씨 할마님도 옵서

이에 난지 할마님도 옵서 강씨할마님도 ㄴ립서

서화리 가민 신명근이 하르바님

신명옥이 하르바님네도 옵서

어서 신도업으로 ㄴ립서

신흥리 가도 배욱이 삼춘 토산 가도 개춘이 성님

몸받은 조상 ㄴ립서

태흥리 절리터 삼준도 옵서 금준이 성님 몸받은 조상 옵서

---

216) 성이 나서 마음이 토라지게

복만이 아바지 어머니네 ᄂᆞ립서
남원리 심금년이 삼춘네 ᄂᆞ립서
위미리 한씨 선성님 옵서
김씨 삼춘 내외간 강씨 삼춘도 ᄂᆞ립서
공천포 고남진네 선성님네 옵서
하예리 헹선이 아바지도 두부체 옵서
신예리 가도 대인이 외할마님 두부체도 ᄂᆞ립서
동상효 가도 김씨할마님도 옵서
토평 가도 이씨성님 몸받앙, 예춘 큰당에 ᄒ대 두대 스물두대
박씨선성님 기세기 삼춘네 서귀포서 건위나게 놀앗수다
박생옥이 삼춘 솔동산 살앗수다 어서옵서
박남아 삼춘네 애비 아들도 ᄂᆞ립서
뒷벵뒤 살던 대연이 오라방도 ᄂᆞ립서
방근이 시에서 서귀포ᄁᆞ지 오랑
장개들어 아들성제 나고 허건 살저
아이고 그 굿 뎅기단 한참 ᄀ뜬 나이에 삼시왕에 종명햇수다
설운 동생도 ᄂᆞ립서
봉도 삼춘네 몸받은 조상도 다 ᄂᆞ립서
중문에 가도 고씨 삼춘네 몸받은 조상 ᄂᆞ립서
창천리 가도 오씨삼춘 몸받은, 열리 맹선이 삼춘네 옵서
모실포 다마짱 삼춘네 옵서
한경면으로 놀던 선성 한림읍 놀던 선성님네
팔저 궂인 집에 굿햄수다 다 ᄂᆞ립서
예~ 엉하 하귀 종규 하르방님네도 옵서
제주시 가도 동문밧 서문밧 놀던 선성
남문 동문터 선성님 다 ᄂᆞ립서
김씨 아즈방님네 문화재로 이름난 조상님네우다
내외간 몸받은 조상 안씨 아즈방님네 다 ᄂᆞ립서
북촌 가도 김씨 선성님 동복 당설연허던 선성님네 다 ᄂᆞ립서
구좌읍도 가면 권위 나게 굿 잘하던 선성님
종달리도 가민 오씨 선성님 행원 가도 이씨 선성님

저 수산 가도 조씨선성 동낭구성 정씨 선성님

성산포 당설연 허던 선성님 ㄴ립서

열운이 가도 최씨 대선성 한기신이 한씨 선성님네 옵서

송씨 삼춘네도 내외간 옵서

안씨 삼춘 몸받은 조상도 옵서

난산리 가도 송멩이터 정씨선성

난가름 정씨선성 조례원 홍연 매화삼춘네 개화선성님 기시미성님

몸받은 조상 신풍리에 문일이 어머님네 옵서

신천리 가도 신씨 삼춘네 옵서

모관 가도 천제금조 대선성 대정가도 천제금조 대선성

입춘 춘경 너저나저 멜월 일석 화산지옥에

벌려오던 선성님 안팟공실에 다 ㄴ립서

천문선성 덕환이 상잔선성 덕진이

신칼선성 시왕대번지 요령선성 홍글저대 다 ㄴ립서

북선성 조막손이 장고선생 명철광대

대양선생 와랭이 설쇠선생 느저왕나저왕

열두 금색에 놀던 선성님 어서 ㄴ립소사

당반선성 기메선성 떡선성 밥선성 술선성 실과선성님

초신연맞이로 안팟공실에, 제청 신도업이외다

(악무)

(신칼점)

어시럭 더시럭 꼬부랑살죽 멩두발들랑, 저 먼정 금세 절진헙서

개움 투기하던 멩두발도 금세 절진헙서

터의 지신 오방신장 아이고 이 성읍리 정의ㄱ을

이 터신에 노는 임신 오방신장에 노는 임신

오두군 집이우다 민속집이우다

이거 옛날 초가집이 오란

삼대 틀엉 큰굿 해염수다 날 택일 해여가난

아이고 석둘 앞서부터 어디강허^{77 217)} 장소를 돌아봐가난
요래마련 해여가난 어느 재민 구월 열일뤠되엉
우리덜 오랭해연 술혼잔 주건 인정 받앙가저
저 올래 왕 어느 언 얼음 맞던 임신이여
츤이슬 맞던 임신이여
어느 재민 요 굿허건 술혼잔 받앙가저
비온날 우장쓴 기다리듯 허던 임신
올레 여기 정살 마당 지신지에 노는 임신
동설용 서설용 남설용 북설용 거미용신 대용신에 가던 임신
성읍리 큰물쿠실낭 정자낭 큰낭지기들이로구나
향교에 놀던 임신이로구나 안할망 뒤에 노는 임신이로구나
동문지기 서문지기 남문지기 북문지기로구나
자축 인묘 진사 오미 신유 술해방
갑을 병정 무기 경신 임계방에 노는 임신들
요 굿 택일 해여가난 심방들 꿈에도 선몽ᄒ고 본주심방 선몽ᄒ고
아이고 방송국 직원들이여 전통문화재연구원들
연구허는 ᄌ순들의 각성받이, 꿈에 선몽허던 임신들
어느 재민 아이구 요 굿해여
삼대 틀엉 대로 눌러 큰행사 요 굿 허건
우리도 오랑 먹언 가져 성 가져, 저 올레서 기다리던 임신들
말명 젯ᄃ리 떨어진 임신 없이
상당알 중당 중당알 하당알 ᄎᄉ야 말ᄉᄭ지 큰낭 큰돌
엉덕 멍덕 수덕지기, 어총 비총지게 천왕손 지왕손 인왕손
행에 고뿔에 행불에 가던 임신
한자자기 날리 고대연이 짐통경 김좌수 무자년 시국에
총맞아 칼맞아 얼어붙어 굶어죽어 더러실려
난게질양 물에 엄서허든, 말명 젯ᄃ리에 떨어진 임신없이
저먼정 모두 금세 절진이외다

<hr>

217) 어디 가서 해야하는지

(악무)

(신칼점)

〈물감상〉

부정이 탕천해여 옵네다 서정이 탕천해여 옵네다
서울물은 임석어 부정허고 물럿다
산짓물은 궁녀 신녜청 손발씻어 부정허고
조천 금동지물은 정동ㅁ발굽 씻언 부정허난
하늘로 ㄴ린 천덕수 지하로 ㄴ린 봉천수
동의와당 지장산새밋물랑
굽이 너븐 초동초대접 웃솟복 둘러받아
파랑은 청대섭 우격격 꼿놀리며
초신맞이로 물감상입니다

(악무)

(윈손에 물그릇을 들고 오른손의 감상기로 물을 찍어내며 사설을 한다.)
물감상 아뢰난, 그만허민 묽고 묽은 물, 묽고 청량한 물이여
부정두 겔만할듯허다 오리안도 부정겝네다
오리 배꼇 십리안 십리 배꼇도 부정겝네다
성읍리 ㅁ을 안에도 부정겝네다 이 동네도 부정겝네다
저 올레에 금줄날 홍줄에도 부정겝네다
천지월덕 이망죽 천지염렛대에도 부정겝네다
시군문기에도 부정겝네다 좌우독기에도 부정겝네다
지리여긴 양산기 나븨여긴 줄전기 대통기 소통기에
기메전지에도 부정겝네다 금마답에도 부정겝네다
제정 방안으로 이에 ㅅ해당클에도 부정 구할 자리에도 부정겝네다
당주전으로도
야 당주전에 기메전지에 안당주 밧당주 기메전지 제물해여 부정겝네다

실과 과일해여 천보답에여 만보답에여
굿 보레온 단골들 눈으로 부정겝네다
손으로 ᄆᆞ지근 부정 발로 불른 부정
종경내[218] 그끄렁내[219] 입으로 먹은 부정
신에 신녜청에도 부정겝네다
KBS 방송국 직원들 아침에 출근허고 저녁에 퇴근허멍
질 위에서 눈으로 본 부정 질 테장 부정들 겝네다
예~ 전통문화연구원들도 출퇴근허멍 거리에서 눈으로 본 부정
입으로 속절헌 부정 종경내 그끄렁내 메감내 부정겝네다
아프난 약들 먹음수다
약먹어 약내 벵 보왕 주사맞아 주사내도 개입네다
인발에 신발에들 눈으로 본 부정겝네다.
손으로 ᄆᆞ지근 부정 발로 불룬 부정
눌낭내 눌팟내 언설내 단설내 메감내 종경내 그끄렁내 가견내
능무자리 화문석에도 부정겝네다
인도네시아에서 이거 비행기 타멍 오젠 허난 부정이 만만해엿수다
ᄉᆞ새 비새 뒤초석에 들이엉 기메전지 놀매전지 부정서정 오라~ 헝
안으로 베꼇드레 배꼇딜로 안드레, 초신연맞이로 드리카이고 나카입네다

(악무)

(물감상춤을 추고 난 뒤에 물그릇을 바닥에 내려놓는다.)

가이고 내카이난 조상앞도 묽고 청량하는 듯
조상앞에 묽암시민 ᄌ순 앞도 물이 묽아올듯 헙네다.
이물은 아무디라도 비와불민
마당 너구리 땅 너구리가 주서먹어 못쓸듯 헙네다.
지붕상모루 올리면, 옥황 방울샌 돈돈이 주워먹어 못쓸든 허난

---

218) 소, 돼 지의 불알을 잘라낸 것에서 나는 냄새
219) 그을음의 냄새

어느 물엔 용이 아니놀고, 어느물엔 새가 아니 놉니까
기픈물엔 용이놀고 야픈 물엔 새아자 놉네다.
초신맞이로 용강쇠랑 낫낫치 ᄃ리자

〈새ᄃ림〉 오춘옥

(본주를 제장 가운데 앉히고 머리위로 신칼을 흔든다. 장고 장단에 맞춰 사
설을 한다.)

천왕새 ᄃ리자/ 지왕새 ᄃ리자/ 인왕새 ᄃ리자/
하늘엔 부엉새/ 땅아랜 노닥새/ 알당에 노념새/ 밧당엔 시념새/
배고픈 새라근/ 쓸주며 ᄃ리자/ 애 ᄆ른 새라근/ 물주면 ᄃ리자/
주워나 허얼쩍 /헐쭉헐짝/
동서야 남북드레/ 퍼러렁 퍼러렁/ 짓 놀아 가는곳/
초신 연맞이로/ 천군 진군이나 만군/ 열다섯 십오야/ 성인님
오시는 길에도/ 새돌라 옵네다/ 요 새를 ᄃ리자/
천지왕 지부왕 /다부왕 대소별왕은/
남정중 화정에/ 올라 옥상상전님/ ᄂ려 지부ᄉ천대왕/
오시는 질에도/ 새돌라 옵네다/ 요 새를 ᄃ리자/
산 ᄎ지 산왕대신님/ 물 ᄎ지 다섯 용궁님/ 절 ᄎ지 서산대사님/
육환대ᄉ 소명당님/ 오시는 길에도/ 새돌라 옵네다/ 요 새를 ᄃ리자/
인간 ᄎ지 천왕불도할마님/ 지왕불도/ 인왕불도/
석카여래 안태중 명진국은/ 삼불도 할마님/
오시는 질에도/ 새돌라 옵네다/
요 새를 ᄃ리자 초공 안초공 밧초공은/ 안이공 밧이공/ 안삼공 밧삼공/
오시는 질에도/새돌라 옵네다/ 요 새를 ᄃ리자/
시왕감서 신병서/ 원앙감서 원병사/ 도시는 노병서/ 짐추염나 흔겉은/
ᄉ천대왕 우는데 해넝/ 새ᄂ라 옵네나/ ᄇ 새를 ᄂ리사/
십육은 ᄉ제님/ 삼멩감 삼ᄎᄉ/ 오시는 길에도/ 새돌라 옵네다/
요 새를 ᄃ리자/ 세경은 신중마누라님/ 직부세경 안칠성 직부칠성/

일문전 하늘님/ 오시는데/ 새돌라 옵네다/ 요새를 ᄃ리자/

삼서여 오육칠팔/ 본양 오시는 길이여/ 맑고 맑은 일월조상/ 오시는데/

당주일월 몸주일원/ 신영간주일월/ 당주일월 조상오시는데/

새돌라 옵네다/

요 새를 ᄃ리자/ 선망조상 후망부모/ 형제일신 저싕 사남받저/

불쌍헌 영혼님네/ 비새ᄀ찌 울멍/ 고랑빗발 서빗발로/

굿소리 들으멍 깃발보멍/

오시는 질에도/ 새돌라 옵네다 /요 새를 ᄃ리자/

신공시 옛선성/ 안팟공시로 정씨 아즈방님/ 몸받은 안공시/ 서씨동생/

몸받은 밧공시/ 부모조상/ 이 ᄌ순 초신질 발라주저/

옛 선성님/ 오시는 길에도/

새돌라 옵네다/ 요 새를 ᄃ리자/

터에 지신 오방신장 각항지방/ 올레에 마당 월덕지신/

오시는 질이여/ 배고파 우는 새는/ 쓸주며 ᄃ리자/ 애 몰라 오는새 물주며/

주어나 허얼쩍/ 헐쭈헐쫙/

퍼르릉 퍼르릉/ 짓놀아 가는곳/ 요 새야 근본에/ 어디라 허던고/

옛날은 옛적에/ 하늘에 옥황에/ 문왕성 문도령/

금세상 ᄌ청비/ 착험도 착할서/

서수왕 ᄯ애기/ 암창개²²⁰⁾ 드는거/ 서수왕 ᄯ애기/ 은수에 덕으로/

시녁을 못가난/ 문고진 방안에/ 애열에 죽던 구엉/

석돌베 일만이/ 문열어 보난/

새몸에 갑데다/ 머리론 뚜뚱새/ 눈으론 공방새/

귀에는 월귀새/ 입으로 악심새/ 코에는 보롱새/ 목으론 허른정/

가슴엔 장열새/ 오금에 조작새/ 남자에 공방새/ 여자에 휘말네/

요새가 들어서/ 살차야 산염에/ 쳇살염 쳇ᄉ주어 히말림 주던곳/

시흔둘 앞장에/ 초살렴 허다불게 허고/ 가정에 풍파를 주는새/

부모의 ᄌ식에/ 이별을 주는새/ 대찬이력 안되게 허는 새/

신병을 주는새/ 악심을 주는새/ 본멩두 ᄉ록새/ 신멩두 ᄉ록세/

문씨야 ᄌ순들/ 이거 전통문화연구원으로/ 박사학위ᄁ지도 발부고/

---

220) 신랑이 와서 데려가기 전에 신부가 자원하여 먼저 신랑에게 가는 혼인 암장가(雌丈家)

궂인일 좋은일 다하멍/ ㅈ동차 질이여/ 각성받이 ㅈ순들 한티도/
귀열을 주는새/ 신병을 주는새/ 애기들로 저들게 허는 새/
시흔둘 앞장에/ 저 뚤들 성제들도/ 저들게 허는 새/
당주새 몸주새/ 본명두 ㅅ록새/
훈잔술 먹어가민 두잔 불르고/ 2차 3차 뎅기멍/
술두너무 과음허게 허는 새/
신병을 주는 새/ 오토바이 탕 뎅기멍/ 넋나게 허는새/ 혼나게 허는 새/
주어라 허얼짝/ 주어절색/ 안팟공시 옛선성 오는데도/ 당수 ㅅ록 봄수ㅅ록/
서씨동생 앞장에/ 당주야 ㅈ순드레/ 신병을 주는새/
ㅈ들개 허는 새/ 본 멩두 ㅅ록새/
주어라 저얼새/ 채끝엔 메로 보난/
천왕은 열두메/ 지왕은 열흔메/ 인왕은 아홉메/
일뤠동이 청메/ 삼선왕이 청메/ 오육서에 백메/
칠팔국이 흑매/ 구십은 중앙 황신메/
정월은 상상메/ 이월은 영등메/ 삼월은 삼진메/ ㅅ월은 파일메/
오월은 단오메/ 유월은 유두메/ 칠월은 칠석메/ 팔월은 추석메/
구월은 만국메/ 시월은 단풍메/ 동지달 봉원메/ 육섯달 늦은메/
자리아래 끌린메/ 이불위 덮은메/ 요 메질 들어서/ 흔늘게 딱딱 뚜뜨려가면/
시흔둘 앞장에/ 문박사 이 ㅈ순 앞장에/ 가정의 풍파여/ 금전에 ㅅ록이여/
시흔둘 대찬이력 안되게 허고/ 놈헌테 귀열 듣게허고/
이ㅈ순 당주ㅅ록 몸주ㅅ록ㄲ지/ 가정에 영개ㅅ록ㄱ찌/
일월ㅅ록 산신ㅅ록ㄲ지/
불러나 주고 살렴살이/ 안되게 허는 요런/
악심 메질나건 시왕 청너울로 풀어내자/

(푸다시, 신칼점, 입으로 물뿌림)

〈도래둘러맴〉

초신연맞이로 궂인새는 낫낫치 ᄃ렷수다[221]

동방 청이실잔 서방 백이실잔, 남방 적이실잔 북방 흑이실잔

새몰지잔 잔은 지넹겨 드립네다

천왕ᄃ래 지왕인왕 삼ᄃ래에, 제감수 시겨가며, ᄃ래 둘러베다 남은잔

주이주이 열두주이 청들 많이 지사겨 드립네다

들여가며 잔은 개잔개수 위올리며

인의 활은 신이법 신이 활 인이법 다를바 잇십네까

산사람도 들어오젱 허민 저문을 열어사 방안드레 들어옵네다

신전님들 다릅네까

문을 열어야 들어오는 법이우다

초신 연맞이로 삼도래 대절상 해여다

초공문 천왕 초공문도 돌아봅네다

지왕 이공문도 돌아봅네다

인왕 삼서도군문도 돌아봅네다

옥황 도성문 돌아봅네다 생불 환생문 돌아봅네다

청문 백문 적문도 돌아봅네다

시왕도군문 대명왕ᄎᄉ 도군문, 멩도멩감 삼ᄎᄉ 시군문 돌아봅네다

시흔둘 봄받은, 어주애 삼녹거리 서강베포땅도 돌아봅네다

당주 몸주 신영간주문 돌아봅네다

일문전 각서본향한집 ᄂ리는, 시군문 돌아봅네다~ (요령)

일월조상 ᄂ리는 시군문, 산신문 요왕 선왕 ᄂ리는 시군문

선망조상 후망부모 ᄂ리는 영개문도 돌아봅네다

성은정씨 ᄌ순 쉬은둘 신병문 돌아봅네다

운수운행문 안팟신공시 연향 당주 몸주문

터신문 지신문 오방신장문, 각항지방 일흔ᄋ돕 도군문이랑

금정옥술발 둘러받고 시왕 청너울 둘러받아

현신허며 삼서도군문 돌아봅네다

---

221) 쫓았습니다

(악무)

초군문 이군문 삼서도군문 돌아봅네다

(악무)
(신칼과 요령을 들고 도랑춤을 춘다.)

안으로 성은 정씨로 경자생 쉬은두설
몸받은 당주문 몸주문 신영간주문
어주애 삼녹거리 서강베포땅 신전집문, 서강베포땅문이 어찌되며
초간주 이간주 삼간주문이 어찌되며 모릅네다
쉬은둘 정씨로 경자생, 몸받은 연향당주문으로 돌아봅네다

(악무)

쉬은둘 정씨로 경자생, 몸받은 연향당주문으로 돌아봅네다

(당주방에 가서 신칼점을 치고, 밖으로 나와서 신칼과 요령을 들고 춤을
추다가 다시 신칼점을 본다.)

각서본향 한집 ᄂ리는 시군문
일월조상 ᄂ리는 시군문 , 일흔ᄋ돕 도군문은 돌아보앗수다
어느문에 문직대장이 없십네까
어느문에 감옥성방이 없십네까
쉬은두설 어느부모조상 논 연줄엇고
어느 누게 요 심방질 허래 헌일 아니고
나팔저 나복력 날울련 원천강[222] 팔저ᄉ주 기박허난
어릴때 어머님 돌아가고 아바지 어서 놀아가노

---

222) 점술서, (袁天綱) 중국 당나라 때에 있었던 점쟁이의 이름에서 유래

부모 의지엇고 어느 의지헐때 어서도, 어렵게라도 그 대학해영
고만이 잇엇시민 공무원사 해여지컬
아이고 어떵허단보난 의지헐곳도 엇단 보난
한라산 소리왓패여 예술쪽으로 칠머리당에도 사무장으로 영허멍
의지헐때 엇어 뎅기단 보난 요 심방질을 해연
서른다섯때부터 살아 요 신길을 뎅기고
신의 밥을 먹고 신의 줌을 자고
십칠년 동안 요 신의 밥을 먹언 궁의 행실허멍
일본으로 제주도로 대정으로 모관으로
한라산패들 인솔해영 행사 이시민 돌앙
중국으로 외국으로 행사 공연 뎅기곡 허멍,
번 역가이우다 쓴 역가이우다
간장 석어 술 석어 번 역가
이집 저집 진올레 ᄌ른올레 밤인 들민 서룬 이 ᄌ순
불선가외 낮인내난 가위, ᄌ아도 좋수다 하도 좋수다
영허멍 번 역가입네다
KBS방송국 직원들 ᄆ음 먹은 후 보여준 받은 역가립니다
전통문화연구원에서 이 ᄌ순들 받들어주고 서로 이런 기회가 되고
우리 제주도 큰굿을 영해여 뎅기저 자료를 만들저 하는 기회에
이에 쉬은두설도 ᄒ마음이 되어
이번 첨 성읍리 정의고을 민속마을 오랑
요집 요자리 마련해영 초신질 발루저 받은 인정
발로 바랑 발라제 질로 제영 질라제
저싱돈은 지전이나 이싱돈 돈천금은 만냥
삼도래 대전상 삼주잔, 큰똘 족은똘 멩과 복들 제겨줍센 해연
받은 인정이랑 내여당 시군문에 제인정 걸레 갑네다
연향당주문ᄀ찌도 저 인정 걸레 갑네다
(앉아서 요령을 흔들며)

〈군문열림〉

(문밖을 향해 앉아서 요령을 흔들며)
초군문에도 인정 걸엄수다예
시군문에도 인정 걸엄수다
삼서도군문 옥황도성문 생불환생문에, 시왕대번지에 대명황ㅊㅅ
멩두멩감 삼체서문에, 쉬은둘 경자생 몸받은 당주에문에
어주애 삼녹거리 서강베포땅문에 (신칼점)
인정 걸엄수다 (신칼점)
세경신전문에 일문전 본향문에 (신칼점)
산신요왕문 일월조상 ㄴ리는 시군문에 (신칼점)
영혼 ㄴ리는 시군문에 영 (신칼점)
인정 걸엄수다

(자리에서 일어나서 악무)

삼서도군문 각항지방에 터에, 도군문에 인정입네다 예~

(요령 흔들다가 춤을 춘다.)

도군문에 인정을 문문마다 내여 걸엇더니만은
내 ㅈ순들 인정 정녜가 불쌍허고 인정이 과숙허고
고맙다 착하다 시군문을 열려가라
영해 ㄴ립니다만은
조상님문은 시군문이라 신의 성방 힘으로 열릴수가 없습네다
옛날 주석삼문도 열두집서관이 열렷댄 말이 잇십네다
일문전 들어가라 본두영기 신감상 앞세우고
옥황도성문 열려오던 천왕낙쾌 둘러받아
밧감상기 물으와 초군문 이군문 삼서도군문도 열리레 갑네다 ~

(도랑춤 추다 악무)

어 시군문도 열려줍서

(감상기와 신칼, 요령을 들고 악무)

삼서 도군문도 열려줍서
삼서 도군문도 열려줍서

(자리에 앉아서 감상기 세우고 엎드린다. 앉은 상태에서 감상기 흔들다가
요령 흔들면서 춤 춘다. 신칼치마춤, 신칼점, 손가락춤 이어진다. 자리에서
일어난다.)

시군문 곱게 열려줍서

(자리에 앉아서 감상기 세우고 엎드린다. 앉은 상태에서 감상기 흔들다가
요령 흔들면서 춤 춘다. 신칼치마춤, 신칼점, 손가락춤 이어진다. 자리에서
일어난다.)

안으로 어주애 삼녹거리 서강베포땅문이로구나
쉬은둘 정씨 ᄌ순 경자생 몸받은 연향당주문이랑
안감상기 물어와다 연향당주문 열려

(당주방으로 가서 자리에 앉아서 감상기 세우고 엎드린다. 앉은 상태에서
감상기 흔들다가 요령 흔들면서 춤 춘다. 신칼치마춤, 신칼점, 손가락춤 이어
진다. 자리에서 일어난다.)

초신맞이로 안팟 신감상 둘러받아, 일흔ᄋ돕 연향당주문 열려 연향당주문
어주애 삼녹거리 서강베포땅문 열렷수다
시왕도군문 대명왕 ᄎᄉ ᄂ리는 시군문
멩두멩감 삼ᄎᄉ문은 시군문, 세경 칠성 일문전 각서 본향
일월조상 영ᄒ님 오는 시군문, 터에지신 오방신장

쉬은둘 신병문 밧공시 당주문, 각항지방 일흔ᄋ돕 도군문이랑
안팟 신감상기 무루와다 신문열려

(음악이 빨라지며 요령과 감상기를 들고 일어나서 자리에서 펄쩍 뛰다가,
도랑춤을 춘다. 감상기를 내려놓고 신칼을 들고 춤춘다.)

초신맞이로 삼서도군문 열렷수다
어느분 열려수면 아니 열려수기 ᄆ릅네다
성은 보난 안공시 정씨 아즈방 경자생 몸받은 일월삼멩두
밧공시 서씨동생 신축생 몸받은 안팟 신공시로
일월삼멩두 물어와 삼서도군문 열린 그뭇

(제자리에서 돌다가 멩두점, 신칼점)

초군문 열린 그뭇 알아있수다
옥황도성문 생불환생문, 시왕ᄂ리는 시왕도군문ᄭ지 열려줍서 (멩두점)
쉬은둘님아 쉬은둘님아 이것도 인연 인연 인연이 잇시민
연분이 잇시면 질에 돌도 차는격이라
이번기회에 올해 삼재운도 들고, 요 일 잘 냉겸수다 명심해여
쉬은두설 타는 ᄆ 안장채와, 내놓는 목 시왕에 잘 등장들고
멩두멩감 삼ᄎᄉ에 영 당주전에 영
이제ᄭ지 아무 분시 모르게 산거, 다 잘못해엿수뒌 굽어들고 헙서
어딜로 도외엇수다
중간에도 죽을고비 몇번 넘엇수다만은
이번 일 올리광 내년 뎅기당, 몸을 다쳐 어딜 병원에 강 눕느냐
홀연히 우연헌 일로 산이 법관에 걸령
법에 오라가라 경찰 무뚱을 나드느냐
영헐 운이 물로 불로 구시월 동지섯달
나 발등에 불이 떨어졌더라 만은, 이번이 대로들러 삼제틀엉 요 굿
KBS방송국 직원어른들, 전통문화원 연구허는 ᄌ순들 다 모다들언
기회가 기회만치 쉬은둘님도 서로 흔맘 흔뜻이 되언

어디로 도해연 요 일 잘 냉겸수다
일 넘어나도 입으로 속절도 말고
아이고 조상님 고맙수다 해영 조상 업엉
정신 바짝 출령 삼년만 뎅겸십서
알아볼 도리가 잇실듯 헙네다

(사방에 멩두를 넣고 흔들면서 사설)
시군문 열린 그뭇 알아볼 수가 이십네다
안으로 성은 정씨 경자생 쉬은둘, 몸받은 당주문이로구나 몸주문이로구나
어주애 삼녹거리 서강베포땅문이랑, 안팟 신공시 일월 삼멩두 물으왕
예 안팟 신공시 초감제 헐때부터, 옵서 옵서 메운 옛 선성님네,
다 좌우동참 헙서
안팟 신공시 삼멩두 둘러받아, 당주문도 열린 그뭇

(멩두가 담긴 사발을 들고 흔들며 제장을 돌다가 도랑춤을 추고, 당주방에
던져서 점괘를 본다. 신칼점을 치고 점괘를 풀이한다.)

조상에서 먼 질서를 발롸[223]줍서 (멩두점)
당주문 열려줍서
안팟 멩두조상에서 질서를 발라, 이ᄌ순 초신질을 발람수다
당당한 큰심방해영 초역례 바쳐 이번에 잘해영 (신칼점)
하신충에 고맙수다
절헙서 아즈방님
막 조상에서 도와주고 이번이 기회가 좋게 잘 햄수다양

(자리에서 일어선다.)

당주문 열린 군문 알아 잇십네다
초신연맞이로 세경 칠성 일문전

각서 오본향 한집 ㄴ리는 시군문도 열린 그뭇 (멩두점)
본향한집 ㄴ리는 시군문 곱게 열려

(바닥에 앉아서 본주에게 점괘를 알려준다.)
아주버님 그자 살림을 촌살림 못살다
촌살림 못살단 보난, 본향에 원 일절 무심했지양 이리고 저리고 양
가정이 혼자단 보난 다 잘못해엿수다
아무딜강 살아도 이제 이녁 사는디
아즈방 일년에 한번만 메라도 해 뎅겨옵서
이녁 사는디서양 경해사 좋쿠다 양
본향 한집에서도 ㅈ순을 기다렴서양, 열린 그뭇 드렸수다
묽고 묽은 산신일월 요왕일원 선왕일월문
영혼님 ㄴ리는 시군문 쉬은둘님 신병문
각항지방 일흔ㅇ돕 도군문 곱게 열려줍서 (산판점)
올해는 운이 당해엿시다만은 (산판점)
잘해영 조상에 이런 기회에 당허고
ㅈ순들 ㅁ음은 잇어도 어느 누게 의지 엇시난
조상에 성심 못헌건 맞수다 (산판점)
굿 잘해엿수다 고맙수다
이번에 경허여 요 공 잘 드령 (신칼점)
시왕 앞으로 액도 잘 막으쿠다
열두문잡아 질 칠 때 조상들나시 인정도 잘 걸쿠다
고맙수다

[주잔권잔]
초군문 열린디도 인정잔, 이군문 삼서도군문 열린 인정잔
옥황도성 생불문 환생문 청문 백문 적문
촌ㅅ님 ㄴ리는 시군문 시왕도군문 당주문 열린데 인정잔
본향한집 일월조상 엉ㅇ님 ㄴ리는 시군문 열린니노 인셩산
각항지방 일흔ㅇ돕 도군문 열린 인정잔
어느 재민 이 굿 헐껀고 성읍리 정의고을 이름난 민속촌 ㅁ을로 오랑

삼대 틀엉 팔자궂인 ᄌ순 큰굿 헌댄 택일 받으난
ᄌ순들 두욱둘렁 걱정허고 조상들도 석달 앞서부터
먼 욱둘런 어느날 이자 이날이 되어오리 기메발동이 뒈엇수다
저 올레로 들언 첫이슬 맞던 임신 연기 몸기 영서멩기
바랑당 도끼지기 선배 후배들이여
쉬은두설의 꿈에 선몽 방송국 직원드레도 꿈에 선몽
각 ᄌ순들 전통문화연구허는 ᄌ순들도
이 일을 허젠 신경 쓰고 걸어가고 걸어올 때
꿈에 선몽하고 남개일몽 하던 임신들
팔저 궂인 심방들도 꿈에 선몽 신의 성방에 난개일몽
허던 임신들 많이 주잔들 권잔
이 터신에 지신에 큰낭 큰돌지기들 주잔입네다
들여가멍 잔은 개잔개수 위올리며

[분부사룀]
쉬은둘님 본주 단골님아
오늘 이 일을 허저 생각도 어시 우연헌 말을 듣고
이거 한라산 대학 뎅기멍 논널르게
가는 사람도 ᄒ잔술 먹읍서 오는 사름도 먹읍서
선배 후배 우알 어시 의시 암시해영
취허신 배겉이 혼자만 의지 어시 지내멍이라도
대인관계영 그래도 대학교 뎅기멍 선후배 상대여
위사람도 상대하리 아래사람도 상대
나만 먹젠 아니허고 좋은 ᄆ음을 가지고
술로 2차 3차 먹엉 댕길땐 뎅겨도, 생각허멍 살곡허난
지성이면 감천이고 가련이면 공덕법이라
저싱간 조상들 이제 많이 하르방 할망 아바지 어머니
살아나 도환생법 잇엄시민 오랑
아이고 나 아들아 너가 요런 심방을 헐말이냐 (운다.)
조상도 어이 가실 일이고, 쉬은둘이 요 심방질을 해영
요 성읍리 ᄆ을 오랑 요 집 빌엉

방송국 후원해주고 전통문화연구원들 후원해주고

쉬은둘도 기회가 되고 해영

ᄆᆞ을이 알게 면이 알게 제주도가 다알게

삼대 틀엉 밤낮 ᄒᆞᆫ둘을 보름동안

이굿 저 올레에 현수막 내걸어 놓고 해여

정공철 심방 신굿하는 현수막 걸어놓고 해여

요 굿 해여도 조상도 모르고

하늘이나 알앗시까 지하님이나 알앗시까

낭알저도 물을주어 먹엉 살고

물을 질어도 밥을지어 먹어살건만은

어멍 아방 열두 신베 곱게 곱게

아우 열둘 배설한 난 보람어시

손에 먼 캐적해여 장애인 되고

그 대학 졸업해영 몸 불편허나 노동일은 못해도

연필 들렁 사무보멍 공무원이라도 해영

ᄒᆞ나 ᄌᆞ으나 월급 타멍

장개간 아들ᄯᆞᆯ 나멍 놈과 같이 평범한 인생, 살아지카부덴 했죠

요 심방질 해영 제주 삼읍 선대허지 내난가위, 밤인 불써가민 ᄂᆞ려 영

정의서도 이곳 옵서허민 고맙수다 차타불고 오두바이 타고 오고

태정서도 아이고 수정이 아방 ᄀᆞ찌가 일행 가게 하민

고맙수다 오투바이 타멍 택시 타멍

아이고 그 딜[224]랑 어디에

아이고 몰른 단골 신디강 삼춘 아닌 삼춘 삼춘 삼고 아닌 성님 성님질 허고

안연 부모 부모 다 의지허고 안연 성님 성님 질 허고

칠네개똥 ᄎᆞᆷ실로 준넌딜사, 쉬은두설이 요 심방 해영

그동안 간장 석어 말 속 석은 말

걸어온 인생 높은동산 어진굴렁이 가시밧길 가시자왈 돼

차곡차곡 걸어온 생각허민

ᄂᆡᆨ극을 어난 넝화를 네왕 아이고 촬닝을 해여시빈

---

224) 거기를, 그곳을

인간시대도 그런 서러운 인간시대 그게 어실정도 걸어온
쉬은둘님아 천이 신중허고 신이 감동해엿수다
이번첨 쉬은둘 힘으로사 어떤 영 천뱅기도 허고 원성지 제맞이를 해여보고
큰대 세왕 두일레열나흘 굿을 어떻게 해여 봅네까
돈이 천태만태 이신 ᄌ순도 ᄆ음이 깨닳지 못허민
ᄒ번 조상한테 이런 일 못해방 ᄒ번 살다 다가고
어성 살으면 어성 못하고 요 일같이 어려운 일 엇수다
KBS 방송국에나 이에 연구허는 어른들이나
전통 연구허는 ᄌ순들도 기회가 기회만치 허고
쉬은둘님 ᄆ음도 잘먹고 걸어온 길도 잇고
서로서로 돌은 낭 의지 낭은 돌 의지허여
사람은 살다 죽으민 이름을 넹기고, 짐승을 살다 죽으민 가죽을 넹긴덴
전설의 말에 잇수다 만은, 쉬은둘님 넘어온 생각 지나온 생각
천대받아온 생각 살아온 생각 허민
요런 날이 잇실줄은 상상도 못헌 일인데
벌써 이것도 녹이행 허면 녹이행헐만
서로다 서로가 인연이 되고 기회가 되는 것도, 쉬은둘도 서로 덕이우다
오늘 어제 초감제로부터 청해연 분부허던 분부다만은
초신맞이로도 나 ᄌ순아 나 ᄌ순아, 저싱간 부모조상님네
아이고 어떵헌 일이 이게 꿈이냐 생중이냐 (운다.)
아이고 그런 죽을 고비 몇 번 넘으멍
나 손지여 나 아들아 나 애기야
어떵 그 길을 넘곡 그 ᄆ를225) 너머 살앗으니
나 ᄌ순이 이런 길을 걸엉 부모 조상상에 ᄆ음먹엉 이굿을 헌덴 허난
ᄒ역헌 넘어도 반갑고 ᄒ역헌 뜻밖에 일이라
아이고 이게 춤한가 진정인가 거짓인가
오라 우리 가보겡 허는 넋이가
어디영 그르게 여쭐라게 부모 조상님네
아이고 나손지 어디강 그 어렵게 눈물지멍 번돈 내여

---

225) 마루 지붕이나 산 따위의 길게 등성이가 진 곳

우리 나시 고사리 옴클허쟁

아이고 이번 일본가 ᄒ푼 벌어오민

하르방 식게사클 멩질해 사클 제숙 사서 해컬

이걸 어디강 벌어왕 이걸랑 나 쓰구쟁해도 쓰지마라

아이고 조상 나서길 제숙연 사컬

설운애가야 우리 기일제사 때도

아이고 취하신데 이추룩 저추룩 해당 해영

니 손으로 못해영 궨당²²⁶⁾ 빌멍 누님 빌멍

아이고 경허는 인정 누게가 아느니 누게가 아느니

설운 애기야 다 ᄀᆯ을수가 없구나

책을 열권에 매영 해영 나영 이제 많이

아바지 어머니 하르바니 할마님 부모조상들

저싕갓다 돌아 오는 법 잇엄시민

나영 ᄒᆞ목심고 석달 열흘 울멍 우리사연을 ᄀᆞ른들 다 ᄀᆞ르며

아이고 설운 애기야 인명은 제천이여

너 ᄆᆞ음 곱게 먹고 착하게 시리영

앞으로랑 술도 덜 먹고 저 조상 업어오라시난

이제랑 조상은 널 의지허고 넌 조상을 의지해여 열심이 살암시다

우리도 이번이 너헌티 와 ᄀᆞ뜬 인정를 받앙

무심히 강 써지느냐 무심히 입어지느냐

도와주마 도와주마 (운다.)

설운 아들아 몸 생각해여 술도 덜먹고

나 형제간 나 형제간 아이고 어디강 기십 엇게 마라

니가 무슨죄를 지엉 놈헌테 헐말 못하느니 떳떳허게 용기내어 살암시라

너후로도 집도나고 밧도나고 돈도 여유잇게 통장에 노멍 살날이 온다

술 ᄀᆞ뜬거 좀 멀리허멍 몸 생각해영

건강을 지켜영 열심이 살암시라 (운다.)

아이고 ᄎᆞ마 우리 ᄌᆞ순이 요 심방되여 우리 조상들 잇어

성의ᄀᆞ을이 어니에 오는예~ (운나.)

---

226) 친척

나 순 생각하는 ᄆ음 정녜가 고맙고 너미도 착하여
아이고 비새 찌 울어 울어 조상님네 고랑빗발 서빗발로
하늘님도 울고 조상도 울고 순도 울멍 오람수다 (운다.)
아이고 부모조상 논 연줄 어서도 양씨부모
나 애기야 너 아들 꼭 나도 애기가 어서 이거냐
나팔저나 너팔저나 똑 뜬 팔저우라 요 조상 업어댕긴
아이고 난 마우댕 해도 쓰주만은 벌써 ᄆ음이 발복이라
이 조상도 벌써 인연이 되난 업언 뎅기젠 ᄆ음이 우러나고
오늘 영해영 맡으멍 써라
이런 기회가 되어 신질을 딱 발랑 조상업어 뎅겨봅서
그전 담지 아니해영 ᄆ음도 의지되고 놀당도 집드레강 아이고 잔걸어 사클
집이 조상이 잇구나 돼지고기도 먹지마라 사클
아이고 내일 모래 나가 어디갈꺼로구나 조심해영
그 전 담지 않게 가고 조상에서도 고맙게 멩두 조상에서도
아이고 생각허는거 담수다
굿해여 보난 서로 인연이 된거 담수다
고생헐말 다헐말이 엇고
ᄉ가집 뜨민227) 또루또루 이거우다 저거우다 허지만은
질 칠때랑 떨어진 영흔들 어시 굽 갈라 굿을 잘해영
이세 시 서가슴에 쉬은둘 가슴에 댕이댕이 친거228) 풀어불고
아이고 무신 귀신 미청 출행하는게 아니고
어떵허난 어디 외국 가니까도 살음에도 ᄂ래고
죽을 고비 몇번 넘을때영 넋나고 햇시난 넋도 서너번 드려불고
헛설 조상 눌릴때랑 어깨둘러 굿인 뚬229)도 내와불고
술먹엉 노는 춤하고 굿해여 노는 춤하고 틀리난
잘해영 허설 피물두 굿인 뚬내왕 헐기도 골라불고
아이고 이런 기회 오는것도 쉬은둘 다
인덕이 잇고 인연이 되고 걸오온 길이 잇으니 오는거난

227) 같으면
228) 맺힌 거
229) 땀

190

당주조상에서도 이번이 공든 덕이 잇고
이 조상 영급을 배와주고 저싱간 부모조상님에서도
나애기 고맙다 불쌍헌 정녜야 영허듯이
아이고 ᄆᆞ음이 찢어지다 실피 괴롭고 아파도
설마 나 ᄌᆞ순이 굿을 해연
조상 나시영 햄젠해고 심방을 햄젠해난 꿈인가 생중인가 허멍
떠러진 조상 어시 다 ᄂᆞ렴수다
아이고 갑장이꽈 대학동기꽈 어디 술친구꽈
가찹게 뎅기던 벗도 잇건 원미 영 형 잘 거느려 줍센 해영
잘 거느려 불고 해연 시민, 그만헌 덕이 돌아올듯 헙니다
쉬은둘 올해 삼재고 잘해염수다
쉬은하나 큰 심방광도 인연이 잇고
멩두 물려온 아바지광도 예순 일흔ᄋᆞ돕광도 인연이 잇고
이 조상도 벌써 예 ᄌᆞ순들 이추룩헌 뚜렷하게 큰 심방헐 ᄌᆞ순한테
모셔강 잘 크게 놀아난 조상이난
벌써 사칠육칠 아니허젠 길을 찾아지고 영햇젠 해염수다
황씨 선성님네가 다 멩두 몸받은 조상에서가
우린 아무디나 안가켜 뚜렷허게 심방이라도 ᄀᆞᆸ갈랑 헐 ᄌᆞ순 찾아
감아 영허듯이 조상들 두면 영핸 인연이 되어진거 담수다
떠러진 조상어시 ᄆᆞ ᄂᆞ렴수다
영허난 본주 어른도 잘해영 성의성심껏 이것
행사로 허는거라 생각을 말고 내가 직접 허는 굿이로구나
영해영 굿 넘어나도 ᄒᆞ 일주일랑 어디 나상 오토바이 탕 먼길도 가지말고
차로가고 술도 과음허게 먹지말고 입으로 속절도 말고
친구들과 술자리도 자주 ᄒᆞ 여슬 내랑 하지말고
조심해영 넘으민 그만헌 덕이 돌아올듯 허댄 해염수다예
일흔ᄋᆞ돕님아 곧 ᄋᆞ든님아
이번이 이 굿해 잘해연 조상이 벌써 공철이 아즈방 신드레 갈때
아스망이 ᄆᆞ음노 우러나세 헌것도 넹두조상
몸받은 조상 선성님에서가, 나 ᄌᆞ순아 우리 조상이 어떵헌 조상이니
아이고 우리가 어디 해뜩헌디 안갈켜 박물관이 몸식허고

뚜렷허게 ᄀᆞ갈라 심방할 ᄌᆞ순이 이신 걸 무사 나가 그래가는이
영허는 상이되고 서로서로 인연이 맞은거 담수다
상예 아즈방님네도 좋고 옛 조상 업어간 ᄌᆞ순도 서로가 좋앙
멩질게 질게 건강해영 병원에 잘뎅기멍 약먹으멍 한 삼년 살암십서
아이고 우리아들 아이고 이거 큰굿도 난 오랜 햄꾸나
귀양풀이도 난 오랜햄꾸나 성주풀이도 난
아바지라도 옵서 어머니라도 오랑 여 설쇠라고 거칩서
영헐일이 잇고 잇어갈늦허댄 조상에서 분부가 ᄂᆞ렴수다
큰심방도 쉬은하나님도 니녁구에 발등에 불이 떠러져도
팔저궂인 몸이랑 아이고 다틀엉 뒤틀에 발로 볼랑 내븨어동
아이고 이 형제간ᄁᆞ찌 아이고 간장 석으멍 어릴때부터 이 신의 밥을 먹어낭
어신 사람도 알고 이신 사람도 알고 괴로운 사람도 알고
아이고 돈을 떠나서 이번이 행사 맏안 신경쓴거 생각허민
십년은 감수허게 신경쓰고 영헌 보람이 잇음직허우다
조상에서 서로 본주심방광 인연이 맞안 공들여강 공든 덕이 잇고
이거 행사다 생각마랑 액맥이 헐 때도 저 아즈방님 잘 액막아 내고
이에 큰심방도 액 잘 막고 행가민 서로 허지날일은 업엉 이름 날듯 허젠
분부가 ᄂᆞ립니다예~
아이고 여러 방송하는 각성받이 ᄌᆞ순들
아이고 죽게죽게 공부들해영 뭐시걸로 쿵허난
요 자리오란 요 고생하는걸 보난 나도 안타깝고
연구허는 ᄌᆞ순들이영 영상하는 ᄌᆞ순들이영
다 고생해염수다 뎅기멍 조심들 해영
차도 천천히 뎅기고 몸도 멩심허고 ᄆᆞ음 정성 잘해영
막 끝에 액막을 때라든 이녁냥으로 단돈 만원씩이라도
나 정성은 나가 해여 사난
올령 절해영 나도 액막아 줍센 해영 잘빌어 불고 허민
어먼 일은 다 막아줄듯허젠 분부가 ᄂᆞ립니다예~
분부말씀은 슬루고 여쭈와 들여가며
큰심방 마씀 큰심방 마씀 부쪄난

잠깐 이게 침체십서 신의아이[230] 조상님 잠깐 저먼정 침체십서
점심시간이 되부난 점심밥 먹엉 초처 이처 안으로
신청궤 신메와 드리겟습네다
신의아이 차찰이 부찰허고 몽롱허고 잘못한 일랑
죄랑 이자리에서 삭시켜줍서 벌랑 소멸시켜줍서
굽어 신청 하려헙네다

〈초신맞이 신청궤〉 오춘옥

〈초신맞이 신청궤〉는 초감제 때 하늘 신궁의 문을 열어 하늘에서 내려온
신들과 땅의 신들을 심방이 '신의 안내를 맡은 감상관'의 자격으로 오리 밖까
지 나가 모두 제장에 모셔 들이는 종합적인 〈신청궤〉라 할 수 있다.

초신연맞이로
시군문 열려 분부는 다 사뢰어 잇습네다
저먼정에 부르민 들저 외면 들저, 금세 절진해여 옵네다
초신연맞이로 쏠정미 들러받으며
초펀 이펀 제삼펀 오리정 신청궤[231] 신메웁니다

(오춘옥 심방은 쌀이 든 그릇과 신칼을 들고, 움직일 때마다 각호각상에 신
칼로 쌀을 떠서 캐우려 신들을 대접한다.)

(요령 흔들며)
초신연맞이로 쏠정미 둘러받아, 오리정 신청궤 신메와 드립네다
날은 어느 날 둘은 어느 둘, 금년 해는 신묘년
둘은 갈르난 전승궂인 상구월달, 날은 보니 열일렛날
초감제에 메운 신전, 오늘은 열ᄋ드레 날이 뒈엇수다

---

230) 신아(神兒). 즉 심방(巫覡)을 뜻함
231) 신을 청해 들이는 제차

대한민국 제주도는 서귀포시,

표선면 성읍리 마을 오란 이굿을 해염수다

제주시는 북촌 거주허는, 성은 정씨 ᄌ순인데 쉬은둘

좋은 전싱 그르치어, 어주애 삼녹거리 서강베포땅 신전집을 무언

가지 노픈 신전집 지애 노픈 절당집을 무언

이거 서른다섯부터 팔저 구저 신질로 뎅겨도

17년 모르게 뎅겨도, 어느 조상 ᄒ나 의지 엇이 뎅기단

올 금년 당허난 KBS에서 영, 제주전통문화연구소에서 자료를 냉기저

제주큰굿 보유가 되난 이런 기회가 당허거니

쉬은둘 신굿으로 초진질을 발라 보저 의론허여

이 성읍 민속마을 요 집을 빌엉, 이 자리를 마련해엿수다

성은 보난 서씨 상신충 집서관을 매견, 열이튼날 들어오란

배껏질로 천지염라대 이망줏대 신을 수푸고

좌우돗기 신을 수퍼

팔만금세진을 메고 나비줄전지를 불려놓고, 대통기 소통기 불렷수다.

안으론 사외 열두당클을 줄싸메고

연양당주 어주애삼녹거리 서강베포땅을 어간해여

당주를 어간허고 초감제 열이렛날 청한 조상

오늘은 열ᄋ드렛날 초신연맞이로, 저먼정 신이 굽허 오는 신전님네

부르빈 들저 외민 들저 금세 설진 해여 옵네다

늘고 오던 시왕 죽어 시왕, 원앙감서 원병서 시왕감서 신병서

도시 도병서 짐추염나, 범ᄀ뜬 ᄉ천왕도 요디 저디 신이 수퍼옵니다.

신청궤 신메와 드립네다

보리 본산 진관대왕 신본자심

초관대왕 수의왕생 송제대왕

칭량업인 오관대왕, 당득작불 염라대왕

단분출옥 번성대왕, 수록선한 태산대왕

불착사호 평등대왕, 탄지멸화 도시대왕

권성불도 오도전륜대왕님도, 신청궤 신메와 드립네다

열ᄋ섯 십육 ᄉ제님도 신메워 드립네다

천왕멩감 지왕멩감 인왕멩감, 동의청 남의적 서의백 북의흑

요디 저디 이른♀돕 도멩감님도
부르민 들저 외면 들저 건마발동해여 옵네다
초신연맞이로 시왕 영서 멩길 들러받아
영기랑 몸기 비준허고 몸기랑 영기 비준해여
영서멩기 둘러받으멍 삼멩감⁷⁷지
초편 이편 제삼편 오리정 신청궤로 신메웁네다

(악무)
어~ 삼멩감님도 신청궵니다.
어 영기멩기 둘러받아 삼멩감님도 신청궵네다

(영기 명기를 들고 춤을 춘다. 멩두점을 친다. 도랑춤을 추다 앉아서 신칼
점, 일어선다.)

천왕ㅊ亽 지왕ㅊ亽 인왕 삼ㅊ亽 관장님도
신메와 드려가며
안으로 어주애삼녹거리 서강베포땅 신전집을 무엇수다.
쉬은둘 몸받은 연양당주전으로 당주조상이랑
안으로 안멩감 시왕 영서 멩기 흔쌍 들러 받으멍
오리정신청궤 신메웁니다.

(악무)

연양당주전으로 영서멩기 들러 받으며
(영서명기를 바닥에 세우다 들고 돌며)
(도랑춤)

(앉아서 신칼점하고 일어서서)
신메와 드려가며 천왕ㅊ亽 지왕ㅊ亽 인왕 삼ㅈ亽 관상님도
오리정 신청궤 신메웁니다.
자부일월 상세경 중세경 하세경 직부세경

안칠성 직부칠성 일문전ㄲ지도, 오리정 신청궤 신메웁니다.
이 마을 토주관 한집님도 오리정 신청궤 신메웁니다. (요령)
날은 갈라 어느전 날 둘은 어느 둘
신묘년 오늘은 상구월 열일뤠날 초감제로
천신기 도올리저 원성기 제맞이를 올리저
영해여 초감제로 청헌 신전, 오늘은 열ㅇ드렛날 초신연맞이로
어간이 되어 어느 재민 부르민 들저 외민 들저
저먼정 금마발동 해여 옵네다
낳는날 생산 받고 죽는날 물고, 남도 엄접 초집서 물도 엄접 초집서
낳는날은 생산 죽는날은 물고호적, 장호적을 ㅊ지허던 한집님입네다
저 ㅈ순 성은 보난 정씨로 쉬은둘 경자생은
태ㅅ른 고향은 상하모가 되고
하모리 본향 한집 모실포 본향 한집, 어서 신메와 드립네다
하모 개맛 섯사니물 한집님 일뤠중저님도
초신맞이로 신청궤 신메웁네다
해녀어부 ㅊ지허던 개로육서ㄸ 한집님
신메와 드립네다 돈지선왕님, 성읍리 본향 한집님은
일곱배기 ㅇ돕 간주 ㅁ른밧 배돌려오던, 한집님 신메웁네다

(본향당신을 상징하는 무지개천과 풀찌거리를 팔에 두른다.)
문오안전 문오부인님도 신청궤 신메웁네다
동문밧 초일뤠 남문밧 열일뤠, 서문밧 스무일뤠한집님
위 개당 한집님도 신청궤 신메와 드립네다
동원할망 제석할망 수직할망 창방할망, 신청궤 신메와 드립네다
영세할망 아동골 광주부인, 낙동골 축일한집 신메웁네다
개동산 개당한집님도, 신청궤 신메웁니다
내외 봉산 상주상청 형방이방 포도도령 거느려 오던
이 한집님 신메와 드립니다
우리방 ㅊ지허고 낮에는 깃발로 밤에는 신불로 깃발로
목사원님 ㅊ지헌 한집님도 신메와 드립니다
이 성읍리 동원할망 안할마님, 이 ㅁ을에 오란 이 굿을 해염수다

192

주인 모른 나그네가 이시멍 문전 모른 공사가 잇습네까
성읍리 토주지관 한집님도 어서 초신맞이로 신청궤 신메웁니다
멩두조상 뒤우로도 발이 벋고 집서관도 김녕입니다
김녕 토주지관 한집님도, 어서 요디 저디 신이굽허 옵네다
신청궤 신메와 드립네다

〈본향놀림〉

〈본향놀림〉은 본향당신을 청신하는 굿이다. 심방은 본향당신이 되어 감상기를 들고 펄쩍 펄쩍 뛰며 춤을 추다가, 한쪽 무릎을 꿇고 앉는다. 바닥에 한쪽 무릎을 세우고 앉아서, 신칼채를 화살처럼 휘어서 잡고 흔들며 춤을 춘다. 방향을 바꾸어서 같은 동작을 반복한다. 이때 소미 한 사람이 옆에서 술을 뿜는다. 심방은 다시 신칼과 쌀그릇을 들고 안과 밖을 오가며 쌀을 캐우리며 사설을 한다.

웃손당 금백주 셋손당 김녕 한집님도 신메와 드려가는 질에
나 오늘은 어느재민 부르면 들저 외면 들저 합니다
큰도안전 큰도부인 안성세기 밧성세기
내외천처 동내국 보름웃또 소공주 마누라님
ᄂᆞ 모리 일뤠한집 거느리멍 신메웁네다
웃손당 금백조 셋손당 세명주 내알손당 소로소천국은
아들ᄌᆞ순 열ᄋᆞ돕 똘ᄌᆞ순 스물ᄋᆞ돕
손지방상 이른ᄋᆞ돕 질소싱을 거느리어 신메와 드립니다
ᄋᆞ든 모을 ᄎᆞ지한 토주지관 한집님도 어서 신메와 드립네다
이 한집은 석자오치 풀찌거리 일곱자 수서 동개거이 들러 받고
이 ᄆᆞ아 저 ᄆᆞ아 아방 주던 호송매 어멍 가던 정죽매
늑건 느지락 붉은건 붉을락, 너른 목에 번개치듯 좁은 목엔 베락치듯
아끈작지 한작지 아끈구둠[232] 한구둠, 청동ᄆᆞᆯ발 불을 일라온다

---

232) 물기가 없는 작은 먼지

알속에 쌀속에 받아들멍, 초편 들저 못내든다 이편 들저 못내든다
재삼편으로 각서본향 한집님 오리정 신청궤 신메웁니다

(산받음)
(멩두점)
오리정 신청궤 본향 한집님도 신청궤 신메웁네다
오리정 신청궤 신메웁니다
(본향이 들 때처럼 활을 쏘는 시늉)

(악무)
(사방에 활을 쏜다)

(도랑춤을 추고 신칼점)

석자오치 풀찌거리 일곱자 수수 동게걸이랑, 삼천 백메더레
(팔찌 동개걸이를 들고 도랑춤을 추며 놀린다.)
(신칼점하고 엎드려 절한다.)

신메와 들여가며
ᄆ올을 넘이 갑네다 재 넘어 갑네다
웃당 일레한집님 애기내청 상마을
업개 중마을 걸레 하마을 일곱 애기 내청 거르리고
알당 ᄋ드레한집이랑 강씨 성방 ᄆ처오던 마흔 대자 상방울
오씨 성방 ᄆ처오던 서른 대자 중방울
한씨 성방 ᄆ처오던 스물 대자 하방울 들러받아
그 메치 그 서늉 허멍
안으로 초편 이편 재삼편 초신맞이로 신청궤 신메웁니다예
ᄋ드레 한집님도 신청궤 신메웁네다

〈토산당신놀림〉

(심방 아기인형을 업고 손에는 방울끈과 구덕[233]을 들었다.)

한집님도 오리정 신청궤 신메암수다
신맞이난 신청궤만 해염수다
내일 모레 날은 초·이공맞이대로 초공 메여 드리민 안으로 메여드령
열두 본주 설정하고 알당 한집도 난산국[234]을 풀어
조상 간장 풀리켓십네다
순광궤랑 조부감주 재감수 시겨가며
일월 일월 일월이로구나 묽고 묽은 군웅일월 조상님도
부르민 들저 외면 들저 요디 저디 국이 근당해여 옵네다
군웅하르방 군웅할망 군웅아방 군웅어멍
이 집안 안에 정씨편 일월 정씨로 쉬은둘 경자생 몸 받은
당주 몸주 신영간주 일월조상[77]지, 흔침 질러 굴송낙, 두침 질러 비렁장삼,
일곱자는 금바랑 옥바랑 호름준치 거느리고
일월조상님이랑 금바랑 옥바랑 둘러 받으며
초편 이편 재삼편 오리정신청궤 신메웁니다.

(심방은 송낙을 쓰고 바랑을 친다. 바랑을 치며 도랑춤을 추다가 바랑을 던져 점을 친다. 본향ᄃ리를 놀린 다음 신칼점을 친다. 다시 바랑 들고 제자리에서 돌다가 당주방에 바랑을 던져 점을 친다. 신칼점을 친 다음, 송낙을 벗는다.)

저먼정 신메와 들여가며, 선망조상 후망부모 형제일신님
아이고 어느재민 이 ᄌ순들 굿허젠 날 받아가난
조상도 ᄆ음이 중천에 뜨고 ᄌ순들도 걱정허고
간디 가 온디 오란 아이고 성읍리가 어디에 옵네까

---

233) 바구니. 여기서는 아기르 눕혀 흔들어 재우는 바구니를 말함. 곧 요람(搖籃).
234) 태어난 곳과 그내력

조상님은 ᄌᆞ순들랑 육지도 가고 외국도 갑네다
성읍민속마을 이거야 민속집 빌언 이 굿 해염수다
쉬은둘님 선망조상 후망부모 형제일신님네
어서 옵서 내일 모래 시왕앞으로 저싱사남 해여드리쿠다
예 주문도청 마을 영ᄒᆞ님도 쓸정미 둘러 받으멍
오리정 신청궤 신메웁니다.

(심방 각상에 신칼점, 소미 쌀성미 캐우린다.)
어서옵서 하르방님네 할마님네 신메와 들여가며
안공시 쉬은둘 경자생 몸받은 안공시 부모조상
밧공시 상신충 쉬은하나 몸받은 부모조상
옛날 선성님네 아이고 이거 삼대틀언, 정의고을 아이고 권위난 집에 오란
마을에 오란 민속집 빌언 요 굿헌덴 허고
KBS 방송국에서영 전통문화연구소에서영
조상을 청하여 제주도 큰굿 자료를 남기고
이런 기회에 쉬은두설 경자생 정씨 ᄌᆞ순 본주 ᄌᆞ순도
이 ᄌᆞ순도 팔저구저 뎅겨도 어느 조상 의지엇고 허다
이번은 양씨아버지 김씨어머니 이 맹두조상을 업어 오란
당주 새로 설연하고 어주애 삼녹거리 서강베포땅 신전집 무언
아이고 이제부터 양단어깨 쉬은둘 강림허고
머리쯤 운둥허영 어서 옵서 옛날 선생님네도
수월미 청감주 조청제 조수지로, 계랄 안주로 일부 ᄒᆞ잔 잔받으멍
안공시 조상도 어서 신메웁네다 (신칼점)
밧공시 조상님도 신청계 신메왕 옵서
삼시왕 삼하늘 유정승 ᄄᆞ님애기
안공시로 내릴 조상 안공시로 밧공시로 올 조상 밧공시로
안팟 신공시 옛선생님도 삼주잔 받아들멍
오리정 신청궤 신메와드립니다예~ (신칼점)
들여가며 터의 지신 오방신장, 각항지방 물로지신님도 오리정 신청궤 신메
웁니다.

마당지신 어귀 정살지신[235] 신메와 드립니다

천년오른 천보답 만년오른 만보답, 상별문서 중별문서 하별문서

고리동벽 안동벽 안팟으로 쌍쌍이 받아들명

각호 만서당드레 들러메명, 안으로 신청궤 신메와 드립니다

안팟신공시 부모조상님도 삼천어궁또 알로, 신청궤 신메와 드립니다.

들여가며 저먼정 나사난

초공전 이공전 삼공 안초공 밧초공 안이공 밧이공 뒤에

안삼공 밧삼공 뒤에 노는 임신이여

영기몸기 지기 영서멩기 지기 화랑당 도끼지기 ᄎᄉ님 뒤에 노는 임신들

꿈에 선몽허던 임신 낭개일몽하던 임신들

본향뒤에 신당뒤에 노는 임신들

많이들 금세 절진허명 주잔권잔 들여가명

잔은 개잔개수해영 위올리명, 떨어진 조상어시 ᄆ ᄂ립니까

[산받음]

초신연맞이로

(산판점)

초점사 이점사로 초신맞이로, 떠러진 조상 어시 다 ᄂ립서.

시왕 앞으로 액도 잘 막고

(산판점)

ᄆ음정성 시작헐때 ᄆ음 끝날때 ᄆ음ᄭ지 잘 허쿠다.

고맙수다.

서씨 상신충 쉬은하나도

요 군문질오랑 신경하영쓰고 애영 폭삭먹엄수다.

오랑 강 조상에서 다 질서를 발라주 삽네다.

누군지서 도와주 삽네다.

우리 인간이 힘을사 무싱걸 헙네까

시름이사 허십네까

실운 어너님 ᄒ징으도 이씨부모조싱 ᄒ징으로

다 돕보죽 해여줍서 전싱구저 뎅기멍 이 굿문 질로
항상 머리쯤 운둥허고 양단어깨 강림해영 (신칼점)
조상의지 허멍 뎅겸수다
하다하다 이번이 오랑 (신칼점)
이 대선일 맡아 허젠허난 (신칼점) 고맙수다.
팔저궂인 형제간들도 (산판점)
멩심 해영들 오랑 일해영 가고
시작할때 ᄆᆞ음 끝날때??시 (신칼점) 고맙수다예~
산질 주는걸로 봐완 서로가 다 ᄒᆞᄆᆞ음 ᄒᆞ뜻이 되어 일 잘허민
좋은일이 잇을것 암수다양
집서관도 명예가 나고 이름이 나공 예~
상당 불법 어간이 되엇습네다
불법전드레 도울옵서 신이되저
앞 벌인 나의 불찰 헌일이 만만 해엿수다.
죄랑 삭 벌랑 이자리에 소멸시겨 줍서.
초처 이처 설웁던 공서광 여쭈던 말씀은 얼굴ᄀᆞᆯ멍 넋ᄀᆞᆯ멍
초상계[236) 연ᄃᆞ리로 재돌아 점지헙서예~
신공시 알로 굽어 신청이우다.
나 영 굿해엿수다 본주어른 예 큰심방님 굿햇수다.
삼춘 나영 이주버님 그쟈 굿햇수다
영 굿햇수다 굿햇수다.

《초상계》 강대원

〈초상계〉는 〈초감제〉 때 하늘에서 내려온 신들과 아직도 하늘에서 내리지
못한 신들, 지상의 신들을 모두 모아 오리 밖까지 맞이하여 재차 청신하여 제
장으로 모셔오는 〈초신맞이〉를 했어도, 아직도 오지 못한 신들을 재차 청해

---

236) 초신맞이 다음의 제차로 초신맞이 때까지 떨어져 못 오신 신을 청해들이는 의식

들이는 과정이다. 집안에서 모시던 조상신들, 마을영신들까지 빠짐없이 재차 청신하여 하늘의 두 궁전인 삼천천제석당클과 시왕당클, 땅의 두 궁전인 문전본향당클과 마을영신당클과 집안에 모시는 당주당클까지 나누어 모신 신들을 점검하고, 하나의 신도 미참한 신이 없으면 집안에 임시로 마련한 신궁인 당클에서 굿이 끝날 때까지 청신한 신들이 떠날 수 없도록 문을 잠가두는 청신의례이다.

(강대원 심방 쾌자차림에 신칼을 들고 굿을 한다.)

안으로 전승굿고 팔저굿인 성은 정씨아이
금번 이 기회들어 하신충이 됩네다
몸받은 안초공 밧초공 삼하늘 연양
안당주 밧당주 연양당주전 삼신왕 어간허고
바껫으로 천도천왕 지도지왕 인도인왕은, 삼강오륜지법 신수퍼
마리우전 대천한간 입고제 안팟 만서당클 추껴메여건 잇십네듯
초상계연ᄃ리로 예~ 제청신설립 헙네다

(악무)

제청신설립 하여건
드려가며, 왼어깨론 신소미 앞거려 상촉지권상 지도투고
오른어깨론 금제비 열두금새약곡 위올리며
이 하늘 ᄀ른 안팟공시 엣선성님 영개신령 수덕밈며
초상계연ᄃ리로 각 신우엄전 조상 몸상으로, 열명종서 베ᄀ립네다

(악무)

안으로 선승굿고 팔서굿인 정씨 몸빈은 현양
안초공 드립네다 밧초공 삼하늘 연양
안당주 밧당주 연양당주 삼시왕 삼하늘 엣 어진 조상님 어간해여

각 신전 ᄂ리는 천도천왕 지도지왕 인도인왕근 저싕염라대 안으로
각 신전 몸받은 몸상 열명 허엿쉽네다
초감제 너머들고 초신연맞이로 신메우다 떨어진
이 신전 조상님 초신연맞이 신메웁고
초신맞이 떠러진 신전조상님 초상계로 신메우저 헙네다
금번 신의 집서 예~
본주 경 하신충, 경 신녜 도신네 억만상신충
각 신의 집서관 얼녕허며
초상계연ᄃ리로 신우엄전 조상님 신메와 올리겟습네다 예~

(본주와 수심방, 굿에 참여한 심방들과 인사를 나눈다.)
죄송합니다. 각도에 전부 절을 허면서
인서를 하고 끝말을 지으면서 바로 들어가야 되는데
또 그저 나 생각나는대로 허다가 보니까
조금 서너작 된듯도 허지만은 다 배운것은 지만씩이라
지 생각대로 틀리기 때문에 그랬습니다 용서하십시요
고맙습니다.
잘 부탁허쿠다 큰심방님 죄송합니다
그저 선생님을 내무린 것도 아니고 또 다른 선생님들을 내무린 것도 아니고
나의 생각 나의 주장대로 허다가 보니까
조금 선생님들하고 틀린 점이 잇엇지만 용서해주고
그 자 아 이 말을 골아 주었으면 좋으켜
요 말랑 ᄀ찌 말앗으면은 허는 것은
질 내주는 것 품실은 하겟습네다 부탁헙네다
삼춘님네 형님형 누님형 부탁하겟습니다 예

(절을 하고 신칼과 요령을 들고 일어선다.)

아지바님 정씨 경자생 몸받은 옛 어진조상 어간허고
초상계연ᄃ리로 하늘 ᄀ른 내외공서
어진 조상 영개신령 수덕 믿으며 원정들저 헙네다

초상계연ᄃ리로 재ᄂ려 미참되던 신의 조상님네랑 하강협서

[베포도업]
(신칼과 요령을 들고 춤)
(악무)

천지 천지 천지로다
천지 음양 천지ᄒ합되어, 천지개벽은 제 이르난
천왕베포 지왕베포 인왕시베포 무어 제이르자
일열 수성개문 동성 상경개문 도업
월광도업 일광도업 제 이릅네다
(요령)
산도업 물도업 육도업 제이릅네다
왕도업도 삼황 이원 수인씨 알로
춘추전국ᄀ찌 각성인 도업을 제 이르난
제 이르난 일직월 공자생인 소생허여
초로인생 살다 임종 후엔 유교법 설연허고
인도국 노적성인님 소생허여
필원제원 도업 귀신신제 신도업 제이르난
이산천 저산천 영기로 유불선 삼교 합숙된게
신도법 공시 불도법 소중허게 오찬하여 사난
제주 토속 신앙법 마련해여 대여
ᄉᆞ둑 대여 제청도업 제이르자
서양은 각국에 오던 동양 삼국인디
강남은 천저대국 잇고 일본들은 주년국
우리나라 그 옛날은 해동조선국이고
문명ᄒ게 발전되어사난, 해동은 대한민국 됩네다
팔도명산은 넘어들고, 남방국 뚝 떨어진 이 섬 중
선라노 속헌 세수방 원래 ᄂ근본은, 이 땅 이 섬 숭에 아닙네다
소강낭 왼뿔 ᄒ쩍 미여지여 사고
홀연강풍에 밀려들어 화산으로 폭발허여 소생된

이 섬중 무인도 시절 섬도 자를 씌고
만물 푸십세 챗 짐승이 소생헌 후에
초로인생 제일 몬저[237] 삼성친, 성안 읍중 모흥굴산 고씨 양씨우다
부씨는 삼성친이 제일 먼저근 살아옵데다
살아옵데다 글찌후에 두 번째는 항파두리
짐통정 짐좌수님이 역적에 몰려오던
만리토성으로 살아가다 죽어갈 적
몽고인이 구십육년 살앗 가는 인생가고
사는 인생은 이 섬중 살앗수다
이 태왕 시절인디 각성친이 오란 살아가는게
지금 현재도 몽고피가 흐르고 잇십네다마는
저 산천 영개신령 수덕으로 사는게 육상해상
모든일은 아니 되어 사고
초로인생 병들어 초약이 무효가 되어 갈 적에
구학문 조은 선성님네, 저 산 뒤는 당오벽 당선성
이 산은 앞은 절오벽 절선성 마련허여
신도법 공시 불도법 소중허게 웃찬허여 살으난
살기 펜안여 올때 영천 이목서 시절 들어사
당오벽은 부숩고 절오벽은 불천수[238] 시기저
성읍 대정읍 제주읍 삼읍 되엇수다
ᄉ관장은 명월만호 곽진 조방장 설연허여
절도 부수와 불천수 시겨가고
당은 파락 씌다 남은 절 미양 안동절 되옵네다
어승생에 단골머리 한 골 부족하여
왕도 엇고 범도 못내 나던 이 섬 중입네다
물로 뱅뱅 돌아진 섬이고, 땅은 노고지 금천지땅 산은 제일 명산
허령지산은 장관은 청수 ᄉ백리
이 섬중 쳇째는 모라도 섬 중 두번째 탐라도 세 번째는

---

237) 먼저
238) 불에 태움

탐라도 네번째 탐락국 다섯 번째 평화의 섬, 제주도가 지금은 됩네다

제주특별자치도 이 섬 중에 되어지어 삽네다

문명이 발전이 되엇수다 예~

섬도 자(島)는 길도 자(道)로 바꿔질 때엔

리는 면이 되고 면은 읍이 되어 살아갈 적

시도 생기고 남군 북군 갈라지고, 동도 생겨건 설립되어

1980년도 8월 1일부로는 중문면 서귀읍이 합숙되어건

시가 되난 2군 27읍 5면 뒈엇수다

2006년도 7월 1일부로 군은 어서지고

시가 읍면동리를 다 관리허여건 사릅데다

금번에 원고장 고향은 기도도량 청정

서귀포시 표선면 성읍리 ᄆᆞᆯ 민속촌이우다

남의 주당 빌언 아적[239] 오라건

KBS방송국 보도국에서, 제주전통문화연구소에 협조 받아건

이 축원 들고 원정 꽐꽐 올립네다

(요령)

고향산천 현주소 옛 제주시 조천읍은 북촌리에

슬퍼올려 물먹은 산 디 되왔수다

본적지 태ᄉᆞ른[240] 땅에, 남제주군 옛날 지금은 서귀포시 대정읍은

상모리서 조상부모님네 이에 본인[77]지 탄생헌

고향산천 되어 지어건 사옵네다

ᄉᆞ가주당이 아니우다 놈 난 날에 낳습네다

놈 난시에 낳수다

저 육지로 가면 대공단 드는 고칼 머리삭발허여

명산대천은 가지노픈 신전집은 절당 촛아강

부처님 상좌가 될 몸이우다 만은

우리 제주산은 화산 악산이라

영급 잇고 신령 수덕 잇는 당도 절도 어서지어

---

239) 아침
240) 태 사른

글이라건 전득허고 활이라건 유전협네까 만은
밥은 아니 줘도 밥을 주고
물을 저도 밥주고 돈도 주고 영협네다
어느 성진성편 웨진외편 심방정시 없십네다
금번 원구정 전싱굿고 팔저궂인 신에 하신충이우다
아바님전 뼈를 빌고 어머님전에 술을 빌어
이 세상에 소생허신 이후에, 한두 살에는 철몰라 지엇수다
7~8세에 난 죽도살도 못내 허여건
한경면 신창리 사는 신의 멩두 조상 알로 들어가건
6~7개월 속 썩고 간장 썩어산, 원고장 본은 동래우다

[연유닦음]

성은 정씨로 되옵네다
열명기 어디 가시니 연세 쓴건 어따
나온 생갑이우다 나온 생갑은 쉬은두설 경자생 되옵네다
살아 이별 처가 가숙 생초목엔 연결려건 잇습네다
애기 뼈주고 술준 애기 정연담이 스물ㅎ설광
차녀 정수정이 열두 설 우선 삼인 멩이우다.
소원된 일이고 영허혼디 남의 신전집 빌어 아정오란
이 기도 축원 굴복 원정 말씀
먹다 씩다건 입다 남아 재견 연유 아니우다
없는 사름 빌어도 옷과 밥이우다
일심은 원형이정 천도제상 인의예지, 인생지 강이서정 굴복 올리쿠다
천이 감동합서 신이 신중 발원합서
큰나무 덕은 업수와도 큰어른이 덕은 잇는 법입네다
신의 조상님 첫 덕이우다
부모님덕 호천만극 뼈골난방 다 가플수 잇으리까
헌디 금번 원굿 정공철씨 쉬은둘님
경자생이 온디 옛 어렷을 때부터 입네다
좋은 공부를 허영 공부방을 찿아가는 것이
교회 하나님을 믿는 천주교 집을 빌언 간

글공부 허멍 살아건 가는게
좋은 초등학교 중학고등과 대학까지 먹갈아 살아갈적
빼주던 설운 아바지 몸에 신병들어
어머님 생존 때에 큰아들로 나난, 아바지 살리젠 일을 허영
아는 점사 춫아 문복허고 단점을 하옵시며
굿도 허엿수다 점도 허엿수다
이일 저일 문짝 허여보뒷, 아바지 병은 아니 나사지고
쉬은둘 원구장 하신충님, 어떵허민 좋고 아바지 돌아 형제간 돌아건
천주교에 들어강 이름 올려, 이에 정공철씨는 젊어지고 벗 좋아허고
이에 벗들 춫아 뎅기는게, 못먹는 술을 먹기 시작혀여
낮을 밤삼고 밤을 낮삼아, 돌아 뎅기단 소문 기별 들으난
제주도 저 산지땅 칠머리보존회 사무장, 구해염저 영허난
그대 가건 사무장 보면서 옛 그 사무실 안에서
굿연습 허는거 고만쏙 연물소리영 듣는 것이
열두신베 오금조기가 조작거려사고
머리에 신이 신밥을 먹으련사 허엿는지
정신이 돌아가기 시작혀여
그 사무실에서 아무도 어신때민 술작 술작 눔모르게
북도 두드려 보고 설쇠도 두두려 보고
대양도 두드려보고 영허여건
가는 것이 서른다섯 나는 해후년부터 되옵데다
신의 밥을 먹고 신의 옷을 입고
(요령)
신의 줌을 자고 신의 행동발신 허게 됩데다 헌디
줌잘때 어시난 혼잔술 먹엉
사무실 키 가저건 잇어지어, 사무실 문열어 들어가건
거기서 추운지 모르게 줌을 자당 깨낭
엉허는게 곧 마흔난 일이 허난 되옵데다
성은 김씨 신명 내외간이
조천읍 와산리 이에 굿을 오게 되는 날
그때에 소미로 오랑 두루메기 쾌자 입언

띠매여 굿허기 시작허는게, 잘해도 잘햄적 못해도 잘해염적
이번에랑 뜨디 가걸랑 아멩 고랑 허여불라
이리허멍 겨주어건 뒤따라 뎅기는게
제주절도 팔저굿인 전싱굿인, 신에 유학형제간님들 오랭허민 강
귀 막고 눈 어둑고 말 모르고 애간장을 석여 가는게
해로 이거 17년 뒈엇수다
영허는게 양력으로 2000년 들어 11년 10월 10일날 재겨들고
음력으론 신묘년 전싱굿인 팔저굿인 신구월 둘이우다
열이틀날 재겨들어 안으로 안당주 밧당주 설연허긴
이게 지금꼬지 옛 두루메기 입고 쾌지 입고 띠허여
신의밥 먹고 신의줌 자는게
의지헐곳 엇는 정공철씨 하신충 쉬은둘님 되어지여건 사옵네다
영허여 가는게 KBS방송국 보도국 협조받고
또 예전은 제주전통문화연구소에서 협조받아건
없는 돈 때문에 늘삼재 운에 허젠허는 것이
조상이 어서 어떵허리 허는게, 칠머리당보존회에 이에 신댁에
전싱굿고 팔자그르친 성은 양씨로 되옵네다
일흔에ㅇ든님 갑술생 억만드러 도신녜
상신충 경 집서관 몸받은 조상님을
아바지여 아기야 허는 입장이 되난
이 조상 신구월 초ㅇ드레날
이에 가건 축원하고 저 조상 물려받앙
집에 오란 성은 서씨 신네 됩네다
쉬은하나님 신축생 억만도신녜, 상신충 집서관과 설연허여건
이 조상 업언 이 성읍리 오라건, 당주 설연 허멍 위 올리고
안으로 만서당클 추켜메여, 바껫질로 천지천왕 신수푸고
지도지왕 인도인왕을 신수푸어
삼시왕에 어인타인 멩 옮긴 감봉수레 받고
약밥약술을 받아 먹엉, 당당한 신녜가 되쿠다 하신충이 되쿠다
명부대신왕에 등수 들저 조언 절제 받저
옛선생에 거짓말 아니허고

지금꾸지 18년 17~8년 동안은 이래 뒈엇수다 만은

눔은 일나건 백번 천번 용서하고

오늘 일만이 어진신전, 조상에서 안초공 밧초공

영기로 삼하늘 영기로는, 안당주 밧당주 연양당주

삼시왕에 신령 수덕으로, 동서문밧 제주절도 되옵네다

위풍소문 권위 내와주고, 마흔ᄋ돕 상간주 상당골

서른ᄋ돕 중간주 중단골, 스물ᄋ돕 하간주

하단골은 어른 아이 당골 많이 신나수왓

비온날 ᄇ름분날 날 좋은날 눈 온날 어시

어진 조상 등에 업어건 나상 허건

간데마다 영개 신령 수덕을 내리왕

위풍 숨은 권위 내와줍셍 허영, 원정들저 우선은 허는 일이우다

또 한가지 명부대신 시왕 몸을 받은

호적 문서 ᄎ지 십전대왕 되옵네다

앞으로는 뼈주고 술주던 조상부모 공을값저

조상엇는 부모 부모엇는 애기가 잇십네까

ᄌ순이 잇으리까 영허난, 앞으로건 보난 전싱궂고 팔저궂인 ᄌ순

애기를 나아진 원망마랑 위풍 소문 권위 내와줍서

저싱왕에 등수들멍 원정축원 발괄을 올려건 사저 드림 하옵네다

낮도 영천 십오일간 밤도 극락 십오일간

두 십오일간이면은 삽십일 오르게 축원 발괄 도드마다

원정들저 하옵네다

모다들러 수만석 가벼웁고, 사절지도 늬귀들러 바르는 법이고

비는 자에 욕을 주고 비는 자에 매를 칠수 잇으리까

드리는 공서 페허고, 익은 음식 설나헐수 엇는 일입네다

유공지 제물일지라도 주인 모르는 음식, 무언이 불식이라 허엿수다

전싱궂인 팔저궂던 안초공은

밧초공 삼하늘 안당주 밧당주 연향당주 삼시왕, 신령 수덕을 믿엉

낮이는 외난가위 밤인 불선가위 마련허여

만민중생 화련공덕 시겨사저 하옵네다건

일이 허난 그대로, 옛 신의 조상님 귀지여신 허여삽서

이에 초감제 연두리로 이집안 일문전 대천한간 이에 어간허고
신도래 대전상으로 상별문서 중별무서 하별문서
고리동벽 안동벽 신동벽 쌍쌍이 무어건
안공시 밧공시 하늘 글은 양공시 어간하고
또 이제는 알로 내려건 살엇시민
삼두래 우심상 어간해여 초감제 연두리로 넘엇수다
오늘 아적엔 초감제로 미참되던 신우엄전 조상님들
초상계 때 초상계 연두리로, 이에 초신연맞이로 신이 수퍼수다 (신칼점)
초신 연맞이 떨어진 신의 조상님
초상계로 신을 메와사저 하옵네다 (신칼점)
예 초감제 떨어진 조상 초신맞이 떨어진 조상
초상계 연두리로 천군지군 인왕만군, 신도업 제일 허건 드립네다
올라 옥황상전 대명전 느려사민 지부스천대왕
산으로 가민 산왕대신 산신대왕 산신백관 삼신전
물로 가민 청금산도 요왕 적금상 백금상 흑금상도 요왕이우다
스만스천 스해 용신이고, 인간츠지 동백제로 가민 천왕불도 할마님
지왕불도 인왕불도 옥황 천신불도
청룡산 대불법 명진국 할마님 업개구덕 삼싱 신도업 협서
이 얼굴 츠지 어진국은 대별상은 홍진국마누라님 신도업 협서
절츠지 서산대사 느려사민
이 집안에 전싱구꿩 팔저궂인 정씨 하신충 경자생에
신묘년 애산 구월달 츠으드레날 본멩두에 데옵네다
내려건 사옵시며 당주 설연해여 우아쩌 옵던
안초공 밧초공 삼하늘 안당주 밧당주 연향당주 삼시왕
어진조상이고 밧이공 안삼공에 밧삼공 되옵네다
알로 내려 옛 전싱궂인 삼시왕의 부림
십전대왕 안시왕에 밧시왕에 부림
무언 올린네더건 부림 십전대왕
초제 진관대왕 이에 식본자심, 제이전에 초관대왕 이에 수의왕생
제삼전에는 송제대왕 칭량업인, 제사 오관대왕 당득작불
제다섯 염라대왕 단분출옥, 제육은 변성대왕 수록선한

제칠 입네다 태산대왕 불착사호, 제팔에는 평등대왕 탄지멸화

제구 도시대왕 권성불도, 제십 오도전륜대왕 생불대왕 번성대왕

좌우독은 판관님 동ᄌ재판관님 열여섯ᄉ제, 알로내려 사옵네다 드려가며

이에 삼시왕 이에 안시왕 밧시왕에 영을 받고

명불존 시겨주던 천왕멩감 지왕멩감 인왕멩감

동에 청멩감 남에 적멩감 서에 백멩감, 북에 흑멩감 천지중앙 황신멩감

뒤후로 군웅일월 삼진제석 멩감님, 산신멩감 제석멩감 요왕멩감 선왕멩감

ᄉ당 첵불멩감 불도멩감이여 당주멩감

칠팔은 이른ᄋ돕 도멩감님 뒤에 조상님

연ᄃ리로 신도업 제 일러건 드립네다

이에 옥황 명부전에 대신왕 영을 받은, 대명왕 천왕 지왕 인왕 ᄎᄉ

전싱굿인 삼시왕의 부림

멩두멩감 ᄎᄉ 문서ᄎ지 재판관, 우에 ᄎᄉ 옥황ᄎᄉ

ᄂ려사민 저싱 이원ᄎᄉ 이싱은 강림ᄎᄉ 신당 본당 ᄎᄉ님

ᄂ려사민 어느 신전 어떤 ᄉ가 주당에 되옵데다

직부일월 상세경 전싱굿고 팔저굿인 집안에는

직부세경 서가주당님 북은 등대 노적 칠성이고

전싱굿고 팔자굿인 신대인 집안이우다

신중칠성 이에 직부칠성 어진, 조상님네 하강합서 신도업

제 이룹고 믈로신ᄀᆞᆼ 제ᄃ 신 신도업 제 이르건 드립네다

디려두고 어느 신전 어느 조상님

이에 일문전 이르러 대법 천왕 어진 조상님네

이에 주인모른 공서가 있으리까

성읍리 삼서오본향이난, 저 고향산천 모실포 들어사민

이에 상하모리 ᄎ지헌 섯사니물 일뤠중서

북촌도 어진 한집 ᄇ름웃ᄄ

삼읍은 토주지관 웃당일뤠 알당 ᄋ드레 한집이여 신메웁고

군웅일월 삼진제석 어진 조상님

산신일월이여 요왕 일월이여 선왕 일월이여 ᄂ립서

제석일월 이 집안 ᄉ당 첵불일월

구한국시절 호도 자랑허고 병도 자랑하던

무과급제 병과급제 일월조상이여
원고자 정공철씨 일고ㅇ돕설에
저 신창ㅁ을에 사는 전성그리젠 신메우다
알로 간 6~7개월 동안 신충애기 불도아기로 놓안
이전 못해연 걸레베 못베껴 해부난
이전성 전득이 되엇신디 알도래가 엇십네듯
불도일월 조상님네 신도업 헙서
당주일월 어진 조상님네 신도업을 제 일러건 드립네다 허고
또 이젠 청주 정첩으로 내려삽네다
하르바님 성편 할마님네 ㄴ립서 삼부체 ㅅ부체우다
문씨 할마님 창녕 성씨 할마님 이씨 할마님
백부 큰아바지 이에 중부 셋아바지 셋어머니
뼈주던 아바지 술주던 큰어머님 생모 파평윤씨 어머님
숙부 ㅈ은 아바지 설운 동생이여
큰고모 고모부님이여 작은고모 고모부님내외
내려 큰외가 외조부 제주고씨
또 외할마님 군위오씨 외삼춘 제주고씨우다
당외가로 외하르바님 외할마님 성 모릅네다
이모님네 이모부님 또 이종 사춘동생
또 밀양 고모 할마님이여 큰고모영 셋고모님네영
내려 하간들 내려삽서
들여가며 어느 신의 조상 영헙네까
안팟공시 어간됩네다
안팟공시로 곽곽선성 주역선성
이순풍 소간절 제갈공명 (신칼점)
대선성님 ㄴ려 하강헙서
기지역신 헙서 곽곽 주역선생 이순풍 소간절 (신칼점)
제갈공명 대선성 멩두 소미선성 심방자리 당반
기메 보답 선성 되옵네다
또 이전에 각서출물 선성 뒤우로는
내려사민 안공시로들 좌정헙서

전득주던 황씨 선성님 이씨 임씨 이씨 생존해 잇수다

금번이 이조상 전득주엇수다 전득 주엇수다

성은 양씨 선성님 김씨 선성 전득준 조상님

알로 내려 사옵시면 밧공시로 ᄂ립네다

어느선성 허오리까 성은 서씨 아즈바님이우다

억만 상신충 도신네 되옵네다

전득주던 어진 조상님네 내려거

아이고 술주던 어머님 외가조상으로, 줄이 벋고 발이 벋엇수다

성진성편 아바지 얼굴 모르는 성은 서씨 신녜우다

ᄂ립서 조상님네 ᄂ립서 어머님이

우선 앞사그네 아바님이 이번에 오라간 앞길을 붉혀줍서

초신역가 바쳐주던 조상선성, 이역례 바쳐주던 조상 안씨 선성님네 영

삼역례 바쳐주던 이씨 선성님 놀신낭 잇수다

ᄒ대 두대 스물두대 연봉주대

전득 주던 조상님네, 들여가며 또이젠 ᄒ어깨든 오랏수다

성은 강씨 누님 뒤으로 못받은 양우

어진조상 한씨 형님 일월 조상님

처부모 대선성 다 거느리며 ᄂ립서

또 이전 정씨형님 갑신생 상신충 이씨 동생 내외간

ᄆᆷ을 받은 어진 조상불도 조상

처가 대선성님네 ᄆ 거느려 ᄂ리고

그 뒤에 성은 오씨 아즈마님 계사생 상신충 되옵네다

ᄆᆷ받은 양흘조상 수양부모 옛 선성님네

김씨부모 선성님네 영 ᄂ려 초신역가 바쳐주던 이씨 선성님

어진 조상님 ᄂ립서 허고

이거 신의 아이도 안버린 아이 이에 젊은 아이유다

초편 이편 역가는 바쳐 신의밥 먹읍네다 헌디

당주하님 ᄆᆷ받은 사무어진 어진조상이여 전득준 조상 부모영

초역례 이역가 바쳐주던 선성님네, 약밥약술 타주던 선성님네

ᄂ립서 이 동네에도 양씨선성님네, 얼굴모릅네다 성읍리 ᄆ을 그늘누던

예 또 이전 별니는 압네다 왕재열 삼춘네 거느리고

아이고 불쌍헌 설운 한씨 아즈마님 ᄂ립소사
들여가며 살때 삼춘아 조캐여 하던
저 동생 오랏수다 성은 서씨로, 쉬은하나님이 오랏수다 영허고
이에 이따금 다 위불러 청허쿠다
초상계 연ᄃ리로 ᄆ을마다 면마다,
읍 시 안에 제주절도 우품소문, 권위나게 놀아오던 선성님네
초상계 연ᄃ리로 신도업을 제 일러건, 들여가며 들썩 문전으로 날썩 문전
안문전 열ᄋ덟은 밧문전 대법천왕, 하늘님 앞으로 삼ᄃ래 우심상 신수푸며
초감제에 떨어지는 조상 초신맞이 메왓수다
초신맞이 떨어지던 신의조상,
초상계 연ᄃ리 신도업허여 신이 구퍼 잇습네다
ᄂ리는 천왕 초군문 지왕 이군문, 삼서도군문 옥황도성문 명왕생불문
ᄉ제문이여 멩감ᄎᄉ 세경칠성문전 본향문이여
안으로 가민 성은 정씨 신에 하신충
이에 몸받은 연향 안초공 연향밧초공
삼하늘은 연향안당주 연향밧당주, 연향당주 삼시왕 어진 조상
안팟공시는 옛선성 ᄂ리는문 어찌되며, 몰라지여 산 옵네다
선신허고 선신허며 (신칼점)
문문마다 돌아봅네다

[주잔권잔]
선신허고 선신허여건 돌아보난, 문문마다 문직대장 도래감찰관
옥선나장 앉아놓고 문잡아 옵네다
인정해여 걸랑 헙네다
안초공 밧초공 삼하늘 연향 안당주 밧당주문도 돌아보난
문문마다 문직대장 도래감찰관 앉아놓고
또 예전엔 이에 인정 달라 서정 달라 헙네다
성은 정씨 하신충 경자생
이에 17년 동안 18년 동안 오르게, 눈 속이고 속 석이며
벌어논 치레맞이 칠나자야 팔에맞인 팔나자야
물멩지 강멩지 고리비단 능라비

212

서리비 섬앞이 저싱 지전 인정으로
이에 청감주 ᄌ소지로 삼서도군문에 제인정 걸저 헙네다
받아들고 연양안초공 (신칼점)
밧초공 삼하늘 연양당주전으로 가민, 삼시왕의 옛선성님 (신칼점)
압질발롸주저 ᄂ리는 문에 재인정거난
인정역가 과득하다 문열려 가난 영이 납네다
문열린데 제인정잔 초군문 이군문 삼서도군문
옥황도서문 명왕문이영 생불문이여 ᄉ제 문이로구나
멩감문에 ᄎᄉ문에 연향 안초공 밧초공
이에 삼하늘 연향 안당주 밧당주 삼신왕
안팟공시 옛 선성 문 열린디들
멩재길잔 복재길잔 제인정잔 지넹기어 들여가며
문문마다 물열린디 인정잔들 지넹겨 드렷수다
밧감상은 물으라 안감상은 물으와건
앞송허면 신소미 앞거르고 위거리며
초상계연ᄃ리로 호응하면 지국성에 하강헙서예

[신메움]
살려 살려 살려옵서
저마다 천지천왕 저싱앞은 저싱연랏대 가늠처고, 자우둑을 가늠처며
낮도 영청 보름 밤도 영청 극락
ᄇ름간 두ᄇ름 한달간이기도 허저 하옵네다
초상계 연ᄃ리로, 천군 지군 인왕만군님, 알로간 올라 옥황상전 대명왕
하늘 ᄎ지 천지왕 내려 땅ᄎ지 지부왕 바구왕
호오호 호오호 삼천천재석궁 신메와 드렴수다
산으로 가민 산왕대신 산신대왕 산신백관 삼신전
물로 가민 청금상 적금상 백금상 흑금상 ᄉ만ᄉ천 ᄉ해용신
호옹 허면 삼천천제석궁으로 신메와 신부쩌 들염수다
동백전 청룡산 대불법 명진국 할마님
천왕 지왕 인왕불도 어깨구덕 삼성 호옹허면
동백전 할마님 몸상 신수풉세

얼굴 ᄎ지는 어전국 대별상 홍진국 마누라님도
새벽전 저울점제 신메와 드렴수다
들여가며 절ᄎ지 신상국 되옵네다
안초공이랑 살던 정씨 신녜우다 하신충 몸받은
이에 안이공으로 밧초공이랑 삼천천제석궁 신수픔서
초공 성하르바님 천하대궐 궁전 성할마님 지하대궐 여주님
초공 맹두 아바지 황금산에 황주적 황하나님
멩두어머니 신구월 대ᄇ름날 자시에 탄생허여
ᄌ지명왕 애기씨 또 이전 초ᄋ드레
이에 본명두 열ᄋ드레 신명두 스물ᄋ드레
살아살죽 삼맹두 어진조상 안삼시왕이랑 안당주전드레
또 이전 밧삼시왕이랑 천제석궁으로 신수픔서
신감상으로 호옹허면 살려 살려 살려옵서
내려사민 청계왕 상시당 백계왕 상시당 되옵네다
안이공이랑 연향 안당주전
밧이공이랑 삼천천제석궁 살려 살려 살려옵서
내려오민 안상공전 됩네다
연향당주 먹을 연 신나수면 신수픔서
또 예전 밧상궁이랑 전제석궁 안공시 밧공시로 신을 메와
저마답 천지천왕 깃발 연발 올려 좌우독 가늠허며 ᄂ립소사
호옹허면 살려 살려 살려옵서
들여두고 명부대신왕 안시왕에 몸닫은 부림 십전대왕
연향당주 삼시왕에 부림 십전대왕도 호옹허며 안시왕 당클로
이에 초제 진관대왕 송제대왕 오관 염라 번성대왕
태산 평등도시 전륜대왕 살려 살려 살려옵서
도시대왕 십오도 전륜대왕 생불대왕 좌우독기에 내려 동저재판관
열ᄋ섯 사제 또 옛 성인 이에 시왕에 부림
삼멩감은 천왕 지왕 인왕 멩감님 되옵네다
또 예 오이멩감 청멩감은 적멩감은 백멩감
흑멩감은 천지중앙 황신멩감님 되옵네다
안시왕 당클로 신메왔수다

214

전싕팔저 그르친 연향불도 연향당주멩감 당주전 매왐수다
군웅일월 삼진제석멩감 산신 멩감이여
제석 요왕 멩감 선왕멩감님
ᄉ가에 집엔 ᄉ당멩감이고 쳇불 멩감님이우다
이에 홍보멩감 친서백팔멩감 일월군웅 삼진제석 몸상 신메와 들여가며
전싕굿고 팔저굿던 성은 정씨 하신충 경자생 이에 일곱 ᄋ돕설에
저 제주시 한경면은 신창리에 일곱ᄋ돕설이 강
육칠개월 동안 멩보전 복보전 시겨주던
연향불도 멩감 연향당주 멩감 신메왐수던 당주전으로
신메와 신부쩌 들여가며, 칠팔 이른ᄋ돕 도멩감님 딍그릇 내려사면
시왕에 부림 대명왕 삼ᄎᄉ우다
천왕 지왕 인왕 ᄎᄉ 월직 일직 시직 ᄎᄉ,
이에 안시왕 당클로 신메웁고, 당주삼시왕 부림 멩두멩감 ᄎᄉ
이에 당주질로 신메와 드렴수다
성은 정씨 신녜 나상 돌아댕길지라도 하다 이 신에 법난 잡힐 일 나게 맙서
문쇠 ᄎ지 심전대왕 부림
이에 ᄎᄉ 옥황 저승 이승 ᄎᄉ 신당 본당 ᄎᄉ님
이 집안 정씨 신에 하신충
조상부모 성진성편 웨진 외편에, 열명염감 안동헌 ᄎᄉ님네도
옹허면 ᄆ을당클로 신메와 드리고
처가 주당 조부일월 상세경, 은 중세경에 하세경 천제석궁 짓알로
이 집안간 집부세경은 연향당주 방으로
이에 신메와 신감상으로 신부쩌 들염수다
ᄂ려사면 안칠성은 밧칠성 부군 등대 노적칠성은
이에 바꼇디 몸상으로 신메웁고, 신중 부군칠성은 당주방으로
신감상으로 감상기로 신메와 드립네다
어느 신에 조상 알로 내려, 이 민속촌 금번에 여기도 올리랜 허여건
빌려준 이집 안문전도 문전당클로 밧문전도 문전당클로 신메웁고
지금 정씨 신에 하신충 경자생 사는 집
안문전 밧문전 문전당클로 신메우면
문전뒤에 낳는날에 생산 죽는날에 장적 호적 되옵데다

이에 토주지관 이 성읍리에 한집이우다
일곱구비엔 ㅇ돕 당주 모른밧 배들림 솟아난
선왕당 한집뒤에 문오안전 문오부인
뒤후로 동문밧 일뤠 남문밧 일뤠, 서문밧은 스물일뤠 한집이우다
개당 한집 뒤에 동원할망 객사할망 수직할망
창방할망 염색할마님 아동골 광주부인
막동골으론 축일한집 개동산은 개당한집
내외동산 상주상청 형방이방 포도도령 불이방 ᄎ질허고
낮엔 깃발로 밤에는 신불로 목서원님 ᄎ지 한집
고향산천 상하모리 섯사니물 신신일뤠
북촌 어진한집 뒤으로 ㅂ름웃또
삼읍 토주지관 알손당 소천국 웃손당 금백조
샛손당 새명조 들여가며, 웃당은 토산이우다
일뤠중저 알당은 ㅇ드레한집, 문전본향 당클로 신메와 들여가면
군웅일월 삼신제적 탁상우전으로
이 정댁으로 넘어사민 이에 큰 외가 고씨편이우다
산 생모 외가는 파평윤씨, 산신제석 일월요왕 선왕일월 ᄉ당
첵불일월 홍부칠성 백파일월 불도일월
알로내려 사옵시면 어느 신전, 불도일월 당주일월 어진조상 됩네다
군웅탁상우전 신메우고, 불도 당주 일월은 당주전드레 신메와 드렴수다
호응허면 살려살려 살려옵서
들여주고 상천가면 상마을 양사돈
청주정댁으로 제주고댁 파평윤댁 양사돈 육마을
열명영감 혼정님네 마을당클 알로 영감몸상으로 신메와 들여가며
알로 내려 안공시로 밧공시로 어간되엄수다
곽곽선성 주역선성 이순풍 소강절 제갈공명 대선성
멩두선성 소미선성 심방선성 자리 당반
기메 보답 선성님네 초상계 연ᄃ리로 신메왓수다
양공시에 각서추물 선성님 뒤후로 안공시로 ᄂ립서
이에 황씨 선성님 이씨선성 임씨선성 전득받은 조상
또 이전 양씨 선성 내외간 몸받은 조상 되옵네다

216

내려 하강합서 정씨 신녜 하신충

오늘 뒤후로부턴 당당한 신녜가 되저 허옵네다

거짓말 아니허쿠다

밧공시로 성은 서씨아지망 신축생이우다

억만드러 도신녜 상신충 되옵네다

몸받은 양우 어진조상 되옵고, 성진성편 뼈준 아바지 얼굴모릅네다

그리 심방 정씨 엇습네다

웨진외편 문씨어머님으로 전득되고 십생고생 끝에

신의밥 먹어 신의 행궁발신 허엿수다

외편으로 줄벋은 어진 조상님 문씨어머님 문씨선성으로 전득일월

삼멩두 어진 조상 전득 받고

초신 역가 바쳐주던 조상님 안팟공시 어간 되고

이역례 받혀주던 안씨선성님 몸받은 어진조상 뒤후로 대선성님

삼역례 바쳐주던 저 전싱궂인 이씨선성

몸받던 조상님 저 서울 국립박물관에 갓저 햄수다

혼대 두대 스물두대 연봉주대 전득된 선성 조상이우다 선성님네

우선 안건 이씨 하르방님허고 한씨 할마님 밖에 그 뒤엔 다 모릅네다

기지역신 협서 작년 재작년인 대역가도 바쳐 주엇수다

당당헌 억만 도신녜 상신충이 뒈엇수다

지금 친신세 안오료 이에 이번생 됴가 알기에

역가바친 신녜는 별반어신듯 허우다

앞서 저싱가던 선성님넨 모르쿠다만은 흔어깨 오랏수다

양씨 김씨 삼춘 몸받은 조상님은 정씨 하신충이 전득 받아부난

양공시 동섭이영 허여삽서

또 이전 강씨 누님이우다 이른에 하나님

당주상안님이우다 남인가장 한씨 형님

살아생전 뒤에 초역례 이역례 바쳣수다

몸받은 양우조상 전득준 대선성

부모 대선성님 설운 한씨 형님이 거르려 ㄴ립서 ㄴ립서

또 이전 ㄴ려사면 성은 정씨 형님

이에 갑신생 이씨 동생 기축생 내외간님

몸을 받은 어진 양우조상 정씨형님, 외편으로 주리번은 불도조상

어진조상 이씨 동싕도 아버지 어머님네

큰아버지 큰어머님네 기지역신해 ᄂ립서

이예 초역례 바쳐주던 성은 진씨삼춘 살앗시면은 신유생일꺼우다

영헌디 ᄂ립서 허고 성은 오씨 아즈바님이우다

계사생이우다 상신충 초역례 바쳣수다

영허온디 몸을 받은 어진 조상

단명헐듯 허여 저 신양리인가 잘 모르쿠다

고향은 수양부모 어머님 수양부모 아버지로

따라 오랏다근 시부모 아버지 되던

김씨선성님 내외간 되옵네다

어진 선성님네 ᄂ려 하강헙서

지 아기들 서운한 김씨선성님네 거니렴수다

당사자들 잘못헌거 죄삭 허명 ᄂ리고

신의집서도 당주하님 몸을 받아건 햇수다

삼우 어진조상 전득 주던 넋하르방님 하르바님 부모 삼부첸

초역례 약밥약술 타주던 홍씨 양씨선성이여

이역례 바쳐주던 싸우멍 트드멍들 바쳐주고

약밥약술 타주던 김씨선성 어진조상 김씨 선성님 됩네다

아이고 이 마을에 양씨 대선성님 왕재열삼춘네 이제 몽롱해엿수다

한씨아즈방님 아이고 다 못 거니리쿠다

초연맞이때 영 삼시왕맞이 때 영 당주연맞이 때 영 대신왕이 때 영

각각이 아는 대로 ᄆ딱 잘 위불러 드리쿠다

제주절도 삼읍에 놀던 연황수도군문 됩네다

울랑국에 삼동막이살장귀 대제김[241] 소제김[242]에

시름시끈 눈물 지리던 선성님네

귀막아에서건 했던 선성님네 말몰라 오던 선성님네

양공시로 ᄆ짝 ᄂ려 하강헙서

---

241) 북
242) 소북

218

터신성주 내려 조왕 칠성꺼지 마당월득 주목천득 천살 지신 어신
옹허면 제청드리려 신수퍼 하강헙서 하강헙서
떨어지고 누락되고 낙로된 신전어시 살려옵서예
초감제 연ᄃ리로 떨어지던 신의 조상
초신연맞이로 신메와 신메듯, 초신연맞이 떨어진 신의 조상님네
초상계 연ᄃ리로 신메와 오는디
저먼정 천지천왕 지도지왕 인도인왕
저승염랏대 가늠허여 ᄂ리는 신의 조상님네
어마절진 허는듯 영허여 삽네다
신감상 물으와 압송허여, 금세진 치나 금세진 치여산 보난
오는 신전 가든듯 가는 신전 오는듯 헙네다
신감상 압송허고 천왕낙행 둘러받아
왕글왕글 천왕낙해소리로 신메왓십네다
이에 신메와건 드럿더니만은, 어뎬 앞을자리 설자리 몰라지어사 옵네다
이에 금강ᄆ들 선웅미쑬 둘러받아
삼천천재석궁으로 위아찔 신전 위아쩜수다
(당클마다 다니며 쌀을 뿌린다.)
안시왕 당클로 위아찔 신전 위아쩌 좌아쩜수다
이에 동백전 할마님 이에 연향 안으로
안초공 밧초공 삼하늘 연향 안당주 밧당주전 삼시왕
이에 ᄂ려사면 문전본향이여
또 이전 ᄆ을영가 군웅일월제석 신공시로 옛선성님네
우아쩌 좌아쩌 보난 부정서정이 만만허다
내감내 늘낭 늘핏내 탕천헌듯 헌다
부정가이라 삼선향으로
(소미 두명이 보답상을 들고 당클마다 옮겨가며 흔든다.)
부정가염수다 서정 신가연 드렴수다
신가이고 내카여 드렴수다
이에 안고보단 시장허기 벋힌 신의 조상님네가 신이구퍼 사는디
배고픈 신전도 잇고 배부른 조상도 잇는듯 허난
청감주 조수지허여 일배 일배 청들섭 위올리며 ᄒ잔 드립네다

이에 받다 쓰다 남은 주잔이랑 내여당 말명 입질 언담에
이에 석시마다 초감제 초신맞이 초상계 떨어진 조상들 대우 허염수다
대우허곡 멩도멩감 ㅊㅅ 이에 또 내려사민
이날시간에 살진몸심 비곳허고 안고가던 ㅊㅅ
주잔들 많이들 들여 개잔개수허여 불법전 위올리난
우리에게 받아드는게 엇겟느냐 무사 어수가
천보답은 만보답상이우다 신고래 대전상
고리안동벽 신동벽 상별 중별 문쇠
쌍쌍이 무어 이에 둘러뵈어 제드립네다
삼공마량도 둘러뵈어 제드렸수다

〈오방각기 시군문 잡음〉

둘러뵈여 제 드련보난 신이 조상이 오라그네
얼크는 ㅂ름에 갈디사 모르난
이에 가도 오도 못허게 기메기련
좌거립네다 우거립네다 술전지 당반지
오방각기 시군문 잡으레간다
떨어진 조상 어시들 ㅁ짝 ㄴ려 하강헙니까 (신칼점)
내려건 하강헙서 군문 자부ㄷ리 어시 헙서 (신칼점)
고맙수다
아이고 막 착허다고 합니다 당골님
[예 고맙수다 속앗수다]
들여가며 떠러진 신의조상 초상계 신메와집네다 옵서
신의 조상님전 이에 초처 이처
천제석궁으로 추물공연 권매장드레 지돌아 하강헙서
신이 집서 앞에 굴을 말 뒤에 뒤에 굴을말 앞에 굴아
선후도착 된 말이 잇수다만은
단 삼십분이라도양 목이 단절 허난

ᄒ끔²⁴³⁾만 이삼분만 예 쉬엇다 허쿠다
신공시 짓알로 굽어 신천 하려 헙네다예~
(사방 절)

《추물공연》

〈삼천천제석궁 첫 추물공연〉 강대원

(강대원 심방 평복 차림으로 장구를 놓고 앉아서 굿을 시작한다.)

안으로 전싱굿인 팔저굿인, 성은 정씨 경자생 하신충이외다
몸을 받은 안초공 밧초공 삼하늘은 연양안당주 밧당주
연양당주 삼시왕 어진조상 어간허고
바꼇딜로 천도천왕 지도지왕 인도인왕
삼강오륜지법 저싱염랏대 신수퍼
안으로 만ᄉ당클 안팟 추껴메여
초감제 옛 신우엄전 늦다 떨어진
신우엄전 조상님네 초신연맞이 신메왓십네다
초신연맞이로 떨어진 신우엄전님은
초상계 연ᄃ리로 신메와 기메전지 좌버려 우버려십네다
오방각기 시군문 다잡아 잇습네다
옵서 신우엄전 조상님전
이에 첫 출물공양 권매장 설운원정 올리저 영 헙네다
안팟공시 어진조상 영기실력 수덕 믿으며
이싱 전갈 저싱드레 올립네다
삼도래대전상으로 삼선양 지도투어 위올리며

---
243) 조금

축원발괄 설운원정 지극정성 올리건
제ᄂ려 지돌아 하강들 허여삽서예
(장고)

공서는 공서는 가신공서
제주 남산 인부역 서준낭 서준공서
불법은 신기원불 올립네다 올립네다
어느전 날이 오며, 어느전 둘이 오면
해와둘 날은 해년마다 잇수다.
이 축원 신기원불은, ᄒ대 ᄒ번 어려운 기도원정 됩네다
금번이 원구전 고향산천

국은 갈라건 갑네다. 서양각국은 동양은 삼국입네다
강남들어 천저대국, 일본들어 주년국
우리나라는 그옛날 해동조선, 지금은 해동 대한민국
팔도명산 넘어들면, 남방국은 뚝 떨어진 옛 섬중
전라도 속헌때 호남들은 일제주고
원래 근본 잇던 섬 아닌네다
소각남 왼뿔 ᄒ쩍 미여지어
안종다리 줄이벋고 밧종다리 발아벋고 뜨고오던
화산으로 폭발허여 솟아난 이 섬중
무인도 시절에는 섬도자를 씌고
만물 푸십세 쳇 짐승 소생헌 곳 됩데다
초로인생 살게된듯 땅은 노개금천지땅이우다
산은 제일 명산 한라영산 허령진산이고
장광 척수는 ᄉ백리 주리안 됩네다
서남어깨로 영실당은 산방우전 줄이벋은
알로 모실포 연변장 알뜨르 송악산 줄이벋은
가파도는 두 번째 마라도는 석삼째요
저 산천 동남어깨로 오르듯
오졸봉 줄이벋어 성산포 일출봉 넘어드난

소섬이라 전복적지 마련해 되여지여 산엽에다

이 섬 중에 제일 먼저 발디뎌 산 초로인생은 서시동이[244]시절

성안읍중 모흥굴 고씨 양씨 부씨 삼성친이

이 섬 중 제일 먼저 살고

두번째는 항파두리 짐통경 짐장수 역적 몰려온 때

몽고인이 96년 살다 가는 인생 가고

이 섬 중 떨어져 사는 사람은 삽데다

영 헐 때 이태왕 시절 각성친 오라건 사는 것이

육상 해상 모든 이력 아니 되고 초로인생 병들어 초약이 무효될 때

구학문 조은 선성님네가 한라영산 영기 신력 수덕 메듯

저 산 뒤는 당오벽 당선성 마련 허고

이 산 앞은 절오벽 절선성 마련하여

신도법은 공신허고 불도법 소중허게 웃찬허난

초로인생 살기펜안 헐 적, ᄆᆞ음 조은 이 목서 시찰 들고 보난

국가 세금 엇이 절과 당만 위헐 때

삼읍 ᄉᆞ관장 곽지는 들어 조방장(助防將) 마련허야

당오벽은 부숩고 절오벽은 불천수[245] 시켯단

남은 절은 미양 안동절 어싱생이 당골머리

한 골 부족 왕도 범도 사자신도 못 내난 이 섬 중이우다

영헌디 ᄆᆞ명이 발전이 되어가난, 섬 도가는 길 도가로 바꿰지머

리는 면 면은 읍 읍은 시가 되어갈 적 동도 설럽헙데다

1980년도 8월 1일부로는 2군 2시 되고, 또 옛 7읍 5면이 됩데다

2006년도는 7월 1일부로 군은 어서지고

시가 읍면동리를 관리 전부 허여건, 산엽데다 영허운디

금번이 원구잣 현주소는, 제주시 동서문밧 나서민 조천읍은 북촌리우다

북촌리 1151-2번지에 살암수다. ᄉᆞ가주는 아닙니다.

아바님에 뼈 빌고 어머님에 술 빌어

이 세상 소생헌 후에 7~8세로부터 저 육지로 나가

---

244) 삼을라는 세 어린아이, 삼신인(三神人)
245) 태움

옛 대공대단 드는 고깔 머리삭발 시겨건
명산대천 가지 노픈 신전집 절집 춫아가
부처님의 상좌가 될 몸인데
이 섬 중은 영천 이 목서시설 영기 잇는 당도 부숩고
절은 불천수에 시겨부난 영급실력 잇는 당 절도 없어지엉
전싱궂인 부모 생경 6~7개월 살다 고향 부모 슬하 돌아오난
초등학교 중학 고등과 제주대학 4년 목가지고[246]
서른다섯 나는 해부터 전싱궂인 사무실 사무장으로 들어가건
고생고생 허며 해로 17년 고생 끝에 금년 대길헌 운이
(장고)
어진 조상님 얻어 만나근 신묘년 신구월 초ᄋ드렛날
조상물려 당주설연 몸주설연 신영상강주 설연허여
앞으로 당당한 신녜가 될 신녜 집안 됩네다.
성은 정씨우다 본은 청주 정 공자 철자 쉬운둘님
경자생이고 처가숙은 산이이별 생초목에 연결리고
아기들도 어머님과 ᄀ찌강 삽네다
장녀 아기 정연담이 스물ᄒ설 신미생
둘째 ᄄᆞᆯ은 정수정 열두설은 경진생
똔 불턱 서러운 아까운 동생 제수 조캐들 살암수다 예~
어떤 일로 사는 집 노아두고
타면 타리 민속촌 옛날 초가삼간집 빌어건
아정오란 이도량 청청해서 낮도 영청 밤도 극락
천신공영 만신축원 먹다 씌다 입다 남아
재긴 연유 아니우다 (운다.)
일심은 원합니다. 천도제상 인의예지
인생진 강이서정 올립네다.
천의감동 신이신중헌 발원헙서
ᄉ주가 뭣이고 팔저가 뭣입네까 예~
ᄂᆞᆷ간 날에 낫수다. ᄂᆞᆷ 난 시간 낫십네다.

---

246) 마치고

(장고)

아바님전 뼈 빌고 어머님전 술을 빌어

큰아들로 소생허여 7~8살 책가방 들렁

초등학교 글공부 가기 전서부터, 죽억살억 허여건 가는 것이

저 제주시 서문밧 들어사민 한경면 신창리에 사는

전싱굿인 아닌 부모 나준 부모 놔두고 아까운 성제간 다 놔두고

6~7개월 동안 강 눈물 짓고 귀 막고 말 몰르고

애간장 썩으며 살다건 내가 목심이 뭐실레 이부모 버령

나 난 부모 성제 춫앙가건

(장고)

조은 공부 허영 난 옛 글장원 활장원 제주장원

판사 검사 박사찡을 받으민 제주에서 글공부 허는 사이에

뼈주던 아바지 신병 들고예~

(장고)

아까운 술준 어머님과 옛 의논허멍

이 아바지 오래오래 백이라도 나도록 살게허전 허여

전싱굿인 신녜 불렁 굿이란 굿은 문딱 허고

허여갈적 이에 금번 정공철씨 하신충은

어린 때 공부허쪈 허난 저 천주교에 들어강

붐 싸사진디 가건 공부허멍 눈물지멍

이 아바지 살리저 대학 못 가도록 살아갑데다.

영허다네 끝내 끝내는 아바지 단명허여 저하늘 별정겻 떨어지고

이싱녹이 떨어건 지어산 일이

아바지 세경땅 감장시켜건 이제 나 갈 길로 가져

친구따라 구름따라 고향산천 떠나건 제주성안 들어오고

아닌 친구 벗님네 초등학교 중학 고등과 대학시절까지

얼굴안 벗들과 フ찌 뎅기멍 하단보난

이에 제주도 산지 용궁 칠머리당보존회에서

사무장을 구헌다 영허니

저리나강 허민 나 살아질까 그디간²⁴⁷⁾ 허난
사무실 한쪽에 방이 이시난 그디서 누워 잠자고
어느 누게 밥주는 사람 엇고 월급 타민
그걸로 쓸사다 슬망 구명도식허멍 살아 갑데다.
헌디 전싱팔저 가련헌 신에 집서들
여기 오랑 아지문 북도 내놔건 두둘고
설쇠 대양 내여노앙 두두는 연습허고
장구도 내낭 두둘고 영 허당 가블민
이거 두드령 밥 나고 옷 나고 돈 나고
나도 이제랑 놈 모르게 개고냉이 좀든시간에
요것 이에 두두른 소리는 들언 나두어시난
두두는 연습허저 두두는 연습을 허여건 가는 것이
그 보존회에 전싱궂인 김씨 신녜우다
병술생님 내외간이 두두리는거 흔번 해보렌 시기난
잘 두두려가난 허민 돼켜 영허영
사무장도 보고 굿 허는디 성주풀이 불도맞이 귀양풀이 허는디
오랭 허문 강 두두령 허민 올적엔 돈도 하영 주고 영허난
요것이 살 길이로구나.
서른다섯 나던 해우년부턴
신의밥 먹고 신의좀 자고 신의 행공발신허는게
사무장은 설러두고 곧마흔 나던 해에
김씨 신네와 와산리 기도를 가는데 쫓아간
이에 두루매기영 쾌지영 이에 이영 목걸이영 주난
그걸 문짝²⁴⁸⁾ 입엉 송낙 씌어 보선 신어 행경지어 굿을 허난
목청 쓰는 것도 될 꺼고 춤추는 것도 될꺼난 너 심방질 해불라
영허는게 어린 때 생각도 나고 헙데다
글재후엔 마흔제 후엔 12년 동안 올해까지 신의조상 덕이우다마는
눈 속여 의지헐 곳 엇는

---

247) 그곳에 간
248) 모두

226

금번 청주정씨 정공철 하신충 되어지어 삽네다 예~

(장고)

살고 저 사무실에 이에 뎅기는게 늠들은 굴앙 웃고

얼굴도 담고 몸짓도 달므난

양씨삼춘 이에 갑술생님과 부자간 해여봅센 허난

걸랑 기영해불라. 나랑 아방 허크메 느랑 아들허라 경험서[249]

느도 외로운 몸 나도 외로운 몸이난

돌은 돌르지 낭은 낭허지어 영허멍 나 늙어가민

조상도 갈 데 올 데 엇고 이리허난 조상 물려가고

영허여 허여건 가는 것이 장난말이 춤말이 되어지어 갑데다.

금번 청주정씨 정공철씨 쉬은두살 눌삼재라도

대길헌 운이 되어지엇는가.

만민에 귀인 선인 상부인이 되엇는가.

알수없는 일입데다 마는

제주 토속신앙보존회에도 귀인이 되어지고

KBS 총무국 됩니다. 여기에서도 귀인 선인 상부인이 되어지어

만민이 운이 트엿는가

비가 오다 개여 저하늘 구름 걷어

낮에는 햇빛 비추는 가 밤에는 달빛을 비추는가

영허여 부주를 받게 되어 사건 임허난 어느 누겔 빌든 좋고

많고 많은 심방이 싯고 신의 집사들이 잇수다만은

영허여도 국가중앙에서 알아주는 신녜도 놔두고

이에 도에서 위풍[250]소문 권위나고

삼시왕에 초펀 이펀 삼펀 네번째 대역가[77]지 바친

성은 이에 서씨 신녜우다.

신축생 좌우육합에 맞고 영허여 사는 신녜광

도에서도 알아주고 영허난, 의논하며 공론하며

(장고)

---

249) 그렇게 합시다

250) 위품(位品)

날은 받아 오는 것이 양력으로 2011년 시월 열이틀날
재겨 들엇수다. 음력으로는 신묘년 신구월달은 열여섯날
재겨 들었수다. 영헌디 이에 신구월 초ㅇ드레 본명일날
아닌 수양부모 양씨 아바지 김씨 어머님 내외간
억만 도신녜 상신충 집으로 강, 전득 추켜논 조상 이제랑 물려줍서.
일천기덕 삼만제기 ᄆ짝 물려줍서. 경허라 영허여건
양씨 삼춘 내외간도 이제랑 조상님아
ᄌ순 조상 어서 갑서 허젠헌게
눈에 눈물이 아니고 피가 난다 시퍼지고 예~
(장고)
정씨 경자생 하신충님은 이 조상을 업어건 집에강 당주설연허민
집도 나고 밭도 나고 돈도 나고 예~
아기 ᄌ순 편안하고 조은 가숙 만나
만대전시길 아기라도 늦둥이로 소생을 시겨 줄건가
조상 업엉 사는집 강 당주설연 허엿수다
이에 당주 설연한 집안은 이녁집도 아니랑
남의집 빌엉 임시 사는디 아이고 또 이 기도
낮도 영청 닷세 밤도 영청 닷세
(장고)
두 보름 이에 ᄒ달 동안 이 기도 허젠허민 아니 될로구나
방송국 이에 제주보존회 연락허멍 의논허며
이 서귀포시 표선읍은 성읍리 위풍251)소문 권위난 마을
그 옛날 제주 삼읍시절 ᄉ관장 시절이우다
현감자리 사는 질 동녁이 간 초가삼간집 빌엇수다
(장고)
빌어 아정252) 오랑253) 안당주 밧당주 설연허고
안팟겻 입구제 만ᄉ당클 기메전지 설연허고
천보답 천지천왕 지도지왕 인도인왕

---

251) 위품
252) 가지고
253) 와서

삼강오륜지법 저싕드레 염라대 설립허여

(장고)

대통기 소통기 지리여기 양산기 나비연기줄전지 설립을 허엿다근
열일뤠날 아적 묘진시가 황도싯 되여지어사건
이에 생기복덕 시간이라 이리허여

(장고)

되옵데다건 신수퍼 서술듯
안으로 초감제 신고래대전상 고리안동벽 신동벽
상별 중별 문서 쌍쌍이 무어씁네다
안공시 밧공시 도젯상ᄀ찌 받아 아장
신녜가 초감제 넘고 초신연맞이로
오씨 신녜가 신메와 지나간 밤 거사여 잇는 조상
미참된 신의조상님은 초상계연ᄃ리로건
이에 초상계연도리 경허여 신메와, 오방각기 시군문 잡아 잇습네다
어궁 삼천천제석궁으로
이에 설운 원정 지국정성 올리젠 영허난
안팟공시 어진조상 옛선성 어간허며
이싕 전갈 저싕드레 올립네다

(장고)

금번 청주정씨로 정공철씨 경지생 히 신충이�ᄋᆞᆫ다
이에 남의주택 빌어 아정 오랑 남의 도움으로
이 기도 허영 강 하거들랑, 이에 안초공 밧초공 영개 삼하늘 영개
안당주는 밧당주 연양당주 삼시왕 어진조상님에서
영개신령 수덕주고 안이공 밧이공에서랑
가는꽃 마련해두건, 가지번성꽃 시급허며
위풍소문 권위 내와주고, 안삼공은 밧삼공 절이서라
원님애기 신임애기 나님애기 드님애기
모진 전상 ᄉᆞ록이랑 나게 마라그네

(장고)

천지왕 골목 바껏 내놀려 내조치멍
이에 이집안 엇은 재수 대통 공덕

모든 소원성취를 시겨줍서 원정드립네다.
이에 삼시왕에 역가바쳐 약밥약술타고
어인타인 금린옥린 감봉수레 받앙
(장고)
또이전 당당한 신녜가 될겁네다
틀림어시 약속을 허고 또 한 가지 여쭐말씀
저싱은 명부전에 몸을 받은 안시왕은 밧시왕이우다
이에 문서차지 최판관 십전대왕님 문서 차질하고
삼멩감 오위멩감 군웅일월 제석멩감님
각 신우엄전 조상을 청허여
이싱서 고등재판 만국 재판부에 조은 절체를 시겨줍서.
혼자 벌엉 혼자만 먹는 일 아니고
뼈 준 조상 술 준 조상 뼈 준 아바지
이에 불쌍헌 큰어머님과 이에 술 갈라주던 파평윤씨 어머님
(장고)
설운성제간 제주고씨 웨진조상 파평윤씨 웨진조상들
삼춘들 몬딱 공을 갚으저 그리 공덕 허저 칠공덕을 허저
벗으니 옷 주고 배고프니 밥 주어 만민 공덕허저
해로 17년동안 벌어온 금전 이에 벗 친구들 만나건
이에 먹으라 씨라 허단보난 모아둔 건 엇수다만은
앞으로 이 기도 후에 청사초롱 낮이랑 불 밝힌간
밤이 들빛 비춘간 햇빛 비춘간 별빛 비춘간 시겨줍서
큰나무 덕은 어서도 큰어른의 덕은 잇는법 아니우꽈
신의 조상덕은 천덕 부모님덕 호천망극 백골난방일지라도
다 갚을 수 엇는 일 아닙네까
비는 자에 욕주고 비는 자에 매를 칠수 잇수가 없십네다
집안 초헌관 집서 대신 신의집서 삼천천제석궁으로
양무릎 꿀려 양손 フ득 들러 원정축원 발괄 올립네다
드리는 공서 앞에 꼭 익은 음식 설라헐 수가 잇수가 엇십네다
어궁 삼천천제석궁으로 신이 구퍼산 신의 조상님전 설운원정 올려가며
신우엄전 조상의 굴복원정 올립네다예~

하늘ᄎ지 천지왕 땅ᄎ지 지부왕이우다

이에 내려사민 산ᄎ지 산왕대신 산신대왕 산신백관

물ᄎ지 ᄉ만ᄉ천 ᄉ해용신

(장고)

인간 옛 천제석궁으로 이에 설운 원정, 초아정 추물공연 올렴수다

이애 동백전 할마님은 초체처 축원발괄원정 올릴거우다

어전국에도 들여가면 절ᄎ지 신산문님이우다

ᄂ려 날이 가면 날궁전 둘이 가면 둘궁전

월궁 일궁 재퍼 야퍼 신임초공

어~건~ 옛 초공 성하르바님 천하대궐 금주님 성할마님 지하대궐 여주님

초공 멩두 아바지 황금산은 황할아버님 주접선성

멩두 어머님은 노가단풍 ᄌ지명왕 애기씨가 되옵네다

초ᄋᆞ드레 본명두, 열ᄋᆞ드레 신명두

스물ᄋᆞ드레 살아살죽 삼멩두 어진 조상님

안초공이라건 성은 정씨 하신충 몸받은

이에 안당주 밧당주 전으로 또이전 밧초공이랑

어궁 삼천천제석궁 짓알우로 안공시 밧공시 어간되어

천계왕도 상시당 백계왕도 상시당 이공서천도산국님

성진역은 김진국 웨진역은 원진국 사라국 사라도령 꼿감관은 꼿생인

월강아미 원강부인 거싱서천꼿밧 ᄋᆞ모어미님 천년 민년 깅제집인

시왕 악심멜망 악심 불러주어

안이공이라그네 연양 안당주 밧당주전으로

밧이공이랑 이에 천제석궁으로 들여가며 짓알우로 안팟공시

신이 굽어내려 첫 출물 권매장 올렴수다 예~

드님애기 전상 나님애기 전상 순부살이 대전상 데옵네다.

아방국 강이영성 이서불 어멍국은 홍문소천 궁에궁전 애기씨

큰똘 은장아기 둘째 똘은 놋장아기 셋째 똘은 가문장아기우다

월매월산 신마퉁이 삼성제 안삼공이라건

당주전으로 설운원정으로 이따 지극정성 받읍서.

밧삼공이랑 삼천천제석궁으로 안팟공시로 설운원정 올렴수다

들여가며 삼천천제석궁으로 또 ᄒᆞ조상 상반을 신전잇수다

천제석궁 짓알우로 가민 ᄉ가집이는
조부일월 상세경 중세경은 하세경 세경신중 마누라님
그 옛날은 천제석궁 아래 큰 차롱허영 세경나시 놓아났수다 만은
요즘은 그런 식은 다 어서저 감수다 예~
(장고)
또 예전 안으로 이따금 직부세경도 설운원정 올릴겁네다 상 받읍서
초아정 출물 권메장으로 디려가며 지국정성 받읍서
ᄆ음정성이우다 뜻정성이우다
감주 ᄒ 잔 술 ᄒ 잔 올리고 종이 ᄒ 장 일지라도
KBS방송국에서 독부조받고 제주전통문화연구소에서 협조를 받아
금번 이 축원을 올렴습네다.
이 일을 허난 두일뤠 열나흘 ᄆ음 정성 뜻 정성 못해엿수다만은
오일정성 칠일정성 못허고 오일정성 못해여
단 삼일전부터 조상을 업어 이 일로오랑
저 백장 위에 조상 올려 향불 피와, 이 기도를 올리젠 해염수다
당당한 신녜가 되저 조상 부모공 갚으젠 허염수뎬 영허여건
ᄆ음 뜻정성 먹엇수다 저 올래 신줄이우다
연줄 연줄 엇십네다 지국정성 이도 정성 올립네다
청토ᄃ리 엇고 백토ᄃ리 황토ᄃ리 엇수다만은
경허여도 청새들 비어단에 시작허는 첫날
ᄆ짝 ᄭ아노아 십네다 예~
(장고)
저 마답 천지천왕 저싱염랏대 대통기에 소통기
지리여기 양산기 나븨여기 줄전지 좌우독기, 이도 정성 올렴수다
또 예전 어느 정성 발괄 원정을 허오리까
영허여근 산엽건 대천멩감 들어사민
계수나무 상당클 비자나무 중당클 아훼나무 하당클
안팟네귀 ᄀ뜩 추켜메엿수다 ᄎ실베 ᄀ찌
물멩지 당멩지 서미녕 서마패 폭폭이 찢어 메엿습네다
지국정성 신청가름에 팔만ᄂ람지법으로
술전지나 이에 팔전지 통지전

이도정성 당반지 이에 초신맞이로 영서멩기 올렷수다.

신의 조상들 옵센해난 가도 오도 못하게

그만 오방각기 시군문을 잔뜩 메엿수다

이도정성 올립네다. 드려나가면 삼천천제석궁으로 이에

계수나무 상당클로 돌아 잇는건 적어지고

엇는건 만만헙네다. ᄆᆞ음뜻 뿐이우다 지국정성 올렴수다.

이에 저승은 ᄒᆞ페 지전이영

일문전 주문도청 들어가민 석자오치 팔갱기

이에 신세우 수건이영 물멩지영 강멩지 도래비단 은나븨

서미녕 서마패 천짓대 알로 이 일문전ᄁᆞ지 ᄀᆞ득이 메엿수다 예~

각서출물 도ᄂᆞ립서 은매 단매 금탑금보십쏠

이에 보시떡이우다 돌래 월변 손뇌성이우다

뭐 실러냐건 머리고진 기제숙에 계알²⁵⁴⁾ 안주 둑새기²⁵⁵⁾영

또 예전에는 청감주영 ᄌᆞ소지²⁵⁶⁾영

저 산 올라 고사리채에 중산초는 콩나물채 미나리채

이도 정성 올립네다

드려가면 옛날ᄀᆞ찌 칼뇌성엇수다

이젠 보시리에 돌래 월변 허고 손뇌성베끼 어시난 그대로 받아삽서

삼종과일 첫째는 사과과일 둘째는 배과일이우다

셋째는 미깡²⁵⁷⁾과일 감과일

양어깨에 올렷수다 지국정성 들여가며

알로내려 신고래대전상으로 고리안동벽 신동벽 쌍쌍이 무엇수다

주석 상둥이에 백미에 돈천금 은만냥은 명실복실 올렷수다

이에 금바랑 전지 옥바랑 전지 삼공마량도 받아 동축 하렴헙서

음감헙서 삼도래우심상으론 촛불방상이여

특향 상축지권상 삼주잔은

내려건 사민 금탑 금보십쏠 금전지 제인정 많이 올렷수다예~

---

254) 계란

255) 계란

256) 소주

257) 밀감

어느 것 허젠허민 공 아니 들고 지가 아니 듭네까

공든 답을 재겨줍서 지든 답을 재겨줍서

생산은 공이 먹어 목걸리고 공이 입어 등 실리는 법입네다 들여가면

청룡백호 놀고가민 비늘 두어 갑네다

새 놀아가면 깃털 두고 선비 아자나면 글발 두어 갑네다

이에 삼천천제석궁으로 신수푼 신의 조상님아

상을 받앙가면은 단명자는 장수장명

단복자는 석순이복 재겨 주는 법이우다

이에 어젯날부터 이기도 시작허고 며칠날 당주삼시왕연맞이로

약밥약술을 받고 어인타인 금린옥린 감봉수레 맞을런지는 모루쿠다만은

영허여 당당한 하신충 경 신녜가 되어상 이에 허거들랑

동문밧으로 서문밧으로 남문밧으로 됩데다건

낮이랑 저 하늘에 구름 걷어건 햇빛 비추건

밤이라건 저하늘에 돌 없는 밤이랑 청사초롱 별빛 비추건

돌 잇는 밤이랑 대ᄇᆞ름둘 비춘건

귀인상봉 시켜줍서 선인봉 시켜줍서

조상부모 기덕 얻고 예~

어린 때부터 요 일 안허면 못 살려단 끝내 끝내는 서른다섯 나난

이에 요 일을 시작허고

17년 동안 신의 밥 먹어 신의 옷 입어 신의 줌 자

신의 행공발신을 허여건 살아오난

이젠 아무디 가도 아무일을 해도 헐 수도 엇고

신의조상 덕택으로 만민중생 화련공덕을 허저 ᄆᆞ음 뜻 먹어 살앗수다예~

밝혀줍서 동서문밧 ᄉ당클258) 멘 곳 중당클 멘 곳 고분연당클 연당클 멘 곳

아진 탁상굿 이에 귀양풀이 성주풀이 불도맞이 영

정이월 삼월 ᄉ월77지 안택이영 독헌 푸다시 ᄀ뜬거야

두린 푸다시 어리쾡이 두리쾡이 굿이랑 나숩지맙서

사름하나 얼먹엉 돈도 못벌고 허께 곤란해여저 산 일이거난

굿인 액년 급살을 막읍서 재살을 막읍서

___

258) 큰굿을 할 때 마루의 네 벽에 선반처럼 달아매어 꾸미는 기본 당클

천살은 지살 연살 월살 만신장성 반한역마 육쾌 화개인살
이에 월역살은 이격살 시력살 나게 맙서
저 질에 뎅기당 발 찰 일도 나게 맙서
뉨 앞에 욕들을 일도 나게맙서
궂인걸랑 저 하늘에 구름걷듯 저산에 안개 걷듯
언치냑²⁵⁹⁾ 밤 12시후에부터 비오란
오늘 낮에 저마당 비오난 물이 숨박²⁶⁰⁾ 허엿수다만은
이제랑 날 좋아건 저 마당 물도 ᄆ딱 불게 허여주고
안으로 성은 정씨로 정공철씨 경자생 하신충 앞길을 붉혀줍서
대천바다 홀연강풍 만낭 이제 절일당 ᄇ름자민 절자가는 간
와상와상 꿰는 물에 식은물 들이치민
그 꿰는 물도 도숙어갑네다 일을 허난
모든걸 다 붉혀줍서 원정굴복 올립네다
올려가면 몇년 몇해나 살저 이에 돌아오멍 살저 하는일도 아니고
앞으로 남은 인생이랑 어째든간에
천제석궁 메운 신의 조상님에서 멩을 줍서 복을 줍서 원정굴복을 들여가면
날로 가건 날역손 둘로가면 둘 역손 막읍서
천왕손에 지왕손 인왕손에 고뿔 행불 염질 토질 상안 절벽손 막아가며
멩과 복이랑 아찐동 바찐동 곱이 첩첩 눌립서예~
(잠고)

[주잔권잔]

(장구를 놓고 자리에서 일어나 절을 하며 사설을 한다.)
디려가며 삼천천제석궁으로 초아정 설운원정 지국정성 올렷수다
받다 쓰다 남은 주잔해여 갑네
말명에 입질 언담에 젯ᄃ리에 떨어진 신전조상님 주잔들
우로허여 드립네다 대우허여 드립네다
또 예전은 하늘ᄎ지 천지왕 땅ᄎ지 지부왕 박우왕 총명부인

---

259) 어제
260) 가득

서수애미 대소별왕 산신대왕 ᄉ해 용신 뒤에
시군줄 초공 안초공 밧초공 안당주 밧당주 뒤에
안이공 밧이공 뒤에 안상공 밧상공 뒤에 시군줄들
바꼇딜로 좌부일월 상세경 이에 안으로 직부세경 뒤에
시군줄들 주잔으로 협네다
멩두멩감 ᄎᄉ뒤에 시군줄 이날 이시간에 슬진 목슴
비고 가고 안고 가던 시군줄들 주잔들 우로허여 드립네다
드려가며 어제 그제 음력 열ᄋ셋날부터 저마답
천지천왕 지도지왕 인도인왕 저싱염랏대 설연을 허여갈 때부터
밤엔 첫이슬 낮엔 도신변 맞고 비오면 비의지 ᄇ름불면 ᄇ름의지허며
이에 어느 전안 초아정으로 술ᄒ잔을 받으레 감주한잔을 받으레
베레던 신우엄전 조상님네 주잔들 드립네다
이날 이 시간에 슬찐 목심 비고가고 안고가는 저싱ᄎᄉ님네들
주잔 많이 권권드려 개잔개수허여 불법전 위올리며
잘못헌걸랑 양공시 어진조상 옛선성님에서 순간계 조부감제 협서
신의 집사 이에 연당알로 신공시 짓알우로 굽어 신청허려협네다 예~
[아이고 고생했습네다. 아이고 속앗수다]
(절하고 자리에서 일어선다.)
아이고 저 집안 선성님 경 신네 앞이영
삼춘네 앞이영 인사햄수다 굿햇수다
[수고햇수다. 속암쪄.]
저 여러 선생님들 굿 햇습네다.

〈시왕당클 추물공연〉 정태진

(두루마기 차림에 송낙을 쓴 정태진 심방 장고를 치며 굿을 한다.)

바꼇딜로 오는 천지염라대왕에 좌우독기 나부줄전기 신수펏습네다
안으로는 ᄉ에당클 안팟은 열두당클 줄싸메여 잇습네다.
오늘날 18일 날 초신연맞이 넘어 오리정신청궤로

신우엄전님네는 신메왓습네다.

신메우다 떨어진 신전님은 무언 조상님 연질로 각 신우엄전님네

살려옵센해여 어아아 허 위굽허십네다.

삼천천제석궁에 천하금공서는 끗ᄆ쳐²⁶¹⁾ 잇업는데

안으로 안시왕전에 금공서 설운 원정 올리저 영합네다

천보답 만보답 고리안동벽 신동벽 은동 놋동 주석삼동이는 올렸습네다.

초지 은바랑 올렸습네다.

삼도래대전상은 삼선향 영로주 삼잔 개괄헤 도올리며

삼공마련 위올렷습네다.

엄중헌 뜨고 오던 시왕전 얼굴 모른 시왕님전

ᄌ순으론 정성 올리건 받아 하렴옵서 예~

(장고)

공서 공서는 가신공서이다

인보역 서준왕 서준공서 올립기는

날은 어느전 날이며 들은 어느전 들입네까

(장고)

금년 해는 갈르난 신묘년 애산 신구월들

월은 원구월 됩니다

(장고)

오늘으 열일뤠날이 됩니다

어느 고을 어떤 인간 들인 공서

국은 갈라 갑네다

해튼국도 국이외다, 들튼국도 국입네다

이시리 알란국 동양삼국 서양각국

첫 서울은 송태조 설연허고,

둘째 한성서울 셋째 시님서울,

넷째 동경서울 다섯째 ᄌ부올라 상서울,

안동밧골 좌동밧골 먹장골 불탄대궐 모시정골

경상도라 77관은 전라도는 53관, 하삼도는 33관입네다

---

261) 끝마쳐

땅은 보난 노고지 금천지땅 되옵네다.
일제주 이거제 삼남해 사진도 오강화땅 육한도 되옵네다.
물로 벵벵둘른 섬입네다
한로영산은 오벽장군 오벽선성 됩네다.
여장군 여신령은 옛날 옛적에 영천 이목서[262] 시절로
당과 절은 불천수에 시겨두고
안동 미양절을 설연허고, 어싱생은 단골머리[263] 아흔아홉 골입네다
흔 굴 어서 범도 왕 사자 곰도 못네납든[264] 섬입네다
성안 읍중 무인공을 영평팔월 열사흘날
고량부 삼성진 도읍헌 섬입네다
정의 현감 살고 대정 원님 사옵데, 모관은 우에 육판관 사옵데다
명월 만호 곽지 진주방장 사옵데다
항파두리 짐통정 시절 만리성을 둘러웁던 섬입네다
우 돌아도 ᄉ백리 좌 돌아도 ᄉ백리 되옵네다.
면은 갈란보난 13면 가운데
특별자치도가 생기난 제주시로 통합되엇습네다
면은 갈라갑네다
조천읍은 들어서면 북촌리 1151-2번지 됩네다
가지 높은 절간 지애[265] 높은 신전집 무어삽네다
집도 절도 없어건 잠시잠깐 ᄂᆞᆷ이 셋방살이 허다시피 해여
사는 ᄌᆞ순됩니다.
동헌 대주 이름 좋은 정공철이 되옵네다
경자생은 쉬은두설 받은 공서
낳은 아이 장녀, 이 ᄌᆞ순 정연담이 스물흔살 받은 공서 됩네다
차녀 애기 정수정이 열두설 받은 공서 되옵네다
동생은 정길수 마흔아홉 받은 공섭네다

262) 영천 李衡祥
263) 골머리봉 어승생(御乘生)의 동쪽에 있는 봉우리로 「아흔아홉골」이라고도 함 「단-」은 「단골(丹骨)」과의 유추(類推)에서 붙은 조율음
264) 오지 못하던
265) 기와

이우영이 마흔ᄋ섯 받은 공섭네다

낳은 아기 정수정이 열두설 받은 공서 됩니다

동생 됩니다 정공수 마흔두설은

제수아지망 김양숙이 금년 마흔아홉

조카됩네다 정경용님 열ᄋ섯설

조카아기 정예지 아기 4살 받은 공서가 되옵네다

설운 누님 됩니다 정영숙이 곧 예순은 받은 공섭네다

또 임배정은 박석호 예순ᄋ돕 받은공서

조카아기 됩네다 박이준이 받은 공서 됩네다.

조카아기 박형국이 받은 공서 올습네다

날이 엇는 공서 둘이 엇는 공서 아니외다

옷과 밥이 어서 이 원정도 아닙네다

옷과 밥은 엇수면 빌어도 옷과 밥이 되옵네다

돈과 금은 있당도 엇고 엇당도[266] 잇고

돌고도는 금전 되옵네다만은

일신천금 중헌 건 우리 인간은 됩네다 영허시니

이번 참에 이 원정 이 발괄 올립기는

영헌 이름 좋은 정공철이 쉬은두설 됩네다

난 날 난 시 팔저궂고 험악허여

이거 대학교꺼정 졸업해여건

조은 책상이나 받아아정 살 일인데

팔저복력 ᄉ주가 험악허난

처음에는 칠머리당굿 71호 사무장으로 뎅기명

이 전싕이나 그리치저 영허면 허고

신의 밥도 먹고저 신의 옷도 입고저 영허여

설운 성제일신간들 허고 불목허다 실피 영허영 처음엔

굽으멍 도둑질 허듯 영허영 허건

팔저궂인 신녜들 일랑 오렌허민 오고

서른나섯 나넌 해 서 눈ᄆ 와산

266) 없다가도

성은 김씨 칠머리당굿보존회장됩네다
고댁에 기도일이 나난 오라가라 영허여그네
고댁에 간 석살림굿 허고 영허멍
아닌 압박 구속은 다 받으며
좋은 심방질 배왕 허저 영허영 허건
추물공연 뱁고 그뒤로는 본풀이도 뱁고
영허영 허건 북두두리는 거여 장구 두두리는 거여
설쇠 두두리는 거여 대영 두두리는거영 배와건
영허여 배와건 정의 모관 이하 막론어시 뎅기멍
이사람 하는 것도 듣저 저사람 하는 것도 듣저
흔밧디²⁶⁷⁾ 굿을 해건만 흔두 곡지라도 배왕 오라근
쉬은둘 이거 횟수는 오래되엇습네다만은
저 시집가고 장개들어 부배간 되어
이 아이들 똘성제 탄생해여도
살아 이별해영 혼자 몸으로 뎅기면서
오장간장 다 석으멍 뎅겻습네.
영허니 이번 참 이 기도는 어떵헌 일인고 영협거든
KBS됩네다 연구허는자 됩네다.
영허여 정공철이 쉬은두설은 본가심방 역할을 허여
이번 참 늦도 보름 밤도 보름
밤낮 흔 달 굿을 허게 영허영 허건
그때는 조상도 엇고 연물도 엇고 허난
금년 신구월달 초ㅇ드레날은
저 하귀 양씨님 갑술생 몸받은 조상님 유래전득허여
사는 주당전 당주 설연허고 조상 모상²⁶⁸⁾ 허건
이거 신구월 기도를 시작허여 잇습네다 영허난
이번 참에 정공철이 쉬은두설
초실 연질을 발루는 일입네다 영허난

---

267) 한군데
268) 모셔

240

신질 연질 발루왕 이번 참에

정공철이 몸받은 연양당주 심시왕 됩네다

ᄇ름도벽 뜻도벽 동산세별 상간주 거느리고

마흔ᄋ돕 초간주, 서른ᄋ돕 이간주, 스물ᄋ돕 하간주를 모상

이 앞으로 이 ᄌ순 쉬은두설 머리에 강림해여

허건 산남산뒤 뎅기고

일본도 뎅기고 영허저 ᄆ음먹은일 됩네다

이번 참에 조상상에 ᄆ음이고 부모상에 ᄆ음이고 영허난

이번 참에 좋은 입성해여

저싱 극락세계 지 부찌저 영허는일 됩니다

드려가며 세상천지 만물중에 유인이 이기 오륜자라

춘추는 연연록[269] 왕이손은 귀불귀[270]법 됩네다

구시월 나뭇잎도 떨어졌다가

명년 삼월 돌아오면 잎도 피어 청산이 되건만은

우리인간은 제 죽고 제 살일 모르는 게 우리인간 아닙네까

잘살아 단백년 구십평생 팔십당년 칠십고희 됩니다

영허연 인간은 잠시잠깐 인간에 불담으레 온 인생 아닙네까

밥 먹으면 배부른 줄 알고

옷을 입어 추운지 더운지 아는 인생들 아닙네까 영허영

무슨 철을 압네까 엉허난 철도 엇고 영허난

아 멩이나 이번 참엔 정공철이 쉬은둘

엇는 멩도 재겨 주고 엇는 복도 재겨 줍서

원정을 드립네다 영허난,

살아서도 시왕ᄎ지 죽어서도 시왕ᄎ지 됩니다

열십오도 전륜대왕님전에 역가올려 바침이고 영허여

이번 초신연질 발롸줍센 축원문을 드립네다

드려가며 날은 갈라 갑네다.

금년 해로 신묘년 신구월돌 됩네다

---

269) 春草年年綠
270) 王孫歸不歸

열으셋날부터 드련 전싱굿인 성은 서씨 쉬은하나 됩네다

당주문 본주문 신영간주문 울려

부모조상 몸받은 조상 머리에 강림해여 오랏수다

안공시 성은 정씨 쉬은둘 당주문도 울리고 몸주문도 울리고

영허여 조상 머리에 이어 업어아잔 이곳 성읍리 이곳 민속촌입네다

영허난 바껏딜로 천지염랏대 좌우독기 신수푸고

나비줄전기 신수퍼 잇엇는데, 안으로 열두당반 메엿습네다

어궁전에 금공서 올렷습네다

시왕전에 천하금공서 올리저 영헙네다

당주삼시왕에는 얼굴글아 앞글아 당주전드레 별도로

금공서 설운 연유닦고저 영헙네다

시왕전 하느님전에 금공서 올리저 영허시는데

천일오려 든불허나 신일오나 신병문서 원앙감사 원병서

짐추염나 태산대왕 범그튼 스천대왕

불위본서 제일 진관대왕님 식본자심 초관대왕님

수의왕생 제삼 송제대왕님 칭량억빈 오관대왕님

금공서 올리저 영헙네다 당득작불 염라대왕님 됩네다

단분출옥 번성대왕님 수록선한 일곱 태산대왕님네

착불사혼 평등대왕 됩네다. 탄지멸화 도시대왕님

권성불도 십오도전륜대왕님 됩네다

금공서 올리건 말듭서

들여가며 열하나 지장대왕 열두생불 열셋 좌도

열넷 오도 열다섯 동조재판관님네

열여십육 소제관장님, 천왕초스 관장님

지왕초스 관장님, 인왕초스 관장님

눈이붉어 황스제(黃使者) 코이붉어 적스제(赤使者)

입이붉어 모람스제 됩네다

(장고)

시왕 업고 업던 대명왕, 삼초스 관장님 상을 받치전 영헙네다

일직스자 월직스자 시직스자 행직스자 공인스자

관장님 저싱 위한 스자님네

인간강림 ᄉ제님네 상을 받쳐 드리전 영헙네다

노정ᄎᄉ 남에전령 물에ᄎᄉ관장님 됩네다

단물농ᄎᄉ건 짠물 부원국ᄉ제관장님

신당ᄎᄉ 본당ᄎᄉ 멩두멩감 삼ᄎᄉ 관장님네

상을 받치저 영헙네다.

또이전은 천안멩감 열두멩감 지왕멩감 열한멩감 인왕멩감 아홉멩감

동해 청멩감 서해 벡멩감 됩네다

남에 적멩감 북에 흑멩감 됩네다

중앙 황신멩감님 산신멩감 요왕멩감 첵불멩감 상받읍서.

불도멩감님네와 당주멩감님네는 차차 올려 드리겟습네다.

디려나가면 ᄌ순의 금공서 설운 원정 올리건 도도히 받아삽서.

이룬 정성은 못살른건 영허든 저 올레에 금줄이여 홍줄이여

백토 금토 ᄃ리 노앗습네다.

베 올려 ᄃ리 노앗습네다.

귀신은 하강일 생인은 복덕일 거두나 잡앗습네다

들여나가면 저싱님 설운원정 금공서 올리건 도도히 받아삽서

들여나가면

(장고)

각 당클에 ᄀ름에 해엿습네다

들여가면 닭바엿기 받읍서 술전지로 문전지료 받읍서

들여가면 천보답은 만보답 받읍서 고리안동벽 신동벽 받읍서

ᄌ지 은바랑 받읍서 낭픈 ᄀ득 웃농 눈농헌 괴ᄀ득 올렷수다

이룬 정성 받읍소서 들여가면 초이 올라 연단상

이미 좌단상 삼미 올라 삼선양 받읍소서

초잔 청감주 이체잔은 졸병주 제삼잔은 청감주로 ᄌ소지로 받읍소서

삼공마령 받읍서 이룬 정성 드립네다.

어느게 정성인고 영허고 삼중ᄉ중 실과 받읍서

계랄안주 받읍서

더워 단메 식어 단메 녹이올라 당산메 받읍서

삼성 외성 돌래 월병을 받읍서 머리고진[271] 기제숙[272]을 받읍서
콩나물채소 미나리채소로 받읍서
이룬 정성 드립네다
들여나 가면은 촛불 흔 쌍 바릅서 이룬 정성 드립네다
어느건 어정허면 공이 아니듭네까
어느건 어정허면 지가 아니듭네까
공든답 지든답을 시켜줍서
시겨 가면은 이즌순 엇는 멩 엇는 복 재겨 줍서
스물흔설 엇는 멩 엇는 복들 재겨 줍서
열두설 업는 명복 재겨 줍서
재기다 남은 것은 석수 원님 날을 빌어 강태공이 원불 재겨 줍서
동방석이 삼천년 목심을 재겨 줍서
재기다 남은것은 궂인 액은 막아줍서
인명 축헐일 인명 낙루될 일들 막아 줍서
막 다쓰다 남은것은 대천난간 날받아 올린 목 막아줍서
말 글아가며 날로가면 날형진 달로가면 널형진
워력 시력 궂인 년력 시열 시왕전에서 다 면송시겨주십서 (장고)

[주잔권잔]

(장고채를 놓고 앉아서 말명으로)
시왕전 금공서 올렷습네다
받다 쓰다 남은 주잔들랑 저먼정 나사면
영기지기 몸기지기 파란당돌 영서멩기들 선봉대장 후봉대장
물둘른 이 기들른 이들 주잔권잔 내립니다 예~
동설 용문줄이여 서설 용문줄이여 남설용 북설용
큰낭지기 큰돌지기들 많이들 권권드립네다
주잔들 권권 들여가며 주잔개수 해여다
불법전 위올리며 다시 이 제청을

---

271) 머리 갖춘
272) 고기적

얼굴로 글멍으로 연양당주 삼시왕님전에
천왕문서 도올립네다 신의 연당클 굽어신천이외다

〈당주당클 추물공연〉 강순선

바껫딜로는 천지염래대는 삼도리줄전지 나븨줄전지는
좌우독 추껴 의질허고,, 안으로는 열두ᄉ에당클 줄싸메여 잇습네.
삼천천제석궁 어간허고 안으로 연양당주는 삼시왕 삼하늘
ᄇ름불어 ᄇ름도벽 듯든다 듯도벽, 세별떳다 상간주 되옵네.
안초공은 밧초공 안이공은 밧이공
안삼공은 밧삼공 안이공은 밧이공 되옵네다
성은 정씨로 쉬은둘님 몸을 받은
연양당주집 당주집은 당줏기는 사는 집안으로 모셔두고
성읍리 민속촌 일로 오라건 대로 둘러 큰굿허고
초신질을 발룹고 영허젠 허난
그동안은 할때ᄁ지 아무 의지업시 허다그네
성은 양씨 부모님 김씨 부모님 남의 부모를 내부모 삼고
조상은 일만기덕 삼만제기 유래전득을 받았습네다.
일로 오란 당주 설연 몸주 설연 신영가주 설연을 허엿습네다
쉬은두설에 이 당주 설연허젠 허난
날 요적에 어주애삼녹거리 서강베포땅 신전집 무어난 법으로 읍서
마흔ᄋ돕 초간주, 서른ᄋ돕 이간주 무엇십네다.
당주하르바님 당주할마님네 당주도령 당주벨감은
당주아미 안당주는 밧당주 무엇십네다.
애산이건 전싕굿인 둘이나 양씨부모님네 집에가건
초ᄋ드레날은 조상 업어건 당주설연을 시겨두고
이간 군문안으로 오랑 이 기도 이 축원은
이원정은 ᄉ신걸렐 메고 허젠허는
ᄌ순인데 애산 신구월은 열ᄋ셋날은
몸을 받은 연양당주문 몸주문을 열럿십네다.

짓알은 관재 짓알로 일만기덕 삼만제기 궁전궁납건느리고
삼전기덕 거느리어 ᄆ을 넘고 재넘으멍 오랏십네다.
서씨 조캐 됩네다. 과제에, 이 ᄌ순들 초신질을 발루저
초신 걸립베로 지와업젠 주제 영허여건
열ᄋ셋날 몸받은 당주문 열렷수다
몸주문도 열렷습네다 상안체 중안체 하안체
일만기덕 삼만제기 궁전궁납 거느리고 어진 부모 정든 조상
삼봉ᄀ찌 등에 업어 아장, 이간 군문안으로 들어오라건
안으로는 열두 ᄉ당클 기메전지 놀메전지 해엿십네다
바꼇딜론 열일뤠날은 노프노픈
저싱염라대 신수푸고 대통기 소통기 지리여기 양산기
삼도래줄 나뷔줄전지 좌우돗가 생명 세와두고
일문전으로 천보답만보답은
초감제상 노아그네 일만팔천 신우엄전은
부모 정든 조상님네 ᄀ랑빗발 세빗발 옵서옵서 청허여 잇습네다
그뒤에는 떠러진 조상님은 오늘 이거 어젯날 초감제 넘어들고
오늘은 초신연맞이로 옵서옵서 신전조상님네 청혀여 잇습네다
초상계 금공서 설운 원정 올렸습네다
삼천천제석궁드레 금공서 초아정 설운원정 올렷십네다
살아 목심 ᄎ지도 시왕 죽어 목심 ᄎ지도 시왕
인왕은 시왕전에 금공서 설운 원정 올렷습네다
위가 돌아갑네다 자가 돌아가옵네다
성은 정씨ᄌ순 이때ᄀ찌 벌어먹은 역갑네다
벌은세는 속죄 절입네다
정의드레 가민 삼공마령 벌어먹은 역갑네다
신격말에 벌어먹은 역갑네다
사발쏠 보십쏠 낭푼만씩 벌어먹은 역가
천보답은 만보답 고리안동벽은 신동벽됩네다
이거 초신맞이드레

(역가상의 삼곡마량[273]을 들었다 놓는다)

초공ᄃ래 이공ᄃ래 삼공ᄃ래 불도ᄃ래 시왕대ᄃ래

(소미는 역가로 바치는 삼곡마량을 들었다 놓는다)

양 비개고심 벌어먹은 역가외다.

그두에 세경ᄃ리 벌어먹은 역가, 저싱 영가ᄃ리 벌어먹은 역갑네다

당주 삼시왕 안당주 밧당주 신ᄃ리 벌어먹은 역가라

둘러뵈고 제드립네다.

(합장인사)

둘러뵈고 제드리난 백근이 준준이 차다 허는구나

역가 거뜬허다 허십네다

금공서 초아정 설운 원정 올리저 허시는데 신이 굽허옵네다

신메와 삭립네다 예~

(합장인사)

(장구)

신메와 석살려드리시난

날은 갈라 어느전 날이 오면, 둘은 갈라 어느전 둘입네까

올금년 금년은 해는 갈르난 신묘년입네다

둘은 갈라 갑네다 애산 상구월둘 날은 갈라갑네다

초일뤠날 어느 고을 어떤헌 사름이

이공서 이축원 이 원정 말씀전 여쭙기는, 국은 갈라갑네다.

강남천자지국 일본주년국 우리국은 대한민국

첫서울은 송태조 개국허고

둘째서울 신임서울 셋째는 동경서울

네째는 한성서울 다섯째는 조부올라 상서울 마련허니

안동방골 좌동방골 먹지꼴은 ᄉ박꼴

불턴대궐 모시정꼴을 마련허니

경상도는 칠십칠관 전라도는 오십삼관

충정도는 삽십삼관 마련허니

---

273) 역가로 신에게 바치는 한해 농사지은 삼곡

일제주는 이거제 삼진도는 ㅅ남매 오강화는 육환도 마련허니
그가운데 탐라국은 제주도는 땅은 보난 노고지땅
산은 보난 할로영주산은 허령진 산입네다
저산앞은 당오벽 이산앞은 절오벽
오벡장군 오벡선성 ᄒ골이 부족허난
아흔아홉 골머리 왕도 범도 곰도 못네든 성입네다.
정의 아니 대정가민 이십팔읍 주의모관 팔십여리
대정은 구영신은 건당허니, 곽지드러 조방장 명월만호 살고
항파두리 만리토성 둘러온 섬입네다
영평 8년 모인굴은, 자시엔 고이왕²⁷⁴⁾은 축시엔 양이왕 인시엔 부이왕
삼성친이 도읍헌 섬입네다.
관덕정은 목관아 현감 판관사옵데다
동소문밧은 나사민 서른ㅇ돕 대도장녜
서소문밧 나사민 마흔ㅇ돕 소도장녜
제주시는 특별자치도가 서귀시는 제주시 읍면동은 갈랏수다
제주시는 본래 부모조상 태슬은 땅²⁷⁵⁾은 서문밧 나서면
주상들 인간 탄싱해여건 세상 떠나보난
쉬은두설 나는 ᄌ순은 양친부모 혈속에 여라 남매에 탄싱허영
아이고 어릴때부터는 양친부모 혈속에
호위호식허고 웨진조상들 웨진 이모님네들 신디
사랑받고 영허멍 살아오는게
저 ᄌ순은 조은 공부 국민학교 중학교 고등학교 아이고
조은 대학교 나오라건 아이고 나라에 관녹먹고 높은 책상 받아건
붓대나 놀리영 살아지카부덴 허단보난
저 학교 대학교 뎅길때부터 원천강 팔저ㅅ주가
기막히렌헌 팔저ㅅ주건 인간에 부모조상에 화련성 메엿나
죽는사름 살릴일이 메여나 허신디
저 ᄌ순은 쉬은두설이 아이고 연극도 허고 한라산 놀이패에 들어간

---

274) 고(高)의 왕, 탐라(耽羅) 시조 고을나(高乙那)를 말함
275) 태사른 땅, 태를 태워 묻은 땅

아이고 행사 굿도 허는 것도 누게 안골아주어도
가는게 71호에 인간문화재, 사무실에 사무장으로 뎅겨오는 것이
거기서 연물소리 귀에 익어가고, 눈으로 보고 허여 가는 것이
조은 직업도 어서지고 나라에 관녹생활도 못하여 지고
서른다섯 나든해부터 조은전싱 그리쳐
저 인간문화재에 성은 김씨 회장님
아이고 일허레글렌허민 ᄀ찌가고 가렌허면 오고 영허는게 어-흥-언
북두드리는 것도 배와지고 장구 설쇠 대영 두드리는것도 배와지고,
아이고 아이고, 어느 부모 조상들 허던일도 아니고
유래전득 받은일도 아니고 허던 일도 아니되고
아이고 부모조상 운도 어시난 성제간 덕도 어서지고
가숙허영 입장 혼연허여 아들똘 나멍 하-하-헝
검은 머리 백발이 되도록 살젠 아이고 인연이 아니 되여신디
아이고 아까운 똘아기 이 아기 보아도 보고픈 아기
어머님 신데 똘라 아정 가고 스물ᄒ나ᄭ지 장성허고
아이고 지네들도 연이시면 발차는 재격이라건
아 이젠 또 가숙은 정허여건 허건이나 살젠 허여근
ᄒ푼도 벌어지면 가숙 신디강 주고
두푼도 벌어지면 가숙신디 오라건 주고
아이고 그 가숙도 똘ᄒ나 소생허난 이 애기 열두설
난 애기 탄싱허난 허건이나 허건이나 나가 춤으멍 춤으멍
이 가숙 저똘 아기하나 의질허영 살젠 허는게
초년 살렴도 못살고 끝년 살렴도 못살아그네 끝내 살아가는데
열에 ᄒ촌업고 고독단신허고 남의 형제가 나 형제간 삼고
눔의 부모를 나 부모로 삼아그네
전싱궂인 성제간들 이젠 허-머-흥 살아오는게
아이고 어디가민은 새ᄃ림도 허고
아이고 어디가민 공연도 허랜 허고, 골아가민 몸이 팍팍 털리고
질 골임신가 못 골암신가 뒤에서 나 공론 허염신가 생각허멍
성은 김씨 회장님 ᄀ찌 흘목심어
아이고 공철아 요걸랑 저영허라 저걸랑 요영허라

말도 영씨고 말도 저영 고백해 커-커-헝 어-멍-허 허-래-해 허영가고

어떤땐 회장안티 욕들고 어떤 땐 일천구박 다 받고

총무신디 저래영 다-아-항 아이고 이내물이나

아이고 한참을 일허는디도 공철아 그건 경허민 되는넨

구박허여 가민 날 나은 나 아바님 날 나던 나 어머님

무신날이 날 나신고 둘도 해도 없는 날에 날 나신고

아이고 간장석고 오장석고 눈물로 세수허민 한강수가 되고

한숨을 쉬면 동남풍이 되어지고 굿 모깡[276] 오라건

곰곰드리 생각허민

나 조은 공부 배와 노아근 요 심방질 허멍 일천구속 다 받으멍

아이고 해염시난, 아이고 30도 잠깐 허난 넘어가고

ㅅ십 마흔도 넘어가고 이제는 공연허는것도 다 배웁고

이제 새ㄷ리는거 다배웁고 허여오는게

이거 새로 두루마기 쾌지 입은것이

저 와산 굿이 주당에가건 큰굿허여 갈때엔 ㄱ찌 가건

그 집안에 간 제 석시에 놀고

아이고 새심방 굿 잘허염젠 인사 다 받고 영해여 오는것이

이제는 동서우로 정의 대정 모관으로 다 뎅기멍

못허는 굿 어시 다 배웁고

아이고 어디서 오랜허면 나라도 한푼이라도 벌어사

나난 애기 신디영 이거 학교 뎅기고 영허난

어느 공책 연필 살거영 입을 입성[277] 신발 양발 살 돈이영

여자라노난 개인 용돈 보내고 허주마는

아니 보내민 어느 누게가 보내어 주리요

이 아이에게 흔둘 날자 두번 세번씩 전화받어건

아이고 이 애기 전화 끝으건 영허민 ㅁ음이 살란하고

ㅁ음이 가심 먹먹허고, 기영허민 어디강 하소연 헐데 엇고

어디가도 아이고 답답헌 말 헐때 엇고

---

276) 마쳐
277) 옷을 속되게 이르는 말

부모들이나 살아시민 가고 뎅기멍 하소연이나 허건만은
성제간들은 여라 성제간 이서도 일본강 사는 성제간은 멀어지고
아이고 이디 사는 성제간은 이녁 살기도 바쁘고 영허여 가는 것이
누님도 남은 여기 신역간 살아불고 영허여 가는것이 의논헐 때 엇고
아이고 제주시에강 방 빌엉 살아보고 저 함덕도 오랑 방 빌어 살아보고
어디강 들어오민 가숙이 잇어건 뜨뜻한 장국이라도 끓여노앗당
요밥 먹읍서, 요 국에라도 먹읍센 헐 가숙 어느 아긴 어서지고
혼자 답답허민 ᄒ잔술이나 먹어건 무정눈에 좀이나 들저 영헌게
ᄒ잔술 먹으민 두잔 생각 두잔 먹으민 석잔은 생각 나젠허고
ᄀ만이 이시면 친구 벗들이 공철이 ᄇ름째 영허영 불러옹 외-영-홍
ᄒ잔 두잔 먹는게 술에 넘처 방안에 오라건 이녁 혼자만 업더지어
둔날[278] 붉은게 속이 쓰리고 허여가면 술ᄒ잔 먹으민 풀어지어 가고 허는게
어떤 때에는 ᄒ잔술 먹어건 누워자는 밤길 인역 마누라건 좀자질 ᄂ이
눈엔 좀이 아니들고 곰곰드리 생각허민
비새ᄀ찌 눈물사 알드레 달달허게 들어지게 되여
혼자만 아자건 진눌리게 좋은 눈에 다허멍 살아오는것이
호쓸만 어멍젱 가숙 해엿시민
아이고 정공철이 이름좋고 동서남북으로 이거 일본으로 뎅기멍
돈벌어건 이거 차곡차곡 적금이나 들어
땅이라도 번걸로 생각허미 좋우집도 나고 영헐거디
ᄒ푼벌면 두푼쓰고 허는 것이 어떤뗀 사무실에 가민
아이고 무사 사무실에 자꾸자꾸 아니나오고 헐때라도
떨어점시녠 해여건 답달허고 욕허고 영허여 오는것이
이때ᄁ지 정설을 해엿수다만은
아이고 요굿허젠 영허난 제일 첨은 ᄎ앙가게핸게
굿허게 회장님 오라건 허여십서
인역 ᄆ음데로 소미들이라도 비록 오래 허엿신디
허주만은 못허게 허라하고 영해여 오는것이
아이고 전싱 팔자궂인 양씨 부모님

---

278) 다음날

전싱궂인 이씨 부모 하연 삼시왕에 종명헌
영허난 저 조캐 이름 좋은 서순실이 신디
큰굿 족은굿 어-흥-언 허게 되고 영허여 오는 것이
문박사님과 서로서로 의논을 공론을 답론허고
아이고 이거 이제도록 챙겨도 어느 당주하나 의질엇고
조상ㅎ나 의질어시 뎅겨지고 경해여 오는것이
부주를 올리젠 영해여가난 아이고 나도 이제 낼모래 여든이 되어가고
나는 산 때에 부모조식 삼아건 나조상 물려가라 영ㄱ라가난
어서 걸랑 기영협센 돌아가고, 아이고 모두 KBS방송국과
서로서로 홀목²⁷⁹⁾들 잡아근 독보죽허여근
요일 허젠허난 ㄴㆍㅁ안티 욕도 많이많이 들고
ㄴㆍㅁ ㄴㆍㅁ의 입에 노아건 절택일도 많이 허여지고
영허는 것이 정네가 불쌍허고 정네가 가련허고
보민 불쌍허고 보민 안타깝고 ㄴㆍㅁ과 싸우건 궂인 욕도 아니허고
넘 못살게도 아니 영허멍 살아도 기십날에 남복력잇고
아이고 일허젠 허난 옛날식으로 모든걸 다 허젠허난
이 성읍리 민속촌 빌어건
이집 강 빌민 ㅁㆍ음이 아니들고 저디강 빌어도 ㅁㆍ음에 아니들고
좁아지고 영해여 가는게 이젠 오란 베려보난²⁸⁰⁾ 집도 널르고²⁸¹⁾
저 마당도 널러지고 영허난
아이고 이 성읍리엔 서씨로 억만드러 어흥 상신충 됩네.
멧번이나 들멍나멍 오죽이나 애먹고 영허멍 저허~엉
전싱궂인 아지방 이거 초신질발룹고 초걸레 메고 시겨주어건 하나라도
큰심방이라도 맨들어 해여오질 영허영
이공서 이축원 이원정 올립기는 이거 어느 성제간들 잇어근
ㄱㆍ찌오랑 아장 ㄱㆍ찌오랑 놀아주멍
아이고 비오는 날 외상제 모양으로 이녁 혼자만 오라근 아자근

---

279) 손목
280) 바라보니
281) 넓고

252

부모성제간 신²⁸²⁾ 사름들 보와가민 하도들 불러웁고
영허는게 좋은 날은 좋은 택일은
천왕왕도 신ᄂ린날 지왕왕도 신ᄂ린날 인왕왕도 신ᄂ린날
굿이 되는 하강일 생인일 생기복덕 제맞인날 골라잡아근
이 ᄌ순 이거 열ᄋ셋날 오란 기메 놀메전지 당반 설연 허엿수다.
열일뤳날은 베겻댈로 천도천왕 인도인왕 삼강오륜지법을 마련허고
삼버리줄 마련허고, 나뷔줄전지 좌우독 생명을 세와주고,
이 ᄌ순 어느 누가 받아준 이 공서며
쉬은두설 원천강 팔저ᄉ주, 대공단에 고칼들러 머리삭발 시겨근
법당 절에 푼처님 공양 못허난 조은 전싱 그르치어
요 심방질 허여그네 뎅기는 ᄌ순은 쉬은두설
전싱굿인 아바지 몸에 떠러진
큰뚤 스물ᄒ나, ᄌ은뚤 열두설 받은 공서외다.
성제간들은 정씨 아니 굿구경 허난
받아든 이 공서 이 ᄌ순 이 원정 올립네다
열이뤳날은 대세와 두어건 일문전에 천보답만보답
고리 안동벽 자동벽 초감제상 노아건
초집서 메기게는 성은 서씨로 어-흥-언 겅신 메겻수다
삼도래대전상 메여노아건 엽성적은 어-흥 열두 흥 가막새
ᄂ단손에 체를 받고 위손에 궁을 받아건
초감제연ᄃ리로 일만일신 주문천신 만조백반
영실당 노는 신전조상님네, 옵서옵서들 청허여 잇습네다
문을 열려건 ᄌ순한테 분부는 어쭈어 드려두고
오늘날 밤 이거 날이 정글고 어둑고 영허난
조상도 옵센 허여건 취침시기고 ᄌ순들 얼투 ᄌ을 자다건
오늘 아칙에 일문전으로 어-허
초신연맞이로 옵서옵서 청헌 신전은 조상님네
아이고 초신연맞이에 떠러진 신우엄전님은 삼ᄃ래대전상
저먼정 신수푸며 어허 떠러진 조상없이

초상계연ᄃ리로 상당 중당 하당 말석
연양탁상 좌우접상 연양당주 삼시왕은 삼하늘ᄭ지
옵서옵서 청허영 도을릅센 영허여두엉
삼천천제석궁 금공서 초아정 설운 원정 올렷습네다
시왕 십육ᄉ재님ᄭ지 금공서 초아정 설운 원정 올려잇습네다.
안으로 연양당주 삼시왕은 삼하늘 엣선셍님네들 어허~
ᄇ름불어 ᄇ름도벽 뜻뜬다 뜻도벽 세별멧다 상간주
비저낭 뷔어다가 마흔ᄋ돕 초간주
텡저낭 뷔어다가 서른ᄋ돕 이간주
신폭낭 뷔어다가 스물ᄋ돕 하간주 무어수다.
육고비 동심절 고무살장 무어근
허멍 아이고 전싱궂인 성은 정씨 ᄌ순
이제는 초신질 발루젠 당당한 하신충 되는법 아닙네까.
안당주는 밧당주, 마흔ᄋ돕 초간주
서른ᄋ돕 이간주, 스물ᄋ돕 하간주
안초공 밧초공 안이공 밧이공 안삼공 밧삼공 됩네다. 어허-언
이거 궁의 아들 삼성제 어-흥-
어멍 원성은 가프젠 허여건 원전싱 팔저 그리처건
삼시왕을 바라들고 바라나며
젯부기삼형제 너사무너도령 육항렬 영헌 무어근
펭저낭은 유저생인 뒤에 삼녹거리 서강폐포땅은
신전집을 무어난 법으로
성은 양씨 아지방 김씨 성님 좋은전싱 그르쳐그넹에
저 조상 업어 아정 뎅기다건
나이가 얼마 되나 이 조상 쉬은두설 신디 유래전득 시켜
당주에 빌어건 당주집 지어두어건
이 조상 업어아정 쉬은두설 사는집으로 가그에
당주설연 몸주설연 신영간주설연을 시키젠허난
목이 탁 메여건 말도 ᄒ꼭지 못허고
이 조상 유래전득 시겻수다 어-흐-
오늘은 연양당주 삼시왕 삼하늘 선성님네

성은 정씨로 쉬은두설 굿 잘해염수다마는
압이멍에[283] 뿐른 이견[284] 뒷이멍에 너른 이견
아이고 굿잘 해염저 몸체도 좋다 어-홍
어신 말명 어신 젯ᄃ리 내와줍센허고 어신 몸천 내세와 주옵고
수덕좋다 건이[285]좋다 말씀 좋덴 허여건
상단골들 내세웁고 중단골은 하단골 어른단골 아이단골들
재민단골 내세와그에, 신의 아이도 북촌당 메연 살암수다마는
쉬은두설이 북촌강 사나넨 이히~
이제는 북촌마을에도 상단궐 중단골 하단골 촛앙가고
제일이영 철갈이 어~요왕맞이 귀양풀이 성주풀이
큰굿 ᅐᆨ은굿 허게시리나 시겨줍서
이거 새해 영등이월달 열ᄉ흘날
신의아이 하명이라도 정공철이 돌아아정 뎅기게 헙서.
이 아기 이 북촌 ᄆᆞ을에 오라건 살암수다
이제라건 아이고 당제일이나 영등굿이라도 해여도오게
나이제 나이들어가고 옥령은 어여가난에 어-
북촌사람들 신디가 얼굴 상봉 시겨주저
경해염수다만은 영험데, 엇는 금전 엇는 재산들 내세와주고
영허영 헙센 영허여건
삼하늘 삼시왕에 아이고 저ᅐᆞᆫ 범어먹은 여가 벌어쓴 여가
삼공마령 대령하엿습네다.
금탑 금보십쌀 산에올라 삼선양 지도투멍
금공서 설운 원정 올리건 받아 통촉하렴헙서 예~
어느 고을 허젠허민 공인들 엇십네까
어느 누게 허젠허민 지든상 엇십네까
공든답을 재겨줍서 지든답을 재겨줍서
조상님에서 앞발롸줍서 뒤발롸줍서 영허여건
본향당주 삼시왕은 삼하늘 금공서 상받읍서

---

283) 앞이마에
284) 의견(意見)
285) 권위

드려가며 안당주 밧당주 금공서 설운원정 상받읍서.

드립네다

마흔 ᄋ돕 상간주, 서른 ᄋ돕 중간주, 스물 ᄋ돕 하간주

ᄇᆞ름불어 보름도벽 뜻든다 뜻도벽 세별상간주 상받읍서 제드립네다.

뒤에 이룬역가 이룬정성 올립네다.

올리건 받아 통촉 하렴헙서.

어주애삼녹거리 서강베포땅 신접집을 무어

안이공 밧니공 안삼공 밧삼공 금공서로 상받읍서.

드립니다 또 이에는, 주가일로는 명복정성 올립네다

인역집도 아닙네다 이 성읍리 어 민속촌 일할적 오라건

당주설연 몸주설연 신영간주설연 허엿수다

이공서로 상받읍서

강남서 들어온 대청역 일본서 들어온 소청역

우리나라 ᄄᆞ청역은 신청역 받읍서

삼일정성 일뤠정성 받읍서

홍줄낫네 금줄이나 금줄낫네 홍줄이나 황토질에 백토질에 받읍서

명복정성 올립네다

굿터 위에는 대통기 소통기에 지리여기 양산기

나뷔줄전지 좌우독기 받읍서

안으로 들어사민 안자리는 죽모자리 웃자리는 왕골자리 받읍서

정국정성 올립네다

마흔 ᄋ돕 상청ᄃᆞ리, 서른 ᄋ돕 중청ᄃᆞ리, 스물 ᄋ돕 하청ᄃᆞ리

당주ᄃᆞ리 몸주ᄃᆞ리 신영간주ᄃᆞ리 받읍서

고리안동벽 자동벽 신동벽 받읍서

은바랑 금바랑 ᄌ지바랑 받읍서

구름 ᄀᆞ뜬 백둘래나 받읍서들

얼음 ᄀᆞ뜬 백시리 받읍서

놀매 단매 도개올라 당산매 서수왕은 무남제로 받읍서

삼중실과 배 사과 밀감 받읍서

전하나로 받읍서, 비저 곶감 대추를 받읍서

머리 ᄀᆞ진 기제숙으로 받읍서

프리프리[286] 미나리 청근채에 받읍서

두손납작 콩나물 세손벌려 고사리채 받읍서

지국정성 올립네다. 지정가믄 대백미 받읍서

소백미에 낭풍ᄀ득 사발ᄀ득 올렷수다

멩에 맞인 멩실로 받읍서

복에 맞인 복실로 받읍서들

아이고 이거 청감주 받읍서

청주로 받읍서, 막걸리로 받읍서,

돌아다끈 한한주 받읍서

지극정성 올립네다들

은하봉천수 지장산새밋물 받읍서들

계알안주 받읍서. 지국정성 올립네다

ᄒ쌴 ᄒ어깨에 피와 올렷수다들, 삼위올라 삼선상도 받읍서.

은하봉천수 지장은 산새밋물 받읍서. 지국정성 올립네다.

삼곡마량 받읍서. 정성받아사면

저 ᄌ순 몸도 편안하게 허고

앞으로라건 석잔술 먹는거 두잔먹게허고,

두잔먹는건 ᄒ잔만 먹게시리 허여건, 이젠 정공철이 술도 덜먹으난

얌전허고 착하고 술먹어나민 속쓰리고, 위아프고 못견디게[287] 허지맙서

이 ᄌ순 이굿 모까근[288] 갈떼라도 남의 입에 노앙 턱택이게 맙서

또 입에 놓아건 욕들게도 마라건 좌우 편안허게 시겨줍센

이 초공 이 원정 올립네다

돕는이상 내세와줍서

안노적은 밧노적 거리노적 질노적 제와줍서 드립네다.

일로 화목을 시겨줍서. 성제간에도 하다[289] 불목들 허지마라건

양손들 잡아건 아래꺼 먹껀 머리것 먹게시리

서로서로 불쌍허게 생각허고 안타깝게 생각들허게 시겨줍서

---

286) 파릇파릇
287) 못견디게
288) 마치고
289) 아무튼

병날일 혼날일 오토바이 타아정 남군으로 정의로 모관으로 뎅기는 ᄌ순은
삼도전거리²⁹⁰⁾에나 서ᄉ정거리에나 어디장골 질장골에서
어느 눔의 차라도 오랑 박아불게도 말고
이녁 몰아 뎅기당 눔의 차에도왕 박아불게시리 말고
몰아 뎅기당 꼬랑창²⁹¹⁾에 들이 박아지게시리 마라건
오토바이도 선왕이 아닙네까
하다헌 아이고 이거 순한 오토바이구나 수덕좋은 오토바이로구나
영급허니 왈 좋은 오토바이로구네 영허여건
몰아저 뎅기게 시켜줍서 드립네다
천왕순 지왕순 인왕순 꼿불 냉불 염질 투질 상한열병
각기요통 내당 골당 신경통은 어- 이여
이젠 위장 위병 위암 간암은 간경화 헐일들
백혈병 성인병 부인병 혈압 당뇨병 헐일들
폐암이라도 헐일들, 조상에서 막아줍서 드립네다들
이제 오라건 어- 사진들 찍고 허는
ᄌ순들도 뎅기는데 앞질 연질 불싼 묽은질 닥아줍서
문박사 선생님도 이 공철이 하멩이나 큰심방 맨드라 내세웁게 영해염수다
이녁 몸도 불편헌디 맨날맨날 들억낙 들억낙 허는 ᄌ순들
편안하게 시겨줍서들 드립네다
성은 서씨 조캐 고생을 이ᄌ순 조상업어 아정 오라
아이고 쉬은두설 초신질 발롸주젠 오랏수다
아이고 요질 허젠 허난 간장석고 오장석고 허여 뎅겸수다
오랑 요 굿해영 가거들랑 본주심방도 굿도 나게끔 허고
오라건 굿헌 심방도 전새남은 육마을
큰굿이여 ᄌ은굿이여 성주풀이 푸다시영
불도맞이 귀양풀이 쉬는날 어시 해여사 우리도 ᄀ찌 뎅기멍
벌어먹고 벌어쓰고 허젠 아니험네까.
날로 나력 둘로 둘역 월력 시력 한라상궁 아찐동은 바찐동 멩과 복이랑

---

290) 세거리
291) 구렁텅이에

금동쾌상드레 곱이첩첩 다 재겨줍서예~

연양당주 삼시왕은 삼하늘

안당주 밧당주님에 금공서 초아정 설운 원정 올렷습네다

받다 씌다 남은 주잔 들러건 저먼정에 내여다가

초공전에 놀던 군졸들 이공전에 놀던 군졸들이구나

삼공 시왕 십육ㅅ제 뒤에 놀던 군졸들이로구나

삼멩감뒤에 놀던 군졸이로구나.

양당주 삼하늘 삼시왕에서도 덩드렁포지영나건 막개포를 지영들게허고

막개포를 지영나건 덩드렁푸 지영들게시리

안간주가 잦아지건 밧간주가 휘어지게 시리

먹을 연 입을 연 내세와 댕길때라도

당주뒤에도 어시럭 멩두발 더시럭 멩두발

금투기ㄱ뜬 멩두발 이로구나

꿈에선몽 남게일몽 비몽사몽허던 멩두발들이로구나

모사지어²⁹²⁾ 대넘어가는 멩도발들이로구나

부정허던 멩도발들 서정허던 멩도발들이로구나

당주ㅅ록 몸주ㅅ록 신영간주ㅅ록 불러주고

안채포에 똘라오던 멩도발들이로구나

전대귀에 똘라오던 이런 멩도발들 주잔 권잔들

드립네다들 많이 많이 지넹겨 들여가멍

잔은 개잔개수 신ㄱ라도 올려 드려가멍들

천왕은 멩걸리 지왕은 복걸리로나

성은 정씨로 쉬은두설이나 어–(쌀점)

세어 보라. 열방울인가.

[아홉방울] 아홉방울이우다.

아홉방울은 군문으로 뎅기고 군문으로 행궁발신하는 일이난

이군문 질루난 먹을연 입을연이나 세와줍서

이조상 업언 강 당주 설연을 해엿수다

신영간주 설연을 해엿수다

---

292) 부서져

몸이라도 편안하고 동서남북으로라도
큰굿 족은굿 전새남 육마을이여 어엉
간세허지마라 어느 철갈이라도 해여도렌 허민가고
요왕맞이라도 해여두렌 허민 가고 해염시민 북촌에서도 (쌀점)
상단골 중단골 하단골 제민단골이나 어--
내세와 줄일인가마씨 고맙수다들
기메는 몸이라도 편안히나 시켜서 여섯 방울로
술이나 아니 먹어근 뎅기민 건강이라도 헐일인가 마씨 어-
명심해여건 멩심헹 뎅기렌 허는 일인가 마씨
술은 먹지말라 먹지말라 해도 아예 먹진 안으크라 술은 먹크라
술은 먹어도 석잔먹을 때 영 혼잔씩 덜레멍 덜레멍[293]
먹음시난 먹음시민 이굿 해여나고 또시
당주 설연한 조상을 업언 저 옛날 크게 놀아난 조상이 잇거든
전안에 업어다 놓고 허면은 어떤 영 느도 일로 절로 이
한 2, 3년만 넘어가면 느 앞으로 큰굿도 왈랑실랑 다허고 영허크메
또 늠의 소미라도 놀지안헹 동서남북으로 막 튀어 돌아뎅기켜
성은 서씨로 쉬은하나님이나 요일 허젠허난 (쌀점)
아이고 고맙수다 들
기메는 이굿 해여가민 이 즈순도 만사 소망 이루건
동서남북으로 먹을연이나 입을연이나
삼시왕 군문으로 먹을연 입을연 내세와준덴 허거들랑
맞은 점사로나 섭섭아니허쿠가 (쌀점)
아이고 고맙수다
느도 영허고 가민 이 느도 섭섭 아니헐거고
공철이도 이름 날거고 영허켜 영헐거고
느도 가면 이제 어디로 또 일이 남직허다
연양당주 삼시왕은 삼하늘
고 옛선성님전에 송낙벗어건 술을 받고 장삼 벗어 안주받으멍
옛선성님 이알로 신의 아이 잘못허고 몽롱헌 일이 잇을지라도

죄랑 잇건 삭 시켜줍서. 벌랑 잇건 해벌 시켜줍서
신자리에서 무녀사옵네다. 에~
각서 오본향 한집님드레 위돌아 점주업서
아이구, 속앗수다.

〈문전 · 본향당클 추물공연〉 오춘옥

(장고)
신이 구퍼옵네다.
신메와 석살림네다 예~
석살리난 날은 어느전 날이오면 돌은 어느둘
금년해는 신묘년 달은 갈르난 전싱궂인 애산 신구월은
열일뤠날 초감제 연ᄃ리로 청허신 일만 각 팔천 신우조상님
오늘은 열ᄋ드레가 되엇습네다.
어느 고을 어떠헌 ᄌ순이 이 제청을 무어 옥황드레 쇠북소리 울리멍
대로 들러 천변기도를 올리고 원성제 제맞이 굿을 드립긴
국은 대한민국 제주도는 서귀포시 대정읍은
모슬포 상모가 태솔은 고향입데다
현재 거주허는 거주지는 제주시 조천읍은 북촌리 351-2번지에 살암수다
성은 정씨로 공자 철자님 쉬은둘 경자생 받은 공섭네다
장녀는 정연담 스물ᄒ나 차녀는 정수정 열두설
사는 집안인데 어떠헌 일로옵서 이공서 드립긴
정씨로 쉬은둘 경자생에 어릴때부터 이세상을 태어나난
죽억살악 죽억살악 어릴적부터 쫏기멍 굿기멍 커왓수다
대여섯살 일곱설에 신창할망 알로노멍[294] 키와오는 가운데
죽을고비 넘으멍 넘으멍 살아온 ᄌ순인데
중학교 가난 어신 가정 골란헌 집안 부모에
태어나 사남일녀중 장남으로 소생해연, 살아오는 가운데 중학교 댕길 때

---

294) 놓으며

설운 어머님 아바지 어머님 돌아가셔불고

대학교 어렵게 들어가 뎅겨누랜허난

양친 부모 다 여의여 양친부모 어신 첫장개들언

큰 뚤년을 나난 이 살렴도 끝끝내 살아보지 못해영 서로 산 이별허고

다시 죽은뚤 어멍 만난 이 애기 나멍 살저살저 해여도

이 팔저를 못 이견 초볼 두볼 이지방을 넘으멍

그 간장 삭으멍 살아오는 것이 이 주순 혼잣몸에 어서지면 허고

큰아들 책임으로 삼멩일 기일제사도

모시고 허저 허는것이 직장에 연결이 아니되난

저 71호 문화재 사무실에 사무장으로도 근무허고

대학 뎅길때 한라산패에 들어 예술쪽으로 단체생활허멍 허단보난

끼가 잇어지고 영해여 오는것이 서른다섯 나는해부터, 신질로 뎅겼수다

연물두드림 춤추는거 말멍두리 배와오는 것이

흔헤엔 어디 와산굿을 가난 메여에 석살림굿 해여 보랜해연

서른일곱 나던해에 쾌지입언 신자리에 나산

산굿허고 새드리고 이에 푸다시허고 공연허는 거 배우고

해 가게 쉬은둘꼬지 일본으로 한국으로 제주도로 정의로 모관으로

대정으로 어느 의지헐 조상엇고 어느 당주도 엇고 허난

보름부는 양 절치는 양 보름센날 독털이 불려 뎅기듯이

눈물로 세수허멍 전싱굿인 아닌 부모도 부모삼아 의지허고

아니 삼은 삼춘 피도 술도 안붙어도 삼춘삼고

성님 아시허멍 오늘꼬지 간장도 많이 썩고 속도 많이 타고

거리 개똥도 춤실로 줏엉

17년 모르게 심방질 해여 보저 해여 뎅겨 오는게

4.3행사 이런 4.3굿에도 곹이 합심해영

4.3공원에도 강 행사도 해여보랜 허민 맡앙허고

영허단 보난 일로 절로 인연이 되언 발은 넓어지어 오는 가운데

설운 양씨 부모님 일흔 ㅇ돕님과 억만드러 도신녭네다.

아닌 아버지 아버님 삼고 김씨 곧 ㅇ든 아닌 어머니 어머님 삼고

아닌 애기 부모조식 삼아, 설운 아들아.

늘랑 나 의지허고, 날랑 느 의지허게.

나도 늙어저 내일도 모른 나이 되어가고
나 멩도 크게 놀아난 조상이난, 물령 업엉 뎅기멍
이 앞으로는 큰심방허영 돈벌엉 살라. 어서 걸랑 기영헙서.
의논해여 ᄆᆞ음과 뜻이 맞안 의논을 해여 오는 것이
이거 KBS방송국에서 큰굿 제주도에 보유가 되난
자료집으로 남겨 이런 행사를 해여 보저 허거니
전통문화연구원에서 영 의논해여 이런 소문을 들언 이번 처음 허는
발레에 정공철이 심방 신굿으로 해영 초신질을 발롸주저
서로가 인연이 뒈엇수다. 영해여 ᄆᆞ음을 먹엇수다
이에 집서관은 김녕 살암수다.
상신충 서씨로 신축생 집서관을 매겻수다.
구월ᄃᆞᆯ 초ᄋᆞ드레로 날은 받안, 저 하귀 간 양씨 부모 사는데로 간
이에 상신충 일흔ᄋᆞ돕님 몸받은 당주를 지완 당주하직해연
쉬은두설 정씨 ᄌᆞ순 머리쯤 조상님 운동헙서. 양단어깨 강림시켜
어서 조상 업어단 북촌으로 쉬은둘 사는 집으로 오란
당주 설연시견 당주 모셧단,
엇그젠 다시 성읍리 민속마을 집을 빌언 이굿을 허게되난
민속마을 이 집으로 이 조상 업어단
이에 잠시나마 어주애삼녹거리에 서강베포땅에 신전집을 무어
이 당주를 어가해여 잇습네다.
오늘은 구월 열ᄋᆞ셋날 성은 서씨로 상신충 고신허나
몸받은 당주문을 열렷수다.
상안채는 짓알로 중안채는 짓알ᄂᆞ려
하안채는 삼천기덕 일만제기 궁전궁납 멩두맹철
부모조상 업언 월산병에 ᄀᆞ랑곳질 넘으멍
성읍리 마을 이집으로 오랏수다.
베겻들론 천도천왕 지도지왕 인도인왕 삼강지오륜지법을 마련해연
천신기는 지ᄂᆞ추고 흑신기는 지도투고
팔만 금새진 대통기 소통기 나뷔여기줄전기
지리여기 양산기 줄싸메엿수다. 좌우독을 신수퍼 잇습네다.
안으로는 ᄉᆞ에열두당클 줄싸메고

안으로 이에 어주애삼녹거리 서강베포땅 신전집을 잠시 무어
양공을 어간허고, 마흔ㅇ돕 초간주
서른ㅇ돕 이간주, 스물ㅇ돕 하간주
연양 육고비 동심절은 곱이첩첩 누울려 잇습네다.
당주를 어간허고 이에 제물배당 기메설연 해엿수다.
이에 열ㅇ셋날 저녁 기메코ㅅ올려 너머드렷습네다.
어제 열일뤠날 이에 바꼇딜로 천지염라대 좌우독기
하늘이 칭칭허고 신을 수퍼 잇습네다.
각당 제물배당허고 초감제연ᄃ리로
초감제상 천보답상 고리 안동벽 신동벽 자동벽
받아들고 안팟신공시 어간해연, 일문전 삼ᄃ래대전상 받아들멍
성은 서씨로 상신충 쉬은하나 전주단발허고 신영백무해연
금마불셍 나산 엄중헌 일만 각 팔천 신우조상님은
천상천하 미별공제 나무돌굽 산설물설 노는 신전님은
옵서옵서 청해여 잇습네다.
오늘 아적은 초신연맞이로 기초발립 허엿습네다.
초감제로 청허던 신전 초신맞이로 신청궤 신을 메와
안상실로 좀좀이 신메와 잇습네다
초신맞이 떠러진 신전님, 초상계연ᄃ리로 옵서옵서 가고 만서당드레
ᄎ레ᄎ레 연ᄎ레로 몰부림 하메잔 지넹기멍 호허면 살려옵센허연
가고만서당클 연당클마다 당반 연당클마다
올로발멍 실로발멍 돌려잇십네다
오방각기 시군문 잡앗습네다.
기초발입 헤엿수다. 메진기 지어 올려
삼천천제석궁으로 이에 유공지 제물은 무언이 불식이라 허엿습네다
맛이좋은 천하금공서 초아명 올렷수다.
안으로 시왕에도 초아명 설운 원정 올렷수다.
이에 어주애삼녹거리 서강베포땅 신전집을 무어
쉬은둘 경자생 정씨로 몸받은 안당주 밧당주 신영상간주
당주전에도 보답 역가 마령도 둘러뵈어
천하 금공서 고단고단 앞단마다 올렷습네다.

제(坐)돌아 오랏수다 위(位)돌아갑네다 예~

둘저 기도문전 날적에도 기도문전 주인모른 나그네가 잇습네까

문전모른 공서가 잇습네까

안문전 열ㅇ돕 밧문전 스물ㅇ돕, 일문전 하늘님전 금공서 올리저 헙네다.

겸서로운 낳는날 생산, 죽는날 물고 호적 ㅊ지헌 토주지관[295]

삼서 오본향 한집님전 천하 금공서 올리저

이에 묽고묽은 군웅일월조상

산신일월조상 묽고묽은 요왕선왕 일월조상님전ㄲ지

천하금공서 초아명 금공서 올리저 하십네다.

유공지 제물은 무언이 불식이라 허엿수다

조상님 눈으로 보면 눈으로 들멍

귀로 들으면 귀로 다 잡술 수가 잇습네까.

앞버린 신의제자 성은 오씨아이 계사생입네다.

쉬은아홉 서씨 상신충되신 이에 설운 삼동막이 살장고

ㅇ섯부처 열두 가막쇠 든변 난변 제와놓고

오른손에 채를잡고 왼손에 궁을받아 은진무릅 제비꿀려 아잣습네다.

지픈궁은 내울리고 야픈궁 드리울려 어머님 신가심 내올리멍

천보답도 제돌아 갑네다 만보답도 제돌아 갑네다.

상별문서 역가상도 제돌아 갑네다.

고리동벽 안동벽 신동벽 초공마령 이공마령 삼공마령도 둘러뵈멍

일문전 하느님과 각서본향 한집님과 묽고묽은 일월조상님전

천하금공서 초하명 올리건 받아 통촉 하렴 하옵소서 예~

공서는 공서는 가신 공섭네다.

제주남산 인부역은 서준낭 서준공서 말씀을 올립긴

황송헙데 저런전광 절수이옵고, 날은 갈라 어느 전 날이오면

둘은갈라 어느전 둘이오면 올금년 수년장네

해는 보니 신유년 둘은갈라 상구월 열일뤠날

매운조상 열ㅇ드레 신명도 솟아난 날입네다.

국은 갈라 갑네다

---

295) 본향당신

동양삼국 서양각국 강남은 천자국 일본은 주년국
우리국은 천하해동 대한민국
첫서울은 송태조가 개국허난
둘째는 신임서울 세째는 한성서울 네째는 외정은 36년
다섯째는 ㅈ부올라 상서울을 마련허엿수다.
안동밤골 좌동반골 먹자골은 ㅅ박골 모시정골 불탄대궐 마련허던 예~
경상도는 77관, 전라도는 53관, 충청도는 33관 마련허난
일제주는 이거제 삼남해는 ㅅ진도 오강화는 육칸도 마련허니
그가운데에 제일큰섬 물로 뱅뱅 바우돌룬 제주섬입네다.
땅은보난 금천지 노고짓땅 산은 보니 한로영산 삼신산 허령진 산입네다.
동서문밧은 서른ㅇ돕 대도장네, 서소문밧 마흔ㅇ돕 대도장네
대정은 이십칠도 정의는 삼십팔리 주의모관 팔십여리 두루장광 ㅅ백리
영내읍중 도성 삼문 이ㅅ당을 마련허고 향교상청을 무어노앙
옛날에 정의는 현감 살고 대정 원님살고 모관 판관 살고 명월은 만호 살앙
삼고을에 ㅅ관장법 마련허던 섬입네다.
개편되난 북군 남군 제주시 서귀포시 읍면동 굽²⁹⁶⁾을 갈랏수다.
이제는 제주특별자치도가 뒈엇수다.
어느 고을 어떠헌 ㅈ순이 석돌 한참 바쁜일 때 당혀가고
모든 일손도 바빠지고 시국도 시국만치 위험허고
모든 경기 어려운 이시기에 이제청을 무어
밤도 ㅂ름 낮도 ㅂ름 밤낮 합처 ㅎ돌허는 이 기도를 드립기는
대한민국 제주도 조천읍 북촌리 삽네다.
1151-2번지 거주 건명허는 ㅈ순입네다
부모조상 태슬은 고향은 저 대정읍 모슬포 상모린데
살다보난 고향은 타향이 되고 외방나와 살암수다
성은 보난 정씨로 경자생 쉬은둘 받은공섭네다.
큰뚤은 스물ㅎ나 즉뚤은 열두설 받은공섭네다.
들며나며 가며오며 살아가는 집안인데 어떠허신 일로 이공서를 드립긴
밥이 어서 밥을줍서 옷이 나빠 옷을 줍센 이공서도 아닙네다.

옷과밥은 가락고락 빌어서도 밥이고 얻어서도 옷입네다마는

천지는 지간허고 만물은 지중허와 유인은 최귀허니

속인자는 이기요 오륜지사라근 저 산천 모든 만물 푸십세는

구시월은 설한풍 백설에 널려건 상강일이 건당허여 가민

꽂과 잎은 다지엉 낙화가 되어, 땅도 멩년 청명 삼월 돌아오면 가지마다

꽂은 피어 화산되고 잎은 피어 청산 만발허민

1년에 한번씩은 제몸자랑 허것만은

우리 인산은 아버님 천엔 뼈를 빌고

어머님 전에는 살을 빌고 칠원성군님전 명빌고

제석님전 복을빌어 석가여래 공덕으로 옵서

좋은 몸천 탄생을 허영, 어리고 미옥헐땐 아무 분시 모르게 커우당

열다섯 넘고 스물나뭇 너머 분절 알아가민 결혼입장허고

장개 시집들 강 살다보민 살림도 욕심 해여지고

아들뚤 나가민 이 애기들 아까와건

지친걸 무릅쓰고 혼자 요 농스 거두와 드령

돈 벌어사 이 애기들 배고프게 마랑 사클

등 뜨슨옷 입저건 얼게도 말라 사클

놈이엔 부모조상 삼멩일 기일제서 모셔 사클

동네일가 괸당에 돌아볼때 돌아보아 사클

하다보면 일년내내 고생허멍 손끝발끝 꿩이닳게

농촌에서 혼갈 몸뻬 벗은날 어시, 저 골갱이 내븐날 허루 어시

벗기가 바쁘게 저밧디가 아장

부둥 생활허고 해변에 사는, ㅈ순들은 대왕 망사리 둘러짚엉

저 바당에 물질허고 밤은 낮을 삼어건

고생허멍 점심 굶다 시피, 배고파 가민 허리띠꼼 졸라메고

저산에 해가 지도록 노동생활해영

열심히 놈광 ㄱ찌 먹을 채컷 아니먹고, 입을챔 옷 또한 혼번 재대로 못해영

혼소혼번 못해영 보멍 고생허멍, 살다보민 나이는 스곡스곡 늙어가고

고생끝에 톡혼멩을 늘벤, 고한 허당허당 번혀 이싱록이 떠러지면

고사당에 하직허고 신사당에 허빌해여

눈에 넣어도 아니 아플, 삼대독신 아들이라도 다 놔두고

짐에 가계 돕는 ᄌ순들 다놔두고, 고생허멍 벌어 일롸노은
고대 광실 노픈집도 다놔두고, 남단 북단 너른밧도 다놔두고
양손구짝 페왕²⁹⁷⁾ 토란잎 이슬만 못헌 인생이우야
ᄇ름부른날 촛불과 ᄀ뜬 초로인생
뚜르릅게 떠러지멘 세경을 본당엔
엄토감장을 허고 보면 땅석자를 징여
ᄒ번가민 뼈는 석어 진토에 묻혀불고
살은 썩어 시내방천 물이되어 흘러불맨
삼ᄒ정 배끼 엇는 초로인생 아닙니까
절마 청춘에 죽어도 ᄒ번가민 못돌아오고
나이가 암만해영 돌아가도 ᄒ번가민
이세상을 다시는 돌아오지 못하는 우리인생 아닙네까
강남길이 멀어도 강남간 제비도
삼월삼진 되면은 고향산천 춫아 오건맞은
일본 주년국땅이 멀어도
일본간 부모형제 돈을 벌면 고향산천 춫아오건만은
저싱간 우리부모 조상님 ᄒ번가면
산이 높아 못오는지 물이깊어 못오는지
ᄒ번가민 다시는 금세생을 돌아 환성 못하는
초로인생 아닙네까
이세상에 불다물에 옴이나 다름없는 초로인생인데
성은 정씨로 경자생 쉬은둘님
저 대정 옛 모실포 상모서 농촌에서 신부모에
다섯 오누이중 사남일녀에 장남으로 태아낫수다.
살다보난 안헐 고생 다허고 어머니 아바지 밑에서 크멍
ᄂ과ᄀ찌 좋은 재산엇고 가난한, 부모에 태어나 살아오는 것이
중학교를 댕길때 아이고 설운 부모 병들어
어머님이 돌아겡 아바지 돌아가불고
대학교 댕길때 어머님 돌아가불고 장개도 못가고 허난

---

297) 펴서

268

고생도 많이 허엿수다

양눌개 꺽어진 몸이 고아몸이 되어도 어떵 어떵.

첫 장개간 큰년나고 그 살렴을 끝끝내 못살안

다시 재혼해여 족은년 나고

살젠허난 고생이요 죽자허니 청춘이여

어느 좋은 직장 엇고 좋은 기술 엇고

일허다 손도 다처건 손가락도 하영 끈어저 부난

장애인이 되어지고 영해여 살아랏수다 살아오는 것이

아이고 인연인연 대학댕길때 한라산 예암 예술단으로 허멍

노래 불르고 이런 양에 이런 단체생활

연극허고 그런쪽으로 취미 부처건

뎅기다 보난 71호 제주 무형문화재 사무실에

사무장으로 뎅겨가는 것이

서른다섯 나는해엔 김씨성님과 의지암지허고

이씨 아즈망 의지암지허여

오라 공철아 우리광 7찌 심방이라도 해여보겐 허는게

연물두드림 북두드림 대양두드림

설대두드림 장구 쳄 배우고 말명ᄃ리 젯ᄃ리 배왓수다.

이 심방질 허젠 허난

속도 많이 석고 천대도 많이 받고 설움도 받고

어느 부모조상 의지 못허고

어느 누게 단돈 만원 도외줄 사람 엇시난

해년마다 신구간 되면 이집 저집 이서 뎅기멍

고생도 많이 허고 큰아들 뒌 도리로

아바지제ᄉ 어머님 제ᄉ 하르바님 제ᄉ

아이고 우리 셋아바지 제사영

나가 걱정안혀면 누게가 허린, 고사리 홍클이라도 허저.

고생허멍 부모조상 기일제ᄉ 모시멍 살아랏수다.

사는세 쉬은누설〃지 요 심방질 허단 보난

일본으로 제주도도 산납산듸

정의로 모간으로 대정으로, 뎅기멍 살아오는 ᄌ순인데

쉬은둘꼬지 17년동안 심방을 해여도

어느 조상 허던 기력엇고

이에 물림 엇고 허난 아직꺼지 멩두도 엇고

조상 당주도 엇고 어디 당맨디도 엇고

영해여 ᄂᆞᆷ의 뒤로만 뎅기멍

임시 임시 살아오는 가운데 나이가 엔만해여 가난

일흔ᄋᆞ돕님 상신충 억만드러 도신녜

양씨 부모님이 설운 애기야 너광 나 ᄀᆞ뜬 팔저여

서로 의지해영 아들 삼앙 만일 어떤일이 잇어도

나가 이조상 업어 뎅기멍, 이조상 물려뎅기렌 영해여 가는게

김씨 어머님 곳 여든광 의논해여, 이 조상을 물리저 ᄆᆞ음 먹엇수다

기회가 되어 KBS방송국에서 제주도 큰굿 보유가 되난

큰굿 자료집 넹기저 우리 제주도 무속문화를 살리저

전통문화연구소에서 영, ᄒᆞᆫᄆᆞ음 ᄒᆞᆫ뜻으로 큰굿을 허젠 허난

이왕 허는 발레에 이거야 정씨로 정공철이 심방 신굿으로 해여 줘보젠

서로 의논을 허엿수다. 장소는 어딜 마련허레

일로 절로 돌어보멍 물으멍 춫아오는게

정의고을 성읍리 ᄆᆞ을 옛날, 이거 이에 초가집을 빌언

성읍민속촌 ᄆᆞ을 초가산간집 요집을 빌엇수다.

집서관은 상신충 서씨로 신축생 메왓수다.

김녕 살암수다.

이에 초ᄋᆞ드레날 구월 저 아기가

이에 일흔ᄋᆞ돕님 억만드러 도신녜, 몸받은 당주 지왓수다

당주하직 해여 이에 쉬은하나, 신축생에 이 조상이랑 쉬은둘

이 아들 정씨 ᄌᆞ순 머리쯤드레 운동 헙센 허연

양단어깨 강림 헙센 허연, 북촌으로 이에 업어다 놓안

엇ᄀᆞ진 다신 성읍리 이집, 굿 헐 집으로 모셔 오랏수다.

열ᄋᆞ셋날 열일뤠날로 날 받안 열ᄋᆞ셋날 아침 일출 위로

쉬은하나 서씨로 상신충 몸받은

당주문도 열렷수다 몸주문도 열렷수다.

상안채는 지뚜로 중안채는 짓알로

270

하안채는 삼천기덕 일만제기 궁전궁납 멩두멩철 부모조상 업언

팔저궂인 유학성재간들 홀목심은

자동차 둘러타멍 월산벡리에 도랑ᄀ질 가멍

내넘으멍 뫼넘으멍 ᄆ을넘으멍

표선이우다 이거 성읍리 민속촌 집으로 오랏수다 예~

배꼇질로 하늘이 칭칭허게 천지 염라대 신수푸젠허난

삼대틀엉 초신질을 발루젠 허난

널ᄋ셋날 저녁에 기메코ᄉ 올렷습네다.

안으로는 ᄉ에 열두당클 줄싸메고

배꼇질로 천신기는 지 ᄂ추고, 흑신기도 지도투고 팔만금세진님

삼벌이줄 나븨역 줄전기 대통기 소통기 줄싸 메엿수다.

좌우독기 신수퍼습네다.

연향당주 쉬은둘 경자생 몸받은, 안으로 당주전 양궁을 어간 해엿수다.

이 제청을 설립 허난, 열일뤠날 아침 일출 위로

초감제 연ᄃ리로 천상천하 미별공지 노는 신전님

옵서옵서 ᄎ래ᄎ래 일문전 초감제상 받아들멍 청해여 잇습네다.

지난 간밤 밤이 기프난, 조상도 줌자고 ᄌ순들 줌을 자단

침체엿단 오늘 아침인, 이에 초신 연맞이로 신청궤 신메와 드렷수다.

초신맞이에 떠러진 신전님은 초상계 연ᄃ리로

이에 각호만서당더레 살려옵센 도올려 잇습네다.

이에 메진기 찌어 올리고 기초발이 피엇수다.

오방각기 시군문을 잡앗습네다

삼천천제석궁에 천하 금공서 올렷수다.

안으로 안시왕 시왕전에 금공서 올렷수다.

쉬은둘 경자생 정씨 ᄌ순 몸받은 연향 당주전드레

안당주 밧당주 양궁을 어간 해연

당주 삼시왕 삼하늘 고옛 선성님ᄭ지

이에 보답도 둘러베고 역갈 마령도 둘러 베멍

금공서 초아넝 올렷수다.

재 돌아 오랏수다. 위가 돌아 갑네다.

일문전 하늘님전에도 천하금공서 받읍서.

안문전도 상받읍서 밧문전도 상받읍서.
동방택신 성주신 목성으로 도우시고
서방택신 성주신 금성으로 도우시고
남방택신 성주신 화성으로 도우시고
북방택신 성주신 수성으로 도우시고
중앙택신 성주신 토성으로 도우시니
목금화수토 오행육갑법 마련허던 일문전 성주님도
초아명 금공서 설운 원정 받아삽서예~
문전으론 공서가 잇고 주인 모른 나그네가 잇습네까
이 ᄆᆞ을은 남도엄전 저 집서님 물도엄전 저집서
낳는날 생산 죽는날 물고 적 호적 ᄎᆞ지헌
삼천백매 토주지컨 한집님 천하금공서 받아삽서
저 대정 모실포 상모가 고향이우다.
고향산천 몸받은 석살림을 좌정헌
개로육서 ᄄᆞ님 초아정 설운 원정 받아삽서.
북촌 살암수다 여산주 노산주, 웃손당은 금백조 셋손당은 세멩두
매알손당 소로소천국 누에 놀던, 가지 갈라오던 가릿당 한집님도
천하 금공서 초아명 받아 삽서.
이 성읍리 토주지컨 한집님 안할망 보름웃또님
일곱구비 ᄋᆞ돕간주 모른밧 배돌려오던
한집님도 천하 금공서 초아명을 받아 삽서.
창할망 옥토부인 광주부인, 개당일뤠중저님도 천하 금공서 받읍서.
동원할망 제석할망 수직할망 창방할망
염색할마님도 천하 금공서 받읍서.
아동골은 광주부인 막동골은, 축일한집 개동산 개당 한집님ᄁᆞ지
오늘 성읍리 ᄆᆞ을에 오란 이 굿 해염수다
주인 모른 나그네가 어디 잇습네까
문전 모른 공서가 어디 잇습네까
어제 아침에 이 ᄆᆞ을로 굿허젠 허난, 본향으로도 간 빌언 오랏수다.
아이고 이ᄆᆞ을에 완 큰굿 해염수다.
삼대틀언 조상에 역가를 받치젠 해염수다.

본향 한집님도 옵서 굿 밧드레 ㄱ찌오랑
다른 본향들광 ㄱ찌 좌정해영
의논허멍 상받아상 이 ㅈ순들 그늘 놔줍센 해연
본향 한집에도 잘 축원허고
이에 간 인사올리고 조상모션 오랏수다.
성읍리 토주지컨 한집, 초아멍 금공서 설운 원정 받아삽서.
김녕 본향은 멩두 뒤후로도 바리벋고 몸받은
집서관도 김녕이고 영허우다.
큰도안전 큰도부인 알성세기 배암
밧성세기 내외 천존님 보름웃또 동래국
ㅅ공주 마누라님도 천하 금공서 받아삽서.
궤네기 일곱자 대전님도 상받아 삽서.
웃손당 셋손당 알손당 ㄴㅁ리 일뤠한집
한개하르방 내외간도 상받읍서.
남당일뤠 거씨 하르바님 할마님 세기 하르바님
김녕 토주관 한집님도 천하 금공서 받읍서.
웃손당 금백조 알손당은 세멩두
매알손당 소로소천국은 아들 ㅈ순 열ㅇ돕
뚤 ㅈ순은 스물ㅇ돕 손지방상 질수싱 일흔ㅇ돕 거느리던
삼읍 토주관 한집님도 천하 금공서 초아멍 받아 삽서.
웃당 일뤠 한집 알당 ㅇ드레 한집
도다사민 당토하늘 당토부인
ㄴ려사민 요왕하늘 요왕부인 애기내청 상마을
어깨내청 중마을 걸래내청 하마을
일곱배기 내청 이에 거느리멍, 천하 금공서 받읍서.
강씨 한씨 오씨 성방 놀아오던
이에 알당 ㅇ드레 모를 넘은 저토산
우알당 한집님도 천하 금공서 설운 원정 받아삽서.
붉고 붉은 일월이여, 군웅하르방 군웅할망 상받읍서.
군웅아방 군웅어멍 아들은 나난, 삼형제가 납데다.
큰 아들은 솟아나난, 동해 와당 ㅊ지 셋아들은 서해 와당 ㅊ지

족은 아들 혼역 그르친 팔저, 대공단에 고깔들여 머리 삭발허고
혼침 일러 굴송낙 두침 일러, 비랑장삼 목에 염줄 단줄은,
손에 걸고 줄줄흘러라
보페 미녕 두루마기 한삼모시 중이적삼메
둘러입고 혼짝손엔 금바랑 혼짝손엔 옥바랑 둘러잡아
혼번이사 뚝띡치난, 강남드레 응 허난 황저군웅
두번을 뚝딱 치난, 일본드레 응혼난 소저군웅
삼세번을 뚝딱치난, 우리나라 대웅대비 서대비 물아래 소신군웅
물우이 왕군웅 인문육지 병풍연향 탁상우전
넉매물색 광메물색 고리비단 능나븨에 놀덜 일월도
천하 금공서 초아명 받아 삽서예~
이 정칩이 정씨일월 정선달 정벨감
정문장 정좌수 놀던 일월 상받아 삽서.
산으로 산신일월 이에 아방국, 구엄장 어멍국은 신엄장
도리알 송씨염감 아불생화 지달피 감퇴
늬눈이반둥개에 청삽살이 업삽살이
거느리어 놀간놀래 언설단설 대강녹 소강녹 질머리
받아오던 묽고 묽은 산신님도 초아명 금공서 받읍서.
제주 한라산 백록담 노념[298]허던
산신 동남어깨 서남어깨 어싱생 단골머리
아흔아홉 궁궐로 노념허던 산신님도, 초아명 금공서 받읍서.
영실로 교래리로 어리목으로
산궤마다 번엉마다 오름자치마다 목장번엉마다
노념허던 이에 산신 일월님도, 혼반일반 초아명 금공사 받읍서.
물로가민 요왕일월 배론 선왕일월, 동해요왕 청요왕님도 상받아 삽서.
서해요왕 백요왕 남해요왕 적요왕, 북에요왕 흑요왕 청금산이 요왕이여
수금산이 요왕 수미산이 요왕
쏠물줄에 노념허던 선왕, 들물줄에 노념허던 선왕
든여 난여 수문여 정살여에, 상선 중선 하선에 놀던 선왕일월도

---

298) 놀이

ᄒ반일반 천하 금공서 초아명 받읍서.

정씨로 경자생 뒤후로 성편이고 외편이고

진내편 발이번은 이 ᄌ순은 부모조상들

멩졸라 일찍 돌아가불고 해부난 어느 누게 ᄀ라 들을디도 엇고

조상 기픈 내막을 몰람수다.

어딜로 발번은 쳄불이라도 잇건, 기지역신 해영 상받읍서.

조상ᄀ찌 알다니 불도발이라도 잇건, 기지역신해영 상받아 삽서.

ᄆᆰ고 ᄆᆰ은 일월조상님도 ᄒ반일반 천하 금공서

초아명 설운 원정 받아 삽서.

유공지 제물도 무언이 불식이라 허엿수다.

어느것 정성이냐 ᄎ래ᄎ래 연ᄎ례로

신의 아이 울리는 양 조상님 받아 통촉헙서.

어떤것이 정성이냐

강남서 들어온 대청역, 일본서는 들어온 소청역

우리나라 만세력 흘려잡앗수다.

ᄎ왕ᄀ든 ᄎ파일 이장ᄀ든 이파일

고추일은 멩망일 절명일은 화에일 메엿수다.

남생기는 여복덕 ᄀ리잡앗수다

이정성도 받읍서.

석둘 앞서 재겨들고 칠일 앞서 정성허고

오일 닷세 삼일 앞서. 저 올레론 금줄나래 홍줄메고

홍줄나래 금줄메여 ᄆ음정성 햇수다.

저 올레 황토덜에 못 ᄀ랐수다

숭광게랑 조부감지 허영 상받읍서

금마답을 베려봅서

하늘이 칭칭허게 천신기는 지ᄂ추고 흑신기는 지도투고

이에 천지염라 이망죽대 신을 수퍼 세왓수다.

이에 좌우독기도 세왓수다.

삼버리줄 술싸메여 나븨여기 줄전기 지리여기 양산기

대통기나 소통기 불럿수다 이도 정성 받아삽서.

제청 방안 굽어봅서.

알자리는 넉마자리 회멍석 ^까랏수다
웃자리는 서세비새 뒤초석 ^까랏수다.
자리보전 받아삽서
계수나무 상당클, 준지나무 중당클, 아훼나무 하당클
춤실베로 말깃재로 입구재로 늬귀듬숙 메엿수다.
이도정성 받아섭서.
목유장옥 둘루던 이에 척지로 둘런
기메전도 올련 당반지도 줄쩟수다.
살전지²⁹⁹⁾나 물전지 제청 ᄀ리며 해엿수다
이도 정성 받아 삽서.
천련으론 천보답 만련으론 만보답
고리 안동벽 신동벽 안팟으로 청대화진 청너울
백대화진 백너울을 세완
방울방울 열네방울 ᄉ가칩인 열네방울
팔저궂인 집은 스물ᄋ돕 방울 쌍쌍이 올렷수다.
이도 정성 받아삽서.
초미 올른 연단상, 이미 올른 조단상, 삼미 올른 삼선양
울륭도 조금상 가지넌출 능글능글 피와
세발 돋은 주왕아반 상불도 피워 올렷수다
이도 정성 받아 삽서.
초잔은 청감주입네다
이잔은 졸병주, 제삼잔은 이에 조수지³⁰⁰⁾ 돌아닥근 한한주
이거 성읍리 ᄆ을에서 닥은 술이우다.
감주여 신청주여 조수지도 받읍소서.
우거린건 졸정주 알거린건 다박주
고암약주³⁰¹⁾ 한난주 멩 재김잔 받읍소서.
언메나 단메 누게 올른 당산메, 곡식 얻던 이양 오란메
메징기 문암제 고부멍 사발ᄀ득 보시ᄀ득 올렷수다

---

299) 지전(紙錢)의 일종
300) 소주
301) 좋은술

메징기 받아 삽서. 두손 납작 콩나물채나 세손 걸린

고사리채 ㅍ리ㅍ리 ㅋ싱ㅋ싱 미나리 청근채[302)

세가지 나물 채소도 받아삽서.

손값에서 손에서 발값에서 발에서

무릅값엔 돌레올변 갈래성이여 오몰떡이여

잔뜩 과실이여 백돌레영 살아가 넘은 아기

제물도 올렷수다. 이 정성도 받음서.

머리ㄱ진[303) 기제숙 맛이 좋은 건

오토미[304)생선 조기생선 볼락생선 우럭생선 받읍소서.

사발ㄱ득 상구월 고장쏠 잡쏠어시, 최후의 쏠만 올렷수다.

금도십쏠 받아삽서. 과일정성 올렷수다.

사과 능금 배 밀감 삼중과일 받아 삽서.

저싕돈은 지전으로 받읍서.

이싕돈은 돈천금 만냥황금 두금 억만금도 받아삽서.

천년오론 천보답도 받읍서. 만년오른 만보답

마흔대자 상청ㄷ리, 서른대자 중청ㄷ리, 스물대자 하청ㄷ리

본향일문전 관세수건도 받읍서.

본향 한집님이랑 일곱자 수수동개거리 ㄱ심[305) 받읍서.

석자오치 풀지거리 ㄱ심 받읍서.

우알당 한집에 자리보전 ㄱ심 받읍서.

뜻보전 자리보전 ㄱ심 받읍서.

마흔대자 상방울친 ㄱ심

서른대자 중방울친 ㄱ심

스물대자 하방울친 ㄱ심 받읍서.

애기나청엔 걸레베도 받읍소서.

일월조상님이랑 군웅치메 ㄱ심 바랑끈 ㄱ심도 받아삽서.

선왕ㄷ리 ㄱ심 요왕ㄷ리 산신ㄷ리 ㄱ심 물로 감상헙서

---

302) 잎푸른 채소, 시금치
303) 머리 갖춘
304) 옥돔
305) 감

실로 감상 허옵소서.

기메전지 당반지도 받읍서. 살전지나 물전지도 받아삽서.

동성방에 환허게 촛대흔쌍 불을 피와 올렷수다.

이불 먹듯 불선 멩단 시겨줍서.

이에 묽고 묽은 금첸 물도 올렷수다.

이도 정성 받읍서. 게알안주도 받아삽서.

어느것 허젠허민 공 아니듭네까

얼음ㄱ뜬 정성 구름ㄱ찌 상받읍서.

구름ㄱ뜬 정성이랑 얼음ㄱ찌 받읍서.

ㅈ순들거 공이먹어 목걸리고 공입은 등걸립네다.

지성이면 감천 화련이면 공덕법, 인정식은 배 파하는법 엇십네다

종이도 니귀들려야 바루는법 아닙네까

수만석도 모다들면 커봅네다.

ᄆ음이 고왐시민 현우답서 마무는법 이우다.

천하성인 공부자도 이구산에 올라 빌엇수다.

진나라 왕의 손도 우성산 올라 빌엇수다

이번 츰에 정씨로 쉬은둘 경자생

ᄆ음먹고 뜻먹고 이거 KBS방송국에서

다 동원을 허고 전통문화연구소에서

ᄆ 동원을 해연 ᄆ 후원를 해여주고

제주도 큰굿 자료를 냉기저 허가허는 가운데

이 ㅈ순 신굿을 해여주저 보람나게 서로

이런 기회에 이 성읍리 민속마을에 오란, 삼대틀언 큰굿허염수다.

조상님아 각성받이들 하다 ᄆ음먹언 흔ᄆ음 흔뜻이 되어

신의 성방들ㄲ지 해영 밤도 ᄇ름 낮도 ᄇ름

밤낮 합치면 흔들올르게 성읍리 민속촌 민속촌집에

촛이멍 오르멍 오랑 요 굿허건, 쉬은둘도 몸 편안하게 헙서.

그에 이 ㅈ순 북촌 살암수다. 앞으로 인연되어 어느 ᄆ을 본향도

당베 절베 메영 본향도 메게 헙서.

상당골도 나숩서 중당골 하당골 나숩서.

호적 장적도 비게 맙서.

성읍리 본향 저 모슬포 상모 본향

이에 김녕 토주관한집 삼읍 토주관한집님에서

의논협서 공론허멍 다협허멍 장적 비게맙서 호적 비게맙서.

문전 헌서 나게 맙서. 이에 일월조상에서 속심하다

간장 간장 조상간장 잘 풀려 드리쿠다.[306]

조상간장 풀리는양 ᄌ순 간장도 풀령

쉬은둘 몸도 편안하게 허고

스물ᄒ나 당주ᄌ순 팔저궂인 아방 몸에 난 애기 열두설들

멩이 부족헌 애기 천하명산 멩도 재겨줍서.

복이 부족헌 ᄌ순 지하복산 복도 재겨줍서.

이 애기들 공부해염수다.

글발도 나숩서 활발도 나숩서.

장원급제 문선급제 팔도도장원 해영.

ᄯᆞᆯ이라도 아들 못지 아니허게시리 공부잘해영

아방 관록 못먹은 대신 ᄯᆞᆯ성제 노픈 관록을 먹게

다 조상님이 도와줍서 에~

본향한집에서 문전에서 일월조상에서

쉬은둘 동서으로 큰굿 ᄌ은굿 아진제

어느 일월맞이 성주풀이 불도맞이 귀양풀이 비념올려

조상을 의지해 이제 당주를 설연허ᄀ 멩뒤를 업엉 데려가건

동서으로 성주도 내줍서. 올레코ᄉ도 내웁서.

넋두 드려줍서. 귀양풀이도 내와줍서 허멍

소문들으멍 촛이멍 물으멍,

ᄇᆞ름단궐 나수왕, 막개포 지엉 나건 덩드렁포 일롸오랑

이제ᄭᆞ지 못번 금전 부모두에 가난허게 살아도

이 아들 이ᄌ순 뒤에랑 부재로 잘살게 조상님이 도와줍서.

소원을 드렴수다 전싱궂인 상신충 서씨 신축생도

이 단골에 오랑가는 길에 영급 배와줍서.

안자난 자리 헌선하게 맙서. 조상님이 앞을 발롸줍서.

---

306) 드리겠습니다

장적 호적 문서 낙루헐일 막아줍서.

신의 아이도 잘못헌 일랑 죄랑 이자리에 삭허고

벌랑 풀령 이집안에 동으로 오는액 서으로 막아줍서.

성읍리 ᄆᆞ을에도 편안허게 헙서.

이번에 이 굿허는 이장도 속암수다[307].

모두들 유지급들이며 부엌에서 일하는 ᄌᆞ순들

가멍 오멍 뎅기는 질 편안히 잘넘게 헙서.

찻질도 술펴[308]줍서. 오도바잇질들이영 그늘롸[309] 줍서

동으로 오는 액 서으로 막아줍서.

서우로 오는 액 동으로, 천살 지살 관재살 수중살 노중살은 화덕살

집안 화덕처서 급히살 일, 도둑시낭 벌어질 당헐일이랑 다막아줍서.

막다남은 멩과 복이랑 금동쾌상드레, 곱이첩첩 누울려줍서 예~

일문전 하늘님 받다남은 주잔, 각서본향 한집님 받다남은 주잔

이에 묽고묽은 일월조상님 받다남은 주잔은

시군문연ᄃᆞ리 내여다가 일문전 뒤로

문직대장 감옥성방들 주잔 받읍서.

동문지기 서문 남문 북문 지기들 주잔 받읍서.

이에 모슬포 상모 본향두에 노는 임신들

장적문서 두에 노는 임신, 호적문서 두에 노는 임신

개로육서또 두에 노는 임신들 주잔 받읍서.

북촌본향 한집두에 이에 노는 임신 주잔 받읍서.

김녕 토주관 한집[310]두에 노는 임신이여

성읍리 토주관 한집두에 노는 임신들

이에 안할망 두에 보름웃도 두에

삼천백매 문오부인 두에, 창밧할망 옥토부인 두에

광주부인 두에 개당일뤠 두에, 동원할마님 두에 노는 임신들

어느 제민 이거 얼굴도 모른 ᄌᆞ순 외방ᄌᆞ순 오란

---

307) 고생하고 있습니다.

308) 살펴

309) 지켜,

310) '한집' '토주관'은 본향당신의 다른 이름

KBS방송국에서 영 전통문화연구소에서 영

이 ᄌ순들 우들렁 마을이장 의지허고 해영

이 성읍리 민속ᄆ을에 오랑

굿헌데 우리 제민 옵센해영, 술을 ᄒ잔 주젠 해염신고

저 올레 오랑 들어상 나삭, 언노릇 ᄎ이슬 맞던 임신 주잔 받읍서.

비오는날 우장썽[311] 기다리듯 허던 임신 주잔 받읍서.

군웅일월 산신일원 두에 노는 임신

이에 우알당 한집두에 오름산이 ᄇ름산이 서자우기 귀마구리[312]

더벅머리 코큰ᄂ이 신령들 주잔 받읍서

이에 산신뒤에 요왕뒤에 선왕뒤에

군웅일월뒤에 어느 불도 첵불뒤에

당주일월 몸주일월 신영간주일월뒤에 노는 임신 주잔받읍서

쉬은두설 넉날 때 의탁헌 임신이여

ᄒ잔술에 의탁헌 임신이여 주잔받읍서

일본댕길때 ᄄ라온 가미상에 진자상에 엠마상 두에

간호상에 곤뻬라상 두에 노는 임신들 주잔받읍서.

이리저리 싸뎅길때여 ᄄ아온 임신이여

이번이 조상업언 이 굿허레 오라가난

우리도 술ᄒ잔 먹저쓰저 허던 임신 주잔받읍서.

꿈에 서몽 남개일몽 비몽사몽하던 인신

얼굴좋다 ᄆ음좋다 이탁헌 임신들 주잔받읍서

팔저궂인 신의 성방들 꿈에 선몽하던 임신 주잔받읍서.

요왕 영개 뒤로도 요왕군졸이여

저먼정에들 말명젯ᄃ리 떠러진 임신 어시

이 소방에 큰낭지기 큰돌지기 엉덕멍덕

수덕지기들 항교에 놀던 임신들이여.

어느제민 요 굿해여 술ᄒ잔을 인정받으리 굿소리 나가난

저 올레 ᄀ득오던 임신들

311) 우비쓰고
312) 귀막힌 자

자축인묘진사오미신유술해방

갑을병정무기경신임계방에 노는 임신

동설용에 서설용에 남설용에 북설용에 거미용신 대용신

이 ㅅ방에 큰낭지기 큰돌지기 터지기 집지기 주인 임재

반이웃 주인 이웃 노는 임신덜

동녁밧 서녁밧 우알녁집이 노는 임신

말명젯ᄃ리 떠러진 임신 없이들

청주로 감주로 소주로 많이들, 열두주잔 권잔입네다 예~

잔은 개잔개수해여 위올려 들여가며

본향한집님과 일문전에서

산[313]이나 잘 받아 삽니까 쉬은둘님 (제비점)

ᄆ음먹고 각성받이 방송국 직원 ᄌ순

이거 전통문화연구원에서 영

일월조상에도 잘 등장들고 (제비점)

본향한집에 잘허쿠다.

석자오치 풀찌거리 일곱자 동개걸이영 잘해영 (제비점)

바치고 이 나중에라도 북촌사는 동안은

그 ᄆ을 본향에 일년에 ᄒ번이라도 쉬은둘 명심해여 잘 뎅기고

성읍리 본향에도 이번이 오난 웃가지가

굿허젠허난 아침새벽에 안할마님 동원할마님 신디간 잘

우혜 축원허고 굿해염수다. 옵서.

굿밧[314]드레 본향 한집님 영해연 청해오고 해엿수다.

멩심해영 이에 ᄆ을 이장 어른들이영

헛수선 신경쓸일이 잇어도 ᄎ으멍

요 기도 잘 해여사 ᄆ을도 편안햄직해여 양

이장 어른 낼랑 와시민 ᄒ끔[315] 귀뜸 해사쿠다

소소히 좀 신경쓸일이 잇고 괴로운 점이 잇어도

ᄎ는 바에 이왕 수고 허는 바에 ᄎ앙 넘어사

---

313) 점괘
314) 굿청
315) 조금

ᄆ을도 편안허고 동네도 편안허고, 당신네도 좋고 서로서로
주인도 좋고 나그네도 좋아함직 허여, 양.
본향에서 영 문전에서 영 산(算) 잘받암수다.
일월조상에서 양 성심성의껏 햄시민
하늘이 높아도 땅에 비가 질듯 허우다[316] 양
신의 아이 잘못헌 일이 만만해엿수다
죄랑 이자리에서 삭시켜줍서.
벌랑 소멸시켜줍서.
이에 신공시 선성 이알로 굽어 신청하련 입네다.
초처 이처 얼굴 ᄀ멍 눗 ᄀ멍 주문도청 마을영ᄒ님전
천하 금공서 초아정 올리건 받아 통촉허옵소서 예~

〈마을 영신당클 추물공연〉 이승순

마을영가 영신님과 신공시 옛 선성님
천하 금공서 설운 원정 위올리저
신메와 석살리난
날과 ᄃ을 어느날, 올금년 2011년도 해는 신묘년
ᄃ중에는 원전싱 팔자구저오던, 워구월ᄃ 낳은 ᄋ늘
초ᄋ르레 본멩두, 열ᄋ드레 신멩두 솟아난, 열ᄋ드레 뒈엇수다
어느고을 어떠헌 ᄌ순이 사는 문전 노아돈
성읍리 민속마을 초가집을 빌언 오란
영가영신님전 칭원헌 원정올립긴
현주소는 제주시 조천읍 북촌리 집도 절도 어시난
임시 잠깐 가지노픈 당주집, 위에 너른 몸주집을 무언 사옵네다.
원전싱 팔저ᄉ주 가련헌 정자 공자 철자 금년 경자생님이
옛날 삼대부모 조상님전 사남올려 공을갑으시저
하늘님 덕은 천덕이요, 지하님 덕은 은덕

---

316) 합니다.

나주던 부모조상 공은 갚아도 다 갚을수 없어지난
올금년 신묘년 열♡셋 날
몸받은 연양당주문 몸주문 신영간주문 열럿수다.
팔저궂어오던 도신네 뒈엇수다.
서씨 신의 하나님 당주 몸주 신영간주문 열려
팔저궂인 유학성제 거느리영, ᄆ을 넘고 재 넘으멍
성읍리민속마을 이곳으로 오랑 열♡섯날부터
천우지방법으로 금마답으로 천지염랫대 신수푸고
좌우독기 신수퍼수다.
나뷔줄전지 삼버리줄 안으로 ᄉ에당클 메연
어젯날은 천보답은 만보답 초감제상 일문전 어간허여
낮에는 ᄎ 볏 속에 밤이는 ᄎ 이슬 속에 놀아오던 거울업는
일만팔천 신전님을 ᄆ 옵서 옵서.
청허시고 오늘 열♡드렛날은, 초신연맞이 넘어 들엇수다.
삼천천제석궁 시왕연양당주 본향 알로 연양탁상으로 군웅일월
삼진제왕 제석님전 천하금공서 설운 원정 올렷수다.
불쌍헌 영가영신님전 천보답 만보답입네다.
은동 놋동 주석 삼동인 대백미 소백미 올렷수다.
삼ᄃ레대전상으로 초미연단상 이미조단상 삼선향 지도툇습네다.
영로삼주잔 위ᄀ라 올렷수다.
안팟 신공시 옛 선성님전에도, 금탑 금보십쓸 시권제 받아 위올리며
신이 성은 이씨 기축생, 설운 장기 앞에 놓아 열두 가막부전 올려
오른손엔 체를 받고 왼손엔 궁을받아
마을 영가영신님과 양공시 옛 선성님전
천하 금공서 설운 원정 올리건 받아 하렴 헙서.
공신 공시는 가신 공서
제주 남산 인부역 서준왕 서준공서 올립네다.
올금년 해는 2011년도 신묘년, ᄃᆯ중에는 원전싕에 팔저 궂어오던
원구월ᄃᆯ 초♡드레 본명두, 신구월 열♡드레 신명도
상구월 스무♡드레 시왕 삼멩두 솟아난, 열♡드레 뒈엿수다.
어느고을 어떠헌 ᄌ순이 성읍마을 민속촌

초가삼칸 빌어오랑 초경대에 이공서 이원정 올립기는
국은 갈라 갑네다.
해튼국도 국입네다. 둘튼국도 국입네다.
주리 팔만 십이지국 동양삼국 서양각국 마련흘 때
강남는 천저지대국 잇고, 일본은 주년소국, 우리국은 대한민국
첫서울은 송태조 개국ᄒ난, 둘째 한성서울 셋째 경성
넷째엔 왜정 36년 동경서울, 다섯째는 상서울 마련헐 때
안동방골 좌동방골 먼짜골은 ㅅ박골 모시정골 불탄대궐
경상도는 77관 입고, 전라도는 57관, 충청도는 33관 마련헌 때에
일제주는 이거제 삼진도는 사남해 오강화 육칸도
남해 바다로 뚝떠러진 제주섬중
산은 한로영산 땅은 녹이들어 금천땅
물은 산지지중 굴린소 마련헌때에
어시승은 단골머리 아흔아홉 골이라 ᄒ골 부족으로
범도 왕도 신도 원도 못나든 제주섬중
성안 읍중 들어사면 고량부는 삼성친
을축삼월 열사흘날 자시생천[317] 고이왕 도읍허고,
축시생천[318] 양이왕 인시생천[319] 부이왕, 삼형제 도업허던 탐라제국
우 돌아도 ㅅ백리길, 좌 돌아도 ㅅ백리길
동서문밧 나사면 서른ㅇ돕 대도장녜
서소문밧 나사면 마흔ㅇ돕 소도장녜 뒈엇수다.
북군 남군 마련허단 때가 시대가 개화되난
제주특별자치도 제주시로 통합된, 제주섬중 동네 갈라 갑기는
제주시 조천읍 북촌리에 대로 가면 대로 연질
소로 가면 소로 연질인데
집도 절도 어서 지난 ᄂᆞᆷ의 집을 빌어 임시 잠깐
다 팔저궂인 연양당주집 몸주집, 신영간주집을 마련허여 살암수다.
원구된 ㅈᆞ순은 정자 공자 철자 금년 쉬은둘님, 경자생 받은 공서 올립네다.

---

317) 子時生天
318) 丑時生天
319) 寅時生天

아바님 살아오는게 생초목에 불이되어

어머님 뜨랑 육민내지 강 사는 장녀는

정연담 스물흔살 받은공서 올립네다.

할마님 지컨 여궁녀 하녀아기 정수정, 열두설 받은 공서 올립네다.

어떠허신 연유로 연날 얼굴모른 삐석고 슬석던

선대조상님네 나주던 부모성제 일신

청원헌 영신님전 이 원정 올립기는, 쉬은둘님 임시 살아가는디

밥없는 공서 옷없는 축원도 아닙네다.

밥과 옷은 어서도 얻어서도 옷이요 빌어서도 밥입네다.

돈과 금전돈 철물철석이요

돌고도는 돈이라 이섯땅도 업는 법

어서땅도 잇는법 아닙네까.

천지지간 만물기중 유인 최귀헙고 속이요

인자는 이기지란 오륜지법 가운덴

하늘과 땅사이에 가장 귀허시고, 아름다운건 우리 인간 됩네다.

춘추는 연년녹이요. 왕의 손은 귀불귀란말 잇습네다.

모든 산천 초목들은 구시월 설한풍 돌아오면

잎도 지엉 떠러지고 꼿도 지엉

낙화가 되어 땅에라도 명년 춘삼월 돌아오면

죽은낭에 송에낭 잎은 돋아 청산되고

꼿은 피어 화산되엉 제몸 제자랑 허건만은

우리 초로진 인간법은

ᄇᆞ름 분날 촛불ᄀᆞ뜬 토란잎에 이슬ᄀᆞ뜬 인간법

ᄒᆞ번가면 두번다시 못오는, 불쌍허고 적막헌 인간법 아닙네까.

양친 부모 슬하에 탄싱허여, 고생 고생만 허멍 인간 살아오다

아적날에 성턴 몸 저녁날엔 독헌 신병 들어지면

저싱 몸받은 ᄎᆞ소님 내려상 저싱글렌[320] 허민

어느영이라 치마가게 ᄃᆞ는[321] 아기 일가방상[322] 성제간

---

320) 저승가자
321) 달리는
322) 일가친족

286

일신들상 ᄒᆞᆫ번가면 못오고 사람은 죽어지면
열두 신병 꼰꼰 채여 일곱 매장 매치 묶어
몰캐낭 대팬목 칠성판을 등에지고
저싱 두견새는 벗삼고 낙낙장송 집을 삼아
세경땅에 들어강 빵석질팡 좋은신천 엄토감장 시겨불면
그날부터 좋은 신천은 좋은얼굴 다썩어 물이되고
흙이 되어도 일편단심 넋ᄒᆞᆫ이라 ᄒᆞᆫ번가면 두번다시
못오는 초로진 인간법 아닙네까 만은
이간 군문안 불쌍허고 적막헌, 이름좋은 정공철씨 금년 쉬은둘님
본데 부모조상 선영에 땅이고 태슬은 고향산천은
서문바꼇 나서면 한경면은 살게 뒈엇수다 만은
연날 정댁에 벌문좋고 가문좋고 뼈대잇는 집안에서
열아바님 가운덴 말젯아바님 큰아들로 탄싱허여
어릴때부터 초등 초중고 고등 대학은 놈은 들여 부운 고생은
먼허멍 일천 고생허멍 살아오는것이 난날난시 기박하여
화련줄을 메여놔난 저건 제주시에 다리 거성허여
제주시에 어느 성진땅도 아니고 웨진땅도 아니라도
대학나와 이십세 25세 근당하여 넘어가나
연기력이 풍부허여 좋아진 날
한라산 놀이패에 들어감, 여극허고 허다 버치난
칠머리에 사무실에 사무장으로, 몇년간 간장오장 다 타멍
모진고생만 ᄆᆞ허다 서른다섯 나던 해에
어느 죽엉간 하르바님 할마님 허던 일도 아니고
낳아주던 어머님 아바님 허던 일도 아니라
조은 전싱팔자 그르처, 칠머리당 김씨 병술생 부베간 두에 뎅기멍
설쇠두두림 베웁고 대양두두림 북두두림
새ᄃᆞ림굿 공연허는거 석살림 굿을 베와 낮이나 밤이 들고
낮에는 내난가위[323] 밤이들면 불싼가위[324] 마련허여

---

323) 연기나는 집(家戶)
324) 불 켜진 집

좋은 심방질 허영 ᄂᆞᆷ광ᄀᆞ찌 팔저복력 궂어건 살아도

ᄂᆞᆷ광ᄀᆞ찌 ᄒᆞ세상 살젠 영헌것이

어느 부모조상 기도 꺽고 성제간 잇덕 허여도

멀리사는 성제간은 멀리 살아불고

멩쫄랑 죽는 성제간 멩쫄랑 젊은 청춘때에 죽어불고

ᄂᆞᆷ광ᄀᆞ찌 조은전싱 그리처 심방질 허영 뎅겨도 기십 엇고

어느헌 전처 후처 마련허여 살저헌

노력허여도 어느헌 가숙 아니 뒙고[325]

ᄯᆞᆯ아기 들이라도 아아기들 ᄌᆞ끗디 낭

살지못허영 ᄯᆞᆯ성제 산이 이별허여 살아불고

쉬은둘님 오십넘도록 살아도 의지가지 엇고

ᄒᆞᆫ역으로 생각허면 서처고단허고 홀로 단신허고

마ᄑᆞ름도 의질허영 살아가고 셋ᄑᆞ름도 의질허영 살건만은

ᄂᆞᆷ이 집이간 멧날메칠 고생허여 기도허영

집에 들어오라도 어느 가숙이성 ᄯᆞ또헌 밥이라도 허영

수정이 아빠 이거 먹읍서 연담이허고

적막허고 불쌍헌 심방질을 허영뎅겨도 ᄂᆞᆷ광ᄀᆞ찌

어느 성제간 누님 성님 이성 심방질 허영

인도 지도 아니 시겨주고, 들어오라도 나ᄒᆞ나 나가도 나ᄒᆞ나

적막허고 불쌍헌 쉬은둘님 뒈엇수다마는

조은 전싱 그르처 동으로 나고 서로 들어 동으로 나고

남군 북군 ᄆᆞᆫ 뎅기고 주년국[326]ᄁᆞ지 먼 뎅겨도

지금광ᄀᆞᇀ이 지금ᄁᆞ지 조상이 이서, 어느 당주도 모시지 못허고,

ᄂᆞᆷ광ᄀᆞᇀ이 가숙잇엉 어디가도 떳떳허게 기십살리지 못허고

영허여 가난 머리에 배운건 많아도 다 풀리질 못허영

멧날 신을 제왕 지금ᄁᆞ지 신을 다 풀리지 못허영

살아오는 것이 이게 집이강 ᄒᆞᆫ자 자멍

살아온 생각허민 한강에 금이엇고 영ᄒᆞ난

---

325) 되옵고
326) 일본

죽젠허나 청춘이여 살젠ᄒ난 고생이 되어지어
오에 어느 이거 허기정 밥을 ᄒ때 허영 먹젠 허여도
남자의 몸으로 슬퍼지면은
술이라도 ᄒ잔먹엉 줌이라도 자불젠 엉헌게
술은 볼래 많이 먹진 안해도 ᄒ잔두잔 허는게
느는 건 술먹는 일만 늘어지고
이디가도 기십엇고 저디가도 기십 엇고
이거는 고향 들어강 살젠허여도
나복력 나팔저 지금ᄭ지 쌓아온 공덕이 너무나 아깝고
어느 부모조상 선대조상 좋은 집밧 물림허영
고향산천 강 어느 농서허영 못살일이고 영ᄒ난
제주도 안에라도 고향들어가기도 부치러운 일이고
영허영 살아오는게, 올금년 신묘년 들어사난
정공철씨 경자생 ᄒ잔술을 먹어도
ᄂᆞᆷ앞에 헛된말 아니허고 불량허지 아니허고
오늘ᄭ지는 ᄒ자 떠도는 몸이 뒈엇수다만은
ᄆᆞ음이 고우민 ᄒ옷답서 ᄲᅡ무는 채격으로
35설부터 조은 전싱 팔저 그리처 뎅겨도
지금ᄭ지 ᄆᆞ음이 조안놔두난 천이 감동허고
하늘이 감동허고 지하가 감동허고
죽엉간 선대조상 후망부모 형제일신
영가영신님들이 다 도와주는 제격으로
올금년 들어사난 경허여도, 죽으라는 팔저는 아니 되어지난
제주도 KBS방송국에서 영 전통문화연구소에서영
이거 이름조은 문무병 박사님 여러 선생님 도움으로
제주도에 옛날은 이거 면황수가 잇어
대선생님이 어디 굿을 가도, 못헤도 오일 이거 사가집에 가도
ᄉ당클 메영 굿허면 일주일은 되엇수다만은
시대가 개화때 되어가난 옛날 엣풍속도 어서지고
옛날그추룩 큰굿도 사라지어가고 영허시난
모든 이건 사람 살아온게 역서가 되어지난

이거 큰굿이라도 이루후젠 ᄒ책 역사로 남기젠 영헌것이

본주 어신 굿이 어디 잇습네까 영ᄒ난

금번은 생각하여 보난, 정공철씨 쉬은둘님 너무나 적막허고

너무나 지금ᄁᆞ지 심방질 허멍, 걸어온 자국이 너무나 적막ᄒ난

여러 밧디서 도와주고 팔자궂인 유학성제님네

ᄆᆞ다들어 어딜강 이 기도를 드리리요

ᄆᆞ을 넘으멍 재넘으멍 ᄎᆞ짐ᄎᆞ짐 허는게

제주도 성읍리 민속마을 이거 문화재로 다 마련된

초가삼간집으로 오라건 이 기도 올렴수다.

옛날 옛날 선대조상 하르바님네 할마님네 부모 아바님네 영

젊어 청춘때에 죽어간 불쌍헌 영가영신님네

성진 조상만 생각허민

어머님 쪽으로 웨진 조상은 어떵허리 영허영

성진성편 웨진외편 영가영신님네, 과거 전서에 쉬은두설님

조은 전싱 팔저 그리처 뎅기젠 ᄒ난

죽도 살도 못ᄒ난 천주교에 뎅기난

어머님 아바님들도 큰아들 신병 버쳔

10살 미만엔 팔저궂인 신에 집에간

당주 알로 놔도 몸은 쇠약허여 지어가난

조상이 어디 잇으리 영허영

쉬은둘님 천주교 믿게 되난, 큰아들 천주교 믿어가난

어머님 아바니도 장손 질을 따라근 영허영

어머님 아바지ᄁᆞ지 천주교에 뎅견

천주교에서 다 영세를 받고 돌아가셔도 천주교 공동묘지 간

지금 모셔 잇수다만은 어데

죽어 저싱가면 국법 벳기 좋은일 어서 지는일 되어지난

이루후젠[327] 정공철씨 잘되영 조은 금전벌어

ᄂᆞᆷ광ᄀᆞ찌 살아져 가민 부모조상 어머님 아바님도 조은땅 마련허영

다 이묘허고 조상부모 공도 갚으저 영헙네다 ᄒ난

---

327) 이후엔

죽엉간 엿날 뼈썩고 슬썩고, 흙이되고 물이되던 진토에 묻히던

정댁에 웃대에 선조 조상님네 영가영신님네

금번은 소회어신 이 아기 천주교나 지금⁷⁷지 믿엇시민

조상들 전새남³²⁸⁾헐 생각이 어딜로 납네까만은 영허여도

이 아기 소회어신 아기 열려 효저 사는 제격으로

금번은 정공철씨 쉬은둘님 조은 전싱팔저 그르천 뎅기난

우선에 부모조상 생각허는일

영가영신님네 금번은 저싱 조은 하늬한복 츨려노아

엄중헌 시왕전 앞으로 저싱질을 치와 닦아 안네고

부모조상님 동심절에 메치던 가슴 풀려 안네고³²⁹⁾

이야기 헹 가슴풀려 안네고

조상간장 풀리고 ᄌ순 간장풀려 안네저 영협네다

날과 ᄃᆞᆯ은 올금년 신묘년

팔저궂어오던 원구월 열ᄋᆞ드레 뒈엇수다

초감제 넘어들엇습네다. 오늘 초신연맞이 넘어들고

상당 중당 하당 각호각당드레 살려옵센 헌

신전 조상님네 천하금공서 설운 원정 올렷수다.

정댁으로 고조부도 양친 증조부 하르바님 할마님네 상받읍서.

당진 하르바님 입ᄉᆞ월스무날 인간 종명허던 당진 하르바님네

낙편뮤씨 학마님 ᄋᆞ동지ᄃᆞᆯ 만국시월 ᄎᆞ흐를날

종명허던 큰할마님 창녕 성씨 뒈염수다.

둘째 할마님 영등이월 열ᄋᆞ셋날

인간종명허던 할마님도 마을 영가상으로들 상밥읍서.

네번째 할마니 이씨할마님 당진하르바님네

ᄉᆞ부처가 오늘은 영가마을상으로 상받읍서.

일본 주년국 강 살단 일본 주년국에서 종명되던

큰아바님 영가영신님네 또이에 셋아바님 뒈엇수다.

저 세 살 적 정풍정세에 죽음만도 못해여

---

328) 저승에 보내주는 굿
329) 드리고

꼿은 피어 봉은맺어 강, 총각머리에 등에 진 스물흔살 나던해에
정칠월 스무아흐렛날 인간종명되난
저승가도 부베간법 마련해영 삽센해영
죽은 사혼[330]허던 셋아바님 영가영시님네
죽은 사혼허던 김씨 영신님네도, 얼굴모른 셋어머님도 내려 상받읍서.
그뒤후론 쉬은두설님 팔저복력 궂게, 나주던 하늘 ᄀ뜬 부모아바님
예순ᄋ섯 나던해에 영들 육서둘, 입서월 스물ᄋ드렛날 인간 종명허던
하늘ᄀ뜬 부모 아바님도 내려 상받읍서.
얼굴모른 고씨 큰어머님, 이집안에 왕 ᄠᅩ하나 쿰에 두어도
스물다섯 나던해에 신오월 이십오일날 인간종명허던
고씨 큰어머님도 내려 상받읍서.
쉬은둘님 나주던 일생동안 고생허고, 간장석던 어머님 오장석던 어머님
여 쉰하나 나던해에 정칠월 스무이틀날
몸에 신병 버쳐 죽어가던 설운 어머님도 ᄂ리건 상받읍서.
또이에 족은아바님 영허언 생혼으로 잇수다 마는
9월 초ᄒ를날 인간 종명허여도
이런 큰 일을 받아노난 잔 ᄒ잔 못드렷수다
영가영신님아 귀신의 몸으로 ᄒ정의 몸으로 모를리가 잇습네까
내렷건 상받읍서.
또 이에 설운 동생뒈염수다 양 말젯동생
아이고 이거 어느제랑 군대사랑 오랑
제대허영 대학교라도 허영 훌륭한 사람 되젠허당
제대해여 오랑 이거 닷세 삼일만에 스물두설 나던해에
물이 더운 정칠월 초이틀날 ᄉ신요왕에서 수중고ᄒ이 된
말젯동생 영가영신님네
아이고 팔저구저 뎅겨도 쉰에둘림 이동생 생각허면
한강에 그믓엇는 일 뒈엇수다. 오늘은 내려 상받읍서
창렬이 큰고모님네 오씨 고모님네
또 이 ᄌᆞ은 고모님도 생혼에 잇수다.

---

330) 死婚

고모부님 양도 부베간도 생혼에 잇수다 마는 내려 상받읍서.
또이에 고씨 어머님쪽으로
웨진 하르바님 저 고향 중문면 상예리 뒈엿수다.
저 웨진 군위오씨 웨진 할마님 살아 생전에
이 손지 아깝게 생각허고 불쌍히 여겨주던
큰어머님 쪽으로 웨진 하르바님 할마님
외삼춘도 곧 설은 나던해에 인간종명되던 삼춘님도 내려 상받읍서.
나은 어머님 쪽으로 파평윤씨 안덕면 사계리 뒈엿수다.
외하르바님 외할마님 또 이 고향 안덕면 대평리에서 죽어간
이모님네 양씨는 이모부 양씨는 사춘은 용선이 동생은
아이고 이거 나라에 몸받처 군인 갓다완
군대에서 전사한 사촌동생은 내려 상받읍서.
또 이거 영가영신님네 질은 못처도
큰고모 할마님 무오방친인 인간에 오라난
이거 고모할마님 무오방친되던 설운 할마님 영신
셋고모님네 셋고모부 영가영신님네
웃대 증조부 위우로 고모할마님네 영
저싕질은 못처도 갑센 헐때랑 섭섭이 허지마랑 갑센허영
눈물수건 뜸수건 저싕돈 흔패지전 이싕돈 은지화로들
하영하영 안네쿠다들 영가영신님네들 다 내려 상받읍서.
들여가며 그 뒤후론 팔저구저 오던 신공시
ᄉ주 구저오던 신공시 옵센헐땐 신공시 갑센헐땐 영공시 뒈엿수다.
어느 부모조상 허든일이랑 조은 조상 활이랑 전득허명
이거 조은 유기전답이랑 물림헙네까마는
의지가지 어시난 양씨부모님 곧 여든님 이거
일생동안 몸받은 조상일월 삼멩두
수양 양재들어 애산 신구월달 초ᄋ드레 날 가분
이조상 이거 물림허여 모셔다 북촌사는 집안으로
마흔ᄋ뭅 소산수, 서른ᄋ눕 이간수
스물ᄋ돕 하간주집 마련허연, 연양당주를 설립허엿수다 영허시난
안팟공시로 양씨 영 이거 글선생 공잡네.

활선생은 저잡네다. 불도선생 노접네다.

심방선생님은 남천문밧 유정승ㄸ님아기 뒈엇수다.

안팟공시로 일부ᄒ잔 드립네다.

양씨 부모님네 몸받아 오던

옛 선성님네 부모조상님네 큰누님 셋누님 맹선이 이모님네

일부 ᄒ잔 드립네다 안팟공시로

성은 서씨로 쉬은에하나님 저 상신충 몸을 받은

부모 친정부모 어머님네여 초신연질 발롸주던 선생님네

정씨선생님네 이신연질 발롸주던 안씨 선생님네

삼신연질 대역가 대역례 받어주던 놀혼[331]정에 잇습네다마는

이씨선생님네 안팟공시로 일부 ᄒ잔 허옵소서.

그뒤후로는 영헌 강氏의 성님 몸받아 오던 옛성성님네

웨진 삼춘님네 몸받아 오던 선성님네

한씨 아지바님네 친정부모 아바님네 몸받던 선생님네

또 강씨 오라바님 몸받아 오던 아바님네 어머님네

몸받아 오던 선성님네 첵불일월 불도일월님네

시야 안팟공시로 오던 일부 ᄒ잔 드립네다

들여가며 오씨동생 몸받아 오던

옛선성님네 불도첵불일월 선성님네

신의 아이 부베간 몸받아 오던 옛선성님네

초신연질 발롸주던 진씨부모 어머님네, 일부 ᄒ잔들 드립네다.

낼 날 초·이공연맞이 때가 되면 신공시 옛선성님네

다 청허여 일부 ᄒ잔 드리쿠다.

목룽허엿수다 그뒤우로 양성희 양동철이 양용찬이

김녕 김경율이 최정환이 이거 친구들 아니 친구 일친구님네

말제랑 저싱드레 갑센 헐때랑

야 정공철 씨가 쉰에둘님네 이친구들 생각허영 ᄒ잔술이영

저싱돈 ᄒ페지전 이싱돈 은지화로

다 생각허여 안네쿠다 떠러진 영가없이들

_____

331) 生靈

흔반일반 다 상받읍서 예~

상받읍서. 천왕가도 금공서 지왕가도 금공서 인왕가도 금공서 올립네다.

초 정성을 받아삽서.

강남서온 대청역 일본서온 소청역, 우리나라 노적청역 받아삽서.

저 올레에 천지염라대 받읍서.

좌우독기 받읍서. 나븨줄전기 삼버리줄 받아삽서.

안으로 들어오면은

상저나무 상당클, 중저나무 중당클, 계수나무 하당클,

준지나무 하저나무 하당클 열두당클 네귀돔숙 메엿수다.

당반지 받아나 삽서. 안자리엔 기메전지 놀메전지 솔전지로 받읍소서.

안자리 능무자리 밧자리 왕돌초석 연양탁상 받읍서.

화초병풍 받아삽서. 천보답도 받읍서 만보답도 받아삽서.

영가영신님전 영가기도 받아삽서

영가ᄃ리로 받읍서. 눈물ᄃ리 받아삽서.

저싱돈 흔페지전 이싱돈 은지화로 받아삽서.

고리안동벽 자동벽 신동벽 받아삽서.

은동 놋동 양푼ᄀ득 사발ᄀ득 대백미도 받읍서

소백미도 받아삽서. 메실복실 받아삽서.

구름ᄀ른 백돌래[332] 얼음 ᄀ른 백시리[333]도 받아삽서.

저 눈물로도 이긴 잔, 한숨으로도 이긴잔 뒈엇수다.

초제잔 청감주잔, 이제잔 졸병주 돌아닥끈 한한주

영허는 삼주잔도 받아삽서.

머리고진 기제숙 저 고사리채 두발납작 콩나물채 받읍서.

은매 돈매 녹이올라 당산매 ᄏ씨ᄀ찌 ᄋ문매

서수왕에 문암제도 받아삽서.

어떤 것이 정성입네까. 사과로 배로 능금으로 게알로 받아삽서.

동의와당 은하봉천수 산새밋물 사발ᄀ득히 떠 노앗수다.

받아나 사옵소서. 촛불방장 받읍서.

---

332) 흰 돌래떡. 직경 9㎝쯤 되게 쌀로 동글납작하게 만든 떡
333) 시루떡

상축지권상 받아나 삽서.

어느건들 허젠허면 공이 아니들멍

어느건들 허젠허민 지가 아니 드옵네까

공든답을 재겨줍서. 지든답을 재겨줍서.

수만석도 모다들러야 가볍는법 아닙네까

우르 닦은 산새밋물 곱는법 뒈엇수다.

이 ㅈ순들 청용 황용 놀고간 딘 비늘두영 가는 법

새가 놀고 간 딘 깃을 두고 가고

일천선비 놀고간 딘 백ㅂ름에 글발두고 가는 법입네다.

금번 대로 둘러 연날 얼굴모른 선대조상님네

후망부모 성제일신 영가영신님네

일 친구 벗ㄲ지라도 전세남 우올려 공을 갚아 안네건

이름 조은 정공철이 영허영 이제부터 신질을

초신질을 발루왕 하신충으로 당당헌 심방이 되어

조은 전싱 그르처 기십나게 뒈엇수다. 북촌살암수다.

마흔ㅇ돕 상당골도 나숩서.

서른ㅇ돕 중당골, 스물ㅇ돕 하당골도 나숩서.

열ㅇ돕은 아이단골, 어른단골 재민단골 나수와

동으로도 먹을연 서으로도 먹을연 기십나게 뎅기게 허고

오토바이탕 뎅겸수다. 오토바이 탕 뎅기당 관청에 버지고

인명에 죽허고 제명에 낙누헐일들 나게나 맙서

여복녀 아기들 멀리 떨어지어 살암수다

이 아기들 급헌편지 급헌전화 오게맙서.

이 앞으로 조상에서 멩과복을 재겨줍서.

명이 역은 천하멩산 높은산 명도 재겨줍서.

복이 역은 지하 너른산 복도 재겨줍서.

올금년 신묘년 팔저궂인, 애산 신구월달 만국시월 오동지달 동지섯달

일년 열두돌 쉬은둘님 오토바이 탕 돌아 뎅기는데

갑을동방 오는해 경신서방 막읍서

경신서방 오는해 해저북방 경오남방 건술건방 막읍서.

막다 씌다 남은걸랑 알로내려

자축인묘 오미진사 술해에 갈일들 나게맙서.
이 ᄌ순들 영가영신님과 안팟 옛선성님에서
멩과 복이랑 곱이첩첩 다 눌려줍서 예~
돌아아장 얼굴ᄀ며 넋ᄀ며 마을영가 영신님전
천하금공서 설운원정 올렷수다.
받다 남은 주잔 저먼정 나사면
영가 두에 얼어 벗어 추워 굶어 가던 영가발들이나
정댁에 어느 선산 후산 뒤에
천년 골총 만년 골총 어총 비총지기들
주잔 협네다 요왕영가 뒤후로도
요왕ᄉ록 영감ᄉ록ᄀ이야 불러주던 이런 임신들
어느 신의 성방 꿈에선몽 남가일몽 비몽사몽
들여주던 임신들 주잔 드립네.
어느 제랑 친구벗 두이로도
어느 제랑 정공철씨 큰굿허영 초신질 발루왕
우리 이거 다정하게 뎅겨나난 우릴 거느령
ᄒ잔술을 받처 쓰저 먹던 허던 이런 영가발들 주잔협네다.
이거 민속ᄆ을 성읍리 오늘 기도 올린덴 ᄒ난
성읍리 ᄆ을 옛날 무자기축년 4.3ᄉ건에 죽어간
ᄆ을영가영신들도 굿소리 징소리 들으멍
우리도 ᄒ잔 강 받아보저
ᄒ 영가발들이나 많이 주잔권잔 드립네.
안팟공시로 당주ᄉ록 몸주ᄉ록 신영간주ᄉ록
불러주던 이런 임신들 주잔 권잔 들여가며
쉰둘림 이거 좋은전싱 팔저 그르처
부모조상 공을 갚으저 대로 둘러 이 기도 올렴수다.
영ᄒ난 떨어진 영가들 어시 상을 곱게 받아상 (제비쌀점)
이 앞으로 가는 디마다 조상에서 다
소상에서 도외줘야 헐 일이난 (제비쌀점)
고맙수다. 영허면 고맙수다.
ᄋ섯 방울은 육도육중 복덕이라 좋은 점습네.

영허민 안팟공시 옛선성님에서도 다
조상에서영 선생님네에서영 다 감동을 허영
오토바이 탕 뎅기는데 명심허고 영허영 앞으로랑
오토바이 탕 뎅기는데 조상에서도 명심허렌
선생님에서영 조금 먼길랑 택시 탕 가불고 영허민
조상에서 다 명심해서 아바님 어머님에서 경안해도
다 이녁 애기들, 다 발롸주젠 허는 일이난
이거 어떠헌 일인고 이거 정칩이 옛날은 경해도 굿을 해보난
벌믄잇고 가믄잇고 뼈대잇는 이런 정칩이서
이런 ㅈ순이 나는 젤 참은 조상들이
살아시민 ㅎ번만 살앙 오라지는것 곹으면
이 ㅈ순을 그냥 멍석걸이[334]라도 해그냉이 해불걸
경해도 나 ㅈ순 숨을 보멍 개를 보멍
경해도 사람이 죽은광 삶이 맛살이야
경해도 심방질을 해여도 멩을 이성 살아나는 것이
좋은일이로구나 해연
이 영신에서도 조상에서도 다 감동을 햄수다.
고맙습네다. 조은 ㅊㅅ 내려왓수다
불법이 우주가 뒈엇수다.
우리 인간이나 신전이나 다를바 잇습네까
밤이되면 우리인간도 ㅈㅁ을자야 하는법
신전님네도 밤이 깊으난 취침령을 내야 놓앗다.
낼 아척[335] 열나흘날 먼동 금동 대명천지가 붉으민
관세우드레 위가 돌아가겟습니다.
얼굴모른 영신님네 신의 아이가
천하금공서 설운 원정 올렸습네다.
안팟공시 옛선성님네 신의아이 일부 ㅎ잔 드렸습네다.
숭광계랑 다 조부감제 헙서.

---

334) 사람을 멍석 속에 넣어 말고 거꾸로 세워 고통을 주는 형벌
335) 아침

신의아이 양공시 베껫드레 물러나겟습네다.
아이고 선생님네 고생햇습네다
고생햇수다.

3. 셋째 날

3. 셋째 날

〈관세우〉《보세감상》《초공본풀이》《이공본풀이》 《삼공본풀이》

(10월 15일 토요일, 음력 9. 19.)

〈관세우〉 양창보

신을 재차 청신하는 마지막 과정인 〈초상계〉가 끝나고 나면, 모든 신들이 내려와 제장 당클에 좌정하는 날부터 신들이 하늘에 오르기 전까지 심방은 굿을 하는 동안 신들의 침소를 돌보고, 아침 기상과 함께 하루 일과를 준비하는 일, 아침에 일어나 세수하고 의관을 정제하는 일, 차를 마시고 담배를 피우는 일까지 신들이 아침에 일어나 하는 모든 일을 도와야 한다. 이를 〈관세우〉라 한다.

예— 동성 개문 제 이릅니다.

(악무)

동성개문 제 이르니,
지나간 밤 이석 팔석 도령법 노앙
자리에 메풀어 들어, 초경 이경 사서삼경 지푼 밤 넘어

동에 미여 서에 머리, 남방 활기 북방 츨리
지형 각방으로 열려 옵네다.
어-, 먼동 금동 대명천지 붉아 옵네다.
어-,동성 수성 열려 삼성 개문

(악무)

삼경개문 제 이르난,
옛날 옛적 우리나라 일도도벽
전방 어성 시절에 저녁에는, 누엉 자라 영허여
이석 팔석 도령법이 잇고
아적 붉아 가면, 아침에는 삼십삼천 개폐문법이 잇읍데다.
하늘 옥황 올려옵던 금정옥술발 천왕낙쾌 들러받아
각호연당 만서당 각 일만팔천 신우엄전님전
지침령 기동녁ᄭ지 ᄂ려가자 아~

(악무)

지침령 노난, 자다 깨던 어른들 옵네다.
기동력을 노니, 일어나ᄂ듯 헙네다
일어낭 아지난 우뚝 생각나는게
담배 피워난 어른님넨 담배 생각이 나옵데다.
옛날 담배는 나주영산 걱금초
중간엔 삼동초 엽초, 그 다음엔 봉초로구나.
권련 담배 신식 외국 담배들 아사 내엿습네다.
신전님에는 옛날 일곱ᄆ작은 곰방대
아홉 ᄆ작 간줏대 열두 모작은 금족대
손에 들렁 담배를 담으난, 담배불이 뒤솟아 옵네.
뱅게낭 단단숯물 이렁이렁 숯불을 피워 들렁
각호연당 만서당 각 일만팔천 신우엄전님에
담뱃불도 도올리자.

(각 당클을 돌며 향로춤을 춘다)

(악무)

담배불도 도올리난
일어나 우알 입성³³⁶⁾을 입어놓고
이불개고 요개고 행착³³⁷⁾을 몬 츨리난
일어나니 생인에는 세수허고, 신전은 관세우법이 잇습네다.
하늘로 내리는 은하봉천수, 산으로 내리는 물
성읍리민 일동이 먹는 수돗물, 굽이 너븐 은대영 아니우다.
청대섭 곤놀리멍 세숫물 받아 들러
각호연당 만서당 각 일만팔천 신우엄전님전에
관세우물도 도올립네다.
(물잔을 들고 댓입으로 물을 캐우린다)

(악무)

관세우물을 도올리난, 추문관 제도청 들어라.
석자 오치 관세우 수건 들러 받아
각호연당 만서당 각 일만팔천 신우엄전님전에
관세우 수건도 도올리자.
(넓은 관세우수건을 놀리며 춤춘다)

(악무)

관세우 수건 도올려 세수 끝에, 아장 행착을 츨려봅서.
에에−
남자 어른들은 바지 입고, 브선 신고, 다님 치고, 행전 치고,

---

336) 옷
337) 옷차림. 복장

우인 저고리 마고지 조끼 믄 입읍서.
들여두고, 그 우인, 두루매기 입을 신전은 두루매기 입고
어, 진양도포 입을 이랑 진양도포 입고
그 위에 관대 입을 이랑 관대 두고
머리에는 삼동낭용얼레기[338]를 도올리난
머리 빗읍서, 건탕협서, 상투잡서. 송곳질릅서,
부인 어른들랑 즘벵이 입고
고장죽이 입고 속치매 입고 겉치매 입고
우에랑 저고리 입을 이는 저고리 입고
한삼 입을 이랑 한삼 입고
할마님은 만상 족도리 호양미 감티씁써.
어어—
헹착을 츨려 지난, 문득 생각이 나는 게, 담배 생각이 나옵데다.
옛날 담배는 나주영산 걱금초라 허고
그 다음엔 삼동초 그 다음엔 엽촙데다.
아아— 봉초하고, 권련 담배하고
일본 담배 미국 담배, 우리 한국 담배 고급 담배들
손에 들렁 아지난, 담뱃불 지권상 들러받아 각호연당 만서당
각 일만팔천 신우엄전님에
어어— 담뱃불도 도올리자
(향로춤)

(악무)

담뱃불 도올리난,
어제, 그저께 먹어난 허기들
아침에 일어나난 해장 생각이 나옵데다.
감주로 잡술 이랑 감주로 잡숫고
진청주 잡술 이랑 진청주로 잡숫고

---

338) 삼동나무로 만든 용이 그려진 빗

독한 자소주 성읍리 좁쌀 청주, 고소리술,
제주서 나는 소문난 한라산 소주 들러 받아
각호연당 만서당 각 일만팔천 신우엄전님에
해장 주잔도 도올리자.
(주잔춤, 술을 댓섭으로 떠서 캐우리며 춤)

(악무)

해장 주잔 도올리다 남은 주잔들은
내어다 지나간 밤 큰 어른 뒤에는
아피 선배 두이 후배 마후배,
일괄로[339] 이기셍[340] 삼만관숙 육방하인들은
시군문 바꼇들로[341] 주잔 받읍서.
지나간 밤 각 ᄌ손들 꿈에 선몽드리고
남가일몽 비몽사몽 가운데
천변조웨[342] 불러주던 이런 하군졸 들이영
성읍리 천제 국제 기우제 도청제 마을포제 헐 때에
이런 잡식을 받던 시군졸들은
사시연 군문 베꼇들로들, 주잔들 많이 많이 권잔입네다.
개잔은 개수하여 제청에 위올려 들어가멍
본주지관님, 관수헙서. 세수헙서.
신의 성방도 관수헙서. 세수들 헙서.
[예. 세수들 하겠습니다.]
기자청 굿보러오신 기자님들도 세수들 해영 들어옵서.
굿보러온 단골 어른님네도 다 세수들 허멍
얼굴에 분바르고 크림도 바르고, 입술에는 빨간거 그리고
머린 검은것으로 눈썹들 그리고 경허멍

---

339) 一官奴
340) 二妓生
341) 바깥으로
342) 千變造化

ᄆ딱 깨끗허게들 츨려아정

우알 입성들 치매 저고리는 못입어도

양장이라도 ᄒ끔[343] 졸바로헌[344] 거, 깨끗헌거 입언들 옵서.

입엉오랑 아장 굿구경들 헙서.

경허고 이제 아적 조반먹을 시간이 당해엿습네다.

본주지관도 아침 식사 안헤시믄 밥이라도 먹어서 아주

밥먹으레들 갑서 신의성방

신소미 금대비 단골 어른님네, ᄆ딱 저리나강 아침 조반들 잡습서.

방안방안 구억[345]구억 씰고 다끄고 청소허고

잔들 개잔개수들 허고, 제청에 위올리멍 제청에 여쭐말씸은

보세신감상연ᄃ리로 각 지위 점지헙서.

[아침부터 고셍헷수다.]

[속앗수다.]

《보세감상》 양창보

〈보세감상〉은 신의 덕택에 벌어먹고 산 것에 대해 보답하는 굿이다. 〈보세감상〉은 그 헤에 수확한 세 종류의 곡쉬인 삼곡마량과 무명, 멩주 등 페백을 갖춘 보답상을 차려놓고 진행되는데, 본주의 정성이 부족하여 잘 차리지 못했다고 본주를 닦달하고 그 죄목을 다스리는 굿이 진행된다.

여ㅡ, 보세신감상연ᄃ리로 신이 수퍼옵네다.

(심방이 지전 신칼 요령을 들고 각 당클에 절한다.)

(장고를 앞에 놓고, 앉아서 요령을 흔들며)

___

343) 조금
344) 제대로 한
345) 구석

보세신감상연ᄃ리에 신메웁네다

날은 금년 해는 신묘년, 둘은 보니 애산 신구월ᄃᆯ

기도처 설연허기는, 열일뤠날 아적 묘시에 초로부터

제청을 신설립허고, 오늘은 열아흐렛날

보세신감상 연ᄃ리 어간되엇습네다.

각 일만팔천 신우엄점님은

보세신감상 올말명 실말명 당반전지 기메전지 발며

각호각당으로 도오릅서~

(장고)

공서 공서 가신 공서는, 제주 남선 본입네다 .

인보역 석가여래 서준왕 서준공서 말씀을 여쭙네다.

날입네다 금년은, 양력은 2011년 올습네다.

음력은 신묘년, 달중에는 애산 신구월ᄃᆯ 됩네다.

오늘은 열아흐렛날, 열에 열사흘날부터 제겨들어

열일뤠날 아적인 진시초로, 안으로 열두사에당클 추켜메고

바껏은 삼강오륜 전후지법으로

대통기 소통기 지리여기 양산기 좌우돗기 설연허여, 천보답상 꾸며들어 어-

초감제 각 일만팔천 신우엄전님, 천보답에 오리정신청궤로 신메와

천보답상에 좌정허여 초잔 ᄒᆞᆫ잔 받아건

각호연당 만서당 돌랑 좌정허엿습네다.

초감제 신거두와 초신연맞이, 오리정신청궤 신을 메왓습네다.

말명ᄃ리 젯ᄃ리 떨어지고, 비참헌 신우님 초상계로 청허여

각호각당에 좌정헐 때 어-

좌정허여 듭네다 들여두고, 각당에 좌정허니, 기초발입 설반허고

오방각기 시군문을 잡아건, 오르면 ᄂᆞ리면 천하금공서는 양굿 ᄆᆞ찹습네다.

보세신감상연ᄃ리에 전후 조상 우로

지은죄 칠대 조부로부터 지은죄 당부모 조상ᄭᆞ지

죄목 죄상을 다시려 빨리 해벌시키시고

모든게 차라리 불찰헌일이라도

죄를 풀려줍센 허여, 보세신감상연ᄃ리 어간되엇습네다.

지원자는 제주도 어-

제주시 조천읍 북촌리 1131-2번지 거주허여 삽네다.
가지높은 절간 법당을 무어 사는게 아니라
마흔ᄋ돕 초간주, 서른ᄋ돕 이간주, 스물ᄋ돕 하간주
세별 상간주 연양육고비 동심절로 본메 놓던
당주집 설연되엇습네다. 몸주집도 설연되엇습네다.
삼시왕에 궁의 덕에 먹고 입고 궁에 덕에 행공발신 허저
마흔ᄋ돕 상당골, 서른ᄋ돕 중당골, 스물ᄋ돕 하당골
어른아이 남녀노소 수원단골, 그눌루저 만민에 적선공덕을 받던
성은 정씨로 금년은 에~~ 경자생입네다.
쉬은둘님 받은 공서입고, 나은아기 어멈 그린 ᄌ은년은
연담이 올습니다 스물ᄒ설, 차녀는 수정이 열두설
받은공서 말씀을 여쭙네다.
어떤 일로 구시월에 상강이 들고
ᄎ노릇 ᄎ이슬 맞으멍 사는 집도 노아두고
어- 제주도 유명한 민속촌입네다.
민속마을에 옛날 초가집을 빌어건, 이 전당 말씀을 여쭙네까
해가 넘는 공서도 아닙네다.
ᄃ이 넘는 공서도 아닙네다.
밥이없어 밥줍서, 옷이없어 옷을 줍서.
이 공서들 아니사 여쭙네까마는
금전이라 하는 것은 그날 없다가도 돌고도는 황금입고
천지지간허고 만물지중 유인이 최귀허니
속이요 인자는 이게 오륜야라, 옛 성인이 말씀이 잇습네다.
하늘과 땅새에 만물 목숨가운데, 사람 목숨벳기 귀중헌게 잇습네까
춘추는 연연녹이요 왕의손은 귀불귀라 헙네다.
춘하추동 ᄉ시절 가운데
봄 삼사계는 만화방창, 여름 삼사계는 녹음방초 성화식
가을 삼사계는 낙엽단풍 되엇당
ᄆ친 ·십 월 ᄒ시질 돌아오민, 잎노 ᄑ고 ᄭᆾ노 ᄑ선반은
인간은 아바님에 뼈빌고 어머님에 술빌어
금세상 탄생헐때 삼십은 ᄒ대고 육십은 환갑이고

칠십은 옛날 고희고 팔십은 장명이고 구십절명[77]지
살아도 줌든날 병든날 걱정근심 다 제허면
단 삼십도 못살앙 죽는 인생들인데
이 집안에 정공철이 원액된 말씀을 여쭙네다.
이번 이기도는 제주방송국 주최로 헤여건
여러사람, 마을, 나라가 다 운동허다시피헨 방송나가고
영허젠 허민 두일뤠 열나흘 제주큰굿이라 하니
열나흘동안 허는건 전씻굿인 집안에 이 굿허는 일이 아닙네까.
영허난 아멩허여도[346] 줏대를 하나 잡아야
이굿을 헐 때문에 기왕이면 서처고단허고
아이고 어느 누게 아자본 베 자본 베 엇고
이녁 혼자로 나산건 어느 집 궁안에
가숙도 엇고 혼자 댕기멍 간장썩고 슬썩곡
근심걱정 허당 집이 오민, 흔잔 먹엉 밤이 줌이나 붙이젠 헌게
흔잔술이 두잔술되고 두잔술이 석잔술 되어
술을 과음허여 잘한건 아멩헤도
본래에 탄생을 헐 때 화련성매에 탄생을 허난
하도 극단을 조아허연 연극 배우도 허여보고 영허단 보난
제주도 문화재 설립을 허니
거기에 사무장으로 들어간 사무를 보는 중에
이 심방들은 나사면 굿을 허는 걸 보난, 궤물은 난들 못하랴.
영해여 벋어 놓아두고 나사근 굿 배와그네 남안티
아닌 천대 구속은 모 받으멍 뎅곗수다.
영허단 나의 오십도 넘고 쉬은둘[77]지 나난
(장고)
아멘헤여도 부처님도 제자가 잇어야 되고
심방은 수양법이 잇어근 어델 강
수양부모나 한나 정허영 강 의질삼아 뎅겨보젠 헌게
난데없이 몇 년 전부터 아바지 어머니 영허멍 뎅기던 처지랑

---

346) 아무래도

서로가 인연맺어 일천기덕 삼만제기 궁전궁납

물려 가긴 신구월 초으드렛날
물려받아 집안으로 들어강 당주설연허여
아지난 아이고 이젠 나도 심방이 되엇구나 영허는게
밤이 새도록 울고울고 울단보난, 날도 새고 이게 어떤 일인고 생각허여
(장고)
아무리해도 이번엔 서처고단헌 정공철이, 연령 생갑 생년월일 기록허여
이번엔 제주도가 아다시피 전국이 아다시피
정공철이 초신연질을 발룬다 영ㅎ난 오랑
아멩해여도 이번은 초신연질을 발롸
약밥약술도 먹고 어인타인 금린옥린 감봉수레 두엉
삼시왕에서 일천기덕 삼만제기 궁전궁납으로 받앙
마흔으돕 상단골 나수와 줍서.
서른으돕 중단골 스물으돕 하단골
억조창생 만민 수원단골 나수와줍센 영허여, 기도원정 말씀을 여쭙네다.
들여두고 집서관은, 부모여 자식이여 업는따문 집서관을 헐수가 이시난
성다르고 집다른 성은 서씨로 어허 신축생 몸을 받은
당줏문 열려근 상안채는 짓우로, 이 민속촌 오랑 제청배당허곡
각 일만팔천 신우업전님을 청허여, 정공철이 초신연질 발루저 오랐수다
영ㅎ난 아무쪼록 신우엄전님에서 성은 정씨우다.
정공철이 이번은 심방이 되어 나사건
홍포관대 조심띠나 비단 섭수쾌지를 입어 아장
삼시왕을 바라나고 바라들게 협데영허영
이번에 대축원 말씀을 여쭈는데
홍애야 호리야 보고 연주단발 허여건
문전으로 천보답상 꾸며들러
초감제로 초군문 이군문 삼시도군문은 열려근
제ㅎ괴로 신을 매와 보딥싱에 좌정헌 소산 으산받아
각호연당 만서당 도올읍센허고
초감제 신 거두와 초신연맞이로, 오리정신청궤로 신을 매왓습네다.

말명ᄃ리 젯ᄃ리 떨어지고 낙루헌 신우엄전
초상계로 청해여 각호각당으로 도을릅서.
삼천천제석궁 안으로 안시왕 연양당주 삼시왕
문전본향 양서마을 일월조상
어- 연가 원병님네 좌정협서 해여주고
ᄌ순에 이룬 정성은 각도의 금공서 설운 원정은 지나간 밤
밤 굿 ᄆ차근 밤이야 깊어 오늘 아적
개동 열려 붉아 관수 입수 세수들 허고, 방안 정결을 허엇수나.
들여가며, 보세신감상연ᄃ리에 어간 되엇습네다.
각 일만팔천 신우엄전님은
올 발며 실 발며 당번전지 기메전지 발며, 각호각당으로 도을릅서.
천군지군 인왕만군 ᄒ합시에 개벽시 후에
천지왕 지부왕 바구왕 대ᄉ별왕, 총명부인 남정중 화정녀ᄁ지도
올 발며 실 발며 당반전지 기메전지 발며
삼천천제석궁으로 도올라 좌정협서.
들여두고 태고라 천왕 지왕 인왕씨
유왈유소씨, 수인씨, 복희씨, 여와씨,
위에 육 공공 백황 대정 중앙 영윤 열련
ᄒ돈 노얀 주얀 갈천 음강 무애, 풍성 삼성 열다섯 십오성인님도
올발며 실발며 당반전지 기메전지 발며,
삼천천제석궁으로 도올라 좌정협서.
들여두고 염제 신농씨, 황제 헌원씨,
제곡 고신씨, 제요 도당씨, 어낭 성탕 주문왕,
공자님 안자 주정헌 노자님도, 삼천천제석궁 어궁으로 도올라 좌정협서.
올라사민 옥황상제 대명왕 지부ᄉ천대왕
산 ᄎ지는 산왕대신, 물 ᄎ지는 팔대 요왕대신
절 ᄎ지는 석가여래 ᄉ명당의
인간 ᄎ지는 천왕불도 지왕불도 인왕불도
삼싱여래 불도님과 전싱굿인 집안엔, 연양불도 당주불도님
올 발며 실 발며 당반전지 기메전지 발며
도올릅서 들여두고

그지후엔 날궁돌궁 월궁일궁 지푼궁 야픈궁 삼제삼궁

초공은 임전국 상시당, 성진땅은 황금산 웨진당은 적금산

외하르방 임정국 대감님, 외할마님 김진국 부인님

초공아방 황금산도단땅 주접선성,

초공 어머님은 저산 압은 줄이벋고 이산 압은 발이벋던

노가단풍 ㅈ지멩왕 아기씨

원구월은, 초ㅇ드레 본멩두, 열ㅇ드레 신멩두

스무ㅇ드레 살아살축 삼멩두 탄생헐때

굴묵[347]에서 제를 글겅 손바닥으로 꼭꼭 눌르멍

손가락으로 글을 씌여나난

젯부기 삼형제 과거보앙 급제가 되난 연담은

위에 올라상 그런 책지 받을때는 얼마나 좋아

높이놀던 일월조상님

과거에 낙방이 되어 중의 자식인 따문

낙방되어 비새ㄱ찌 울멍 내려오는 것이

어멍국에 들어산 보난 어멍은 벌써 예-

아들 연주문 부순 죄로 심어단 전옥에 가두어시난

외가 땅을 찾아가저.

외가땅 찾아가 외하르바님안티 큰칼이나 하나 빌엉

가보젠 칼이나 하나 줍서. 무얼 하겟느냐.

상시관에 과거를 보난, 동방급제를 해엿는데

아무놈도 개염 투기한 놈들 관가에 밀고 해여부난

과거에 낙방이 되엿십네다~

과거에 밀고 헌 놈들,

밀고 헌 놈들 목가지 다 뷔어 죽이겟습네다 영ㅎ난

중의 자식들은 언제나 묽게 놀라

영해여 묽은 칼을 주는 것이 명도라 허옵네다.

엉- 배석자리 없어지난

'ㅓ네들 없이지난 니는 자리도 방안에 틀이녠

---

347) 온돌 아궁이

몰아붙영 오랑 우리도 심방이 되는거난
그것꼬지 가정 가불라 영해영 그 초석을 몰아아정
둘러메연 오라분 따문에[348] 어디 강 굿 허민
굿 모치문 신자리 신방집이 가는 법이우다.
영해여 황금산에도 올라 아바님 본메는 대천문을 허고
어 삼형제 불러다 뭐가 좋더냐
첫째놈은 도임상 받는게 좁데다 허난 는 초감제 벳기 못허키여
둘째놈은 홍포관대 조심띠 좁데다. 널랑 초신맞이 허라
죽은아들 흑일산 백일산 관수지 좁읍디다 영흐난, 크게 놀 놈이로구나.
삼시왕을 바라나고 바라들라.
어멍은 저녹에 간 아자시난 공 갚으거들랑
죽성주 상시당 어주애삼녹거리 서강베포땅에 도느리라.
도느려 너사무너도령 삼형제 만나 육항렬 맺언
유저낭 펭저낭 뷔어 벌목해여 신전집을 짓고
신산꼿 도올란 먹사오기 세사오기 뷔어단
일천기덕 삼만제기 궁전궁납을 설연해여
초체 울려 초공하늘, 이체 울려 이공하늘
삼체 울려 삼공하늘, 들여울리고 내여울려 노아
어머님궁 아페 죄풀려 나오란, 어멍은 아기 보저 아긴 어멍 보저
부모자식이 일부 흔잔 때 당해엿습네다.
내일은 불도맞이 모래는 초·이공맞이 해여 어멍국 청해영
잘자리에 대접도허고 신질도 발라줍센 등장도 들저 협네다.
이공서천도산국은, 잘살아난 부자로 살아난 원진국의 대감과
가난허고 서난헌 김진국 대감님
사라도령 월강아미 신산만산할락궁이
정남청 소남청 무동역에 팔선역 국궁녀 정하님
거느려오던 이공서천도산국님도 잘 청허저 협네다.
삼공은 주년국 올라사민, 웃상실 강이영성 이서불 내려 알상실은
홍문소천 셔불부인 은장 놋장 가문장 월매 마퉁 신선비

거느리던 삼공안당주년국, 전상은 머리나쁜 전상,
정공철이 술먹어 불량허는 전상이랑 내보내불고
말명도리 나수와 해주고 상단골 나수와 주는 전상이랑,
옵서 청허저 헙네다.
살아 목슴 ᄎ지 시왕이고, 죽어 목슴 ᄎ지도 시왕입네다.
시왕감사 신병서, 원왕감사 원병서 짐추염나 태산대왕
범 ᄀᆞ튼 사천대왕, 불위본서 제일 진관대왕,
식몬자심 제이 초관대왕님, 수의왕생헌 제삼은 송제대왕,
칭량업인 제사 오관대왕, 당득작불 제오 염라대왕,
단분출옥 제육 변성대왕,수록선한 제칠 태산대왕,
불착사호는 제팔 평등대왕, 탄지멸화는 제구 도시대왕,
권성불도 제십 오도전륜대왕,
시왕님도 청해여 역가를 올려 죽을 목슴을 살려줍센 허고
선망부모 조상님네 사남허건
왕생허고 극락으로 극락왕생을 부쳐줍센 영허여, 축도를 드리저고 헙네다.
영허고 지장보살 성불대왕, 좌우도 십오 동자판관 십육 소제관장님도
신감상연도리로
올 발며 실 발며 당반전기 기메전지 발며 시왕당클로도 도올릅서.
들여두고, 천왕멩감 지왕멩강 인왕멩감
천왕 삼멩감 하늘님도 시왕님과 동서 자백헙서.
당주멩감 몸주멩감이란건 당주전으로 도올릅서.
드려두고 안세경 밧세경이라 해엿으니
밧세경은 자부일월 상세경,,안세경은 노가단풍 ᄌᆞ지명왕 아기씨
부려오던 느진데기정하님은 세경으로 들어사, 상을 곱게 받아 삽서.
드려두고, 그르후제는, 군웅일월, 삼진제왕, 제석일월, 일월조상님도
올 발며 실 발며 군웅몸상으로 좌정헙서.
드려가며, 이집안 정씨 집안에 일월조상님이나
산신, 요왕, 선왕 일월님도 보세신감상연ᄃ리로 도올릅서.
당주일월 몸주일월은, 딩메 질메 궁메 네인공사 아산신베 양궁 상실베
청비개 백비개 얼어비개 감아비개,
초공에 대한것은 신베, 이공에 대한것은 연베,

삼공에 대한것은 전상베 거느리던 당주일월
홍포관대 조심띠 난 비단 섭수쾌지
금이 오대띠에 맞춰오던 일월조상님
보시동에 전전백에 맞춰오던 당주일월 몸주일월님도
올 발며 실 발며 당반전지 기메전기 발며 도을릅서.
드려두고 그뒤 후로는, 들 적에도 일문전, 날 적에도 문전
안문전은 열ᄋ돕 밧문전은 두ᄋ돕, 일이공방 대법천왕 하늘님도
올 발며 실 발며 당반전기 기메전지 발며, 문전당글로도 노올릅서.
늦은 문전 밤인 본향,
제주도 중 각서본향 한집 중에, 시군문은 웃손당 금백조,
셋손당은 세명주, 내알손당은 소로소천국[349]
아들가지 뚤가지 팔도송애 벌어지면
어허, 거멀 문국성 이 마을은, 안동안 밧동안 내동안 외동안
모른밧에 배돌여 오던 선왕당 한집, 안할망 관할망 궁제할망 매병할망
일뤠중저 동문밧에 일뤠중저 남문밧에 열ᄋ드레
서문밧에 스물ᄋ드레 상받던 본향 한집님도 도을릅서.
들여두고 그뒤으로는 저 모실포 산이ᄆ을 개로육서 한집과
현재 지금 거주하기는 북촌리 마을, 가릿당 해당 해신 요왕 보신동
ᄒ반일반 보세신감상연ᄃ리로 도을릅서.
대정은 광정당 모관은 시내왓당 한집님
돌렛당은 운지당 남문통은 각시당 여래불도 동문동 운지당
산지 용궁 칠머리 감찰자방관 해지골은 일뤠중저
서문밧은 ᄀ시락당 한집님
궁당한집 제주시만도 열두신위전 한집님도 도을릅서.
들여두고 표선면 표선리 저바당 금백조 백조ᄂ산국
어멍국은 웃물캐미 아방국은 돈오름 문국성 상오보름웃도
가시리 대호실 한집님과 안밧은 문씨아기 산신또 한집님
넘어사민, 신흥리에 압빌레 큰당한집 뒵네다.
어허 표선리 가마리는 해신당 한집

---

349) 알손당의 당신, 웃손당의 당신 금백주의 남편신

저 토산은 웃토산 알토산 올라사면은

당토하늘 당토부인 내려사면 요왕하늘 요왕부인

강씨는 상단골, 오씨는 중단골, 한씨는 하단골,

강씨아미 뭇아오던[350] 마흔ᄋᆞ돕 상방울

강씨어미 뭇아오던 서른ᄋᆞ돕 중방울

한씨어미 뭇아오던 스물ᄋᆞ돕 하방울, 아끈방울 한방울

중당산 볼모작에 뭇아오던 알토산 요왕ᄯᅳ 한집님도

아 초ㆍ이공연맞이에 안으로 메여들면

난산국 풀어 드리쿠다 웃당 일뤠또

아기마을 상마을 군병방 매병방

일관로 이기셍 삼만관속 육방하인덜

거느려오던 우알당 토산한집도 청해여, 잘잘이 대접허고

태흥리는 볼레낭알부터, 새나라 새병서, 소금밧옆 신서낭한집,

남원리는 저하늘에 저별이 외오 들러 윈어깨

ᄂ다들러 ᄂ단어깨 새별새각시 한집도

올 발며 실 발며 당반전지 기메전지 발며 도을릅서

위미리는 동아막 서아막 꼬부랑 폭낭

삼천백매 말ᄆᆞ른 금배리 고막물 배여 신선왕

동카름은 한자수 한벨감

서카름은 조자수 조벨감 기제오지 하루ᄉᆞᄯᅥ ᄃᆞ올라

올 발며 실 발며 당반전지 기메전지발며 도올릅서

예촌은 동백자는 황선이 매칠오름 동남어깨는 백서님

강남천자국 또하니 헌담너머 구럭모를 사위 손 일곱박이 단마을

어겁지고 드럼지던 허자백이 하마을 거느리던 본향한집

올 발며 실 발며 당반전지 기메전지 발며, 본향당클로도 도올릅서.

들여두고, 그 뒤후로는, 웃존오기 알존오기 시나무 청관 서귀포

동백재 일문관 서백재는 지산국

돌동산은 거부용신, 봉태하르방 봉태할망, 지리산쟁이청,

알로내려사면 지난 관청 한집님도

---

350) 뫳혀오던

올 발며 실 발며 당반전지 기메전지 발며 도올릅서.
들여두고 그뒤후로는, 법환리 배염줄이 압산한집 강정은 큰당한집,
저 하원은 뒷동산, 울랑국 제석천왕 한집님도 도올릅서.
화순 번네 개로육서 한집, 산지당도 도올릅서.
검은질 청밧한집, 큰물당 할망도 도올릅서.
날뤠 제석천왕 한집님과 넘어사면은
영락리 축일한집, 신도도 축일한집,
무릉리도 축일한집, 고산은 차귀당 당산봉 축일한집,
두모 신창, 어- 거머들 축일한집,
판포는 고망물할망 넘어사면,
금릉 축일한집 협재도 축일한집 옹포 축일한집,
한림은 영등당 한집님과 귀덕은 해모살 축일한집,
곽지 새통밧 일뤠중저, 애월은 해신당 한집,
고내 황서 국서 병서, 오름허리 요왕국, 별궁전 또님아기, 셋칫염감
올 발며 실 발며 당반전지 기메전지 발며 도올릅서.
엄쟁이 당허민 송씨할망, 김씨 영감또,
하귀리 돌코릿한집, 구넹이 연산주 한집님도 도올릅서.
백게 붉은낭도 시님제석, 도두리 오름허리 철로부인,
모래몰은 철로부인 오름허리 송씨할망 입네다.
혼도 두도 스물 두도,
몰래물은 고랑하르방 고랑할망 노작할망 노작하르방네,
다끄네 궁당한집, 화북은 가릿당 해신 요왕부인,
가물개 시월도병서, 감낭 하르방 할망,
신촌은 날이야 돌이야 월이야 별이야 옴상또한집,
동카름은 남당 뒷당 오동지 영감
저 조천은 관코지 좌정한 정중아미 정중도령님네
신흥은 볼래낭 아래 문씨 할망네
함덕은 금도 황하늘 서물 할마님네, 해신 요왕당에 도올릅서.
김녕은 가면은 안성세기 밧성세기 내외 천존님
ᄂᆞ리 양주 것이 일뤠 궤네기 소천국 하르바님도
이번은 대접을 허젠 허염수다.

영허곡, 월정은 신산태오 삼테왕테우
노태웃도 서당 할마님도 도올릅서.
행원은 나주판관 나주목사 신근들여 절ㅊㅅ
궁전요왕 또 위인 남당 하르방 할망네, ᄒ반일반 도올릅서,
한동은 구월구일 평대는 들어사면
평대는 수대깃또 한집 할마님 명든 터전이고
상세화리 천제님 백조 마누라님
서울 남산이네 상당에서 솟아나 도올른, 금상ㄸ 돌라오던 금상ㄸ 됩네다.
에해 별방은 강제수산땅 도걸호도집사
알로ㄴ려 각시당 한집님네 도을릅서.
오조리 족제부인, 성산포는 상하도리 짐통정, 어메장군또 도올릅서.
열눈이 그등게 멩오안전 멩오부인
삼달리 와갱이 들어사며는
황서 국서 병서 삼천백매 초기연발 거느려 오던
살아낙수 통정대부 김씨영감 도올릅서.
상창리는 개로육서또 신천리는 선씨일월,
상오라방 배난바당 요왕 영개 밧기 화장거느려오던 한집
하천리는 고첫당 한집 도올릅서.
들여두고 제주도 삼읍 본향도 오늘은, 정공철이 초신연질 발룸시난
모다 업드령 이번에 말몡ᄃ리ᄃ 나수와줍서,
업는 몸짓이영 업는 단골도 나수와 줍서.
영해여 본향한집도, 올 발며 실 발며 당반전지 기메전지 발며
문전과 본향은 ᄒ상에 놉니다 좌정헙서.
들여두고, 그 뒤후엔, 상마을 중마을 하마을이여,
일월조상 두에 영가혼벡님네 됩네다.
이에- 하르바님 할마님네 삼부처 ㅅ부처 할마님과
다시 재처 큰아바지 큰어머님 셋아바지 셋어머님
아바지 어머니도 무친이라, 말젯아바지영 홀로 동생이영
큰고모 고모님 고모부님 작은 고모님 고모부님
다 이거 사남을 내여 드리젠 해염수다.
영허고 외가댁에 조상, ᄒ번일번 상받아 문전본향 양서마을로 도올릅서.

들여두고 그뒤후에는, 하늘 ㄱ른 신공시입네다.
또 도ㄴ리어 갑네다.
성은 서씨로 신축생 몸을 받은 일월조상님, 아무쪼록 좌정헙서.
안공시로 좌정해여 허다 이 굿 ㅁ칠때ㄲ지랑
팔저굿인 유학동기간에 신구렁 군무렁 허게도 맙서.
영허고 오랑허건 동으로 서우로, ㅅ당클 굿이영 대당클 굿이영
불도연맞이 밧시왕 굿도 나수와줍서.
안공시는 성은 정씨로 어허 경자생 몸을 받안 오랏십네다.
김녕이라 황씨선성 임씨선성님네
신네청 이씨 선성님네 임씨할망네 양씨할망네
한농약 가마니 누님네여
신네청 강씨 성님네 월정할망네 다 선중을 헙서.
팔저굿인 유학동간덜 오랏십네다.
성은 양씨로 갑술생 몸받은 일월조상은
이젠 당주는 엇수다 마는, 부모조상이여 바늘 간디 실 아니 갑네까.
청할 때 처부모 조상님네여 ㄱ찌옵서 영허고
성은 강씨로 이른ㅎ나 일월조상 남편ㄲ지, ㄱ찌 동참 헙서.
성은 정씨로 갑신생 몸을받던 일월조상님
어허 벨방이라 먹구실낭 알로 솟아나던 조별감님네여
신네청 저 도노미 정씨하르방이영 고비할망네영
부모 양친이영, 설운 성님네영 ㄱ찌 동참헙서.
들여두고, 그뒤후에는, 성은 오씨로 계사생 몸을 받던 일월조상님네
수양 부모 조상님네 시가부모 조상 다 선중헙서.
들여두고, 그뒤후로는 어허 도ㄴ리어 갑네다.
불쌍한 아기영 성은 송씨아기 서른넷
압질도 흔저흔저[351] 흔저흔저 흔저
신의밥도 멕여줍서. 영허여 축수헙고
이 마을 오란 살단 세상을 떠난 양씨선성님네
또 정근이 어멍네 선중헙서.

___
351) 어서 빨리

320

들여두고 이씨 누님네 이마을 살아났수다 영허고,
한일춘이형 불쌍한 정네도 구렁팟에 오란
단골덜 거느리멍 살아났습네.
영ᄒ난 ᄀ찌 동참헙서.
옛 선성 연질 다 초공연ᄃ리 당하맨 살려주겟습네.
하다 흉보지마랑 좌정헙서.
들여두고, 성은 강씨로 을유생 몸받은 일월조상님은
하르바님 할마님 큰아바님 오촌 대부님네
고모네 성제간덜 다 선중헙서.
처가부모 조상덜 ᄒ반일반 동참헙서.
영허여 축원 말씀을 드립네다.
들여두고, 정의천저 대정천저 모관천저
멘황수 멘공원 도황수 도공원
입춘춘경 메고 월일석 ᄀ려오던
선성님네랑 안팟 양공시로 선중헙서.

(장고 한쪽으로 치운다.)
보세신감상연도리로 도올라 좌정허엿습네다.
좌정헌 신우엄전님전, ᄌ순에 이룬정성.
본주지관 성은 정씨로 쉬은두설 이룬정섯이고
방송국 직원이고, 카메라맨덜이고, 기술진덜이고,
모다 일심동력해여 이룬 정성은
초미 연단상, 이미 ᄌ단상, 삼위 삼선향
등양 상촉지권상 독촉해영 양단어깨 추켜받으며
(자리에서 일어서며 신칼을 든다)
각호연당 만서당 각 일만팔천 신우엄전님전에 등장 상촉-
(향로춤)
(주잔춤)

(악무)

받다 씨다 남은 주잔들랑 내어다
상관은 놀저 하관은 먹저 씨저 헙네다.
아래우중 신마을 성읍리 옛날부터
천제 국제 기우제 도청제 포제 받던 이런 하군졸딜은
주잔으로 많이 권잔입네다.

[군문 돌아봄]

보세신감상 연ᄃ리로
각 일만팔천 신우엄전님은
올 발며 실 발며 당반전지 기메전지 발며
각호각당 만서당에 도올라 좌정해영, 신발영 좌정협서.
어 사발통문 돌리멍, 죄목죄상을 풀려줍센 해영
보세신감상 연ᄃ리 어간되엿습네다.

(감상기 두 쌍을 양손에 들고)
천왕감상관이 신이 수퍼오저
지왕감상관이 신이 수퍼오저
인왕감상관이 신이 수퍼오저 허시는데
감상관 내리는 시군문이 어찌되멍 몰라옵네다.
감상관 오는 시군문이랑
신감상 앞서가며 감상관 오는 시군문도 돌아보자-.

(악무)

감상관 오는 시군문을 돌아보난, 문직대장 감옥성방 옥사장이 앉아
인정을 바치난 시군문 열려가라 헙네다.
시군문은 열렸습네다.
감상관 내리는 질은 좌우돗질은, 동서드래 지궁비궁 닸었습네다.
천왕감상관이 신이수퍼 오려 허시는데,
천왕감상관 불법 영기 압송하며 천왕감상관은
어- 오리정 신나수자-.

(악무)

어- 신나수왔습네다.
지왕감상관이 신이 수퍼오저
인왕감상관이 신이 수퍼오저
본도지관 감상관이 신이 수퍼오저 헙네다.
불법 영기 둘러 받으며
어- 본도신감상도 신나수자-.

(악무)

본도신감상 지영감상관이 신나수왔습네다.
천왕감상관은 우양이 어찌되며 좌양이 어찌되며
연당이 어찌되며 만당이 어찌되며 몰라 옵네다.
연당 만당 위 돌고 좌 돌며, 옥황상제님을 대동을 해여
삼천천제석궁으로 도올릅서.

(악무)

어-
도올라 좌정을 해엿습네다
천왕감상관은 지왕감상관에 연산 주위를 매겼구나.
지왕감상관은 인왕감상관에 연산 주위를 매겨옵네다.
인왕감상관은 나보다 아랫사람도 있주 해연,
본도 지왕감상관이 연산 주위를 매겨옵네다.
본도 신감상은 우양이 어찌되며 좌양이 어찌되며
연당 만당 위 돌고 좌 돌며
어- 울탕국느데 하옥 허래 가자.

〈죄목죄상〉

〈죄목죄상(罪目罪狀)〉은 소미, 구경꾼, 본주에게 돌아가며 굿을 잘 차리지 못한 것이 누구의 죄 때문인가를 문답하고, 결국 본주의 죄임을 규명하여 그 죄를 풀어내는 것이다. 굿을 준비하는 데 따른 여러 가지 죄목을 누가 범했는지 따지는 제차(祭次)다.

양창보 : 두드려, 무사 아니 두드려.

이승순 : 아양 허켄 헴싱게.

(수심방과 본주, 소미들이 한자리에 모여서 대화를 주고받는다.)

양창보 : 무사 두드렴서?

이승순 : 아양 허켄. 아양 허켄.

양창보 : 무사 두드렴서?

이승순 : 우린 두들렌 허믄 두들고, 말렌허민 맙네다.

강순선 : 누웡자렌허민 눵자고, 밥 먹으렌허민 밥먹고.

이승순 : 이젠 늦이라부난 누웡 안잡네다.

양창보 : 누엉자크라. 곧는 말 들어이.

이승순 : 예-.

양창보 : 천앙감상관은 우양 좌양 연당 만당 위 돌고 좌 돌며, 삼천천제석궁 어궁또에 좌정을 해엿으니, 천안감상관은 나보다 아랫사람이 잇구나. 지왕감상관을 불러 연산 주위를 매겨, 연당 만당을 돌아보고, 지왕감상관은 나보다 아랫사람이 이시난 인왕감상관을 연산주위를 매겨 사정을 해엿습네다. 인왕감상관은 본도지영 감상관을 매겨, 연산주위를 매겨, 연당 만당 위 돌고 좌 돌며, 울랑국드레 똘랑 하옥을 시켜노난, 이 노룻을 어떵하민 존느니? 누게 되게들 고르라.

서순실 : 이건 경 헐 일이 아니우다. 이건 짐을 진 사람이 해결을 해야 되여. 짐을 진 사람이 판결을 찾으난.

양창보 : 북은 맨 놈이 쳐라.

서순실 : 어떠한 의미에서 한꺼번에 울랑국에 하옥을 시켜시난, 이거 들어가시민 나오는 방법도 알거 아니꽈?

양창보 : 허고말고, 경허난.

서순실 : 혼꺼번에 알앙 해결을 혼번 해봅서.

양창보 : 경허난, 인왕감상관은 본도지왕감상관 대동을 해여서 연당 만당 돌아보고, 옛날 보세감상굿이라는 것이 우리나라 일도도벽 선망허던 시절에, 제주도 감찰사가 오라그네 정의현 대정현 모관을 돌아ᄇ멍, 착헌 사람은 상예금을 주고, 죄가 만헌 사람은 심어당 돌랑허게 하옥을 시키렌허연 내려 보냈더니. 어디강 누게 말적아니라도[352] 술이나 혼 잔 먹고 이, 아이고 아멩해도 좋다, 느 마음대로 해불라 해가지고 해부난. 본도지왕감상관이 죄가 만허니까, 심어당 돌랑허게 하옥을 시키난.

서순실 : 본도신감상은 도둑놈 조꿋디 잇당 베락을 맞주, 아무 이유, 뜻도 어시 들어간 거라 지금. 이유를 물어야 됩네다. 이젠, 이유를.

양창보 : 이유를 경ᄒ난, 그 죄상을 다시리젠 내놔두난. 죄상을 다스리지 못 해여. 어디 뎅기멍 혼 잔도 먹어불고. 그저 착한사람도 좋다, 죄가 많은 사람도 좋다, 이래 마음대로 살아불라 영해가지고.

정공철 : 뇌물 먹엇구나.

서순실 : 인생살이가 술에 술 탄듯 물에 물 탄듯 되민, 거는 멍청한 세상이라. 애가 죄인이 되도 내가 어떠한 죄를 지어서 나가 이 길을 가야되는가 알아야 할 것인데,

양창보 : 그러니까 자기가 헐 책임을 못해연. 경해여 아마도 심어당 가두와 버린 모양이라. 경해난.

서순실 : 얼마나 억울할 것 꽈. 나는 나 죄를 모르는데. 한꺼번에 강 울랑국에 심어다 놔시난.

양창보 : 이거를 죄를 다 처리하젠 해도 본메가 쎄어사주. 감상관이 어시면 죄를 다스릴 수가 업서. 경ᄒ난 이 죄를 풀려주젠 허민, 다 ᄌ순이 본 ᄃ레도 이서야 허고 들은 ᄃ레도 잇어야 되고. 경ᄒ난 우리나라에서 감옥에 갓당 안 챠노으민 죄를 풀려줍센 허면은,

성공철 : 보석금

---

352) 말마따나

양창보 : 보석금. 아이고 느 잘 알암쩌. 보석금 허고. 또 일본사름 말대로 허민 호사킹, 그걸 내당 잔뜩 해여 안네야.

서순실 : 게난[353] 삼춘 말씸이 맞수다. 게난 우리나라가 망하는 거라. 게난 소도리 헐 사람은 항상 냉겨. 전쟁 속에 왜 꼿이 피냐. 전쟁은 낫주만은 그래도 꼿은 피어. 게난 소도리[354] 할 사람이 하나 살아지난. 요게는 누게가 해결 아무도 안 헐꺼우다. 삼춘이 들여놔시난 삼춘이 해결을 헙서.

양창보 : 허고 말고. 어– 세상을 다스리젠 허난
　　　　주순에 이룬 정성이로구나.
　　　　본주지관님이여 신의 성방이여
　　　　금제비여. 다 인정 역가를 받아들라 헙네다.
　　　　보석금을 받아들라 헙네다.

서순실 : 우리나라가 비밀이, 이거 나라에

양창보 : 아, 경허난

서순실 : 보석금 이것만 먹젠 허난

(두 명의 소미가 밥상과 술상을 들고 당클을 옮겨가며 절한다.)

양창보 : 둘러 받아, 저것 들릅서.
　　　　각호연당 만서당에 어– 연당 만당 주득이레 갑네다.
　　　　안으로 삼천천제석궁 안시왕님과 연양당주 삼시왕,
　　　　명진국 할마님과 문전본향 양서 마을,
　　　　어– 군웅 삼제석 인정을 다 걷어 올리난
　　　　하나씩만 올령 놔둡서 보저.
　　　　(소미가 당클에 밥과 떡을 올린다.)
　　　　어허 도올리니

양창보 : 경허난 삼년 살 죄는 나중에는 일년에도 풀릴 수가 있고.

이승순 : 에–. 한꺼번에 다 풀려줍센 해여.

양창보 : 일년 살 죄는 나중에는 단 사흘에도 풀릴 수가 있고.

---

353) 그래서
354) 고자질

서순실 : 결국은 걸려, 결국은 걸려.

양창보 : 어- 경허난

인정 받으난 풀려가라 헙네다.

본도 신감상도 해벌이여-.

이승순 : 두렁청 허게.

양창보 : 해벌해여 나오난, 그만 부애가 즌뜩 난 짐에.

이승순 : 뭔 부애가 난?

양창보 : 옛날로 경ᄒ난 전윤년 서방질 허멍, 시골년 아기 뱃더라고. 너희들 지은 죄로 나가 죄목을 했으니, 나가 부애는 즌뜩 나난, 이제랑 심어당.

서순실 : 나도 지금 가단 보난 부애창지 뒈싸지크라. 아, 저리 가쿠다. 스님에 가는 거라.

양창보 : 이제 하나씩 심어당 조근조근 다스려 보자.

경허나 영허난 일본을 가면 정씨 죄여, 정의는 오면 정씨 죄여, 모관은 그게 아니주. 전치굿이라 허는 것이 본가 전치굿이 아니면 굿이 안 되는 법이여.

서순실 : 굿 허젠허민, 본가가 머리에서부터 굿허젠해야, 모든 것이 이루어지는 것이주게.

양창보 : 본가 전치굿이 아니면 굿이 안 되는 법이여. 그러면 본가를 심어당 우리 죄를 물어보자. 뭐가 잘못했느냐. 굿을 허젠허민 전후조상 칠대로부터 조근 조근 조근 조근 내려와 가지고 본가지, 조상의 은덕으로 탄생을 해였으니, 나 놔준 근본 불휘를 갚아야 헐로구나 허여서, 고조 위 울로는 치제한 조상이지만은, 이 알로는 영가로 노니까 영가들도 가슴도 열려주고, 또 뿐만 아니라 사람은 먹고 입고 행궁발신이난 은공 공리 역가를 해야, 굿을 내사 되는 건디. 굿을 아직 못 하는 것도 큰 죄여. 또 그뿐만 아니라, 굿을 허젱허면 3주 전에부터 쏠로 받아다거네 채로 탁처근에, 채 아래 쏠은 구명도식허고, 채 위에 쏠은 착설 어시 걸러당 조상에 대접을 해라. 해야 그게 옳은 일이고. 보답을 했는데, 일만팔천 신우니까, 일만팔천 잔을 헐수도 없고, 경ᄒ난 미녕은 사다거네 바리멍, 이 아귀어깨 진 걸랑 바능으로 톡톡 테멍 그걸 전부 허랜해여 놔두난.

서순실 : 본주가 왜 잘못이냐면 야? 이 정공철이가 잘못은 잘못이죠.

양창보 : 잘못이주.

서순실 : 심방질을 허멍 무형문화재 사무실에 이시난, 눔의 집이 하는 것도 봐시난게. 난 아무도 어서부난 나대로 돈 벌어, 신질을 발라 사주영, 35살부터 심방질을 해시난, 눔의 집에 뎅기멍 볼거 아니우꽈. 눔의 집에 굿 헐때 뎅기멍, 심방집 굿 헐때 되민 봉투에 삼만원 담아 부주도 하고. 어떵 영 허는거 구경도 허고. 삼년 오년전부터 제주도에서 큰굿을 해켜 해켜. 이 소리는 자꾸 나가난, 옥황상제에서 소리가 들리는거라. 큰굿 해케는데, 이거 어느 때면 될 건고? 지부소천왕을 불런, 야어떵핸 굿 허젠허는데, 이레도 소식 어쩌 저레도 소식 어쩌. 이게 죄책이라. 3년 5년 전부터.

양창보 : 오늘은 다 ㄱ찌 못하느니. 경ㅎ난 정공철이가 죄상이죠. 굿을 허젠 허면은

정공철 : 잘못 허였수다.

양창보 : 잘못 해 가지고, 모든 정성이 지찰이 불찰이요.

서순실 : 심방도 삼년 전부터 아이고 누게 하면 될로구나, 아이고 큰심방은 누게고 접심방은 누게고,

양창보 : 그건 요샌 보름단골이요 구름단골이여.

서순실 : 돍터럭 닮은 단골³⁵⁵⁾이요.

양창보 : 새터럭 닮은 단골.

서순실 : 돍터럭 닮은 단골이 아니라, 돍터럭 닮은 심방들이여 이젠. 돍터럭 닮은 심방들이여. 허나 원인은 이 본주가 노일저대귀일 뚤처럼 길 위에 뎅기멍, 이리착 저리착.

정공철 : 해심심허멍.

양창보 : 경ㅎ난 그것도 대단히 잘못이죠. 이제 그래 들어간다 이. 본주 죄상이랑 심어당, 보리낭 형틀에 밀낭 도리채에 앞정문이 닥닥들여 아연 해야거들랑.

서순실 : 그래도 심방이라거네. 저 공시풀이 해 난 뒤에, 돍다리 입에 잔뜩 물려,

양창보 : 독다리³⁵⁶⁾ 하나 하고.

서순실 : 막걸리 혼 잔 입에 잔뜩 물려그네.

---

355) 닭의 깃털처럼 가벼운 단골, 즉 단골들이 여기저기 쉽게 옮겨가는 현실을 말함.
356) 닭다리

양창보 : 어- 울랑국으로, 어- 신공시 이 알로 하옥허자. 거 심방이난 보난 공시로 하옥해서. 경헌디.

서순실 : 굿선생님한테 매일 맞아 봤어야 하는데

양창보 : 굿을 허젠 허민 첫째 우리 택일을 해보자고, 자 정씨 불러다 택일을 허는게, 그자 그자 초ᄋᆞ드레는 본멩두 탄생일, 열ᄋᆞ드레는 신멩두 탄생일, 스물ᄋᆞ드레는 살이살죽 삼멩두도 탄생헌. 경ᄒᆞ난 우리 무슨 연유로 열여드렛날, 멩두 탄생헌 날로,

서순실 : 그것도 경해수까야. 경해도 정공철이도 무형문화재 뎅기멍 돈도 하영 벌어 놔신디, 허다 못해 먹돌새기 양정실한테 가나. 하다못해 하귀 창자 보자 쓰는 어른, 게도 영헌 단수육갑도 지프고 하난. 그 양창보 하는 큰심방 집에 강. 날 택일을 보나. 허다 못해걸랑 제주시 가민 철학관이 ᄒᆞ서. 경 강 날을 보낸 허난, 이놈의 김녕 서심방은 이녁대로 날 보멍 이. 이거 누게가 또 원인이냐면은 전통문화연구소 소장, 박경훈이 하고 문무병이 허고 죄책이죠.

양창보 : 죄책이주. 심어당,

서순실 : 아이고 지가 연구만 하랜했주. 굿 허랜 안 했거든.

양창보 : 아이고, 저 몽둥이 가져오랑. 심어당 박경훈이 하고 문무병 하고 심어당, 아랫종아리 두드리게.

서순실 : 초ᄋᆞ드렛날은 굿을 해민 안 되고, 바쁘고, 이거 잘못이여.

양창보 : 박경훈이 하고,

서순실 : 심어당 들어봐. 어이 방경훈 소장님 어디갔수까? 이레 옵서 이래. 문무병 박사도 이리 오고.

정공철 : 무사 이 날을

서순실 : 무사 이 날을, 꼭 구월 달에만 꼭 굿을 해랜 해시닌.

문무병 : 나는 시키는 대로 햇지.

양창보 : 돈은 ᄒᆞᆫ 짐 지어놔신게. 일은,

문무병 : 심방이 그때 해야 됀덴 해신데.

박경훈 : 신구월에

문무병 : 신구월 넘기면 안 되지. 심방 말 들었는데.

양상모 : 이리 옵써.

서순실 : 안 오켄 해산디. 죄인은 죄인이라.

양창보 : 그게 죄인이라. 무신 죄를 지었느냐 해가지고 이제는 돌아나 볼

일인데.

문무병 : 나는 죄 어서. 나는 심방 말만 들었지.

양창보 : 그게 죄라는 게, 생각해 보라. 정씨가 심방집에 오라, 너네 굿하란 말은 없거던.

서순실 : 그렇치.

양창보 : 그런데 경ᄒ난 이　집에는 이외에도 틀려.

서순실 : 이 집은 양, 본주도 다섯이고, 심방도 다섯이고, 일꾼도 다섯이라. KBS, 문박사, 박소장, 강인창 PD, 서순실이. 아ᄋ섯 명이로구나.

양창보 : 미친 놈.

문무병 : 벌써 다 파악해 부렀어. 사기꾼들.

양창보 : 이래 못 들어오쿠가?

서순실 : 매 맞아사쿠다.

양창보 : 신 벗어.

문무병 : 꼴아 앉지 못해사.

양창보 : 문지방 우로는 앉는 게 아니고. 영 앉읍서. 경ᄒ난, 죄라는 게 괴심헌 것이 심방들하고ᄀ찌 밤에도 고생허고, 심방들 아니 먹는 술도 먹어진 것이 큰 죄. 또 시간 내로 옵서 갑서 말은 아니 허고, 아이고 내가 들어가멍 나가멍 먼저 솔선 해야, 심방들도 따라올로구나 영 생각해여. 부지런히 일도 해여주고. 아이고 오늘은 볕 나건만은 어제까진 비오란 오난. 이거 땅을 몰려 살건디 경해영 해살꺼주 굿이 되는거주. 저 원담 밑에 가분놈 돌 듯,

서순실 : 저 문박사는 야, 이기 아잔 야, 겉눈이랑 ᄁᆷ고 속눈이랑 트고. 아 이놈의 보세감상 하는 심방이 도올릅서 하난, 절루 와닥닥하게 나오멍 해는 말이, 어떻해 전제석궁야드레 아니 가랜 해난 도올릅서 해난, 내려온 조상 또 올라가랜 햄신가 영허고.

양창보 : 경허난 각호연당드레 각호각당드레 도올릅센 했주. 옥황드레 도 올릅서

문무병 : 그것만 있었으면 됐는데,

서순실 : 한국말은, 뒤에 말을 잘 드들어야 되는디, 뒤에 말말 든거라.

문무병 : 앞에, 연당 만당만 붙여줬으면 되는건데, 그 말이 안 들려.

이승순 : 아이고 옵서 옵서, 게난 문박사님 알아듣지 못 혀.

양창보 : 본주 이 정씨들이, 이리도 본주고 이레도 본주 주게.

330

정공철 : 본주가 정씨들이 잘못헌거주.

양창보 : 정씨가 잘못이죠.

정공철 : 다 제 책임입니다.

양창보 : 그날 베려부난, 9월 열ㅇ셋날이 큰 황도인이라도 멕혀집디가.

서순실 : 그날은 경자일, 경자일이라 본멩일, 게난 양 옛날도 오죽해서 죽어가는 환자가 이시민, 굿은 해게 되면 어떵 말이우꽈. 굿 허면 성담도 넘고, 굿 허면 울담을 넘어지고.

양창보 : 어따 너의 입에다 상채 지면은, 흔날 흔시에 벼락부자 됨직허다. 경허나 그게 차라리 정씨 죄책이여. 정씨 심어당

서순실 : 이사람들은 양 청주 심어당, 청주

양창보 : 보리낭 당클에 멜랑 도리채 앞성문이, 성문이형 허거든, 도꼬야마 아방이름

서순실 : 멕여 멕여. 아예 청주독드레

양창보 : 아연 아연 해 가지고, 쓸데 없는 말 고자고자 해가거들랑, 청주 한 사발 더 멕여.

이승순 : 고소리술도 멕이고

박경훈 : 섞으면 안 됩니다. 섞으면 자부러.

서순실 : 섞으면 안 된다하면 그럼 청주만 주레.

양창보 : 도채비 위 잡고 그걸 멕여 낳, 아연해가거든 저 몽헐댁이라도 아가리 잔뜩 물려.

양창보 : 어- 연당 알로 하옥허자.

　　　　낮에도 아니영 신전님 오고가는 길은

　　　　대자너비 석자 보토질을 닦으렌 해여 놔두난

　　　　아이고 올레래 바려보난[357]

서순실 : 삼춘 이놈의 본주가 나가 굴았주. 못해도 삼일 안네 왕, 저 성읍리 영주산에 강, 황토 해당 황토ᄃ리 끌고, 미깡낭 해당 저디 산에 가그네 세 비어당 노코 꽂고. 경해연 금줄 매여, 상물 저어디 허다못해,

양창보 : 아이고, 이만 함도 어느 하느님 덕택이여.

서순실 : 산세해 날려놓은 불노 안 뿌려. 날려 놓은 불노.

---

357) 바라보니

정공철 : 황토는 여기 동네사람들이 파다주켄 ᄒ난. 조금조금 기다리다 보난, 황토는 올 생각을 안 해.

서순실 : 허다 못해 소 쩌른 소금도 집아놔서 살거네. 상불 쌂아놔 것도 안 뿌려거네.

양창보 : 재영허나 재영허나, 성읍리도 욱들러가지고 이 집도 빌어주고, 욱들러가지고 밥도 해여주고, 경허는 것이 얼마나 고마우니. 경허니 질감관 질토래비 죄도 심어단 하옥하난. 문전은 도래감을 매기고, 이 집 주인은 주문관 제도청 성주를 매기고, 청백배 흑백배는 조왕을 매긴다. 그런데 조왕이라는 것이, 조왕에서가 소도리[358] 몬딱 조왕에서 나와주게.

서순실 : 이게 여자가 새물이라.

양창보 : 여자 세이만 모이멍 사기접시 고망 뚤룬덴 허주.

서순실 : 눈에만 시꺼도 새물인디.

양창보 : 소도리는 조왕에서 나와주게. 여자 입에서 나와.

서순실 : 그런에 삼춘야 이것두 이수다. 우리나라 대통령 임금도 야, 자식은 여자가 맨들어 내는거라.

양창보 : 경허난 조왕에서 조왕할망 심어당 답도리 허는게. 자 조왕할망은 행주치마 둘러 입고, ᄄᆞᆷ은 나젠 이제 손수건.

서순실 : 경해도 어쩜 조왕할망 막, 솥껌덩이핸 해도 새벽에 일어난 우선 눗도 시치고, 머리카락이라도 빠질까행 흰수건도 꼭 졸라매고.

양창보 : 경허래 놔뒀더니 경도 아니허고 이, 그냥 들렁 춤추는 거 봤싫아. 아니면 샤꾸나 들렁 막 춤만 추고 잉.

서순실 : 밥이나 하영 먹어가민, 머인 막 남술로 밥그릇 속만 박박 긁으멍.

양창보 : 웃헌 조왕할망들이주. 심어당.

이승순 : 아이고 하옥허민 안 됩니다게.

양창보 : 하옥하면 밥 못 얻어먹어 이.

이승순 : 우리가 아까 돗 돌아온 조왕할망 것 때문에 허지만은.

서순실 : 그래도 예는 예여. ᄂᆞᆷ 가는데 가사주. 줄을 잘 서야주 줄을.

양창보 : 조왕할마니 쓸을 줍센 해여도 줄 사람이 잇어야 해사주게. 우리 고팡할망을 ᄒᆞ나 마련해보자. 고팡할망은 성은 서씨고, 나이는 이제 쉬흔하

---

358) 고자질. 남이 한 얘기를 그 사람에게 전하여 말함

나. 나 그거 몰랐나. 쉬흔하나고 고팡할망은 경 큰심방겸 허렌헹 놔두난. 아이고 그게이, 고팡할망이 요거는 얼마고, 사발쏠은 얼마고, 요거는 불도맞이 재물 헐 쓸이여, 요건 시왕맞이 초ㆍ이공맞이 재물헐 쓸이여, 요거는 시왕맞이 재물헐 쓸이여, 요거는 심방들 밥먹나 얘야 심방들 선밥은 아니 먹나, 익게 해영 모랑허게 해그네 잘 주라. 영해고 그 고팡할망이 참 돈도 해영, 요거는 명태 얼마 씨고, 얼마 씨고 이렇게 해가지고.

서순실 : 고팡할망이 큰심방을 돈을 벌어 먹여. 또 고팡할망이 본주를 이익시켜.

양창보 : 허랜 해 놨더니 요놈의 고팡할망이 쏠을 애껴, 이거 몬딱 심방들 퍼가분덴 이젠.

서순실 : 아이고 고팡할망이 얼마나 머리를 써시민야. 좌우가 편안하게 해수다. 고팡할망 막 착헴수다.

양창보 : 착험이랑 뭐랑. 비오는 날 장헌덴 허나 착허다 허주. 고팡할망도 착허댄.

서순실 : 고팡할망도 제가 성안 몇 번 왔다갔다 허먼 야. 졸바로 건질 안했주게.

양창보 : 그것 뭐 이녁 양으로 자수해부난, 그것도 풀어점저. 경ᄒ난.

서순실 : 그 다음 누게 죄책이고? 누게 죄책이고?

양창보 : 부엌일들을 몬딱 심어당 보자. 자 이제는 ᄀ루할망이여. ᄀ루할망은 이, 어떻게 했나면은, 쏠에 물을 문혀낳, 물 문혀 이제는 옛남은 굴목 남방에, 도해남 열부때, '이어 이어 이어도 방애'. 응 영허멍 방애를 찧어서, 그 정성이 되는거주. 저 비발아기[359]들 입덜 막으멍 세와노라. 경해여 오동동 지어다 그게 제물을 내어다 그게 정성이 되는거주. 요새 기계 방애, 무신 떡 허는데 뭣이라 하는게만은,

정공철 : 떡집

서순실 : 기계방, 방애간, 정미소, 떡공장.

양창보 : 떡공장. 거디간 기름내 팡팡 나게 해근해 오랑.

서순실 : 경해도 양, 그게 아니라, 본주가 ᄀ루할망한테 부탁을 했주게. 이선 넝허여 성성드려 하는거난, ᄀ룰 굴래 갈 때도 가멍 무슨 발 디딜 때도 졸

---

359) 젊은 처녀

바로 디뎌 뎅기고, 가걸라그네 기계에강 손으로 탁탁 때려 지랄을 해건 그걸 실타부넨.

양창보 : 시어멍이 다 고람시난. 경해여 제물을 허래 내놔뒷주. 그런데 ᄀ루할망은 이제는 떡 ᄀ라오면, 팬할망은 심어당 요걸라그네 잘밀엉, 팬을 잘 손으로 곱게 맨들래해엿주. 무신거 컸다 족았다 허게마랑.

서순실 : 돌래떡

양창보 : 새는 하기 실퍼 가지고 주전자 뚜껑으로 양 딱딱 그냥.

서순실 : 삼춘 그거 알쿠가? 동복, 화북, 북촌들은 가보면야, 조상들은 시루떡은 하나도 못 먹어. 돌래떡을 해도 요만큼혀. 두께가 요만큼이라. 게난 동복조상하고 북촌조상은 시루떡이라는 걸 몰라.

이승순 : 맛을 몰라.

강순선 : 나까시리는 하주.

서순실 : 나까시리 하나밖엔 안 혀. 돌래떡을 해면 안팟이 없게 요만이사 뱅뱅뱅뱅. 옛날에도야 떡을 잘 만들어사야 애기도 곱닥허게 낳덴 허주게. 이놈의 팬할망이 이거 밀렌햄 놔두면 팍팍해멍, 홍적홍적 홍적홍적 허고 흥북허고.

강순선 : 김녕떡은 잘 혀.

서순실 : 김녕떡 잘 혀.

양창보 : 경허고 시리할망 불러다낭, 시리할망은 어떻게 했는지, 떡을 이제는 ᄀ루를 잘해영 시리에 징징허게 낭, 메찡으로 떡 해여놔. 경해여 솥에 앚혀난 바바바바 해가거들랑. 거 마개는 ᄒᆞᆫ 말은 붙이고, 시리에 닷 되 닷 말. 그 마개엔 먹젠게, 시리마개는 떼여다 먹젠. 마개는 한 말을 부지래기 놓고, 시리에는 ᄒᆞᆫ되만 해영, 채여놓고 해영. 또 그것도 이, 잘 붙여사주 바바바바 해가민 신착, 보선, 소착을 두드리멍.

서순실 : 우리 시고모가야, 나가 시집을 가난 뭐라 ᄀᆞ라시냐면양. 시리를 우리 시할망식 보리고실 때 죽은 거라. 다 옛날에는 퀜당이 모영 떡을 해신디. 상제가 떡을 찌젠하난 두 되짜리를 연탄화로에 앚현, 그디 솥을 놔사 딜 껀디 시릴 놓안 서각을 띠우민 붙이면 떨어지고 붙이면 떨어지고. 무사 떨어점신고 영보난 연탄불로 시리를 앚힌거라. 그러니 시리가 이뤄질건가예. 그러나 이 조왕할망도 시리를 앚히민 통세도 가지 말고 오줌 누레도 가지 말고. 가구장 해도 꾹 참았다.

양창보 : 그 내 넘어온 할망도 보면 안 된다.

서순실 : 응. 경핸 해신데 시리 앉혀두고, 오줌 싸러 갔다와 본게 그냥 지렁내 팡팡 나고게.

양창보 : 바바, 바바바바 바바.

서순실 : 그게 시리할망 죄책이여.

양창보 : 그게 침덕이 안 되는 겁네다 그게. 경허난 그 시리할망도 심어당 하옥허라,

서순실 : 삼춘 이게 있수다. 떡을 해보면 예, 굿이 복을 받고 안 받는 걸 알아. 또 떡을 해보면 몽상을 입어. 이건 아무도 몰라 잘. 돌래떡을 해보면 몽상을 입읍니다 뽀글뽀글 예. 그 집에 굿을 해도 누가 꼭 죽어. 첫째, 복을 받으려면 조왕에서 모든 역사가 이루어져야 하고.

양창보 : 다 조왕에서 못 허는 일이 없주. 관청에 강 송사함도 조왕에서 다 해결을 시켜줘야 되고.

서순실 : 떡을 잘 익어야 돼.

양창보 : 떡을 잘 익어야 돼.

서순실 : 조왕할망이 떡도, 떡할망이 떡도 삶으멍, 거 암만 먹구정해도 참아사주게. 거 지인 안네 가불면 휙허니 불치도 들어가불고.

양창보 : 경헌데 고망 뚤라진 거, 국자 닮은거 있수다. 그게 곰박. 곰박이라고 하는건데. 그걸 영 시리떡을 앉저, 팬떡을 건지면은, 글로 물로 세여부렁. 그래두 이 머구정360)하면 어떤지 안아. 신수해 떨어졌시면 그 팬에 붙티 특 털어져. 떨어지민 그것덜 이젠 가정가랑해도 그 불땐거 봉강, 물에낭 막 시쳐그네. 그 옴막 들러먹언 이, 아이고 저 뒤 주인 오라가믄, 재개 먹다보멍 이, 확해 먹다보멍 모가지에 걸어지멍 꽥꽥꽥 허멍.

서순실 : 떡할망도야 몽니가 있어. 어떵 해냐면, 남박을 들렁 야, 곰박을 들러 떡 젓는 척을 해면 야. 거 깨진거 못 들러주게. 그러면 솥 뗀데로강 곰박을 영, 턱 붙이는 거라. 돌래떡을 갖다 턱해영 건져 먹는거라. 깨졌지 못 올릴거라, 이거나 우리들 먹게.

양창보 : 그런데 거 조왕할망이여, 팬할망이여, 시리할망이여. 다 심어당 하옥했져.

---

360) 먹고 싶은

서순실 : 하옥했져.

양창보 : 아이고 이제랑, 제숙을 허랜해 내놔난, 제숙은 어떤고 허니, 눈꼽은 고기를 해래동 놔뒀지 눈튼 고기를 해여동 놔둔거라. 양 양 박소장, 문박사님 들어봅서. 바닷고기를 해당 배에 가서 널앙 말리면은, 눈을 틉네까 곱읍네까? (좌중 웃음)

서순실 : 군웅니라 겉눈은 트고 속눈은 감는거라.

양창보 : 경헌디 제숙, 눈 곱은 제숙은 못 봤주게. 문딱 눈 터불죠. 똥글랑헌 눈이. 경허난 눈 감은 제숙을 하렌핸 놔둬주, 누게

서순실 : 옛날 삼춘 알아지쿠가. 소앵이 삼춘[361]일랑 굿 배우러 가신디. 순실아, 잔등 긴 건 갈치 생선, 눈이 큰 건 우럭 생선, 폴짝 뛰어 숭어 생선, 가다 낚은 건 가상어, 오다 낚은 건 오상어. 경해멍 해신디, 이거 김녕 앞바다에서 낚은 불뽈락. 또 이거 김녕 앞바다보단 연평도 이거 어디.

양창보 : 조기

서순실 : 칠산 바다에 나는 조기 생선. 또 서귀포 앞바다에 뻘 바닥에 나는 오토미 생선.

양창보 : 솔래기.

서순실 : 솔래기. 아이고 그거 흔달전부터가 맞춴.

양창보 : 아이고 경흔난 거 제숙도 나쁘다. 다 해였져. 술 선성은 이, 거 술은 어떻게 허는지 알암수까? 야야 죽은 년아 양 허거들랑, 저 고팡에 가보라. 흐린 좁쌀 댓 되 이시면 그거 갖다 물에 크라. 컹 이제라건에 강 뽀사오라. 뽀사다그네 그놈의 것 누룩 버무령, 막 밀엉 단지에 담아놔 항에나 담아놔두민, 그것이 부왁하게 괴주제. 경허민 그것이 위에 것은 청주로 뜨고, 중간에 것은 막걸리로 쓰고, 아래것은 흔끔 가라앉으난 그거는 뜨라거네 닦은 것이 소주가 되는거주. 경해난 엊저녁 먹는거 보난 이.

서순실 : 옛날 밥 못 먹으민, 그 아래꺼 밀주 먹었단. 배불뎅 먹단보면 취해여게.

양창보 : 게난 엊저녁은 보난 이, 청주 이,

서순실 : 아니 이 집이, 삼춘이 말 끝에 말을 햄수다. 참 좋은 어리신들이라. 왜냐면 내가 심방질 핸 후에 이렇게 청주로만 한 집은 전혀 못 봤수다. 그

---

361) 안사인 심방

런디 청주를 담으면 기름이 둥당 뜬다는 걸 이번에 느꼈어. 청주를 올렸는데 다 기름이 뜬거야. 양창보 : 그래서 그게 제라한 정성이여. 경ㅎ난 청주, 소주, 막걸리, 그 탁주로 해간다.

서순실 : 삼촌, 이 박경훈 소장이 ᄆᆞ딱 옛날 식으로만 햅젠. 기도 옛날식 헙서, 광목도 옛날식으로 헙서, 멍석도 옛날식 헙서, 심방도 옛날식 헙서, 굿도 옛날식 헙서, 술도 옛날 술이난. 한일소주도 받아오지 맙서, 진로소주도 받아오지 맙서 성읍리 가면 인가무화재 할망이 고소리술을 잘 닦으난 그걸로만 해래면 해시난. 잘 들어봅서. 정성은 잘 해시난.

양창보 : 아니 강 소주 가져완?

박경훈 : 특별히 주문을 했어.

양창보 : 닦암서 이제?

박경훈 : 좋은 걸로 다 했지요. 고소리술로만.

문무병 : 그러면 죄책이 어시네.

양창보 : 경해여 술 선근도 심어다 하옥허자.

서순실 : 하옥했져.

양창보 : 하옥했져.

문무병 : 성의가 없어. 성의가.

양창보 : 떡, 밥, 술, 궤기³⁶²⁾ ᄆᆞ딱 조왕에서 나는 건 심어당 하옥했져.

양창보 : 아이고 이제는 어드레 가코?

서순실 : 어데가 죄책인고, 그 다음엔 신소미여.

양창보 : 신소미, 포소미, 포소미 너 이리 나와.

서순실 : 그것보단 접심방이 죄책이여.

정공철 : 아이고 영미는 죄가 없수다.

이승순 : 어린 걸 심어당 닦달하젠 합니까.

양창보 : 너 이리와. 요드로 와 앉아.

이승순 : 영미야.

양창보 : 날래 일어나라. 빨리 일어나.

강순선 : 영미가 무신 죄책이라.

---

362) 술과 고기

양창보 : 요레[363] 오라.

서순실 : 이리 오라. 영미야.

정공철 : 본주가 죄책이여.

서순실 : 아니 아니. 접심방이 죄책이여.

양창보 : 포소미가 뭐가 젤 문제냐 하면. 잘 들어 어 영미야. 잘들어. 포소미가 무슨 죄냐고 하면, 아이고 내일 모래 굿 감심에 오라가건에, 아이고 북은 어떵해수과, 장귀는 어떵해수과, ᄆᆞ딱 해여거네. 그날 강, 포를 싸그네 딱 내놔거네, 포소미 자격이 있는거주. 포소미 해라건 오라건에 공시상 앞에서, 공시상에 대가리 딱딱 조지멍 아장 해여야, 그게 포소미가 되는 것이여.

서순실 : 포소미가 역할이 또 하나 더 있어. 무스 거냐 하민, 요즘은 핸드폰이 있고 자동차가 있주만은, 옛날은 핸드폰도 없고 자동차도 어시난, 큰심방이 포소미한테 ᄀᆞᆮ는 말이 아무집에 큰굿을 갈건디, 아무 심방 아무 심방을 들여야 될거난, 강 빌어오렌 허민, 이게 졸바로 가질 안해영. 버스 타고 걸어 가고 해다보민, 포소미 ᄒᆞ를 ᄒᆞ날에 ᄒᆞ 사람밖에 못 빌엉. ᄒᆞ룰 내에 다 빌어 놔두렌허민 ᄒᆞ루에 다 못 빌어.

양창보 : 저년 심어당 두드리라.

서순실 : 또 이것두 있져. 포소미가 변호사나 이게 심부름꾼이지, 비서. 아이고 심방이 영허주. 아이고 아무 집에 굿 핼건디, 강 보랑, 솥도 몇이냐, 출렴시냐. 경해여강 그디 강 본주한테 강, 아이고 나 큰심방이 갔다 오랜 허난 왔수다. 굿은 영 잘 출려졌수과 영해여. 잘 봐 잘못게 이시민 아이고 부족허우다 더 햅서. 경해영 왕 큰심방한테 소도리를 잘 해야 될건디. 아직은 이거 어려부난, 어려부난, 흥- 이모 이거 어떵혀.

양창보 : 어려부난.

서순실 : 이거 죄책이여.

양창보 : 어려부난 포소미는 심어당 신공시 이알로 하옥 허고.

양창보 : 이제는 접심방을 심어다 놓자.

서순실 : 접심방을 심어다 놔사 됨직허다.

양창보 : 점심방을 누게는 멕이꼬 하여 앉아 곰곰이 생각해보니, 양창보는 본가여.

---

363) 이쪽으로

서순실 : 아니, 그추룩 ᄀ르면 안되지 마씀. 메밀범벅도 굽 갈라혀. 집이서 조상 물려 갈 때는 부모 자식이지만은, 이제 조상 물려 가부난, 이젠 접심방 이주게. 아이 그 죄를 벗젠허면 어떵허쿠가.

양창보 : 어 천만에 소리주. 경허난 요 접심방이라 헌 것이, 치레는 크고 경 허난, 속은 없어. 드려 큰 게 속은 없주, 경헌디 속은 어신디, 요거 봄에 닮지 않게 욕심이 대단햄쭈. 뭐가 욕심이냐면은 그 떡도 봐봐 지네만 먹음지만은. 큰 떡은 전부 세경당클에 내려강, 다 올려도라 막 부탁이주. 그 지 가져가젱.

서순실 : 아멩해도 큰심방은 신경 안 써주게.

양창보 : 경허난 떡도 둘러 보멍 무거운 것은 세경당클에 내려 지 가져가 젠. 경허고 미녕도 당겨보면 이, 질긴 거는 세경당클드레 ᄆᆞ딱 올리랭 허고 게. 경해여 막 올령 나둬거네, 아이고 옛날 박경훈이 거느리정 허민 아이되 켜.

서순실 : 옛날 산옥이라 하는 심방이 경했덴 합다. 굿허래 가민, ᄆᆞ딱 소 미들한테 허는 말이, 천제석궁 아래 세경당클에만 옴렴시라 올렴시라. 올려 나두민 붉아가민 집이 벌써 갔다 완. 이디 세경당클에 몬딱 비었구나. 이레 갔다 올려놔두민 굿 다 끝나민 떡이고 쏠이고 ᄆᆞ딱 다 가져다 났덴.

양창보 : 걔는 뭐꼬? 경해영 접심방 지네 집에 가져 가전게. 경해여 그 접 심방이 또 원간 술도 나만 먹저, 밥도 나만 먹저, 막 먹어 배가 이만이 불면, 연당 아래 드러누워그네 똥이나 빡빡 궤저, 헐게 무신게 있어.

서순실 : 나나 잡구.

양창보 : 어, 나나 잡구. 경허난 그 신소미 죄여 심어당 하옥 허자. 열두 금 제비 죄여, 죄는 보자, 북은 이젠 두둥 두둥 허렌 놔두고, 어깨도 아니 들르 고, 조악조악 조악조악.

서순실 : 개 울음소리도 틀려. 이 똥개들은 디려사 캥캥해도, 원래 부자집 에 개들은 양. 쿵쿵쿵. 잘 먹어노난.

양창보 : 이제 개랑 ᄀ지마라 임마. 나도 개라 임마.

서순실 : 허나, 이 북이 때리면 하늘에까지 울려야 되주게.

양창보 : 경헌데 대양은 대삼 소삼으로 두드리레 해노나난. 캥당- 변죽만 쾌랑. 그리고 설쇠도 너꽝나꽝 어울러 갈라먹자 하느냐.

서순실 : 이 대양도 뚜들레 허민, 어깨에 탁 낳, 대양채를 잡으민 흥청흥청 해연 대삼 소삼으로 양 두드리면, 하늘의 신이 울고, 땅의 신이 울고.

양창보 : 경허난 대영 흥글명 두드리는 건, 대영 두드릴 줄 모르는 사람이여.

서순실 : 설쇠랑 두둘 때 늦은석이랑 니~꽝 나~꽝 어우러 먹게 허고, 중판은 가걸랑 열두당클 열두당클, ㅈ진석에 가걸라 에이 심방될라 경해야 되는디.

양창보 : 경해여도 열두 금제비 죄여. 아이고 아이고 심방드레 올라온다. 아- 아으으 어-. 큰심방은 누게를 맽길꼬. 캐물어 캐물어 이 심방 중에 나이가 제일 어린건데, 제일 오야지 노릇허젠 ㅎ난.

서순실 : 겐디야 삼촌이야. 나도 어쩔 수 없이 큰심방이 되었수다. 나는야 첨 굿 헐때 영 했주게. 문박사님헌테 누가 이 굿을 하던 간에, 난 큰굿에 전수자로서 소미로 가쿠다. 소미로 가쿠단 해신디. 어느 날은 갑자기 만나난, 나한티 큰심방을 해랜혀. 그럼 나가 곰곰이 생각헌거라. 내 자식이 만일에, 정공철 아즈방이 내자식 ㄱ트면, 나쁜짓 했다민 나까지 버림을 주면은 누가 거둬 줄 사람이 없는거라. 아이 양창보 삼촌한테, 그디가 젤 큰심방이난, 글로 몸을 맵서. 나 그디는 접심방으로 가켄. 아니 그러면은 나도 안해면 안 될거라. 나는 큰굿에 보유자가 될 건디, 나가 이거 뒤물르면 안되여. 나가 이때까지 걸어온 것이 삽십 거의 칠년인디, 아 안될로구나. 영해여 보단, 이거 나가 해야 될로구나. 영해단 보난 나가 불찰이 만허우다. 허나 이 큰심방이 욕심이 너무 세여.

양창보 : 경허난 나안 접심방은, 거 수심방 말대로, ㄱ는대로, 지시대로, 따라서 해보는 거고. 난 이제 낼모레 팔십 아이가. 난 팔십이난 이, 뭐꼬 보유자는 못 헌다.

서순실 : 나도 막 괴롭수다 삼촌.

양창보 : 보유자는 안 혀켜. 나가 무신 그걸 허면서 몇 년이나 해영, 벗어불 것고.

서순실 : 흰머리가 ㅎ썰 검는거 닮은디.

양창보 : 으어 으어, 경헐건 아니고. 경허나 자 심방은 ㄹㄱ게 논다 .어엉-아. 술들은 다 아니 먹어난, 커피는 한 잔 해여당 입에 잔뜩 물고. 아연 해가 거들랑 ㄷㄺ다리 해당 입에 물리고. 경 아니거들랑 ㄷㄺ새기라도 삶앙 입드레 잔득 담아. 어- 신공시 이 알로 하옥허자.

서순실 : 저런 답답헐 노릇이우다.

340

이승순 : 본가 어서 굿도 못허고, 정씨 어선 택일도 못하고.

서순실 : 인제 혼자만 굿을 해봅써.

양창보 : 나 혼자 얼마든지 이 굿을 해여. 소미 어서도 좋고, 두드리지 않아도 나혼자 굿을 허니깐. 옛날 신촌 정두세미 산 때 모양으로, 천지 혼합으로 헐껜가. 천왕베포로 헐껜가. 어− 천지혼합으로 제이르자− 꽹. 아이고 것도 아니고 이제 중판으로, 천왕베포도업으로 꽹. (굿하는 흉내를 낸다.)

서순실 : 이제 굿을 더 빨리.

양창보 : 초군문 돌아보자. (군문 돌아보는 춤을 해학적으로 춘다.) 일본 도꼬야마 모양으로

정공철 : 본향이나 한번 들어봅서.

양창보 : 본향 들저허면 이, 홍상옥이 산 때 모냥으로, (감상기를 들고 흉내) 경해난 거미는 줄에서 노는 법이여, 광대도 줄에서 노는 법이여. 심방은 연물에 논다. 연물에 놀아, 연물에 감장 눌당 두번만 돌민 자빠져. 경헌디 신경을 이제는 그 연물에 탁 실어 노면은 어떵 헌 줄을 모르주게.

서순실 : 삼춘 굿헐 땐 감장 빙빙 돌아도 양, 머리도 안 아프고, 멀미도 안 혀. 근디예 놀레에, 나이트클럽 가면 반짝반짝 해가면 예, 이거 돌려가면 머리 아파 멀미해영.

양창보 : 귀 아파 그리 들어가도 못해영. 왕창왕창 해가면 이, 대가리가 팽팽 돌앙 이. 경허난 서울에 굿을 가니깐, 코리아하우스에 떡 들어가 굿을 허는디, 거 외국기자들이 허는 소리가 이거 음악은 세계에 없는 음악이주 이거, 북, 대양, 설쇠는. 해나 이거 두드려 가난, 저건 늦은석에 부루스도 추어점직, 트롯트도 추워점직, 지루박도 추워점직, 고고도 추워점직, 이 연물로 다 해지캔. 경핸 그 외국사람들 막 ᄀᆞ찌 우리랑 막 ᄀᆞ찌. 이게 세상이 제주도 연물이라는게 세계에서 없는 연물이라.

서순실 : 삼춘 우리 북하고 대양 설쇠가예. 하늘도 울리고, 땅도 울리고, 심방도 춤추게 허고. 북은 쿵쿵쿵 해가면 마음부터가 틀려. 이 대양소리는 어깨춤이나 또 이 설쇠가 쟁각쟁강허민.

양창보 : 경허민 아이고 아이고, 본가 어성 출리도 못허고, 심방 어성 굿도 못허고, 소미 어성 두드리지 못하고 어떵허민 좋고. 연당도 비우고 만당도 비웠시난 연당 만당 ᄀᆞ득이젠 허민, 옛날 침녕산은 한사공 ᄀᆞ는대 질구덕으로 물팬이여 송팬이여, 쏠며, 일천석이여 해여당, 각호각당드레 ᄀᆞ득이레 가자.

(무악)
(소미가 쌀과 술상을 들고 사방에 인사한다.)

[주잔권잔]
(북 장단에 맞춰 사설을 하고, 소미는 술잔을 캐우린다.)
어- 연당 만당 ㄱ득이다 남은 주잔들랑
내여다가 저먼정 나사면 큰굿 때는 열두시에 받고
중당클 ㅇ섯시에 알젠 평제 선왕 발구제는 삼시에 받던
옛날 선성 뒤엔 어시러기 멩두빨 더시러기 멩두빨
꼬부랑 살죽 실멩빨들도 천지왕 골목 바꼇딜로
주잔 많이 권잔입네다.
개잔은 개수해여 제청에 위 올리멍
보답상이랑 문전드레 들렁 돌려놉서 보저
죄목죄상이랑 울랑국 시름 시끄며, 죄목죄상이랑 풀어보자.

(양창보 심방과 악사들이 주고받으며 진행한다.)
죄목죄상 (죄목죄상)
풀려줍서 (풀려줍서)

(고리동반이 올려진 보답상을 제장 가운데로 옮긴다.)
(본주가 제장 앞으로 나와서 앉고, 신칼점을 치며 굿을 이어간다.)
천고에 잘못 허고, 후보에 몽롱한 죄상
풀려줍서. (신칼점)
천왕감상관 제청
풀려줍서.(신칼점)
지왕감상관 제청
인왕감상관 제청, 풀려줍서.
본도신감상 제청, 풀려줍서.
영가제청이나 본가제청이라도, 풀려줍서.
신의 성방 제청이나

신소미 금제비 제청, 풀려줍서.

부엌할망 제청이나 고방할망 제청, 풀려줍서.

둘려가며 죄목을, 어 죄목죄상은 풀었십네다.

풀었더니 고마운 사례, 재인정 역가를 올리라 헙네.

천년 오른 천보답상이여, 만년 오른 만보답상이로구나.

고리안 동벽 좌동벽 쌍쌍이 꾸며 들러

각호연당 만서당에 이룬 역가를 둘러 뵈고 제 드리난

상백미도 도올리자, 중백미도 도올리자,

하백미도 도올리자. 안동벽 좌동벽도 도올리자.

(미녕베를 손에 올려놓고)

어- 천년 오른 천보답도 도올리자. 만보답도 도올리자 헙네다.

천보답 둘러 받아 각호연당 만서당에

에- 천보답도 둘러 감상입네.

(악무)

(베를 들고 자리에서 일어나서 오른쪽 왼쪽으로 돌고, 바닥에 베를 놓는다.)

둘러베고 제드리나

일로써 천보답이 과연 과연 정성이 가득헙네까

일월 삼멩두에서 조끔 시름이 걱정이 되다만은 (신칼점)

대단히 고맙습네다.

(본주와 심방들에게 점괘를 말한다.)

그래도 정성은 잘 드렸져.

(신칼을 들고 자리에서 일어나)

들여가며 일만팔천 신우엄전님에

흔자씩 해여도 1만8천자가 되여사 헐일인데.

이도 못흔난 제석궁 신나분자 들러받아

흔자 두자 열대자 삼백오십자씩 끊어 올리라 헙네.

삼천천제석궁 어궁뜨에도 제석궁 친오분자로

한자 두자
어- 삼백오십자 끊어 올리자.

〈도지마을굿〉

심방은 증물인 무명을 두 팔로 재어 제상에 올리려다가 스스로 두 팔목을
꽁꽁 묶이게 해 놓는다. 신칼을 든 두 팔에 광목천을 둘둘 말아 감고 신이 본
주의 정성에 흡족하게 풀리지 않고 있음을 보인 뒤에 인정을 더 받아 팔에 감
은 천을 풀어내면, 본주의 정성이 그제야 신들을 흡족하게 풀려주기에 충분함
을 보여준다.

삼천천제석궁에는 신나분자 들러받아
ᄒᆞᆫ자 두자 재단 보난
에- 영-
안으로 만산통을 내꼬심이여
마흔대자 상청ᄃᆞ리 꼬음³⁶⁴⁾이여
서른대자 중청ᄃᆞ리 꼬음이여
스물대자 하청ᄃᆞ리 꼬음이로구나
열대자 진가락부 ᄒᆞᆫ일곱자
극베잘리³⁶⁵⁾ 석자오치 금바랑끈
삼천천제석궁
어- 초공전에 초공ᄃᆞ리여
이공전에 이공ᄃᆞ리여, 삼공전에 삼공ᄃᆞ리로구나.
삼천천제석궁 어궁또에도, ᄒᆞᆫ자 두자 열대자
삼백오십자 끊어 올리자.

(악무)

---

364) 감
365) 중이 재미(齋米)를 얻어 넣는 자루, 마포(麻布) 자루

어- 안으로 안시왕은 시왕 양어깨 꼬음이로구나.

시왕대자리 꼬음이로구나.

멩감ᄃ리 꼬음이라.

멩감자치 꼬음이로구나.

군웅치마 꼬음이여

일곱자 걸렛베 꼬심366)이로구나.

금바랑끈 꼬심이로구나.

대명왕 차ᄉᄃ리 꼬심이로구나.

시왕멩감에도, ᄒ자 두자 삼백오십자 끈어 올리자.

(악무)

시왕당주 삼시왕에

당주ᄃ리여 몸주ᄃ리여 선생ᄃ리여.

본멩두 친이여, 신멩두 친이여,

올랑국범천왕 대제김 소제김 끈이여.

연향당주 삼시왕에도

ᄒ자 두자 열대자 삼백오십자 끊어 올리자.

(악무)

여- 명진국할마님은, 할마님 명다리 꼬음이여,

복다리 꼬음이여,

일곱자 걸렛배 꼬심이여,

석자오치 상모살 꼬음이로구나.

할마님에도 ᄒ자 두자 열대자

삼백오십자 끊어 올리자

---

366) 감

(악무)

무전 안에는 문전보세 꼬음이여,
문전 풀찌 꼬음이로구나.
본향에는 본당ᄃ리 신당ᄃ리로구나.
토산한집 뒤우로는
마흔대자 상방울 꼬심이여,
서른대자 중방울 꼬심이여,
스물대자 하방울 꼬심이여,
아께방성 꼬심이로구나.
ᄒ자 두자 열대자 삼백오십자
끊어 올리자.

(악무)

어− 시왕상마을에는
줄전자 꼬심이로구나.
진양도폭 꼬심이로구나.
두루매기 바지저고리 행정보상 꼬심이여
치마저고리 보선 꼬음이로구나.
이에− 상마을 영가 ᄒ병 ᄒ신에도
ᄒ자 두자 열대자 삼백오십자 끊어 올리자.

(악무)

삼제석에도 끊어 올렸십네다.
적막한 영가 ᄒ병님네도
눈물수건이여 뜸수건 꼬심이여
저성가는 손수건 꼬심이로구나.
어− 진양도폭 꼬심이로구나.
치마저고리 행정보상 꼬심이로구나.

영ᄒ님에도 ᄒ자 두자 열대자
삼백오십자 끊어 올리자.

(악무)

하늘 오른 양공시 옛날 선성님네, 뜸수건 꼬심이여.
본멩두 친이여, 신멩두 친이여,
울랑국 끈이여 범천왕, 대제김 소제김 끈이여.
당주ᄃ리 몸주ᄃ리 꼬음이로구나.
양공시 옛날 선성에도
ᄒ자 두자 열대자 삼백오십자 끊어 올리자.

(악무)

울랑국끈은 울랑국끈이여,
범천왕 대제김 소제김 끈이여,
소리 좋은 삼동맥이 살장귀 끈이여,
팔제동가는 유학성제 앞에도
ᄒ자 두자 열대자 삼백오십자 끊어 올리자.

(악무)

조왕할망에는 행주치마 꼬심이로구나.
오죽 뜸을 흘려 뜸수건 꼬심이로구나.
ᄒ자 두자 열대자 삼백오십자 끊어 올렸수다.

(정공철 심방과 마주 남ᄌ아서 이야기를 주고 받으며 굿을 진행한다.)
아이고 아이고 경허난
공철이 굿을 허젠 햄주.
이거 뭐야 잡은디 잡어,
심은디 심어,

거미 똥꾸멍으로 거미줄 나오듯이
지장 산새밋물 솟아나듯
막 솟아남신게.
이게 겁이양이 만해여 옵네다.
생인이 발로 발로 발명 제올리자.

(연물소리에 맞춰서 풀어져 있는 베를 두 팔로 길이를 잰다.)
양창보 : 이거 쉰 자도 넘으켜.
강순선 : 야, 그거 자수가 긴거우다.
양창보 : 쉬은 자도 넘으크라.
강순선 : 안당주가 준거라 이거.

(악무)
(양팔에 베를 감는다.)

아끈돈지 한돈지 올라온다.
아끈돈지 한돈지 감아 맞자.

(악)

아끈가메 올라온다 한가메 올라온다.
아끈가메 한가메도 감아 맞자.

(악)
(베를 양팔에 감아서 묶는다.)

강순선 : 소망이 아니믄 내망이우꽈?
서순실 : 삼춘 혼밧드레 지연, 혼밧드레 다완?
양창보 : 아니 완.
서순실 : 아이고 삼춘 기술 좋다 야. 기술이 보통 기술이 아니네.
정공철 : 혼밧드레 가시게.

348

양창보 : 혼밧드레 가시냐? 너 눈은 이상헌 눈이여, 난 아니로 가.

서순실 : 이 눈은 이상해도 삼춘은 정확헌 눈이다.

양창보 : 어– 소망이 아니면 내망이로구나.

　　　　요행허면 이거 갖당

　　　　홍세미녕이라도 놓아시민 좋암직허다.

　　　　들여가며, 각호연당 만서당에

　　　　동글동글 도지마을구 허며 들여 맞자

(악무)

(미녕을 양팔에 감은 채로 자리에 앉는다.)

양창보 : 아이고 아이고–

　　　　나 일이여, 나 일이여.

　　　　아이고 아이고–

　　　　나 정녜 팔ᄌᆞ가 험악해여사

　　　　성읍리ᄁᆞ지 오멍 영 결박허멍.

서순실 : 삼춘 그 저, 남드레 돌아사민 해 펨수게. 요 동드레 돌아삽서. 돈줄은 요쪽에 앉았수다게. 요쪽에 뭐 국물이 나오주.

양창보 : 아이고 삼천천제석궁 어궁ᄄᆞ에 강 빌어도, 빌어 살건디. 나가 뭐냐, 너 저ᄀᆞ깐, 너대로 앙앙 히란 헤부난. 아이고 어딜 기면 좋으고, 이딜 기면 나 우는 것 보쿠광.

서순실 : 우는 것도 여러 가지라.

양창보 : 우는 것도 여러 가지라. 아이고 여자도 곡소리 잘 허고 목청 좋은 여자는 들엄직해여. 어떵 우는지 알암수꽈?

정공철 : 한 번 울어봅서.

양창보 : 아이고– 아이고– 아이고–

　　　　아이고 어떵ᄒᆞ난 죽어집데강.

오춘옥 : 서방 죽은 때 우는 소리우꽈?

양창보 : 아니 그건예.

오춘옥 : 시아방 죽은 때, 시어멍 죽은 때.

양창보 : 보통적으로 우는 소리고. 부베 간에 두 늙은이 살당, 하르방 죽으

면 할망이 아장 크게 외도 못 허고. 아이고 아이고 요오요오-. 아이고 아이고 요요요-. 영허고 이. 할망이 죽어 하르방은 어떵 우는지 알아? 목 놓아 울도 못 허고. 헹- 헹- 할멍, 죽었구나 헹-. 경헌다. (웃음)

오춘옥 : 저리 돌아 잘 굴읍서.

이승순 : 그 큰누님은 어떵 웁니까? 큰누님 오라방.

오춘옥 : 그 어떵 죽을 때, 큰누님 콧물은 잘잘 해가멍.

양창보 : 서른댓 마흔 난 사람들 두 가시 같이 살당, 애기는 똘 하나 낳앙이. 똘 하나 낳아간 이, 아이고 서방은 하도 바람만 피와불고, 게고 노름만 해영. 오랑 돈 빚지면, 이 망할 년아 어디 강서 돈 빚져오렌, 꾸어오렌. 각시 막 마땅하고 경허당도, 그 모진 체서가 오란 서방을 확 잡아가부난, 각시는 어떵 우는지 알아? 아이고 요 놈 잘 죽었구나. 애기 하나 이신 것도 빗자락으로 복복 실어가라.

강대원 : 울지랑 마라이. 울지랑 말아 오라방.

양창보 : 복복 실어가랑 경허멍 우는 것도. 그런 사람은 그디, 그디 거 종이로 딱 붙여 잉. 오줌은 그래도, 젓가락으로 고망 똑 뚤랑 수절지켜영 살고. 아이고 아이고- 둘이다 한참 시집 가고 살렴하거네, 삼 년 안에서 무슨 경해여. 그 의정도 그렇게도 좋으랴. 경해여 서방이 교통사고로 딱 죽어불민, 각시가 어떵 우는지 알암수과? 아이고 아이고 날 ᄃ령가라, 날 ᄃ령 가라. 베던 베게는 누가 베고, 더꺼던 이불은 누게가 더꺼느니. 새이불 해단 더꺼지나 말걸. 아이고- 날 ᄃ령 가랑. 경해여 장밧디 강 하관해 가거네, 명정 더꺼 가면 이-. 아이고 나도 ᄀ찌 가사클, 아이고 나ᄭ지 같이 들어사주. 영해여도 그건 거짓, 식게날 서방질 해 가부런.

서순실 : 삼촌 영헌다 합디다. 각시 죽으민 화장실에 가 빙삭이 웃는다 합디다. 잘 됐덴. ᄄ시 각시 얻을꺼난. 아니, 서방은 죽지 않을 때, 올에 베꼇에 나가는 순간에 빙삭하게 웃으멍, 연애허러 댕기멍. 그리고 보민 남자가 착허긴 착해여. 그런데 이놈의 여자는 그게 아니래.

양창보 : 아이고 그럼 옆에서 남자는 우난. 애 이 사람 울지 마라게. 아이고 저리 가라 아. 궴으로 첫 번 삭망이라도 넴겨둥 가주. 소상이라도 넴겨둥 가주. 텃식게라도 넴겨둥 가주 영허멍. 울음도 거짓 울어. 다른데 가도 경 호강시럽게 살아지카부덴.

서순실 : 삼촌 경해영 서방 얻언 강 뭐래는지 알암수과? 소문나면 야. 아이

고 밧도 터진밧디 물쒜[367] 아니 들어, 도 터진 밧디.

양창보 : 도 터진 밧디 물쒜 아니 드느냐?

서순실 : 터진 입에도 할 말은 있어.

양창보 : 게멘 말이, 니 말이 옳은 말이여. 아이고 어떵허민 좋고 본주지관님아.

서순실 : 이제랑 야 삼촌, 이거 오늘 아침 7시부터 삼촌 오늘 관세우 하젠 허난 못해도 6시 반에는 일어나지 않았수꽈. 겐디 아침엔 감 하나 주어 관세우 헙써, 밥 먹젠허난 밥도 8시 되고. 이젠 삼촌 다 뎅기멍 인정 받읍서. 첫 번 인정을 받아야예, 조상도 신나락 만나락.

(본주가 봉투에서 돈을 꺼내 인정을 건다.)

양창보 : 아이고 본주지관님아 이리 오랑. 인정 이래 걸어불라, 아이고 아이고 봉투째 줌신게.

서순실 : 아이고 본주도 요망지다. 오천 원짜리 봉투가 있고, 만 원짜리 봉투가 있져.

정공철 : 이건 쉬은두슬, 이건 스물하나, 이건 열두슬.

양창보 : 그만 허라게.

서순실 : 아니 근데 그건 아니라. 오늘부터 초역례를 바치니까 삼시왕에 죄목을 풀려줍센헤영 역기를 올려야 되어. 만 원짜리 허니 삼시왕에 역기를, 그럼 오천 원짜리로 3개, 삼시왕에.

양창보 : (정공철 심방에게) 저레 저레가, 쌀 이신디.

서순실 : 나 오천 원짜리 만 원짜리 보깨토에 딱 심엉.

양창보 : 아이고 소장님도 오늘은 돈 달래사쿨.

문무병 : 큰 성은 그래도 두 개는 내야지.

양창보 : 아이고 기여. 아이고 만복을 만복을 받읍서. 아이고 고맙수다 고맙수다. 아이고 저 기자분들 이리오랑 돈 아니 걸쿠광?

오춘옥 : 다 왕 인정 걸어붑써.

서순실 : 삼촌 저기 서울 큰누님하고 셋누님한테도 받아사주. 정공철이 큰

---

367) 말과 소

누님하고 셋누님.

이승순 : 방에들 아잤수다.

박경훈 : 그 뒤에 우리 선생님들 인정 거십서.

양창보 : 고맙수다. 아이고 고맙수다게. 아이고 놔 둡서게. 아니 걸어동 어떵 안 해 마씨.

서순실 : 아이고 정공철이 성님도 성읍리 대표로.

양창보 : 아이고 고맙수다.

서순실 : KBS에서 허고 가야되여. 우린 다 냈지만은.

양창보 : 고맙습네다 고맙습네다. 만복을 받읍서예.

서순실 : 이제는 카메라 대표들 왔수과? 카메라 대표도 와야되여. 무사냐민 카메라도 해야 수전증이 안 리고 음향도 잘 잡히고.

양창보 : (일본에서 온 관객을 향해) 아노 센세이, 니혼노까네.

박경훈 : 카메라 감독 보내온 거우다.

서순실 : 우리 문봉순 어디간? 수제자 문봉순.

양창보 : 아이고 고맙습네다.

정공철 : 다 걸었뎬.

서순실 : 다 걸었뎬. 아이고 요망지다. 삼춘 나가 이제 총무해쿠다. 삼춘 버쳐 안되쿠다.

오춘옥 : 아이고 큰심방 시주로 받아봅서.

양창보 : 아무도

강순선 : 큰심방, 그 멍석에 빙빙하면 옷.

서순실 : 나한티 인정받으레 오는 건 좋수다만은 일어상 옵서게. 그거 비삭비삭한 옷 이거 굿 허젠허난. 이거 이번 정공철 아즈방이 해준 옷, 다 닳이게 되쿠다. 멍석에 닳이게. 영미야, 나 만원만 주라. 니거라도 주라.

양창보 : 만원? 삼시왕에서 삼만 원은 해여야산다.

서순실 : 아니 우선, 이만 원이랑 카드 결재허쿠다. 무사 카드 결재를 해냐면,

양창보 : 개거들랑 경말아 월부로 하라게.

서순실 : 삼춘 열두 달 할부 끊으카?

양창보 : 이래 놔붑써.

서순실 : 이거 나가 총무허쿠다.

양창보 : 이거 다 줴와 총무놈한티는 아니 매낍주.
정공철 : 할망도 시꺼서 하는 걸, 무사 놈한테 매껴.
서순실 : 아니 계산이, 계산이 틀리면 안 되는데.

[주잔권잔]
(양창보 심방 인정을 받고 자리에서 일어선다.)
어- 인정역가 많이 받았구나.
주잔들 받아듭네다.

(소미가 당클을 행해 술을 캐우린다.)
삼천천제석궁 어궁뜨에도
이 잔 흔잔을 받아, 멩재긴 잔입네다, 복재긴 잔입네다.
잔 흔잔을 받아, 명복을 재겨줍서.
안으로 안시왕에도, 잔 받아가난 부모조상
어- 왕생허고, 극락으로 질 부쳐줍서.
영허고 연향당주 삼시왕에서
어헝- 아무쪼록 쉬운두설, 당베 절베 궁베를 메왕
앞으로 큰굿 죽은굿 나수와 줍센 영해영.
문전 본향에도 신당까지 잔 받어서.
얏서마을 엿가 흔병이 균웅일월
삼진 제왕제석 안팟 양공시로, 일부 흔잔하며
받다 씨다 남은
(소미를 향해) 크게 두드리라

(소미 북을 두드린다.)
에이어다- 옥황상제, 대명왕 지부사천대왕
산신대왕 스해용궁, 석가여래 사명대사
인간불도 할마니, 초공, 안초공 밧초공
안이공 밧이공은, 안당주 밧당주에 잔 받어서.
시왕전도 잔 받어서.
스제왕도 잔 받어서.

연향당주 삼시왕도 잔 받읍서.
들여 두고, 이 집안에 문전, 성주신,
요왕대신, 각항 지방, 이십사방 질토신님,
상당알 중당 하당, 주서 말서에 주잔 잔 받읍서.
들여 가민
아끈 가메 한 가메, 아끈 도지랑 한 돈지 다 풀엉―.

(음악이 빨라지고, 팔에 묶은 돈지를 푼다.)

풀어 가자― 어.
집안에 청ᄉ록 백ᄉ록 나무광대 정광대ᄉ록,
노실명ᄀ뜬 이른 금단 하ᄉ록 녹이로구나.
이 집안은 당주ᄉ록, 몸주ᄉ록, 첵불ᄉ록,
어 술 먹는 ᄉ록이여, 눔광 싸움허는 ᄉ록이여.
이런 금선은 하ᄉ록이랑
안으로 바꼇드레 실어 방송입네다.

(악무)
('당당 당당당' 리듬에 맞춰, 풀어낸 베로 제장을 쓸어낸다.)

[분부사룀]
실어 방송 시겨가며,
아끈 돈지 한 돈지, 아끈 가메 한 가메 풀어당
양공시로 위올려 드리며
보세신감상 연ᄃ리로
저 본주당골님 이로 오란 봅서. (산판점)

정공철 : 아이고 고맙습네다.
양창보 : ᄌ부ᄃ리 영 나오멘 어떵핸거우꽈.
정공철 : 아이고 고맙수다.
양창보 : 보다시피,

354

분부는 여쭈와 드려가며
잔도 개잔개수 해여 위 올리고
대도 개수 해여 위 올려가며
여쭈던 말씀이라.
저 부엌에 보랑 계란들 ᄒ끔 삶으렌 허라.

오춘옥 : 영미야, 부엌에 강 계란 10개만 삶으센 해라.
양창보 : 안팟 안초공 밧초공
초공 임정국 삼시당 하늘님
난산국드레 제돌아 점지럽서예−.
정공철 : 아이고 속았수다.

(굿을 마치고 본주와 제장의 관중들에서 절을 한다.)

《초공본풀이》 서순실

〈초공본풀이〉는 무조신(巫祖神) '젯부기 삼형제' 본멩두 · 신멩두 · 삼멩두
가 하늘 삼천천제석궁에 갇힌 어머니를 살려내기 위해 과거를 반납하고 심방
이 되어 굿을 하여 어머니를 살렸다는 본풀이다. 옛날 천하임정국 지하김진국
부부는 자식이 없어 법당에 가서 백일불공을 드렸으나, 정성이 백 근을 못 채
워 뚤아이가 신구월 초여드레[出生]에 태어났다. 아이의 이름은 '이산줄이 뻗
고 저산줄이 뻗어 왕대월석금하늘 노가단풍(綠下丹楓) ᄌ지명왕 아기씨'라 하
였다. ᄌ지명왕 아기씨는 무조 젯부기 삼형제의 어머니 신이다.

(자리에 서서)
준지 너른 금마답
마당 붉금위 어간 삼아, 천도천왕 지도지왕 인도인왕
상간지 오륜지법으로, 천신기는 지나춥고 흑신기는 지도투고

천지에 이망주 하늘에 칭칭허게 신수푸고, 삼버리질 줄싸 매난
대통기 소통기 지리여기 양산기 줄전 나븨ᄃ리
좌독생명 우독생명 신수푸고, 안으로는 삼천천제석궁
열시왕 안으로도 안초공 몸받은 삼천천제석궁
열 삼시왕 연향당주 삼시왕 삼하늘
안당주 밧당주 몸 받고, 고옛 선성님 성은 정씨로
하신충 몸받은 신 공시상, 신의성방 몸받은 집서관 몸받은
밧공시로 초공 임정국 삼시당 하나님
어멍은 아기 보저 아기는 어멍 보저
부모조상 상봉해여 일부 ᄒ잔대가 되엿습네다.
밧초공 안초공 안팟신공시 부모조상님, 신이 구퍼 옵네다
신메와 석살룹네다예~

(각 당클에 절을 하고 본주심방과 맞을을 한다.)

서순실 : 저 초공 풀젠 해염수다. 옛날은 예, 저 삼대 틀엉 해면예, 안초공은 당주전 앞으로 안초공을 풀고, 밧초공은 천제석궁을 어간 삼아, 심방 둘이가 아장 안팟으로 얼러맞아 풀단. 그것도 서로가 잘 풀엉, 먼저 가도 안 되고, 나중가도 안 되고. ᄒ 사름은 연유 닦고, ᄒ 사름은 본풀이 허고 이렇게 하단 보니깐. 옛날 선성님덜은 ᄀ찌 앉으면 안초공이 빨리 가면 기다려 마씨. 밧초공 풀어 올 동안, 또 밧초공이 빨리가면 안초공이 올 동안 또 기다려마씨. 그축해당 멩도질을 노면서, 본도 풀어놨어예. ᄒ난 이번 ᄎᆷ은 이제 안팟을 그냥 영 풀커메. 본주 심방도 그중만 알앙, 무사 영햄신고 해영 섭섭허거들랑 또 섭섭하당 ᄀᆯ고. 영현 본을 풀쿠다. 그리고 선성님들예, 영헌 일부 ᄒ잔덜 영 해잰 햄시난, 아무리 나가 잘핸댄해도 본주심방 ᄆᆞ음에야 듭니까. 게난 경해도, 영 이해를 잘 해영 예. 나 본 풀쿠다예.
정공철 : 예, 부탁하겠습니다.
서순실 : (심방들을 향해) 팔저 궂인 삼촌덜, 나 본 풀쿠다 예.

(자리에 서서)
신메와 석살루나예~

날은 어느날 둘은 어느덧

금년에는 갈르난 신묘년 둘은 갈라갑긴

원전싱에 팔저궂은 애산 신구월은

열일뤠날 초챙 올려, 초챙 올려 초공하늘

이챙 올려 이공하늘, 삼챙 올려 삼공하늘

서른 세하늘 문에 옥황에 쇠북소리 울려

이 제청을 설연허고, 오늘은 열 아흐렛날, 이 제청을 설연ᄒ난

국은 대한민국 제주도 제주시 조천읍은 북촌리

1151-2번지 가지높은 신전집 지애 너른 절당집

어주애 삼녹거리 서강베포땅집 팽저생인질 유저생인질

마흔ᄋ돕 초간주 서른ᄋ돕 이간주 스물ᄋ돕 하간주

연향당주 육고비 동심절 곱이첩첩 눌련

저싱 삼시왕 이싱 삼하늘 놓은 연줄

궁의아들 삼형제 놓은 연줄

남천문밧 유정승 ᄄ님아기, 고 옛 선성님 놓은 연줄로

좋은 전싱 팔저 그리처 뎅기난, 이때ᄀ찌 삼시왕에 연 17년 동안

허가 어시 심방실 허고

하가 어시 굿허레 뎅기고

허가 어시 당주집을 묶고

삼천기덕 일만제기 멩도멩철 부모조상, 여향당주집을 무언

성은 정씨로 하신충 경자생 쉬은두설님 입네다.

죽은 낭에 송에 소뜻헌 아기 보꾼쿵에 샘이나듯

서체고단허고 설연 단신한 아기덜 아바지 제주 잇고

난어멍 똘랑 육지서 생황허는

큰똘 스물ᄒ설 죽은 똘은 열두설입네다.

이번 춤에 삼대틀어건, 삼시왕에 역가올리고 초역례 초신질을 받아

약밥약술 타저 어인태인 수리감봉

막음을 받아 당당헌 상신충에 올려줍센

삼시왕에 17년동안 벌어먹은 역가 올려건

남수화지 적쾌지 홍포관대 조심띠

헐루레비 허튼짓 삼천기덕 일만제기

멩두 멩철 신줄 연줄 고비 연줄 당배 절배

맨 공서 아산신베 바처

영해여 낮도떠러 밤도떠러 두일뤠 열나흘

원성기도 올리젠 해연, 이제청을 설연 해엿습네다.

초공 연질로 이때ᄀ찌 17년동안, 당주는 아니 무슨 잇어도

무형문화재 71호에 사무장 생활허멍 벌어먹은 역가

큰굿 족은굿 가민 새도릴때

공연 헐때 본풀이 헐 때, 북을 때릴때 목시질 헐 때

초공마령 이공마령 삼공마령, ᄎᄉ마령 세경마령 풍마령

새ᄃ릴때 공연 헐때 푸다시 헐때

보시슬 사발슬 낭푼슬 벌어먹은 역가

놈의 뒤에강 일본으로 육지로, 정의 대정 모관으로 뎅기멍

흔푼두푼 멩세 받아 쓴 역가, 인정받아 쓴 역가

품받아 쓴 역가 올리저 영헙네다

삼공마련 역가상이랑 바꼇딜로 삼천천제석궁

안으로는 연향당주 삼시왕 삼하늘

고 옛 선성 안판공시ᄀ찌, 둘러 뵈고 올립네다예~

(사방절)

삼공마련 둘러뵈난, 나 ᄌ순 이때ᄀ찌 17년 동안 뎅기멍

거부량이 만허여도, 못 먹은 원성기도 올리난

고맙다 착해다 영해나옵네다

초공 이공 삼시당 하나님전

안초공 삼시당 하나님 밧초공 삼시당 하나님전

안팟으로 난산국에 본 풀저 허십네다.

신의 성방 건 집서관입네다.

성은 서씨로 신축생 입던 입성 개입성을 허고

은진무릅을 제비꿀련, 하늘 ᄀ른 굴송낙 상동막이 서른장개

ᄋ섭부체 열두 가막새는 든변 난변 제왓습네다.

ᄂ단손엔 채를받고 왼손엔 궁을 받아

지픈궁은 내올리고 야픈궁 신가심 열려, 현관은 차로도는 법입네다.

난산국에 본 풀건 재ᄂ립서예~ (장고)

〈초공본풀이〉

[날과국 섬김]

공서는 가신 공서외다.

일초제 남선은 본은 갈라 임보연

서준왕 서준공서 말씀을 올리기는

날이외다, 어느전 날이오며 돌이외다,

어느전 금년에는 신묘년 둘은 갈라가기는

원전싱 팔저궂인 상구월달

원구월 초 드레 본멩두 신구월 열 드레 신멩두

상구월 스물 드레 살아살죽 삼멩두 솟아난듯 열나흘에 날입네다

국은 갈라가기는 해튼국은 돌튼국 주리 팔만 십이제국

강남은 천제제국 일본은 주년국 우리나라는 천하해동 대한민국

첫서울은 송태조가 개국허고 둘째는 신임허고 세째는 한성서울

넷째는 외정36년은 다섯째는 조부올라 상서울 마련허여

안동방골 자동방골 먹자골은 ^ 박골 모시정골 불탄대궐

경상도 77관 전라도 53관 충청도 33관

일제주는 이거제 삼진도는 ^ 남해 오강화땅 육한도

그중 제일 큰섬은 제줍네다.

저산 앞은 당 ㅇ 벽 이산 앞은 절 ㅇ 벽

어싱셍인 단골머리 굼부리인데 ㅎ 굴 어서

범도 왕도 곰도 어시 신도 못나든 섬입네다.

산은 갈라 할로영산 땅은 드난 금천지 노고진땅 무릉은 황해수인데

영평 8년 모인굴 고양부는 삼성왕 도읍허고

짐통정은 항파드레 만리도성 둘루난

정의 정당 이십칠도 대정 일경 삼십팔년 주에모관 팔십여리

영내읍중 도성 삼문 이서당을 향교 상천 살앗수다.

옛날 섬도제는 질도제 2006년 7월 1일 제주특별자치도 승격허여

제주시는 서귀포시 읍면동을 갈르난

제주시 동문밧은 조천읍은 북촌리 1151-2번지

가지 높은 신전집 지애 너른 절당집은

어주애 삼녹거리 서강베포땅은 팽저생인질 유저생인질은
팽저나무는 뷔어단 마흔ᄋ돕 초간주 무어수다.
유저나무 뷔어단 서른ᄋ돕 이간주 신폭남은 뷔어단
스물ᄋ돕 하간주를 무어수다.
ᄇ름 부난에 ᄇ름도벽 막앗수다
뜻부난 뜻도벽은 막앗수다.
동산새별 신영은 상간주를 무어건 동심절은 곱이첩첩이 무어놓고[368]
마흔ᄋ돕 모란장 서른ᄋ돕 비꼴장
스물ᄋ돕 고모살장 솝솝드리 조사건 무어수다.
얼굴모른 황씨 임씨 이씨 선성 얼굴모른 이씨 하르바님
임씨 할마님 양씨 할마님 이 조상 구월 초ᄋ드렛날 간
양씨 부모 아바님한테 간 모셔단 당주를 설연해연
이번참엔 신질 발루젠 해연
성읍리 이 마방터에 이 집이 오란 당주집을 무어습네다 예~

[연유닦음]
서처고단허고 설연 단신허고
어느 정칩이 선대선조 부모조상 허든 일 아닙네다.
성주성편 외주외편 진내편 허던 일도 아닙네다.
난 날 난시 나 복력 난 날 난시 나 팔저라
이 ᄌ순이 어릴 땐 죽억살억 ᄒ난에 좋은 공부 허여건
서른다섯 나는 해 좋은 전싱 그리처
이 조상을 올히에 모셧수다.
아직은 하신충이 되옵네다.
정씨로 이름은 공자 철자 씁네다.
생갑은 경자생 나이는 쉬은에 두설님 받은 공서 올립네다.
나손 혈령 나은 아기 나 나준 아바지 나 나준 어머니
불쌍헌 설운 동생은 이팔청춘에 총각머리 등에 지엉
저 세상 가븐 동싱 앞세우고 살아 잇는 누님 저 동생

---

368) 배설(排設)하여 놓고. 설비하여 놓고의 뜻

은항사 끈으로광 동칠팔 실 바친덴 해여도 의지가 엇고
뚜근남에 송애 소뜻헌 아기 오뉴월 영청 물 기릅건
물이나 먹어건 잔 질루건만은 불쌍헌 설운 아기들
큰 뚤은 스물ᄒᆞ살 받은 공섭네다.
ᄌᆞ은년은 열두설 아바지는 이 제주에 살아건
저 육지서 어머님 의지해영 사는 저뚤 아기들 성제 받은 공서 올립네다.
설운 형제간들은 내일 모래 시왕연맞이 헐때랑
나만 잘 먹고 나만 살수 잇습네까
이 성님 의지해영 사는 셋 아시 족은 아시 아즈망
좋게 드른 시왕연맞이 헐때랑 연양올려 드리겟습네다.
어떵 허신 일로옵서
이공서 올립네까 영ᄒᆞ난 밥이 없어서 이공서 아닙네다
옷이 어서서도 이공서 아닙네다.
옷과 밥은 빌어도 밥입네다 얻어도 옷입네다만은
천지지간허고 만물은 지중허고
유인은 최귀협긴 인자는 이기요 오륜지서 아닙네까
그 가운데 가장 귀허고도 중허고 아름다운 것 우리 인간이옵네다
춘추는 연년록 왕의손은 귀불귀아라건
우리야 인간들은 이 세상에 불 담으레 온 인생
ᄇᆞᄅᆞᆷ 분날은 촛불과 ᄀᆞ뜬 인생 이 세상 살다살다 눅이 떠러지어
저싱가민 고운얼굴 고운손 석어건 시내방천 물 되고
고운 뼈는 석어건 저 진토에 묻혀건 천년가도 못오고
만년가도 못오는데 금세상 돌아 환싱 못허는
토란잎 이슬만도 못헌 건 인생이 아닙네까
어떠헌 ᄉᆞ실롭서.
이 천당을 무어건 이 불공을 올리저
천신 공덕허저 만신을 공양허저
일만일신 우로적선 허여건 아침엔 동네 대위 허저
삼위엔 만선 듸에 허젠허여
이제장을 일루난에 옛날도 답답헌 백성은 송서를 가는 법이고
ᄆᆞ무른 백성은 물을 좃는 법입네다.

오죽이나 답답해여건 이제장을 일룹네까
조상엇는 ᄌ순이 잇습네까
ᄌ순엇는 후손이 납네까
칡도 걷젠 허민 불휘로 강 걷어사 칡을 걷는 법이라
이 ᄌ순에 쉬은두설
선대선조 부모고향 선영지땅은 모실포 되옵네다.
정칩이서 아바지에 ᄉ형제에 가운데 말젯아들 후손은
나준 부모 아바지 금세상에 탄생해여
이십 스물 넘으난 고칩이 장개들어
고씨 설운 어머님 오란 이 살림을 살저
일부종사를 해여건 살젠ᄒ난 저 똘하나 나난
서너 네설 되기전에 어멍어멍 허는 아기 젖고고리 눈ᄉ아기
이 똘하나 놔두엉 이팔청춘이요
지금 ᄀ트민 시집도 아니 갈 나이에
스물다섯 나는 해에 가장남편 아까운 똘아기 놓아두어
이 세상을 떠나난 쉬은두설 아바지
어멍 기린 정 아기 쿰에 쿰어
밤이면 어멍어멍 허는 아기 쿰에 쿰엉 살젠 허난에
가속 정해영 살민 이 아기 다심티 허영 고생허카부덴. 허건
가속 아니 정허연 살젠 허당보난
설운 아바지 끝끝내 ᄒ자 살진 못해난
쉬은두설 나주던 설운어머님 처녀 몸으로 이 정칩에 오라건
이 남편에 관덕청 대들보 의지허듯 의지허여
어멍 기려오는 저 똘 쿰에 쿰어 사는 게 쉬은두설 나고
저 동싱들 다섯 오누이 소생시겨 살젠 ᄒ난
오망삭삭 나은 아기들
허건 고생시겨 살지 말젠 배불리 밥 멕여건 살젠 ᄒ난에
어머님 버믄옷 버신 날 어시 아이고 살젠ᄒ난 이 아기들
초등학교 가가고 중학교 가가고 이신 집인 돈이나 잇어건
공부도 ᄆ음데로 시기고 아기들 용돈도 주고 허주만은
설운어머님 어멍 기린 건 똘이라도 허건 공부시겨건

독흔 어멍 다심 어멍 말 아니 들어 살젠 ᄒ난
강단헌 남편 이해 이해 시키멍 이 똘 좋은공부 시긴 해고
아이고 나난 아기들 내 성제도 중고등학교 졸업해영
대학공부 시겨 가젠 ᄒ난 설운 어머님 농ᄉ지어도
아기들 배부른 밥 공부 못 시길꺼난
어머님 불치장시허여 ᄂ의집 긴 골목 좁은 골목
아이고 푸대 리어카 놓고 근대 놓고 솔빵 놓고 해여
ᄂ의 집이 가건 골목에 업더저 먼지 팡팡나는
그 잴 담아건 어멍 등에 지게에 질빵에 지여가던
어떤 땐 어멍 고생하는거 보멍 쉬은두설도 어멍과 ᄀ찌
그 동네 어느집 올레 아니 간데 엇고
진진는 골목 굴렁진 동산은 울넘어 아니간데 엇고
살젠ᄒ난 고생이로구나
죽젠ᄒ난 나난 아기들
어떤땐 속상해영 앞발른양 가고장 해여도
나 나가불멘 요것들 큰 아방이 도와주지 못허고
족은 아방들이 잇어도 도와주지 못허고
나난 아기 나감서 나대로 죽으낭
사낭 허여 아기들 돈줍센 어멍이라도
아이고 이아기덜도 어멍 고생하는거 부면
우리들 대로 용돈이라도 아끼멍 아끼멍
허단 보난 아바지 아닌몸, 태산 ᄀ뜬 큰병에 들어지여
아이고 ᄒ푼벌어 아기들 학비 당해고
ᄒ푼벌어 이남편에 허건 살리젠
서울로 헌대는 어느 병원 다 뎅기멍 해여도
아니 어느 좋은 재산 잇어 이걸로
어느 형제간들 아방 살리렌 허는 사람 엇고 살젠ᄒ난
저 남편네만 아픈거 생각허멍, 남은 아픈거 생각도 못허고
어떤땐 밥도 굶고 어떤땐 집이 들어오민
종행 아프고 다리 아프고 아파 누워도 나 누워 불면 어떵허리
남의 아푼 생각은 허징 아니해여

영허단 보난 오장의 병은 온몸에 다 퍼지난
끝끝내 쓰러지엉 병원 가난 간경화에 ㄴ여
온몸에 다 퍼저 손댈수가 어시난
아이고 쉬은두설 아바지도 앞이 컴컴허고
쉬은두설도 앞이 컴컴 허여지고
아이고 우리어멍 고생만 허다
나 혼자 대학 공부해영 좋은 직장가
장개가고 아들나고 똘나고 효도해여 살젠 햇주만은
아이고 어머님 병은 손쓸수도 엇고 살릴수도 어서지고
어멍어멍 아까운 나 어멍 불상헌 나 어멍
족은 동생은 아홉살 열세살 나가난, 어머님 이세상 떠나불고
아이고 아바지도 살다건, 이세상 떠나불고 불쌍헌 설운 동생은
아까운 나 동싱 영 헐중 죽엉강
오늘ㄲ지 가슴에 메칠 중 알앗시민, ㄱ찌 휴학계라도 내곡 헐걸
오늘ㄲ지 살멍 동싱 생각해여가메
아이고 설운 동싱광 ㄱ찌 엇는, 부모에 공부는 해여 살아 될거고
대학교 시험 합격해노난, 쉬은두설도 학교 뎅기고 ㅎ난
아이고 설운 나 동생아 성 졸업해영 나왕 돈벌면
넌 군대 갔다왕 그때랑 학교 뎅기멘 될거 아니가
이 동생 이해시겨 우리나라 일선군인 가노라
아이고 삼일만에 친구들이영, 바당에 놀러가 목욕해영
ㅎ잔술에 물에 빠지난, 심장마비로 불쌍헌 이동생도 저싱 가불고
영해여도 우리아바지 형제간들은
우릴 보아도 의지가 아니 되난
좋은 대학 공부 졸업허고 좋은 직장 굿 허는데 뎅기멍
이 굿 연구허고
아이고 어느 누님들이라도
아이고 잘 살앙 아이고 우위로도 성이라도 잇엉[369]
아이고 나동생아 경해지 말라

---

369) 있어서

이이고 이공부 해영 혼자 직장해영

살아서 되는 이 굴아주는 누님도 멀리 살아불고

나 팔저가 끼를 못 이기난, 어떵허리 연극도 해여보고

좋은 인연 만나민 잘살아 짐직헌 인연은 멀리 떨어져가고

스물혼설 놔주던 저 가숙 만나건 살젠호난

이 아기 낭, 이번이나 무음 잡을건가 저번이나 무음 잡을건가

이 가숙도 끝끝내 이 살림을 지탱 못 허난에

가숙하고 똘은 저 육지에 보내여 두고

아이고 저 연질 나사민, 연극해여건 가슴 풀려 질건가

혼잔술 먹어 연극생활 해여도 보고, 이력이 될듯 될듯 허멍

이력이 아니 되난 무형문화재 71호에 사무장으로 들어 가난

팔저궂인 형제간들 앞에선 좋은듯 허여도

돌아사민 아기 악담허는, 저 팔저궂인 형제간들 비유맞히멍

맞춰도 어떤땐 속상허민, 나가 일 안해민 못살리야 허당도

이번 춤곡 저번 춤곡 허다

나 팔저난 서른다섯 나는해, 신촌 김씨 형님 오랜 해연

이 심장질 되게 난, 아이고 이팔청춘이여

좋은 공부해여 이심방질 핼줄 알앗시민

누게가 압네까 저싱간 부모조상이 압네까

아바지 어머닐들 압네까

이 심방질 허젠, 신에 밥을 먹어 가난에

너무나 가심에 매친 일도 하저 가고

그렇다고 누게할데 하소연 헐디 엇고

굿 허래 뎅겨 가난 북두드림 장고두드림

설쇠 두드림 대양 두드림, 나사건 새도 도려보라

나사건 추물공연 해여보난, 내리 스랑은 잇고 취스랑은 엇고

내리 스랑 바다지카부댄 호난, 팔저궂인 형제간들은

아이고 쉬은두설 한테 내리 스랑 어시난

어떤 때엔 답답허고, 어떤 때엔 속상허고 눔도 사는 세상인데

혼대 살기가 영 고비 고비, 영 힘들줄 누게가 알앗시리

열두설 나준 부모 어멍 처가숙을 만나난

아이고 이 가숙이라건, 애기영 ᄀ찌 잘살젠 암만 노력해여 보아도
깨진 항아리에 물이 ᄊ다지어 가도
ᄒ푼 벌면 두푼 들어갈 때가 생기고
아니벌레 나가민 나한텐 돈이 어서지고
아이고 일본도 오라, 십년전 부터 일본땅에 가건 돈벌어 오고
정의 대정 모관으로 오랜 허민 강 돈 벌어 오고
아이고 어떤 사람들은 심방질을 해여도
남편 복력잇고 각시 복력 잇어도
쉬은두설은 어느복이 하나도 어시난
어떤 때엔 굿 허래 갓당이라도 오민
어두운 밤 질에 오토바이 타정
집이 들어오민 혼자 자고
저 웃이라도 아이고 고생해엿수다 수정이 아바지
아이고 버믄 옷 내놉서 ᄇ란 해게
세탁소 갈걸랑 이레 내놉서
가정 가쿠뎅 해여줄 가숙엇고
먹어도 혼자 누워도 혼자 영해여 가는 것이
시련이 당ᄒ난 어느 누게한테 강
하소연도 할수 어서지어 오늘ᄀ지 살앗습네다
곧 마흔 나는 해에 와산 고칩이 큰 굿을 가난
쾌지입언 석살림굿 해여보래 해연, 쾌지입은 석살림 굿을 ᄒ난
영해여 오는것이 17년동안 삼시왕에 유무유정을 해연
삼시왕에 고부량이 만네엿습네다예~ (장고)
삼시왕에 허가허신 심방질 허고
삼시왕에 허가허신 쾌지입은 굿허고
관복입언 관대입은 굿 해엿습네다
나도 눔과 ᄀ찌 유정싱 ᄯ님아기 놓은 연줄로
초역례 초신질이라도 발라보고 어느 의지가 어시난
조상이라도 당주집을 무어건 살아보칸 영해여도
당주집을 무우젠해여도, 조상도 어서지고 어떵 허민 좋고
영해여 다니는 이 가운데 성은 양씨로 억만드러 도신녜

이른에 ♀돕님도 스물다섯 나는해에

아닌 몸 앞는 천문 어둑허건, 좋은 전성팔저 그리처 뎅겨가난

앞눈 뜨여 영헌게 삼시왕에 삼하늘에

유정싱 ♀님아기 놓은 연줄 고 옛 선성 놓은 연줄로

조상님은 처부모 조상 의지허고, 저 김녕 황씨 임씨 이씨 선성

이씨하르방 임씨할망 양씨할마님 몸받은

일월 삼멩두 물려단 이조상 덕으로

하영 벌어 먹고 입고 행궁발신 해여건 살앗수다

살아가는게 이력이 아니되진 ᄒ난, 이조상은 남원 이 모성간

일단 일본을 가게되난 김씨 ᄌ순 임시 잠깐 빌려 두어도

일본간 오라건 다시 가정 풍파들고 이력 아니 되난

이조상 잘못 해엿수다

해연 당주전으로 모션

뎅겨가는게 아이고 심방도 젊을때 당골덜 잇실땐

큰굿도 해여도라 족은굿도 해여도라

성주풀이 귀양풀이 해연, 도래 허다건 안 이어가난

조상은 당주전에 모셔도 매우 답답허고

몸받은 ᄌ순은 나이들어 가고, 당주타님도 나이들어 가난

쉬은두설 외롭게 뎅겸시난, 아이고 나 들러랑 나도 외로왓시니

조상 박물관에 가는 양, 나 아들래미 나조상 물려주망

삼천기덕 일만제기도 물려주면 영ᄒ난

기영헙서 양부모 양자식 삼으난

쉬은 두설이 초신질 발루젠 영헌것이

천이 감동을 허고 오늘ᄁ지 쉬은 두년동안 살아도

악한 생활은 못허고 어신 사람보민 불쌍허고

어신 사람보민 나가 못먹어도 주고 영허단 보난

모든 조상들이 도우난, 산이 잇는 ᄌ순들도 마음을 합심되어 가난

강씨ᄌ순 박씨ᄌ순 문씨ᄌ순드리 경해면 제주큰굿으로

삼대틀엉 초신질 발루른게 어떻허니

KBS에서도 기록 자료 냉기고 허는게 어떻허니 ᄒ난

쉬은두설은 나가 일생 벌어도, 난 절대 못 허는일인디

이런 고마운 일이 어디 잇시리야

어딜가민 좋고 의논헐때 엇고, 누게가 큰심방을 허주 도래

아장 곰곰히 생각해난 경해여도

칠머리당굿에서 굿도 배우고 계시난

김씨 형님 츳앙간 설운 형님아 나 굿헐쿠다 영해여 가는것이

이 조순도 마음이 등을 지어 아니허께 ㅎ난

신의 성방에 오랜 해여 간 ㅎ난 말은 드런 보난에

나꼬지 못해캐여 돌아사민

사람이 무슨 죄를 지어 살아수카 아기도 킵당보민

곡석도 농ㅅ지믄 궂인 곡석도 잇고 좋은 곡석도 잇고

아기도 키왕보면 착헌 애기도 잇고 불행한 애기도 잇는 법인데

나 부모 나 형제간 나 아기가 잘못헐 때 내여건

다 등을 지면 누게가 인도 지도 시킵네까

나꼬지 돌아사민 아니 될 일이라건

양씨 부모 아바지한티 경해민, 조상 물려 굿을 허캔 ㅎ난

기영헙서 경해면 다 ㅊ레가 잇는 법이라

저 9월달에 굿을 허젠 허민

9월 초ㅇ드렛날 가건, 양씨부모 아바지 사는디 강

당주랑 이제 하직 해여도, 조상이랑 양단어깨에 강림해여

사는 집으로 모셔당 당주를 설연 허거덜랑

9월 열일뤠날 굿허게 마씨 영헌게

쉬은두설 ㅎ자만 출릴수도 어서지고

아이고 신의 성방도 저 서울 강 잇어야 될 몸이라도 어떵허리

박씨 조순 문씨조순 강씨조순 몇번 만나 의논허멍 의논허멍

이 굿을 해 지장을 일롯습네다.

9월은 열이셋날은 북촌집이성, 조상님 굿허레 감수다 ㅂ름날은

당주집이서 조상님네 머리쯤 운둥헙서. 양단어깨 강림헙서.

조상 업어건 ㅁ를넘고 재넘고 월산백리 도랑거질 넘어건

이 표선면은 성읍리 마방터 이 집안에 드렁오라.

당주방을 설연허고 당주집을 당주기를 설연허여

안당주 밧당주 설연 해엿수다.

그날 보름날부터 이집에 몸 지켠

누구 관청에 변호서 신전에 정집서 메기나네

신의 성방은 김녕 살암수다.

이거 열이셋날 몸받은 당주문도 열렷수다

몸주문도 열렷수다.

상안채는 지똘로 중안채는 짓들로

하아채는 사천기더 일만게기 멩두멩철 부모조상 업어 아정

팔저궂인 설운 삼춘님 팔저궂인 형제간

설운 조캐덜 앞을 세왕 무를 넘으고

재 넘으고 월산백리 도랑거질 넘어건

이간주당 오란 연향 당주전에, 신의성방 몸받은 조상님도 풀언

선성님네 얼굴로 딸름 내엿수다.

서로 인사허고 신의성방 굿 허래 오랏수다

해여건 국궁삼베 올려건

바껫딜로 정마답으로 큰대를 기메 설연허고

안으로는 ᄉ에 열두당클 만서당클을 설연 기메 설연해여

열이셋날 저녁에 일문전은 대청한간 어간 삼아

기물논던 기메코ᄉ 기물논던 기메잔덜 받읍서.

성은 양씨 삼춘님 아자건 기메코ᄉ 올렷수다.

열이괫날 이칙은 민동 금동 대멩친지 붉아 오난

준지너른 금마답 마당 붉금으로 어간 해여건

천도천왕 지도지왕 인도인왕

상간지 오륜지법으로 천신기는 지 나춥고 흑신기는 지도투고

서른 세모작 하늘이 칭칭허게, 천지 이망주건 신을 수퍼 잇습네다.

삼버리줄 줄싸 메엿수다.

대통기 소통기 지리여기 양산기

나븨나븨 줄전나븨 전명록이 토시동에 신수푸곡

좌독 우독 생명 좌우독에 신을 수퍼 잇습네다.

일문전 천보답상 만보답상 안팟공시

신공시 어간 삼아건, 초체 올려 초공하늘

이체 올려 이공하늘, 삼체 올려 삼공하늘

옥황은 서른 세하늘에 울북울적 울렷수다.

초감제 연드리로, 천상천하 영실당 누병대천 노는 조상

산슬 물슬 나무돌곱 ᄀ랑빗발 새빗발 사능 노는 신전님

일만일신 주문천신 만조백관 청대고고리 가늠허고

깃발부멍 연발부멍 울북울적 연든 상낼 가늠허멍

천보답상드레 초래초래 연초래 재초래로 내립서.

천보답상드레 내립서 초감제로 청해여, 각호각당드레 올려 잇습네다.

그날 저녁은 기푼밤이 되난 열ᄋ드렛날 아칙녁에

초감제 헐 때에 떠러지던 신전님, 초신연맞이로 살려옵서.

초신연맞이에 떠러지던 신전님, 초상계로 살려옵서.

초상계로 살려오난, 가지공명 ᄌ초래로 배실직함 ᄌ초래로

이 아집서 자 바립서.

이 버리고 신 버립서 당ᄒ난, 오방각기 시군문 잡아 도랑아자

연맞이당 신맞이 초아정은 금공서

쉬은두설 인제 정녜에 살아오던

이때ᄀ지 살아온 칭원허고 원정드는 복련을 올렷수다.

열시왕에도 초아정 금공서 올렷습네다.

안으로는 연향당주 삼시왕에도 금공서 올렷습네다.

이집안에 삼본향 일월조상 영ᄒ영신님네

안팟공시ᄭ지 어제 기픈밤ᄭ지, 초아정 금공서 올리난

우니나라 일도도벽에서도 저녁날은, 이수 팔수 도령법을 놉네다

어젯날은 도령법을 노아건, 신전님네 기픈 줌을 잡서.

신의성방들도 기픈줌을 잣습네다.

나 이저건 개패문을 열리는 법으롭서

신전님네도 일어납센 해연, 하늘옥황 도성문 열려옵던

천왕낙행 금정옥술발 들러나 받아건, 취침령을 올리난

관세우 신세우법도 올렷습네다. (장고)

보세 신감상 연드리로, 선대선조 부모조상드리

전서일에 잘못허고 후서일에 몽롱허고

불찰허고 잘못헌 죄목죄상 풀려줍센 해여

보세 신감상 연드리로, 역가를 올리고 죄목죄상을 발루와 (장고)

잇십네다 위가돌아 갑네다 자가 돌아 갑네다.
삼천천제석궁안으로 안초공 밧초공 연향당주
안팟공시 부모조상에 초공 연질이 되엇습네다예~
어멍은 아기보저 아기는 어멍보저
어멍 아들 상봉허여 일부ᄒᆞᆫ잔때가 뒈엿수다.
성은 정씨로 하신충 몸을 받은 안공시
성은 서씨로 억만들어 도신네
몸받은 밧공시로 안팟 초공을 얼러맞저 영헙네다.
다덜 ᄂᆞ립소서.
월궁 일궁 지퍼 야퍼
신임 삼천천제석궁 초공 성진땅 황금산이우다.
웨진산은 적금산 천하에 임정국 대감님
지애 내려 진진국 부인님, 황금산은 주접선성 ᄂᆞ립소서.
이산 앞은 발이벋고 저선 앞은 줄이벋고
황대월산 금하늘 노가단풍 ᄌᆞ지명왕 아기씨도 ᄂᆞ립소서 (장고)
원구월 초ᄋᆢ드레 본멩두 신구월 열ᄋᆢ드레 신멩두
상구월 스무ᄋᆢ드레 살아살죽 삼멩두
젯부기 삼형제 너사무 너도령도 ᄂᆞ립서.
유정싱에 ᄄᆞ님아기 안팟공시로 고 옛 선성님 ᄂᆞ립소서.
마은ᄋᆢ돕 초간주 서른ᄋᆢ돕 이진주 스물ᄋᆢ돕 하진주님 ᄂᆞ립서.
당주 하르바님 당주 할마님 당주 아바지 당주어머니
당주도령 당주ᄄᆞ님 당주벨감 ᄂᆞ립소서.
안공시로 쉬은두설 전싕팔저 그리치게허던 선성님네 다덜 ᄂᆞ립소서.
시흔두설 일곱 ᄋᆢ돕살 나가난 죽억살억 헐때에
신창할망 알로간 노아놧던 영해염수다.
신창할마님 이번참에 신공시 상받아건
시련광증 허는거 가정풍파 드는거 풀려줍센 허정
몸받은 부모조상님은 김녕이우다.
황씨 임씨 이씨 선성 얼굴 모르는 이씨 하르바님도
김녕 달준이 하르바님 허민, 얼굴좋고 처대좋고 굿잘허고
언담좋고 수덕좋던 하르바님 이옵네다.

임씨 할마님도 눌굽이 할마님 허민
굿잘허고 언담좋고 수덕좋은 할마님
양씨 할마님도 초공 연질로 안공시 신수퍼건
쉬은두설 좋은 몸천에 소리도 잘 쓰게 헙서 춤도 잘 추게 헙서.
상당골 중당골 하당골 가지 높은 당골
골목진 당골 부제당골 내와 주어건에
조상업언 조상 오늘ᄭᅡ지 답답해여
기픈궁에 들엇건 야픈궁드레 가심 열리멍
조순이 굿나서 조상 업어 아정, 뎅기멍 마불림 헐꺼 아니우까
안공시로 신수품센 허고, 전싱 그리친 부모등 아닙네다.
어느누게 의지를 헙네까
아바지허고 윤씨 어머님은, 쉬은두설이 열네살 넘어가난
천주교에 강 공부허젱 간게 아바지 몸 아파
큰굿 족은굿 해여도 아니 좋아가난
큰아들 천주교가간 우리도 ᄀᆞ찌 가겐해연
천주교 간것이 아바지 어머니
이세상 떠나난 천주교 공동묘지가 묻엇수다만은
어뎅 아바지허고 고씨어머님허고 윤씨어머님허고 설운동생님
이제랑 아들 설운성님 못받은 안공시로 신수품서.
어머니 아버님은 천주교 공동묘지에서
늦으민 사오년 빠르민 이삼년 안에
호상 츨려건 어머님 아바지 다 좋은땅드레 모시젠 해염수다.
이아기 몸받은 안공시에 신을 수퍼 도와줍서
설운 부모조상 안공시, 설운 양씨 억만드러 도신네
젊을때에 굿 잘허고 소리좋고, 언담좋고 영허단 일본으로
정의로 여러 가숙 정해여도, 나복력 나팔저가 날 눌리난
양씨 부모 조상드리여 어진 조상드리여 다덜 신수품서.
밧공시로 이거 신의성방 몸을 받아 오랏수다.
열네살 나던 해 어머님 놓은 연줄 이 전싱 그리치어
곧 스물 나는해 신질을 발루난에
오늘ᄭᅡ지 연 삼십칠년동안, 삼시왕의 덕으로 삼하늘의 덕으로

부모조상 덕으로 뎅겸수다.

불쌍한 설운 어머님, 이 또헌 심방 내와주젠 고생헌 설운 나 어머니

살다 살다건 아닌 몸 신병드난, 삼시왕 종명헌 설운 어머님

어머님 신공시에 신수퍼, 이 똘 뎅기는질 발롸줍서.

간장석던 어머니 설석던 설운 내 어머니

진내편 김씨 하르바님, 설운 임씨에 설운 할마님

삼불도 족은 하르바님 웨진 부모 하르바님, 고모할망 삼불도 ᄂᆞ립소서.

어머님 초신질 발롸준 정씨 하르바님 초공 연줄 ᄂᆞ립소서.

몸받은 조상님 벵뒤 진밧가름 ᄆᆞ키실낭

상가지 솟아난 고씨 대선성님

안씨선성 김씨선성 서김녕 임씨 대장간 고운얼굴 보내주던 선성님

아끈도간 한도간 아끈지기 한지기 아끈몰레 한몰레 몸을 받은 선성님

대천문은 경기도 910-4에 봄에 누웟습네다

임씨 설운 삼춘님 ᄂᆞ립소서.

신의성방 초신질 발라준 선성님은, 안공시에 현재 몸받은 선성님입네다.

초신질 발라준 선성님 ᄂᆞ립서.

이신질 발라준 정씨 하르바님 ᄂᆞ립소서.

설운 이씨 부모님에 대역례 삼신질 발랏습네다.

설운 안씨 설운 부모님

아이고 이름좋은 안사인 설운 부모님도 좋은 전싱 그리쳐

무형문화재 71호 허젠 ᄒᆞ난

팔저궂인 형제간덜 연 십멫년 동안 굿 막으난

산으로 굴로 갯끝 연변마다 ᄀᆞ으멍 굿허단 안씨 부모님에

무형문화재 71호 받으난

이제주 심방등 ᄆᆞ음노앙 그후 부터는

어디 공부허는 사람덜 오라도 ᄀᆞ리차 주고

행사가 돌아 오라도 나가건 행사허고

아이고 나상 춤춰가민 나븨놀듯 새 놀듯

아이고 팔저궂인 형제간덜 보면 불쌍하게 생각허고

허다건 나이들고 아닌몸 신병만만 허네

삼시왕 종명 ᄒᆞ난에 안씨부모님 덕택에

이제 나라에서 월급도 받으고

부모님 덕택에 ㅎ위ㅎ식 허멍 살암수케

이번 춤 삼시왕에 연맞이 헐때민, 다 가심 풀려 안네쿠다.

신의성방도 부모님 덕택에 어디가민

굿허라 굿허라 착허다 요망지다

아이고 안씨 부모님 어디 갈때마다 잊을수 잇습네까

아이고 안씨부모님이 책 하나라도 기록 남겨 놓아두난

아이고 공부허는 ㅈ순덜도 연구허는 ㅈ순덜도 해염수다.

설운 안씨 부모님도 초공 연질로 ㄴ립서

하씨 설운 삼춘도 ㄴ립서.

고씨 설운 큰어머님도 초공 연질로 ㄴ립소서.

얼굴모른 서씨부모 설운아방 아제 심방정씨는 아니우다.

나 복력이 못 만난 설운 아바지 ㅊ지난

아바지 ㅎ번 못 불러 보아건, 가심에 천천지 한이 매치나니

공시상으로 거니렴수다 아바지 ㄴ립소서.

설운이씨 설운부모님 아이고 죽기전에 유언넹겨

.순실아 조상일랑 박물관에 보내여주고

나 죽걸랑 귀양풀이도랜 해연 영허여건

설운이씨 부모님 산 때엔, 열심히 굿 배우라 열심히 배와 건

아이고 돈은 돌고 도는게 돈이고, 황금에 눈 어둑우민 아니된다

기술만 배와 나두민 니위에 돈이 드랑드랑 해여

신이 허멍 굿 허는거

아이고 심방 집이가민 이런 굿허고 보세감상헐 땐 영허고

관세우헐 땐 영허고 ㄷ업칠 땐 영허라멍

아이고 글아주어건, 어디가민 이첩인 아니 골민

다 굿 끝나 당골덜 가불면 아자건

순실알 잘 글앗저만은 말이 중간에 비어졋댄 해영

영허멍 굿 배와 주던 이씨부모님 이씨 부모님 덕택에

이 굿 배와 이번 춤 이집이 삼대틀어건, 큰 심방으로 오랏수다.

설운 이씨 부모님 초공 연질로 신 수퍼, 머리쯤 운둥헙서

양단 어깨에 강림해여건 명산 명점 시겨줍서.

이씨 부모님이 삼시왕에서 도와줍서

조상님은 할마님, 육간제비 돈제비 거울제비 현씨일월

맹씨 큰아바지 최씨 부모님도 초공 연질로 ㄴ립소서.

설운 이씨 하르바님 한씨 할마님 정씨 할마님

이씨 부모님 ㄴ립서 오씨 부모님 ㄴ립서.

한씨 부모님 ㄴ립소서.

종다리 시왕 박씨 할마님 ㄴ립서.

오씨 하르방 김씨 할마님도 ㄴ립써서예

웨진편 설운 부모님ㄱ지 행

스물다섯 해 유래전득허던 천군 ᄆ딱 조상도 ㄴ립소서.

웨진 할망 망녕 할마님도 ㄴ립서.

신촌은 큰물당 김씨 할마님

역개에는 낙수통경 문씨영감 도련드려 금고 흥

조만호 조철방 원당오른 붉은 작지 가메 오판 일어나나

열눈이 구등에 맹오안전 맹호부인, 도래모 사랑은 박씨 하르바님

질친밧도 박씨 하르바님 세죽은밧 김씨 하르바님

월정 빈갱이 박씨 할마님 골막 게우ᄆ를 천하월생

지리대천문 놀던 선성님 ㄴ립소서예~ (장고)

친구들 웃대 하르바님 외에 형제일신 선질머리 웨진조상

논밧거리 웨진조상 통거림 웨진주상 김녕 큰산춘님 내외간

큰누님네 내외간 종호 좋게 내외간도 ㄴ립소서.

이씨 할망 구씨 강씨 선성님도 ㄴ립서.

이씨 부모님 초신질 이신질 발라준

조상님은 안공시에 몸받은 조상님에, 초신질 이신질 삼신질 발랏습네다.

안팟공시로 ᄒ 어깨로 오랏수다.

양씨 삼춘 몸받은 조상님은 안공시로 거니렷습네다.

설운강씨 설운삼춘 설운 한씨 삼춘님도 ㄴ립소서.

아바지에 쳌불조상 고모님 육간제비 ㄴ립소서.

설운 큰아바지도 굿 잘허고

아이고 심방집이 당주연맞이 넘이

이름좋은 강봉원이 하르바님엔 허민

심방집이 당주 연맞이 잘허던 설운 하르바님

삼시왕에서 다덜 내려건, 초공 연질로 오라건 상받으저 ㄴ립소서.

심방 정신 아니우다 나준 아바지여

설운 동력 설운 동싱 ㄴ립소서

몸을 받은 친정어머니 몸받은 조상은, 허씨 이씨 선성님입네다.

세화 해녀박물관에 잇습네다예~ (장고)

정씨 오라바님도 열서너설 나난 해 이 심방질 해여건

오늘ㄱ지 멩도잇고 복도잇어 살암수다.

아이고 나이 드려가난 몸 아프난 괴로웁고 해염수다.

전싱 그리치게 허던 부모조상네덜

다덜 ㄴ립서 당주타님 이씨로

몸을 받은 성진부모 하르바님 할마님네가 좋은 전싱 그리쳤습네다.

아이고 부모조상덜 다덜덜 저싱 상드레 가부난

신의성방 강 ㅎ목심어, 앞으로 힘들고 고달프고 어려와도

큰굿을 허젠 해염수다예~

이씨 성님 몸받은 부모조상 ㄴ립소서.

강씨 아즈바님 몸받은 부모조상님이여.

하르바님 나경판 지남석 놀던 첵불이여.

아바지 어머님 삼불체 몸받은 조상이여.

처부모님 몸받은 조상이여 다덜 ㄴ립소서예~ (장고)

오씨 성님 몸을 받은 원당 할마님

나준아바지 어머니 설운 성님 심방 전싱 아닙네다.

강씨 선성 김씨 선성 한씨 선성 바능 ㄴ립서.

김칩이 시부모 시조상 손때 묻은 조상님 ㄴ립소서.

송씨로 서른네설도 아이고 살젠ㅎ난 몸 아프고

웨진할마님 놓은 연줄로 나준 어머니 놓은 연줄로

살젠ㅎ난 이 심방질 허레 뎅기저 해염수다

어머님 몸받은 조상님의 신의 안도 임씨 선성

신의 밧도 임씨선성 물동산 최씨선성 웨진조상

몸받은 조상 첵불조상님이여

웨진 삼춘님 몸받은 부모조상님이여, 설운 외할마님 어서 ㄴ립서.

설운 말젯 족은 하르바님은

이름 좋은 고명선인 허민, 심방집이 고분멩두 잘마뜬 선성님입네다.

설운 하르바님도 ㄴ립서.

한ᄆ루서 조상 본관 유래전득 허던 조상

최씨선성 송씨선성 송씨 할마님

영순이 어멍 영순이네 다덜 내려건, 서른네설 불쌍헌 이 우꽈

좋은 청춘 좋은 나이에 아기 나멍, 신랑과 오손도손 살아야 될건디

이 전싕 그리처 뎅기난, 정아기 머리쯤에 운동허여

말명ᄃ리 젯ᄃ리 내와 헌적 헌적 큰굿 배와 건

당당헌 심방 나사게 도와줍서예~ (장고)

안팟공시로 도 ㄴ리며 성읍리도

옛날 마을 큰굿 해여오던 고씨 대선성님

양씨선성 양씨선성 광주설운 삼촌님 친정땅은 이 성읍린데

인연 인연 가는게 저 김녕간 살다 건

제주시에 간 삼시왕에 종명허던, 설운삼촌 설운 일춘이 거니렷습네다.

설운 아바지네도 ㄴ립서.

설운 신지 설운 삼촌님 김영서 오랑

성읍리 오랑 김녕할망이엔 허민, 큰굿 맞아 뎅기단

삼시왕 종명한 설운 신지 삼촌님 초공 연질로 ㄴ립소서.

일루 표선은 가민, 신씨 대선성님네여 홍씨 선성님네

맹근이 맹옥이 하르바님네. 서너 오누이도 초공 연줄 ㄴ립소서.

남원은 가민 신금년이 설운 할마님네, 설운 동싱 흘목심어 ㄴ립소서.

박수물 가도 조씨 선성님네, 학선이 선성님네들도 ㄴ립소서.

일로 서귀포가민 박씨 임봉주대, 김씨 임봉주대 허던 선성

박성옥이 설운 하르바님 박기심에 설운 하르바님

용주 선성님네 ᄉ형제도 ㄴ립소서.

박남만 삼춘님데도 부저 지간 ㄴ립소서.

얼굴좋고 굿 잘허고 허던, 신대연이 설운 아즈바님도 초공 연줄 ㄴ립소서.

방근이 오라바님네도 어서 초공 연질드레 ㄴ립소서.

일로 절에가민 열리가민

아이고 굿 잘허고 허우대 좋고 허던, 열리 멩서님 설운 삼촌님네

덕수가도 김덕수 설운삼촌님네 초공 연줄 ㄴ립소서.

모실포가민 다마장 설운 사둔님네 ㄴ립소서.

한림가민 이성룡에 설운 삼촌님네

서문밧 조씨선성 이씨선성 서문밧 문통경

양씨선성 양씨선성님네 초공 연줄 ㄴ립서.

하귀 오라던 강종규 설운 삼촌은 아직 생흔질로 ㄴ립서.

만송에 설운 삼촌님네 문능리 삼촌님네, 벵뒤하르바님 초공 연줄 ㄴ립소서.

문창옥이 설운 하르바님 ㄴ립소서.

제주시 오민 옛날 도황수 고씨 대선성님 ㄴ립서.

대파골 김씨선성 김씨선성 김씨선성님네 ㄴ립서.

남문 통문 가민 문옥선이 설운 선성님네

아이고 굿 잘허고 연계 잘타고 허던

문옥선이 설운 삼촌님네 형제우 덜통헌 ㄴ립소서.

문성남이 설운 아즈바님도 ㄴ립소서.

태정 삼촌도 굿 잘허고 수덕좋고 언담좋던

대정 설운 삼촌님 ㄴ립소서.

황도화 설운 삼촌님도 아이고 요망지게

굿도 잘허고 허던 도화 삼촌님네들도 ㄴ립소서.

산지가민 김씨선성 김씨할마님네 ㄴ립서

홍상욱이 설운 하르바님 ㄴ립소서.

제주도 무형문화제 71호에, 당주기에 몸을 받은 선성님네 ㄴ립소서.

화북오민 망건이 하르바님네도 ㄴ립소서.

신숙이 설운 아즈바님도 ㄴ립서.

신숙이 아바지네 삼형제 ㄴ립서.

홍씨 셋어머니 말젯어머님도 ㄴ립서.

홍씨 선성님네들도 ㄴ립소서.

서씨 웨진조상들도 ㄴ립소서.

삼양오민 이원신님 금세기 삼춘네 양씨 선성님네

설가물개 김씨선성 김씨할마님네

영수 설운 삼촌님도 ㄴ립소서.

신촌은 오면 고씨 설운 할마님네, 정씨선성님네 안씨선성님네 윤주 설운 삼촌님네들도, 초공 연줄 안팟공시 ᄂ립소서.

아~앙 조천은 오민 이름좋은, 주병이 하르바님은 다 거니렷수다.

정씨선성 안씨선성 김씨선성 ᄂ립소서.

함덕은 오민 김씨선성님 김씨선성님네

이름좋은 김만봉 설운 삼촌님네 초공 연줄 ᄂ립소서.

연춘이 선성님네 상원이 선성님네 심팽이 선성님네

연옥이 연심이 국항 설운 선성님네, 초공 연줄 안팟공시 ᄂ립서.

북촌와도 홍시선성 김씨선성

선흘은 가민 각대기 선성님 고씨 선성님네 ᄂ립소서.

동북은 가민 고씨 선성님 이름좋은 박희준 설운 삼촌님네도

굿 잘허고 언담좋고 추는 굿도 허민 서우젯 불러가며

산천초목도 울고 허던 인중 설운 삼촌님

초공 연줄로 이젠 다들 ᄂ립소서.

김녕은 거니렷수다.

고씨 선성 연씨 할마님네 초공연질[370]로 ᄂ립서.

월정가민 베롱개 임씨선성 백장빌레 고씨선성

터낭거리 김씨선성 김씨 설운 삼촌님, 초공 연줄 안팟공시로 ᄂ립서.

행원도 거니렷수다 안동가민, 큰어시 셋어시 족은어시

허정화 하르바님네 쇠도리 삼춘네 부배간이우다

초공 연줄로 안팟공시 ᄂ립소서.

글루 절에가민 평대 가민, 모사랑도 박씨선성 불금웃ᄄ 박씨선성

ᄆ살동산 김씨선성 산욱이 선성님네, 금욱이 어멍 금순이 어멍

도깨 삼촌님 송당도 고씨 선성, 송당하르바님네 내외간 ᄂ립서.

상서화리 정씨 대선성님 대준이 하르바님네 ᄂ립서.

김씨 선성 ᄂ립소서. 하도도 거니렷수다.

종달리가면 달건이 하르바님네, 이수녀 할마님네들 이씨선성 ᄂ립서.

시흥리 가도 이씨선성 당배 절배 메여 옵던, 현씨 선성님도 ᄂ립서.

동남은 가민 정씨 선성 정씨 삼촌님네

한씨선성 한씨선성 김씨선성 ᄂ립서.

---

370) 초공질과 같음. 초공신이 다니는 길. 초공신을 위한 굿의 제차

소선가도 양씨선성 김씨선성님 한씨선성 ᄂ립소서.

수산가도 조씨선성 초공 연줄로 안팟공시 ᄂ립소서.

글루 신풍리 가민 산내끼 신황수님네

문일이 어머님네 아직 생ᄒ으로 잇십네다 ᄂ립서.

홍매화 할마님네들 ᄂ립소서.

신하천리에 놀던 선성님네 ᄂ립소서.

동래 부산에도 가민 고중역 선성님네

부산에도 가민 고중역 선성님네

강순녀 선성님네 백고 문춘보 선성님네도 ᄂ립서.

쉬은 두설에 일본 뎅겨놨수다.

홍씨부모 몸받은 산이멩도 조상님네, 다들 초공 연질로 ᄂ립소서.

맹꽁언행 맨황수 도공언행 도황수님

입춘춘경 허던 선성님네들 초공 연줄 ᄂ립소서.

천문선성 덕환이 상좌선성, 요랑선성 홍글저대 신칼선성 시왕대번지

북선성은 조막손이 장구선성 명철광대 대양선성 와랭이

설쇠선성 누저왕은 나저왕 천보답에 만보답에

고리동벽 안동벽 자동벽에 놀던 선성님네

놀메선성 기메선성 당반선성 자립이 선성

떡선성은 이애기 밥선성은 저애기, 술선성은 이태백입네다.

선성님네들 산이 멩도 천도 천명

죽어 멩도 부도 대천명에 놀던 선성님

안팟공시로 초공 연줄로 더 ᄂ립소서예~

굿 잘허고 언담좋고 소리좋고 춤도 잘추고 허던 선성님네들

안팟공시로 다 ᄂ립소서.

시군문 연ᄃ리 나사민, 어시러기에 멩도발 더시러기에 멩도발

모사멩두 삼멩두 개움 투징허고

어주애 삼녹거리 서강베포땅, 유저생인 팽저생인 질에 노는 임신들

상안채에 중안채에 하안채에 똘라들던

이런 멩도발 안채포에 ᄎ대기에

아강베포 직부잘리 호럼준치 똘라들던 멩도발들

심방못나민 칼을 잡던 멩도발들

제절아피 물덩 오던 멩도발
엿 사멱던 멩도발 울담 넘던 멩도발
멩시레 멩세에 의씩 의씩 허는 멩도발들
저먼정에 금마 절진헙서.
나중에라건 하영 하영 안네겟습네다.
초공 연질이 어간 되엿습네.
난산국에 본 풀건 본산국드레 재ᄂ립서.
조상의 본을 다 알수가 잇습네까
조상은 본 풀면 신나락[371] 헙네다.
생인들이 본 풀면 칼선들이 노는 법입네다.
난산국드레 본 풀고 본산국드레 재ᄂ립서예~

[초공본풀이]
옛날이라 옛적에 천하 임정국 대감님
지애 내려 김진국 부인님 부배간이 살읍데다.
남답 북답 유기전답 좁데다.
늬귀에 풍경도 올려놓고 느진덕정하님을 거느려 잘 사난
이십스물 삼십서른 되어도 남녀간 아기 어서 무이유화 허십데다.
오늘날은 임정국 대감님이
심친신비 일민신비꽝 노념늘이 바둑징기 둡데다.
임정국 대감님 바둑 장기 돈을 땅 옵데다.
걸추헌 선비가 ᄀ든말이 임정국이 대감님아 그 하영 돈을 땅 가민
어느 아들 잇어 줄건가 똘을 잇어 줄거 꽈
이말을 ᄀ르난 임정국이 대감님은 바둑 노념놀이 허단
집드레 소곡소곡 내려오라 가옵데다예~ (장고)
집드레 오단 보단 높은 낭에 말몰른 질짐승 오조조조 해엿꾸나.
날만 못헌 질짐승 새짐승도
새끼난 먹이 물어 주어건 오조조조 허여꾸나.

내려오단[372] 보난에 황천대궁 웃임[373]소리 납데다
임정국이 대감님 황천대궁 웃임소리 들으멍 가단보난[374]
비조리 초막살이 돌적에 거적문을 도라건
얻어먹는 게와시덜 사는집이 당헙데다.
창고냥을 똘란 보난 아방한테 잇던 아기 어멍한테 가민
황천대궁 웃임을 웃고 어멍한테 잇던 아기 아방한테 가가면
황천대궁 웃임을 웃으난 날만 못헌 얻어먹는 게와시도
가난은 해여도 아기하나 놓아 웃임을 웃엇구나.
나도 집이가민 능나도비에 각진장판[375] 소라만단질 헐어건
촘실 은단펭에 감앙 각진장판에 등구리민 웃임이사 날테주
집드레 소곡소곡 내려오라 가옵데다예~ (장고)
집이오라 간다
앞대자를 너러노아 간다.
능나는 도비요 각진장판드레 소라만단지영
은단펭에 서단마개 촘실을 묶어건 각진장판 동글동글 놀려간다.
웃임이사 아니 나와 간다.
한숨은 쉽데다 한숨을 쉬노랜ㅎ난 황금산 주접 선성님이로구나.
당도 파락됩데다 절도 파락됩데다.
하늘 ᄀ른 굴송낙 지애 ᄀ른 굴장삼
아강베포 직부잘리 호렴줌치를 메연
하늘 굴른 금주랑철죽대를 지픈당
백파염주를 목에 건당 손에 단주를 심어건 권재삼문에
ᄎᆞᆫᄎᆞᆫ 강리강리 동으로 드런 서우로 나와간다.
되으로 받을 거 홉으로 받아간당
홉으로 받을 딘 되로 받아간당
이거 임정국 대감님 먼올래가 당헙데다.
ᄒᆞᆫ짝 발은 드려놓고 소승은 절이 뷉네다.

₃₇₂₎ 내려오다가
₃₇₃₎ 웃음
₃₇₄₎ 가다가 보니
₃₇₅₎ 유기름 칠한 좋은 장판

어느 절당 대ᄉ님이 되옵네까

동개남 은중절 서개남은 상세절 남개남 농농절

북한산은 미양 안동절에 살암수다.

당도나 파락되고 절도 파락되어 권재삼문[376] 받아당

헌당 헌절 수리허고 멩업는 이 멩을 주저 복업는 이 복을 주저

생불업는 ᄌ순은 생불을 주저 권재를 받으레 내렷습네다.

높이 들런 늦이 시르러 ᄒ방울이 떨어지면 멩도 떨어질듯 허십네다

권재를 받아 나가젠 ᄒ난 임정국 대감님 ᄀ른 말이

대ᄉ님아 대ᄉ님아 ᄉ주역이나 가집데가

단수육갑이나 지퍼봅서 오행 팔괄이나 지퍼봅서.

우리들 부배간이 오늘ᄭ지 살아도

아기 어서 평생 무우유화 허랜 팔저우꽈

아니멘 영급 좋은 당이라도 강 수룩을 드리민

애기라도 잇을 팔저꽈 영ᄒ난

황금산 주접선성은 ᄉ주역을 내여 논다.

오용팔괄 단수육갑을 지퍼 허는말이

아기 어서 무우유화 허랜 팔저는 아닙네다.

영급 좋은 법당에 올라가 불공을 드려보민

아기가 잇을듯 허십네다예~ (장고)

대ᄉ님은 권재를 빌아 소곡소곡 쩌민징에 나꼬 가옵네다.

임정국 대감님 강답에는 강나룩 심어간다.

수답에는 수나룩을 심어간다.

모답에는 모나룩을 심어간다.

상백미 중백미 외백미에 마바루에 바리바리 실러간다.

가사베도 구만장 송낙베 구만장 ᄃ릿베도 구만장

물멩지 강멩지 새양베는 새미녕을 실러간다.

금마답에 수리를 두고 올레에 막음을 두고

첩첩산중으로 ᄀ낭 황금산드레 올라간다.

---

376) 중이 촌가를 돌아다니며 부처계 바치기 위하여 빌어가는 재미(齋米), 권재삼문(勸齋三文) 「시권 제삼문」이라고도 하며 보통은 「권제」라고 함.

올라가다 신근돌에 믈팡돌이 잇언 쉬엇꾸나.
먼 올레 니눈이반둥개가 드리쿵쿵 내쿵쿵[377] 주꾸난
대ㅅ님이 ᄀᆞ르는 말이
ㅅ사중아 ㅅ사중아 먼 올래 나고보라.
어느 양반님 댁에서 불공을 드령 오람시니
양반은 보민 네발을 들렁 주꾸고[378]
중인을 ᄇᆞ면 두발을 들렁 주꾸고
하인을 보면 누워 주꾸는 니눈이반둥개가 내발을 들렁
드리쿵쿵 내쿵쿵 주껌시난 ᄒᆞ저 나고 보라~ (당고)
ㅅ사중은 먼 올래 나고 가는구나.
신군돌에 믈팡돌에 간 소승은 절이 뷉네다.
어느 절당을 ᄎᆞᆽ앙 오랏습네까
우리는 천하 임정국 대감님 뒤에 짐진국 부인님인데
영급좋은 법당을 ᄎᆞᆽ앙 불공을 드리러 오랏덴 허난
ᄒᆞ저 대ㅅ님한테 강 알리라
대ㅅ님한테 강 ᄀᆞ르난 ᄒᆞ저 안으로 드러옵센 허라예
안으로 나 드러간다.
가저간건 은분채에 도금올려 간다.
상탕에는 메를 찐다.
중탕엔 ᄆᆞ욕헌다.
하탕엔 수족 시처간다.
돋아올땐 월광님 지어갈땐 일광님 중천비단 당돌림
옥계천신 일월님도 사나사나 백일불공 드립데다.
백일째가 당허난 대ㅅ님에 꼿가마 근저울대를 가전 나왓구나.
임정국 대감님아 김진국부인님아 오늘은 백일째가 되는 날이우다.
꼿가마 근저울대를 저울영 백근이 차면 아들을 나고
백근이 못차면 ᄄᆞᆯ을 날듯 허십네다.
어서 기영헙서

---

377) 들어서며 쿵쿵 나서며 쿵쿵
378) 짖어대고

384

꽂가마 은저울대로 저울이난 아흔아홉 근량에
아이고 임정국 대감님아 츨령은 하영 츨령 오라도
정성이 부족허연년 아흔아홉 근량이우다.
흔저 집에 내려 갑서 집이 내려강
합궁일을 마청 천상베필을 무어봅서 허민
여 자식이 날듯 허십네다예~
부처님전 절삼배를 올린다.
금마답에 수릴둔다 올레에 막음 둔다.
내려 오단 보난에 해는 일락서산에 지엇구나.
어욱패기379) 의지허여 무정 눈에 줌을 자난 꿈에 선몽이 됩데다.
앞이멍엔 햇님이요 뒤이멍엔 둘님이요
양단어깨 금산새별380) 베낀듯헌 아기씨가 궁안드레 드러오라 간다.
먼동이 틉데다 일어나난 꿈을 꾸엇구나
집이오란 부배간에 합궁일을 받아간다.
천상베필을 무읍데다예~
석달 열흘 되어가난에 짐진국의 부인님 먹던 물엔 펄내난다.
먹던 장엔 장칼내가 난다.
입던 옷엔 뜸내난다.
새금새금 연도레나 오미자나 먹고저라. 대 ᄋᆞ섯둘 넘어온다.
아홉 열 ᄃᆞ 나난에 팔대문을 열리난 아긴 나난 여 ᄌᆞ식이 납데다.
임정국이 대감님이 허는 말이
늦은덕이 정하님아 먼 올래에 나고 보라
때는 어느 때고 늦은덕 정하님이 먼 올래에 산
저 산드레 바리난 이 산앞은 발이 벋고 저 산앞은 줄이 벋어
구시월이 노가단풍이 지엇습네다예~
경허건 아기씨의 이름이라
이 산앞은 발이 벋고 저 산앞은 줄이 벋어가난
왕대월산 금하늘 노가단풍 ᄌᆞ지맹왕 아기씨

---

379) 억새 포기
380) 샛별의 미칭인 듯.

이름 성명 지와 가는구나.

아기씨가 혼설두설 넘어간다.

열다섯에 십오세가 당해간다.

상다락에 노념헌다 중다락에 노념헌다.

하다락에 노념해여간다.

열다섯 십오세가 당ᄒᆞ난 천하 임정국 대감님이랑

천왕에서 살려옵서 편지가 오라간다.

지애 김진국부인님이랑 지애 베슬 살려옵서 편지가 오라가난

임정국 대감 김진국 부인님이 근심걱정이 됩데다.

아들 같으민 책실로나 대려갈 걸 똘자식이랑 어떵허민 좋고

늦은덕이 정하님아

우리들 천하 베슬 지애 베슬 살레갓당 올 때ᄭᅳ지

아기씨 궁안에서 우리 올 동안 밥을 주고 옷을 주고 키암시민

우리들 강 오랑 종반문서 시겨주멘 허난

어서 기영헙서.

마흔ᄋᆞ돕 모람장 서른ᄋᆞ돕 비꿀장 스물ᄋᆞ돕 고모살장

아방 좀근 열쇠는 어멍 가저간다.

어멍 좀근 열쇠는 아방 가저간다.

등거심 조신통쇠에 질로절강 종가 가는구나.

임정국 대감님 천하에 베슬 살레 올라나갑데다.

김진국의 부인님 지애에 베슬 살레 올라가옵데다.

늦은덕정하님 무언 아기씨 궁안에서 밥을 주어간다.

궁안에서 옷을 주어갑데다.

ᄒᆞ를 날은 황금산 주접선성님에 삼천선비 일만 선비들과

노념 놀이를 해여 갑데다.

삼천선비 일만선비가 일출 동경에 둥허게 뜨난

저둘은 곱다 영ᄒᆞ난 주접선성이 ᄀᆞ는 말이

저둘은 곱기는 고와도 가운데 계수나무 박힌 듯 허십네다.

저둘보다 더 고운 아기씨가 금세상에 검수된 ᄒᆞ난

결추헌 선비가 ᄀᆞ는 말이

아기씨 본메본짱을 가져올수 잇겟느냐

아이고 그걸랑 걱정허지 맙서.

본메본짱을 가져오겠습네다.

황금산 주접선성님이 하늘 ㄱ른 굴송낙 지애 ㄱ른 굴장삼

아강베포 직부잘리 호렴준치 하늘 ㄱ른 금주랑철죽대 지퍼간다.

백파염주를 목에 걸고 손에 단주를 심어건

권재받으레 소곡소곡 내려오라 가옵데다예~ (장고)

방방곡곡 초근초근 각리 각리 동으로 드렁 서으로 나와간다.

서으로 드난에 동으로 나와간다.

되로 줄땐 홉으로 줍서.

홉으로 줄데라건 되로 줍센해여 권재삼문 받으레 댕깁데다.

천하 임정국 대감 집에 드러사며 소승은 저리 뵙네.

아기씨 상전님이 ㄱ는 말이

늦은덕이 정하님아 먼 올래에 나고보라.

워낭소리가 난듯허다.

아버님이 오는가 어머님이 오는가 나고보라

늦은덕정하님 먼 올래 나고보난

하늘과 ㄱ뜬 태서님이 오랏구나.

안네 강 ㄱ는 말이 상전님아 큰 상전님들은 아니 오고

하늘과 ㄱ뜬 대ㅅ님이 먼 올래에 오랏수다.

겸허거들랑 대ㅅ님허테 권재삼무이나 내여주젠 ㅎ난

늦은덕정하님이 권재를 가져 나가난

권재를 아니 받읍데다 권재를 아니 받으난

권재를 아니 받암수다 어떵헌 ㅅ실로 오라싶니까 말문이나 들어보라.

어떵해 ㅅ실로 옵데강

우리 법당에 오란

불공드려 난아기씨가 금년 열다섯 십오세가 당ㅎ난

멩도 부족헐듯 허고 복도 부족헐듯 ㅎ난

권재 받아당 멩과 복을 이어주젠 오랏수다.

강 고릅센 ㅎ난 아기씨 상전한테 ㄱ르난

우리 아바지 우리 어머니 천하베슬 지애베슬 살레가멩

문을 종가동 가난 나 대신 권재를 강 내동 오랜ㅎ난

늦은덕정하님 권재 가저 나가난

아이고 늦은덕 정하님 되로 준거 꽈

아기씨 상전 홉으로 주는건 맞설 수가 엇습네다 ᄒ난

안네강 그말을 ᄀ르난

우리 아바지 우리 어머님 천하베슬 지애베슬 살레가멍

마흔ᄋ돕 모람장 서른ᄋ돕 비꿀장 스물ᄋ돕 고모살장

등거심 조신통쇠로 종가동 가부난 못 나가켄 고르난

그 문을 열어 주민 나오쿠겐 강 들어봅서.

아기씨 상전님한티 강 ᄀ난 요 문만 열어주민 나가켄 ᄒ난

황금산 주접선성님이로구나.

하늘 옥황 도성문 열려옵던 천왕낙행 금정중옥술발 들러받앙

ᄒ번을 들러시난 천하가 요동헙데다.

두번을 들러시난 지하가 요동헙데다.

삼세번을 들러시난

상거심 조신통쇠가 질로 절강허게 요라지옵데다예~ (장고)

아기씨 상전님은 하늘이 볼 건가 청너울 들러 씌어간다.

지하님이 볼 건가 흑너울을 들러 쓴다.

아니 보던 중은 얼굴이사 무사 하 배후리야

백너울 들러 씌어 먼 올래에 오난

니 정기랑 물엇느냐 나 정기랑 물엇느냐

ᄒ짝손은 어디갔느냐

황금산 주접선성님은

아기씨 상전 나오라가난 ᄒ짝 손은 장삼속에 담앗구나.

ᄒ짝 손은 하늘 옥황에 단수육갑 지프레 갓습니덴 ᄒ난

아기씨 상전님아 높이 들런 늦이 시르르르 ᄒ방울이 떨어지민

멩도 떨어질듯 허십네다 복도 떨어질듯 허십네다.

높이 들렁 늦이 시르르 시르르 비와가난 난데 어신 손이 나옵데다.

아기씨 머리를 삼세번을 영 쓸어가가난

아기씨 상전님은 주왁주왁[381] 삼세번을 이어가난

---

381) 여기저기 기웃거리는 모양

이중 저중 괴씸헌 중이로구나.

얼굴은 보건디는 양반이 곹아도 속마음은 상놈만도 못해영

양반님집이 권재 못 받으레 댕길 중이로구나.

후육누육 허여가난 후육맙서 누육맙서.

석달열흘 백일이 되어 가가민

나 생각이 부디부디 날꺼우다 그때라건

황금산 주접선성이여 철죽대 그뭇 보멍 올라옵센 영ᄒ난

우리어멍 우리아방 오기 전에 족은문 열엇시난

요 문이나 종가동 가랜허멍

늦은덕정하님아 저중 곧는 말이 필아곡절허다.

송낙귀도 끈어오라 장삼귀도 끈어오라 내여간다.

송낙귀도 끈어온다 장삼귀도 끈어오난

중이대ᄉ님은 ᄒ번을 들럿지만 천하가 요동헌다.

두번을 들럿지만 지하가 요동헌다

삼세번을 들러 지어가난

상거심조심통세가 질로 절강허게 종가지어 가옵데다예~ (장고)

아기씨 상전님은 석달 열흘 당ᄒ난

먹던 밥엔 골내[382]난다

먹던 장엔 장칼내[383]가 나간다.

먹던 물에 펴내[384]나다

입던 옷엔 뜸내[385]난다.

아이고 아기씨 상전님

눈은 곰방눈이 지어간다 약엔 홍깨 줄이되어 간다.

아이고 늦은덕정하님 아기씨 상전님

죽을 사경 되어가난

늦은덕 정하님아 외미저도 먹고저라 연도레도 먹고저라

청금채도 먹고저라 늦은덕이정하님 송도 바구니 옆에 끼어

---

382) 엿기름 냄새.

383) 묵은 장에서 나는 냄새

384) 뻘 내음

385) 땀 냄새

골미골미 아야산 신산곳을 도을른다.

연도레도 따보저 외미자도 허잰ㅎ난에

높은 낭에 열매여 할 순 어서 간다.

아이고 명천ㄱ뜬 하느님아 모진 강풍이나 불읍서.

저낭 위에 떠러지민 가저강

아기씨 상전님 멕여 살리코젠 비새ㄱ찌 울어간다.

울어 가난에 황금산의 신령으로 모진 강풍이 불읍데다.

높은 낭에 떠러지난 송동 바구니에 ㅁ딱 주서 담아오란

아이고 상전님아 요거 먹어 살아납센 ㅎ난

먹어가난 낭내나 못 먹어간다.

아니 어떡허민 좋고 큰 상전님한테 편지를 부쳐간다.

임정국이 대감님아 족은 상전님은 죽을 사경이 뒈엇수다.

김진국 부인님아 족은 상전님 죽을 사경이 뒈엇수다.

삼년 살 베실이랑 석돌에 ㅁ청 옵서.

석돌 살 베실이랑 단사흘에 ㅁ청 옵서 해여가난

편지를 받아보난 비록 여식이라도

이거 ㅅ십이 넘어 난 애긴데

이거 무신 일인고 삼년 살 거 석달에 ㅁ치고

석돌 살 거 단 사흘에 ㅁ치멍

임정국 대감님 김진국 부인님

집드레 베실 ㅁ처 오라가옵데다예~ (장고)

아바님은 아바님방드레 드러가고

어머님은 어멍방에 드러 가옵데다.

아바님한테 선신문안 가보저

나 부모 난 여ㅈ식이여 숭이 잇을 일이로구나.

은상식도 도리논다

분상식도 도리논다

해거곤 몸거울 도리놓아간다.

풀죽은 치메 입어건 소곡소곡 아바님전 선신문안 드려가옵데다.

설운 나 뚤 아기야

눈은 무사 경 곰박눈이 되고 입은 무사 경 차바퀴 입이 되고

야가긴 무사 홍개줄이 되고 배는 두둥배가 되고

팔은 동동발이 되엇시니

아이고 아바님아 생각해여 봅서. 아바님이 갈팬

늦은덕정하님 종반문서 시켜주켄 ᄒ난 늦은덕정하님 되삼식 허단

이거 홉삼식 허단 되삼식 해여가난

배는 두둥배가 되고 발은 동동발이 되건

아바님이 오는가 어머님이 오는가

굴리단 보난 동동발이 되고 야젠 홍개줄이 되건

창고냥으로 어느 때민 옵신고

자꾸 ᄇ라보난 홍개줄이 뒈엇수다.

눈이 곰박눈이 된 건 아바님이 오는가 어머님이 오는가

창고냥으로 보단 보난 눈은 곰박눈이 뒈엇수다예~ (장고)

아이고 나 ᄯ아기 착허다.

어멍한테 선신문안 드러가라.

어머님한테 가젠 ᄒ난에 여부모에 여ᄌ식 무슨 숭이 잇으리야

은상식도 도리 아니 놓고 분상식도 도리 아니 놓고

해거울 몸거울도 아니 노아간다.

풀 산 치매입언 자진자진 어머님전 선신문안 드러가난

아버님광 ᄯᄀ찌 ᄀ라가난

아이고 요년아 저년아 젖가슴을 헤처 보난

젖가슴에 핏줄이 들언 궁안에도 ᄇ름이 들엇시나네~ (장고)

설운 어머님 이거 무신 일이고 양반의 집 소당공젱해여

앞밧딘 작두걸라 뒤밧딘 버텅걸랑 조강ᄂᆞᆷ 불러놓고

큰칼에 목을 베젠 해여가민 늦은덕 하님 ᄀ르는 말이

큰 상전님아 족은 상전님이 무슨 죄가 잇수꽈

나가 종 아니므로 중간에 ᄉ도리 해여부난 영해엿수다.

아기씨랑 살려줍센 해영

늦은덕정하님 죽이젠 해여가민

아바지 어머니 종이 무신 죄꽈

종은 살다 종반문서 내주면 그저주

나가 잘못해엿수다 날 죽입센 해여가난

은대양[386)]에 물을 떠다 노안

은젓가락 걸처 아 앞에 안터레[387)] 바려보난

중이 애기들 삼형제 아자꾸나

호나 죽이젠 하민 다섯 목숨이 죽여질로구나

어서 나고 가라예~ (장고)

아방눈에 글이나고 어멍눈에 시찌난다

아바님전 살암십센 ᄒ난

나 뚤아 어멍허는 일 어떵허느니

금봉채 주멍 가당 가당 못 갈때랑 금봉채 도리 놓아 넘어가라

어멍한테 가난에 ᄒ시도 꼴도 보기 싫다 나가랜 ᄒ난에

ᄒ설 두설 입던 옷은 가믄 남새 실어

늦은덕정하님과 금마답에 수릴두고

올레에 막음두고 올라가난 과광생 불이 붙엇더라.

늦은덕정하님아 저건 어떤 넋시꽈

잘나도 나 부모 못나도 나ᄌ식 부모 가심 불 붙은 넋입네다

그말도 맞아진다 과광생 도리 넘안 가단 보난

굴헝에 진보리 동산드레 찰랑찰랑 지넹겨시난 저건 어떤 넋시냐

부모 놓아 자식먼저 나온 일로 권물권술이 됩네다

권물권술 도리도 넘어간다

청일산이 당허건 청일산은 넘어간다

청수와당 당ᄒ난 금봉채 도리 놓아 넘나

벡일산이 당ᄒ난 벡일산을 넘어간다

백수와당 금봉챌 도리 놓아 넘어간다

가단 보난에 건지산이 잇습데다

머리 댕기 들엉 아기밴 건 ᄂ음도 보기 시를 노구나 그 뒤에 아잔

육갑에 갈라대와 건지여건 건지산도 넘어가옵데다예~

수산천리 낙수와당 당ᄒ난 금봉채 도리 놓아도 못넘어 가옵데다

울어간다 무정 눈에 좀자난 요왕에서 거북이가 선몽 시깁데다

386) 은(銀)대야
387) 안으로

상전님아 일어납서 나 등드레 돌아집서
일어나난 거북이가 이시난
거북이 등에 돌아아젼 수삼천리 뱅에엥
낙수와당 넘어간다. 백몰래왓 넘어간다.
늦은덕정하님 ᄀᄂ는말이 상전님아 상전님아
밤내에 가믄 남새는 넘어오란 지장밧에 들엇수다
예편년 본디 본말 벌이랑 후육누육 허여간다
열두문이 당협데다 인정 걸 돈 어시난
상전님 열두폭 ᄒ탄치매 벗어건 혹허게 버려건
열두문에 인정거난 청나븨 백나븨도 탄성헌다
늦은덕정하님 ᄋ돕폭 치매에 네폭씩 갈라 입어아정
철죽대 곰에 품엉 황금산에 올라가난에
황금산 주접선성은 벌써 알앗구나.
ᄉ사중아 먼올래 귀 ᄒ착 엇는 송낙도 내여걸라
장삼 ᄒ 착이 엇는 것도 내여걸라.올라가단 보난 송낙도 맞아간다
장삼도 맞아 드러간다 먼 올래에 드러가난
후육헐 땐 어떠허고 누육헐 땐 어떠허고
어떵현 나를 춫앙 오랏신고
아이고 기영 그런 말 ᄀᆯ지맙서
공이든 줄 얼커멩 초나루 ᄒ동이 내여주건
겁찔 ᄒ나 어시 깡 어서 올라오라예~ (장고)
아기씨는 초나루 까젠 허난에 이빨로 까난 이빨 아파 못 깐다
손톱으로 까젠 ᄒ난 손톱 아파 못 깐다
아기씨 상전님에 무정 눈에 ᄒ을 자난 하늘에
천왕새 지왕새 인왕새 하늘에 부엉새
땅아래는 ᄃ닥새 알당에는 노념새
밧당에는 신영새 동잇바에 오조조종 아자쿠나
아기씨가 일어난 주어 저새 해여가난
널아산나 초나무 씹네기 ᄃᄔ 널앗구나
가전 드러가난 공이들고 지가 들엇저만은
두갓 살렴 아니 사는 거난 시왕 고분 연줄을 내리건

불도땅에 강 몸갈르겐 해여가난 어서 기영헙서
조상님 시왕 고분 연질드레 재ᄂ립서예~
고분 연줄드레 내립데다
불도당에 ᄂ립데다
원구월 초ᄋ드레 당 ᄒ난
본멩두가 솟아나젠 ᄒ난에 알로 나젠 ᄒ난에
아바지 못네보고 그믓이여
ᄂ단 조깽이로 나와간다
본멩두 웡이 자라 신구월 열ᄋ드레 당ᄒ난
신명두가 솟아나젠 ᄒ난에
아바지 못내 본 그믓이여
ᄂ단 조깽이는 설운 성님 낫구나
왼쪽 조깽이로 신멩두가 나간다
신멩두도 웡이 자라
상구월 스물ᄋ드레가 당ᄒ난 살아살죽 삼멩두가 나저
아바지 못내 본 그믓 ᄂ단조깬 성님 왼조깬 셋성님이 나난에
어머님 보멍 가슴으로 나와간다
본멩두도 웡이 자라
본멩두도 웡이자라
살아살죽 삼멩두도 웡이자라
이 아기덜 열다섯 십오세가 당해여 가난
삼천서당에 글공부 보내젠 ᄒ난 돈 어서 못 보내갑데다
이 아기들 삼형제 굴묵지기로 강 아장
베루지기로 물지기로 넘어간다
넘어가면 굴 ᄒ자에 웃고 넘어오면 굴 ᄒ자에 웃고
하늘천따지 해가면 이 아기들은 굴묵에 가건 재를 앞드레
손가락으로 꼭꼭허게 눌려놓아 하늘천따지행 글을 배와 갑데다
글 동냥을 해엿구나예~ (장고)
호늘날은 이 아기들 이름을 지웁긴
젯부기 삼형제로 이름을 지와 갑데다
삼천선비 일만선비들 넘어가멍 들으난

서울 상시관 과거보래 간댄 ᄒ난

집이오란 어머님아

우리도 삼천선비들과 서울 상시관드레 과거를 가쿠덴 ᄒ난

아이고 돈 어서 차비 어서 어떵허민 좋고

어머님 바느질행 거 돈 ᄒ냥씩 갈라주엇구나예~

그걸 가저건 삼천선비 일만선비과

서울이라 상시관드레 과거보래 올라가는구나

황금산이 신령이로구나

앞에 가는 선비는 과거낙방허고

뒤에 가는 애기덜 장원급제 헐로구나

보름설에 구름설에 이 말 들어

좌우공론을 허는 법이라

삼천선비 일만선비덜이 도리도리 아잔 좌우공론을 헙데다

저 애기덜 대령가면 우리가 과거못 헐꺼난

가단보면 배나무 배좌수 집이 이실거난

우리 그 배나무트레 저 애기덜 올려두엉

우리만 과거 가기가 어떵허니 어서 기영헙서예~ (장고)

가단 보난에 배나무 배좌수 집이 이십데다.

설운 아기들아 저 배낭위에 올라 강

배 탕오민 오리 ᄒ냥씩 돈 걷어주멘 ᄒ난

어서 기영헙서 삼천선비들

굽은디 굽어 굽은디 굽어 이 아기들 배낭 우터레 올려두언

서울 상시관드레 올라가멍 동문 서문 남문 다 잡아간다

종이전에 벼루전에 먹전에 다 걷어가는구나예~

이 아기덜 삼형제는

배낭 위에 올라가난 내려가도 못 허고 올라가도 못 허여

그날 저녁에 황금산 신령으로 꿈에 선몽 시켜 가옵데다

청룡 황룡 백룡이여 얼켜진 듯 틀어진 듯 선몽해엿구나

배좌수가 일어난 나오란 보난 높은 낭에 이 아기널 삼형제 시난

사다리를 놓아간다

귀신이냐 생인이냐 귀신이걸랑 옥황에 올르고

생인이랑 사다리탕 내려오라 ᄒ난 사다리 타고 내려온 거 보난

젯부기 삼형제라 말 ᄀ른는 건 보난 상시관드레 올랐구나

차비 어서 당해여 주어 가옵데다예~ (장고)

서울 상시관에 올라가단 보난

청만주애미가 ᄂ다 들러 웨웡

웨우 들러 ᄂ다 질을 갈라 가난 요것도 필아곡절 허다

청비개 흑비개 어러비개 비러비개 들어간다

동문 서문 남문 다 잡앗구나

ᄑ죽할망 이십데다 그디 간 ᄑ죽을 ᄒ 사발씩 사먹어 간다

할망과 이말저말 ᄀ멍 해는 다 지왓구나 해지와도

나오란 뎅기단 보난

시왕 청버들낭 알이 이시난 그디 간 무정 눈에 ᄌ음을 잡데다

그날 저녁에 ᄑ죽할망한테 선몽을 시기긴

어저께 오라난 아이덜 아침에 다시 오거덜랑

밥 ᄇ그렝이허게 멕이고[388] 종이전에 강 종이 사고

붓전에 강 붓 사고 먹전에 강 먹사당

그 아기덜 글 써주걸랑 외손지 물 질엉 갈 때랑

가정 강 상시관 무릎 알더레

그것을 놓아주랜 선몽을 시킵데다예~

아침 되난 아기덜 오랏구나 ᄑ죽 쑤워 멕인다

종이 붓 먹을 주난 큰성님은 천도천왕 글을 쓴다

셋성님 천지개벽 지도지왕 글을 쓴다

족은아기 제청동은 인도인왕 천지인 ᄀ을 갈라 글을 써주난

외손지 물 질엉 가멍 상시관 무릅 발드레 놉데다

상시관에선 과거를 봅데다

과거를 보아도 줄만한 선비가 어시난

상시관 무릅 발드레 보난

천하명필이로구나 이거는 누게가 쓴 글이더냐

눈덜만 틀멘틀멘 아무도 임재가 아니 나타나난

---

388) 먹이고

요걸 쓴 사람을 춫앙오면 과거주켄 ᄒ난

삼천선비 일만선비들은

요건 분명히 이건 분명히 젯부기 삼형제가 쓴 글답다

젯부기 삼형제 ᄎ지라 ᄎ단보난 시양청버들낭 아래

해트렝이 걸러지엇구나

아이고 설운 아기덜아 ᄒ저 상시관에 오랑

니네덜 춫암고나예~ (장고)

상시관에 들어가난 이거 쓴 글이 되겟느냐

우리가 쓴 글입네다 ᄒ번 써보랜

이만헌 거를 못 쏩네까

발가락에 붓을 꽂아 ᄎᆷ 먹을 적셔

흰종이에 이레 활활 저래 활활 써 가난

기특헌 선비로구나

문선급제 해와간다 장원급제 주어간다

팔도도장원 급제를 내여주난

삼천선비 일만선비가 ᄀᆮ는 말이

어떵현 양반은 과거를 아니 주고

중이 애기덜은 과거를 줍네까

어떠히 난 중이 애긴덜 알겟느냐

배옥상을 출려주어봅서

도세기 궤기하고 술은 아니 먹읍네다예~

배옥상 출려주난 다른 것은 다 먹어도

도세기나 술은 상 알드레[389] 놓아가건에

아궁이 무는 법도 설연헌다

아이고 고때에 선성님에 그상을 받앗이민 팔저궂인 형제간덜도

굿허멍 벼슬이 될 걸 그대에 그걸 못 받으난에

아이고 심방질을 해여도 뎅기멍

책상ᄀᆮ뜬 신공시상 받으렌 해연

공시싱을 마련해엇습네디예ᆞ (강고)

---

389) 아래쪽으로

아이공 중이 아기여 과거 낙방헌다

연주문을 마추민 과거 주켄 ᄒ난

삼천선비 일만선비 못 마친다

우리덜 과거 아니주어도 좋습네다

ᄒ번 우리 기술이나 부려보쿠덴 ᄒ난

큰성님은 위에 맞춘다 아래성님은 아래 맞춘다

족은아기 청동ᄀ뜬 폴따시 화살대를 동기난 한복판을 맞추난

와들렝이 연주문이 잎어집네다예~

중의 아들 삼형제 벌란허게 낫구나

다시과거 줍데다

큰성님은 문성급제 세성님은 장원급제 족은아들 팔도도장원

어수애 비수애 쌍도래기 놀메월색

벌련뒷개 연가메 호신채를 내여줘라

삼만관숙 육방하인 피리단절 옥단절 행굼주대 내여줘라

어서엉 어멍 춧아건

어주애 삼녹거리 서강베포땅드레 내려오라간다

삼천선비덜은 벌써 오란

중의 아들 삼형제 너무 벌란하게 낫던해여

물멩지 전대로 노가단풍 ᄌ지명왕 아기씨

목을 걸려 지픈 궁에 가둬갑데디

임시 출벵막을 단속곳 하나 놔 출벵막을 출려간다

늦은덕정하님아

너네 상전덜 과거에 오는 거 돌려뒁오민

종반문서 시켜 주키어 ᄒ난

늦은덕정하님 쉬은 대자 수패머리 풀어

산디지깨기로 머리 묶어간다

품펜지로 쿰에 쿰어 서울 상시관드레 다시 올라가는구나 예~

어주애 삼녹거리 서강베포땅드레 나가단 보난 길에서 만낫꾸나

아이고 상전님아 과거에 햇는말이 뭔 말이우꽈

상전님은 어젯날 죽언

오늘 임시 출벵막을 출려 뒌 품펜지 아전 오람수다

아이고 어멍 어멍 우리 어멍 죽댄 말이 뭔 말인고
어멍 어시 과거 혀여 가민 뭣을 허리
어수애 비수애 청일산 흑일산도 다 돌려간다
행경버선 웃 튼 수건 씌어간다
두루막 벗언 웃둑지에 메여간다.
우리 어멍 아방 어신 우리덜 킵젠 허난
존심오꼿 먹엉 키왔구나.
머구낭 방장대 짚어건 어멍 출벵막 간 해처보난
물맹지 단속곳 하나 잇습데다
본메본짱 가저건 어딜가코 웨진하르바님
웨진 할마님진에 가난에 설운 아기덜아
어멍 ᄎ지커들랑 황금산을 ᄎ앙가라
대석자리 내여주난 신자리법도 설연헌다
가단보난 너사무너도령 삼형제가 비새ᄀ찌 울엇꾸나
설운 아기들아 니네 무사 이디아잔 울엄시니
우리는 궨당도 엇고 부모도 엇고 울엄수다
아이고 우리 닮은 팔저로구나
어머님 물맹지 단속곳 내여놓안
ᄂ단굴로 들어가난 왼굴로 나와간다
왼굴로 들어가난 ᄂ단굴로 나와간다
육형제 무어건 느네덜랑 여기 이시라 ᄎ앙 올때가 이실거여
황금산은 올라간 절을 해여가난 나 ᄌ식이 아니엔 허난
어떵허민 아바님 ᄌ식이 될 수가 잇습네껜 ᄒ난
양반 풀앙 모반삼앙 대공단고칼[390] 드렁 머리 삭발허고
굴송낙 굴장삼 입엉 절 해랜 ᄒ난
그때 궁의 아들 삼형제가 초전싱을 그리치난
정씨로 쉬은두설님이 서른다섯살에 초전싱 양반 풀앙 모반삼아
궁의아들 삼형제 대공단 머리 삭발 해여간다
하늘 ᄀ른 굴송낙 지애 ᄀ른 굴상삼

---

390) 중이 머리 깎는 칼이라 함

아강베포 직부잘리 호렴준치 매여건

절을 ᄒ난 설운 아기들아

어멍 ᄎ지컬랑 심방질 허래 ᄒ난

아방 어시 우리들 키운 우리 어머님

아이고 어멍만 ᄎ진댄 허민 놈이 새를 못잡으멍 개를 못잡으멍

심방질을 못허리엔 해여

어멍 ᄎ지젠 놈이 심방질 허쿠댄 해여건

설운 아기덜아 굴미굴산 아야산

신산곳 도올로라 물사오기 새사오기 똘라다건

첫째봉은 똘롸단 아바지 절간 법당 북을 설연 해여간다

이챗봉은 똘롸다가 울란국 설연을 해여간다

싯챗봉은 똘롸다건 상동막에 설운장귀

ᄋ서부채 열두야가막쇠 동변 남변 죄와간다

설운 아기덜아 서울 상시관 올라 가난에

뭣이 조아니

큰 아들은 도임상 좁데다 초감제상 받아보라

셋 아들은 뭣이 조아니

어수애 비수애 쌍도래기 놀매월색 벌련뒷개 연가메 좁데다

초신맞이 해여보라 족은 아들은

삼만관숙 육방하인 행금주대 피리단절 옥단절 조읍데다

시왕대를 집어건 ᄂ단어깨라건 금제비청 윈어깬 신소미 거느리어

시왕맞이 해여보라 그거보다 더 좋아진다

백몰래왕 내린다 옥황의 천명록이 내린다

동에와당 쇠철이 아들을 불러간다

아끈도간 한도간 아끈지기 한지기 아끈몰래 한몰래 내여놓아간다

남천문에 객을 새겨간다

설운 아기덜 하늘보멍 ᄎᆞᆼ 오랏구나

하늘 천자를 씌어간다

땅으로 걸언 오랏구나

따지자를 내여 주어간다

물으멍 물으멍 오랏구나

물을 문재에 해보멍 오랏구나 돌보멍 오랏구나

남천문 남상잔에 객을 세경 일월 삼맹두 설연을 허여

설운 아기덜 어멍 살리젠 ᄒ난 어주애삼녹거리 허공을 삼아건

초체 올려 초공 하늘로 이체 올려 이공 하늘로

삼체 올려라 삼공 하늘로

옥황은 서른 세하늘 문드레 울북울적을 울려간다

어머님 기픈궁에 드러건 야푼궁에 내올립서

야푼궁에 드러건 기픈궁에 내올립서

어머님 신가심 열려 우리덜 ᄒ저 보여줍서예

영허여 굿 ᄒ난 엄똣ᄒ난 어머님 오랏구나

아이고 어머님 춫젠 ᄒ난

우리 양반 풀안 무반삼아 심방질 해엿습네다

어머님아 옵서 내려가겡

어주애 삼녹거리 서강베포땅에 ᄂ립데다예~

팽저 생인질 유저 생인질입네다

팽저나무 비어단 마흔ᄋ돕 초간주 설연 해여간다

유저나문 비어단 서른ᄋ돕 이간주 설연 해여간다

신폭남은 비어단 스물ᄋ돕 하간주 설연 헌다

ᄇ름이 불어 오난에 ᄇ름 뚜벽 막읍데다

똣들엉 오라가난 뜻두벽을 마음데다

동산새별 신영상간주 동심절 곱이첩첩 늘려간다

마흔ᄋ돕 모란장 서른ᄋ돕 비꼴장 스물ᄋ돕 고무살장

솝솝드리 조산 빚어간다

어머님 우리 보고푸건 동산새별영 보멍 시름 시껑옵서.

어머님 너사무녀도령허고 요기 이시민

신전집이 지켜이시민 춫자 올 ᄌ순이 잇습네다

어머님이랑 이싱 삼하늘을 마련헙서

난 저싱 삼시왕드레 올라가쿠다

양반이 원수를 못 가프난

어머님아 삼시왕에 올라강

양반 잡을땐 요돈 닷돈 가리고

중인 잡으래 올땐 일흔 닷돈 가리고
하인 잡으러 올땐 ㅎ닷돈 가립네다
지왕 대권제 설연헌다
오두엉 심시왕에 올라가단 보단 유정승의 ㄸ님아기
아이고 양반에 ㄸ이로구나
원수 갚음ㅎ져 황금산에 간 아방한테 ㄱ르난 경허건
파란궁에 육간제비 싸주건 강
쿰에 쿰어 ㅎ난 기영헙서
가져 오라건 파란궁에 육간제비 유정승ㄸ님 쿰에쿠멍 가옵데다예~
쿰에 쿰어 놓아두난 유정승 ㄸ님아기
밤이 갈 땐 팡돌 속에 ㄱ지고 낮이 나와 노념놀이 해여간다
이게 신에 신병이 나가 논다
열일곱은 나난에 눈 어둑어 간다
스물일곱 나난 눈을 떠어간다
서른일곱 나난에 눈 어둑고 마흔일곱 나난에 눈을 뜨고
쉬은일곱 나난에 눈 어둑고 예순일곱 나난에 눈을 떼어
ㄲ앗다 떳다 십년에 ㅎ번씩 해연
정신이나 출려보젠 해연 나사건 가단 보난에 울음소리 납데다
울음소리 내려간다
아랫녘은 조북장제집이로다
간보난 울음을 울엄시난
팔저궂고 ㅅ주 궂인 아이가 뎅겸수다
아이고 팔저고 ㅅ주고 우리집이 단뜰 애기에
ㅊ설 애미에 미티매장을 허고 허랜 허난
아이고 영해여 봅서 진맥이나 지퍼보게
건맥은 죽어 ㅅ맥은 살앗구나
이야기 아니 죽엇수다
시왕 법난에 잡혔수다 예~
이아기 살아날꺼 난에 백지알을 대김 눌려봅센 해여간다
일문전에 상을 출려 노난에
유전싱 ㄸ님아기 ㄱ 말이 어서간다

공시넨 헌 ㅅ름이 내령 오라가난
공시는 공서우댄 영헌게
심방덜은 어디강 앉으민 섯 마디가 공서에만 놉네다
초고비 이고비 삼고비 사고비 오고비 육고비 꺽어 노아건
굿해 굿 허걸랑 나 아래녁에 조북 장제집이서 오랏든 해영
유정싱 ㄸ님아기 춫앙옵서예~
유정싱의 ㄸ님아기 가부난
아기씨는 소한개끔 한개끔 물어건 살아나는 구나
살아나난 굿 허젠 행
조북 장제집이선 유전싱의 ㄸ님아기 춫앙 뎅겨가는구나
어주애 삼녹거리 서강베포땅에강 보난
유정싱의 ㄸ님아기는 미치갱이도 아니고
머리도 허터지고 옷도 다 찌저지언 댕겻구나
아이고 조북 장제집에서
굿 해도랜 오랏수다
우리집이왕 굿 해줍서 영ㅎ난
깜짝 놀란게 시왕법난에 잡힙데다예~
삼시왕에서 밖에 업데 헌거는 누게가 되겟느냐
남천문밧은 유전싱의 ㄸ님아기 되옵네다
부정도 만히다 삼선향으로 부정ᄃᆞ 가이라
삼구월 고장쓸을 들러건
오리정도 신청궤 해여보라
물멩지 전대로 묶을걸려 놀려보라
물멩지 전대로 묶을걸려 놀리난
백근량이 차지 못헌다
무당설을 내여준다
아래녁에 서강베포땅 신전집이 가건
무당설을 통설해여 내려오랜 ㅎ난
유전싱의 ㄸ님아기 신전집이 오라건
무당설을 통설해여 간다
다시 삼시왕에 업대 ㅎ난에

물멩지 전대에 몫을걸려 올리라

백근양에 다간다

약밥약술도 내여주라

어인태인 수리감봉 막음도 해여주라

어서 남수화지 적쾌지도 내여주라

홍포관대 조심띠 헐루래비 허튼짓도 내여주라

삼천기덕 일만제기 내여주라

멩두맹철 해여나 주라

대천문 대상전 시왕대번지에 요령도 내여주라

내여주어간다

신수미 내여주라 금제비천 내여주라

신줄 연줄 고비연줄 당베당베 절에절베 내여주라

ᄂ다 들러 외옹 웨우들러 ᄂ다

감아막고 휘어맞아건

니나나니 나니요 니나나니나니요

아래녁에 내려강 큰큿 해여 오란 일흔일곱 나는 해엔

대천 고 거울이영 삼시왕에 종명 허엿습네다예~

유전싱 ᄯ님아기 논 연줄로

옛날 선성님에 옛날 횡수님네

굿 잘허고 언담좋고 소리좋고 허던 선성님에

옛날은 청사초롱 불을밝혀

정이월 칼날ᄀ뜬 ᄇ름살 이삼 ᄉ월 진진는데

오유월은 한더위 동지 섯달 설한풍에

안채포지엉 뎅기멍 간장석고 살석언 댕겻수다

설운 선성님네 초공 연줄로 난산국 풀엇습네다

성은 정씨로 쉬은두설도 서른 다섯살에 이전싱을 그리천

이거 17년만에 삼시왕에 역가를 올리젠 영해영

이제장을 일롯수다예~ (장고)

초공 연줄로 부모자식 상봉해여 일부ᄒ잔 헙서

안공시에 하신충 쉬은둘 받은잔입네다

당주아기 스물ᄒ살 받은 잔입네다

열두설 받은 잔입네다
경 집서관 서씨로 신축생 받은 잔입네다
가장 남편 불쌍헌 설운아기 팔저궂인 어멍 몸에 나건
서울강 좋은공부 허다건
현재 병원 생활허는 아기 당주
아기 스물ㅇ섯 받은 잔입네다
스물세설 받은 잔입네다
설운 형제간들 성은양씨로
일흔ㅇ돕 김씨로 곧 여든 받은 잔입네다
정씨로 예순ㅇ돕 이씨로 예순셋 받은 잔입네다
강씨로 예순일곱님 받은 잔입네다
오씨로 쉬은아홉설 송씨로 서른넷 받은 잔입네다
KBS에 제주방송국장님 받은 잔입네다
또에 총무국장님 받은 잔입네다
음향음상뒤에 강이찬 이ᄌᆞ순 받은잔입네다
성은 문무병 이ᄌᆞ순 받은잔 박경훈이 이 ᄌᆞ순덜 받은잔
성읍리 이집이오란 부터난 이장님 오래서 오라건
ᄇᆞ름 넘도록 삼시세 때 ᄎᆞ려건 밥해주는 저 삼촌 받은 잔입네다
일을 도와주는 ᄌᆞ순덜 받은 잔입네다
이잔 ᄒᆞ잔 계랄아주 ᄃᆞ두점 일부ᄒᆞ잔 헙서
초공 연줄로 거느린 안팟공시 부모조상님네
다 일부ᄒᆞ잔 허옵소서예~ (장고)
받다 씨다 남은것은 어시럭 더시럭
원살축 신살축 개움축이 허던 멩두발들 많이많이 열두 ᄉᆞ잔입네다
상안채 중안채 하안채 놀던 임신들 서강베포땅
팽저생인질 유저생인질에 놀던 임신들
아강베포 직부잘리 호렴준치에 노는 임신들
당주ᄉᆞ록 몸주ᄉᆞ록 신영간주ᄉᆞ록 놀던 임신들
당주모셔 오란 당주 설연헐 때
똘라 들던 임신들 당주 설연해여 굿 허래 오라가난
북촌서 올때 똘랑오던 임신들 이리오라건 당주에

의지해영 굿해여 가난 똘랑 오던 임신들
대절아피 모사맹두 엿장시에 똘라먹던 임신들
맹실이 복실이 탐내고
큰심방 너미 보아가민 돌담 넘던 맹도발
많이 많이 열두 ᄉ잔입네다
안팟공시 부모조상 선성님한테 이를 말씀이 잇습네다예~ (장고)
이번 처음 정씨로 하신충 삼시왕에 역가올려
상신충으로 올려건 약밥약술 어인타인 수리감봉 막언
쾌지타고 관디타곡 허연
이 굿 허여 나건 연향 당주전으로 집이 조상 모셔가건
상당골도 내옵서 중당골 하당골
어른단골 아이단골 제민수원단골 만민단골
부제단골 골목진 단골 내와줍서
이름좋은 정골철이 굿 잘해여 협저
소리좋다 엇는 몸짓 엇는 수덕 내옵서
조상님 황씨 임씨 이씨 선성 이씨 하르방
임씨할망 양씨선성 저 ᄌ순 머리쯤에 운동헙서
양단어깨 강림허여 명산명철 어간 협서
상통천문 어간헙서 기지역신 어간헙서
당주ᄉ록 길게 맙서 몸주ᄉ록 길게 맙서
신영간주ᄉ록도 길게 맙서
큰굿 내새옵서 행사도 내와줍서
ᄌ은굿 성주풀이 귀양풀이 일월맞이 불도맞이
덩더렁포다시 내와건에 소미들데령
큰굿 ᄌ은굿 뎅기게 협서
덩드렁포 지영나건 둥둥안채 지영덜게
둥둥안채 지영나건 덩드렁포 지영덜게
안간주가 달아지게 밧간주가 휘어지게
연양대가 휘어지게 도전으로 성을 싸고
보답으로 성을 싸게시리 시켜줍서
하다 ᄒ잔술에라도 이제랑 시련 광징이 허게맙서

조상업언 오토바이 타고 뎅기건
시리에 잡히게도 허게 맙서
조상업언 오토바이 탕 댕길지라도 무사고도 허게 헙서
하다가 조상님에서 이제는 집도 일뢔줍서
밧도 일뢔줍서 돈도 벌게 해여줍서
은시렁 세 가지로 돈 벌게 해여줍서
옛말 ᄀ랑 살게도 해여줍서
스물ᄒ섯 열두설 공부허건 발라건에
신의성방 몸받은 부모조상님네도
앞 발루고 뒤 발루고 신의성방 몸에
신병 걷어근에 당주 아기도
몸에 신병 흔부흔적 나사건
법공부 허건덜랑 소원성취시켜건 발라나 줍서
제자 당주ᄉ록 몸주ᄉ록 신영간주ᄉ록 일게 맙서
하다하다 이굿 해영 강
안공시도 일롸고 밧공시도 큰굿이여 ᄌ은굿이여
ᄉ당클굿이여 앉인제여
성주풀이 귀양풀이 일월맞이 불도맞이
김녕은 돗제도 하영헙네다
돗제영 푸다시영 나게 헙서
아이고 조상님 잘못헌 일은
이듸 굿도 허젠 ᄒ난 몇번 일을 물리천 다 잘못햇수다예~ (장고)
조상 업언 뎅기멍 시리에도 잡히게 허게 맙서
ᄒ어깨 오던 팔저궂인 유학 형제덜 이 굿 끝날 때ᄀ찌 쓰러지게 맙서
다치게도 맙서 당뇨혈당도 올르게 맙서
혈압덜도 올르게도 맙서 신에 신청 살이살성 일게 맙서
KBS 직원덜도 카메라덜렁 왔다갔다 허멍 잘못 되게 맙서
이번 찍은 걸랑 기록으로 남길 거난
잘못되는 거 없게허고 사진기자덜도 사진 찍어 가걸랑
곱닥한 얼굴덜 고운몸천 사진곱닥허게 잘나오게 시켜줍서
자동차덜 타건에 오고가고 허는 게

편안허고 연구자덜도 오랑 가거들랑

하다 어싱굿을 일루게 마라건에 잇는 그대로 보앙

잇는 그대로 글을 쓰게 해여줍서

서울서덜 비행기 탕 오고가는 길에

일본땅에 오고가는 길에 편안허고

전통문화연구소에 소장님이나 이ᄌ순 문박사라도

이굿 해여낭 오멍가멍 편안허고 기록도 잘 남기게 허고

우선 성읍리 오란 낮도 ᄇ름 밤도 ᄇ름

이굿 허거들랑 마을 이장님이 이 정성 해염수다

이장님도 편안허게 헙서

성읍리 리민덜도 편안허게 헙서

노인덜도 편안허게 헙서

부녀자덜도 편안허게 헙서

청년덜도 편안허게 헙서

학생덜이여 어린이집 하는 애기덜이여

식당허고 장사하는 ᄌ순덜 편안허게 해여줍서

초공 임정국 상시당 하나님전에 단상구월 풀엇수다

이굿 필봉헐 때ᄀ찌라도

ᄒ잔 술을 먹어도 이 굿당에 드로오랑 ᄉ록들게 허게 맙서

날로 날은 막읍서 돌로 돌은 막읍서

워력지력 관송일송은 한라산궁이라 아찐동에 바찐동

곱이첩첩 운동 개상덜에 다 막아줍서

초공 임정국에 삼시당 하나님 난산국을 풀엇습네다

안팟공시에 선성님 받다 씌다 남은건

상관은 놀고 가저 하관은 먹고 가저

상당이 받다 남은 건 중당이 받읍네다

중당이 받다 남은 건 하당이 받읍네다

하당 받다 씌다 남은 건 초공전에 군졸이로구나

안초공 밧초공 뒤에 노는 임신

서강베포땅 팽저생인질에 유저생인질에 노는 임신이로구나

삼천기덕 일만제기 살성 불러주던 임신들이여

직부잘리 호렴준치에 노는 임신들 지러지러 지럭에
원살축에 신살축에 당주ᄉ록 몸주ᄉ록
신영간조ᄉ록 놀려주던 이런 임신들이로구나
저면정에 내여 당 큰대 세울 때 떠러진 임신덜이여
초감제헐 때 떨어진 임신 초신맞이헐 때 덜어진 임신덜
초상계 금공서헐 때 떨어진 임신덜
보세감상헐때 덜어진 임신덜 할마님뒤에
걸레삼성 구덕삼성 업게삼성 약살대기
아양대기 허영대기 뒤에 노는 임신
초공 이공 삼공 안초공 안이공 안삼공 뒤에 노는 임신
시왕 뒤에 선배 후배 마후배 헐남베 조심베
기 들른 이 창 들른 이 행금주대 들른 이
삼멩감 삼츠ᄉ 뒤에 놀신낭츠ᄉ 족은아바지 놀신낭츠ᄉ네다
일곱은 귀양 아홉 시왕 뒤에 수맹이아들 수맹이덕덜이로구나
일월뒤에 노는 임신 본당뒤에 신당뒤에 노는 이런 임신덜이로구나
이영ᄒ덜 저싱 벗에 영오던 이런 임신덜
성읍리 마방터에 내노는 임신
안할마님 울성안에 노는 임신
큰낭지기 큰돌지기 엉덕지기 수덕지기 내꼴지기 덜이로구나
쉬ᄋ두설이 일본으로 동경으로 오사카로 굿 허러 뎅기멍
절마다 입구마절이영 뎅기멍
좋은 음식 ᄒ잔 술에 좋은 옷에 문세게 똘라들던
옛날 입은 대동아 전쟁터에 ᄒ자선에
지진에 야쿠샤 손에 어서라 벗어라
굶어라 가는 이런 임신덜이여 다덜 주잔입네다
꿈에선몽 난개일몽 비몽선몽허던 임신덜
많이 주잔입네다 초공연질로

(산판점)

조상님네

예상잔 막음도 좋수다만은 어데 조상님아
지금ᄀ지 조상님은 얅도 답답히도 답답
어떵허민 좋고 영허단
이 ᄌ순 조름에 머리쯤 운둥허고
양단어깨 강림을 해여건

(산판점)

고맙습네다 시왕 대번지에서도
[받구먼이라야]
[아이고 고맙습네다]
[이거 산질은 안보난]
[ᄒ조상은 삼시왕 군문쯤은 ᄒ조상은 외상잔 막음주고야]
[경허는 서로가 다 신질 발룬 조상덜이라 그라]
[경허면 양부모 양자식이라 마찬가지라 이게]
영보난 고맙습네다
이번 ᄎᆞ 쉬은두설 신질 발루민 조상님
옛날도 얼굴좋고 몸치좋고 소리좋고 굿 잘허고
김녕으로 동래 부산으로
산지 건입동으로 건위 우품나고
임씨 할마님도 김녕서 건위 우품나던 조상들이우다만
이 ᄌ순도 이때까진 의지가 어서신디 이번 조상 모셔당
의지되영 조상님이랑 이 ᄌ순 의지 헙서
이ᄌ순이랑 조상님 의지 허커맨
큰굿이여 족은굿이여 내세우멍, 걱정말라 먹을연도 내와준다
입을연도 내와준다 영허거들랑 고맙습네다
당줏아기덜 몸줏아기덜이나 백마강 어른들이랑 (산판점)
걱정말라 영허는 일이우 꽈 신의성방도 오랑 갓시다난
이게 이때ᄭᆞ지 37년 동안 삼시왕에 녹을먹고 삼하늘에 녹을먹고
유정성 ᄯᆞ님 아기 고옛선성님 놓은 연줄로
설운 어머님 이 ᄯᆞᆯ하나 큰 심방 되우젠허난

410

기생허다 실피허던 설운 어머님네영 영급좋은 첵불조상 불도조상님이여
설운안씨 설운 부모님 이씨 부모님
굿 배와 주고 영허던 이씨부모님에서 들이영
다 동참해여 이번 춤 신질을 발라 안심을 해영 가랜허고 영허건덜랑
(산판점)
좋은점서 고맙습네다
당줏아기 들이나 편안허게 현재 당주댁은 병원에 잇수다
(산판점)
알앗수다 편안하게 시리 전날에 나정 올때보난
당줏아기덜도 (산판점) 고맙습네다
시왕대번지에서도 쉬은두설 안심허게 시리
첫번으로 군문 잘 잡아봅서
2번 3번 오게허지 마라건 (산판점) 고맙습네다
신의 성방 몸받은 시왕대번지에서도 (산판점)
고맙습네다 팔자굿인 형제간들이우다
성은 양씨 일흔ㅇ돕 김씨로 곧 ㅇ든입네다 (산판점)
고맙수다 정씨로 예순ㅇ돕 이씨로 예순세설입네다
크게걱정 말랜허건 고맙습네다 강씨로 예순일곱
이번 춤 오란 너무 고생하여 해염수다 고맙수다
오씨로 쉬은아홉이난 송씨로 서른 네설이나
이막음이 걱정 이건 장비를 눌리고 고맙습네다
쉬은두설이 암만 굿을 해고 당해여도
돈도 어서 못허고 힘도 다허지를 못 헐건디
이번참에 KBS에서 다 도움을 주고 영허난
이런 고마움이 어디 잇습네까
영허난 세상은 악허게 살지말라
천의 감동을 시켜놔두민, 다 ㅈ순도 앞이 묽으는 법이라
KBS에서 영 서울본사에서영
열심히 열심히 도와순 덕이나 잇어 고맙수다
이번 경허민 연 17일 넘도록 찍은거나
곱게 잘나오라 (산판점) 고맙수다

경해면 사진도 곱게 잘나올쿠가 사진은 좀 신경쓰레녜
신경써 잘 찍으랜 해여 두엄
무조건 곱닥허게[391] 잘찍어주어야 할쿠다
(산판점)
사진을 고맙수다
경해민 우선 제두도 이신 방송국에 ᄌ순덜이 이서 허주만은
본사에서 온 ᄌ순덜 오멍 일이나 어떵 안해여 너무쿠다
몸은 괴로움직 해여도 어떵 안해쿠다에
경해민 박경훈 소장님이나 맨날 맨날 고생해엿수다
(산판점)
고맙수다
문무병씨나 어떵 안해쿠가 인정 하영걸쿠다
큰성이라면 인정 큰성이라면 인정 잘걸래 일본서 온 ᄌ순이나
서울서 오랑가는 교수들도 다 편안하게 시리
몸들도 건강하게 해여줍서 고맙수다
경해민 오멍가멍 하는 연구자들이여
우선 이마을에 오란 굿을 허란 주인 모른 공서가 잇습네까
마을 이장님이 너무나 고생허난, 이장님이나 고맙수다
이 굿 끝날동안 밥해여주는 ᄌ순들이나
어떵 안해여쿠가 고맙수다
이 굿 끝날때 ᄭ지 크게 크게 큰일은 없음직 허우다
큰일은 없음직 허우다 고맙습네다 아~예~예
좋은 점서 분부은 여쭈아 들여 잇습네다
안팟공시 부모조상네 일부 ᄒ잔허난
신에 신청에도 일부 ᄒ잔허라
신의성방도 일부 ᄒ잔허라 헙네다
신의성방이 집서관으로 잘못헌 일이 잇시나
불찰헌 일이 잇을지라도, 죄랑 삭 시겨줍서 벌랑 풀려줍서
삼천천제석궁 연향당주 안팟공시에 선성님 이알로

---

391) 곱게

굽어 승천 마련입네다예~
[수고했습니다. 고생했습니다]

(당클에 절)

(본주심방과 집서관 맞절)
[본주심방 그게 하삽서]
본주심방 영 굿했수다예 자꾸 영 인사하는것이 무사냐면
서로서로가 몸받은 선생끼리
예의를 같추는 거라예 삼춘 영 굿해엿수다예
형제간들 영 삼춘네 오라바님네 굿했수다예

《이공본풀이》 이승순

〈이공본풀이〉는 서천꽃밭 주화신(呪花神)의 본풀이다. 서천꽃밭에는 꽃감
관이 꽃을 지키고 있으며, 착한 아이가 죽으면 서천꽃밭으로 가서 꽃에 물을
주는 일을 한다. 이공신 꽃감관은 생명꽃·번성꽃·환생꽃을 따다 죽은 자를
살려내기도 하며, 멸망꽃·악심꽃을 뿌려 사람을 멸망시키고 죽게도 한다.
이와 같이 생명꽃과 멸망꽃이 있는 곳이 서천꽃밭이다. 심방은 굿을 하여 서
천꽃밭[神界]] 생명의 주화(呪花)를 따다 굿을 하는 집안(人間界)의 인간을 살
려내는 무의(巫醫)의 역할을 한다.

[들어가는 말미]
(이승순 심방 평복 차림에 장구를 앞에 놓고 말명으로 한다.)

이공난산 도산국 질로 신메와 석살리난
올금년 해는 신묘년, 둘중에 원 전싱 팔저굿어 오던

원구월둘 날은 열나으랫날, 현주소는 제주시 북촌읍 조천리 삽네다
가지노픈 신전집 연향당주집 몸주집 무언
살기는 올금년 드러산 대로 들언
안으로 ㅅ에 열두당클 금마답으로
전후 지방법으로 마련허긴
천지염라대 신수푸고 좌우독기 신수펏수다
초감제 넘어들엇습네다
초신연맞이 넘어 들엇수다
각당에 금공서 설운 원정 끈ㅁ첫수다
오늘 열나흐렛날 아적 새벽녘 관세우 넘어 들고
ᄎ공 난수생 질로 옛선성님
옛날 고 옛선성님 몸받은 선생님네, 일부 ᄒ잔 드렷수다
이공 난수생 과광성 신을 풀저 협네다
신의 아이에 성은 이씨 기축생
금마불성 나아아장 양단무릅 제비ᄀ른
열두가막 부전 올려, 오른손엔 차를 받고 왼손엔 궁을 받아
이공 난수생 과광성 신 풀어 삽서

[날과국 섬김]
(장구를 치며)
공시에 공시는 가신공서
제주 남산 인부역, 서준낭 서준공서 올립네다
올금년 신묘년, 원전싕에 팔저 궂어오던, 원구월 날은 십구일날
어느고을 어떠헌, 팔저궂인 ᄌ순님, 이공서 이원정 올립네까
국은 갈라갑네다
강남들은 천자국 대국 잇고
일본은 주년소국, 우리국은 대한민국 (장고)
첫서울은 송태조 개국ᄒ난
둘째 한성서울, 세째 경성, 내째 동경
다섯째 상서울 마련헌 때엔
안동방골 자동방골 먹장골

ᄉ박골은 모시정골 불탄대골

경상도는 77관 잇고, 전라도 57관, 충청도는 33관

일제주는 이거저, 삼진도는 서남매

오강화땅 육제주 마련헌 때엔, 남해바다로 뚝 떠러진

제주 섬중 산은 보난 할로영산, 땅은 녹이드러 금천땅

어서 어성은 당골머리 성안 읍중 드러사난

고량부는 삼형친 도업허던, 제주 섬중 우돌아도 ᄉ병리길

좌돌아도 ᄉ병리 길 뒈엇수다 (장고)

동넨 갈라 갑기는, 제주시 동서문밧 나사면

조천읍 넘어사난 북촌린데,

[연유닦음]

원 전싱에 팔저 궂인 정공철씨

금년 쉬은둘님 경자생 받은 공서 올립네다 (장고)

ᄯᅩᆯ 아기 육민내지강 사는, 정연담 스물ᄒ섯 받은공서 올립네다 (장고)

열다섯 십오세ᄁᆞ지 할마님에서 그늘놉네다

할마님 지컨 ᄌᆞ순 열두설, 여복력 받은 공서 올립네다 (장고)

어떠허신 연유로서, 각항물저 고동헌고 그어~ (장고)

모든 시대 개화 때라

ᄉᆞᆫ도 허령ᄀᆡ산 넘고 물도 흘러 옛뭍이 어서두

물아래 여는 여대로 지키는법 아닙네까 (장고)

더군다나 제주도 한라산 여장군 여신령이 잇어 지난 (장고)

제주에서 탄싱헌 만민 ᄌᆞ순덜 집집마다 가와하다 (장고)

일만팔천 신전님을 이망헌고

저싱간 조상님네 ᄌᆞ순 대대로 생각허멍

살아가는일 아닙네까

이간 군문안에 정공철씨, 금년 쉬은둘님도 팔저복력 그리쳐건

내난가위 불선가위 마련허여, 좋은 전싱 그리처 뎅기기는

서른다섯 나는 해에 칠머리 사무실에서

몇년간 사무장으로 일을 보다

저 큰굿 족은굿 행사허는 대에 뎅기단 바려보난

나전싕이 날 놀리고 나 팔자가 나를 놀려
인역 팔자 복력 눕주지 못허여건
어릴때 부터 양친부모 손에서 좋은몸 탄싕ᄒ난
죽도 살도 못허여, 필처에 천출 윤출 죽어죽어 가난
옛날은 제주도에서 아기낭
아기만 개로와 가도 할마님상 낭 비념허고
경허여도 아니 되면은 심방집으로강
당주알로 나아—건, 열다섯 십오세 건당허면
할마님에서 막걸리 베껴건
당주배껏디 불도 할마님 배꼇에 내수와, 성장허는법 대엿수다
정공철씨는 어릴때부터 몸이 ᄉ약허여지여
아찐 장제 장저물듯, 물저 물든 높은낭 연 걸리듯
누에머리 흔드러가듯 죽도 살도 못 허시난
열설 미만에 부터 팔저 복력 궂인 신에 집이간
당주 ᄌ순 불도 ᄌ순으로
당주알로 이름석자 논 일 뒈엇수다만은
낳은부모 어머님 살아 생전에도
엇는가정 열 아기들 보리밥이라도
삼시에 구명도식 시겨건 살젠 ᄒ난
급허게 당주알로간 나도 오늘ᄁ지
당주배껴 내치지를 못 허시난
그길로 이조ᄌ 그강 열다섯 스물이 넘어가도
천출 윤출 몸이 아파지난
천주교회 강 ᄆ 뎅겨 영세 받고 영허여도
오늘ᄁ지 저 ᄌ순 앞장에
당주ᄉ록 ᄀ찌 몸주ᄉ록 신영간주ᄉ록
불도ᄉ록 ᄀ찌 이 ᄌ순이
연극을 허여건 만민 사름들 인솔허여 뎅겨도
몸이 편치를 못내 허고, 영허여 가난 당주알로 놓아건
이십넘고 삼십넘고 사십넘고 오십을 넘어오는게
팔저전싕 그리처 좋은 심방질 허여 뎅겨도

그 亽록이 오늘꺼지 불리지를 못ᄒ난

전처 후처 마련허여 좋은 살렴을 살저 영허여도

부배간 인연 아니 되어도 좋은 살렴도 못 살고

전싱에 뜰 형제 탄싱을 허여도 亽록 덕이 많아지난

생이별 허여근 살암수다

금번은 지금꺼지 심방질을 허여도, 삼시왕에 허가를 못내 받고

영허어 어느 당주 조상도 못 모시고

떠돌이 몸이 되다시피 영허시난

금번은 죽으랜헐 팔저는 아니 되난

저 금번은 이 亽순 대로 들러, 天신질도 잘 발르고

삼시왕에서 내리는 약밥약술도 타고, 좋은 심복도 타고

이 亽순 불도맞이 앞으로 할마님 앞으로

이 亽순 어릴때 당주에 났네 부런

오늘꺼지 걸렛베 뱃기지 못ᄒ난

금번은 이亽순 막걸렛베 베껴건

앞으로 좋은 팔자그리처 뎅겨도 옳은길로 뎅기고

몸도 건강하게 뎅기고 앞으로, 조상에서 몸받은 선생님에서

좋은 인연이라도 만나 남과같이 좋은 살렴 살게허고

어기가 아장 심방질을 허여도

기십죽기마라 공시상 반아 앞건

앞이멍에 보른 이경 뒤이멍에, 너른 이경 젯이경을 나세와건

이 잎으로 제주도 안내에서 큰심방질 허여건

이름나게 시켜줍센 영허시여

채네 물금업고 지금꺼지 돈을 벌어 대를 들어

부모조상 공 값저 영허여도

그날 벌어 먹기가 힘든세상 되어지난

금번은 제주도 KBS 여러 선생님 덕으로

정 금번은 이 亽순 살기는 북촌 살암수다

집도 절도 어서지나 원구월둘 초여드렛날 하귀마을 삽네다

영시에 부모님 김씨 부모님 수양 양자 들어

양씨 선성님 일생동안 몸받아오던

일월 삼멩두 물림허고 연물 물림받고
초여드렛날 사는 집으로 들어가건 당주 설립 허엿수다
열여셋날은 첫번째 몸받은 정공철씨 쉬은둘님
몸받은 연향당주문 열렷수다
몸주문도 열렷수다
몸받던 선성님네 쉬은둘님 머리에 강림허여
팔저 궂인 김녕ㅁ을 경허여 삽네다.
도신녜 이름좋은 서순실씨 신나락하니 초집사를 메겼수다
팔자궂인 유학형제 거느리어, 원구월들 열여셋날부터 오라
안으로 소에 열두당클 줄꿰여 메엿수다
금마답으로 천지염라대 좌우돗기, 나븨줄전기 삼버리줄 신을 수푸고
열일뤠날 기메코사 넘어들엇습네다
도신녜 서씨에 신하나님 일문전은 어간허여
초감제 상으로 천보답상 만보답상 신을 수푸고
삼공마련 대령허여 일만 팔천 신전님
초감제로 옵서옵서 청허시고, 초신연맞이 넘어로 들엇수다
초감제 신맞이에 떨어지던 신전님
도래 안상계로 각호각당드레 옵서옵서 청헌신전
상당 중당 하당 주서 말씀ㄲ지
어제 감밤ㄲ지 천하 금공서 설운 원정 올렸수다
오늘 열나흐렛날은 보세 신감상 넘어들고
초공 연질로 고옛 선성님, 몸받은 선성님네 일부혼잔 드렸수다

[이공본풀이]

이공 난수생 곽왕석 신을 풀저 영헙네다
신의 아이 금마벌성 아장, 이공 난수생질로 이공 난수생 어딜헌고
주량산 이알은 청개왕도 너립서
백개왕도 너립서
김진국 대감님 너립서
원진국에 대감님도 너립서
옛날이라 옛적 천하거부로 잘사는

418

원진국 대감님도 자식없어 무우허고

가난허게 사는 김진국 대감님도 자식없어 무우ᄒ난

보믈날은 동개낭은 삼중절 시개낭은 은중절 부처지컨 대사님을

헌당 헌절 헐어지난 시권제 상문 받아다 헌당 헌절 수리허고

명없는자 명주고 복없는자 복을 주고

생불없는 자는 생불지급 시켜주저

절간 알드레 인간 절에 시권제 삼문 받으레

소고소곡 내려사옵데다예~

인간 초로 내려사 원진국 대감님

저먼정 올레로 들어사멍 나사멍

예~ 소승은 절이 배웁네다

어느 절 대사가 되옵니까 ᄒ난

동개낭은 상중절 서개낭은 은중절

부처지컨 대사중이온데

헌당 헌절 헐어지난 시권제 삼문 받아당

헌당도 수리허저 헌절도 수리허저

명 없는자 명주고 복없는자 복주고

생불없는 자는 생불 시켜주저

시권제 삼문받으레 내려사민 ᄒ난

원진국 대감님 부배가 금마답에 나오라

대사님아 원천강이나 가집데가 ᄉ주역이나 가집데께 ᄒ난

대사라 한게 원천강 ᄉ주역 못 짚을 대사가 어디 잇습네까 ᄒ난

아이고 그건 우리 아 이거 원천강 ᄉ주역이나 짚어봅센 ᄒ난

대사님은 어서걸랑[392] 기영헙서

ᄂ다 들러 단수육갑 웨우들러 오행 팔갑 짚어간다

원진국 대감님 부배간은 열다섯 십오세에 건당ᄒ난

입장갈림[393] 시키시난 별진밧은 돌진밧 수작낭은 수벨감

거느리어 천하거부로 잘살아도 스물 이십 삼십살은 사십은

---

392) 그것일랑
393) 혼인

마흔이 넘어가도 자식이 없어 탄복한 일이 잇습네다 ᄒᆞᆫ
대사님아 어떡허면 우리 부배간 자식생불 가질수 잇으겐 ᄒᆞᆫ
대사님의 말이로다
대백미도 일천석 소백미도 일천석 가사베도 구만장 송낙베 구만장
백근주데 촐려아저 우리 절간 법당으로 오란
석달 열흘 백일 원불 수룩을 들엿시면
아들이나 똘이나 생불을 가질수 잇으댄 일러가옵데다예~
어서걸랑 기영협서 약속을 허여두고
대사님은 시권재를 받아건 절간드레 소국소국 올라간다
호를날은 원진국 대감님은
나만 원불을 드리랴 아자 생강허단
저 가난허고 선한 김진국 대감님네 집에도
자식이 어시난 원불수룩이나 궂이가게 일러보문 허여
김진국 대감님 집으로간, 김진국 대감님아 우리도 친구 벗을 해영
절간 법당으로 강 원불을 드리멘
아들이나 딸이나 생불을 날수 잇댄 ᄒᆞᆫ
원불수룩 가기가 어찌허겠느냔 ᄒᆞᆫ
김진국 대감님은
원진국 대감님아 나가 수룩을 가젠 허여도
가난허고 서난ᄒᆞᆫ³⁹⁴⁾ 수룩채가 어서 못 가쿠덴 ᄒᆞᆫ
원진국 대감님은 김진국 대감님아 그럼 나가 수룩채를 안넬테니
우리 ᄀᆞ찌 친구 벗을해영
상중 절로 원불수룩 가기가 어찌하오리까
어서걸랑 기영협서
원진국 대감님과 김진국 대감님은, 대백미도 일천석 소백미도 일천석
가사베도 구만장 송낙베 구만장, 검은 남세에 잔뜩 실어
동개낭 상중절 서개낭은 본중절
절간 웃터레 ᄉ곡ᄉ곡 원불을 들어가멍 허는 말이
원진국 대감님이 김진국 대감님 신데 김진국 대감님아

---

394) 「가난」에 대한 조운구

우리 친구 벗을 해영 법당으로 강 원불을 드령

당신네 집서 김진국님 대감님네서 아들이 나건

우리가 똘이 나건 우리가 아들이 나건

김진국 대감님 집에서 똘이 나건

우리 양 사둔 하기가 어찌하오리까

어서 걸랑 기영헙센 허여

워진국 대감닙 김진국 대감님은 약속을 허멍

동개낭은 상중절 서개낭은 은중절

절간드레 ᄉ곡ᄉ곡 들어간다

절간 낭드레 들어가난

네눈이 반동개가 야 두처서 누웟단

양반오면 압발들어 주꾸고

상인은 보멍 누워 뒤처서 주끄던

네눈이 반동개가 일어사, 두리쿵쿵 내쿵쿵 주꺼간다

대ᄉ님이 아 ᄉ서중아 저면정 나고 보란

네눈이 반동개가 일어사, 드리쿵쿵 내쿵쿵 주꾸는거 보난

인기척이 분명허다 예 어서걸랑 기영헙서

절간 금마답에 나고 보난

원진국 대감님 김진국 대감님은 원불 수룩을 오랏수다

안오료 청처여 들어간다

대ᄉ님 앞으로 들어가 보난 인사 위오려 드려간다

절간 법당으로 가건 부처님전 선신문안 위 올려두고

대백미도 올려간다. 소백미도 올려간다.

가사베도 올려간다. 송낙베도 올려간다.

낮엔 불공 저녁 공영 원불수룩 들여가는 것이

어느동안 석달 열흘 백일이 되엇구나

석달 열흘 백일 되는날은

대ᄉ님이 대추납 은저울대로 저우련 보난

원진국 대감님은 츨려올때는 태산같으나

원진국 대감님아 백근이 못내 차난

여궁녀라도 솟아날듯 헙네다

김진국 대감님네 집이선

대추납 은저울 대로 저울여 보난 백근이 차난

아들 생불 볼듯헙니덴 일러 간다

원진국 대감님 김진국 대감님은

절간 아래 ㅅ곡ㅅ곡 내려산다

집으로 드러오라

학곡리를 보아간다

전상베포 무어가는 것이 아닌게 아니라

원진국 대감님 집이선 원강아미 여궁녀가 솟아난다 (장고)

김진국 대감님 집이서는 아들 사라도령이 솟아난다

이 아기덜 어느동안 열설 열다섯 근당허여 가난

원강아미 하도 ᄆ음이야 행실이 착허고

얼굴이 고와지어 열다섯 되어가난 이바지를 오라가난

김진국 대감님, 이 아기 원강마미 신디

원강아미야 아이고 우린 가난허게 살암저만은

니 부제칩이로라도 강 시집가 살랜 ᄒ난

원강아미 말허기를 아바님아 잘 살아도 나팔저

못 살아도 나팔저 아닙네까

야 이거 김진국 대감님과 구덕 ᄒ서허여 어릴때부터

ᄒ인을 해엿시난 아멩해여도

난 사라도령앞이 시집을 가쿠다

어서걸랑 기영ᄒ랜 ᄒ여

그때에는 원진국 대감님 김진국 대감님

악속헌데로 양사돈을 허여간다

양사돈을 허여 부배간법 마련허여 살아가는 것이

원강아미 아기는 쳇동ᄀ찌 배연 올레수에 가간

와라 차라 연서답[395]을 허누랜 ᄒ난

옥황에서 도새군관 내려오란

원강부인 뿔 임신한

———
395) 서답=빨래.「연-」은 접두사

야 이디 사라대왕 어디 살암수겐 허난

어떵ᄒ연 춫암수과

나는 옥황 서천꽃밧

야 이거 꼿감관 심부름꾼인데

사라대왕 서천꽃밧 꼿감관 꼿셍인으로 도랑가젠

임시이거 사라대왕 둘래온 신부름은

두새규관이 되었으댄 ᄒ나

그땐 허단 서답 내부려둔 원강부인 집으로 드러가건

설으시던 낭군님아 옥황에서

도새군관 서천꽃반 꼿감관 꼿셍인으로

둘앙가젠 먼정 올레 드러사시난

설운 낭군님아 몸이라도 ᄒ자 어드레 피해여봅서 허난

사라대왕님은 어디 영이라 거역헐 수 잇수리까

금마답에 나고 ᄇ난 아니게 아니라 옥황에서

벌써 도새군관이 야 이거 둘래 오란 삭 온 나헌

어디 영이라 거역헐수 잇습네까

양도 부배간이 먼길을 가젠 ᄒ난

원강부인 아기는 쳇동ᄀ찌 배고

설운 낭군님아 옥황서천꽃밧에 꼿감관 꼿셍인으로 가젠 ᄒ민

길은 멀고 가는데 ᄭ지라건 설운 낭군임 ᄀ찌 벗을 허여

길 전송을 허여 안네쿠다

어서걸랑 기영협센 ᄒ여

양도 부배간이 먼 길을 가는것이

어느동안 해는 일락서산 기울어지고 날은 어둑와 지난

어욱패기 의질허여 무정 눈에 ᄌ이 든다

ᄎ경 이경 야사삼경 날이 붉으난 천왕ᄃ[396]도 울어간다

지왕ᄃ도 울어간다 인왕ᄃ도 지리반반 울어간다

설으시던 낭군님아

이 ᄃ소리는 어디서 우는 ᄃ수리가 됩니까 ᄒ난

---

396) 닭

만연드러 만연장제 재인드러 재안장제집이서

우는 독소리가 되댄 ᄒᆞ난

설운 낭군님아 서천꼿밧이 어디라

ᄀᆞ찌갈수 없는 몸이 되엇시난

게건[397] 재인장제집에 강

나는 종 살이라도 버라 동 갑센 ᄒᆞ난

어서걸랑 기영 ᄒᆞ랜 허여

양도 부배간이 재인장제 집으로 간

뭔 올레로 이 종 삽센 ᄒᆞ난

재인장제집이서 큰 똘 아기 나오란

얼마 받으쿠가

배안에 ᄯᅳ기랑 은백량주고

어머니랑 돈백냥 만 줭 삽센 ᄒᆞ난

아니 사쿠다

셋 똘아기 나오란

얼마 받으쿠가

배안에 딱이랑 은백량 ᄒᆞ고

어멍이랑 돈백냥 줭 삽센 ᄒᆞ난

집으로 드러간 재인장제 신디

아바님아 저 종 상 놔두민

우리집이 망해 올 종이난 사지 맙서

족은 똘아기 금마답 먼저 올레에 나오라

알마 받으쿠겐 ᄒᆞ난 배안에 ᄯᅳ기랑 은백량 주구

어멍이랑 돈백량 주랜 ᄒᆞ난

그땐 집으로 드러간 아바님아 저 종 상 놔던단

벤아기 나불건 아바님 심심 소일 허기가 어찌하오리까

어서걸랑 기영 ᄒᆞ라

그때에는 원강부인 아기는 쳇동ᄀᆞ찌 배여

재인장제 집에 종살이로 드러간다

---

397) 그러거든

종살이로 드러간 부배간이 이별허젠 ᄒ난

재인장제신디 이 근쳇법은 어떵헙네까

우리 근쳇법은 부배간이 먼길 가젠 ᄒ민

맏상을 ᄎᆞ려줍네다 어서걸랑 기영허랜 ᄒ여

그대앤 부배간 마지막으로 밥상을 ᄎᆞ려주어 간다

밥을 먹언 아이고 재인장제님아

이 근제법은 어떵험네까

우리 근쳇법은 설운 낭군님 멀길 가젠 ᄒ민 문배낏디 ᄭᅥ지 나가

질 전송을 허여야 합네다 ᄒ난

어서걸랑 기영 ᄒ라

그때에는 먼정 올레에 나오라

원강부인 사라대왕 앞에 설으시던 낭군님아

벤아기 나컨 이름이랑 뭐엔 지음니껜 ᄒ난

그때는 사라대왕이 원강부인신디

부인님아 아들낭 나컨 할락궁이로 지으고

ᄯᆞᆯ랑 나컨 할락대기로 이름생명 지으랜 해여돈

사라대왕은 옥황에 명령 받아

서천꽃밧 꽂감관 꽂셍인으로 상천해여 버렷수다예~

원강부인 재인장제 집이서 종살이를 살아간다

날만 어두와 가면 재인장제 원강부인 ᄒ자 누는디

야 이거 심심 소일이나 해여 보저

문을 열왕 드러가젠 ᄒ민 원강부인

아이고 재인장제님아

우리법은 밴아기 나분 끝에 해예

부배간법 마련을 헙네다 ᄒ난

어서걸랑 기영허랜 ᄒ여

살아가는 것이 어느동안 원강부인 아기는 난 건 바려보난

아들 탄생 ᄒ난

이거 사라대왕 설운 낭군 ᄀᆞᆯ아 준대로 할락궁이로 이름생명 지와간다

재인장제 원강부인 애기 나부난

다시 강 ᄒᆞᆫ번 심심 소일이나 해여 보저

방문을 열왕 드러사젠 ᄒ난
재인장제님아 우리법은
밴아기 낭 열다섯 십오세되엉 밧잠대 지영
밧 갈래 가부러사 부배간법 마련헙니댄 ᄒ난
어서걸랑 기영 ᄒ라
할락궁이 어느동안 열다섯 십오세도 근당 허엿구나
ᄒ늘날은 재인장제님이 야 할락궁이 ᄀ라 야 ᄒ저 ᄒ저강
밧이나 이거 가랑 오랜 ᄒ난
어서걸랑 기영헙서 그때는
어허 할락궁이 밧잠대 지언 밧 갈레 가분 서에
원강부인 신디강 심심 소일이나 ᄒ번 허젠 현
야 드러가젠 ᄒ난
덩드렁 마깨 저 끝에 놔뒀단 앞성 머니강
확허게398) 내궐기젠 ᄒ난
나 지금ᄭ지 원강부인 아피 속아졌구나
그때에는 종살이를 시켜도 된 종살이를 시키젠 ᄒ여
재인장제 원강부인신디
오늘 이거 좁씨 단말 단대 칠세 오리 오작을
ᄒ 방울로 다 새엿시난
ᄒ방울도 흘리지마랑 강
다 골고루 삐어 동 오랜 ᄒ난
원강부인 비새ᄀ찌 울머 방울방울간
다 이거 삐어도 노랏시난
재인장제가 아이고 제인장제님아
ᄒ방울도 뻐리치지 아니헌감
다 삐어도 오랏수댄 ᄒ난
그때는 재인장제 원강부인신디
오늘 이거 씨를 아니 드릴 날인데 씨를 드려졌구나
고초일 멩망일 화야일에간

---

398) 잠자코 있다가 날세게 덤비는 모양

426

야 이거 멩망일에간 씨를 뿌렷시난

ᄒ방울도 떠러치지 마랑강

다 거덩 오랜 ᄒ난

그때에는 원강부인 비새ᄀ찌 울머

좁씨를 방울방울 줍어 담는게

마지막엔 바려보난 장상 개염지가 땅속에서 나오란

좁씨 ᄒ밧울을 확허게 묽언 땅속드레 드러가젠 ᄒ난

원강부인 장상 개염지 가운딜로 강 똑허게 벌란

아이고 장상 개염지야

이 좁씨 ᄒ방울을 물어 땅속에 드러가면 1년 양석이여만은

이 ᄒ방울을 내부려 두고 가민

난 재인장제신데 죽을 목슴 되어지댄 ᄒ여

가운딜로 야 이거 똑허게 벌라난 법으로 (장고)

장기ᄆ작 저 갓드여 설립도 되엿수댄 일러간다

그때엔 좁씨를 다 이거 거던 오랏구나

종 역시를 살아가는게 ᄒ를날은 비는 촉촉히 오고 ᄒ난

아이고 할락궁이 일해영 오민 콩이라도 볶강 주젠

눌우러 난디간 콩을 줒어단

콩을 와닥와닥 볶으누랜 ᄒ난 할락궁이 간

일 해연 ᄃ러오란 바려보난 어머닙이 콩 볶암시나

할락궁이 콩 볶으는 어머님 신디강

어머님아 저먼정 급허게 불럼수다 ᄒ저 나가봅센 ᄒ난

원강부인은 배겻드레 확허게 나가분 서에

할락궁에 어머님 콩 볶으던

야 이거 배수기를 확허게 꼽저도

어머님이요 콩닥 타 부럼시난 ᄒ저 이콩만 바려봅서

원강부인 오라신 어머님 솔 콩 볶으는 웃트레 강 똑 허겐 울련

어머님아 바른말을 허여봅서

나가 무신 바른말을 허랜 해엽시니

어머님아 우리 아바님이 누구에겐 ᄒ난

아바님이 니네 재인장제가 아방 아니거나

아이고 어머님아 그런말 허지맙서
제인장제가 우리 아바님이
어명 영 나영 무사 영 종살이를 시킵니까
바른말을 협센 ᄒ난 그때에는 원강부인 할락궁이야
성진국은 김진국 대감님이고 웨진국은 원진국 대감님이고
니네 아바님은 사라대왕인데
니 배안에 잇을때 서천꽃밧 꼿감관 꼿셍인으로 가멍
나 이거 ᄀ찌갈 길이 못되난
재인장제집이서 종살이로 버라도 갖젠 ᄒ난
어머님아 아바님이 서천꽃밧 꼿감관 꼿셍인으로
갓댄 ᄒ민 서천꽃밧 드러 강
나 아바님 어머님 원수를 갚으쿠다
그때는 어머님아 천리둥일 내여줍서
만리둥일 내여줍서
범벅 씨덩어릴 해여줍센 ᄒ여
어허 천리둥이 만리둥이 가는것이
범벅 ᄒ덩어리를 주민 천리를 간다 만리를 가는것이
가단보난 둑음에 전둥에 찬물이 찰랑거렴더라
이건 우림 아버님 어머님 ᄎ대김 받은 꼿이로구나
이대김 받은 꼿이로구다
뭇구틀에 올라오는 물은 삼대김 받은 꼿이로구나
할락궁이 가단보난 수양버드레 잇엇구나
수양버들 가지에 안자노랜 ᄒ난
옥황 서천꽃밧 꼿감관 궁녀청 시녀청 ᄒ저 물을 떠당
서천꽃밧에 물을 주랜해연 심부름 보내난
궁녀청 선녀청 시녀청은 꼿밧³⁹⁹⁾에 물을 주젠 물을 뜨젠 보난
물끔매로 바려보난 수양버들 난 가지엔 무지력 총각이 아시시난
그땐 겁이 바랑난 물을 아니 떵 갓시난
그때에 꼿감관 꼿셍인 사라대왕님이

---

399) 꽃밭

선녀 궁녀 여청 ᄀ라 어떵 ᄒ난 너네덜
서천꼿밧 물을 떵 왕 주랜 ᄒ난 물을 아니 떵 오라신 ᄒ난
아이고 간 보난 무지력 총각이 아자 십디 된 ᄒ난
명령을 내리와 어서 강 심어드리랜 해연
심어드렷구나 누구가 어떵 ᄒ난
야 이거 수양버들 가지에 걸타아전
궁녀 시녀청 물도 못 떠오게
겁나 겁을 주엇신 ᄒ난 그런것이 아닙네다
아바님 우린 아바님은 사라대왕이고
어머님은 원강부인인디 나 이거 배안에 잇을때에
아바님 옥황 서천꼿밧 꼿감관 꼿셍인으로 오랏시난
재인장제집에서 어머님이 된 종살이를 살암시난
재인장제 원수를 갑으젠
아바님 서천꼿밧 꼿감관 꼿셍인으로 오랏댄 ᄒ난
수래악심이나 하영 가젠 원수를 갑으젠 오랏수댄 ᄒ난
그때에는 성진국을 ᄀ르라 웨진국을 ᄀ르랜 ᄒ난
성진국은 주량산 이알은 김진국 대감님
웨진국은 원진국 대감님 이우댄 ᄒ난
어머님은 원강부인 아바님은 사라대왕 이우댄 ᄒ난
너 말을 믿지 무 헐꺼냐
은대양에 물을 떠다 상 손가락을 깨물이라
은대양에 물을 떠다 상 손가락을 깨물아
물 우트레 띠완 보난 사라대왕 피광 할락궁의 피가 ᄭᆞᆨᄀ타 시난
ᄭᆞᆨᄀ뜬 피를 보난 나 ᄌᆞ식이 분명허다
그때에는 어머님은 어떵 허엿시니
아바님아 그런말 맙서 어머님은 재인장제 집이서
죽도 살도 못ᄒ연 매일 된 종살이를 허염수다
그러면 서천꼿밧 드러 강 수래악심 삼색꼿을 해여줄테니
재인장제 집이가 ᄒᆞ저 너 어머님 원수를 갑으랜 헌다
어서걸랑 기영헙서
할락궁에 서천꼿밧 드러 간

요 꼿은 무슨 꼿입네까
요 꼿은 웃임 웃을 꼿이로다
오독또끼 꺽어건 품에 노아간다
요 꼿은 무슨 꼿입네까
요 꼿은 싸움헐 꼿이요 싸움헐 꼿도 오독뜩기 꺽어 품에 노아간다
요 꼿은 무슨 꼿입네까
수레멸망 악심꼿이엔 ᄒ난
수레멸망 악심꼿도 오독또끼 꺽어 품에 노아간다
웃임꼿 싸움꼿 수레악심 멸망꼿 쿰에쿰어
할락궁에 재인장제집이 오랏시난 재인장제가
할락궁아 너 일은 안허고 어디 도라뎅겸 시느멍
하도 죽일팔 해여가난 아이고 재인장제님아
나 일 안허여 올동안 나 좋은 기술을 배왕 오랏수댄 ᄒ난
무슨 기술을 배완 오랏시닌 ᄒ난
재인장제님아 좋은기술을 배완 안네크메
일가방상을 다 불러 모읍센 일러간다
그러면 너 재주가 무슨 좋은 재준디 믈앗시난
재인장제가 일가방상드를 다 불러 모와간다
대청한간 마루에 ᄀ득허게 앉으난
그때에는 품에서 웃임꼿을 내여노아
삼시번을 내흔둘르난 재인장제집 일가 방상들이
갑자기 이레저레 하두 웃어가난
재인장제가 야 할락궁이야 너 참 좋은 재주도 배왓구나
나 또 좋은 재주가 잇습네다 ᄒ난
이번은 뭔 재주가 잇겟느냐 한번 뵈와 보랜 ᄒ난
그때에는 싸움꼿을 내려놓아
심시번을 내흔둘루난 갑자기 웃던 재인장제집 일가방상드리
니 머리 나 머리 대작 허멍
싸움박질 허여간다 할락궁이 그때에는
재인장제가 확허게 늘려들언
할락궁아 너 이게 좋은 제주냐

죽일 팔로 들러가난 그게 그때에는

수레악심 멜망꼿을 내여노안

삼시번을 내흔둘루난 일가방상 제줏간 재인장제⁷⁷⁾지

다 이거 동서르레 다 씨멸족 시겨 죽어가는구나 예~

그때에는 재인장제집에 사름 살릴꼿 노아건

재인장제 족은 똘애기 살려노안

할락궁이가 아이고 상전님아 어머님은 어디 갓수까

우리 어머님 간곳을 ㄱ리칩센 ㅎ난

그때에는 재인장제집 족은 똘애기가 확허게 꿀레 아잔

할락궁이신디 아이고 상전님아 목심만 살려주민

어머님 간곳을 ㄱ리쿠덴 ㅎ난

당신이 상전이지 나가 다 어떵현 상전 될수가 잇수리까

그때에는 재인장제집에 족은 똘애기 살려노안

앞을세완 어머님 간곳을 ㄱ리치랜 ㅎ연

간 보난 어머님은 저 종살이에 버쳐⁴⁰⁰⁾ 죽으난 신동방낙

왕대 ㄱ대왓디간 지천 내부난

어머님 좋은얼굴 좋은 술은 다 석어 흙이되고

설운 어머님 열두 신베 뻬ㅁ디⁴⁰¹⁾ ㅁ디로

뒈부룩이가 꼼짝꼼짝 올라 왐시난⁴⁰²⁾

아이고 설운 어머님아

열두 신베 뻬ㅁ디 ㅁ디로 뒈부룩이가 올라오라 가난

어이고 어머님 얼마나 가심인덜 아풉디까

어머님 어허 간장 석던

어 오장 석던 흙 좋은 술 석은 흙 흙인덜 내불랜 허여

뀌역뀌역 허는게 ㄱ리동반안 허-엉 설립 허여간다

그법으로 ㄱ리안동벽 ㅎ민 가운덴

어머님 신동막당 알드레 좋은 신체에 간 드리처 부난

돈받고 또 허여당 꿔주고

---

400) 힘들어
401) 뼈마디
402) 오고 있으니

외 열두신베로 ᄆ디 ᄆ디 뒈부룩비게 올라난 법으로서
대로 허여 가운데 ᄭ주와 말제에는 신가심도 열립셴 ᄒ여
큰 굿에는 열두방울 중단굿에 일곱방울 허는법 아닙네까
ᄀ리안동벽 신동벽도 설립을 허여간다
족은 똘애기 마지막으로 악심을 불러 헌~
재인장제집에 족은 똘애기ᄭ지 시벨주고
시경 수레악심 불러주어 두고
할락궁에 서천꼿밧 도올라건 그때에는 서천꼿밧에
인간의 악심도 불러주고 마련 헙데다
이공 서천 난수생 질로
이간 군문안에 아뢰올 말씀잇습네다
여쭐 말씀잇습네다 만은
정공철씨 쉰에둘님 부모몸에 탄성 ᄒ난 죽도 살도 못허여
팔자굿인 신에 당주알로 간
당주ᄌ순 몸주ᄌ순 신영간주ᄌ순 불도조ᄌ으로 논게
쉬은이 넘도록 막 걸레베 벳기지 못 헛시난
오늘ᄭ지 당주소록ᄀ찌 몸주소록ᄀ찌 신영간주 불도소록 ᄀ찌
좋은 살렴도 못내살고
어허 이 ᄌ순이 항상 뎅겨도 몸이 편치를 못내 ᄒ고
좋은 전싱그리처 뎅겨도
야 이ᄌ순 앞장에 열두굿인 악심 드러 지금 ᄭ지는
쉬은 넘도록 인생을 헛 살아 오랏수다 영ᄒ난
금번은 이공서천 난수생 질로 모든 악심을 다 거더줍셴 ᄒ고
고모님도 열설미만에 아홉설에 서천꼿밧 수래악심 되어 갓수다
본가에 아기도 피로 물로 아들인디 똘인디
ᄆ르쿠다만은 스물ᄒ나 난
어머님도 저 가숙도 할마님에서 포태를 주난
피로 물로 단산 시겨불고 유산 시겨불고 낙태나 시겨 부럿수다
영ᄒ난 이아기들 앞에 하다 모진 악심 들게 마라건
이 앞으로랑 정공철씨 몸도 건강하게 시겨줍서
어디 가건 하다이에 오토바이도 탕 댕깁네다

432

오토바이 탕 동으로 드렁 서우로 나고
서우로 드렁 동으로 납네다
삼도전403)거리 서도전거리 오거리
ᄎ경 이경 야사삼경 길에 뎅기는데
넋나게도 맙서 ᄒ나게도 맙센 ᄒ고
내일 날은 마당 붉으민
천신불도 옥황 천신 불도연맞이 ᄒ여
할마님 앞으로 막 걸레 벳기고
굿인악심 벳기고 열다섯 미만에 서천꽃밧 간 아기덜
서천꽃밧드레 지 부치고 영허저 영헙네다
아다에 굿인악심이란 갑을동방 오는 해 경신서방
해저북방 병무난방 건술건방 날일덜
멩이 엇건404) 천하 멩산 높은산 멩도 재겨줍서
복이 엇건 지하 ᄂ른산 복도 재겨줍서
열명오른 이 ᄌ순덜 복과 멩 재기다 남은걸랑
금동쾌상으로 곱이첩첩 다 재겨줍서예~
이공서천 난수생 과광성 신 푸럿습네다

[주잔권잔]

(이승순 심방 직첩 슬잔을 캐우리다가, ᄉ미가 반아서 순잔을 캐우립다.)
받다나 씌다나 잡수다 남은 주잔 저면정 나사민
옛날 정댁으로 어느 ᄒ열제에 가던 아기들
어느 큰마누라 ᄭ때 가던 아기덜이나
저 어는 제주도 무자 기축년 4.3사건에
배안에서 가고, 피로 물로 가고, 낙태해영 가고
유산되어 가고, 배고파 가던 아기들, 허기지어 가고
옛날 가난허고 모든거 어려운 시절에
실려 가고, 추워 가고, 얼어 가고, 고사 가던 아기들 주잔헙네다

---

403) 삼거리 길
404) 없거든

설운 고모님도 아홉설에 서천꽃밧 갓수다
스물혼살 난 이거나 주던 가숙도
아들인지 똘인지 모루쿠다만은
피로 물로 흘러불고 단산 되어불고 유산 되어불고 허던
아기덜 주잔헙네다
안팟공시로 당주뜨기덜 몸주뜨기덜 심충아기덜
불도뜨기덜 진영간주뜨기덜 주잔권잔 드립네다
정공철씨 쉬은둘님 열설미만에
죽도살도 안해연 피일처일 유려가난
어머님 살때에 팔자궂인 신에 당주 알로 강
노앗수다만은 쉰넘도록 막 걸레 벳기지 못 하여부난
오늘꼬지 당주ᄉ록 몸주ᄉ록 신영간주ᄉ록 불도ᄉ록
첵불ᄉ록 산신ᄉ록 요왕ᄉ록ᄀ찌 앞장에 드러 숭엄을 주어오던
이런 악심질덜 저먼정 주잔권잔 드립네다
이공서천 난수생 질로 여기에 오랑
고생허는 여러 선성님네 뒤엔
열다섯 미만에 서천꽃밧 수레악심되어 가든 아기들
저먼정 주잔권잔 입네다

[분부사룀]
주잔 권잔은 많이 많이 지넹겨 드려가며
천왕은 천덕걸리 지왕 인왕 멩걸리로 북걸리로 영ᄒ민
이런 악심이 들언
당주에난 그때 막걸레 걸레베 배껴 버렷시민 심방질도 안 될걸
열설아래 그때 죽도 살도 아니허그네
저 당주에 난 내부난 그 질로 심방질도 되서
그대 그냥 잘 어머님이 편안허게 살앙 잘 해부럿시민
심방질도 안되고 이런 ᄉ록도 안들걸 영ᄒ민 경해도 다 못해줘
성당에만 뎅기난 궂인악심이 들언
앞으로 술도 [이런건줄 몰랏주]
몰랏주게 기자 임시 임시 영ᄒ민 (제비쌀점) 고맙수다

434

밧공시로도 당주ᄌ순 몸주ᄌ순 신영간주ᄌ순 불도ᄌ순
심충ᄌ순드리영 이 ᄌ순들 (제비쌀점) 고맙습네다
이곳 신의아이에, 이공 서천 난수생 과광성 신 풀엇습네다
신의아이에 안팟공시 양공시, 옛선성님전 굽어 신청입네다

《삼공본풀이》 정태진

〈삼공본풀이〉는 가믄장아기의 본풀이다. 삼공본풀이는 이승의 이야기이
며, 현실의 이야기다. 현실의 이야기이기 때문에 하늘과 땅은 인간 가까이 내
려와서 존재한다. 하늘(天)은 윗마을이고, 땅(地)은 아랫마을이다. 윗마을과
아랫마을에 흉년이 들었다. 하늘과 땅의 흉년, 배고픔과 가난이라는 현실의
문제로 전개되는 것이 전상신 신화인 '삼공본풀이'이다.

[들어가는 말미]
(송낙과 두루마기 차림의 정태진 심방이 장고를 앞에 놓고 앉아서 말로
한다.)

세성 어산 뇌엇습네나
안으로는 열두당클 줄싸메고
바껏딜로 천도천왕 지도지왕 인도인왕
대통기 소통기 지리여기 양산기
신수푸고 삼버리줄 나뷔여기줄전기, 신수퍼습네다.
좌우독기 신수푸고, 초감제연ᄃ리는 어제 그제날
일만신우엄전님 일문전 천보답상, 초감제로 신메와 잇엇는데
엇그지겐 옛날 초신연맞이로, 먼저 신수퍼잇는 신우님을
청발해여 각호각당 마서당에 열명허여
이거 저 도래 안상계 됩네다
산계산판으로 신맞이에 떠러진 신우엄전님

안으로 신메와 위앗져 제앗져
각당에 금공서는 우알 양끝 ᄆ깟습네다.
오늘 나청 개동녁일이, 아침에는 금중 저녁에는 도령법
마련해여 관세우 위 올렷습네다
보세신감상연ᄃ리 구송두에, 죄목죄상을 풀려 줍센 허영
신감상연ᄃ리 너머드러
전셩궂인 초공전 팔저궂인 초공전 신풀어 잇습네다
이공서천도산국 과광셍 신풀어 잇습네다
위가 돌아오랏습네다. 제가 돌아오랏습네다
저님전상 나님전상 순불산이대전상
글허기도 전상 활허기도전상 됩네다
농부 짓는 것도 전상,
저 바당에 강 괴기 나끄는 것도 전상이여,
배 타는거 전상이여, 노름허기 전상이여,
또이전은 즘 잘자는것도 전상이여
전상 만산 구만상 여러전상이 잇습네다
KBS 기자님네여, 그 뿐만 아니라 한라일보 기자님네
또 이전 비디오 촬영하는 것도 전상이여
사진찍는것도 전상입네다.
우리 인간은 전상 엇는 일이 엇습네다
여러가지 전상이 잇습네다
영ᄒ니 전상 연ᄃ리 어간 되엇습네다
삼공 주년국 과광성 신을 풀저 영헙네다
마령마춤 시권재 받아다 위올리며, 삼선향 영녀울 삼주잔
궤ᄀᆯ아 위 올리며 삼천천제석궁
삼공 주년국 난산국드레 재ᄂ려 하렴헙서

[날과국 섬김]
(장고를 치며)
공서 공서는 갈서위다
절은 전광절 절수는 황송헙긴

금년해는 갈르난 신묘년, 둘은 갈라 원구월 됩네다
오늘은 열나흐렛날 됩네다
어느 공은 어떵헌, 인간이 드는 공서 올리리까
국은 갈라 갑네다
해튼국도 국이외다. 둘튼국도 국입네다
이시리 알란국 동양삼국 서양각국
첫 서울은 송도 개판 헙데다
둘째는 한성서울, 셋째는 신임서울 입네다
넷째는 동경서울, 다섯째는 조부 올라 상서울
안동반골 자동반골 먹장골 불탄대골
경상도 77관은, 전라도는 53관, 충청도는 33관 됩네다
땅은 보난 노거지 금천지땅 됩네다
일제주 이거제 산남해는 소진도, 오강화땅 육칸도 되옵네다
물로 뱅뱅 도는 섬중은 됩네다
한로영산 누벡장군 됩네다
여신령 여장군 됩네다
영청 목서 시절에는, 당과 절 불천수 시겨부난
당도 파락 되고, 절도 파락 되여 부난
한동 미양 정클 설연허고, 명월 만호 곽진진주방장 사옵데다
한파두리 친통정 시점, 부기헐등등은 나옵데다
위 돌아도 ᄉ백리, 좌 돌아도 ᄉ백리 되옵네다
원굿인 ᄌ순덜은, 조천읍 북촌리에 거주건명 헙네다

[연유닦음]
동안 대중은 성은 정씨 쉬은두설, 받아든 연유입네다
어멍 품에 잇는 아기덜 육민내지 살암수다
역유은 스물ᄒ설 받은 공서고
당주 몸주 ᄯ기는, 열두설은 받아든 원중은 되옵네다
쉬은두설 난날 난시, 팔저 전싱 그리처
난 몸이 되어지난, 이 ᄌ순 서른다섯 근당ᄒ난
신의 밥도 먹고저, 신의 ᄌᆷ도 자고저 영ᄒ여건

전싱팔저 그리처습네다
영ᄒ난 올금년은 신구월 됩네다
초ᄋ드렛날 성은 양씨형님 갑술생
애월읍은 하귀리, 거주건명 헙기는
수양 양자 부모 아바님, 사망ᄒ니 영헌
조상물련 당주집 설연 ᄒ고, 영ᄒ난 영헌
쉬은두설 금년운이 ᄒ펜으로 운이
좋은 해우년이 되옵네다 (장고)
이거 KBS방송국 추천 ᄒ고
그뿐만 아니라건 큰굿에 연구원 됩네다
예총에서 영 도에서 영, 이번츰에 큰 굿 ᄒ여
낮도 ᄇ름 밤도 ᄇ름 밤낮 ᄒ둘 둘은
이거 큰 굿 해여건, 이 ᄌ순 쉬은둘 초신 연질 발르저 영헙네다
이 ᄌ순 집도 절도 어서, 남의집 셋간살이 해여건 영ᄒ난 (장고)
성산읍은 들어사민, 이거 산촌부락 됩네다
성읍리 이거 민속마을로 오란, 기동으로 설연 헙기는
당주문을 열리고 몸주문을 열려
또 이전은 전싱굿인 서씨
쉬은하나 몸받은 당주문 몸주문을 열리고
조상님네 머리에 강림해여 오랏수다
열이셋날 오라
기메 설연허고 영허여구, 당반 설연 ᄒ고 영ᄒ여
보답 설연 ᄒ여, 기메코ᄉ 올리어
옛 선성님전에 일부ᄒ잔 해엿수다
열일뤠날 아척 됩네다
전싱굿인 서씨, 쉬은하나 설운 동생님
연주 단발 ᄒ연백무 ᄒ여건
일문전 초감제 보답상을 츨려 노아건
팔만ᄉ천 일만팔천 신우엄전님
산듸산납 눌던 신우엄전님을
초감제 연ᄃ리로 신을 매왓습네다

영ㅎ난 그뒤후로오는 초신맞이 올렸수다

신맞이에 떠러진 신우엄전, 초상계로 살려옵서 영ㅎ여

각 신우엄전님 각 팔천신우님네는

각호각당 만서당 좌우옆상 연향탁상 우전

신수푸고 안공시 성은 정씨님, 이름좋은 공철이 되옵네다

쉬은둘 몸을 받은 조상님, 하늘ㄱ찌 신수푸고

또이전 서씨 동생 쉬은하나, 몸받은 조상 밧공시 어간 ㅎ여

이거 초감제로 잇던, 이때ㄱ지 설운 연유 원정은 오르고 내려

이 ㅈ순 쉬은두설, 팔저 그리처 살아온 길 걸어온 길

다 여쭤와습네다 영ㅎ난, 이번츰에 초신 연질로

조상님 간장 신 풀렴 시면은, 성은 정씨 쉬은둘

앞이명에 ㅂ른 이견 뒷이명에 ㄴ른아경은

어신 말명 젯ㄷ리 나수와 줄까 영협네다

어신 언담 나수와 줄까 영협네다

이 ㅈ순은 마흔여덥 상당골, 서른ㅇ돕 중당골

스물ㅇ돕 하당골을 나수와 줄까 영ㅎ여

이 원정 올립네다 영ㅎ시난

이번츰에는 각 신우엄전님에서 쉬은두설 됩네다

이번츰에는 삼시왕에 등장을 들고

초궁전에 등장 들어, 야밤야술 메겨겁

어인타래 감봉수래, 만기영 이제부터랑

당당헌 큰심방 되어, 초신 연질 발르와 하신충으로

늘게 시겨 줍센, 원정을 드리는일 됩네다

황서는 물서외다 물서는 황서외다

지성이면 감천이요

유전가사기법 은장지덕은, 목장귀 페협네다

비는 인간 앞이 전댓말 잇습네다

종이장도 늬귀둘러 발릅네다

수만석도 모다 들러 게뉩는 제격 아닙네까

영ㅎ난 이번 츰에 이 ㅈ순 쉬은두설, 선망부모 조상님네 됩네다

하르바님네 할마님네, 아바님네 어머님네여

형제간들이여 ㅅ춘간들이여, 오촌대부 육촌형제 됩네다
설운 누님네 고모님네 됩네다
설운 육간에 어둑언 신가심 열려, 저싱 열두 지옥길을 갈까
저싱 왕생극락 지 부처줍서
열대왕에 등장 들고 십이대왕님, 등장을 드는일 됩니다
영ㅎ시난 하다에 쉬운두설, 저 오토바이 탕 뎅기고 영ㅎ염수다
영ㅎ난 타당에 오토바이에서
넋날일 ㅎ날일 ㅎ겁 탕천헐 일덜 나게 마라건
신체건강 시켜주고, 엇는 멩복을 질게 질게, 보전시켜 주십서
영ㅎ여 원정말씀 드립네다
당주ㄸ기 몸주ㄸ기 스물ㅎ나 열두설 이 아기덜
건강헌 몸 시겨건, 뎅기는 앞장 청ㅅ초롱 불을 붉혀 주십서
원정을 드립니다 드려나 가민은
위가 도라 오랏습네다 자가 도라 오랏습네다
삼공 안당 주년국 나수생 신을 풀저 영헙네다
귀신은 본을 풀면 신나락 ㅎ고
생인은 본을 풀민 칼선드리 노는법 됩네다
영ㅎ민 마령마축, 삼선향 삼주잔 위올라 위올리며
삼공 주년국드레 제ㄴ려 하렴 헙서예~ (장고)

[삼공본풀이]

옛날이라 열정헌 길은, 우인녁인 강이도령은
아래녁인 강이영성 이서불이 사옵데다
강이도령도 가난헌 줄이 웅서ㅎ고
이서불도 강단ㅎ게 살앗습네다
ㅎ를날은 강이도령은, 아래녁에 강이영성 사는
ㅁ을 부제 동네에 해연, 이름나고 영ㅎ난
아래녁드레 어더먹으러 가저 영ㅎ여
길로 가다가 바려나 보니
강이영성 이서불, 질내 연첩에서 만나꾸나
어드레 ㅎ는 일입니까 말을 ㅎ니

440

강이영성은 부제동네에 내연

어더먹으레 가는길이예 영ᄒ난

아이고 강이도령님아

나는 엇고 강이도령 사는 ᄆ을 부제에 내연

이제는 얻어먹으레 가는 중입니다 영허여

서로 통성명을 보앗습네다예~ (장고)

그때에는 ᄒ팔자 ᄒ복력 되엇구나

그때엔 얻어먹으레 ᄆ을ᄆ을 츤츤이 뎅기면서

얻어 먹엇구나 얻어 먹다가 해는 서산에 지어가고

영ᄒ난 어디를 가민 ᄌ을 자리요 영헌게

이제는 옛날엔 ᄆ을마다 ᄆ가리가 잇어누난

ᄆ가리 집에 간 이제는 ᄌ을 자는게

ᄒ푼만에 ᄌ을 잔 부배간법을 마련 허엿습네다

그때 날은 부배간 생활 ᄒ여가난

강이영성 이서불 포태양성 주엇구나

ᄒ둘 두둘 연섯둘 다섯 여섯 일곱둘 연당 ᄒ난

둥둥배가 되엇구나

아홉 열둘 준석찬[405] 나는것이 여복력 탄싱 허엿구나

여복력 탄싱을 해여 나난

다시 포태가져 나는게, 다시 여복력이 탄싱 해엿습네

삼세번 포태양성 허는게, 또 삼형제 탄싱 해엿습네다

이젠 ᄆ저난 ᄯ아긴, 은장아기로 이름을 지와간다

두번째 난 아인, 놋장아기로 이름 성명 지와간다

말젯 난거는, 가문장 아기로 이름 성명 지와습네다

이 아기덜 열다섯 십오세가 넘어 가난

강이도령 강이 이서불, 가난해여 어더먹으레 뎅기다가

엇는 집도 나아간다

엇는 법도 나아간다

부제 팔명되어 잘 살앗구나

---

405) 달이 차서

살다보니 아기들은 열다섯이 넘어 가난
ᄒ를날은 큰똘아기야 이리오라 말를 ᄀ르처
영ᄒ영 불러노안
너는 누 덕으로 나왓느냐
첫째는 하나님의 덕입네다
둘째는 지하님의 덕입네다
셋째는 아바님의 덕입네다
네째는 어머님의 덕입네다
내 똘아기 착실ᄒ다
너 방으로 드러가라
셋년 아기 불러다
너는 누 덕으로 나왓느냐
아바님 어머님 덕입네다
내 똘아기 착실ᄒ다
너 방으로 들어가라
족은년 가문장 아기 불러다
너는 누 덕으로 나왓느냐
첫째는 하나님의 덕이요
둘째는 지하님의 덕입네다
셋째는 아바님의 덕입네다
넷째는 어머님의 덕입네다
다섯째는 어머님 배동헐 선그뭇[406]씨 덕입네다
영해여 말을 ᄒ난
족은똘 아기 나 아기 아니로다
후육만발 ᄒ여간다
그때는 아방 눈에 굴리난다[407]
어멍 눈에 굴리나 가는구나
그때는 족은똘 아기는

---

406) 선금(立線). 하복부의 배꼽에서부터 성기 쪽을 향해 그어진 금.
407) 거슬린다

442

어서나고가라 후육 ᄒ난

그땐 어딜가민 좋으리요 영ᄒ여건

가문장 아기씨 이제는

아바님 신디간 열두 숨엄 풍문조회를 ᄒ려간다

아바님 붉은눈 이제야 어둑게 만들고

이제는 정재 부엌에 ᄂᆞ려드러 수수깽이 어퍼불고

영ᄒ여 청지넹이 이는듯 백지넹이 이는듯

영ᄒ여 천변 숭엄을 불러주고

어멍 눈에 굴리나고 아방 눈에 굴리난

족을ᄄᆞᆯ 애기 나고가는구나

나고가난 큰ᄄᆞᆯ애기 셋ᄄᆞᆯ애기

어머님 신디에 드러간

아바님아 이제는 설운 동싱도

아방 어멍 눈에 굴리나 나가불고

우리도 어서 집을 떠나겟습네다 말을 해여가는구나

그때는 아바님은 눈 어둑어 바려지도 못ᄒ고

영ᄒ여 큰ᄄᆞᆯ아기 셋ᄄᆞᆯ아기[408]도

아바님 눈에 굴리나고 시찌나다 시피헌

어서 나고나가는구나 (장고) 나고가난에

ᄒᆞ를남은 가문장 아방 갈망에 누워

밤이 야산 경문당 해여

이제는 길릅는 강셍이[409] ᄒ나완 무뚱아피 완

할죽할죽 머 물삼지 먹삼지 먹엇신디

영ᄒ는디 그말드러

요개야 청개야 ᄒᆞ영 물러나레

애 오나가는구나

아바님 당달 봉사 되어

앞이 머러지고 할망 의지해연 댕겻습네다

---

408) 둘째 딸아기
409) 강아지

부제로 잘살단 어음이 가난헌 길이 용신 해엿구나

그젯날은 (장고)

큰년 셋년 족은년 아기는

애ᄒ아난 ᄒ를날은

큰마퉁이 셋마퉁이⁴¹⁰⁾ 족은 마퉁이 거느리어 그제는

마파래간 둥둥ᄒ연 거러오는게 소리가

큰마퉁이 드러오는 소리여

족은 신마퉁이 드러오는 소리여

족은 마퉁이 드러오는 소리연

일러나가는 구나 (장고)

아방 어머님 당달봉ᄉ 되여 지난에

할망 홀목을 비어잡고

질을 ᄀ르치어 일로 오릅서 절로 오릅서 해여나가는구나

옛날은 할망 하르바님

이제는 배고프고 시장허고 허기 버처지고 영ᄒ난

어디강 밥이라도 어더먹을디가 어신가 해여

뎅기단 바려보난, 큰똘아기 셋똘아기 사는건

이제는 별로고 족은똘아기⁴¹¹⁾는

가문장아기는 이젠 남인 가장을 거느리어

큰마퉁이 셋마퉁이 족은마퉁이 거느리어

천하 오부제로 잘 살아지난

ᄒ를 우리가 잘사는 몸이되니

어디 걸인잔치라도 해여보게 영ᄒ여

이제는 요새에 ᄀ뜨면은

태래비 방송 내오도 라디오 방송 내오도

영ᄒ여 널리 알리난 그 젯날은

이제야 큰똘 셋똘 아기는

족은 아씨 천하 오부제로

---

410) 둘째 마퉁이
411) 작은딸. 말녀(末女)

잘 살아지어 걸인잔치 헌댄 ᄒ난 가고 (장고)
그때야 어멍은 아바님은 당달봉ᄉ되어
이거리 저거리 뎅기다가
소문듣는게 이제는
아무가 이집에 이래야 걸인대잔치를 헌댄 ᄒ난
그딜을 ᄎ앙가저 해매단
이젠 걸인잔치 허는디 ᄎ앙가난
할망 하르바님 이제는 먹을 음식을 많이 대접 허여가는구나
그때는 가문장아기 허는 말이로다
아이고 사는 ᄆ을이 어느 ᄆ을입네까 영은 물어간다
아바님 성은 누겝니까
어머니 성은 누게우까 영해여 물엇더니
사는 ᄆ을은 강의 도령 이서불 강이영성 이서불 영 되어진다
얼러나 난 후 그때는 (장고)
아이고 이거 설운 아바지로구나
영ᄒ여 아이고 설운 아바님아
눈은 어떵허는 당달봉ᄉ가 되어수가
아이고 아바님아 잘 살앗나 말이나 들어봅서
이제는 못 살앗는 말이나 굴아봅서
영ᄒᆞᆫᅵ ᄀ때는, 아방 어머님은 살아온 말을 ᄂ래로 일천근여울
오늘 오늘 오늘이여, 멩일 장삼 오늘이요
숭도헐 말 잔실손가, 상공안당 주년국은
우인녁에 강이도령, 아래녁에 강이 이서불 되옵네다
어더먹으레 뎅기다가, 서로 인연 맺엇구나
부배간법 마련 해여 잘 살엄 헌게, 탄싱ᄒ난 큰 뜰아기 되옵네다
뜰똘아기 족은뜰아기 탄생ᄒ난
은장아기여 놋장아기 가문장아기, 이름 성명 되옵데다
오늘은 하늘은 금년 생년 불러 모아
누게 덕으로 나왓느냐
하나님의 덕이요
지하님 덕이요 아바님 어머님 덕입네다

첫똘아기 착실허다

너 방으로 들어가라

가문장아기 불러노아

너는 누게덕으로 나왔느냐

하나님 지하님 아바님 어머님 덕입니다

어머님 배꼽아래 선그믓이 덕입네다

일럿더니 내똘아기 아니로구나

어서 나고가라 후육만발 시겨부난

아방 어멍 부례나다 시피헌

당 올때에 아바님신디에

당달봉ㅅ 시겨두고, 천변숭엄 불러주어

이제 나고오나 큰똘아기, 남편 정ㅎ여 이대로 잘살아

큰 말통에 신 말통에, 족은 마통이 아파하다 사는것이

잘 살앗구나

호를날은 걸인잔치해여, 널리 알리고 영ㅎ여건

아방 어멍 상봉허여, 아바님 어머님 사랑한다는말

잘살던 시절 울릴노나

무친간장은 다 풀려줍센 영 놀래로, 시름 이수엇습네다

설운 아바님 당달봉ㅅ된거

눈이나 번뜩ㅎ게 뜬댄 허거들랑

이~이 이~이

위에는 연발상은 어서 영ㅎ여

아바님 묻어운 눈, 훤이 뜨게 해영옵서

안공시로 영ㅎ면 (산판점) 고맙습네다 영ㅎ면은

안공시로도 밧공시로도 영ㅎ면은 남은공서 (산판점) 고맙습네다

드려가면은 눈 앞은 뜩허게 뚜어 (산판점) 고맙습네다

삼공안당주년국412)은, 난산국 본산국 신 풀엇습네다

천상 연ㄷ리가 되어보난

글허기도 전상, 활허기도 전상이여

---

412) 삼공신의 호칭

농ᄉ짖기 전상이여
부엄 짓는것도 전상이로구나
배당 강 궤기 나끄는 것도 전상입네다
노름허기 전상이여
심방질허기 전상 됩네다
드려나 가면은, 전상엇는 일이 잇습네까 영ᄒ난
우리 인간 탄싕허면 아무 취미를 가져도
전상이 붙던 허는일 됩네다 영ᄒ시니
또이전은 KBS방송국에서
하루종일 방송 나오게 허는것도 전상이요
라디오 방송허는것도 전상이요
비디오 촬영허는것도 전상이요
사진촬영 허는거 전상입네다
전상 만상 복만상 됩네다
집안 정중에 연향당주집에 당주ᄉ록이여 몸주ᄉ록이여
불러는것도 전상이여
전대귀에 똘라오던 전상연도리여
천리귀에 똘라오던 전상은 구인전상이라
부제칩으로 나수왕 영헌 어서갑서
또 이런은 대계닝에 ᄉ제님에 울란국에
똘라오던 임신들 전상연ᄃ리로덜 (장고)
제주시가면 호텔가진 사람들이나 여관가진 사람이나
또이전은 굿인전상 됩네다 영ᄒ시니, 부제칩으로덜 잘사는 길로다
어서 나수와 영헙네다
[오빠 무형문화재 71호가 제일 큰 전상이라]
영ᄒ면은 부제칩으로 오공 내놀립네다
드려가면 또 이전, 산지 칠머리 무형문화재 71호
열두 숭엄 풍문 조에 불러주고, 개움투기허던 굿인 전상이라
어서~ 어서 칠머리 당드레
어서갑서 드려나 가면은, ᄆ을마다 면장 훈장 이장은
동경대부 가선대부여 살아오던

옛날 양반이 집으로 나수어

어서 내부꺼 드립네다 드려나가면은

그뒤후로는 전면정 후면정 집으로

내놀립서 드려가면은, 이 서민도 옛날

ᄉ령이여 도령이여 이제는 살아읍덴

이런 집안 가정 집에 부제칩드레 내놀립니다

내놀려 드려나가면은, 굿인전상이라 부제칩드레

나수와 어서갑서 드려가면은

삼공안당 주년국 난산국으로, 성은 정씨 병자생 됩네다

이 ᄌ순 쉬은둘 심방질 허는거 전상이 아닙네까

ᄒ잔술 먹거들랑 헛된길 걷게 말고

영ᄒ여 이제부터랑, 초신 연질을 발르왐시니 출림질 발르왕

이제 조상 머리에 강림해 뎅기거들랑

엇는 말명젯ᄃ리에 내숩는것도 전상이우다

영ᄒ난 엇는 넝강도 내수와 줍서

굿인 일은 전상 용머리랑, 다 먼저 내 놀려 드려가며

굿인냉연딜 삼공 주년국에서 ᄆ 갈아줍서

굿인 수액년 대청한간 발 벋어, 아장 울련 몸

면송헙서 인명에 죽 헐일 인명에 낙루 헐일들

ᄯ성제 육민내지 나가 사는 아기들도

넋날일도 막아줍서 ᄒ날일도 막아줍서

막아가면 엇는 명복 재겨줍서

날로 다려 굿인 수액이랑 삼공 주년국에서

면송시겨 주십서

드려가면 삼공난산국 신푸러잇습네다

안공시 밧공시로 영ᄒ면은 삼공주년국에서 (쌀점)

열한방울 고맙습네다

마이 술먹지마라 고맙습네다

좋은 전상이라그넹에 쉬은두설 머리쯤에 신수푸고

굿인 전상 유머리랑 어느 부재칩드레

어서 아이고 ᄋ돕방울 (제비쌀점) 고맙습네다 경ᄒ면은

당주뜨기덜 영ᄒ면은, 육민내지 살암습네다
걱정근심이나 삭 살까마시 (제비쌀점)
열방울 제비도 고맙습네다
안공시 밧공시로 삼공주년국 (제비쌀점)
아이고 ᄋ돕방울 고맙습네다
영ᄒ면 쉬은둘 앞으로 영ᄒ면 옛선성에서
좋은굿 나수고 좋은 연담 나수와
말명젯도리 나수와 큰심방 되어가는 되어가는
상당골 중당골 하당골 아이고 (제비쌀점) 고맙습네다
야도 팔족 괜찮을 거라이
불법이 어간이 되엇습네다
불법이랑 초처 이처 내일날 당ᄒ면
주잔 들러 내여다가 저면정 나사면은
삼공주년국에 말명 입질에 떠러지던 임신들이여
또 이전은 굿인 전상 불러드리는 임신들이여
KBS에서 큰굿해영 이거
잔받으레 기다리던 임신들, 많이 권잔헙네다
초공전에 군졸들 이공전에 군졸들 삼공전에 군졸들
선봉대장 후봉대장 군졸들, 몰드른 이 기드른 이 군졸들
지면정 시군문으로 많이 연둔 수잔입네다
열두 소잔은 지넹겨가면, 내일 나청은 당하면 관세우 올령
세경 난산국 본풀고 불도연맞이 올리겟습네다예~
신의아이 앞이 오를말 뒤에 오를말, 배선로 도착이 됩다
순국매랑 좁은저 십서
신의아이는 연당알 굽어 신천허겟습네다
본가심방 나 영햅서 이
[고맙수다예]
[수고하셨습니다]
삼공 본 푸럿습네다

4. 넷째 날

4. 넷째 날
〈관세우〉《세경본풀이》《불도맞이》
(10월 16일 일요일, 음력 9. 20.)

〈관세우〉 서순실

일만팔천 신전님 동성개문입네다

(각 당클에 인사)

동성개문 여난, 우리나라 일도도벽
진빙에서도 저녁날은, 이소쌀소 도령법이 잇고
둣날 나적은 개패문은 열두 집서관이 열리는 법입네다
어제 간밤 일만 팔천 신전님전 도령법을 ㅎ난
오늘은 스무날
천왕득에 목을 내리고, 지왕득에 목을 둘르고, 인왕득에 목을 둘러
갑을동방 늬엄들고, 경진서방 출릴치고,
병오남방 늘갤들고, 해저북방 활길치난,
먼동금동 대명천지 붉은날이 되염수다
동성개문 협네다. 수성개문 협네다.
일 이 삼경 문도 열립네다예~ (삼석)

참견은 ㅎ난, 신전님네 다를 가망 잇습네까

452

하늘옥황 도성문 열려옵던 천왕낙홰금정옥술발 들러받아
일만팔천 신전님전 취침령도 울립네다예~
(요령흔들며 각 당클에 좌정한 신들을 깨운다)
지침령을 울리난, 신전님네 즘이 깬듯 허십네다
생인딜도 일어낭 아칙엔 우선 담배 흔대 피웁네다
삼동초 염초 나주영산 꺾음초 열두 모자 금족대 울립네다
담배 피운듯 허십네다
생인들도 일어나민, 이불자리 개고 방문여는 법 입네다
신전님네 다를 가망이 잇습네까
삼천천재석궁엔, 마은ㅇ돕 모람장 서른ㅇ돕 빗골장
스물ㅇ돕 고모살장 문도 엽네다
열시왕에는, 압니다 이제 밤이 낮에 문을 엽네다
할마님전에는 청호장 백호장 거듭네다
안으로 연향 당주전으로도, 마은ㅇ돕 모란장 서른ㅇ돕 빗골장
스물ㅇ돕 고모살장 거듭네다
일로 내리민
삼본향 한집님에 상개문 중개문 하개문 열립네다
장적문서 호적문서 문도 열립네다
일월제석에는 청호장 백호장 거듭네다
주문도청에 창문 엽서, 지개창문 엽서 대무 엽서
안팟공시도 마흔ㅇ돕 모란장 서른ㅇ돕 빗골장
고모살장 문을 엽써
일만팔천 신전님전, 청호장 백호장도 거드레 갑네다
(각 당클에 청호장 백호장을 손으로 걸었다 놓는다)
(악무)
일만팔천 신전님, 청호장 백호장 열엇더니
생인들도 일어나 이불자리개고, 문을 열면 우선 세수허는 법입네다
신전님네 다를 가망이 잇습네까
주문도청에강 은대양 놋대양에, 관세물 신세물을 받아올리저 영헙네다
서울물은 임 석어 부정되고
산짓물은 궁녀 신녀 손발 씻어 부정되고

조천 금돈지물은 정동ㅁ발굽 씻어 부정되고
산으로 내린 물은 나무들ㄱ 석어 부정되엇습네다
하늘로 내리는물 지장산새밋물
주문도청에 강, 은대양 놋대양 웃솟북 떠다건
일만팔천 신전님전 관세물도 올립네다.
(관세물을 들고 각 당클에 인사)
관세물을 올리난, 얼굴 다끈듯 허십네다
세수헌 듯 양치시친 듯, 머리 ㄱ은 듯 허십네다
주문도청에 강 관수에 수건타다
일만팔천 신전님전 관수에 신수퍼 올립네다~
(미녕수건들고 각 당클을 돌며 춤을추면서 인사)
관세수건 신수에 수건 올리난, 신전님이 강 ㄴ다끈 듯
양치다끈듯 세수허신 듯 허십네다.
생인도 세수 ㅎ민
머리빗고 은상식 군상식 옷을 입으는 법입네다
신전님네 다를 가망이 잇습네까
삼천천제석궁에 강 진양도폭 입읍서.
삼백ㄷ래 진서양 가시젠, ㅎ민 상동이 곱게 드십서.
상동락 용흘래기 올려, 삼백ㄷ래 진서양 가십서
시왕에는 관복 입읍서 말관 썹서
할마님에 상동락 용흘래기 올리건, 머리 곱게 빗어 건지 여끕서
할마님 연밤물 진옥색 치매저고리 맹지 줄장옷 열두 단추메고
만산 쪽ㄷ래 ㅎ양매 감퇴 곱게 단장 헙서
안으로 연향당주 삼시왕에도, 진양도포 삼백ㄷ래 진서양가십서
본향한집에도 진양도포 삼백ㄷ래 진서양가 십센허고
일월제석에랑 굴송낙 십서 굴장삼 입읍서
ㅎ피미녕 두루막은, 한삼모시 바지저고리 아강베포 직부잘리 맵서
주문도청에 상동락 용흘래기 올리건, 남자 영ㅎ님들이랑
머리 가르마해여 ㅃ마드 블르고, 여자 영ㅎ드리라건
곱게 머리빗어 비녜 찔릴 조상 비녜 찔립서
머리 따올조상 머리 따옵고, 댕기드릴 조상 댕기드리고

중의 적삼 입읍서. 치매저고리 입읍서.

모자들 씁서. 아기들랑 빵모자 학생들랑 학생모자.

일할 어른들은 밀짚모자, 패랭이, 태양모자,

나까오리[413), 핸드뽈 모자 씁서.

삼백ᄃ리 진서양갓은 두루막 입을 조상 입으고 씁서.

안팟공시로 도ᄂ리민

복색옷 입읍서 쾌지 입읍서 관디 입읍서.

굴송낙 씁서. 삼백ᄃ리 진서양갓 씁서.

일만팔천 신전님전 ᄃ망갓도 올립네다.

(각 당클에 인사)

(악무)

ᄃ망갓 올리난, 신전님네가 ᄆ딱 곱닥허게 단장헌 듯 허십네다.

생인들도 출려 아적엔[414) 우선 담배 ᄒ대 피웁네다.

신전님네 다를 가망 잇습네까.

초는 엽초 봉초여 옛날 종이도 쫄라 올리건

봉초ᄆ앙 피울조상 봉초 맨드랑 피웁서.

요즘은 에쎄, 청자, 아리랑, 파고다,

또 무슨 담배잇수까?

오마샤리프 하영하영 담배는 하우다[415)

옛날부터 담배는 하도 하부난[416) 이를 다 알 수가 잇습네까

신전님들이랑 초미오른 연단상, 이미 오른 초단상, 삼미오른 삼선양

울령도는 조금상에 세발ᄃ든[417) 주홍아반

백탄숯불 엉글엉글 피와 올려 잇습네다.

삼천천제석궁 열시왕 할마님 연양당주 삼시왕 삼하늘

고 옛선성님 삼본향 한집 일월제석 주문도청

안팟공시 옛선성님 ᄭ지 상촉권상[418)도 올립네다.

---

413) 중절모
414) 아침엔
415) 많습니다.
416) 많아서
417) 세발 달린
418) 香燭勸床

(각 당클을 돌며 향로춤)

상촉권상을 올리난
아지난 멩감내 사난 가견내 약방약내도 부정가인듯 허십네다.
생인들도 일어나민 해장술 ᄒ 잔ᄒ고 밥 먹는 법입네다.
신전님에 다를 가망 잇습네까.
해방지 주잔 올리저 허십네다.
초잔은 청감주 이잔은 졸병주
제삼잔은 고암탁주 우거린 건 다박주
알거린 건 ᄌ소주 돌아닭은 한난주,
부성대에 부성잔에
지리분부 물려 청맷섭 우올리며
삼천천제석궁 열시왕 할마님 열시왕 삼시왕 삼하늘
고 옛선성님 삼본향 일월제석 주문도청 안팟공시
일만팔천신전님 해방지 잔입네다.

(각 당클및 문전에 삼주잔 술뿌림)

삼주잔 받다 씌다 남은건, 상관은 늘고가저 하관은 먹고가저
상당에 받다 남은건 중당에 바듭네다
중당에 받다남은건 하당에 바듭네다
하당에 받다 남은건, 주석말석ᄁ지 일만팔천 신전님뒤에 노는 임신
할마님뒤엔 걸레삼싱 구덕삼싱 업게삼싱
악살대기 하양대기 노용대기등
쉬은두설 일곱설에 당주 불도알로 놓을적에
오늘ᄀ찌 10년이면 강산이 변허는 법인데
연 삼십 사십년 동안 저 오룩을 불러주던 이런 임신들도 주잔입네다
초공전에 군졸 이공전에 군졸 삼공전에 군졸
안초공 안이공 밧이공 노는 임신 주잔입네다
시왕뒤에 선배나리 후배나리 마후베 걸남베 조삼베 뒤에

삼만관숙 육방하인뒤에 기드른 이 창드른 이
행금주대 드른 이 덜 저먼정에 주잔입네다
삼멩감뒤에 군졸 삼차사님뒤에 군졸
족은아바지 도랑간 눌신낭 삼ㅊㅅ 뒤에
일곱귀향 아홉신향뒤에 수맹이 아들 수맹이 덕 들덜
상이화당 몰켄 남해국 ᄄ기에 유대군에 노는 임신들 주잔입네다
삼본향 한집뒤에 본당에 군졸 신당에 군졸
청칼에 청토 신멩뒤에 흑칼에 흑토 신멩뒤에
오름산이 봉산이 서저구리 귀마구리 칼감제⁴¹⁹⁾뒤에 노는 임신
아기나처 상마을 청방방매 방방뒤에 노는 임신
일월조상뒤에 산신뒤에 산신 군졸이로구나
요왕뒤엔 요왕군졸 선왕뒤엔 염감에 참봉에 애애기에 저애기에
우미상구 팽구상구뒤에 영감놀이 행사 뎅기멍 연극놀이 뎅기멍
일본으로 정의 대정으로, 선왕풀이 헐 때 제주칠머리 당굿에서
염감놀이 헐 때 인자취에 발자취에
뜰라들던 영감 참봉 야채 금채 뒤에 노는 임신
주잔입네다 저먼정에 저싱간 부모조상드레
성읍리 이집드레 기러기 연줄ㄱ찌
굽어 대려오람덴 ᄒ난 오라가난, 영혼들 나도 가키여
친구벗든 저싱 지부집네 방부집네
ㄴ뚤름네 저싱친구덜도 저먼정 주잔입네다
옛선성님뒤에 어시러기 멩두 더시러기
모사멩두 삼멩두뒤에 군졸덜 당주에 조상뒤에
어주애 삼녹거리 팽저 생인 유저 생인질에 노는
삼천기덕 일만제기에 슬이슬성 불러주던, 이런 멩도발드리여
쉬은두설이간 당주모션 오라가난
말자취에 뜰라들고 당주 설연해여 굿 허래 오라가난
현재 사는집이 울성안내 울성바꼇듸에
큰낭 큰돌지기 오충 비충지기들

---

419) 제주도 굿 중에 백정 집안에서 치르는 거무영청굿을 이르는 말

아이고 요 ᄌ순 굿 ᄒ레 갔구나

우리고 ᄀ찌 강 보겐 해연

올레에 오라도 술ᄒ잔 아니주난, 어느때민 줄건고 ᄒ던 임신

성읍리 이동네도 산천마다 내창마다 큰낭 아래마다

수월마다 언 마다 노는 임신, 낮도 밤도 굿소리 나가난

낮도 부지 성도 부지 이름 부지허던 이런 임신들도

주잔입네다 어제 간밤에 우리들 아니 거니렴저

신의성방덜한티 꿈에 선몽 낭개일몽 허던 임신들ᄁ지

많이 많이 열두 소잔입네다

열두소잔은 지넹겨 드렷습네다

신전님네가 모두 출령 아진듯 허십네다

세경 심중마누라님 난산국드레 도올리저 하십네다

본주제관도 강, 세수허라 양치 씨치라, 놋 시치라 헙네다

신이성방덜 신에 온 소미들도 이디 굿 ᄒ는데 오젠 ᄒ난

이거 직원들도 일어낭, 눈꼽들만 떼언 오랏구나

강 경 세수덜 ᄒ라 헙네다

신이성방이 잘못헌 일이나 불찰헌 일 잇을지라도

죄랑 삭 시깁서 벌랑 풀려줍서

안팟공시 옛 선성님 이 알로 굽어승천 하렴입네다예~

본주심방 나 관세우 햇수다예~

이 관세우 허는 법은 예 행원 삼춘이

순실아 여자심방이라도 관세우는 똑바로 해야된다

영허멍 해엿시난예 무사 오늘은 여자 심방이 햇냐민

남자 심방들만 허민 ᄒ설 답답해주게야

신전님도 줄바로 시처주지도 않을꺼고

그냥 여자 심방들도 ᄒ번 쿨쿨이 시츱서

경연 영 햇수다 영 굿했수다

《세경본풀이》 강순선

〈세경본풀이〉는 제주의 농경신화다. 본풀이에 나오는 아름다운 농경신 자청비는 "스스로 여자 되기를 청하여 태어난 아이"라 하여 '자청비'라 불렀다. 제주도 농경신의 신화에서 '세경'은 '세경너븐드르', '땅' 또는 '대지'를 뜻한다. 제주도 사람들에게 땅은 태(胎)를 묻은 '태 ㅅ른 땅' 즉 본향(本鄕)이며, 죽어서 묻히는 저승이며, 모든 곡식 '열두 시만국(新萬穀)'의 씨를 뿌려 거둬들이는 생산의 땅이다. 〈세경본풀이〉는 농경과 목축을 생업으로 살아온 제주인의 삶을 반영하고 있다. 〈세경본풀이〉에 의하면 농경신이며 여성영웅신 자청비는 옥황상제에게 오곡의 씨앗을 받아 7월 보름날 인간 세상에 내려왔다. 그리하여 문도령과 자청비는 농신인 세경신이 되고 정수남이는 목축신이 되었다.

(장구앞에 앉아서)
뱃곁딜로는
초신 염랏대는 삼보래 나븨줄전지 좌우독 생명
안으로는 삼천천제석궁 어간허고, 동살양은 방안 우전으로
연향탁상은 연향당주 삼시왕 삼하늘은, 어간삼아 잇습네다.
이 곳 설연허기는, 애산 신구월둘 열ㅇ셋날부터
기메 놀메 당반 자림에 설연허여 잇습네다
열일뤠날은 일문전으로 천보답상 만보답상 고리안동벽 신동벽은
매여 놓아건에 성은 서씨 조캐 초집서 메겨건
초감제로 옵서 청헌 신전, 조상님은 초신 연맞이 넘어 잇습네다
초신 연맞이에 떨어진 신우 조상님은
도래 안상계로 상당 중당 하당 말석으로 옵서 영ㅎ난
삼천천제석궁과 시왕 본향은
연향당주 마을영가 일월제석 안팟신공시로
밧시중 금공서 초아정 설운원정 올렷습네다
오늘은 애산 신구월둘 스무날은 아칙은
해동여래 신전님네 일어납센 영허여건, 신과세 올렷습네다

위가 돌아갑네다 자가 돌아가옵네다
뱃꼇딜로는 좌부일월 상세경 마누라님과
안으로 연향당주 삼시왕으로는, 직부일월 상세경은 얼로십네다
먹은이도 세경의 덕입네다
이번에도 세경에 덕입네다
행궁발신 허기도 세경의 덕입네다
농업 상업 허기도 세경의 덕입네다
ᄌ순널 집을지어 살기도 세경땅에 집을 지어 살고
죽어 저싱갈때라도 세경땅에 엄토감장 허십네다
세경을 박대헐수 잇습네까
동엔 가린성 서에는 불에 부찡 됩네다.
상세경은 염제 신농씨
중세경은 문도령 하세경은 ᄌ청비가 되옵네다
세경 장남 정이어신420) 정수나미 정술데기 됩네다
신의아이 신의 본을 어찌 다 알수가 잇습네까
들은대로 배운대로
열에 ᄒ마디 백에 열마디 십일조로 받아 동촉 가름허멍
삼공마련 대령해엿습네다
금탑 금보십ᄊᆯ 권재 솝솝히 떠다 올렷습네다
삼위올라 심신향 삼주잔 개잔개수, 신ㄱ라 도올려 드러가멍
세경 난산국 본산국 시조낙형 과광성 본을 풀고
본산국덜에 재ᄂ려 하감협서예~

(장고를 치며)
공선 공선은, 가선 가선은, 공서외다
제주 남선은 본은 갈라 인보역 서준왕 서준공서 (장고)
신전님 말씀이라 공손케 여쭤와 드립네다 (장고)
날은 갈라 어느날 둘은 갈라 어느 둘
올금년 금년은 해는 금년 갈러지어 (장고)

---

420) 정(情)이 없는

신묘년 둘은 갈라 원천강 팔저 ᄉ주 기박한 둘입네다

애산 상구월은 (장고)

이거 군문안에 성은 정씨 ᄌ순 초신질 발롸건

저 ᄌ순 당당헌 큰심방 되젠허니 (장고)

이정 이영저영 절도 집도 없는 ᄌ순은 이거 성읍리 민속집은 (장고)

필아정 오늘랑은 이 기도 이 축원을 해여 불공을 올리기는

국은 갈라 갑네다 강남든건 천자국 일본든건 주년국 우리국은 대한민국

첫서울은 송태조 개국허고, 둘째 서울은 스님서울 (장고)

세째 서울은 동경, 네째 한성서울, 다섯째 조부올라 상서울 마련허니 (장고)

안동반골 좌동반골 먹자골은 ᄉ박골 불턴대골 마련허니 (장고)

경상도는 77관 전라도는 53관 (장고)

충청도는 33관 마련허니 일제주는 이거제 삼진도는 ᄉ남해

오강화는 육칸도 마련허니 그가운데 제주 탐라국이외다 (장고)

땅은 보난에 노ᄀ진땅이요. 산은 보난, 할로영주산 호령산입네다 (장고)

물로 뱅뱅 돌아진 제주 큰 섬중 되옵네다.

저산앞은 당오벡 이산앞은 절오벡 오벡장군[421] 오벡선성

아흔아홉 골머리에 ᄒᆞᆫ골 부족ᄒᆞ난 왕도 범도 곰도 못네든 섬입네다 (장고)

섬인디 대정 일경 정의 이십팔열 주에 무관 팔십여리 (장고)

항파두리 만리둑성 둘러온 섬입네다 (장고)

곽진ᄃᆞ리 ᄀᆞ방장은 벵골만효 ᄉᆞᆸ데다

영평 8년 모인굴은, 자시 고이왕 축시에는 양이왕 인시에는 부이왕

삼성신 도업헌 섬이외다 (장고)

관덕청은 목관아 됩네다 (장고)

현감 판관 살려옵데다 (장고)

동더 동엔 가면은 서른ᄋᆞ돕 ᄆᆞ을 대도장됩네다

서소문밧 나사민 마흔ᄋᆞ돕 소도장네

면 도 장은 갈릅기는 제주도는 특별자치도가 되난

제주시 서귀시 읍면동은 갈르기는

---

421) 영실(靈室)과 같음

제주시 됩니다 (장고)
부모 조상들 태 슬은 땅은 저문밧 나사민
모실포 됩네다. 다리 끄승 허여건 제주시로 함덕으로
거주건명은 허여건 살다건 지금현재 (장고)
북촌읍은 북촌ᄆ을 오라건 거주해여 사는 ᄌ순 원천강 팔저ᄉ주 기렴허고
(장고)
부모덕 엇고 조상덕 엇고 형제간 가숙덕 어신 ᄌ순
성은 정씨 ᄌ순 쉬은둘님 받은 공서외다 (장고)
나은 아기 삼천 여궁녀 성은 정씨 ᄌ순 스물하나 받은공서
족은 똘은 성은 정씨로 열두설 어머님짓 안네에서 잇는 아기 (장고)
받아든 공서외다 (장고)
어떠헌 일로 이 공서 이 축원 이 원정 올립네다 (장고)
좋은 전싱 그리처 뎅겨도 의지하나 어시 동서남북으로
정의 대정 모관으로 뎅겨두어 어느 조상일 허여건 의지 못내허고 (장고)
어느 당주전 의지헐때 어서지엉 (장고) 뎅기다건
아이고 좋은공부 대학교 나와건 높은 책상이나 받아건
나라에 관록이나 먹곡 붓대 놀려 살아지카부덴 허단 보난
대학교 뎅길때부터 연극 판으로 뎅기멍
연극도 허고 한라산 놀이패에 드러건 허드렛일 뎅기고
그때의 일로 4.3사건 때에 죽어간 영ᄒ들
질 칠허민 질도 치어 가는것이 (장고)
이 ᄌ순 어느 높은 직장도 어서 지난
아이고 71호 인간문화재 칠머리당 어-엉 부절매가 됩네다
그때에 사무장으로 드러오라건 (장고)
사무보멍 사무 볼때만 봄이라도 간장석고 오장석다건

아맹해여도
우리부모들 나날적에는 원천강 팔저ᄉ주 그리친
나신가 머리깍아건 법당 절에 들어가, 부처님 공양못허고 영허난에
아이고 칠머리 71호 인간문화재에

그때 사무실에 오라건 사무도 보고

영허는게 좋은전싱 그리치어, 어느 누게가 인도 지도헐 사람 하나 어서 지고
어느 아바지님이나 어머님이나 성주성편 외주외편
다 인간 떠나불고 형제간들 어느 일본 주년국 강 사는 동생은 살아불고
저 서귀포시에 사는 동생은 살아불고 (장고)
누님은 남의 역해 시녁가버리고 살아불고 (장고)
나은 입장 ᄒ연 허여건 뚤하나 탄싱해여건 (장고)
인연 어성 백년은 해로 못허여건 (장고)
입장은 산이별이난 뚤하나 ᄃ라아정 가불고 영헌게 서처고단허고 (장고)
뎅기는게 아이고 대양 두드리는거 영 북두드리는거
이거 장고 설쇠 두드리는거 다배와도 부모는 열두뻬 곱게 낳건만은
저 왼 손가락 (장고)
두개 불구가 되난에 장고도 두들젠 허민
아이고 채받이는 소리가 나도 (장고)
궁받이 오민 손가락 어시난 (장고)
아이고 이 ᄌ순 손가락 세개로 궁받이 두들젠 허민 소리 아나나고 (장고)
간장석던 정공철이 오장석던 정공철이 (장고)
이제는 가숙은 정허여 이제라건 나 먹던 술도 덜 해멍 (장고)
돈 벌어 이가숙 뚤아기 탁쉬허나 악착?치 살젠 영허여도 남편 벌어오라도
아이고 가숙이 요망지어건 ᄎ북ᄎ북 (장고)
아이고 정공철이는 백만원 강 벌어오민 가숙은 이백만원 써 불고
이백만원 강 벌어오민 삼사백 쓰여 불고 (장고)
영해여 가난 가정은 서능 못해여가고 (장고)
속상허민 ᄒ잔 두잔 먹단 배려보민 술에 넘치고 (장고)
가숙도 의지핸 뚤하나 돌아건 산 이별 허여주고 (장고)
혼자만 어느 누게가 술을 먹어 뒷날 아칙에
술국이라도 ᄯᆞᆺ허게 장국 ᄒ수쿠락이라도 끓여주는 가숙없고 (장고)
아칙에 일어나민 속씨리고 (장고) 오목 가심 아프고
영해여 가민 또 술ᄒ잔 먹고 밥은 먹은밥 굶은밥 허여지고 (장고)
영해여 가민 아이고 이 심방질 배웁젠 허난에

성은 김씨 회장 홀목심어건 (장고)

배웁젠 영허는게 (장고)

나사건 새라도 도려가민 뒤에서 뒷공론 허염신가

생각해여지고 굿을 해여가도 굿 다 해여 앉거들랑

아무걸랑 아명ᄀ고 아무걸랑 아명ᄀ렌 시켜주엄 시민

무사 기십이나 죽음네까 만은 한참 허는 도중이라도 그것이 무엇이냐

그추룩허민 아니된덴 허여건 쥣 박아 불고 그게 기십이 못 페와근넹에

기십 죽어건 굿 허젠허민 오장간장에 것 간쓸개 ᄆᆞ딱 빼여건

기둥에 걸어두어건 가거니, (장고) 눈물로 세수허고 (장고)

한숨은 동남풍 되어지고 (장고) 영허멍 (장고)

살다 배려 보난 어느때에 쉬은두설이 되어지고 (장고)

나 난 날 난시에 둘도 해도 없는 날에 나신고 (장고)

울젠 해여도 한이 없고 곰젠 해여도 한강에 고이 없고 (장고)

허는 ᄌᆞ순 아닙네까 (장고)

어디서 공연이라도 허여 도랜 허민, 회장 눈치 보아지고

아이고 사무실에 회원들이여, 총무 눈치 다 보아지고

영해여 갓다 오민 갓다 왓젠 해여건

욕만 푸선 아이고 매 맞치지만 아니험뿐이주 (장고)

모든 욕 다 들멍 (장고) 내가 악착같이 요 심방질 배와건

넘의 눈에 웃지지 마라건 허젠 헌게 어떤 땐 ᄒᆞ잔술 먹어 집안에 들어오민

어느 아기가 이서근 반가웁게 시리 아이고 아바지엔 허영 동무릎에 오랑

이제 어깨에 ᄃᆞ라정 허는 애기 하나 옆이 어서지고 (장고)

가숙 어서지고 (장고) 영해여 가는게 (장고) 집에오라 눈에 ᄌᆞᆷ 아니 들민

생각 생각 허다 배려 보민 비새ᄀᆞ치 (장고)

눈으로 눈물은 흐으흐 나저 가고 (장고)

어느 형제간 잇어 안심 못시겨 주고 (장고)

좋은 심방질 해염젠 해여건 반가웁게 생각들 아니허고 (장고)

심방질도 이거 사람이 허는 일이주. 아이고 요새는 갤잡든 쉴잡든 (장고)

돈만 잇시민 사장말 듣고 허는 시대인데 (장고)

암만 벌어도 아이고 친구 벗들은 무사 하멍.

잇시민 정공철아 무시거 해염시 허여건 나가민 술벗이 되어지고 (장고)

어떨땐 문박사 선생 만나민 나 이것 저것 연구 무시거 허랜 영혜영

허당 배려보난 나 좋은 심방질 되엇수댄 해여건 (장고)

원망도 허여보고 (장고) 영허는 ᄌ순 아닙네까 (장고)

살젠허난 고생이여 죽젠허난 (장고) 청춘이 되어지고 (장고)

남군 북군 모관으로 노는날 노는 시간 어시 동서남북으로 벌어도

앞에 논건 하나 어서지고 버는 숫자로 생각을 허민

남과 같이 좋은 집이라도 해여건 살건디 (장고)

하단 배려봐도 펀펀허고 (장고) 부모 조상도 아니 태웁고

재산도 아니 태웁고 형재간들도 (장고)

아니 태웁고 가숙도 아니 태웁고 똘성제 잇신거

보고파도 강 보지 못허고 (장고) 큰똘도 전화오라 전화받아건

이애기도 어릴때에 어멍 똘랑 간 애기

어느 동안에 스물하나가 되어신고 (장고)

누게가 밥을주어 이애기 크멍 누게가 옷을주어 이애기가 크멍

조상드리고 아방드린 이똘아기 난 아바지엔 해여도

아방 도래 다 못허고 (장고)

살단 배려보난 (장고)

아이고 열두설난 애기나 이애기나 옆에 놓아건

살아지카부댄 허단 보난 (장고)

한참 아바지 아바지 허멍, 아이고 설운 나 똘아 수정이야 (장고)

아이고 어디강 오라가민 아바지해영 달려들고, 동무릎에도 오랑 앉고 정들고

이 똘애기라도 앞에 놓아 살아지카부댄 허단 배려보난 (장고)

이 똘애기도 어멍 똘라아정 가불고 (장고)

아이고 어데강 들어와도 아바지 허는 애기 하나 어서지고

불쌍헌 정녜 가련헌 정녜 아닙네까 (장고)

놈과같이 악허지도 못허고, 놈과같이 독허지도 못내허고 (장고)

어질고 순허고 누게 무시거엔 글아도 뒤돌아상 대답못허고

우리 사무실에도 회장이 머엔 글아도 회장신더레 돌아사

무사 회장님 기영 허염수께 말 ᄒ 곡지 못허고 (운다)

총무가 뭐엔 글아도 말 ᄒ 곡지 대답 못허고 (장고)

아이고 너 회장내라도 일 갈렌허민

이번은 가면 뭐엔 ᄀᆞᆯ을건고

아이고 사무실에 회의때라도 가민 뭐엔 ᄀᆞᆯ을건고

영허멍 가젠 해여도 ᄒᆞᆫ발자국은 돌려놓고

ᄒᆞᆫ발자국은 내여놓고, 낼 시기는 말이주만은

ᄀᆞ찌 늙어가는 몸뚱어리 들인데, 어떤땐 남모르는 생각 해여가민

눈으론 눈물만 흘려지고 (장고) 아이고 회장은 허거들라건

정공철인 이녁 밑으로 놓아건, 큰 심방 맨들어 이녁⁴²²⁾ 제자로 허여건

삼아건 뎅기젠 허엿건만은, (장고) 회장은 그저 굳는소린 아니허도

허거들랑 잘사는거 보젠, 영허라 정허라 영허여 가고 허는것이 (장고)

아이고 저 복색옷 입기는,저와 사는 고댁에 그집에 고전적 조상도 잇고

양씨애미 조상도 잇고, 이씨불도 할망 조상도 잇고

양씨 큰할마님 조상도 이신 집안에 가건에 쳇어깨 들러건

석시 놀아건 본풀이 해여가난, 그듸 궨당들이여. 본주들이여.

아이고 새심방 굿잘 해염제 영허여건 칭찬 다 맞고 (장고)

영허여 뎅기는게 이젠 몰른 굿 어시 다허고, 몰른 본풀이 어시 다허고

북도 연물도 ᄂᆞᆷ광ᄀᆞ치 잘 두드리고 (장고)

영허여도 의지암지 헐데 업는 저 ᄌᆞ순이 (장고)

영허단 배려보난 운수가 좋으멍 허여저신가 (장고)

KBS방송국과 (장고)

아이고 성은 문씨 ᄒᆞᆫ녁으론 형제간ᄀᆞ찌 ᄒᆞᆫ녁으론 동생ᄀᆞ찌

뎅기여 지고 허는게, 이번 참이라건에, 이거 큰굿 자리로 놓젠 ᄒᆞ난에 (장고)

어떵허민 좋고 허는게, 아이고 쉬은두설 난 ᄌᆞ순은 (장고)

문박사 선생님과 (장고), 찾아저 가건에 (장고)

이제 나 영해여근넹에 굿허젠 해염수다

아이고 오라건 잘허나 못허나, 나도 회장님신디서 배운 심방이고 (장고)

영ᄒᆞ난 허여 줍센 허여가난, (장고) 이제는 소미랑 누게 누게 ᄃᆞ랑

오랜 영허여 가는것이 (장고) 못해여 주캔 ᄀᆞ라가난 (장고)

쉬은두설도 가심이 먹먹허고 영허는게 (장고)

아이고 이제는 성은 양씨 불쌍 적막 가련허신 (장고)

---

422) 자기

찾아뵈어 가건에 어-엉 목메여건, (장고) 일해여 줍센 영ᄀᆞ라 가고 (장고)
조상도 이제랑 물려가랜 허여가고 (장고)
영허여 가는게 나 이젠 나이도 들고, 몬메여 허여 지는양 (장고)
큰굿 종목이나네 서순실이 돌아건 의논해여건
몬 메와민 날랑 뒷받침 허여주맨 영허고 (장고)
이 조상 업어다 이젠 의지 허랜 ᄒᆞ난
하도 지꺼지영 나븨에 놀듯 새놀듯 허신
나도 이젠 뎅겸시난, 조상 의지도 해여질로구나
당주기도 해여질로구나. (장고) 고맙수다 아바지 어머님아 영허여건 (장고)
초집서는 서씨로 쉬은하나 초집서 매겼습네다 어-엉 (장고)
이거 애산 신구월은 초ᄋᆢ드렛날은 조상 당주기 다지와 불고
이제는 저 쉬은두설신데 유래전득 시켜건 (장고) 당주에 간 빌언
이제 이 ᄌᆞ순신데 오랏수댄 영허젠 ᄒᆞ난 (장고)
아이고 당주에가 말 고릅젠 ᄒᆞ난, 목이 턱턱 메이고
이녁집에서도 당주에 말ᄀᆞ라, 저 ᄌᆞ순 정씨로 쉬은두설신데
어서 그릅센 허젠 ᄒᆞ난, (장고) 목이메고 뜸든당주 (장고)
손때묻은 이 조상 저 애기신데 주어건 강 당주설연 몸주설연
진영간주 설연을 다시켰습네다
그때엔 조상 이젠 오랑 당주 설연허여 두어건
이녀도 곰곰들이 생각ᄒᆞ난, 나도 이젠 조상도 잇고
당주도 잇고 어디강 드러오라도, 이젠 당주를 잊을리 어서
헐로그랜 허여건 ᄒᆞᆫ잔 술먹어건
전화로 설운 아바지 어머님아 고맙수댄 허젠 ᄒᆞ난
목이 메개시리 쉬은두설도 비새ᄀᆞ찌 울어지고 (울먹이며)
영해여 오는것이, (장고) 날택일 ᄃᆞᆯ택일 천왕왕도 신ᄂᆞ린날
지왕왕도 신ᄂᆞ린날 인왕왕도 신ᄂᆞ린날 (장고)
신전님 하강일 생일엔 생기복덕 (장고) 골려 잡아 놓아건 (장고)
소미덜도 다 ᄆᆞ음데로 빌젠ᄒᆞ난에 ᄆᆞ음데로도 못빌고 (장고)
신의 아이도 호위돼 오젠ᄒᆞ난 (장고)
벨말 다듣고 벨헌 모략에 다드러와도, 일단은 대답헌 일이라노난
아명도 못내 허여건에 (장고)

사무실에도 강 정의 성읍리 굿허래 강 오랏젠 해영 (장고)

사무실에 나가랜 허민 나가켄 그말 막말 다 곧고 (장고)

서툰 오누이가 원수가 되다 실프게 시리, 신의 아이도 오랏수다 (장고)

이제는 열ᄋ셋날은 (장고) 이녁 조상 삼봉거체 등에 업곡 어-엉 (장고)

성은 서씨 쉬은하나 몸받은 연향당주문 열렷수다. 몸줏문 열렷수다. (장고)

상안채 중안채 하안채 일만기덕 삼만제기 궁전궁납 (장고)

거느리고 전성궂인 삼촌들 형제간들 밤을 세와건 (장고)

민속촌으로 오라건, 대와 꾸미고 안으로는 당반 설연 해엿수다

기메 놀메 설연 허엿수다 (장고)

그날 간밤에 기메코서 기메 물룬데 기메잔 받읍센 허여건에 (장고)

일부 ᄒ잔씩 들엿수다 (장고)

열일뤠날은 아칙 해동여래 (장고)

초채 올려 초공하늘, 이채 올려 이공하늘, 삼채 올려 삼공하늘 (장고)

하늘 옥황드레 쇠북소리 울려두고 (장고)

일문전드레 천보답은 만보답 초감제상 내여놓아건 초집서 메겨건

초감제 연ᄃ리로 일만 팔천 신우엄전님네 옵서옵서 청허여 잇습네다 (장고)

초신 연맞이로 옵서 청허여 잇습네다 (장고)

초신연맞이에 떨어진 신전 조상님은 도래 안상계로

옵서옵서 영 상당 중당 하당 말석으로

금공서 초아정 설운 원정 올려 잇습네다 (장고)

지중허옵고 초공 난산국 본을 풀어 잇습네다,

이공 난산국 본을 풀어 잇습네다

삼공 난산국 전상 연ᄃ리로 풀어 잇습네다 (장고)

위가 돌아가옵네다. 자가 돌아 가옵네다.

세경 난산국 본산국 시조낙형 과광성

본을 풀거들랑 본산국더레 신들은 하감험서

옛날이라 여쭈기는 세경 난산국 풀젠 허염수다

ᄌ부올라 상세경 연향 당주전으로, 직부일월 상세경 아닙네까

상세경은 염제신농씨 (장고)

중세경은 문도령 하세경은 ᄌ청비

세경 장남은 정이어신 정수내미 정술데기 어-엉 아닙네까들 (장고)

옛날예적에 김진국 대감님 사옵데다. ᄌ진국 부인님 사옵데다

유개전답 좋아지고서 메여 ᄆᆞ쉬 쇠ᄆᆞ쉬 좋아지고 어—엉

수벨캄423)은 수장남424) (장고) 거느려건 거부제로 잘살아도

십 스물에 넘고 삼십 서른이 넘어도

ᄌ식하나 어서 호이ᄒ탄을 해여가옵데다예~ (장고)

ᄒᆞ를날은 삼천 선비들이 두어 바둑 두어 장기 두렌 올라오랜 ᄒᆞ난

소곡소곡 올라간다 (장고)

수다만헌 금전은 많이 따가난, 결추허던 선비가 나사둠서로

아이고 김진국 대감님아 수다만헌 금전을 땅 가민

어느 아덜을 잇엉 물려주멍 어느 ᄯᆞ을 잇엉 물려줍네까

우리 ᄒᆞᆫ푼씩이라도 갈라주어동 가기가 어찌허오리까 ᄒᆞ난

아이고 ᄋᆞᆼ심이425) 나갑데다 (장고)

두던 투전도 두던 장기도 놓아두어건, 집드레 소곡소곡 내려오다 배려보난

높은낭에 말모른 새 가막새들을, 알을 깨완 오조조조 해염시난

아이고 날만 못헌 새 가막새들도, 알을 깨완 오조조조 해염구나

내려오단 배려보난, 이제 비조리초막집426)에 대추낭 거적문을 돌아놓고

난데어시 용왕청ᄀ치 웃임벨탁 소리가 나가난, 김진국 대감님은 이젠

슬펀 배려보난 아이새끼가, 아방신더레 돌아가민 어멍이 웃고

어멍신더레 돌아가민 아바님이 웃고 허여간다 (장고)

그걸보아 날만 못헌 얻어먹은 게와시427)덜도

아이 새낄 하나 놓아 웃임벨탁 해엿구나 (장고)

집더레 드러 오라간다 (장고)

이젠 문을 ᄋᆞᆯ안428) 방안터레 드러가 누워간다

ᄌ진국 부인님이 ᄀᆞᆮ는말이 (장고)

아이고 김진국 대감님아

어디 난데 나가고 무신 걱정 근심 잇십니껜 영ᄒᆞ난

---

423) 수별감(首別監)
424) 수(首)머슴
425) 화가
426) 아주 작은 초막집
427) 거지
428) 열어

아이고 날만 못헌 새 가막새덜도 알을 깨완 오조조조 해염떠라

날만못헌 얻어먹는 게와시덜도, 아이새낄하나 웃임벨탁을 해염더라예~

(장고)

그말 고르난 ᄌ진국 부인님 은단펭도 내여놓다 서단메가 막아간다

금실 혼제 내려놓아 묶어간다

각자 장판에 놓아건 이레 동글 저레 동글 둥글려도 (장고)

웃임이사 아니 나아간다 (장고)

아이고 내외간이 걱정 시름이 되엇구나

ᄒ를날은 동개남 상승절 서개남에 금백당

법당에 큰 대ᄉ님이 (장고) 어—엉

권제[429] 삼문 받으레 소곡소곡 내려산다 (장고)

내려사난 김진국 대감님 집덜에 짓알로 도ᄂ리며

소승은 절이 뵈옵니다~ (장고)

권제 삼문이나 내여줍서

권제 삼문 내여주난, 권제받아 돌아상 가젠ᄒ난

아이고 대ᄉ님아 대ᄉ님아 원천강을 가집데가

ᄉ주역을 가집데가 단수육갑이나 집어봅서

우리 내외간 입장 혼연해연, 이십 스물 삽십 서른이 넘어가도

여궁녀나 남자 ᄌ식이나 ᄌ식 하나 어서 ᄒ이혼탄을 해염수다

원천강 팔저ᄉ주에 ᄌ식 어서 무유ᄒ랜헌 팔서ᄉ주가 뇌옵니껜 ᄒ난

법당지킨 대ᄉ님은 단수육갑을 집어가는구나

원천강 팔저ᄉ주를 걷어가는구나

당신네 내외간 팔저ᄉ주에, ᄌ식 어서 무유ᄒ랜헌 팔저ᄉ주가 아닙네다

우리 법당에 당도 파락되고 절도 파락되난, 권제 삼문을 받아당

헌당 헌절을 수리허젠 해여 뎅겸수다.

우리 법당으로 오랑 원불수룩이나 올리멘

멩 없는 자는 멩을 주고, 복 없는 자는 복을 주고

ᄌ식 없는 자는 생불을 줍네다예~ (장고)

말은 ᄀ라 두어건 (장고)

---

429) 쌀이나 금전의 뜻

권제 삼문 받아건, 법당절더레 소곡소곡 올라산다 (장고)
김진국 ᄌ진국 부인님이 대백미는 소백미 가삿베 송낙베 내여 한냥 (장고)
법당절더레 소곡소곡 올라간다
법당을 근당허니 늬눈이반둥개430)가 두르쿵쿵 내쿵쿵 주꺼가니
ᄉ서중아 저먼정 나고보라
양반이 온듯 허댄 허니 ᄉ서중은 나고보난
김진국 대감님과 ᄌ진국 부인님 원불수룩 디려 오랏구나 (장고)
대ᄉ님한테 그말 ᄀ르난 안사랑으로 청허랜해연
놓아두언 상탕에는 메를 지어가는구나
중탕에는 목욕허여가는구나. 하탕에는 손발 수족 씻어 가옵데다예~ (장고)
이제는 법당절에 드러간다.
ᄒ중은 바랄 들러 간다.
ᄒ중은 목탁을 들러 간다.
돌아올땐 월일님 지어갈땐 낙수개낭 당돌림 새양상 받아오던
옥기 천신 일월님네 (장고) 사나사나 허여간다
석달열흘 백일 불공을 허여 가옵데다
대ᄉ님이 ᄀ는 말이 김진국 대감님아 ᄌ진국 부인님아
당신네 아상 온것은 만허나 만정 백근이 준준이 못내차난
당신네 내외간이 내려가 집으로 가건 넹에
꿈에 선몽을 시키거들랑 좋은날 좋은시간 합궁일을 받아
내외간이 천상 베포나 무어봅서
여궁녀라도 탄싱헐듯 허옵네다예~ (장고)
아이고 여궁녜민 어떵허멍 아무거라도 좋댄허여건 (장고)
내려오는 것이 해는 열나흘 서산이 지엇구나
어욱패기 의질삼아 무정눈에 ᄌ이사 들엇구나
앞이멍에 ᄃ님ᄀ뜬 아기씨. 뒤이멍에 해님ᄀ뜬 아기씨
물아래 옥돌ᄀ뜬 아기씨. 가메귀 젖놀개ᄀ뜬 아기씨가 (장고)
내외간 쿰드레 오라건, 시리실적 아자 간다
ᄭ애난 배러보난 꿈에 신몽이 되잇구나에~ (징꼬)

---

430) 개를 일컫는 말. 개의 얼굴 생긴 모습에서 붙여진 말인 듯.

이제는 집으로 드러오라건

좋은날 좋은시간 합궁일을 받아 천상 베포를 무읍데다

ᄒᆞ둘 두둘 서녁둘이 되어가난, 밥엔 밥내가 나고 물엔 물내가 나고

장엔 장칼내가 나고, 풀헌 입성에는 풀내가 나가옵데다예~ (장고)

이제는 ᄒᆞ둘 두둘 서녁둘 예술굽둘 아홉 열둘 되엇구나 (장고)

아이고 배여 허단 배려보니, 여궁녜가 탄싱을 허여가난 (장고)

아이고 우리 ᄌᆞ식어서 ᄒᆞ이ᄒᆞ탄을 허단 여궁녜라도 좋댄해영

이 아기 우리 내외산이 곰곰들이 생각해여

이름 생명이난 뭘로 지와 보컨 ᄒᆞ난, 우리 법당절로간 ᄌᆞ청허연 낫구나

이름 생명 ᄌᆞ청비로 지어 가옵데다예~ (장고)

이아기 ᄒᆞᆫ설 두설 서녀설이 넘어가난 (장고)

상다락도 무어준다. 중다락도 무어준다. 하다락도 무어준다 (장고)

이 아기 열다섯 십오세ᄁᆞ지, 상다락 중다락 하다락 아잔

노념놀이 허단 배려보난, 열다섯 십오세가 되어가옵데다예~ (장고)

이 아기는 ᄒᆞ를날은 늦은덕 정하님아 (장고)

너는 어째허여 종하님이, 손발이 고아지니 ᄀᆞ아가난 (장고)

아이고 상전님아 그런말을 허지맙서. 아무리 종하님이라도

상전님네 ᄒᆞ를 때 삼시 먹어난, 그릇 설거지 매날허고

상전님네 의복입성 주천강 연내 못에 강

매날 매날 연 새답해여노난 종하님이라도 손발이 고와집네다예~ (장고)

그말 ᄀᆞᆯ으난 아방방에 놀려들던 아바지 입성 내여논다

어멍방에 놀려드러 어멍 입성 내여논다 (장고)

ᄆᆞ른대구덕 ᄉᆞ대구덕 거느리어, 대팡돌드레 물마께 놓아건

주천강 연못디 내려가건 (장고)

연서답은 허는게 하늘 옥황 문왕성 문도령[431]

인간에 글공부도 허여보저 활공부도 허여보저 (장고)

내려오라 가는게 연못가에 아자건, 연서답 허는 아기씨

얼굴에상 천하일색 되엇구나 (장고)

아이고 남자에 기십으로 그냥 넘어가지 못허여. ᄎᆞ처 ᄎᆞ처 드러가는구나

---

431) 신명 – 문왕성문도령(文王星文道令)

아이고 질넘어가는 선비가 되옵네다.

아이고 목이 들르난 물 ᄒ직이라도 얻어 먹어 갈수가 업십네까 영ᄒ난

연서답허레 온 사람이 무신 그릇 이성 물을 떠줍네깐 ᄒ난

문도령이 그릇내여 주거들랑 물을 떠줍네께 ᄒ난

그릇주민 물떠 안내쿠댄 ᄒ난, 피조박을 내여 줍데다예~ (장고)

피조박 내여 주어 간다

물위도 삼세번 외쳐가는구나

물창도 삼세번 두드리고, 물은떠그넹이 ᄎᆞᆷ버드낭[432]

이파리 하나 트던 물위에 떤 띠와 주어가난

그물 받아 먹젠 배려보난, ᄎᆞᆷ버드낭 이파리 물위에 턴 이시난

아이고 얼굴은 양반이 후예로구나 만은, 복장은 씌는거 보난

무지헌 쌍놈만도 못허댄 ᄒ난, 어떵헌일로 영 후욕 누욕 해염수켄 ᄒ난

물에라도 물타라도 잇시민, 건저두어 줄일인디 ᄎᆞᆷ버드낭 이파리 트더놓안

주는 일은 뭔일이멍. 물창샘 삼세번 헤치는건 뭔 일이멍

물창 삼세번 두드리는건, 어떵헌 일이궨 ᄒ난

아이고 ᄒ일은 알고 두일은 모르는 도련님이로구나

물위에 삼세번 두드려 해친것은, 물타라도 이시카부덴 해연

삼세번을 해쳤수다

물창은 삼세번 두드리는건, 물버렝이 강버렝이 잇으민

물알더래 ᄀᆞ라 아자불렌 해여건 두드렷수다 물을 떠건 ᄎᆞᆷ버드낭 이파리

턴 물 우위 놓안 준건 먼질 걸어난디, 목을 티와 물을 먹게 되민

물체가 나민 약도 어시난, 그거 불멍 천천히 먹읍센 해연

ᄎᆞᆷ버드낭 ᄒ이파리 트더놓아 안네엿수다예~ (장고)

그 물 받아 먹어간다

성통명을 허여간다

나는 하늘 옥황에 문왕성 문도령 되옵네다 (장고)

글공부 활공부허랜 오람수댄 허고 ᄌᆞ청비는 나는 인간에

ᄌᆞ청비가 되옵네다 영ᄒ난, 우리집이 오랑 동기간이 이신디

---

432) 참버드나무

글벗 어선 공불 못허래 감시난[433], 나 영 ᄀ치 가거넹이

우리 오랍동기간 허고 벗해영, ᄀ치 올라가기가 어찌허오리켄 ᄒ난

어서걸랑 기영헙서 해연

돌아아전 가단 올레예 ᄆ팡돌 우에 세와두언

ᄌ청비는 안으로 드러가 아버님아 어머님아 글공부 허래 가오리다

활공부 허래 가오리다

아이고 남저ᄌ식 같으민, 글공부 활공부 해여 놓아두멘

책실이라 ᄃ랑 뎅겨주만은, 여궁녜에 공부해엉 시경 놓아두민

뭐에강 씨어먹겐느녠 해여가난, 아바님 어머님 그런말을 허질맙서

어느 오라바님이 잇시멍 어느 동생이 잇시멍. 영헙네까만은

나라도 글공부 시경 놓아두민, 아바지 어머님 살다 인간을 떠나게 되민

일가친척 신디들 부고들 씌멍 다붙이고 아바지 제사때라도 돌아오민

축 지방이라도 씌어 병풍에 붙이기가 어찌하오리까예~ (장고)

그 말 ᄀ르난, 기영허거들랑 ᄒ저 가랜ᄒ난 (장고)

여자에 입성 벗어건 놓아두어, 남자에 입성 ᄌ근ᄌ근 주서 입어 아장

바껫듸 나오라건, 성통명을 해여가난 문도령이 ᄀ는 말이

아이고 어떻ᄒ난 고싸 안으로 드러간, ᄌ청비고 고따 지댄ᄒ난

아이고 우린 ᄒ날 ᄒ시에 쌍둥이로 나부난

말ᄀ는것도 같아지고 얼굴도 같아지고 몸천도 같아지고

모든게 행동하는것도 다 같아집니덴 ᄀ앗구나예~ (장고)

아이고 이제 그말 ᄀ르난, 글 난 물ᄒ잔만 누게 주엇시민 좋게 ᄀ르난

이제는 벗허여 올라간다

아이고 글청에 올라간 배려보난

ᄒ글청에서 공부도 허게 되고, ᄒ솥에서 밥을 먹게되고

이제는 ᄒ이불속에서 ᄌᆷ을 자게 되엇구나

아이고 영 문도령 날 ᄌ청비인중 알면, 그냥 아니 내불꺼난 어떵허민 좋고

문도령님아 글공부 활공부 허래 내려오젠 ᄒ난

아바님이나 어머님이나 무신말을 아니 ᄀ라줍디겐

아이고 우리 아바지 우리 어머님은

---

433) 가고 있으니

474

아무말도 아니 ᄀᆞ라주어 허랜 ᄒᆞ난, 나는 글공부 활공부 오젠 해여 가난

글도 장원 활도 장원 허젠 허민, 물동이에 물을 숨박 떠다놓아

은하시 걸척은 ᄌᆞᆷ을 자단, ᄌᆞᆷ질에 그거 거쩡 떨어지민

글도 떨어지고 활도 떨어진덴 ᄀᆞ릅데다예~ (장고)

그말 ᄀᆞ라부난 문도령님은 지푼ᄌᆞᆷ 아니 자 (장고)

누워 자는게 은하시라도 이젠 떨어지카부덴 해연

ᄌᆞᆷ을 아니 자거넹이 허곡

ᄌᆞ청비 ᄒᆞᆫ일이라 이녁은 ᄆᆞ음 푹허게 놓아건, 무정눈에 ᄌᆞᆷ이 드러간다

뒷날은 공부허젠 허여, 글청에 가건 한참 글을허다 배려보민

ᄌᆞ청비는 ᄌᆞᆷ을 아니자누난, ᄆᆞ음을 푹허게 놓아 ᄌᆞᆷ을자고

문도령은 붉두룩 그저떨어지면, 글도 떨어지고 활도 떨어진댄 해여 부난

그건 아니 ᄌᆞᆷ질에 떨어질카부댄 해연, 붉두룩 ᄌᆞᆷ을 못자노난

글청에 강 공부를 허젠허민, 꼬박꼬박 졸다 배려보난

이젠 글도 떨어지어가옵데다. 활도 떨어지어가옵데다예~ (장고)

아이고 이제는 하늘 옥황은 문왕성 문도령 아바님은

인간에 ᄌᆞ청비 호탕에 드러, 글도 아니 될로구나. 활도 아니 될로구나 (장고)

이제랑 글 그만 활공부 그만해여,

어서 올라오라 서수왕에 장개가라 예~ (장고)

그말 ᄀᆞ르난, 이제 문도령은 글공부 활공부 그만해영 올라가젠 해여

허여가난 ᄌᆞ청비가 ᄀᆞᆫ는말이, 나 영 ᄀᆞ치 벗행오라신디

글공부 활공부 ᄀᆞ치 ᄆᆞᆺ청 올라가주. ᄒᆞ자만 가젠 해염젠 ᄒᆞ난

아 이제라건넹에 오줌궐길 내기라도 해여봅주 영ᄒᆞ난

어서걸랑 기영헙서 해여건, ᄌᆞ청비 아기씨는 왕대모자 끊어다 놓아가고

금실ᄒᆞᆫ질 봉가다 놓아가고, ᄆᆞᆯ똥 두벙뎅이 봉가다근 놓아가고 (장고)

왕대ᄆᆞ작은 하문에 차고, ᄆᆞᆯ똥 두벙뎅이는,

불덩개로 마련을 시킵데다예~ (장고)

시켜 등따우리 마주부처, 오줌ᄀᆞᆯ길락434)이나 허여봅주 ᄒᆞ난

등따우리 마주부처 오줌ᄀᆞᆯ길락허는게

아이고 문도령, ᄀᆞᆯ긴 오줌은 아홉방 측 ᄀᆞᆯ기고, ᄌᆞ청비 ᄀᆞᆯ긴 오줌은

---

434) 갈기기

열두방 축이나 굴겨 가는구나

오줌 굴길락 허여도, ᄌ청비한테 떨어지어간다 (장고)

나는 글도 장원 활도 장원 오줌 굴길락 허여도 나는 이겼시난

날랑 위로강 몸 목욕 해영가고, 문도령님이 나 알로 가건 목욕헙센ᄒ난

문도령은 옷을 벗어 놓아 두어, 물통에 드러가

몸을 ᄀ마 가난, 어-허 ᄌ청비에 춤버드낭 이파리에 ᄐ다건

아이고 우리성은 문도령이로구나

연삼년 올르게 ᄒ이불 소곱에 ᄌ을자고, ᄒ솥에 밥을먹고

ᄒ굴청에서 공부를 해도 남자 여자 구별못헌

어리석은 문도령이엔 허여건, 글을 써어 물위에 띠와두어

ᄌ청비 아기씨 천장 만장 돌아가는구나 (장고)

그말 ᄀ르난, 아이고 이거 ᄌ청비한테 내가 속아지어 살앗구나

이제 문도령 나오라건, 아이고 ᄒ착가들에 양쪽다리 다 드려노아

ᄃ도 기도 못해여 가는구나 (장고)

ᄌ청비 문도령 이젠 심으래 오람시까 부덴해연,

천장 만장 돌아 나간다 (장고)

이제 문도령 옷을 잘 입어아정, ᄌ청비 심젠 돌아 나간다 (장고)

아이고 경ᄒ난 옛날은, 시집가고 장개가젠 ᄒ난

어-허 선보래 가도, 여잔 ᄀ아불고 (장고)

잔치ᄒ때ᄭ장 얼굴 ᄒ번 못내보고 해엿수다만은

이제는 여자가 남자도 돌르고 남자가 여자도 돌르고 헙네다

아이고 뒷동산 배려보난 문도령도 애가씌엉,

죽음직ᄒ난 문도령 신디 ᄀᆮ는 말이

문도령님아 기영 허지마랑

우리집이가거넹이, 때라도 ᄒ꾸니 먹엉 가기가 어찌허오리께 ᄒ난

어서 걸랑 기영헙센 해여 영해여, 돌아강 ᄃ라아전 드러가단 .

아바님아 어머님아 글공부 활공부 ᄆ처 아전 오랏수다

어서 너방으로 드러가라

나영 ᄀ치 글공부해야저 오는 글벗이 잇신데, 해는 일락서산에 지어부난

가지 못헐거난, ᄒ를저녁 주인이 멋엇당 가기가 어쩌헙네까

남자 친구가 되겠느냐 여자 친구가 되겠느냐

여자가 남자친구가 잇을수가 잇습니까

여자 친구가 되엇습네다 예~ (장고)

기영허거들랑 너방 안트레 돌아아정 드러가라 (장고)

여자 입성 아산 강 어−엉. 남자 입성 배껴두고 여자 입성 입저간다

돌아아정 방안터레 드려노아 두어건

아이고 이녁이랑 상다락에 아장 노념을 해여 갑데다

중다락에 아장 노념을 해여 가옵데다

하다락에 아장 노념은 뭐라 허단 배려보난

문도령 생각은 온꼿 잊혀부럿구나

문도령님은 이편이나 드러올건가 저편이나 드러오민

때라도 ᄒᆞᆫ때먹어 가젠ᄒᆞ난, 암만 기둘려도 아니드러오라가난

문도령은 바꼇에 나오라. 하늘 옥황더레 올라가젠 ᄒᆞ난

아이고 ᄌᆞ청비가 그때사

아이고 문도령님아 나는 상다락 중다락 하다락에 아잔

노념놀이 허단 배려보난, 문도령 생각 온꼿 잊혀부럿수다

가커들랑 본메본짱이나 내여주어도, 가기가 어찌하오리께 ᄒᆞ난

어서걸랑 기영허래 해연

ᄏᆞ씨 두방울 본메본짱 하나 두개 내여주어 두언

문도령님은 하늘 옥황더레 올라가붑데다예~ (장고)

이때부터 아자도 문도령 생각 사도 문도령 생각이 나가는구나

이제는 바꼇에 놀래 가시난[435] 남의집 머슴들은

푸나무 장작들 해영 내려오는구나

함박꼿도 꺽어 내려 오라 감시난, 그걸보는 하도 불르난

아이고 그 꼿하나만 나주어도, 가기엔 어떵허겟느냐 ᄒᆞ난

니네집이 정이어신 정수내미, 때 삼시 먹언

좀만자는 정수내미 보내어, 푸나무 장작도 해영 내려오랜허고

꼿도 꺽어오랑 주랜 영 ᄀᆞ르랜 영허여도, 꼿도 하나 아니주어도 넘어가가난

집으로 드러오라 (장고)

정이이신 정수내미 니는 때 심시민 믹으밍 좀만 자지마랑

---

435) 갔으니

남의집 머슴들 ᄀ치록, 굴메굴산 가여산 벙석벙석 올라가거넹에
푸나무 장작도 해여 내려오고, 함박꼿도 꺽어 내려오랜 ᄒ난
상전님아 기영 허거들랑, 쇠 아홉도 내여줍서. 몰 아홉도 내여줍서
황기도끼도 내여줍센 허는 허여가는구나
이젠 점심밥도 해영 내줍센 ᄒ난, 어서걸랑 기영허래 내연
쇠 아홉도 내여줍데다. 몰 아홉도 내여주어가는구나
황기도끼 점심밥을 해연 내여주난, 어르렁 떠르렁 굴미굴산 아야산
어-엉 올라간다 (장고)
올라가건넹에 둥드레 벋은 가지드레 몰 아홉들 묶어 가옵데다
서드레 벋은 가지드레 쇠 아홉도 묶어간다 (장고)
점심밥을 내여놓아 뽕고랑허게 먹어거넹에, 동더레 돌아누워 ᄒ줌잔다
서더레 돌아누워 ᄒ줌자간다 (장고)
아이고 자다 깨어난 배려보난, 해는 일락서산에 다지어간다
쇠아홉 몰아홉 물도 기립고 촐도 기르완, 소담소담 소드람시난
황기도끼 내여놓안, 동더레도 황황헌다
서더레도 황황 허여간다. 쇠아홉도 죽어간다 몰아홉도 죽어간다 (장고)
아이고 작박ᄀᆮ은 손톱으로 몰 가죽도 배꼇간다. 쇠가죽도 뱃겨가는구나
맹개남은 석탄불을 와랑와랑허게 살라가는구나
쇠비에 가시낭 고지 빼수와, 익어시냐 ᄒ점 설어시냐 ᄒ점 먹단 배려보난
쇠아홉도 다 먹엇구나 몰아홉도 다 믹잇구나
이젠 쇠가죽 몰가죽 조근조근 허게,
ᄆᆞᆫ딱 해여 놓아건 그걸 지어오단 배려보난
물에 물오리 ᄒ쌍 놀암시난, 저거라도 마청 가거네기 상전님 안녜여
상전님 눈에나 드려보자
바락436)허게 마치난 놀아나 부난, 황기도끼는 물알더레 굴아아저 부렷구나
도채라도 봉강 춫앙 가젠해연, 옷을 ᄆᆞᆫ딱 벗어놓아두언
물안터레 드러간 황기도끼 춫단 배려보난, 황기도끼는 못춫고
숫제ᄀᆞ뜬 도둑ᄂᆞᆷ들은, 푸나무 장작해연 오단 배려보난
쇠가죽도 잇고 몰가죽도 잇고, 의복 입성도 잇시난

---

436) 성이 나거나 하여 갑자기 기를 쓰는 모양

그것을 몬딱 붕탤삼안, 다 지와아전 내려오라부렀구나예~ (장고)

정이어신 정수내미, 아이고 어떵허민 좋고 (장고)

동더레 배려보난, 갯남 이파리 번들번들 허엿시난 (장고)

그거를 꺼 튼안 가운데 ᄀ심만 곱져아정. 집으로 드러오란

안으론 드러가지 못ᄒ난, 장항 뒤에간 주젱일 쒸연 아자꾸나예~ (장고)

장항 뒤에간 주젱일 쒸연 아자시난, 늦은덕 정하님은 장항뒤에

장거리레 간 배려보난, 난데 어시 주젱이가 들썩 거려가난

아이고 상전님아 ᄒ저 이레오랑 배려봅서

장항뒤에 주젱이구신이 난듯헙네다 ᄒ난

무신 장항뒤에 구신이 나는 이 영해연 간 배려보난

아닌게 아니라 장 주젱이가 들썩 거려가난,

구신이거들랑 하늘 옥황더레 올라가고 생인이거들랑 어서 나오랜ᄒ난

주젱이 확 벗엉 나오는거 배려보난 우알로 벌겊게 옷을 벋은채로

정이어신 정수내미가 나오라가는구나예~ (장고)

이제는 정이어신 정수내미 이거 어떠헌 일인고 ᄀ르난

아이고 상전님아 말도말고 지도맙서

하늘옥황 문왕성 문도령 궁녀청 소녀청 남녀청

거리를 내려오란 물오리 문도령 활놀이 허는거, 그거 구경허단 배려보난

쒜아홉도 죽어버리고 물아홉도 죽어부러 십데다

이제는 황기도끼 물오리 마치젠 해연 던진게

이젠 놀아나불고 물알더레 ᄀ라아저 부난, 그걸 촞젠핸 옷을 벋어놓아도

촞단 보난 숫제ᄀ뜬 도둑ᄂᆞᆷ들은 낭에 내려오단 ᄆᆞᆮ딱

그걸 등태를 삼아 다 지언 오라부러십데다예~ (장고)

기면은 그듸에 알아 지커겐 ᄀ라가난 알아지쿠덴 ᄀ라간다 (장고)

기영 허거들랑, 그닐 ᄀ리처 도렌 허여간다.

갈중이 좀벵이 허여 입저간다 (장고)

이제는, 아이고 상전님아 그듸엔 가젠허민

그젠 물에 물안장을 꾸미어 가옵네다 (장고)

이시 ᄀᆯ랑 기영허괜ᄒᆞᆫ디

상전님 먹을 점심이거들랑, ᄀᆞᄀᆞ를 닷뒈 놓거들랑 소금닷뒈 놓안허고

나먹을 점심일랑 느젱이 닷뒈에 거루거들랑,

소금 ᄒᆞᆫ주먹 ᄒᆞ듯 만듯 허게시리 해여 어서 점심밥을 해여 싸아 옵센허고
그땐 가젠허민 ᄆᆞᆯ머리에 코ᄉᆞ를 지내야 갑니덴 ᄒᆞ난
어서 걸랑 기영ᄒᆞ라
천년주 만년주 이태백이 먹다 남은 포도주도 아사아정 허는구나
씨암툭 하나 잡아 놓고 해연, 정이어신 정수내미 신더레 어서 ᄆᆞᆯ머리에
코ᄉᆞ를 지내라 예~ (장고)
이제는 술잔더레 술을 비와건,
윈귀 ᄂᆞ단귀⁴³⁷⁾레 실어가난 ᄆᆞᆯ은 발발허게 털어가난
아이고 상전님아 이젠 아이 먹캔 해염시덴 ᄒᆞ난, 기영허거들랑거넹에
내 아사당 다먹어불랜 ᄒᆞ난,
ᄃᆞᆨ ᄒᆞᄆᆞ리 안주 ᄎᆞᆯ련 ᄆᆞᆮ딱 조근조근 먹어가옵데다예~ (장고)
ᄎᆞᆯ련 먹어 가옵데다. 상전님 ᄆᆞᆯ안장 우터레 아젠 해여가난
이제는 그냥 구젱잇닥ᄆᆞᆯ 봉가단, 등따리⁴³⁸⁾드레 놓아낸, ᄆᆞᆯ안장을 꾸몊구나
ᄌᆞ청비 아기씨가 ᄆᆞᆯ안장 웃터레가 아즈난, ᄆᆞᆯ은 그냥 등따리 찔러가난
와들랑⁴³⁹⁾ 와들랑 들럭 키워가난, 장수내미가 ᄀᆞ는말이
아이고 상전님아 이ᄆᆞᆯ은 새ᄆᆞᆯ이나 부난, 영 들러 키엄시난
상전님이라 나 점심도 지고, 상전님 점심ᄁᆞ장 지고
날나그넹에 이ᄆᆞᆯ을 행실을 ᄀᆞ리치거들랑,
상전님 탕가기가 어찌 허오리까예~ (장고)
어서걸랑 기영 허래 허여건, 이젠 정수내미 ᄆᆞᆯ안장 우터레 아자 가멍 (장고)
구젱기딱ᄆᆞ를 확 봉간 던져 뒌, ᄆᆞᆯ안장 웃터레 아자꾸나
ᄌᆞ청비는 정이어신 정수내미 점심허곡 ᄆᆞᆮ딱 지어아전
ᄆᆞᆯ석 심언, 아이고 좁은 골목 너른 골목 궂다
가단가단 배려보난 가시도 어리영 (장고)
이거 위펵에 태워 이젠 가는게, 이제 손들 글커지어 가고
다리도 글커지어 가고, 옷도 버려지어가고 허여가난
정수내미 점심밥 먹엉가기. 어서걸랑 기영헙센 해연
점심밥을 내여노아 가는구나

---

437) 오른쪽 귀
438) 등허리
439) 벌떡 일어나는 모양

이제는 저만이 세 때와 아잔 먹는게, ᄌ청비는 ᄒ적 끈어먹어도 짠짠

두적 끈어먹어도 짠짠, 석적ᄁ장 끈어먹어도 짠짠 허여가난

아이고 어떵ᄒ난 나 점심은 영 짠 먹지 못허 키어

니 점심이랑 아사 오민 우리 ᄀ치 먹젠ᄒ난

아이고 상전님아 그런말을 허지맙서

모른 사름은 넘어가당 두갓이엔 아니 험네께

그말 ᄀ라 가난 기영허거들랑, 나 점심꺼지 아사다 다 먹어불렌 ᄒ난

ᄌ청비 점심 아사당 반찬츨련 조근조근 먹어 간다 (장고)

상전님 먹다 남은건 종이 먹고, 종먹다 남은건 개가먹고

개 먹다 남은건 쥐가 먹는 법입네다 (장고)

ᄆ딱 먹어 가는게 물도 기루와가고, 목도 ᄆ라가고

영해여가난, 아이고 목도 ᄆ르고 애도 ᄆ르고 못가켄

물이나 잇건 ᄀ리처 주랜 ᄒ난, 상전님아 요 물 먹젠 허민

손발을 적정 먹게 뒈민 손발 ᄆ라가는데로, 더 목이 ᄆ릅네댄

업떠지어 물을 못먹언 그냥 가는 구나 (장고)

가는게 ᄌ청비 아기씨 (장고)

물기르완 죽을 ᄉ경에 되어가난, 아이고 정이어신 정수내미야

물이나 잇건 ᄀ리처도랜 영 ᄀ르난, 아이고 상전님아 요 물은 먹젠 허민

우알로 옷을 ᄆ딱 벗엉 노아 두어,

거꾸로 업더지어 물을 먹어야 됩네댄 ᄀ르난

얼마나 애가 ᄆ르고 목이 ᄆ르고 해여사, 옷을 ᄆ딱 벗어 노아두어

거꾸로 업더지어 물을 먹단 보난, ᄌ청비 옷을 ᄆ딱 아사당

높은낭 위에 강 이낭 저낭더레 간 다 지처부난

이제는 물먹언 옷을 입젠 보난, 옷은 하나도 어서 지어부난

정수내미야 나 옷이나 츷아도라

나 옷 츷아주민 일시키는대로 니말 잘드르켄 ᄀ르난

이젠 상전님 양으로 츷앙 입읍센 ᄒ난

아이고 어디사 가신디 못 ᄎ지켄 ᄀ라가난, 기영허거들랑 상전님아

그 물굴메드레에 슬퍼 베려납ᄊ서

하늘 옥황 문왕성 문도령, 궁녜 시녜청들 남녀청들 거느려 아전 오란

물놀이 꼿놀이 활놀이 해염수다예~ (장고)

아이고 그거 슬펴 배려보니, 아이고 ᄌ청비 입성

높은낭 위에 가건 거처보난, ᄇ름 부는대로 이레 ᄒ들 저레 ᄒ들 해엿구나

이제는 정이어신 정수내미 저 옷 내려도라 (장고)

ᄀ른말 잘 들으켄 ᄒ난, 옷을 ᄆ딱 내려주언 옷을 조근조근 입어가는구나

아이고 정수내미 신더레 ᄀ는 말이, 예 나 동무릎더레 오랑 누민

니머리에 늬나 잡아주마 ᄒ난, 서른 ᄋ돕 닛바디 허우덩쌱⁴⁴⁰⁾ᄒ게 웃이멍

동무릎더레 오란 누우난, 머리는 걸엉 배려보난

굵은 늬로구나 ᄌ신⁴⁴¹⁾ 늬로구나 중 늬로구나

아이고 모살에 아자난 개조름 모양으로

쉬도 희영허게 싼 잇엇구나예~ (장고)

굵은 늬는 수전중으로 놓아주어, 중 늬로만 죽이단 보난

정이어신 정수내미 무정눈에 ᄌ든다 (장고)

이제는 내가 정수내미 아니 죽이민, 정수내미 손에 나가 죽어질걸

어떵허민 좋으리요 영허는게

이제는 정이어신 정수내미 신더레, 니영나영 보끈안앙 ᄌ을자게 되민

한지에서 얼엉 어떵 ᄌ을 자느니, 담이라도 봉가당 ᄃ래ᄃ리

우막이라도 짓이레ᄒ난 우막을 지어가는구나

날나그넹 안으로 가그넹에 불을 살르걸랑, 널라근 배꼇으로

불빛 보아지는대로 고망⁴⁴²⁾을 ᄆ딱 막으라예~ (장고)

이 고망에 꺼 막앙 놔두민, 저고망에 꺼 빵은 진어불고

저 고망이 꺼 으–응 막으는게 진어불고

영허단 배려보난, 먼동이 훤허게 터 가난

아이고 사람하나 죽염직이 동더레도 퍼딱 서더레도 퍼딱

허게시리 둘러 기어가는구나

정수내미야 니 기영 ᄋ심내지마라

어서 이레오라

누원자렌 굴아가난

아이고 손도 젖가심더레 드러간다

---

440) 활짝 웃는 모양

441) 작은

442) 구멍

손도 알더레 드러갈로구나

정수내미야 영허지 마라

우리집에 가민 은단펭에 서단마개[443] 막아거넹

이제 각장 장판에 노앙 이레둥글 저레둥글

둥글리민 이것보다 더 좋아진다예~ (장고)

이젠 무정눈에 좀이 드럿구나

멩게낭[444] 가지 빼내어 웬귀 느단귀더레 찌러 찔럿구나

각시말다 서방말다 부엉 부엉새가 되엇구나

이젠 이 물아 저 물아, 너영 나영 아니 죽을걸

이제 물을 타아전 오는게 삼도전 거리에

삼천선비들이 아잔 두어바둑을 떠엄구나예~ (장고)

넘어가난 얼굴은 천하꼿뜬일색이로구나 만은

눌낭내가 탕천헌다 눌핏내가 탕천허는구나

무지럭 총각놈이 물머리 춫앙감저[445]

ᄇ름 알로 나고가렌 ᄒ난, 집으로 드러 오라가는구나

아이고 아바지 어머님아. 정이어신 정수내미 허는게

죽여두어 오랏수다

양반의 집이에 ᄉ당공쟁이 난데 허연게, 사름을 죽엿젠 말이 웬말이냐

어서 나구가라

경해여도 정하님은 이녁 먹을 오멍이나 허것만은, 어서 나고가라예~ (장고)

아방눈에 골리나고 어멍눈에 시찌나거 가는구나

이젠 ᄌ청비 아기씨가 선비로 출려아전, 이젠 가단가단 배려보난

선비들이 활을 쏘왐구나

아이고 나도 그 활하나허고 활살하나 주게 뒈민

나도 ᄒ번 쏘와 보켄 ᄒ난 기영 허거들랑 오래영

활살이영 활이영 주커들랑 저 꼿감관네 집에 각시말다 부엉

서방말다 부엉 ᄒ루처냑 울어가민 부엉하며 머슴하나썩 죽엄시난

그 부엉새 마처주게 뒈민은, 우리 ᄆ딱 활이여 활살이여 다 내여줄꺼고

___

443) 마개. 「서단-」은 「은단-」에 맞춘 조운(調韻).

444) 망개나무 혹은 청미래덩굴이라고 함

445) 찾아간다

그 부엉새를 못 마추게 뒈민은, 물안장 꾸민채로 우리 주어덩 가렌 ᄒ난

어서걸랑 기영협서예~ (장고)

활 ᄒ살 활허고 주난 꼿밧더레 지왓구나 (장고)

꼿밧듸 오라거넹에

활ᄒ살을 주젠해연 이제 주왁 저레 주왁 해염시난

꼿감관이 나오라 ᄀᆞᆫ는말이, 어떤 누게가 꼿밧에 드러오라시니 ᄒ난

고싸이듸 각시말다 부엉 서방말다 부엉새가, 이제 마치젠 해연

이제 활을 ᄒ살을 지와신데, 이제는 활을 ᄎᆞ쎈해연 드러오랏수넨 ᄒ난

기영허거들랑거넹에, 그 부엉새 마처주게 뒈민

우리집에 말젯ᄯᆞᆯ애기 ᄌᆞ원사우⁴⁴⁶⁾ 삼으켄 ᄒ난

어서 걸랑 기영협센 허여가는구나

이제 물을 메여가난, 물을 츨 아사단 주젠 해야가난

물총을 ᄈᆞᆫ 셋줄길 무꺼부난, 물총 아사다 주어도

물츨을 먹지 못해여 가난, 이 집의 물은 부제집의 물이로구나

물죽 쑤어다 주젠 허여가난

ᄌᆞ청비 아기씨, 셋줄길 무껀 이제 물총은 클러부난

이제 밀축⁴⁴⁷⁾ 쑤어다 준건 할죽할죽 먹어가난

나민 난디 행실허라 들민 든디 행실허라 ᄀᆞ라두어

이제 꼿감관네 집이, 옷을 벋어 놓아두어

물팡돌 우에 간 누워 시난, 각시말다 부엉 시방말다 부엉새가 오란

배 우터레 앚으난 폭허게 심엉,

활ᄒ살 꼽안 꼿감관 창무뚱에 강 놓앗구나예~

그걸 놓아두어건 뒷날 아칙이, 꼿감관님이 이제는 ᄌᆞ청비 신더레 ᄀᆞ는 말이

언치냑 밤에 부엉새를 마처느냐 ᄒ난, 꼿감관님아 창무뚱에 강 배려봅서

죽어신단이 죽어신디 몰르쿠댄 ᄒ난

강 배려보난 활ᄒ살 곱은채로 죽어잇엇구나예~ (장고)

죽어건 잇시난, 이제 꼿감관 말젯ᄯᆞᆯ애기 어-형 ᄌᆞ원사우 드러간다 (장고)

아이고 이제 ᄒ루 이틀 연사흘이 넘어가도, ᄒᆞᆫ 이불소곱에 ᄌᆞᆷ을 자도

---

446) 여자쪽에서 먼저 원해서 구한 사위
447) 밀죽

꼿감관 말젯똘애기도 여자가 되어지고, ᄌ청비도 여자가 되어지난

손도 아니심고 품 사랑도 아니 해여가난

이제 ᄀ는 말이사, 아바님아 우리집이 두두 노픈 사우를 해엿수댄 ᄒ난

어떵헌 일이고 ᄒ난, 이제 남자가 되고 ᄒ 이불소곱에 ᄌᆷ을 자도

손도 ᄒ번 아니 심어보고, 품 사랑도 ᄒ번 못내 해엿수댄 ᄀ르난

이제는 불러다 노안, 우리 똘이 어디가 부납ᄒ고 어디가 못낫시낸 ᄒ난

그것이 아닙네다 나는 내일모레 사시가 근당 해여가민,

나는 과거보레 가젠ᄒ난

몸정성으로 몸 허락을 아니 해엿수다예~ (장고)

그 말을 ᄀ르난 이제는, 가젠해여 가난, 본메본장이나 내여주어 두어건

갑센 허여 가난, 송은 상동낭 용얼레기 반착 딱허게 꺼어건

ᄒ짝은 꼿감관 말젯똘애기 가지고, ᄒ쪽은 ᄌ청비 아자 간다

꼿구경 시겨줍서 ᄒ난, 요 꼿은 무신꼿입네까

피오를꼿 술오를꼿, 오장육부 안내복은 밧내복, 신장 태두 (장고)

열두신뻬 디릴 꼿, 웃임웃일 꼿이여 말ᄀ를꼿, 요꼿은 도환생홀꼿

꼿감관 몰르게시리 그걸 ᄆᆫ딱 꺽으멍 다 곱져아전, 나가는구나

가는게 정의어신 정수내미 죽으된 간 배려보난, 고사리가 덤방허연 잇엇구나

고사리 확확허게시리 홀처두어 배려보난, 뻬만 술고랑허게 잇엇구나

뻬 조근 조근 주서단 뻬를 맞춰가는구나

꼿꺽어 간 건 조근조근 놓아가는구나

노환생얼 ᄉᆺ 노안, 송낙 막대기로 삼세번을 두드리난

아이고 상전님아 봄ᄌᆷ이난 너미 자 지엇수댄 허연,

와들랑 허게 일어납데다예~ (장고)

부정허고 서정 신가이고 나카여, 아이고 정이어신 정수내미 돌아아진 (장고)

집더레 드러오라간다 (장고)

드러 아바지 어머님아, 자식보다 아까운 종 살려오랏수다예 (장고)

사람을 죽엿다 살렷다 헐수가 잇겟느냐

이년아 요년아 아방눈에 ᄀᆯ리나고,

어멍눈에 시찌난 ᄒ설로 열다섯 십오세ᄭᅡ지

입던 입성만 ᄆᆫ딱 싸 어서나고가라예~ (장고)

ᄌ청비 비새ᄀ치 울멍, 그때부터 원천강 팔저 ᄉ주 그르처 가옵데다

이제 비새ㄱ치 울멍, 발가는양 가단 배려보난, 해는 일락서산에 지어불고

이제 어딜 가민 좋고, 허단 배려보난, 조그마한 비수레 초막집에

불 베롱허게 싼 이시난, 이제 ㅈ청비가 그듸 간,

아이고 질 넘어가는 질손이 되옵네다

해는 일락서산 다 지어부난,

ㅎ를 저녁 주인이나 머졌당 갈수가 없습네까 ㅎ난

아이고 어떵ㅎ난 이밤에, 꽃ㄱ뜬 애기씨가 영 걸음을 걸엄시인 ㅎ난

아방눈에 ㄱ리나고 어멍눈에 시찌닌 나오랏수다예ᆢ (장고)

아이고 나도 아들도 엇고 뚤도 엇고, 어느 ㅈ순도 하나 어서 지어 (장고)

나ㅎ자 살암시민 (장고)

우리집에 수양양제 뚤로 들기가 어찌허겟느냐. 어서걸랑 기영협서

드러가 배려보난, 할마님은 비단클에 아잔, 비단을 왈칵찰칵 짬구나

아이고 할마님아, 나는 이거 정제 아니 뎅겨난다난 몰를꺼난

할마님아 정제 과거넹에, 물이라도 ㅎ그릇만 떠다줍센 ㅎ난

어서 걸랑 기영ㅎ라

할마님 정제에 물뜨레 가분 순간에 비단클에 아잔 비단을 왈칵찰칵 짬구나

이젠 이걸 뭐허젠 짬수켄 ㅎ난,

하늘 옥황 문왕성 문도령 서수왕에 장개가젠 ㅎ난

홍세함 미녕 짬젠 ㅎ난, 이제는 ㅈ청비 짜는거 보난 하도곱게 짬시난

그냥 내부렷구나예~ (장고)

ㅈ청비 애기씨는 비단을 왈칵찰칵 짜멍, 곰곰들이 생각ㅎ난

나는 하늘옥황 문왕성 문도령 덕분에, 나 신세가 이영 되엇신데

서수왕에 장개간댄 말이 무신말인고, 이제는 ㅈ청비가 눈물을 흘린게

은바둑도 새겨간다. 금바둑도 새겨간다. 옥바둑도 새겨가는구나

바둑바둑 새겨가난 내버렷구나. ㅁ딱 짜누완 먼 끄트머리에간

이름 삼제 ㅈ청비를 새겼구나예~ (장고)

할마님은 그거 아사, 하늘 옥황에 문왕성 문도령네 집더레 아사아전

이거 잔 오랏수댄ㅎ난, 이젠 ㅁ딱 클런 배려보난 하도곱게도 짜주고

어떵ㅎ난 먼끄트머리에 배려보난, 이름 삼재는 ㅈ청비를 새겨지엇구나

이거 이상허다 할마님아 할마님아 이거 누게가 짠겁네까

우리집에 수양양재뚤, ㅈ청비가 짠거여 ㄱ르난

486

할마님 내려가 잇시민, 나도 낼 아칙이 할마님네집이 춫아 내려가오리다예
~ (장고)

할마님은 살짝허게 지꺼지언, 문왕성 문도령 오랏시민[448]

ㅈ원사우라도 삼아질카 부댄해연, 오라건 ㅈ청비 신더레

낼 아칙은 귀헌 손님이 올꺼난, 어서 안서랑으로 청허랜 ㄱ라두언

둣날 아칙인 할마님은 정재에 눌려 드러간다 (장고)

이젠 질룹단 씨암ᄃᆨ 하나 잡아간다.

수꾸락 두개 걸처 부지런히 밥상을 ᄎᆞ려간다

ㅈ청비 애기씨는 비단클에 아잔 비단을 짜는게,

창무뚱에 오란 어뜩거려 가난

구신이냐 생인이냐. 구신이걸랑 올라가고 생인이거들랑,

어서 몸천을 뵈우렌 ᄒᆞ난

구신이 올수가 잇겟느냐. 하늘 옥황 문왕성 문도령 이에 하난

이젠 문도령이거들랑, 창ㄱ망으로 손가락이나 내보내랜 ᄒᆞ난

창ㄱ망으로 손가락 내여주난, 아이고 ㅈ청비는 생각ᄒᆞ난,

부에가[449] 바락허게 낫구나

손가락 바늘로 콕콕 찔러부난, ㅈ주 피가 붉긋허게 나난

하늘 옥황 사름이나 인간이 올디가 아니로구나

눌낭내가 눌핏내여 (장고) 문왕성 문도령은 올라가불고

할마님은 밥상 들런 오란 배려보난, 아무도 어서 지엇구나

아칙이 ㄱ싸게 사름 아니 오랏선엔 ᄒᆞ난, 하늘 옥황 문도령인 ᄒᆞ난

바농[450]으로 손가락 찔러부난, 아 인간에 내려올디 아니핸 해연

올라가붑데다 ᄒᆞ난, 이년아 저년아 너 그런 행실을 가지난

아방 눈에 골리나고 어멍눈에 시찌낫구나

어서 나 눈에도 골리시찌 어서 나고 가라예~ (장고)

할마님 눈에도 ᄀᆞ리나고 시찌나건 나오라간다 (장고)

ㅈ청비는 어-언, 이디저디에 주왁거려 뎅겨간다 (장고)

아이고 문도령님은, 남대 ㅈ진 옥대 검뉴울꽃이 되어간다 (장고)

---

448) 왔으면
449) 화가
450) 바늘

죽을 ᄉ경이 되어가난, 이제 문도령이 ᄀ는말이

인간이 가건넹이 ᄌ청비 먹는 물이라도 떠주어, 그거라도 ᄒ직 먹엇심인

내가 살아나 지엄직허랬댄 ᄒ난, 궁

녀청은 시녀청들 남녀청들, 내보내여 가는구나

아무리 ᄎ아도 ᄌ청비 먹는물을 못 ᄎ아가는구나.

ᄒ착어염에 아잔, 비새ᄀ치 울엄구나

ᄌ청비가 어떵해여 울엄댄 ᄒ난, 아이고 ᄌ청비 먹는물 ᄎ지⁴⁵¹⁾못해여

이디아잔 울엄수다예~ (장고)

아이고 ᄌ청비 물떵 올라가가민, 이녁도 ᄀ치 올라가 지카부댄

물 ᄀ르처주잔, 그 물을 떤 ᄆ딱, 하늘 옥황더레, 올라 가부난 (장고)

이제엔 ᄌ청비 가도 오도, 못내 허여간다

엄뜻허게 생각ᄒ난, 문도령이 본메본짝 내여준건, ᄏ씨 두방울이 잇엇구나

그것을 심어가는구나. ᄒ ᄏ줄은 하늘옥황더레 올리고

ᄒ ᄏ줄은 지하더레 내려오는구나예~ (장고)

아이고 ᄌ청비 아기씨는, 이제 대ᄉ중을 츨렷구나

ᄏ줄을 타 하늘옥황더레 올라가거넹에

문도령네 집을 ᄎ젠허민, 대ᄉ중으로 츨려아장,

집집마다 권재 받으러 뎅기단 배려보난

문왕성 문도령 사는집을 ᄎ자지엇구나

문도령 사는집을 ᄎ자이장, 짓알로 도ᄂ리멍, 소승은 절이 뷔옵네다

권재 삼문이나 내여줍센 (장고) 권재삼문 내여오라 주젠ᄒ난 (장고)

아이고 높이둘른 여장옷귀, 시르릉 시르응 비옵서

ᄒ방울이 떨어지민, 멩도 떨어집네다. 복도 떨어지옵네다 (장고)

아이고 높이들러 비옵젠 해야가난, 입에 물엇던 차데귀는 알더레 놓아부난

쏠방울 들은 알더레 달달하게 떨어지어가는구나

ᄒ방울이 떨어지면 멩도 떨어지고 복도 떨어지난,

이제라건 참쏠 하나 떨어진것이

ᄆ딱 줏어 눕센해연, 은하시 내여줍데다예~ (장고)

그거 줏단보난 해는 일락서산에 지어간다 (장고)

---

451) 찾지

ᄌ청비는 나오다건 높은낭 잇시난, 높은낭 우에 아자 간다 (장고)

문도령은 대ᄇ름돌이 되엇구나. 아이고 ᄇ선발로 마당에 나오라건

돌을 보멍 ᄀ는말이, 저 돌은 곱긴 곱다만은, 가운데 계수나무가 박혔구나

인간이 ᄌ청비 보다, 아니 고은돌이로구나 ᄒ난, 높은낭 우에서도 ᄀ는말이

저 돌은 곱디 곱다만은, 가운데 계수나무 박혔구나

하늘옥황 문왕성 문도령 보단 아닌 돌이앤 ᄒ난, 문왕성 문도령이 ᄀ는말이

귀신이거들랑 올라가고 생인이거들랑 내려오랜ᄒ난, 내려온건 배려보난

낮에 권재삼문 받으레 온 대ᄉ중이로구나 (장고)

필아곡질 헌일이로구나. 머리에 썬 가사 삿갓 박허게시리

배껜 배려보난 ᄌ청비가 되엇구나 예~ (장고)

아이고 이녁 사는 방안더레 돌아아저근 드러간다 (장고)

세숫물도 ᄒ사름 씻을거, 드령 노아두민, 두사름을 씻어노난

물도 구정 나오라가는구나

밥상도 드령 노아두민, ᄒ사름 먹을거 두사름씩 먹어노난

밥상도 ᄆ딱 비어 나오라가난, ᄒ루 이틀 연사흘이 넘어가난

아바님이 알아날듯 어머님이 알아날듯, 이거알민 청대섭을 목을 골려 죽을걸

어떵허민 좋으리요.

문도령님아 아바지에 어머님 신데 가거넹이 예숙이나 치렁옵서

뭐를 예숙을 시켜오겟느엔 허영 ᄀ르난, 아바지 어머님 신디 가거넹에

묵은 장이 맛좁네까 새장이 맛좁네까 다 듣고

이세 새옷이 ᄌᆼ읍네까 묵은옷이 좋읍네까

새사름이 좋읍네까 묵은사름이 좋읍네까 그거 ᄆ딱 듣당 아바지 어머님

새거보다 묵은것이 좋덴 허거들랑, 서수왕에 장개 아니가켄 ᄀ라뒁

묵은 똘안티 ᄀ라뒁 어서 나옵서예~ (장고)

아바지 어머님 ᄎ자아정 가건, 아바지 어머님아,

묵은장이 좋으꽈 새장이 조켄ᄒ난

새장은 새맛으로 좋아도 묵은장만이 홋 맛이 어서진다

새옷이 좋읍네까 묵은옷이 좋읍네까

새옷은 새맛ᄋ로 좋다만은, 묵은 옷만이 ᄆ문허길못허나

기멘 허민 새 사름이 좋읍네까 묵은사름이 좋읍네까 ᄀ라가난

아이고 새사름은 새맛으로 좋아도 (장고)

묵은 사름만이 속주어 말못헌댄 ᄒ난

아바지 어머님아, 난 서수왕이 새똘 장개 아니가거넹이

묵은똘 장개가오리다예~ (장고)

이제 아바지 어머니, 엊그지기 난데 어시 우리집에, 중이엔 헌게 댕견게

필여곡절 ᄒ일이로구나

아무라도 우리집이 며느리, 드러올 걸음이라,

아바지 도포 관디 몸에 똑 맞게 시리

몸천도 재지말고 기레기노 새시말고 품도 재지말고

아이고 실 빠 가고오고허게, 몰르게시리해영, 입지는데 며느리 삼으켄ᄒ난

ᄌ청비 애기씨가(장고) 이제 (장고) 그거를 어—엉 (장고)

몸에 뚝허게 마추게 시리 허여 오라건 입젠ᄒ난 (장고) 선비들 노는디 가시난

그걸 누게가 맨들엇시닌 ᄒ난, 우리집에 며느리가 이거 맨들엇젠 ᄒ난

기영허거들랑 그걸랑 우리 벗어주어동, 가거넹이 ᄯ시 메느리신더레 지어

ᄃ랜행 입으렌 ᄒ난 아니댄데 해여 오랏구나 예 (장고)

하도 ᄌ청비가 요망지고 붙임이 좋아가나네~ (장고)

ᄌ청비 아기씨 호탕헌 탐이나간다 (장고)

이젠 문도령은, 죽여불민 ᄌ청비 ᄎ지 허신들 허여 (장고)

이제는 허여 가난에 (장고) 이제는 뒤에 병풍치어 놓아두고 (장고)

오민 벙애기 소리도 벙벙허게 나고 (장고)

무쉐방석⁴⁵²⁾ 무쉐ᄌ바기¹⁴⁵³⁾도 허여주고 (장고)

아이고 영해여도 아니되고 경해여도 아니되고 (장고)

이제는 쉬은대자 구뎅이를 파 놓아가는구나 (장고)

구뎅이 파 놓아간, 숫까맹이들 아사다 팡팡허게시리 피와 놓아건

칼선ᄃ리 놓아가는구나. 그때 불을 와랑와랑허게 시리 슬라가는구나

ᄌ청비신더레 칼선ᄃ리 바라들고 바라나는게, 며느리 삼으켄 ᄒ난

ᄌ청비는 ᄇ선 벗어건 알더레 놓아두고 (장고)

하늘님아 하늘님아 명천ᄀ뜬 하늘님아

나는 인간에 나거넹이 아무죄도 없습네다

---

452) 무쇠 방석
453) 무쇠 수제비

490

정이어신 정수내미 허는거 괘씸 시루난, 죽엿단 살려온 죄밖에 업습네다
나를 죽이커들랑, 불붙은더레 모진 벳살 내려와 주고, 날 살리커들러건
굵은 빗살 줌진 빗살이여. 이 불붙은더레 내려와 줌센 해여두언
칼선ᄃ리 우터레 올라사 가는구나예~ (장고)
칼선ᄃ리 바라난다 바라든다 (장고)
비는 오난 불은 오꼿 꺼져 불고, 문도령 어멍은 고만이 산 배리단
아무리 해여도 안타까운 ᄆ음 이시난,
폭허게시리 안아 알더레 내려 오젠허난
발 뒤치기가 ᄒ끔 비어 지엇구나. ᄌ주피가 붉긋허게 나왓구나예~ (장고)
아이고 설운애기야,
니 발 뒤치기에 것 무시것곤 ᄒ난, 어머님아 그런말을 허지맙서
여궁녀는 탄생 허젠허민, 열다섯 십오세가 되어가민,
몸에 몸듣고 어-엉 (장고)
원드, 어-엉, 월경법, 잇십네다 (장고) 이제는, 돌아다 드러간다 (장고)
아이고 문도령님아 나는 꼿감관 말젯ᄯ래기 허고, ᄌ원사우를 들엇신데
나는 여자라 부난, 그듸 강 살질 못헐꺼난, 문도령이랑 가거넹에
그듸 이듸 선불은 후불은 불이 끼어저올께 ᄒ난, 어서걸랑 거영허라
상동낭 용얼레기 반착 꺽어진거, 본메본장을 내여 주어가는구나
문도령은 꼿감관네 집에간 잘 출여주고,
대우도 잘해여주고 해여가난에 (장고)
지치부렸구니 임미는 이제는 ᄃ터가시난, 어녕 얼굴노 틀리고 이거
몸도 틀리고 모든거 다 틀려. 아이고 선비들한테 하도 맞아 누난
영 되엿 수덴ᄒ난, 그것도 몇일 못허는 기거들랑,
오늘 본메본장이나 내여노켄 ᄒ난
이제 문도령은 상동낭[454] 용얼래기 반착 꺽어진거 내여주난
꼿감관 말젯ᄯ래기 심은거 허고, 꼭 맞추난, 맞아지엇구나예~ (장고)
살단 배려보난 어-엉 (장고) 오꼿 잊어 부럿구나 (장고)
문도령님아 거기서 꼿감관 말젯ᄯ래기허고, 백년해로해영 삽서
날나그넹에 인간에 오곡씨를 아사, 제석할망 우로 내려 사오리다예~ (장고)

---

454) 상동나무

아이고 그말 들언, 아이고 난 이듸 오란 잘되고 해여주난, 오꼿 잊어버렷구나
물은 타 노는거 보난 물안장도 꺼꾸로 메와전 오랏구나.

얼마나 나를 보기 실러

물안장도 꺼꾸로 메와건 오람신고 (장고)

그듸 강 백년해로 잘 삽센 길아 두어건

ᄌ청비 아기씨 (장고) 이런 (장고) 아이고 이제 오곡씨를 아사 올걸

싸올건 어시난 ᄉ곡씨를 싸 아저 오단 배려보난,

아무리 해여도 씨 하나가 떨어지엇구나

이제는 재채 올라가거넹이 모밀씨를 싹 오시 ᄒ난

쌍올건 어시난 옛날엔 소중기들 입을때난, 소중기 벗언 ᄆ멀씬 싼 오라부난

ᄆ멀은 이기저기, ᄆ멀귀 모냥으로 허는 법이외다예~ (장고)

허는 법이 외다. 아이고 이제는 ᄌ청비 아사건 오단 배려보난 (장고)

정이어신 정수내미 큰상전455)님 죽고 족은 상전님 죽으난

부고 아산 올라 가는구나예~ (장고)

아이고 상전님아, 큰상전님 족은 상전님 죽엇수다. 부고 아산 감수댄 ᄒ난

기영허거들랑 ᄒ저 글렌 ᄒ난, 아이고 배고파 가지 못허쿠댄 해여가난

아이고 저밧듸 강 보난, 쳇 밧 갈레 온것 닮다 쳇 농ᄉ허레 온것 닮다

저밧듸 가거넹에 점심밥이나 ᄒ끔, 갈라도랜 해여 얻어먹어 우린 영 ᄒ난

밧우이 강 사둠서로, 이제는 점심밥이나 ᄒ끔, 갈라줍센 ᄀ라가난

어따가라 니 줄 점심이랑 마랑, 우리들 먹을 점심도 엇댄허연

그냥 오라 부럿수댄 ᄒ난, 경허거들랑 저밧듸 쇠ᄆ시 들영

남태들영그넹에 농실허여 놓아 두거들랑, 쇠에라건 벙앵이징 불러주고

쇠장남이랑 광넹이징 불러주고, 보섭에랑 살이살성 불러주어

농슬허영 놓아두건 다 먹어불엉, 씨도 하나도 없게시리 맨드러주고

씨라도 하나쏙 잇거들랑, ᄆ쉬456)들엉 ᄆ딱 다 먹어불게 해여주라예~ (장고)

아이고 이제는 오단 보난, 갱굴 갱굴헌 둘렝이 이선

골갱이 농ᄉ 해염시난, 이젠 저밧듸 강 얻어먹엉 오랜 ᄒ난

아이고 할마님 하르바님아, 점심이나 ᄒ끔만 줍센 해여가난

---

455) 종이 남주인을 일컫는 말
456) 말이나 소등의 짐승

492

아이고 차롱하나에 걸랑 내부려둥 가고, 차롱허나에 걸랑 먹어 가랜 ᄒ난
먹어 오랏수댄 ᄀᆯ아가난, 기영허거 들라건에,
저 밧듸라건 정씨로 뿌려주라 어엉 (장고)
ᄒ말 날듸 ᄒ섬 나게 허고, ᄒ섬 날듸 두섬 나게시리 시겨주라 (장고)
이제는 정수내미 경 ᄀᆯ아두고, 이젠 ᄆᆞ멀씰 아사 오단 배려보난
톱밥 이시난 톱밥 아사오란, 그걸 석어 ᄆᆞ멀 갈아부난,
ᄆᆞ멀 꼬장은 힌 법입네다
말젠 아사 오라부난, ᄆᆞ멀 농ᄉᆞ는 늦게 허는 법이로구나예~ (장고)
이제는 ᄌᆞ청비 아기씨는 (장고) 제석할망으로 드러 사십네다 (장고)
요새는 밧가는것도 다 기계드령 밧갈고 허주만은,
옛날은 보섭쇠드려 밧도 다 갈고
농ᄉᆞ도 허젠허민 남태에 ᄁᆞ슬게, ᄆᆞᆯᄆᆞ쉬 드려건 농ᄉᆞ도 해영놔두민
아니 되어 그리처불고, 농ᄉᆞ허래 가젠해여도 메ᄒᆞᆫ개 해여놓고
우럭하나 구워놓고 해여건, 밧멍애로 가거넹에,
코ᄉᆞ 지내고 허연 낫습네다다예~ (장고)
이제는 정이어신 정수내미, 테우리청으로 드러사두 십네다~ (장고)
테우리청 집서관 들이천 영헙네다들~

(장고에서 북으로 바꾼다)

친웡 개올ᄃᆞ서
주잔 권잔 드립네다
천왕 테우리 지왕 테우리전 인왕 테우리전
일소장에 이소장에 삼소장 서소장에 놀던 테우리청들
주잔 권잔 드립네다
물장오리 테역장오리 옛선성님 단골머리 놀던 테우리청들
주잔 권잔 드립네다들~
웃선흘 알선흘 웃바메기 알바메기
군지봉에 놀더 테우리청
ᄀᆯ채오름 붉은오름 놀던 테우리청들
백중 열나흘 대제일로 얻어먹던 테우리청

정이어신 정수내미 태우리청으로 드러 사십네다
태우리청들 떡밥에 술궤기로들
많이 많이들 권청들 드립니다예~

(소미는 삼주잔 뿌림)
(북에서 장고로 바꾼다)

테우리청들 집서관 느녀가민은
세경 난산국 본산국/ 시조낙향 과광성은 본을 풀엇수다 (장고)
성은 어-엉 정씨로/ 쉬은두설 배꼇딜457)로는 조부일월 상세경
안으로는 직부일월 상세경에서/ 먹을연 입을연 전새남 육마을 내세웁서
농亽는 아니허는 亽순입네다만은/ 이것도 세경의 덕입네다
큰 심방질 허는것도 세경의 덕이난 내세와 줍서 (장고)
호신채는 멩 내새와주고/ 오토바이 탕 뎅기는 질이라도 앞질 연질
불썰건질 닥아줍서 (장고)/ 넋날일 흔날일 막아줍서덜 (장고)
어-허 저 亽순 세경땅에 즘잘 운수 막아줍서덜 (장고)
어느 관성 입성 법률에 걸러질 일들 막아 줍서덜 (장고) 들입네다덜 (장고)
아기 스물흔나 열두술, 난 애기 형제간들 좋게들
뎅기는길 발라줍서들. 이 아기 이亽순 (장고)
울멍 시르멍 마농먹던 요 일 히염수다들 (장고)
KBS방송국과 (장고) 잇는 亽순들이여 일로 오라건,
사진 찍는 亽순들 (장고)
문씨 선성님네도 (장고) 뎅기는질 발릅서 (장고)
차 몰아정 뎅겸는 亽순들, 사진기 아사건 뎅기는 亽순들
사진기도 고장나게도 맙서. 폭발 허게시리 막읍서 (장고)
삼도정 亽도정 거리장군 질장군에, 넋날일 흔날일덜 막아줍서 (장고)
서순실에 쉬은흔나, 이굿 큰굿 맡아아전 오라. 애먹고 허염수다 (장고)
수덕좋다 영겹좋다 굿 잘허고, 이제 큰굿 보유자 죽어도
큰굿 보유자 혈만 허댄 허여건, 시겨줍서 (장고)

---

457) 바깥으로는

그밑에덜도 후계자 전수자들, 드루오게 시겨줍서 (장고)
이 일 해영 가거들랑, 본주심방도 동서남북으로 큰굿 족은굿
하루 쉬는날 어시 나게허고
이굿 맡아온 큰심방 서순실이, 동서남북으로 그자 큰굿이여 족은굿이여
전새남 육마을 성주풀이영 푸다시영 귀양풀이영 요왕맞이영 불도맞이영
일월맞이들이여 (장고)
바리바리 내세와 저 정공철이도, 지금 당주를 모산 이십다 이시난
이제는 상단골 중단골 하단골 어른단골 아이단골 어시, 제민수원단골 어시
이제는 안간주가 잦아시게시리 밧간주가 휘어지게시리,
먹을련 입을련 내세와 줍서
쉬은하나도 아이고 당주대가 휘어지게끔 어-엉 (장고),
먹을년 내세웁서 (장고)
안간주가 휘어지게 먹을년 내세웁서 (장고)
안체포가 지영나건 등드렁풍 등드렁풍 지영나건 (장고) 막게풍 어-엉 (장고)
도전으로 썽 둘르게 시켜줍서들 (장고)
요굿 해거들랑 몸두 편안하게끔 시켜줍서
저 아기 서울 잇는 아기도, 흐르 바삐 편안허게 병원생활 허게 마라건
나오게 시켜줍서들 (장고)
천왕서 지왕서 인왕서는, 고뿔 행불 염질 투질 상안열벵 각개요통 (장고)
내장 골담 신경통 위장병이여 위암이여
간암은 간경회 백혈벙이여 싱인벵이니
부인병이여 혈압병이여 당뇨병이로구나. 폐암 헐일덜도 막읍서 (장고)
저 북촌 오란 살암수다
북촌들 단골들도 다른데 가게, 말아건 정공철이 신더레 가게시리 (장고)
시겨줍서들 날로 날은 (장고) 돌로 돌여 월력 시력 할라상궁 (장고)
안진동 밧진동은 멩과 복이라, 금동쾌상더레, 곱이첩첩 다 재겨줍서 (장고)

세경난산국 본을 풀엇수다
본산국도 풀엇십네다들 받다 씨다 낡우

주잔들랑 저먼정458)에 내여다건

테우리청덜 주잔 권잔들 드립네다덜

드러 육고을 본당군졸 신당군졸

요왕 선왕군졸 영감 참봉에 놀던 군졸들 주잔 권잔 드립네다덜

이굿 허젠 ᄒ난 본주심방도 꿈에 선봉허던 군졸들이여

굿 맡아오는 큰심방 신소미 뒤에덜

꿈에 선봉 낭에 일몽 비몽 서몽 불러주던 이런 하군졸덜

많이 많이 열두 소잔 지넹겨 드려가멍

잔은 개잔 신ᄀ라 도올려 드려가멍 천왕은 멩걸리 (쌀뿌림)

지왕은 복걸리 인왕은 먹고 살을 운명으로 난

먹고 살을 운명으로난 (쌀점) 고맙수다덜~

기메는 상세 조부일월 상세경 헐 세라도

농업농ᄉ는 아니 지엄수다만은 (쌀점) 이ᄌ순 아이고 고맙수다

이제는 이거 연향당주 삼시왕 삼하늘을

직부일월 상세경에서 (쌀점) ᄋ섯방울로

먹을련 입을련 내세와 준댄 허거들랑

삼시왕 군문으로나~ (쌀점)

당주에서 먹을년 입을년 막 내세와 줄쿠다

몸도 편안허고 해염사 돈도 벌고 (쌀점)

몸도 편안 헐쿠다 몸도 편안허고

기면 술만 덜 먹으면 될쿠가 (쌀점)

술만 ᄒ끔씩 먹으민 앞으로만 벌어도 부재로 잘 살켄햄서

이녁 앞으로 일도 막 터질거고 북촌 단골도 ᄆ딱 몰아불라게

당제를 그냥 앉인제 허는 덕분에 이 허고

영등둘 나민 해녀굿 헐 때 그때라건 나영 ᄀ찌 강

요왕맞이 요왕질도 치고 날랑 초감제 허거들랑

경허고 허영 북촌리 심방 왕 살암젠 이찌영 ᄀ민

아니 ᄎ릴 사름도 다 ᄎᆽ거든

[이젠 북촌수양어멍도 생겼신게]

---

458) 저만큼

[서문밧 아방어멍 생기고 동문밧 어멍생기고]
게면은 우리 방송국에서나 (쌀점)
저일도 세경에서 다 허는 일이다만은
아무것도 다 전상이라 아무것도 다 전상이라
군문으로나 (쌀점) 아이고 고맙수다
그뒤에는 다이거 사진들
아이고 다리도 아프고 어깨도 아프고
팔도 아프고 허는 아기들이나 (쌀점)
어-형 잘해염시민
다 몸이라도 편안허고 기계라도 고장 아니난
[이이고 고맙수다 아이고 돈 아니놔도 좋우다게]
아이고 문박사 선생님이나 (쌀점) 아이고 고맙수다
이거 문박사꺼 아니들고 전통문화 선성님에서나
다 편안이나 시겨 (쌀점) 아이고 고맙수다
아이고 고맙수다 돈들 아니놔도 좋우다게
강씨 ᄌ순이나
어-언 멀루해여 시름이 잇는 일인가 마씨
막 걱정허는 일이 이서 양~
걱정 시름 허는 일이 잇어도 몸이나 편안허고 (쌀점)
아이고 고맙수다
영혜영 막 괴징허는 일도 튼 무시거 아녀쿠다
몸이 편안하민 제일 좋거나 양
[저기도 강씨 ᄌ순이우다 저기도 방송국에서 양]
강씨ᄌ순이나 방송국에서 책임진 ᄌ순이나
몸이나 편안이나 허고 아이고 고맙수다덜
다 편안허고 다 괜찮을쿠다 야
연구자 대표로 오랑 가는 질이여
뎅기는 질이라도 편안헐일이 시겨줍서 (쌀점)
세경에서나 걱정 말렌 헙시다
서씨로 쉬은하나님이나
세경에서나 아이고 고맙수다

열방울가 ᄋᆞ돕방울가 [열방울 이]

기메 이거 먹을련 입을련 내세와 준댄 허건

삼시왕 군문으로 (쌀점)

시겨줍서들 이거보라 삼시왕 군문들

[아이고 고맙수다 삼춘 쏠세멍 받읍디까]

삼천천제석궁과 연향당주 삼하늘 삼시왕

안팟 신공시로 신의아이 잘못허고 목눕는일지라도

쇠랑 잇건 삭 시켜줍시

벌랑 잇건 해벌 시겨줍서

굽어 하련이외다

옥황천신 불도연맞이더레 위돌아 점주헙서

어 착허다

[아이고 고생하셨습네다 폭삭 속앗수다]

《불도맞이》 서순실

〈불도맞이〉는 아이를 잘 낳게 하고, 아이를 열다섯 십오 세까지 잘 키워달라고 산육신 '삼싱할망'에게 비는 산육 · 기자의례다. 〈불도맞이〉는 〈초감제〉에서 먼저 세상에 자연이 생겨나고 세상이 갈리는 〈베포도업〉, 굿하는 시간과 장소를 알리는 〈날과국 섬김〉, 굿을 하는 사연을 고하는 〈연유닦음〉을 말한 뒤, 하늘 신궁의 문을 여는 〈군문열림〉 그리고 이어서 〈새ⓦ림〉 → 〈오리정신청궤〉 → 〈주잔권잔〉 → 〈산받아 분부사룀〉 → 〈본향놀림〉 → 〈본주절시킴〉을 한다. 그 다음으로 〈추물공연〉, 〈수룩침(원불수룩)〉, 〈할망다리추낌〉, 〈구삼싱냄(수레멜망 악심꽃 꺾기)〉, 〈꽃씨드림(서천꽃밭 물주기)〉, 〈할망질침〉, 〈꽃타래듦〉, 〈역가올림〉, 〈할망ᄃᆞ리 나수움〉, 〈석살림굿〉으로 끝을 맺는다.

〈초감제〉

본주(안공시[459]) 마당에 차린 〈불도맞이〉 상 앞에 절삼배한다.

붉은 관복차림의 서순실 심방(밧공시[460])이 신칼을 요령을 들고 초감제를 시작한다.

[배례]
어 어~
준지너른 금마답
마당 붉으민 어간삼아
옥황천신 불도연맞이
이에 제청 신설입입네다.
(요령)

(악무)
(굿을 시작하는 신칼춤을 추고 각호각당에 배례)

(심방은 불도맞이 상에 절을 시작하여 안쪽의 삼천천제상, 당주상, 시왕상, 문전상, 영혼상 등 각호각상을 향해 배례를 마친후 본주심방 앞에 와서 상견례을 하고 굿시작을 알린다.)

수심방 : 본주심방 어른, 영 불도맞이 허쿠다 예-

불도맞이 허는 이유사 본주심방도 다 아는거고 또 동싱이 아직은 스물흔설에 죽엇댄 헤도, 총각머리 등에 지어시난, 오늘 서천꽃밧딜로 인정 잘 걸어주고, 고모님 아홉술에 간 어른허고, 또 낙태시킨 애기들이영, 서천꽃밧딜로 혜영 특이나 신창할망 알로 간 놔나난[461], 지금꾸지 연 ᄉ십년이 넘도

---

459) 굿을 맡긴 심방 또는 그의 무구(멩두)
460) 굿을 맡아 하는 심방 또는 그의 무구(멩두)
461) 놓아뒀던

록 그 걸레를 못 베껴시난⁴⁶²⁾, 당주ᄉ록⁴⁶³⁾ᄀ찌⁴⁶⁴⁾ 불도⁴⁶⁵⁾ᄉ록ᄀ찌 앞에들엉
허던 것을 이젠 당집절집 밖으로 나왕 오늘부떠 새로운 가정을 이뤄야될로구
나허영 ᄆ음 먹엉 잇단 걸레베 낼 때랑 어머니 아버지 어서도 이디온 삼춘들
이나 누구안티나 나 업어당 이 당집 바껏드레 영 내처줍센 헤영
　　　　　경헹 ᄆ음먹엉 나둡서 예
　　　　　경헨 굿허크메 허다가 아지망 요거는 큰심방 어른 잘 해줍서허고
요런 얘기가 허ᄀ프믄 저한테 협서 예

본수심방 : 수성이 발 자꾸 아프는깃 잘 해줍서

수심방 : 예 그거 최선을 다행 허쿠다 예.
　　　　　게난 병원이서도 못고치는거 심방이 어떵 잘 될건가 양
　　　　　어떵 할마님안티 나강 잘 해도도렌 허쿠다
　　　　　삼춘 영 불도맞이 허쿠다 에
　　　　　팔저궂인 성제간들 영 굿 허쿠다 예ー
　　　　　잘 부탁 허쿠다.

[베포도업]
(악무)
(신 칼춤)

불도연맞이 제청신설립 ᄒ난
천지혼합⁴⁶⁶⁾이 되어옵네다
혼합시 도업으로

(악무)

천지가 혼합시 도업으로~ 제이르난 헤

---

462) 벗겼으니
463) 당주에 붙어온 재앙
464) 같이
465) 불도할망, 삼승할망
466) 하늘과 땅이 갈리기 전 최초의 왁왁한 어둠

천지가 개벽이 되어옵네다
천지개벽시 도업 제이르난
상갑ᄌ년 갑ᄌ월 갑ᄌ일 갑ᄌ시에
늦도 와왁⁴⁶⁷⁾ 일무꿍⁴⁶⁸⁾ 밤도 와왁 일무꿍 네귀 ᄌᆞᆷ쑥 허십데다
을축년 을축월 을축일 을축시에
천과⁴⁶⁹⁾에는 자허고 지벽⁴⁷⁰⁾에는 축허고 인ᄀ⁴⁷¹⁾에는 인허시난
하늘로는 청이슬 ᄂᆞ립데다
땅으로는 지장산세밋물 솟아 올릅데다
갑을동방은 늬엄들고/ 경진서방은 촐릴치고
병오남방은 눌갤들고/ 해저북방은 활겔치난
먼동 금동 대명천지 ᄇᆞᆯ근날 되엇수다 예~
동성개문 수성개문 일려 상경개문 도업~

(악무)

일려 상경개문 제 이르난
드든이도 삼하늘 잉헌이도 삼하늘
삼삼천 서른세 하늘문
도업을 제 이르난
노프고 검고 희고 ᄆᆞᆰ고 청량헌 건 하늘이 되옵데다
무거웁고 산발ᄒᆞ고, 검고 허터운 건 땅입데다
천궁일월 명허고, 지부초목 황해수되니
노프고 노픈건 산, 산베포도 도업입네다
지프고 지픈건 물입데다
물베포도업을 제이라는, 요 하늘 요 금시를
별이 먼저 솟아나니

---

467) 캄캄, 깜깜,
468) 한 넝어리
469) 천개(天開)
470) 지벽(地闢)
471) 인개(人開)

갑을동방 전오성, 경진서방 직녀성, 병호남방 노인성, 해저북방 태금성
콩태자 태성군 으뜸원자 원성군, 참진자 진성군 실마옥자 옥성군
벼리강자 강성군 기러기자 기성군, 열릴개자 개성군
삼태육성 오육성 선후성별님 도업을 제이르니
월광님도 도업입네다
일광님도 도업ᄒ니, 천지왕님 지부왕은 총명부인
대별왕은 저싱법, 소별왕은 이싱법은, 남정중 화정네 마련 해엿수다
태ᄀ라 천왕씨가 솟아나니, 성제 열둘이 무이유화ᄒ니
일만팔천신 도업ᄒ니, 일월성신 조림ᄒ고
지왕씨가 솟아나, 화덕으로 왕을 ᄒ니, 성젠 열ᄒ성제 무이유화ᄒ니
초목금수가 소생 ᄒ고, 인왕씨가 솟아나니, 분장구주ᄒ난
성제는 아옵성제 무이유화ᄒ니, 범 백오십세에
ᄉ만 오천 육백년 도업을 해엿습네다

[십오성인 도업]
유왈유소씨 솟아나니
나물 세와 집을 지엉 살게ᄒ고, 그물 지어 사냥ᄒ게 ᄒ고
그루후젠[472] 수연씨가 솟아나니
나무를 깨어 신찬수에 불을 얻어, 고엔 화식법을 마련ᄒ고
여와씨 솟아나난
사농헤여 가죽으로, 옷을 만드랑 입는법을 ᄀ리치난
그후젠 태호복희씨 솟아나니
성은 풍성이라 사신인수 허난, 머리는 사람머리 몸땡인 베염 몸이 되어
팔괘 그어 글을 쓰게 ᄒ고, 남녀 열다섯 넘엉 시집장개 강
음과 양을 ᄀ을 갈랏수다
염저신농씨 솟아 나난
성은 강성이라 인신우수허니, 머리는 소에 머리고 몸땡인 사름몸이 되니
때배와 농잠대를 지엉, 농ᄉ지어 살게 ᄒ고
백가지 만물푸십세 맛을 보아, 한약조약 마련허엿습네다.

---

472) 그 뒤에

그후젠 황제헌원씨 솟아나니

성은 이성이라, 방패를 지어 불량을 막고, 창을 지어 난릴 막고,

황장목에 배를 지어, 바당을 건너가고 건너오고,

전우고양씨 솟아나난

첵력[473]을 지어노아, 입춘상돌 ㅅ계절, 일년 열두달 삼백육십오일

ㅎ루에 스물 네시간, 하늘에 굴메[474] 지어 가는대로

시간 보아 인간사는 법 ㄱ리치난

주안씨 열원씨, 고양씨 ㅎ돈씨, 갈천씨 소호금천씨 도업ㅎ난

하우왕 상탕 주무왕이, 솟아나 궐력 싸움 ㅎ니

공자님 하늘에 내운 성인이라, 서역 주역 지어 궐력을 막고

선비됨을 ㄱ리치엇습네다

풍성 강성 이성 십오생인님 도업ㅎ난

천왕베포도업, 지왕베포도업, 인왕베포도업 제이르난

불도연맞이 신도업입네다.

(악무)

저 신도업은

(약무)

저 명진국 할마님 제청 신도업 드려

(악무)

칠원성군 신도업

(악무)

---

473) 달력
474) 그림자,

제청신도업 제이르난

[날과국 섬김]
날은 갈라 어느전 날이오면, 둘은 갈라갑긴 어느전 둘이오면
장내는 수년장넵네다
올금년 해는 갈라갑긴 신묘년, 둘은 갈라갑긴, 원전씽 팔저궂인 애산 신구월
원구월 초ᄋ드레 본멩두가 솟아나고, 신구월 열ᄋ드레 신맹두가 솟아나고
상구월 스물ᄋ드레 살아살죽 삼멩두 솟아난, 상구월둘입네다
신구월은 열일뤠날, 초체 울려 초공하늘, 이체 울려 이공하늘
삼체 울려 삼공하늘, 옥항드레 어허- 쇠북소리 울려
이 제청을 설연ᄒ난, 오늘은 스무날입네다.
국은 갈라갑네다.
강남은 천저지국 일본은 주년국, 우리국은 천하해동 대한민국은
쳇 서울은 송태조 개국ᄒ고, 둘체는 신임서울, 세체는 한성서울
네체는 외정 삼십육년, 다섯첸 ᄌ부올라 상서울 마련해연
안동밧골 자동밧골은, 먹자골은 수박꼴, 모시정골 불탄대궐
경상도는 칠십칠관, 전라도는 오십삼관, 충청도는 삼삽삼관
일제주 이거제, 삼남해 ᄉ진도, 오강화는 육칸도섬,
그중 제일 큰섬 제줍네다.
저산 압은 당오벽, 이산 압은 절오벽, 어시생은 단골머리
아흔아홉은 금버린데, ᄒ골 업서서 범도 왕도 곰도 신도,
못네나던 섬입네다
산은 갈라 갑긴, 한라영주산
땅은 보난 금천지 녹아진[475]땅
물은 보난 황해수

[탐라국 도업]
영평 팔년 모인굴

---

475) 녹하지(鹿下地)

고량부는 삼성왕이 도업ᄒᆞ고, 김통정 항파두리 만리토성을 둘런
정의 정당 이십칠도 대정 일경 삼십팔년, 주의 모관 팔십여리 마련ᄒᆞ난
옛날은 섬도 제 질도 제로 바꾸고, 질도 제는 2006년 7월 1일
제주특별자치도 승격허난, 제주시는 서귀포시는, 읍면동을 갈랏습네다예~
제주시는 동문밧 나사난, 조천읍은 북촌리 1151-2번지에
가지노픈 신전집 지애너른 절당집, 어주애삼녹거리 서강베포땅
펭저생인질 유저생인질
펭저남은 뷔어다 마흔ᄋᆢ돕 초간주 설연ᄒᆞ고
유저남은 뷔어다 서른ᄋᆢ돕 이간주 설연ᄒᆞ고
신폭남은 뷔어다 스물ᄋᆢ돕 하간주 설연ᄒᆞ난
ᄇᆞ름불어오난 ᄇᆞ름도벽을 막고, 뜻들어오난 뜻도벽을 막고
동산새별 신영상간주, 연양당주 육고비 동심절, 고비첩첩 누을련
마흔ᄋᆢ돕 모람장, 서른ᄋᆢ덥 비꼴장,
스물ᄋᆢ돕 고무살장 솝솝드리 조산 붙이난
궁에아들 삼성제 노은 연줄
유정승ᄄᆞ님아기 노은 연줄

[연유닦음]

정칩이 선대부모 조상들 ᄒᆞ던일 아닙네다
성주성편 외주외편 진내편 ᄒᆞ던일 아닙네다
난날 난시 나복력 나팔저난, 이름은 정공철 하신충,
쉬은 두설이- 받은 공섭네다.
서처고단ᄒᆞ고 설연단신ᄒᆞ고, 아바지 제주땅에 이별해여
육지강 어멍과 ᄀᆞ찌사는 당즈애기들, 큰ᄄᆞᆯ은 스물ᄒᆞᆫ설 족은ᄄᆞᆯ은 열두설
들며나며 여라 ᄌᆞ순이 사는 집안인데
어떠헌 연유로 이공서 올립네까 영ᄒᆞ난
밥이 업서 밥을 줍서, 옷이 어성 옷을 줍서허는, 이 공서 아닙네다
옷과밥은 빌어도 밥 얻어도 옷입네다
인명은 재천이고 춘추는 열연녹에 왕의 손은 귀불귀라
우리 인간은 이 세상에 불담으레 온 인생 ᄇᆞ름분날 촛불과 ᄀᆞ뜬 인생
이세상 살다살다 녹이 떨어저 저싕가민 금세상 돌아환생 못허는

토란입에 이슬만 못헌 우리 인간이 아닙네까

어떵헌 연유롭서 구시월에 이천당을 무어근

촛대 흔쌍 우알알동 초롱도 동성방에 흔저 피와 올려

천신공덕 만세공양 허저헌 영헙긴, 옛날도 답답허민 송설가는 법이고

목몰른 벡성은 물을 춫는 법이고 조상업는 ㅈ순이 잇습네까

ㅈ순엇는 후손 볼수가 잇습네까

불휘엇는 송애가 납네까

칙도 걷젠허민 불휘로 걷는 법이라

쉬은 두설님 선대선조 부모고향 선형제 땅은 모실폰데

아바지 어머님대엔 모실포에 살고

쉬은 두설 어릴적에 장성허연 건장ㅎ난 제주시왕 거주허고

현재 북촌간 당주집을 무언 살안

초역례 초신질 발루젠 표선면은 성읍리 이집에 오란

연양당주집을 설연 해연 오늘은 불도연맞이 올렴습네다

놈ᄇ기에 건장헌거 달마도 설피낭에 연걸리고

관관세에 불이 부뜨고 가정에 풍파가 드난

조은 재산이 갈산질산 흩어지고 조은 금전을 벌어도

간디 온데 엇고 깨진 항아리에 물이 어서지듯허고

내외간 출령 아들똘 나멍 살젠허당 보민

가정 풍파들어 양착살림 자꾸 헤말림[476] 들고

오뉴월 영천에[477] 물기립듯 기린 똘성제 잇어도

생초목에 풀이 짓다시피 저 육지강 살앙 외기러기 ㄱ찌 흔자만

어느 조상 기뎍엇고 부모님들은 살단살단 신병드난 이세상 떠나불고

누님은 멀리잇고 설운 동싱들도 멀리 떨어정 살아불고

어딜 가민 좋고 나몸 나ㅎ난자 떠돌이 생활해여도

조은공부 초등학교 육년 중고등학교 육년 조은 대학 졸업 해연

서른다섯 나는 해에 이 전성을 그리처 곧마흔 나는 해에

와산 고칩이간 쾌지입언 이굿을 해여가난

---

476) 부부간이나 맺어진 정을 이간(離間)시키는 언사(言辭), 헤어져 말리다의 명사형

477) 염천에, 더위에

북두드림 장구두드림 대양설쇠 두드림 새ᄃ림도 해보라 공연도 해여보라

질도 치여보라 맞이도 해여보랜 영허여가는 것이

당반설연 기메설연 해여가난

일본으로 십년간 뎅기고 정의 대정으로 뎅기젠 허난

ᄂᆞᆷ은 이름 조은 정공철이 심방해영 돈벌언 영혜염저 저영살암저

ᄀᆞᆮ기 조텐 ᄀᆞᆯ아도 쉬은 두설은 의지헐 때 어시난

가도 ᄒᆞᆫ자 오라도 ᄒᆞᆫ자 영해여 가는게 양씨부모님

ᄀᆞ찌 뎅기멍 외로우난

나 아들허라.

아바님 허쿠덴 ᄒᆞ난

아이고 나 아들아.

이젠 난 25설에 이전싱 그르쳔 뎅견

일본으로 동래 부산으로 정의 대정 모관으로

뎅기단 보난 이젠 내일모래 팔십굽에 다놓고

이 조상은 영급좋은 조상이난

어느 박물관드레 가는이 ᄂᆞ도 의지헐때 어시난 이 조상 모셔가랜 허난

쉬은 두설에 연 17년동안 김씨 성님 조름에 고씨 신네 조름에

일본으로 팔저궂인 성제간들 오랜허민

어떤땐 버스도 탕 뎅겨보고 택시도 탕 뎅겨보고

나대로 오토바이 탕 복색옷 가방들렁 일본으로 정의 대정으로 뎅겨도

ᄂᆞᆷ안티 궂인욕 아니허고 돌아상 대답 아니허고

가민 나몸에 괴로웁게 더 노력해여 보아도

팔자궂인 성제간들은 부모도 잇고 삼춘도 잇고 궨당도 잇고 허주만은

쉬은 두설은 조상업고 열에ᄒᆞᆫ촌 어시난 나가 조은 공부히영 녹을 태왓건

살아 봉급자 생활 헤시믄 무사 이런 구속을 받으리 무사 이런 천대를 받으리

아닌 ᄆᆞ음고생 다허여 그렇다고 가숙 잇어건 이 남편네 어디 갓당오민

고생 해엿수댄 옷도 ᄈᆞᆯ아노코 조은 음식 출령 안넴이라도 허는

살림ᄀᆞ뜨민 허주만은 집이 가민 ᄒᆞᆫ자만 아장 밤은 세고

ᄋᆞ뉴월 영천에 묻기립든 ᄀᆞ린 큰 년 죽ᄋᆞᆫ 년,

아이고 멩질때 돌아오라가민 ᄂᆞᆷ들은 아기들 손심엉

멩질먹으레도 가고, 식게먹으레도 가고,

아기들 데령 운동회도 가고, 소풍도 가고 허주만은
나 ᄒ나 벌엉 아기들 보고프민 어떤 땐 전화ᄒ고
어떤 땐 ᄒ잔 술먹엉 전화ᄒ민
아이고 무정헌 가속들은 술먹엉 전화 허염뗀ᄀ고
아기들 전화바꽝 목소리 듣젠ᄒ민 학교갓저 학원갓젠 허고
우리 아바지 우리 어머님 나 키울땐 금아야 금이야 키워건
아이고 나난 애기들고 금이야 금이야 키와건
나 손으로 옷도 사줘보고 영허젠해도 아무 분시모른 가숙들은
아 남편에 기픈 속마음 몰라 돈을 보내여도 돈만 돈만 알고
아기들 생각낭 어린이날 돌아와가민 아이고 여담이사 다컷주마는
아이고 수정이 대려근 제주시에서 살아난 생각하민
아이고 밤이도 보고프고 아이고 낮의도 보고프고
ᄂ의집에 애기들 봐가민 우리수정이 어떵해염싱고
아이고 다리아팟뗀 허여가민 나도 어디강 일 허젠 허민
왼쪽 손가락이 업는건 어시난 이걸로 영 나가슴 치는데
수정이ᄁ지 무슨일 이시민 어떵허코 어떵허코 생각허명 살아신디
돈은 하영 벌어도 나아핀 어성 어떤 때엔 속상허민 ᄒ잔술로 날을 세고
일허레 아니가민 아이고 비오는 날쯤은 ᄒ자만 집이 아장 어둑음을 세우고
해를 지우젠 허민 나가심이 답답허고 이제ᄁ지만 우리 아바지도 살아잇고
풀쌍한 우리어멍 우리들 아들 네성제 난 뚤ᄁ지
다섯 오누이 공부시기젠 ᄒ난
모실포 그 동네에서 어멍 고생헌 생각허민
어떤땐 어멍 식게 돌아오라가민 가슴이 먹먹허고
나가 각시가 잇어 식게라도 잘 모셔져시믄 허주마는 경도 못허고
아이고 우리 어머님 버문옷 버신 날 엇고 ᄀ진 신발 신은날 엇고
그게 우리 손 요즘은 장갑이나 존다 어머님 그 손을 보명 그 생각을 허민
이때 ᄁ지만 살앙잇어시민
아이고 이 심방질 해여도
돈도 벌어다 어멍 이거 용돈 씁서
옷도 사당 안내고 신발도 사당 안내고 허건마는
이러지도 못허고 영해여 가난, 양씨부모님 이 조상 모셔가랜 ᄒ난

이게 너무나 고마웁고, 나가 이때ㄲ지 독허게 살진 아니헤여졋구나
모든 사름이 나를 위해영 다 도와주젠 ㅎ난
심방질을 해여도 이때ㄲ지 유무유정 ㅎ난
삼시왕에 거부량이 만허고, 삼시왕에 역가를 못바치난
초ㅇ드렛날 간 양씨부모님 사는디 강
당주조상 모션 아이고 조상님 옵서 가게
머리쯤드레 운둥험서, 양단어깨 강림험센 허영
북촌간 사는집에 당주집을 설연허연, 그날 밤은 지세우젠 ㅎ난
아이고 이젠 나도 심방질허여도, 이제 눔한테 구속 아니 받아도 되고
아이고 나도 조상 이시난, 행사가 맡아도
눔안티 궂인소리 아니 들어도 될로구나
그 조상 그밤을 지새완, 아침이 일어나난 촛불도 키고
잔도 굴아 올리고 물도 떠 올리난, 이게 가심이 시원해지고
영해연 ㅂ름날은, 당주집이서 조상들 그릅서[478]
성읍리 큰집 빌어노안, 집도 족아부난 굿허래 감수댄허연
조상 업언 오란 저 방에 당주방을 설연허연, 상물 슬만 울성안을 뿌려근
열 이틀날 부터, 원성기도 올려 오늘 스무날입네다
옥황 천신불도연맞이를 허저 영헙네다
옥황에 별자리 ㅊ지헌 북두칠원성군님, 옥황 도성문을 ㅇ려
이 제청 거울ㄱ이 비추와근, 서천재민공연 올리건
멩도 줍서 복도 줍서, 쫄른 멩 길게길게 잇어줍센허고
사만이 목심지엉 살게 시켜줍센 허고
쉬은 두설이 난 저 뚤성제, 조은 대학공부허건
나라에 녹을 태왕 아방대에 고생허구대나
이 뚤성제라근 녹을 태와근, 관녹먹게 시겨줍센 허저
칠원성군님전 축원원정 올리고, 옥황에 월광일광님
앞으로 옥황천신 삼불도님, 축원원정 올려근
천왕불도 지왕불도 인왕불도
맹긴국 석기난 석볼법, 어레신전 멩긴국할미님은

478) 갑시다. 가세요.

상갑ᄌ년 삼진정월 초사흘날, 어멍 배안에서 배울 일을 다 배완
금세상 탄생을 헐때, ᄒ착 손엔 번성꼿, ᄒ착 손엔 환생꼿을 심언
금세상에 탄생허니, 남방사주 붕에바지, 백방사주 접저고리
물멩지 단속곳, 연반물 진옥색 치매 저고리
맹제줄장군 열두단추 메고, 코제비 ᄇ선 신고
아늠 ᄀ득 첵 종이 고운 붓에, 삼천장 베리돌 오천장에 먹을 ᄀ라
ᄉ월 초파일날 노각성 조부연줄로, 옥황에 올란 누륵으로 벨총당을 무언
할마님이 문안에 시국허고,
문베꼇딘 구덕삼싱 걸레삼싱 업게삼싱을 거느리어
헤ᄐ국 ᄃᄐ국 주리팔만 십이제국을 마련허여
산천영기를 보아근, 산천이 조은 집안에는 아들을 적을 시켜주고
산천이 부족헌 집엔 ᄯᅩᆯ을 적을 시겨주저
아방몸에 흰피를 내리웁고, 어멍몸에 가문피를 내리왕
옴ᄃ리방석 애미 젖줄 동경 종이 붓을 씨와, 열ᄃᆯ은 차민 할마님 무언
건지벗엉 곤지에 걸고, 치매벗엉 간지에 걸고
비단이불 거뒁 북덕자리 ᄭᅡ라노안,
아기어멍 은결ᄀ뜬 손으로 금결ᄀ뜬 손으로
늦춘배는 보뜹고 보뜬배는 늦추고, 팔대문을 ᄋᆯ령 청이실 ᄂ리왕
물이 터지민, 동드레 머리허민 동구장, 서드레 머리허민 서개남
남드레 머리허민 남장수, 북드레 머리허민 북단멩법 마련해여
할마님 내운 애기들은, 초사흘 초일뤠 열사흘 열일뤠
스무사흘 스무일뤠 생진일을 내영
열다섯ᄭ지 할마님이 키웁고, 열다섯이 되민 할마님 무너사는 법입네다
할마님 ᄒ를 천명, ᄒ를 만명 내운 애기들
킵단 보난 ᄒ룻 날은, 홍진국대별상 선배후배 삼만관숙 육방하인
영기몽기 첵갈지기 준지지기 거느려, 호명 주레 내려오란 허난
할마님 배꼽에 끝에 사딴, 공부허십네다
할마님이 누게우꽈.
나는 멩진국할마님이우다
인간에 강 호명줄 때랑, 단똘아기 후손ᄒ나 잇시난
호명주지 맙센 해영, 공부허십내댄 해연

할마님은 가부난, 홍진국대별상은 막상해여도 핏네만 뎅기는데

할마님 나보고 이러라 저러라

인보련 피보련 해염구나

인간에 오랑 본당에 호명주난, 아이고 할마님 단똘아기 후손 얼굴에

은준지 금준지 석섬닷말, 칠세오리 갖단 얼굴에 뿌리난

얼거진 테 틀어진 데 오목조목 얼굴이, 곰보지어 가옵데다

할마님은 단똘애기 후손을 나단 보난

이이고 요런일이 어디 이신고,

하늘이 노파도 땅아랜 비가 ᄂ리는 법이로구나.

아무리 지기술이 좋댄해도, 언젠가 ᄒ번은 나안티 굴복ᄉ정홀 때

이실태주 허연 기다리단 보난, 홍진국대별상 아들이 장개를 갑데다.

장개갈 때, 가마 연분줄 홍애기소리에 똘랑 간

생불479)을 주난 메누린 아긴배연 열ᄃ이 되엇구나.

열ᄃ이 되어도 아기 못난, 메누리도 죽게 되고

배안에 아기도 죽게 되어가난,

홍진국대별상은 아이고 요 일을 어떵허민 조코,

메누리 죽는 꼴 아니보젠, 안에 들어간 문을 ᄌ간 근심걱정허니,

서신국마누라님은, 옥황에 올라 천왕보살님안티 간

친헌 친구난 사실대로 ᄀ르난, 집이강 들어봅서.

홍진국대별상이 잘못해여시난, 할마님 청해여당 아기어멍 살립셴허난

집이오랑 보난, 아이고 그때 할마님이 나가 잘못허여젓구나 해연

메누리 살리젠 허난, 진양도포 청색띠 가막창신 신언

할마님 사는 먼 올레에 강 공부허십데다.

할마님 과연 내가 잘못 허엿습네다

나 잘못을 용서해영, 우리집이강 메누리 살려줍셴 허난,

할마님은 너머가멍 눈치보고 너머오멍 눈치보고

ᄒ번 양반이 종부리기는 어떵허느니

ᄒ번 모진 강풍이 부난, 진양도폭이 찢어진다.

칭색띠가 ᄀ리저도, 입대ᄒ 디 입대허닌

---

479) 아기

나도 여인의 몸이라 어쩔 수가 엇구나.
혼저 집이강 습섭으로 석자두치, 노람지드리 끌렌허난 오라근
습섭으로 석자두치 노람지를 끌아노니
할마님 들어가멍 건지는 버선 곤지에 걸고
열두폭 홋단치매 멩지줄장옷은, 간지에 걸어두고
조은 비단이불을 거뒌 북덕자리 끌안, 아기어멍 늦춘배 보뜹고
보뜬배 늦추와 아기 내와돈, 할마닌 집드레 가붑데다.
홍신국대별상은 손지얼굴 보레 완 보난, 얼굴 볼수가 어선 할마님안티 간
아이고 할마님아 메누린 살렷수다마는, 어디 손지얼굴을 못 보쿠덴 허난
너도 너 ᄌ순 얼굴 보고프냐. 나도 나 ᄌ순 얼굴 보고프덴 허난
아이고 할마님아 나 기술껏 강, 메꿀만이 메꾸와보쿠댄 해연
홍진국대별상님은, 은준재 금준재 석섬닷말, 질사오리 가정간
할마님 후손 얼굴에 강 뿌련, 복복허게 손으로 씨난
오목조목이 파졋던게 메짜지엇구나
아이고 할마님아 강, 고운얼굴 멘드라동 오랏수다
기여 고맙다 은고세 가정 간, 코주뎅이 조악허게 거시난,
동그라미 솟아 나옵데다
그때에 홍진국대별상이, 할마님아 과연 잘못 해엿습네다
나 기술이 조텐헌들, 할마님한테 이길수가 잇습네까
기는 재주가 조덴허여도, 뛰는 재주만이 못헌 나우다.
나를 용서헙서,
할마님안티 쉬은댓자 수페머리 끈엉
ᄋᆞ겡길 가망 올린등, 할마님 공을 가프멍
만리장성 둘렁 이구산에 올랑 두손 합작해영
할마님한테 무릅이 벗어지도록,
허배헌들 할마님 공을 다 갚을 수가 잇습네까
할마님아 쉬은두설, 아바지네 ᄉ형제 가운데 말젯 아들로 나난
고칩이 장개들어 저뜰하나 소생시경, 할마님 생불주언 나두난
고씨 어머님도 성이멍 누님인줄 모릅네다
서천꼿밧디 가고, 설운 나준 어머님도
쉬은 두설 우위로 할마님 생불꼿을 주언 놔두난,

어릴 때 배안에서 서천꽃밧 간

이 아들 ᄉ성제 나난, 할마님 덕에 쉬은 두설도 어릴적에

경징ᄀ찌 경세ᄀ찌 죽억살악 영해여 가난

아이고 이 아기 죽어불카부댄, 멩 질게 살리젠 허단 보민

조은 약도 써보고, 영해여도 어떤 땐 죽어가민

아이고 숨아니 쉬엄싱가 행, 숨아니 쉬어가면 몇번 묻어불카 하당보민

살아나고 살아나고 영해여가난, 일곱살 나는 해엔 하도 답답허난

신창할마님안티 간, 이 아들 당주알로 노아두언,

ᄒᄃᆞᆯ만이 간 데령 오랏습네다.

데려온후에 옛법은 예를 지켜 사 되는데

쉬은 두설 어머님이 글로가건, 아이고 당주조상님도 고맙수다.

불도조상님도 고맙수다.

나 아들 오랑 멩잇언 감수댄 해연, 초걸레 이걸레 삼걸레를 못배껸

오늘ᄁ지 연 사십 삼사년 동안 살젠 허난, 당주악심ᄀ찌 불도악심ᄀ찌

주년날 춤실ᄀ뜬 몸 만조산 흐터노아근, 어떤 날은 ᄇ름이 잔잔허다

하늬ᄇ름ᄀᆯ이 셋ᄇ름ᄀᆯ이 모진 강풍이 불어가민

ᄒᆞᆫ잔 술을 먹어근 시련광징 되고, 살젠 허당 보민 두갓 살림도 못네살고

살젠 허당 보난, 스물ᄒᆞᆫ설 우의로도 할마님 생불건 나두난

악심이 들언 꺽어가고 영해여 오는것이, 오늘ᄁ지 전서일 후서일 몽롱허고

불찰허고 잘못헌 일을 오늘다 풀려근에, 할마님아 쉬은두설에

아이고 옛날은 큰아늘 이민, 선대선조 부모조상 유래전득 시길 아들

후손이 이서야 되는 디, 쉬은 두설이 살단보난, 스물ᄒᆞᆫ설 열두설이우다

이 아기들 이 뚤성제 잘 키와줍서예~

스물ᄒᆞᆫ설도 시집가거들랑, 아들 손지 뚤 손지 나멍

잘살겡 허고 열두설은 자꾸 다리가 고무꾸고, 발이 아팡 걷지 못허고 허난

병원에 가난 다리에 발목교정 시겨사, 아기가 성장판이 건강헌덴 허난

오늘ᄁ지 잘 교정 시겸수다

열두설이 어멍 배안에 이실적에, 아기어멍은 아기 가지민

석ᄃᆞᆯ 아에 몸주심 나쁜것도 뵈지말고,

나쁜말도 듣지말고, 나쁜음식도 먹지 말고,

서너 넉ᄃᆞᆯ 되어가민, 아기도 배안에서 어멍 먹으민 ᄀ찌먹고

어멍 울면 ᄀ찌 울고, 어멍이 근심허민 아기도 배안에서 근심 허난
열두설에 어멍 배안에 이실 적에, 놀래고 혈이 놀래고 피가 놀래고
어멍이 좀을 못잔 뎅기멍, 잘못헐 적에 할마님은 배안에 이실 때
춤먹에 춤붓을 적저, 눈도 잘 기리고, 코도 잘 기리고, 입도 기리고,
말잘들리게 귀도 기리고, 열손ᄀ락 열발ᄀ락 오장육부를 그리는데
잘못헌 일 잇건 할마님아.
이번 첨 서천재민공연 받저
열두설 머리 뇌에서 혈길 ᄀ릅서 피끼 ᄀ릅서
머리 뇌에서 열 손ᄀ락드레, 열 발ᄀ락에 혈기골릅서.
열두뻬에 혈을 골라건, 어느뻬 성장에 인대에 신경에 잘못되는거 잇건
할마님아 은결ᄀ뜬 손으로 손으로 조약조약 조시멍
아기 잘 교정시겨 건장헌 청년 되게시리
아까운 뚤아기 하다 ᄒ들 ᄒ번 오는, 생리라도 잘오게 시리
할마님아. 새겨건에, 나쁜 ᄆ음이랑, 이제 들게허지 맙서.
착헌 ᄆ음들엉 아빠 생각허고,
엄마 생각허고 언니생각허게시리 시겨줍센 영해여
할마님안티 수룩원정 올리고, 쉬은 두설이 이 굿 허젠허난
아이고 우리 아바지 우리들 네성제 난
나도 아들엇고 불쌍헌 동싱 말젯동싱은 스물ᄒ설에
이왕에 죽어 후손 어서 불고, 셋동싱도 착헌 아기난 살젠 허단 보난
아까운 조캐 우울증 ᄀ찌 한게, 이 조캐 봐가민 쉬은 두설도
가심이 아프고 저싱간 부모조상들도, 가심이 아프난
오늘 쉬은 두설이 할마님안티 축원원정 올리건
불쌍헌 이 조캐도 곱게 마음 돌아오게 헙서
이 아기 조은 공부 해여건, 우리 아바지 우리 어머니 (운다)
우리들 네성제 오라 강, 후손은 아들 ᄌ손이 해여
저 아기에 오는 서천꼿밧디 쉬은두설이, 할마님안티 잘 인정걸크메
이 아기도 곱게 잘 키와줍센 허고
아이고 불쌍헌 족은동싱, 모슬포 가민 저 조캐 경해여도
ᄉ형제 가운데 식게날 되민, 분에 분장잔허는 저 조캐도
잘 키와줍센 해여, 할마님안티 축원올리고

불쌍헌 설운 동싱 아이고 스물흔설^까지

고등학교 졸업해연 대학가젠헌 합격해여도

엇는 게 죄, 가난 헌게 죄라.

설운 형님이 나 졸업허건, 늘랑 그때 학교 가는게 어떵허니

영해여 일선군인 간 오란, 사흘만에 요왕에

친구 데령갓단 술 먹엇단, 심장마비로 가난 불쌍헌 나동싱

봉은 모정 꼿은 피젠 허난, 모진 강풍에 봉이 떠러지듯

불쌍헌 설운 동싱 총각머리 등에진 동싱

오늘 서천꼿밧드레 인정 잘 걸어주고

불쌍헌 설운 고모 할마님, 고모님 아홉설에 서천꼿밧 간

설운 고모님도 인정 잘 걸고, 피로 시처 물로 시처 간 아기들

서천꼿밧드레 인정걸어, 사치생기 살거, 아기옷들 상 입을걸

책가방 살거 작기장⁴⁸⁰⁾ 살거 공책살거 연필살거, 사탕 사먹을 거.

서천꼿밧드레 인정잘걸어 안네저 허십네다

할마님아 불릴꼿을 탑니까 가지꼿을 타저

동청목 서백금 남적화 북화수, 중앙드레 번은 가지

수만오천육백 가지 번성, 꼿번성 시경 뜰 성제라도

잘 성장해여 할마님아 모릅네다

아직 쉰 두설은 절므난, 또 어디강 조은여자 만나 살림살거들랑

일년에 흐나씩 나민, 몇년 걸릴꺼난 일란성 쌍둥이나 마랑

이들 뻥둥이 나선 아늠 능 안아근, 아이고 웃음웃엉 살게 해여줍서

영해여건 할마님안티 축원원정 올리고, 꼿 꺽어지게 허지맙서.

오늘 서천꼿밧디 인정 걸거들랑

이 성읍리 오랑 이집 빌어 굿 허는데, 성읍리서 나은 애기들 어린 애기들

어린이집이영 유치원이영, 초등학교 뎅기는 애기들

물에나 차에나 풀잎에나 세잎에나 제개 맙센허고

이리오랑 고생허는 조순덜, 이 조순 난 애기들도

꼿 꺽어지게 맙서. 악심들게 맙센 해영

할마님안티 축원들고, 신창할마님이랑 오늘 오튼불 틀터 놧수나

이제랑 당주집 절집 불도집 떠나건, 영허저 허십네다

동해용궁 할마님은, 애산 신구월 초아흐렛날 탄생 허난

아방국은 동해용궁, 어멍국은 서해용왕

훈설 나난 어머님 젖가슴 두드린 죄

두설 나난 아바지 무릅에 아잔

연조새 부른죄 세설 네설 나난

할마님 무릅에 아잔 삼각수 거시린죄

다섯설 나가난 널어놓은 날래 허튼죄

여섯 일곱설 나가난, 동네 어른 말글안 것대답 헌죄

너는 불효ᄌ식이에 해연

동에와당 쉐철이⁴⁸¹⁾아들 불런, 무쉐설캅 짠 귀양보내젠 허난

아이고 어머님아 나 귀양가민 어떵 삼네까.

인간에 생불할망 어시난, 생불할망으로 가렌허난

어떵 생불줍네까 어떵 다 글아주고⁴⁸²⁾

뭘로 몸 갈름네껜 허난 듣젠 허난, 아바지 호통 소리난다.

임박사 시절 개문개철허라 헌것이, 조심통쇄 절로셍강 지완⁴⁸³⁾

저 바당에 띠우난, 들물쌀엔 서해와당, 썰물쌀엔 동해와당

물우위도 3년 물아래도 3년, 흥당망당 떠 댕깁데다

임박사가 삼십서른이 넘어가도, 아들 똘 어선 호이탄식허니

동학산은 서학산, 처녀물가에 내련 백일정성을 드립데다

백일째 되는 날은 바당알로 보난, 무쉐설캅 올라오란

보난, "임박사 개문개철" 허랜해연, 상거심조심통쇄를 열언보난

압니멍엔 햇님이요, 둿니멍엔 둘님이요

양단어깨 금산새별 베킨듯 헌, 아기씨가 이섯구나.

누게가 되옵네껜 허난, 난 인간 생불할망 어맨해연

오랏수다 우리 두 각시가, 오십 다되어도 아기 어수댄 허난 기영허꽈

생불주난, 임박사 각시 아기배연 열둘이 됩데다.

동해용궁ᄯ님아기 생불은 주어도, 얼로 몸갈를 중은 몰르난,

481) 대장장이
482) 다 말해주고
483) 채워

아기어멍은 죽을 사경이 당해고

동해용궁또님아긴 겁질에 처녀물가에 내련, 비새ᄀ찌 울고

임박사는 각시 죽어가난

진양도포 청색띠 가막창신 신고, 금바랑 옥바랑 들런

동학사는 서학사, 남학산 북화산 올라

낮도 고요허고 밤도 고요헌디, 바랑소리 옥황드레 올려가니

옥황상전님은 금세상 고요헌디서, 처량헌 바랑소리 올라오라가난

지부소천왕아 금세상을 둘러보랜 허난, 지부소천왕이 ᄀ는 이

아이고 옥황상전님아, 임박사 각시가 아기배연

아기어멍 죽고 에 애기도 죽을때가 되엄수다.

기영허건, 옥황 멩진국또님아기 불르라.

불런 가건 몸 갈르레 오랜허난, 맹진국또님아기 번성꽃 환생꽃 심언

춤실 은고새 가젼 오란, 아기어멍 보뜬건 늦춥고 늦뜬건 보뚜와근

아기를 내와도 가누렌 허난, 처녀물가에 곱닥헌[484] 아기가 아장

울엄시난 누게우까 통성명 해여보게

아이고 어떵연 아기씨 지나가난 눌랑내 눌핏내가 남수까

난 옥황상전 맹진국 또님 아긴데, 임박사 각시 몸 갈라도 감수댄 영허난

동해용궁 또님아기 ᄋ심난다

이년 저녁 죽일년 잡을년, 대동 통편에 청대섭에, 목걸려 죽일년아

나가 밴 애기 너가 내왓느냐

니머리 니미리 허운내기 심어가난

오라, 우리 옥황상전님전 가게

옥황상전님에 들어가난[485], 얼굴도 ᄀ뜨고 말소리도 ᄀ뜨고

ᄀ는 말도 ᄀ따지난, 니네들 경해지 마랑 꽃밧드레 글라.

은수반에 꽃씨 ᄒ방울씩 주난, 동해용궁또님아기 꽃씨 들이치난

불휘도 외불휘 송애도 외송애, 봉은 모지난 검뮤울꽂[486]이 되어 가옵데다

맹진국 또님아기 꽃은, 불린 외불리요 가진 동서남북으로

종지만씩 사발만씩 낭푼만씩, 버륵버륵 곱닥허게 피엇구나

---

484) 고운

485) 머리타래

486) 이우는 꽃, 시들어가는 꽃

꽂빈장을 허난, 맹진국ᄯᅵ님아기랑, 늘랑 생불할망으로 들어사라
동해용궁ᄯᅵ님아기랑, 어서 저싱할망[487]으로 가랜 허난
동해용궁ᄯᅵ님아기 ᄋᆞᆷ심이 바락허게 나멍
할마님 꽂사발에 눌려들언, 상가지 꽂을 오독독끼[488] 꺼어가난
아이고, 그거 무사 꺽엄시닌 허난
나도 그냥 갈수 어시난, 아기 생불주엉 놔두민
배안에서 피로 시쳐 물로 시쳐[489]
대여섯둘 넘어가민 배안에서 숨질노앙 얻어먹혀.
아기나민, 초사흘 초일뤠
낮역시 밤역시 오는 정끼 자는 정끼, 경징경세 만경징 불러주저
웃이민 웃인갑, 아지민 아진갑, 기민 긴갑, 사민 산갑,
던데허민 던데갑 얻어먹켄 허난
아이고, 걱정허지 말라
아기어멍 ᄯᅳᆮ든, 연반물 진옥색 치매 저고리도 주마
사치생기 걸레ᄀᆞᆷ, 인정하영 걸어주멘 영해여근
동해용궁할마님도, 오늘 신수퍼 상받아근
아기들 악심주는 건, 다 ᄀᆞᆸ을 갈라줍셴 영해여
옥황 천신불도연맞이 어간 되엇습네다.
불도연맞이 제청으로 신메웁네다.

(악무)
(신칼춤)

옥황천신 불도연맞이로 신메와 드립네다
천상천하 영실당, 누병대천 노는조상, ᄀᆞ랑빗발 새빗발 노는 조상
산성 물성 나무돌굽노는, 일만일신 주문천신
만조백관님 청대고고리 가늠허고, 깃발 연발 가늠허고
울북울정 연반상낼 가늠허멍, 불도연맞이로 신메와드립네다

---

487) 저승에서 죽은 아기의 혼을 관장하는 여신. 「구할망」 「구삼싱」 「구천낭할망」 등이라 부름
488) 가는 나무 가지를 꺾는 소리. 또는 그 모양
489) 씻어.

임신중 올라사민 옥황상전님

ㄴ려사민 지부소천대왕님, 신메웁네다

옥황 벨자리 ㅊ지헌 칠원성군님

옥황 도성문을려, 이 제청 거울ㄱ치 비춥서

동산 새별 전운성, 서산 새별 직녀성

남방 노인성님, 북방 태금성님

콩태자 태성군 으뜸원자 원성군, 춤진자 진성군 실마옥자 옥성군

벼리강자 강성군 기러기자 기성군, 열릴개자 개성군

짓알새별 짓우새별 선우성별님, 칠원성군님 뒤에 수게자들

책갑지기 준지지기, 베루지기 먹지기도, 신메와드립네다

옥황천신 삼불도님 신메와 드립네다

옥황 맹진국할마님도 신메웁네다

일광 월광님도 신메와 드립네다

천왕보살 지왕보살 인왕보살, 준지보살 나미보살

칠십 삼보살님 홍진국대별상, 서신국은 마누라님 신메웁네다

이공서천은 도산국, 청개왕도 삼시당

흑개왕도 삼시당, 백개왕도 삼시당

원진국 대감 김진국 대감, 사라도령 월광부인

꼿감관 꼿생인 궁녀신녀, 정남청 소남청 거느리어

불도연맞이로 신메와 드립네다

동개남은 은중절 시개남은 상세절

남개남은 농농절 북화산은 미양안동절, 부처지킨 대사님

쉬은 두설 어머님 이야기들 킵젠허난

모실포 삼방사 부처영, 공양허명 살앗댄 해염수다

대서님 부처님도 신메와 드립네다

그두우로 안태조 여래불도할마님도 신메웁네다

신창할마님도 신메웁네다

동해용궁 할마님도 신메웁네다

열다섯 십오세 안에 간 아기들두 신메웁네다

든물용궁 대방왕 삼처서님 신메와 드립네다

안공시로 정씨로 하신충 몸받은, 안공시 밧공시 서씨로 신축생

몸받은 밧공시로 삼시왕 삼하늘님, 남천문밧 유정싱ᄄ님아기

고 옛선성님 안팟공시로 신메와 드립네다

안공시로는 황씨 임씨 이씨 선성, 이씨 하르방 임씨할망 양씨할마님

양씨부모 몸받은 부모조상님 신메웁네다

심방정시 아니우다.

아바지 어머니 삼부체 불쌍헌 설운 동싱도, 신메와 드립네다

밧공시로 신의 성방 몸받은 부모조상님, 설운 어머님 신메웁네다.

어머님 신공시 신수퍼, 이 똘 머리쯤 운둥허여

상통천문 기지역신 명산명점 허게헙서

몸받은 조상 웨진부모조상, 이씨 부모님도 신공시 눌룬질로 신수퍼

이 조캐 머리쯤 운둥해여, 상통천문 기지역신 허게헙서.

명산명점 허게헙서.

이씨 부모님 몸받은 부모조상, ᄒ 어깨오던 정씨 오라바님 내외간

강씨 아지바님 강씨삼춘 설운 오씨성님,

송씨 조케 몸받고 초공연질 거느리던

선성님네 내일 초·이공연맞이, 당주연맞이 헐때민

다 거느리고 영해겠습네다

선성님네라 안팟공시로 신메웁네다. 예~

(악무)

(신칼춤)

신메와 드리난

저먼정 나사민

할마님 두에

걸레삼싱 구덕삼싱 어깨삼싱, 악살대기 아양대기

호영대기 심술쟁이 심술대기, 저먼정 금마절진헙서

성군님뒤에 수계자들도 저먼정 금마절진 헙서

동해용궁 할마님 뒤에

구천왕구불법 뒤에 노는 임신들, 저먼정 금마 절진 헙서

저먼정에 나사민

어제 그제 날부터, 큰대 세왕 말명입질 떠러진 조상들 어시
다 금마절진이우다.

(악무)
(신칼점)

다 떨어진 조상 어시, 금마절진 허신듯 허십네다 예~
조상이 내리꺼 히시는데, 오리안 부성 오리바꼇 부정
준지너른 금마답[490], 제청안 제청바꼇
본주제관 부정신 단골 앞이 부정신
약방약내 가견내, 눌랑내 눌핏내
존경내 부정에 당천헌 듯 허십네다
신소미 나사건
초처 이처 부정도 신가여 드리겠습네다. 예

〈새ㄷ림〉 이승순

[물감상]
물로써 제장의 부정을 가이는[491] 물감상굿

(감상기와 물그릇을 들고)
옥황천신 불도연맞이로
물감상 아뢰오난 백근이 차다헙네다.
천하부정 지하부정 인하부정 만헙네다.
오리안 오리바꼇 십리안 십리바꼇
부정서정 신이 만헙네다.
금마답 들어사난
천지월덕기 좌우둣기 나뷔줄전기 삼버리줄

---

490) 평지 넓은 마당
491) 씻는, 정화하는

안으로 들어가난 ᄉ에열두당클에도
부정이 만헙네다. 서정이 만헙네다.
불도연맞이로 연양탁상[492] 좌우접상에도
부정서정이 만헙네다.
할마님 마흔대자 상청ᄃ리
서른대자 중청ᄃ리 스물대자 하청ᄃ리에
할마님 멩ᄃ리 복ᄃ리 생불ᄃ리에도
부정서정이 만헙네다.
ᄒᆞᆫ 일곱자 걸레베 ᄒᆞᆫ 석자 바랑친에도
부정서정 만헙네다.
할마님 오시 오늘 불도연맞이로
각서추물에 철죽대에 송낙전지에도
부정서정 만헙네다.
동네부정 거리부정 질부정 만헙네다.
본주지관 신의성방 압장
굿보레 오신 단골님네 압장에도
눈으로 본 부정 먹어 부정
쥔부정 발라부정 만헙네다.
부정서정 신가이고 내카일수 잇겟느냐.
하늘로 ᄂᆞ린물 전덕숩네다.
지하로 솟은물 지덕숩네다.
그리말고 동의와당 산석벽
흐르는 산세밋물
초강초대접 들러받아
청대섭 우올리며
안으론 바껏드레, 바껏으로 안트레
부정서정 신가이고 내카입네다.
(물그릇 들고 부정가시는 춤. 감상기 끝으로 그릇에 물을 케우린다.)

---

492) 영연탁상(靈莚卓床). 굿을 할 때 바닥에 차려 놓은 큰 젯상을 「탁상」 또는 「연양탁상」이라 함

(악무)

부정서정 신가이난
정씨 쉰은둘님 안으로 안당주
연양당주 연양불도에도
부정서정 신가이고 내카입네다.

(악무)

연찬물 감상허여
부정서정 신가이고 내카이난
제청 압도 묽고 청량헙네다.
할마님 ㄴ려사는 딘
천보답 만보답 기메전지
놀메전지에도 묽고 청량헙네다.
ᄌ순들 압장에도 신의성방 압장에도
묽고 청량헙네다.
이 물은 아래버리면 마당너구리 땅너구리
방울방울 주서먹으민
만민 ᄌ순에도 죄가될 듯 헙네다.
지픈들엔 8이늘고 아픈물엔 새아사 놉네다.
용광 새랑은 난나치 ᄃ리자.

(악무)

[새ᄃ림]
천왕새 ᄃ리자/ 지왕새 ᄃ리자/ 인왕새 ᄃ리자/
옥황 천신불도연맞이로/ 새 아자 옵네다/
일광님 월광님 오는데/ 새 아자 옵네다/
만민 ᄌ순들 생불주던 할마님/ 옥황은 천왕불도 할마님/ 지왕 불도할마님/
인왕 불도할마님/ 오시는데 새아자 옵네다/

생불 시겨주던/ 홍씨 방씨 서씨 여래/ 안텡개중 열싱/

멩진국할마님 오는듸/ 새아자 옵네다/

동의용궁 큰할마님 오시는데/ 새아자 옵네다/

이공서천도산국/ 청개왕도 상시당/ 백개왕도 상시당/

원진국 대감님/ 김진국 대감님 네/

꼿감관 꼿생인 사라대왕/ 원강부인 오는듸/

새아자 옵네다./ 재인장제집이/ 수레악심 불러주던/

할락궁이/ 이공서천도신 국님/ 오시는데/ 새아자 옵네다./

열다섯 십오세 미만에/ 서천꼿밧/ 수레악심되어/ 간 아기들 오는데/

새아자 옵네다./ 알로 내려/ᄌ순들 멩과 복을/ 재겨주던/ 칠원성군님/

갑을동방 전우성/ 경신서방 직녜성/ 남방 노인성/ 북방 태금성/

태성군님/ 원성군님/ 참진재 진성군님/ 벼리강재 강성군님/

실마리옥재 옥성군, 열릴개재/ 개성군님/ 짓우새별/ 짓알새별/

이수팔순/ 삼태육성/ 선후성별님네/ 오시는데/ 새 아자 옵네다./

이른ᄋ덥/ 도부살림네/ 천왕보살님 지왕보살/ 인왕보살님/

관세음보살님 대세지보살님/ 아기들 그눌르든/ 지장보살님/ 오시는데/

새 아자 옵네다/ 초공은 신불화/ 이공은 꼿불휘/

삼공은 전상생인/ 난나치 ᄃ리자/

옥황상저 이알로/ 지부소천 대왕님/ 산신대왕님네/ 다섯 용신님네/

서신대시/ 인간노저는/ 불도님네 오는데/ 새 아자 옵네다/ 요 새를 ᄃ리자/

얼굴 ᄎ지헌/ 홍진국대별상/ 서신국 마누라님/ 오시는데/ 새 아자 옵네다/

상가지 앗던새/ 중가지 앗던새/ 하가지 앗덧새/ 난나치 ᄃ리자/

안팟공시로/ 엣날 고 엣선생님/ 몸받은/ 선생님네/

안팟공시로 오는데/ 새 아자 옵네다/ 애 물른 새라건/ 물주며 ᄃ리자/

배고픈 새라근/ 쌀주며 ᄃ리자/ 저멀리 ᄃ리자/

주어라 헐쭉/ 휠쭉 휠짱/

동드레 포르릉/ 서드레 포르릉/ 짓놀아 가는곳/

요 새가 들어서/ 아니고 ᄃ리면/

성은 정씨/ 쉬은둘님/ 혼병을 주던 새/ 신병을 주던 새/

넉내운 새여/ 혼내운 새여/ 난나치 ᄃ리자/

산은 살림에/ 해말년 주던새/ 당주악심이나/ 몸주악심/

진영간주악심/ 불도악심/ 불러야 주던 새/

스물ᄒᆞ설/ 열두설/ 이 아기들 압장에/ 열두야 숭험을/ 불러야 주던 새/

허는 공부에도/ 해말림 주던 새/ 물 그린 새라근/ 물주며 ᄃᆞ리자/

배고픈 새라근/ 쌀주며 도리자/ 아니나 ᄃᆞ리면/ 되돌아 오는고/

멀리 ᄃᆞ리자/ 주어라 훨쭉/ 훨쭉 훨짱/

요 새가 들어서/ 아니고 ᄃᆞ리면/ 성은 문씨ᄌᆞ순/ 박씨ᄌᆞ순/ 김씨 ᄌᆞ순/

압장에 들어서/ 넉새를 ᄃᆞ리자/ 혼새를 도리자/

숭엄을 주던 새/ 재화를 주던 새/ 난나치 ᄃᆞ리자/ 저 멀리 ᄃᆞ리자/

주어라 훨쭉/ 훨쭉 훨짱/

요 새가 들어서/ KBS/ 방송국/ 여라직원 앞장/ 숭엄을 주고/

문화연구원/ 직원들앞장에/ 숨엄을 주던 새/ 재회를 주던 새/ 멀리 ᄃᆞ리자/

난나치 ᄃᆞ리자/ 새 끝엔/ 매찡이 놉네다/

천왕가민 열두매/ 지왕은 열ᄒᆞ매찡/ 인왕 아홉매찡/

정월 상원매/ 영등매 ᄃᆞ리자/

삼진 매찡/ ᄉᆞ월파일 매찡/오월 단오매/ 유월유두/칠월 칠석매/ 팔월 추석/

구월 당주매찡/ 시월단풍매/동지섯달 동지매/

육섯돌은/ 느진매찡이나/ ᄇᆞ뜬매찡/

요 매찡이 들어서/ 이 ᄌᆞ순들 앞장/ 병원드레 가고/

약방드레/ 가게허던 매찡/

열두야신병/ 불러주던/ 매찡이여/ 안팟공시로/ 요 새가 들어서/

싱난꼴 중난꼴/ 하단골은/ 제민단골 압장/ 아자난디 사난디/

당주아기들/ 신충아기들/ 불도아기들/ 상단골 ᄌᆞ순/

중단골에/ 하단골에/ 제민 단골에/ 아기들/ 수레악심/ 불러주던 매찡이여/

안팟공시로/ 난나치/ ᄃᆞ리자/ 요새가 들어서/ 울란국범천왕/

대제김에 소제김/ 살이살성/ 놀던 새랑/

동의 청새/ 서의 백새/ 남의 적새 북의 흑새/ 중앙 황신새/

이 ᄌᆞ순들/ 압장에 들어/ 숭엄재회/ 불러주던/

매찡이라근/ 시왕올라 대번지[493]/ 둘러받아/

---

493) 신칼

쑤어나라 쑤어나라
쑤어 쑤어 쑤어
(환자들 선칼로 찌르며 푸다시 반복)

(악무)
(푸다시)

혼번풀어 혼번풀어

허쉬/ 허쉬 허난/ 요거보라/
이 ᄌ순들 압장/ 열두신뻬에/ 감겼구나/
ᄆ첫구나/ 풀어내자/
옥황 두에 군졸/ 지부ㅅ천대왕/ 두에 군졸/ 산신대왕 두에/ 군졸/
다서용신 두에/ 할마님 두에/
어시러기 군졸/ 더시러기 군졸이냐/
본당에 군졸/ 신당에 군졸/ 풀어내자./
(환자들을 신칼로 계속 찌르며)
얼어 벗어 추워/ 굶어 가던/ 이런 군졸이냐/
이 ᄌ순들/ 혼잔 술에 침노/ 두잔 술에/ 침노되던/ 이런 군졸이냐/
하늘귀신 천근/ 땅꺼지 지거/ 늘기죽어 노망귀, 절머죽어 청춘귀/
남자죽어 남사귀냐/ 여자죽어 여사귀나/ 아이죽어 허사귀에/ 가던 염라/
제주도라 무자기축년/ 4.3ㅅ건에/ 적창에 죽창에/
돌멩이에 맞아/ 죽어가던/
동설용에 서설용/ 남설용 북설용/ 거무용신 대용신에 가던/
이런 잠용잡신이랑/ 시왕올라 대번지/ 둘러받아/

(푸다시춤)
(계속 푸다시 연물)
요놈의 귀신 요놈의 귀신들
써 써 써 가라
(신칼점)

일어서 일어서라고
(입으로 술을 뿌린다)
허쉬
(앉어있던 환자들은 모두 제자리로 간다)
허쉬 허쉬

(악무)

[주잔권잔]
ᄌ순들 불런
넉새 혼새 ᄃ롓수다
저먼정 나사민
동방 새물주잔 엣잔
서방 건주 엣잔
새물지주 엣잔 지녱깁네다
산신군졸 요왕군졸 선왕군졸들
본당군졸 신당군졸
여라 ᄌ순 앞장에 발자취에 똘라오고
혼잔 술에 얻어먹저 얻어쓰저허던
넉네운 임신들, 혼네운 임신들,
지민징 구잔권산입네나.

〈**군문열림**〉

(심방 신칼과 요령 들고, 〈군문열림〉 제자를 진행한다.)

[군문돌아봄]
새는 난나치 ᄃ롓습네다 에~
동방 새물주잔 서방 서잔, 남방 월해잔 북방 해방지주잔 지녱기난
ᄃ래ᄇ바 ᄂ립서.

ᄃ래는 제감수 시겨가며, 인이 와는 신이 법입네다
신이 와는 인이 법입네다
삼ᄃ래대전상 일문전 신수푸난, 천왕가민 초군문,
지왕가민 이군문, 인왕가민 삼서도군문
동에 청문, 서에 벡문, 남에 적문, 북에 흑문,
중앙 황신문이 어찌되며, 옥황도성문이 어찌되며,
할마님 오는 시군문, 안태종 여래불도할마님 오는 시군문,
동해용궁할마님 시군문 안팟공시에, 옛 선성님 운수문밧문,
각항지방 이른ᄋ돕 도군문, 하늘옥황 ᄋ려옵던 천왕낙회
시왕청너울 둘러받아
삼서도군문 돌아봅네다 에~

(악무)

예~ 삼서도군문 돌아봅네다
(요령)

(악무)

안태종 여래불도 할마님문 돌아봅네다
(군문돌아보는 뒷걸음 군문춤)

(악무)

안태종 여래불도할마님
할마님 시군문
동해용궁 할마님 신병문 본병문
안팟공시 이른ᄋ돕 도군문도 돌아봅네다

(악무)
(도랑춤, 좌무)

삼서도군문 (신칼점)

(악무)
일어서서

삼서도군문 이로구나 에~
칠원성군님 옥황도성문 울려, 거울끝이 비추저
옥황도성문, 동해용궁할마님, 안태종 삼불도할마님
안팟공시, 당주문 몸주문, 신연상간주문
운수문밧문 각항지방, 일흔ㅇ돕 도군문 돌아보난
문직대장 감옥성내, 시군문 잡앗구나, 인정걸라 헙네다.
쉬은 두설님 이때꺼지, 35설부터 삼시왕에 녹을 먹엉
삼시왕에 삼하늘, 남천문밧 유정승ᄄ님아기
고 옛선성님 덕으로, 벌어먹은 역가 벌어쓴 역가
불도연맞이 해영, ᄄ성제 편안 시겨줍서.
조케들 악심드는거 막아줍센 허여근
시군문연ᄃ리에, 발로제어 발나제, 질로제어 질나제
일천보금 삼천량도 제인정 걸어
(요령)

(악무)

시군문연ᄃ리에 인정겁네다.
(신칼점)

옥황 멩진국할마님에 칠원성군님에
잘 인정걸어 수룩도 잘 지고
동해용궁할마님 굽갈르젠 허염수다.
(신칼점)

(악무)

[군문열림]
인정거난 나ᄌ순 나정네, 정네가 불쌍허고
성의성심 하거난, 시군문 을려가라 허십네다.
엣날엣적 주석삼문은, 열두집서관 을려습네다.
조상님 오는 시군문, 일문저은 개문개탁허난
본도신감상 둘러받고
시왕 청너울 금정옥술발 둘러받아
삼서도군문도 을려
(요령)

(악무)
(군문춤)

삼서도군문도 을려줍서
옥황도성문 을려줍서

(악무)
(신칼춤, 도랑춤, 좌무)

(악무)
할마님 문도 곱게 을려줍서

(악무)
안태종 여래불도 할마님
(도랑춤 추다 앉아서 좌무. 감상기춤, 요령춤, 손춤, 신칼점)

아이고 불쌍헌 아기들 시군문 곱게 을려
할마님은 군문으로 돌아섭니다마는
(신칼점)

고맙습네다 에~

(악무)
(입무오 좌무 반복)
시군문

동해용궁 할마님 당주문 몸주문 허쉬~
어허- (매우 빠른 장단에 도랑춤)

[산받음]
(악무)
(엽전점)

옥황천신 불도연맞이로
삼서도군문 올려 잇습네다
신의아이 몸받은 밧공시
정씨로 하신충 몸받은 안공시
부모조상 몸받은 두루 대천겁
삼서도군문 여린 그뭇이여
(엽전점)
고맙습네다

안으로 안태종 여래불도 삼불도할마님
시군문 곱게 올려
ᄌ순들 서천재미공연 받아
스물ᄒ설 열두설
정칩이 선대선조 부모조상 유래전득 시길 후손
곱게 키와줍센 영해여
할마님 시군문올린 그뭇⁴⁹⁴⁾이어

---

494) 금

(엽전점)
고맙습네다

칠원성군님은 옥황도성문을 올려근
거울긑이 비추와그네
이 아기들 멩도줍서 복도줍서
ㅅ만이 목숨지엉 살게시리 해여줍서.
옥황 벨자리 ㅊ지허난
옥황도성문 올린그뭇[495]이어.
(엽전점)
고맙습네다

동해용궁 할마님 문을 올리저
동해용궁 할마님도 오늘 이집이서
서천재미공연을 받아
똠든[496] 치매 저고리 사치생기금[497] 인정 잘 걸어
유기전답 조은딜로
몰동 새동 조은 디로 전송 잘 허겟습네다
당주악심 드는거 불도악심 드는거
열두설 다리에 발목에
뻬에 성장판에 신병을 주는
악심을 걷어줍센 영해여
동해용궁 할마님 물려 아진 그뭇이여.
(엽전점)
고맙습네다

안팟공시 당주문 몸주문
운수문밧문 각항지방

---

495) 열린 점괘
496) 땀 베인
497) 아기 기저귀 감

이른ᄋ돕 도군문 ᄋᆯ린 그뭇입네다. 에~
각항지방 (산판점)
일월삼멩두 (산판점)
잘 알앗수다 잘해영 해여주쿠다
안공시 (신칼점)
고맙습네다

[주잔권잔]
천왕가민 초군문,
지왕가민 이군문,
인왕가민 삼서도군문,
옥황도성문 열린데 칠원성군님네
동해용궁 할마님 오는 시군문
이공서천 도산국 오는 시군문
주잔입네다.
안팟공시 부모조상 선성님네
오는 딜로 제인정 잔입네다
이때ᄭ지 신창할마님 알로간 노아근
연 사십 사오육년동안
닭주악심 불도악심이 들어난498)
오늘은 주잔 지넹겨 드립네다
성읍리 이 터 안에 이 터 배꼇디499)
큰낭지기 큰돌지기 오목나무에 놀던 조상들
많이많이 주잔입네다

[분부사룀]
개잔개수허난 쉬은 두설님아.
삼서도군문도 ᄋᆯ려줍센허난

_____
498) 들었던
499) 바깥에

백마강 얼음질이라

올해는 쉬은두설도 운이고 나간 중삼재 운이 당허고

이 운을 어떵허리 영해여신디 공을 드리난 심서도군문 곱게 열려주고

할마님 문은 열린 그뭇은 놔두난 쉬은두설님아

정칩이 멩질엇덴⁵⁰⁰⁾ 해여도 그다지 멩을 질지 못헌 산천이로구나

쉬은 두설님이 벌써 벌써 이세상 사름 아니 될일 이라도

어머님에 어머님에 절간법당 부처님 공양헌 덕으로

쉬은 두설에 오늘ᄭᅵ지 장성을 허고

아이고 이때ᄭᅵ지 전싱그리쳐 댕기멍

무사 이때ᄭᅵ지 조그만 허게라도 굿을 못해여 봅데다

마흔ᄒᆞ설 마흔두설 마흔세설 나는 해에

할망굿이라도 해여건 악심을 막아시민

쉬은 두설님아 나 앞이 영 답답헐 수 잇습네까

ᄂᆞ은 일이 하댄⁵⁰¹⁾ 해여도 오는 일은 더하는 법이라

이제사 아기 엇는 한탄도 허지말고

아기 못보는 한탄도 허지마랑

이번 츰에 할마님안티 불공 잘 드려근

큰년도 불쌍헌 아기어멍 손에 컷댄 해여도

아 아기도 아기만큼 가슴에 한이 맺혀 사는아기

쉬은 두설님아 내리ᄉᆞ랑은 잇고 치ᄉᆞ랑은 엇고 나가 아방으로 잘 허여줘도

어린아이 가심에 한이 맺혀 이신거달므난 잘해여근

이 아기 우렁⁵⁰²⁾ 불공 잘해여 주고 열두설도 어떵허난

어멍 배안에 이실때에 아기가 놀레허건⁵⁰³⁾

곱게나도 아기가 이름 페적 가진것도

쉬은 두설님아 영허난 옛날도 죄지어 살지말라

도둑질 해영 살지말랜 허는일이라 나가 악허게 안살아도

자꾸 나 마음을 흔들으난 아기도 배안에서부터 아기가 ᄂᆞ래난

---

500) 명이 길었던

501) 많다고

502) 위해

503) 놀래면

혈이 놀래고 피가 놀래여 할마님에서 이번츰 불공 드려그네

나 주순아 우는 정네 생각허난

이번 츰은 열두설도 열다섯꼬지 곱게 키와주마

칠원성군님도 문을린 그뭇 따르난 아무 두에 나가 굿을 맞앙 가난

놈의 조름엘 가난 영해여도 칠월성군이라 성심엇고

집이서 못 허민 지나가당 이라도 절간에라도 강

하다못해 호푼 돈이라도 올령 절도 영 댕기고

올리고 태어나건 열두설 난아기 열다섯 나는 해랑

불공드령 불공드령 잘 열다섯 곱게 키와줍센 해영 무음 먹읍서

일생 나가 살아 호디504) 살기가 고달프고

호디 살기가 영 힘든거 누게가 압네까

저싱간 부모조상들도 오젠허난 눈이 왁왁허엿고

쉬은 두설님아. 우리 아바지 우리 어머님 나 키우젠 허난 고생허여신디

나도 이 뜰성제 잘 키와사 댈로구낸 마음먹엉 잘키웁고

조캐들도 여기선 잘 인정걸어 악심 거더줍센 해영 잘 해여봅서.

이번 츰 이 굿헌 덕이 잇을듯 허고 어릴 적에 간 아기들도

오래간만에 오라가난 왕당왕상 춤추멍 오랏구나

불쌍헌 설운 동싱도 어린 필리에 물질질나는 아기들 안으멍 오람시난

이거 질칠 때 끝으민 영게505)올리고 허주만은

쉬은 두설님아 불도맞이허 영게 아니 울리꼬

누게가 쉬은 두설 가슴을 압네까.

누님도 몰르고 아시도 몰르고 밤이 누민 나 호자만 이 걱정 저 걱정 다 허고

어느 가속이라도 나 마음 알아 협센 말 아니허고

그렇다고 부모조상 조은집 잇댄 허여도 나 들어갈 집 엇고,

동싱도 보민 불쌍허고 아이고 아시안티도 호번 두 번이 좃추

나만 심방질 허거들랑 나 아핀 안허여근

아이고 애기들도 보구정허고506) 이사름 저사름안티 오늘꼬지 구속받은 거

---

504) 함께
505) 영혼
506) 보고싶고,

눔들은 속엇덴[507] 허여도 나 속이야 어디가리야

아이고 흔잔술이나 먹으민 가슴이나 달래카

일어나도 흔자, 누워도 흔자, 아침이 일어나도 흔자,

쉬은 두설님아 이 굿 허멍 내일 모래랑 조상들 오는 디서 가심풀리고

쉬은 두설 가심도 풀리고 일생 살아근

아이고 대학교부터 오늘꼬지 일이야 넘은일은

초년 고생도 곱게 넘고 중년 고생도 곱게 넘고 말년 고생은 허지 안해영 살젠

이추룩[508] 굿도 허는 일이난 크게크게 ᄌ들지[509] 마라근

하늘이 매일 비가올것 달마도 날이 조으난 인간백성은 사는거 아니우꽈.

비가 오랑은 어떵 살ㅋ 해여도 밥도 해영 먹고 옷도 ᄀᆯ아입어사는 게

인간이난 나말 ᄀᆯ멍 살아질꺼난 걱정맙서

수정이도 이번 이 일 해영 잘해여 보민

이 아기도 성장과정을 곱게곱게 넘을듯 헙네.

영해여 분부가 ᄂ리고 어떵허난 족은 아방네집이 애기가 되우꽈

어느 고모네집이 애기가 되우꽈

어떵핸 크민 네설이요

어릴 적에 간 아기가 둘이 강 오람시난 이런 애기들 잘 생각해영

인정걸어 꼿밧드레 ᄀᆸ갈라주랜 영해여 분부가 ᄂ립니다

우리 심방 소미들 어디들 갑디가 흔저옵서

부르민 들저 헙네다 외민들저 헙네다

신소미 우거리라

상구월 고장쏠 들러받아근

오리정신청궤로 신메와 드립네다.

(악무)

507) 속없다
508) 이처럼
509) 괴롭게, 애먹게

〈오리정신청궤〉

굿을 집행하는 심방은 왼손에 쌀그릇을 들고, 오른손에 잡고있는 신칼 끝에 그릇의 쌀을 조금씩 떠서 제장으로 모셔갈 1만8천신들에게 조금씩 떠서 대접하며 제장으로 안내하는 청신의례다.

(신칼과 쌀그릇을 들고 신칼로 쌀을 떠 뿌리며)
일만팔천신전님 어서옵서.
옥황상저님도 어서옵서.
지부ᄉ천대왕님도 어서옵서 에~
옥황 천신삼불도님, 월광 일광님

(악무)
(쌀을 뿌리는 신청궤춤)
(신칼점)

안태종 여래불도 할마님 어서 신수풉서.

(악무)

칠원성군님도 수계자들 거느리멍 어서

(악무)
신청궤춤(쌀춤)

별자리 ᄎ지한 칠원성군님

(악부)

신창할마님도 신수풉서.

이공서천도산국님 신수퓜서.
(신칼점)
동개남 은중절 푼처 대사님도

(악무)
신청궤춤(쌀춤)

동해용궁 할마님 신수퓜서.
동해용궁 할마님 안팟공시 엣선성
안공시 정씨로 하신충 몸받은 선성님
밧공시 신의성방 몸받고
혼 어깨오던 선성님네
어서 받어 신수퍼 (신칼점)
갈때도 군문 (신칼점)
선성님네 혼어깨오던 선성님들이여 (신칼점)
다들 신수퓜서
(소미가 주는 삼주잔 올린다)
(신칼점)

(악무)

오리정 신청궤로 신메와 잇습네다.
가는 신전이 오는듯 오는 신전이 가는듯 허십네다.
구시월 나무섭 떠러지던 신이 는착헌듯 헙네다
본도 신감상 금정옥술발 들러받아
팔만금새진은 지나 금새진은 지난
오리정 정대우 허라헙네다.
오리정 정대우허난
나이 직함 배석 제추레로 위(位) 아찌고 좌(坐)아찝서.
우글르고 좌를 골라 드립네다
안고보난 멩감내 사고보난 가견내

약방약내 눌랑내 눌핏내 동경내[510]

(향로춤)

굿 보레온 단골ᄌᆞ순들 부정을 은하봉천수로 백두염진 헙네다

삼선향도 백두염진 헙네다

삼주잔은 내여다가 ᄌᆞ순들 불르라 초헌관 이헌관 불르라

할마님ᄃᆞ리 멩ᄃᆞ리 복ᄃᆞ리 노각성은 조부연줄 걸레베 바랑끈

(소무는 상을 올린다.)

상백미 중백미 하백미

낭푼ᄀᆞ득 멩실 복실 고리안동벽 자동벽 금바랑 옥바랑을 둘러근

할마님전 옥황천신삼불도 일광 월광님 열명종서 올립네다.

동백장 ᄎᆞ지허던 할마님

할마님 덕에 장성허고, 할마님 덕에 피로시청 가분 애기들은 이서도

스물ᄒᆞᆫ설 열두설 할마님 덕에 잘 키왐수댄 허영

할마님 노각성조부연줄[511] 멩ᄃᆞ리 복ᄃᆞ리 걸레베 바랑끈

멩실 복실 고리안동벽 금바랑 둘러받아 국궁사배 올립네다.

짓달로 ᄃᆞᄂᆞ리민 칠원성군님 전에

칠원성군님전 걸렛베 우올려근 열명종사 올리건

(심방 잔 올리고 절한다)

옥황도성문을 ᄋᆞᆯ려 거울ᄀᆞᆺ이 비추왕 멩도 줍서 복도 줍서.

소만이 목심 지엇 살게헙서

ᄂᆞᆷ의 산천 태운 ᄯᆞᆯ들 성제라도 잘 성장허게 헙서.

(본주심방 절하고 오춘옥 소미 소지올림)

사춘기도 곱게넘게 해여줍서.

열명종서 올립네다

동해용궁 할마님에도 굽억일엉[512] 굽억일엉 열명종서 올리난

나 ᄌᆞ순 착허다.

오십이년동안 살암시난 고맙댄 해연

서천제미공연을 올렷구나.

---

510) 돼지고기 비린 냄새
511) 하늘로 올라가는 줄다리
512) 굽었다 일어났다

[주잔권잔]
본주 절허멍 피삭피삭 우시멍
메칠동안 못먹은 술

오늘은 할마님에서도 먹구정헌[513] 술내여주라.
칠원성군님에서도 먹구정헨 술내여주라.
막걸리랑 말라. 오래간만이 먹는거
청주 갖다주라. 청주를 갖다줍네다
청주가정옵서.
청주 이쪽 방에 언니 탁상에
청주 갖단 잔 소북이 오죽 지꺼저사[514] 영 둑새기
머리로 꺼멍 해여게 이 오죽 지꺼저사
멩 재긴잔 복 재긴잔 내여주라 헙네다.
멩 재긴장 복 재긴잔 받으난 고맙습네다
우리가 공이 먹을 수 잇습네까.
멩채 복채도 받아당 올립네다.
일월삼멩두 둘러받아
(신칼점)
불도연맞이로 시왕대번지에서도
잘 허겟습네다.
악심주는 거 아기들 잘 초질핸 해염수꽈.
고맙습네다.
조은 점서 조은 분부는 여쭈와 드리난
불도연맞이로
초감제연ᄃ리 오리정신청궤
신메와 잇습네다.
기초발입 헙네다.
메징개징 지어 올립네다.

513) 먹고싶은
514) 기뻐야

초아정 금공서 올리저 허십네다
신의성방이 잘못헌 일 불찰헌 일이 잇건
죄랑 삭제시깁서 벌라건 풀려줍서 영해여
안팟공시 옛선성님 이 알로
굽어 승천 하렴입네다 에~
(자소지에 계알안주 음복)
본주어른 굿했수다
영 굿했수다.

〈추물공연〉 정태진

심방은 불도맞이 상 앞에 송낙을 쓰고 앉아 장고를 치며 굿을 진행한다. '추물'은 신에게 대접하기 위해 내어 놓은 '출물(出物)'이므로, 〈추물공연〉은 신들을 모시기 위해 내어놓은 재물을 신에게 대접하는 공연의례이다.

(앉아서 장구치며)

준지 너른 금마답
옥황 천신불도연맞이로
축원원정은 오늘 진사시 어간해여 집안연유 올리고
천왕 초군문 이군문 삼서도군문 돌아
문문마다 제인정 역가 바쳣습네다.
신감상 압송해여 초군문 이군문 삼서도군문은 올려근
본주 단골에 분부는 여쭈와 잇습네다.
분부는 올려두고, 옥황 천신불도할마님
천왕불도 지왕불도 인왕불도할마님
공씨여래 박씨여래 서씨여래 할마님 됩네다.

쉬은 두설 신충515)이 노아난 삼불도님과
알로 ㄴ려사며는 동도 칠원성군 서도 칠원성군
남도 북도 칠원성군님전에 오리정신청궤 신메와 잇습네다.
일곱 칠원성군 짓알세별 짓우내별 삼태육성 선후성별님
ㅈ순들 신명을 재겨줍서. 업는 복을 재겨줍서.
영허여 청허여 위앗저 제앗저 잇습네다.
이공서천도산국 됩네다.
사라대왕 꼿감관꼿생인 청발허고,
옛날 재인드러 재인장제, 말년들어 말년장재 집안
이런 악심이 들어 집안에 이런 악심꼿에 간
열다섯 미만 이 안에 서천꼿밧에 간 꼿감관 신디
욕들고 매맞고 영허던 악심들은 청허여
잇엇는데 저싱동해용궁 할마님
저싱 큰할마님도 청허여 잇습네다..
안공시 밧공시 엣 선성님네 청허여 잇엇는데
불도연맞이로 초아정 금공서 설운 원정 올리저
삼도래대대전상 삼선향은 궤ㄱ득 피워 위올리며
삼공마령 삼주잔 궤ㄱ득 피워 위올렸습네다.
할마님과 칠원성군님 저싱할마님네
금공서 올리건 받아 하렴헙서.

(장고)
어-허 이공서는 공서외다.
인부역 서준왕 서준공서 올립기는
절은 전광절 절수와 황송헙기는
금년 해는 갈르난 신묘년, 둘은 갈라 애산 신구월둘 됩네다
오늘은 당 스무날 됩네다.
어느 고을 어떠헌 인간이 드는 공서 올립네다. (장고)
국은 갈라 갑네다.

---

515) 심방의 학 · 석 · 박사 과정. 하신충 중신충 상신충으로 나뉜다.

국은 갈란 보난에

해튼국 둘튼국 이시릿 알랑국 동양삼국 서양각국

첫 서울은 송태조 설연허고, 둘째 한성서울 설연허고

세째 신임서울 네째 동경서울, 다섯째 서울 상서울

명은 서울 상경은 칠십칠관 됩네다.

하삼도는 오십삼관 됩네다. 하삼도는 삼십삼관 됩네다.

땅은 보난 ㄴᄀ짓땅[516] 금천지 땅입네다

일제주는 이거제 삼남에는 서진도, 오강화는 육칸도 되옵네다 (장고)

물로 뱅뱅 돌라진 제주섬중

저 산은 앞은 보난 당오벽, 이 산 앞은 절오벽 됩네다.

어승생 단골머리, 흔굴 업서 범도왕도 못네나던 섬입네다. (장고)

성안 읍중 모인굴 영평팔월, 열사흘날 고량부 삼성인 도업허고

정의 현감 삽데다. 대정 원님 사옵데다 (장고)

모관은 주에 판관, 됩네다. 명월만호 각진 진주방장

됩네다. 항파두리 김통정, 만리성을 둘러옵던 섬입네다. (장고)

우돌아도 ᄉ백리 좌돌아도 ᄉ백리, 됩네다. 면은 십삼면 가운데

특별자치도 생기난 제주시로 통합되엇습네다

조천읍 북촌리 거주해여 사는

가지 노픈 신전집 지애 노픈 불당집 설연허고 (장고)

선향당주 남히늘 심시웡

ᄇ름분다 ᄇ름도벽 뜻들어간다 뜻도벽, 동산새별 상간주 됩네다

마은ㅇ돕 상간주 서른ㅇ돕 중간주, 스물ㅇ돕 하간주 마련 협기는

어주애 서강베포땅 신전집을 무어근 (장고)

난 법으로는 성은 정씨 됩네다

쉬은 두설 받은공서 됩네다.

난 아기들 상전 아기는 스물흔설

차녀 아기는 열두설 받은공서가 올습네다

지금 이 굿은 우리 제주도 KBS방송국

또이전은 이런 큰굿 연구자님네

---

516) 녹하지(鹿下地) 땅

다 모두 후원하여, 이번 츰 정공철이 쉬은 두설 됩네다.

초신연질 발롸주저 영허는 일 됩네다. (장고)

들여가며, 이 ᄌ순 쉬은 두설로, 어릴 때에 부모 혈속 탄싱허난

인간에 살기가 불안허엿던고라, 신충에 노아 신충에 놀기는

한경면 신창리 성도 이름도 몰른 할마님신디

신충[517]에 노아 이때[77]지, 걸레베 못 배끼고 영허엿습네다.

이번 츰에는 붕도할마님 앞으로, 불돗베도 풀저 영헙네다. (장고)

들여두고 할마님에 전서 후서일, 잘못헌 일 풀려줍서 영허여

원정을 드리저 영헙네다. (장고)

황서는 불서외다 불서는 황섭네다.

지성이면 감천입네다.

유전이면 가사귀법입네다

종이장도 네귀들러 발루는법 됩네다

수만석도 모다들르민 게붑는[518] 법입네다

청룡 황룡 놀고간 디는 비늘 두어 가는법

선비 놀다 간디는 글그뭇을 마련허고 영헙네다

불도할마님과 알로 칠원성군님네

동해용궁 할마님네 놀다간디는, 덕과 복을 주어동 가는일 아닙네까.

영허시니 이번 츰에 정공철이 쉬은 두설

이 원정 올리거들랑, 어신 멩도 재겨줍서 영허여

업는 복도 재겨줍서 원정을 드립네다.

드려가면, (장고)

바다 육민내지 잇는 아기

수정이 열시설 이아기 넋날 일 흔날 일 면송 헙서.

인명 축헐일 인명 낙누될 일들 면송시겨 주십서.

원정 드립네다. 들여가면은 (장고)

옥황은 불도할마님, 천왕불도 할마님 지왕불도 할마님 인왕불도 할마님

공씨여래 방씨여래 서씨여래 할마님전은,

---

517) 심방
518) 가벼운

금공서 설운 원정 올리저 영헙네다

알로 ㄴ려사면은, 동두 칠원대성군 서두 칠원성군님 거두어

남도 칠원성군 북도 칠원성군 됩네다

큰대재 태성군은, 으뜸원재 원성군은

참진재는 진성군 됩네다. 실마옥재 옥성군 벼리강재 강성군

열릴개재 개성군 됩네다.

짓우세별 짓알 네별 삼태육성 선후성별 입네다.

상을 바치저 영헙네다 (장고)

또이전은 저싱구할마님전에 상을 바치저 영헙네다.

들여나가며 안바껏 공시선성님네

고 옛선성님네 상을 바치저 영헙네다. (장고)

이번 춤에 불도할마님과, 원정을 잘 드려건 영허건 (장고)

앞으로는 할마님에서 ㅈ순 번성을 시겨줍서.

만불번성 시겨줍서

원정 드리는일 되옵네다 (장고)

칠원성군님에서라근 서로 의논 황론 허멍

이 ㅈ순님에 오른 ㅈ순드레, 업는 명과 복을 재겨줍서.

원정말씀 올립네다. (장고)

들여가면 저싱구할마님에서

이 ㅈ순에 ㅇ다예 할마님 뒤에, 얻어먹지 얻어끼지

열두풍문[519] 조훼 불러주고 영허여건, 저싱구할마님에서 서로 급을 갈랑

이 ㅈ순들 하다예 울고 조들련, 목들 나게말고 영허여 이번참에

꼿감관 꼿생인님전에 인정을 잘 바치고, 저싱구할마님에 의복도 해영 바치고

다라니 지전 ㅎ태 지전으로

돈으로 천금만금 재인정 만이 걸어 들일꺼난 (장고)

이번 춤에 궂인악심을 걷어줍서 영허여

축원원정 올리는 일 아닙네까

들여나가면은 ㅈ순에 금공서 설운 원정 올리거든

받아 통축허십서.

---

519) (十二風雲) 12풍운조화의 축약

천왕드레 금공서 인왕드레 금공서, 인왕드레 금공서 올립네다.

옥황상저 이 알 ᄂ려 지부ᄉ천대왕 산신대왕님

원효대서님네 서산대사 육간대서님네, 상을 바치저 영헙네다.

천왕불도 지왕불도 인왕불도 할마님에, 금공서 바치저 영헙네다. (장고)

공씨여래 박씨여래 서씨여래 할마님

안태종할마님네여 ᄒ반 둘발 상을 받읍서.

들여두고 칠워성군님

동두칠원 서두칠원 남두칠원 북두칠원 성군님전, 일곱 성군님네 됩네다.

상를 바치저 영헙네다. (장고)

삼태육성 선후성별님네 됩네다.

상을 바치건 업는 명복 재겨줍서.

엣날 소만이 목심이나 어-허

동방세기 삼천년 목심을 재겨줍서

원정말씀 드려가면은, ᄌ순에 설운 원정을 올리건

받아 통촉헙서 에~ (장고)

저 올래에 금줄낫네 홍줄, 홍줄낫네 금줄

흑토 ᄃ리 백토ᄃ리 백몰래 ᄃ리 됩네다

안으로 들어사며는, 저싱염네대 좌우돗기 신수퍼습네다.

디령 나가며는 기메발동 해엿습네다.

일룬정성 받읍서.

할마님전 불도연맞이로 일천 걸음에

해엿습네다 술전지 물전지 발릅소서.

할마님 대ᄃ리 생불ᄃ리 ᄒ성ᄃ리로 받음센

들여두고 (장고)

일룬 역가 바침네다.

ᄃ메나 단메나 녹이올라 당산메 받읍소서.

머리 ᄀ진 기제숙 받읍소서.

ᄉ중 실과로 받읍소서.

곶감 대추 비자도 받읍소서.

주잔은 청감주 이쳇잔은 울령주, 제삼잔은 ᄌ수지 받읍소서.

연찬물도 받읍서.

546

벡시리 백돌레 삼성 외성 받읍서.
들여두고, 고리안동벽 신동벽은, 은동 금동 주석 삼동 받읍서.
할마님 ᄃ리도 받읍서.
멩ᄃ리로 복ᄃ리로 이룬정성 바칩니다.
들여가면은 (장고)
화초 병풍 받읍서.
연양 탁상 받읍서. 이룬 정성 드립네다.
어느건 허젠 허면은, 공이 아니 듭네까. 지가 아니 듭네까.
공든답을 시깁서 지든답을 시겨줍서 (장고)
하늘ᄀ뜬 노픈 덕 지하ᄀ뜬 너른 덕 시겨줍서
원정 드립네다 들여가면 (장고)
업는 복도 재겨줍서 업는 멩도 재겨줍서
들여두고 옛날 소만이 목심, 동방세경 삼천년 목심 재겨줍서
축원 원정 드립네다 (장고)
이 ᄌ순들 대천난간 발벋어 울련 무 면송헙서
인명에 축헐일 인명에 낙루될일들 면송헙서
면송에 시키다 남은것 일랑
아찐동 바찐동, 굽이첩첩 둘려 울려다 받아줍서 (장고)
불도연맞이로, 금공서 설운원정 올려습네다

[주잔권잔]
받다가 씌다 남은 주잔들랑 저먼정 나사민
할마님 두에 놀던 임신들이여
저싕구할마님 두에 놀던 임신들
불영 함정 불러주던 임신들 많이 주잔 드립네다
업게 삼싱 걸레 삼싱들
아양쟁이 실게구령 삼정 불러주던
임신들 많이들 주잔헙네다
칠원성군 두에 얻어먹저 허는 임신들
많이 많이들 주잔 권잔 드립네다
큰낭지기 큰돌지기 많이들 주잔으로들 권잔입네다

권잔은 드려가며 불법은 위돌아 갑네다
원불원수룩 드리며 성은 정씨 대주 쉬은둘
신창할마님 두에 신충 알로 노앗다
영원이 이때꺼지 신걸레 걸렛베 못 베겻습네다
이번 걸렛베를 벳기고
영허여 신충배껏딜에 나가저
영허여 다시 워정 드리겠습네다

〈걸렛배 베낌〉

본주(안공시[520])인 정공철 심방은 어렸을 때 몸이 약해 명이 길게 살라고 한경면 신창리에 사는 삼싱할망 집에 수양아들로 맡겨진 적이 있었다. 이는 그때부터 심방의 길에 들어선 것이라 할 수 있다. 신창할망이 그를 키우며 쓰던 걸렛배를 15살 안에 초걸레, 이걸레, 삼걸레 세 번 벗겨주어야 하는데, 정공철 심방이 그 후에 카톨릭으로 개종하였으므로 걸레를 벗겨주지 않았기 때문에 '당주 ᄉ록[521]'이 들어 조화를 부려 몸이 자주 아팠다는 것이다. 〈걸렛배 베낌〉은 어렸을 때 벗지 못한 아기 업어 걸릴 때 쓰던 걸렛배를 벗겨 당주 액을 막아주기 위해 〈액막이〉를 할 때, 신창할망 몫으로 옷 한 벌을 준비해 놓고 역가도 올려 신창할망이 몸 받은 조상들을 대접하는 굿이다.

(서순실 심방(밧공시[522])는 마당에 차린 불도맞이 상 앞에서부터 안으로 신을 모시는 형태로 굿을 잔행한다.)

준지 너른 금마답
마당 붉으민 어간 삼아 불도연맞이로
옥황 천신 삼불도멩진국할마님,

520) 굿을 맡긴 본주 심방, 본주 심방의 명두 또는 그 명두를 놓는 안방 마루의 공싯상(안공싯상).
521) 심방의 조상 뒤에 좇아온 부정(不淨)이나 재액(災厄).
522) 굿을 맡아하는 심방, 굿을 하는 심방의 명두 또는 그 명두를 놓는 바깥 마당의 공싯상(밧공싯상)

일광 월광님,, 벨자리 ᄎ지헌 칠원성군님,
이공 서천도산국님, 칠십삼보살님
동해용궁 할마님
안공시로 하신충, 쉬은둘 몸받은 안공시
검집서관 신의성방 몸받은, 밧공시 어간 삼아
불도연맞이 옵서 청허여, 초아정 금공서 올려 잇습네다.
신이 굽허 네다.
신메와다 석살립네다.

(악무)
(사방에 절을 한다.)

신메와다 에~ 석살루난
날은 어느날 둘은 어느 둘
금년에는 신묘년
둘은 갈라가긴 전싱굿인 상구월은, 오늘은 스무날입네다
국은 대한민국, 제주도는 제주시 조천읍은
북촌리 가지높은 신전집, 지애너른 절당집
연양당주 삼시왕 삼하늘, 유정싱ᄄ님 아기 고 엣선성님,
부모조상 모셔사는 주당인데 원전싱 판저굿인 정씨로, 하신충 쉬은두설
당줏애기 몸줏애기 스물ᄒ설, 열두설 받은 공섭네다.
연유도 다끄던 연유입네다.
쉬은 두설님이 서른다섯 나는 해에 삼시왕에 녹을 먹고,
삼하늘에 녹을 먹고 유정싱ᄄ님아기 고 엣선성님에 녹을 받아
궁에 밥을 먹고, 궁에 줌을 자고, 궁에 행실허연,
마흔설 나는 해에 섭시쾌지 입언
석살림굿 배완 17년 동안, 새ᄃ림 추물공연,
석살림 일월맞이 불도맞이 질치고 시왕맞이 허고,
요왕맞이 요왕질 치멍, 이때ᄁ지 삼시왕에, 거부량이 만허고
허가어시 이 심방질을 허난, 이번 춤에 당주집을 설연해영
삼시왕에 초역례 초신질 발롸, 약밥약술 어인테인 수레감봉 맞고,

삼천기덕 일만제기 궁전궁납 받고, 멩도멩철 섭수쾌지 홍포관대 받아,
당당헌 하신충에서 상신충에 올려줍센 허저
원성기도 올리저 영협긴
천왕 왕도 ㄴ린날, 지왕 왕도 ㄴ린날, 인왕 왕도 ㄴ린날
삼강지 오륜지법으로, 몸받은 당주집에 조상 그릅서
굿허레 감수다. 머리쯤 운동 헙서
양단어깨 강림헙센 해연
표선면은 성읍리 민속촌 이집에, 당집을 절집 신전집을 무어
관청엔 변호서 검 집서관 메기긴, 신의성방은 구좌읍 김녕 살암수다.
몸받은 연양당주문 ᄋ려, 조상업언 ᄆ를넘고 재넘고
월산백리 도랑갓질 넘으멍 이 주당 오란 연양당주전 안팟공시 부모조상,
늦알림내 서로 인사허고, 준지너른 금마답 마당 붉으민 천신기 흑신기,
저싱염라대 천지이망주 대통기 소통기 지리여기 양산기 좌독우독 설연허고
비저나무 상당클, 계수나무 중당클, 준지나무 하당클
오리ᄀ뜬 ᄎᆷ실베로 말귀ᄀ찌, 네귀좀숙 메완 팔만금세진 ㄴ람지법 설연 허고,
연양당주 삼시왕 삼하늘 안당주 밧당주 고 엣선성님을,
어간삼아 안팟공시 부모조상 신수푸난
열 ᄋ셋날 저녁에 당반설연 기메설연 허난
기멘 디 기메잔 받읍센 기메코ᄉ 헤엿수다
열 일뤠날, 초체 올려 초공하늘, 이체 올려 이공하늘, 삼체 올려 삼공하늘
서른 시하늘 문에 쇠북소리 울려, 천도천왕 지도지왕 인도인왕
삼강지 오륜지법으로, 천신기도 지ㄴ춥고 흑신기도 지ᄃ투난
천지 이망주 하늘이 소ᄈᆨ허게, 칭칭 신수푸난
좌돗기 우돗기 신수푸고, 대통기는 소통기 지리여기 양산기
나븨나븨 줄전나븨ᄃ리 노안, 일문전 천보답상 만보답상 신수퍼
천상천하 영실당 누변대천
ᄀ랑빗발 새빗발 노는, 일만일신 주문천신 만조백관님은
초감제 연ᄃ리로 청대고고리 가늠허고
깃발보멍 연발보멍 울북울정 연등상내 가늠허멍, 천보답상드레 신수품서.
신수퍼 각호각당드레 신수품센 해여
초감제 떨어진 조상 초신연맞이에 청허고

초신연맞이에 떠러진 조상, 초상계 금공서 각도에 올렷수다.
그날 저녁 지픈밤을 지세왕 도령법을 놓고
둣날 아척[523] 취침령을 울련 관세우 올리고
보세신감상연ᄃ리 죄목죄상 다시리고
안초공 밧초공 부모아기 일부 ᄒ잔 상봉허고
밧이공 안이공 밧삼공 안삼공 난산국을 풀언
어제 간밤에 도령법을 노안 오늘 아적은
스무날 취침령을 울련 관세우 올리난
상세경 신중마누라님, 직부일월 상세경 신중마누라님
난산국을 풀엇습네다.
세경 테우리청 지사귀난, 준지너른 금마당 불도연맞이 옵서 청허난,
조상님네 신이굽퍼옵네다.
신메와 드립네다 예~

(악무)

신메와 드리난
어떠헌 ᄉ실로 축원원정 올립네까
성은 정씨로 공자 철자 씌난, 나은 쉬은두설 생갑은 경자생
부모ᄀ향 선영지땅은 무신폰데, 아버지 어머니 혈속 나난
어릴 적에 죽억살악 죽억살악 영허난
신창할머님 알로, 당주알로 불도알로 간 노난
ᄒ돌이 넘어가난 학교 갈 때 되난, 윤씨 부모 어머니 간 데려오라근
이 아기가 그때부터 멩도 잇고 복도 잇고, 열다섯 넘어가난
어머님도 아무 분시 몰란 당주집 불도집이서
곱게 잘 키왓수덴 헤영 역가도 올리고
불도맞이헤영 초걸레 이걸레 삼걸레를 베껴야 되는데
이 ᄌ손 난 어머님은 살젠 허난, 이런저런 일을 못해연
이번 ᄎ믄 신질발루멍 초감제 청헐 적에

---

523) 다음날 아침

쳇불ㄱ찌 불도ㄱ찌 발이 비춰난, 어떵헌 일이우껜 허난
우리 어머님이 나 킵젠 허난, 신창할망 알로 간 노아낫수다 영허난에
오늘은 신창할마니 직시 옷ᄒ불 출려 노앗습네다
신창할머니 몸받은 조상님 고맙수다 역가 올리고
오늘은 신창할머니 당집 절집을 벗어나건, 나준 아버지 나준 어머님
성제간 춫앙가건 장성허여,조은 전싱 그리처 댕기젠 해염수다

(심방은 본주 앞에)
이리 옵서. 이 ᄌ순 저 역가상도
신창할마니 몸받은 조상님 역가상이영 ᄀ찌 왕 들릅서

역가상이랑 고맙수덴 해영
역가상도 둘러뷉네다 에~
(역가상을 들고 본주의 답례를 받는다.)

(악무)

절 세 번 헙서.
신창할머니 고맙습네다.
이 ᄌ순 일곱설에 간 ᄒ둘동안 삼시세때 잘 먹고
멩도 이언 오랏수다 복도 이언 오랏수다.
오늘ᄁ지 살젠허단 보난,
그때에 초걸레 이걸레 삼걸레를 못 베낀 게 설운 쉬은 두설님 여기 왕 안집서.
가정에 풍파가 일고 장개가도
가속이 백년해로 검은머리가 파뿌리 되도록
살젠 해여도 자꾸 악심이 든 듯 허고
아기도 피로 시처, 물로 시처내린 듯 하고,
12설 난 아기도 다리에 발목에 성장판이 아파지고 영허난
이때ᄁ지 거부량헌 일도 잘못 허엿습네다.
미처 생각 못헌 일도 잘못헤엿습네다.

무쉐솟[524]디 화쏘영 먹는 ㅈ순 무슨 철부지 압네까.

배고팡 밥먹야 배분 줄 알고,

추워 옷 입으민 등따신 줄 아는 게 우리인간 아닙네까.

저 바당으로 하영 먹엉 물이 짠 줄 압네까.

이만해여도 신창할머니 덕택에 장성헌 줄 알암습네다.

신창할머니 대신 옷 ᄒ불 출렷수다.

발나제 질나제 눈물수건 뚬수건 저싱ᄒ패지전,

이싱은 천지왕 일천목숨 삼천냥 잘 인정 걸쿠다.

신창할머니 몸받은 조상님도 이제랑

쉬은 두설광 신가심 ᄀ 갈라줍서 영허여 역가를 올렷습네다.

당주집을 벗어나저 불도집을 벗어나저

오늘은 아버님 어머님 집을 ᄎ앙가젠 헙네다.

저싱도 삼시군병 이싱도 삼시군병 다 실어 올리자.

(장단에 맞춰)

아우에 나야, 아에 정세 (요령)/

정신 발광/ ᄒ 전싱은/ 거둬다가 (요령)/

울랑국에/ 시름시꺼 (요령)/

ᄒ 전싱은/ 거둬다가 (요령)/

제청 방에 올령/날이외다./ 어느 날이오머/

둘은 갈라 갑긴/ 어느 둘은/ 금년 해는/ 신묘년입네다/

둘은 갈라 갑긴/ 원전싱 팔저궂인 (요령)/

애산 신구월/ 스무날이외다. (요령)/

옥황 천신 (요령)/ 불도연맞이로/ 하신충 정씨로/ 쉬은 두설 (요령)/

저싱도 삼시군번/ 이싱도 삼시군번/ 다시리저 헙네다. (요령)/

얼굴 몰른 조상님, 신창할머니/ 몸 받은 불도조상님,

고맙수댄 허연 이 잔 ᄒ잔 올렴수다./

고맙수다/ 고맙수다.

(삼주잔을 올린다.)

---

524) 무쇠솥

신창할마님 덕택으로/ 멩도 복도 이언 살앗수다./
오늘은 초걸레 이걸레/ 벗어나저 험네다. (요령)/
이 ㅈ순이/ 어릴 적부터라도/불도악심 ㄱ찌 (요령)/
첵불 악심 ㄱ찌/ 구천낭 악심 ㄱ찌 가슴에 맺혀지고 (요령)/
머리로 발끝꾸지 열두야 신뻬에/ 감겨나지고 (요령)/
뭊혀 지엇습네다./오늘 라건/ ㄴ단어깨에 청비갯징/ 거둬줍서. (요령)/
윈 어깨에 흑비갯징도/ 거둬줍서./
어떤 날 정신 ㅁ고/ 어떤 날은 흔잔 술에 (요령)/
구신불러/ 생인 대답허고/ 생인 불러라/ 구신 대답허고.(요령)/
눈에는 ㅂ연 안개ㄱ찌/ 한 안개ㄱ찌/
가심에 열징ㄱ찌/ 홧징ㄱ찌 영 허는디 (요령)/
데워 단징이여/ 얼어 춘징이여/ 등이 저리고/ 가심이 답답허고 (요령)/
먹으민 체징ㄱ찌/ 우로 어깨징ㄱ찌/ 알로 설사병ㄱ찌/
전립선에 돈은 걸랑 (요령)/
열두야 신뻬에/ 신경통ㄱ찌/ 관절염ㄱ찌 (요령)/
쑤시고 절리고 밤이 오민/ 꿈사리 어지럽게 허고/
어디 굿허레 갓당도/ 나쁜ㅁ음 먹게허고 (요령)/
주년날 춤실ㄱ뜬 ㅁ음/ 만주산에부터/ 솔피낭에 연 걸린거/
관관새에 불붙으는거/ 거돠줍서 (요령)/
저 산에 안개 걷듯/ 물과 지름이랑/ ㄱ 갈라가듯이/ 오뉴월 장마 걷듯/
저 바당에/ 절지어가듯이 (요령)/
얼린 물에랑/ 냉수지어 가듯이/ 오늘 당집 벗어 나거들랑/
무거운 짐 지엇당/ 팡돌에 쉬면/ 어깨가 벅지근 허듯이/
열 말 쏠이건/ 흔 되씩 거둬가듯/ 흔 되 쏠이랑/ 흔 흡씩 거둬가듯 (요령)/
설설이 풀려근/ 인과 신은/ ㄱ을 갈라줍센/
이 군문에 갇힌 ㅈ순/ 구신 생인 ㄱ을 갈라/
(신칼점)
고맙습네다
모두 흔 조상님/
종이도 네귀 둘러야/ 발루는 법이우다./
수만 석도 모다 들러/ 가벼운 법이나네/

천하 생인/ 공부자도/ 이부산에/ 빌엇수다./
진나라 왕이손도/ 우성산에 빌어 난/
쉬은 두설님/ 이 굿 허여근/ 이 굿 해여나글랑 (요령)/
압 이명에는/ 모른이견/ 상통천문허게 헙서./ 기지역신허게 헙서./
황씨 임씨/ 이씨 선성님,(요령)/ 이씨 하르바님/임씨 할머님 (요령)/
양씨 할마님/ 다른 조상들이랑/ 곱을 갈라주어/
이 선성님들이/ 이 ᄌ순 머리쯤드레/운동해여근/ 상통천문허고/
명산명점 (요령)/시겨나 줍센 해영/
메징올라, (요령)/시왕올라/ 청너울로 (요령)

(신칼점)
(악무)
(본주를 초석으로 감싼다.)

허쒸 허쒸 허쒸 허난,
나고나 가라
(심방은 생닭을 들어 본주있는곳으로 간다)
천왕메를 대령허라./ 지왕메를 대령허라./ 인왕메를 대령허라./
천왕가민 열두맷징,지왕가민 열ᄒ맷징, 인왕가민 아홉맷징,
동해 가민 청매 맷징/ 서해 가민 백매 맷징/ 남해 가민 적매 맷징/
북해 가민 흑매 맷징 들엇구나./
정월이라 상원 맷징/ 이월이라 영등 맷징/삼월이라 삼진 맷징이여/
ᄉ월이라 초파 맷징/ 오월이라 단오 맷징/ 유월이라 유두 멧징/
칠월이라 칠석 맷징/팔월이라 추석 맷징/
(심방은 춤을추며 노래함)
구월이라 봉원 맷징/ 시월이라 단풍 맷징/동짓달은 자리아래 자리우에/
꿀려오던/ 요 맷징이라그네/ 풀어네자./
신창할망 압피 가건/ 당주에 노나/
요 맷징이랑/ 시왕올라/ 청너울로/
어-허 써 써 써

(닭을 잡고 초석을 친다.)
(초석을 풀어 벗긴다)

허쒸 아이고 아이고 이때^{77}지 신창할망 이 애기 킵젠 허난
밥 멕이멍 물멕이멍 줌제우멍 옷주멍 키웁단 베려보난 펀펀
이젠 지네아방 지네어멍 지네 성제간들 촞앙가저
아이구 펀펀이로구나.

주잔들랑 내어다
시군문연ᄃ리에 나서면 신창할머니, 몸받은 조상님도 잔 받읍서.
불도도 잔받읍서. 첵불도 잔받읍서.
신창할마님도 잔받읍서.
신창할마님도 옷ᄒ벌 츨려 노앗습네.
잘 키와주언 고맙수댄 영해여, 역가도 올립네.
할마님 뒤에 걸레삼싱 구덕삼싱 어깨삼싱, 주잔입네다 예~

〈수룩침〉

삼승할망에게 아기 낳기를 간절히 비는 원불수룩재를 '수룩침'이라 한다.
'수룩'은 불교 의식인 수룩재(水陸齋), 바다와 육지의 귀신을 위하여 지내는
제사에서 따온 말인데, 굿에서는 '법당에 가서 부처님에게 원불수룩(願佛水
陸)을 드린다'는 의미로 쓰인다. 따라서 수룩침은 '당당 당당당'하는 2·3박의
수룩연물$^{525)}$에 맞추어 '수룩춤'을 추어서 삼승할망에게 아기 낳기를 간절히 기
원하는 굿이다.

(들어가는 말미)
준지너른 금마답 마당 불금으로 에~
옥황 천신불도연맞이로 신이 굽허옵네다.

---

525) 2·3박의 제주무악 '수룩연물'

신메와 석살름네다. 에~

(악무)

[날과국 섬김]
신메와 석살루난

날은 어느날 둘은 어느 둘

금년 해는 신묘년, 애산 신구월 스무날입네다.

성읍리 민속촌 집이서 정씨로 하신충 쉬은 두설님이

오늘은 불도연맞이, 오늘꼬지 할마님 덕에 장성허고,

칠원성군님 덕에 멩과복을 이언 고맙수댄 허연,

뚤아기 스물ᄒ설 열두설 앞으로, 잘키와줍서,

악심들게 허지맙센 해연, 서천재미공연을 올리젠

불도연맞이 오리정신청궤, 초아정 금공서를 우올리난 권재를 올리저,

동개남526) 은중절 서개남은 상세절 남개남은 농농절

북화산은 미양안동절, 푼처지컨 대서님 하늘ᄀ른 굴송낙 지애ᄀ른 굴장삼

아강베포 직부잘리 호름줌치, 웨우ᄂ다메고527) 벡파염주 목에걸고

손에 단주를 심고, 하늘 ᄀ른 금주랑철죽대 지펀

속하인을 거느려 금시상에, 방방곡곡 초온초온 각리각리

ᄀᆫ개 반ᄋ레 ᄂ리난, 대한민국 제주도 제주시 북촌리는 1151 2번지에

당집절집 연양당주집 무언 사는 집입네다.

정씨로 하신충 쉬은 두설 권재올립네다.

뚤아기 스물ᄒ설 열두설 권재올립네다.

속화에 직시 권재올련, 도권재를 받아단 할마님 노각성조부연줄

물멩지 강명지 세양베 세미녕, 멩ᄃ리 복ᄃ리 ᄒ일곱자 걸레베

석자오치 바랑끈, 상벡미 중벡미 외벡미 권재, 은분체에 도금 올립네다

금바랑 옥바랑 고리안동벽 좌동벽 신동벽, 멩실 복실 도권재랑

할마님 칠원성군님, 안태종 할마님전 둘러뵙네다 에~

---

526) 동관음(東觀音)

527) 왼쪽에서 오른쪽으로 매고

(역가상 올림)

(악무)

둘러뵈난, 우올립네다.
고리안동벽 좌동벽 신동벽도 우올립네다.
상벡미 중벡미 외벡미, 은분체에 도금 올련 권재도 우올립네다
우리 바랑은 금바랑 옥바랑도, 지곡성 하전 협네다.
바랑끈도 지곡성 하전 협네다.
걸레베도 지곡성 하전 협네다.
낮인 원불 밤인 수룩, 천불당 천수룩 제불당 전수룩
예~ 제북제맞이 굿입네다

(악무)
절한다

[젯북제맞이굿]
(심방 사방에 절을 한다.)

(악무)
(심방 양손을 돌리며 수룩춤[528]을 춘다.)

할마님도
(악무)

(도랑춤[529] 추다 앉아서 수룩춤)
(악무)
할마님

---

528) '당당 당당당'하는 수룩연물에 맞춰 추는 기원무
529) 도는춤(回轉舞)

(앉아서 바랑천을 양손에 두르며 수룩춤)
(손을 돌리며 수룩춤을 추면서 흰천을 가사 두르듯 어깨에 가로 묶으며.)
(앉아서 바랑을 치며 수룩춤)
(일어 서서 바랑을 치며 수룩춤)

할마님 금바랑
(악무)

당당 당당당
한바랑,
바랑춤이 도랑춤으로 바뀌며
(바랑의 쌀을 던졌다 바랑으로 받고 쌀점)
도랑춤을 추다가 바랑을 던저
(바랑점)
'쌀제비'를 본주에게 준다.

〈할망다리 추낌〉

심방이 광목천(신다리)를 마구 흔들며(추켜서) 뱅글뱅글 돌려서 큰 나선형
이 되게 하면, 광목천은 공 중을 돌며 제장을 화려하고 생동감 넘치게 한다.
그 다음에는 광목천을 큰 나선형이 되게 돌리다가 다시 힘 있게 한 발 한 발
위로 끌어 올려 뒤로 넘기며 추는 춤이다.

[할망다리 추낌]
(악무)
(요란한 춤과 함께 제장가득 할망다리는 나선형으로 돈다.)

(악무)

멩지국할망 할망춤
아허, 허

[멩진국할망 청함]
(불도할망(멩진국할망) 은주랑철죽대를 짚고 등장)

(악무)
(은주랑철죽대를 흔들며 위엄을 보인다.)
(은주랑철죽대를 돌리며 제장을 흔든다.)
악심이 들어서 쉬은 두설 아프게 허고

〈수레멜망악심꽃 꺾음〉

(본주를 제장에 앉힌다)

야. (부른다),
악심이 들어, 쉬은 두설 악심이 들어
먼 정드레[530] 제초허고,

(악무)

어깨 아프는 병이여,
눈아프는 빙이영,
말 안드는 병이영,
술먹이문 춤추레가는 병이여.
광절허는 병이영,
(악심이라 하면서 할망의 철죽대로 때린다)

---

530) 정낭이 있는 저 올레 밖으로

(악무)
도랑춤추고 철죽대 던지고
바랑점

(악무)
(산판점)

[분부문안]
똘아기라도 잘키왕 나두민
알앗수다.
경허민 효과는 볼꺼난,
쉬은 두설님아, 쉬은 두설님아
할마님 내궁전 신수푸는 질을, 할마님 금바랑을 쥐완보난,
요즘이사 어느날 갑자기도, 아기들도 부모 슬하에 떠나민
이녁대로 뎅기당 보민, ᄌ순을 보아지는 넋이라
할마님 점서로 알앙보민, 쉬은 두설님이 몟년 어성 ᄌ순을 볼듯 영헙네다.
허다 못허걸랑 손지 못보걸랑, 본인이 어디강 아들을 봉그나[531]
똘을 봉그나 경하니허거들랑, 손지를 강 봉그나 영헙서
꼭 연담이가 ᄌ순이 생겨근, 엣말 ᄀ름직 허우다.
할마님은 생불꼿을 주저 환생꼿은 주저, 산진이 남네뗀 연해여
분부문안 입네다 에~

(요령)

[주잔권잔]
불도연맞이로 옵서옵서 청허난, 일부 ᄒ잔 받아
옥황 천신삼불도님 (요령), 옥황드레 도숙옵서 (요령)
월광 일광님도, 일부 ᄒ잔 받아 도숙옵서 (요령)
멩진국할마님은 내궁전금백당드레, 다 가게 되엇습네다. 에~ (요령)

---

531) 줍거나

옥황 벨자리 ᄎ지헙던, 동산새별 전우성,서산새별 (요령) 직녀성님,

남방 노인성님, 북방 태금성님도, 일부 ᄒ잔받아 옥황드레 승천헙서. 에

(요령)

콩태재 태성군님, 으뜸원재 원성군님,

ᄎᆷ진재 진성군님,실마목재 목성군님,

벼리강재 강성군님, 기러기재 기성군님,

열릴개제 개성군님 (요령), 일부 ᄒ잔 받아 옥황드레 승천헙서.

태성군님 뒤에 수제자, 원성군 진성군 옥성군 강성군

기성군 개성군 뒤에 수제자들도, 일부 ᄒ잔 입네다 (요령)

첵갑지기 준지지기도, 일부 ᄒ잔입네다. 에~ (요령)

[소지사룸]

하늘 ᄀ른 황정제 지애 ᄀ른 도련제

공모낭 공수지 원정은, 정씨로 쉬은 두설 받은 소집네다. 에~ (요령)

똘아기 스물ᄒᆞᆫ설 받은 소집네다.

열두설이 받은 소집네다.

소지 원정이랑, 옥황 연주문에 지부찌건, (요령)

하늘ᄀᆞ찌 노픈 덕을 내리웁서.

지애ᄀᆞ찌 너른 덕을 거두와 줍서.

천하산 멩을 줍서.

지하산에 복을줍서 경허고, 소만이 목심을 지엉살게 헙서.

재산 풍파를 막아줍서. 가정 풍파를 막아줍서.

(소지원정를 올린다.)

아기들 악심주는 풍파도 막아줍센 영허여 (요령)

소지원정 올립네다.

불끼운 잔 내끼운 잔 올립네다.

칠원성군님 받다 쓰다 남은건, 웃제방 거더 집붕상상 주추모루 올립네다.

알잡식은 내여당 아래오중ᄃᆞ리 오중, 육하군들 수게자들 지사겨 드립네다.

[산받음]

천왕 멩걸리 지왕 복걸리 인왕 허튼 점서랑

562

칠원성군님에서 (제비쌀점) 고맙습네다.

쉬은 두설 녹떨어질이나 어시 (제비쌀점) 고맙습네다.

스물ᄒᆞᆫ설 나은 아기 (제비쌀점) 고맙수다.

아기 열두설 나은 아기, 녹이나 떠러질 일이나 어시

단골님 막 굿 잘햄수다.

굿허민 덕 봄직 허우다 예

영허고 올해 불도맞이 헤나글랑

심방집이엔 생각허지 마랑 예

수정이 우렁532) 이세상 사는 살림이야

어저께ᄁᆞ지야 나 ᄒᆞ자 우렁 살앗주만은

오늘부터는 아기우렁 사는 세상이구나 생각허영

수정이 우러그네 불도맞이만 행 야.

ᄒᆞᆫ번만 더 공을 들여주라 영 햄시난 예.

잘 알아들엉 예,

귀넘어 듣지맙서 본주님 예.

조은 점서 조은 분부 여쭈와드렷습네다.

〈할망질치기〉

[좌우돗질 돌아봄]

어간 됩기는 할마님

내궁전 신수푸는 질이 어찌되며 모릅네다.

할마님 내궁전 신수푸는 질도 돌아봅네다.

(악무)

[언월도로 베기]

할마님 내궁전 신수푼 질은

---

532) 위해

돌아보난 하늘이 소빽헌 질이로구나.

지하가 굿뜩헌 질이로구나.

할마님은 멩지줄장옷, 할마님 은주랑철죽대 지펑

내궁전 신수푸젠 허난 어떵허민 조코

면을 잡히젠 허난 불란허고 도장 잡히젠 허난 이 도장 세별허고

신도 청혼잡히난 신의 아이 초당 즙피를 내엿구나.

요 질을 치저 헙네다.

이 질은 옛날 궁의아들 삼형제가 빌다 전득헌 질,

유정싕또님아기가 빌다 전득헌 질, 고 옛선성님네 빌다 전득헌 질,

정씨로 하신충 안공시 부모조상 선성님네가 빌다 전득 헌 질입네다.

신의아이 신축생 몸받은 밧공시 부모조상 선성님네

빌다 전득 헌 질입네다.

흔 어깨오던 팔저궂인 성제간 부모조상 빌다 전득헌 질

안팟공시로 거느리던 선성님네 빌다 전득헌 질입네다.

신의아이 빌만허다 허는구나.

제석궁 들어가 은날(偃月刀) 눌시리 글아다 뷔여.

(칼로 풀을 베는 시늉)

(신칼점)

(악무)

아멩해도 '산질은 군문만 정' 이거참 수상헌 일이여.

아이고 요 질은 뷔엇더니마는 건삼밧듸 노용삼 씌러지듯,

노용삼 밧듸 건삼이 씌지듯 동드레 간 가지 서드레 얼켜지엇구나.

서드레 간 건 동드레 얼켜지엇구나.

서늘곳 들굽낭 작대기는 다

심방집은 신모람 작대기로 동서으로-

(신칼점)

(작대기로 길 치우는 동작)

(악무)

[따비로 파기]
심모람 작대기로 동서으로 치우나네
거멀 조벨캄집 왕대크르 ㅋ지 ᄒᆞㅋ지 ᄃᆞ리알 김좌수 집이
죽심질이엔 헌다 어시비식 헌다.
할마님은 ㅋ잽이ᄇ선이 찌저질듯
할마님 연반물 진옥색 치매 저고리가 찢어질듯
멩지줄장옷이 찢어질듯 허십네다
그래말고 제석궁 은따비 놋따비로 아 조사 치와 (요령)
(칼로 풀을 베는 동작)
(신칼점)

(악무)

[발로 고르기]
은따비 놋따비 가져드련 급급드리 판 보난
아이고 요놈의 심방 어디 ᄃᆞ리손당만 살아낫구나.
따비 밧만 가라난 심방이여.
들거리어시 파는디는 너미 지피파고
아니 파는 디는 그냥 놓아부난
할마님은 어두친친헌 질료 뎅기는 할마님이 내 궁전에 신수퍼
쉬은 두설도 이제 어디강 가속 정해민
아기 생기영 아들 똘나고, 똘아기도 조은 인연 만나
시집강 아들똘 나게 허젠
요 질은 애쓰게 치단 보난
할마님이 동산인카 오르젠허민 굴헝이여
굴헝이카 ᄂᆞ리젠 허민 동산이 지엇구나.
아끈다랑 한다랑 널미오름 상갈귀만씩 서무봉만씩
성읍리 영주산만씩 허여 못쓸 질이여
신의 아이 양착발로 급급드려
(깡총깡총 뛰며 한 발씩 앞으로 내민다)

(악무)

[줌삼태로 치우기]
양착 발로 급급드리 볼랏더니마는 허되
굴근돌이 일어난다
줌진돌이 일어난다
요걸 아니 치우민 할마님 몸이 다칠듯
발이 다칠듯 허십네다
굴근돌랑 삼테기로 줌진돌랑 줌삼태로 치와 올려
(신칼점)

(악무)

[미레깃대로 고르기]
훌근돌 줌진돌 삼태거리 허엿저.
신의성방 등으로 치왓더니마는 허되
훌근돌 누워난딘 노무역
줌진돌 누워난딘 주무역
할마님 ㅋ잽이ㅸ선 신언 이 질에 들어사민
흠빡흠빡 빠질듯 숨은 모살 게우리 드러누워낫구나.
홍미레깃대로 미끈 밀어

(악무)

[춤비로 쓸기]
홍미레깃대로 미끈 밀엇더니마는
칠년은 한기가 든다.
ㅁ인구듬 일어난다 한구듬 일어난다.
춤비 타당 동서으로 씰어
(신칼체로 쓰는 시늉)

(악무)

[이슬다리 놓기]
춤비 타당 동서로 씨럿더니
굴근 구듬은 씰어졋어도
좁진 구듬은 구석구석 남앗구나.
잔질루면 들만 헙네다.
이슬이슬 청이실 ᄃ리도 놓으레가자.
(술잔을 들어 신칼로 조금씩 떠 안으로 뿌린다.)

(악무)

[청소새다리 놓기]
이슬이슬 청이슬 ᄃ리 노앗수다.
아이고 나 성님 곱닥헌 옷입언 착허게시리
그자 할마님 오는디
나산 비어 오난 경해도
아이고 요 성님아 생각을 허여봅서
굿시작 허는 뒷날 비와신디 할마님은 오늘 오젠 허난
아이고 주는 ᄃ 강 바라바라 차영주고
아니 주는 ᄃ 강 아니 줘부난
아이고 설운 나 성님아
엣날도 종허신 양반은 질로 기우라 허고
아시 고생 해염댄 주단보난
엣날도 키큰 사람은 속엇고 남자 키죽은 사람은 자발 엇고
여자 족으민 동차고 술친사람은 세염창아리 막아지고
니빠디가 ᄀ 사름은 말머리가 미웁고
앞이명이 영 벋어지민 공짜 좋아허고
아이고 아이고 설운 나성님 요질은 보난
ᄆ른ᄃ릴 노민 들만 헙네다.
(신칼을 바닥에 닿게 했다가 들어올린다.)

(악무)

[나비다리 놓기]
청ᄉ새 흑ᄉ새 ᄃ리노난
ᄃ리노난 와삭와삭
할마님은 밤이 좀잘때만 댕기는 할마님인데
와삭와삭해연 이도 못헌 질이여
청ᄉ새 밧엔 청나뷔가 놀고
나뷔나뷔 줄전나뷔들이 노난
(소미가 종이 나비를 뿌린다.)

(악무)

[멩ᄃ리 복ᄃ리 놓기]
이도 못헐 질이여
할마님 노각성조부연질 멩ᄃ리 복ᄃ리도 노레갑네다.
(신칼점)

(악무)

[올궁기 메우기]
멩ᄃ리 복ᄃ리
할마님 멩ᄃ리 복ᄃ리 노앗습네다.
우리 곰상은 다시 이리 곰상헌다
올궁기를 메우라 헙네다.
상구월 고장쏠 들러받아 올궁기 메우난
펭문 우이 질이로구나.
들이민 무드득 들이민 마두둑해연
이도 못쓸 질이로구나.

[홍마음홍걸레 ᄃ리]

할마님 대양계 대전상
시근 둠비 몸파디에
떡ᄃ리 인정 하영 받암수다.
아이고 본주제관은 혼자만이라부난
인정 어떵 하영헙네까.
아멩해도 안되켜. 어디가싱고.
우리 본주 인정받아서 됨직허다.
아이고 우리 ᄇ조은 단골님 어디갑데가.
아이고 ᄇ조은 단골 성들은 어디가신고.
ᄇ조은 단골 설운 성님들
아이고 성님 몬저 영 오랑
오랑 큰거 하나씩 알앙 저리강
편집국장님 강 하나 안냅서.
이제 편집국장님도 야 이거 애가 세게
저리 가그네 세 식구,
저 편집국장안티 영 대표로만 강
받앙옵서 대표로만 강
인정 하영하영 받암수다.
할마닙 인정받앙 내궁전 신수퍼
21설도 대학공부 해여건
조은 직장가고 조은 친구 만나
백년해로헐 조은친구 만나게 허고,
고맙수다 (신칼점)
12설도 곱게 키와줜
다리에 발목 아픈 거
뻬에 잘못되고 인대가 잘못되고
신경이 혈이 잘못된거 곱게 잘해여건
고맙수다 (신칼점)
앞으로 크게 악심들일이랑 어시
군문질로 신수푸건 걱정허지 말랜 해염수다.

인정 잘 걸쿠다.

걱정맙서게 (신칼점)

인정 하영하영 걸엇습네다.

할마님 내궁전 신수푸난

와랑치랑 도는 홍마음 홍걸레 도리여~

(악무)

[할망 · 구할망도리 굽가름]

홍마음 홍걸레 도릴 노난

할마님은 상갑자년 삼진정월

초사흘날 금세상에 탄생을 허젠허난

어멍 배안에서 배울일을 다 배완

흔착 손엔 번성꼿 흔착 손엔 환생꼿을 심어근

할마님 삼진정월 초사흘날 금세상에 나난

남방사주 궁에바지 북방사주 접저구리

물멩지 단소곳이로구나.

연반물 진옥색 치매저고리에

멩지줄장옷은 열두단추 메고 만산족도리에 호양메감퇴

아늠ㄱ득 종이 고운 붓에 삼천장에 베리돌 오천장에 먹을 ᄀ라근

할마님 ᄉ월 초파일날 노각성조부연줄로 옥황에 올라간

할마님 누룩으로 해성을 둘러 벨총당을 무우난 (요령)

할마님은 문안에 지국허고

문배껏딘인 구덕삼싱 걸래삼싱 어깨삼싱을 거느리어

헤튼국은 돌튼국 주리팔만 십이제국을 마련해여옵던

할마님 낮인 내난가위[533] 밤인 불싼가위[534]

산천 영기를 보아 산천이 조은 집은 아들 적을 시켜주저

산천이 부족헌 집은 똘을 적을 시켜주저

---

533) 연기 나는 가호(집)

534) 불 켜진 가호(집)

아방 몸에 흰피를 ᄂ리웁고 어멍몸에 가문피를 ᄂ리왕

옴ᄃ리방석 종이봇을 씌와 애미 젖줄동경 열두ᄃ 가망차

할마님 들어가젠 허민

건지는 벗성 곤지에 걸고

홋단치매 멩지줄장옷은 벗엉 곤지에 걸고

비단이불 거텅 북덕자리 ᄭ라

할마님 은결ᄀ뜬 손으로 금결ᄀ뜬 손으로

아기어멍 늣뚠거는 보뜹고 보뜬배는 늣추왕

팔대문을 ᄋ려

물이 도수건 아기머리 도수건 청이실이 ᄂ리왕

아기는 나민

동드레 머리헌 아기는 동부락민 되고 (요령)

서드레 머리허영 나민 서개남

남드레 머리허민 남장수

북드레 머리허영 나민 북단멩법이라

우리나라 일도도벽 가가호ᄉ령 주석참봉

일정승 이정승 삼정승 육판서도

할마님이 내운 ᄌ순입네다.

쉬은 두설도 할마님이 내운 ᄌ순

할마님에서 생불꼿을 주고 환생꼿을 주난

스물ᄒ설도 할마님이 내와준 ᄌ순입네다.

열두설도 할마님 생불꼿을 주난 낳습네다.

할마님 난산국을 ᄀ싸 풀엇습네다.

노각성 조부연줄로 동백정 서백정에 좌정해여건

스물ᄒ설 열두설 압이멍에 너른 이견 둿이멍에 ᄈ른 이견

글도 장원허게 헙서, 활도 장원 허게 헙서,

이 아기 열두설 열다섯ᄭ지 잘키와

사춘기도 잘 넘어가게 헙서

어멍 말 잘들게 헙서.

아방말 잘들게 헙서.

학원도 잘다니게 헙서.

스물흔설도 대학가게 허건

허는 공부 잘 해여건 대학졸업 허건들랑

조은 시험보건 과거급제 시켜건

조은 직장 뎅겨건 조은 친구 만나건

백년해로헐 친구만나

아들 똘 나멍 살게 해여줍센 영허여 (요령)

쉬은 두설님이 인정 걸엇습네다.

할마님 내궁전금벡당 질첫습네다.

금벡당 질친 그뭇[535]도 아룁네다.

(신칼점)

〈구할망 질치기〉

인치겐[536] 잘못엇수다게 경해면 (신칼점)

본을 풀어사 할망은 나한테 ᄒ썰 간세헴덴

할마님 난산국을 풀엇습네다.

[좌우돗질 돌아봄]

동해용궁 질이 어찌되며

이공서천도산국 어찌되며 모릅네다.

좌돗질도 돌아봅네다.

(악무)

좌돗질이 치단 보난 우돗질이 소뻑해엿구나.

우돗질을 치단 보난 좌돗질이 소뻑해엿구나.

---

535) 금
536) 조금 전엔

아이고 아멩해도 아방은 아방인생이라[537].

오곳허게 완 아들 조끗디[538] 안지는 거 보난

잘콴다리여[539] 흔곳들론[540] 이공도산국질이여

흔곳들론 재인드러 재인장제 만연드러 만연장제 질이로구나.

흔곳들론 수레멜망악심질이엔 헙네다.

흔곳들론 동해용궁 아방국은

동해용궁 어멍국은 서해요왕 동해용궁 질이에 헙네다

동해용궁 질은 돌아보난.

어떵허민 조코 하늘이 소뽁헌다 지하가 굿뜩헌다.

동해요왕 청요왕 질이로구나.

서해요왕 백요왕 질이로구나.

남해요왕 적요왕 북해요왕 흑요왕 질이로구나.

청금산이 요왕 수미산이 요왕 수미산이 요왕질이여

동해요왕 광덕왕질 서해요왕 광인왕질

남해요왕 광신왕질 북해요왕 광해왕질

어찌되며 모릅네다 요왕질도 돌아봐~

(악무)

[고지기 · 몰만 · 듬북 치우기]

요왕질은 돌아보난 아이고 어떵허민 조코

아끈[541]고지기 한[542]고지기 질이로구나.

아끈몰망 한몰망 질이로구나.

아끈듬북 한듬북 질이로구나.

요걸 아니 치우민 동해용궁 할마님 앞이

어떵허민 조으리요 요왕 청개호미 타당 치와올려.

---

537) 아방인 것 같아.

538) 곁에

539) 잘 되었네

540) 한편으론

541) 작은

542) 큰

(악무)

[공젱이테 치우기]
요왕 청개호미 타단 비엇더니마는 허되
칠팔월 두세 터지민
아끈 듬북 한 듬북 아끈고지기 한고지기
밀려들던 밀려드럿구나
그리말고 공젱이테 갓다근 치와올려.

(악무)

[지렛대로 다우기]
공젱이테 가저단 치왔더니마는 허되
든여여 난여여 아끈여여 한여여 도랑여여
미리에기 삼성여로구나
어떵허민 조코 그리말고
요왕에 가건 지릿대 갓당 다와 올려
(치우는 시늉)

(악무)

[저놀궤 잔질루기]
요왕 지릿대로 치와 올렷습네다
미리여기 삼성 저놀궤가 올라온다.
미리여기 삼성여 저놀궤도 잔질롸
(치우는 시늉)

(악무)

574

[서천강다리놓기]

미리여기 삼성 저놀괴를 치왓더니만은

동해용궁 할마님 서천강연ᄃ리로 노레갑네다.

(신칼점)

서천강연ᄃ리를 노앗습네다.

[구할망 본초]

동해용궁 할마님은 애산 신구월ᄃᆯ 초아흘에 날 나난

ᄒᆞᆫ설두설 나가난 어머님 젖가심 두두린 죄

무릅에 아전 연주세 부른죄, 대ᄋᆞ솟설 나가난 너러논 날레 허튼 죄

일곱설은 나가난 동네 어른 말ᄀᆞ랑 것대답헌 죄

동해용궁에 인간 귀양보내엇구나.

아이고 어머니 나 인간에 귀양 보내면 뭣 해여 삽네까.

생불을 주어그네 살랜 허난

얼로 해산시킵네껜 허난

듣기 전에 아바지 호통소리가 난다

동해와당 쉐철이아들 불러단 무쉐설캅 짜근에

임백나라 임박사 개문개철허렌

상거심조심통세를 질로절강 끼완 저 바당에 데껴부난[543]

썰문은 ᄂᆞ민 동바당에 들문은 ᄂᆞ민 서바당에 뎅깁데다.

임박사는 부베간을 맺언 이십스물 삽십서른이 넘어가도

아기 어선 무이유아 헙데다.

아기 어선 헤여가난 처녀 물가에 강 백일 불공을 드리는 날

알드레 봄시난[544] 무쉐설캅이 올라오랏구나.

임백나라 임박사 개문개철 허렌허연 ᄋᆞᆯ안보니

앞이망엔[545] 햇님이요 뒷이망엔 둘님이요

양단어깨 금산새별 베낀듯헌 아기씨가 아잣구나.

누게가 되우까. 난 생불할망으로 오랏수다.

---

543) 던져버리니

544) 보고 있자니.

545) 앞 이마엔

아이고 우리 이때꺼지 아기 어서네

호이 탄식허염수다. 흔저 집이 그릅서. 생불꽃을 주언,

임박사각시 아기배연 열둘이 되어도

아기 몸 못 갈르난, 임박사 각신 죽을 사경에 당허난,

아기씨는 처녀물가에 간 아잔 대성통곡 울어갑데다.

대성통곡 울어가난, 임박사는 각시 살리젠 허난

진양도포 청색띠 가막창신, 금바랑은 옥바랑을 들러

동악산은 서악산, 남악산은 북화산에 올라간

금바랑 소리 옥바랑 소리 옥황드레 올리난,

옥황상저님은 지부소천왕을 불러

금세상에 처량한 바랑소리는 누게가 되겟느냐.

임박사가 됩네다.

임박사 각시가 아기배연 열둘이 되도 몸을 못갈람수댄 허난,

멩진국의 ᄯᅳ님아기 몸갈라동 오랜허연 멩진국ᄯᅳ님아기 몸갈르레 가난,

어떵허난 아기씬 아잔 울엄수꽈.

아기씨가 지나가난 눌핏네가 납데다 허난, 난 맹진국 ᄯᅳ님아기라

뭐 이거 임박사 각사 몸 갈라동 갑수덴 허난

아이고 이년아 저년아 죽일년아 잡을년아

대동통편에 청대섭에 목걸려 죽일년아.

우린 아가준 생불 너가 내왓느냐

느머리 나머리 하도 허우트더가난

우리 경마랑 옥황에 올라가게

[옥황상제의 꽃빈장] 삼싱할망과 저싱할망질 ᄀᆞ가름

옥황상저님은 보난

얼굴도 ᄀᆞᄯᅳ고 말도 ᄀᆞᄯᅳ고 구별을 못해 은수반을 해연

꽂씨 ᄒᆞᆫ방울씩 주언 꽃을 심으랜 허난

맹진국ᄯᅳ님아긴 불리도 외불리 송애는

동드레 서드레 남드레 북드레 버든가지

ᄉᆞ만오천 육백가지가 버력버럭 종지만씩 사말만씩 낭푼만씩 해엿구나

동해용궁ᄯᅳ님아기 은소반에 꽂씨 들이치난

불리도 외불리 송이도 외송이 동이도 외동이 검뉴울꼿이 되언

옥황상저님이 꼿빈장을 허난

맹진국이 ㄸ님아기랑 생불할망으로 가고

동해용궁 ㄸ님아기랑 저싱할망으로 가랜 허난

아이고 동해용궁 ㄸ님아기 ㅇ심이사 바락이 나멍

상가지 꼿을 오독ㄸ끼 꺽어가난

아이고 그거 무사 꺽엄시 나가 저싱할망ㅇ로 가민

얻어먹저 아기 생불주어 나두민 피로시처 물로시처 내리게 허고

아기 배안에서 숨도 놓아불게 허고

아기나민 낮역시 밤역시 우는 정끼 자는 정끼 경즁 경세를 주어근에

아기 웃으민 웃인 값, 안지민 안진 값, 기면 긴갑, 걸면 건갑,

던데헌갑, 도리도리 짝짝궁 헌갑 받으켄허난,

아이고 걱정허지말라. 동해용궁ㄸ님 아기야.

연밥물 진옥색 치매저고리도 내어주마

사치생기도 주마, 걸레베도 주마,

사탕 사먹을 돈, 인정걸어 주멘 영해여

경허건들랑 우리 오늘랑 화해허게.

동해용궁할마님 맹진국ㄸ님아기 화해 허염수다

급갈릅서 동해용궁 할마님이랑 오늘 곱게 전송허저 헙네다.

급갈릅네다.

(신칼을 가지고 마당을 두 신역으로 가른다.)

(신칼점)

절헙서.

아이고 고맙수다.

고맙수다 조은 질은 치단 보난 궂인질이 와각허고,

경해도 나 강 저 본주한테 강 들어보쿠다.

놈이집이 강 불도맞이허레 뎅기는 심방이난

이걸 어떵허민 조코 본주어른 양

좌도질은 치단 보난 우돗질이 솝빽허고

우돗질을 치단보난 좌돗질이 솝빽허고

아들을 나민 불효 끗테 효자가 좁네까.

효자 끗테 불효가 좁네까.
[불효 끗테 효자가 조아]
불효 끗테 효자가 조아
게믄 밥은 선밥을 먹어사 좁네까.
익은 밥을 먹어사 좁네까.
[선밥 먹다 익은밥 먹어사]
ㅎ쏠허는거민 ㅎ쏠 심방은 담다.
아맹허여도 경허민
묵은장이 좁네까 새장이 좁네까.
아멩해도 묵은장이 둘아.
아이고 아이고 간 말만 부쩌부난
아이고 나 본전도 못 춫임직 허다.
아이고 요걸 어떵험네까.
치웁니까 맙네까?
치와부러사. 나대신 본주심방이 치와붑서.
경해도 강 저거 방 돌아 오쿠다.
이게 보통이 아니라.
재인들어 재인장재 만연들어 만연장제
수레멜망악심꼿이라 이.
이거 씨멸족시키건
거두왕 갈대랑
저 축들 창가사주 이밤에 나만 혼자 갓당
이밤이 나만 갓당 게 이거 들러먹으민 어떵허여.
하영 ㄱ찌 벗들 행 갈 사름 엇수과
지원자 받으쿠다 나영 ㄱ찌 돌아보래 갈 사람
가젠허민 오생이 곰생이 오만이 고만이
솔제기에 또 보찬 양에 진태정에 우리 어머니 옥찬 김에
강대원이 심방에 이제 문무병 박사에 박경훈 소장에 편집국장에
경해도 나만 강 당헐 일 잇어게 ㄱ찌가지안허클랑 예
절대 웃지도 말고 옆이서 베룩이 물어도 안만 아파도 춤읍서
베룩은 야 크게물지도 안허고 조그만허게 물주게

괜한 야 소슴이 엇어 웃을 일이 아니우다

이건 야 잘못헷당 야

잘못 헷당 나가 죽으나

나가 다치거나 할꺼난 야

절대 소슴이서 카메라도 찰칵 찰칵 해지맙서 야

솔제기 솔제기

(수영하는 포즈같이 취하다)

이집이 개 잇어.

경허민 아이고 솔제기 가사 됨직허다

(허리를 구부려 살금살금 종종걸음)

아이고 아이고 가난

문에도 가기도 전에

그냥 정공철이 오십 이년 동안 벌언 그냥 부수산이 멕여 노난

그냥 눈은 퉁대 할마님 헌 눈에 배는 남산 만혀고

숙눈은 트고 것눈은 영 해신들어 이거 누게가 와시문 영혀영

이거 아멩해도 안됨직허다

나 혼자만 버침직허다.

밤에 또 가보크라.

초경점난 이번이라 암컷 수컷 이서 암컷 알아집네까.

압컨 어가고, 수권 남가라 야.

슬짝 슬짝

저 도둑질 허래 가젠 해도 혼불철에 돌아방 망을 봥 가야지

허난 삼서방에서 들어

이거 불 혼끔 꺼줍서.

나 이제 돌아보레 가는데, 나 똑 걸림직허다.

(허리구부려 뛰어간다) 아이고, 야 성문지기들,

야. 정공철이 부제를 알아

막 비서들도 돌려세웁고 이.

도둑질도 못허게 이, 사방으로 이.

야 불도 번쩍번쩍 해놓고 이 경험으로서

나가 엣날 동인년[546] 나저난디 풀도 안난다는데
난 경해도 난 경해도 김녕년[547]이라 경험으로사 이거 버처서
풀 걷으고 (옆으로 뜀) 아맹해도 안 됨직허여.
이거 예. 나가 저기강 들어봥 오쿠다.
문박사님 이거야 어떵허민 좁네까.
저집이 강 옵네까. 어떻헙네까.
[수면제 먹여가지고]
수면제 먹여, 양, 수면제 먹이렌
엣날 소인이 삼춘 소섬간 아들
수면제 먹은 나니깐 어신뗀 어떵허렌
저거 수면제 먹이렌
경해도 나가 이 심방을 37년동안 해신디
요걸 버칠리가 잇수가. 서천서약주 타당 야
아이고 저거 무슨 술,
고소리술에 청주에 막걸리에 혼꺼번에 혼합허여
서천서약주 타당 잔질루레[548] 갑네다.
아이고 이 어른들 보게.
도둑질 허레가는 거 망보라는데
둥당둥당 영해민 됩네까..
아이고 나 삼춘아.
아이고 이제 저것들 멕여놔시난 지내들이 좀잘템주.
아이고 강보난 술 먹으난
느다리 나다리 턱허게 걸쳐노코
느다리랑 나우트레 오라
나다리랑 강알드레 들어가마
나가 이 요거 이 이때 강 잡아사주 이
경 안허민 못허여.
서천서약주 타당 잔질롿구나.

---

546) 동의(토산)출신
547) 김녕출신
548) 목을 축이러

수레멜망악심꽃 아주 다잡아
(악심꽃을 양손에 들고 달달달 떨며 춤춘다)

(악무)

[수레멜망악심꽃 꺾음]
아이고 아이고 얼싸
아싸 아싸 이거 어떵헌 일인고
아이고 이거 지랄꽃이여 염병꽃이여
이거 누게 이거 무사 털엄수꽈.
양 이거 누게가 털엄서.
[대섭[549]이 털엄서]
아이고 아이고 큰일 낫저. 조상이 털엄저.
이거 심방질은 헛심방질 헌 것 담다.
경해도 가걸랑 아이고 순실이 아지망.
우리집 조상들 나가 잘못햇수겐 헐지도 몰라.
대섭이처럼, 상구박지기는 다 털어불거.
(본주에게 악심꽃을 흔든다.)
이거 터난 진정하라 소방장 허라
어욱밧[550]디 새들엇저
새왓디 어욱들엇저
어따 참 요거 ᄋᆢ망지기가
말귀는 척 잘 알아들어
오라가난 스룻스룻 ᄂᆢ룻ᄂᆢ룻
이게 이때ᄁᆞ지 정공철이 아지방
한라산 놀이패에 강 돈받아오민
이거 강 먹어불고,
행사 강 벌어오민 요거 강 먹이고,

549) 댓닢으로 만든 수레멜망악심꽃, 악심꽃.
550) 억새밭

또 굿허래 강 품 받아지민, 요거 먹엉허난
하도 먹어노난 다른집의 것보다 더 크다
[저 동남 굿 갈 땐 누게 만나레 간]
[뒤에 시왕맞이 헐건디 가지도 안해부난]
이게 보통이 아니주, 이게 들어근에
당주ᄉ록 몸주ᄉ록이 들언
아버지도 아니날 병 나게 허고,
어멍도 아니날 병 나게 허고,
아시도 아니 죽을건디 죽게 허고,
요 것이 들어 각시영 살아가가민
너만 각시영 살거냐, 나도 각시영 잘거여.
너 보내불렌 영허여근에 보내불고
요것이 들어 아까운 애기들도 다 보내불고,
허난 강 들어보쿠다.
안만 심방이지만 경해도 ᄀ를 말은 잇을 꺼라 예.
아지방 이거 어떵허민 조코
[딱 꺽어부러] 그냥 딱 꺽어부러.
경허면 안돼주게 식물이란건
물주멍 키와사주.
아주방 대나무에 꼿핀거 봅디가.
다라에 강 물떠다 이집 굿 모끌동안⁵⁵¹⁾ 이거 놔두는게
이젠 당주방에 강 놔두는게
아지방네집이 강 보난
울담 베꼇디 나팔꼿도 피고 봉숭아꼿도 피고 헤십디다마는
대낭꼿은 어십데다게 허난
요거 가정 강, 야 대낭허여근에 야 꼬자그네
[나 인정 하영 걸쿠다]
인정하영 걸켄 경해도 속은 터졌저
원 말 ᄒ마디가 이

---

551) 마칠 동안

582

나 돌아사민, 아이고 저놈의 아지망

맨날 거짓말만 허멍 저거 해주랜

김녕ᄀ찌 간 ᄉ정헷주.

나 그거 인정걸젠 헷어.

이거 꺽어.

근데 아지방아. 나가 예

영 쫄어뵈도 얼마나 힘이세디

나 베룩이영 나영 씨름을 부뜨민 양.

베룩이 ᄒ번 이기고, 나가 ᄒ번 이기고

경헌디 또 얼마나 힘이센지

둑새기 ᄒ나 지면, 예.

제주시를 달리기행 갓당 와

아이고 울담 넘잰 헤민 야

둑새기 하나지어 울담도 거뜬허게

아싸, 강 넘고, 나 초석 초석

(초석을 찾는다)

이거 초석 아이고, 우리 소미 멍석

멍석 아니 멍석 깔민,

이제 너무 눌려불민 안나와

무거와, 무거와 안 나와,

나신딘 경해도 나 보통 힘이 아니라

(초석을 펼침)

낭끼리난게, 사람은 나가 살아사주

저 어른들이 나 살려줄꺼 아니난 게

동무릅에 동무릅에 놔,

야 경해도 이 이건 오십 이년 동안 멕여 놔시난

막 골도 요만썩 헐꺼라.

픽소리 날꺼라 (악심꽃을 꺽는다) 픽.

저 약허구 오께.

누게 약 혼자 많이 지어다 줘고,

골 냉 멕이카. 이거 먹으쿠가.

[아이고 홍삼이영 만이 먹어서]

[골내영 먹여사, 이 골을 먹어사 만병통치라]

만병통치라 아니 우리 굿판에 여자심방만 와신가

어떵허연 손알 심방들은 하나도 어시민 다 벌언

아맹해도 이거 ᄀ라봅서 큰심방 어른마씸

[약도 말이 조아야 약장시도 해먹어]

맞아 맞아,

[뭐라고 하는지 알아]

[눈 아픈디는 멍줄에 망줄에 비자나무 송진에 고추장에 멜첫에 버무령 붙연놔두민]

[갈라지나 벨라지나 ᄒᆞ숨쉬는 나주]

ᄒᆞ숨쉬는 나주.

[중간에 생콩물을 냉수에 탕 냉돌방에 ᄌᆞᆷ자문]

[어떠튼간에 빠빠빠빠 해가지고 낫진 안해도]

사람은 죽어도 배는 안아플거난.

[절대적으로 등창나며는 바당에강 궤기잡아당]

[등창엔 지정 ᄒᆞᆫ사발은 먹고 ᄒᆞᆫ사발은 붙이면 이]

[그 사람은 죽기는 죽나]

그런데 허물은 나실건가.

[허물은 조아부러]

그냥 삼춘이 이리왕 아집서.

봅서 우리 여자들만 허난 이놈의 약은 ᄑᆞᆯ아지쿠가

이리옵서 경해도.

[삼춘 그건 용놀이 헐때 헐꺼우다. 너무 미리 해불민 재미어서]

근데 안되쿠다 오지맙서 우리 여자끼리 허쿠다

만주에미 대가리 못듯⁵⁵²⁾,

삼춘 저디강 아장 이십서.

이거야 여자들이 ᄑᆞᆯ아야 됨직 허우다.

어중간이 남자는 만주에미 대가리 못듯

---

552) 작은뱀 머리 부수듯

어 어디 저 망치를 가저옵서. 이거 몬딱 나
발봉오지나 발뒤치기 까지면 나 어떵헙니까.
김녕도 못갈거고,
(발을 잡고 악심꽃을 찍는 시늉)
아이고 아이고 아이고 잘해 먹엇저.
아이고 아뗑해도 안 됨직허다.
이거는 이제 내일 보창양[553]이
보창양이 이공질 칠때랑 다시 시왕하르방네 아들 7라
잘 허랜해도 잘놔. (초석밑에 악심꽃을 놓는다)
아이고 저 둔비[554]에 자림을 눌리듯 눌려
이거 저 성읍리 이장님이영
저기 우리 대장님네 막 이거 구해단
꼴아줜게마는 잘 꼴아져신가.
경해도 난 여자라도 ㅎ끔 힘쎄여.
[무시건 골 아저서 이레 안자.]
까지걸라그네[555] 본주심방이 설어주고게
나 다리 아프민 병원드레 보내주고
동쪽에서 서드레 가면이
(뛰다 초석밑의 악심꽃을 밟는다)
아니 보따 부난[556] 안덜어졉저
[그거 딱 부텅 이실꺼라 이때꼬정 아장 그걱정 헙데까]
[할망꺼나 걱정헙서]
(다시 한번 악심꽃을 밟는다) 얼싸
아이고 나 이제 공철이 아지방
본주 심방 나 가쿠다.
이제 여기는 어디요.
[촞아질건가]

---

553) 양창보 큰심방
554) 두부
555) 깨지면
556) 짧아서

저기는 어디요.

아따 이사람들 독헌 사람이여

사람 잡안에 가둬낭 우리집이도 못가게

온 이건 감금 헤신게.

아따 저 본주, 뽄조은[557] 단골

아지망 아지망 허멍

나 저거 치와동 가랠헴수과 원 세상에

이젠 또 ᄉ춘누님인가.

이집에 굿을 오난 밤 3시에 일어나그네

놉다시난 오늘 아침인 5시 ᄒᆞᆫ 20분 되난

문박사님이 들어완 줌도 못자게 헹게마는

이제 줌도 못자난 아니

저 어른들랑 가구정허거들랑[558] 집이갑서.

이제 난 줌잘꺼난 양.

알앙들 협서. 초경점 초저녁인양 어시름 쯤

자젠허민 아멩이나 자사주게.

경해도 텔레비 보젠허민 영허영

(심방은 누워 자는 행위를 한다)

나 영 이제 젊고 곱닥핸 옷 입으난

애기어멍인줄 알지 맙서. 난 경해도 야

우리 정의원 널손지가 잇수다.

그냥 요기 우리 정의원

우리 널손지들 그놈의 새끼들

지 할망 줌자는데 그자

베슬허구렌[559] 등굴랑탕 등굴랑탕

경해도 지내할망 줌이라도 자게 허지안행

이제랑 지픈 줌이 이부자리 폐왕 펜안허게시리

(다시 심방은 드러 눕는다)

---

557) 본이 좋은, 멋진,

558) 가고 싶으면

559) 벼슬 했다고

또 뚜들라 뚜들라

대정은 아멩해도 대정은 ㅎ끔 늘긴 늘어지다

이제 정공철이도 늘짝늘짝

아멩해도 정의는 오춘옥이고 대정은 정공철이고

모관은 서순실이고 아이고 이거 이경즘 잣저

새벽즘 새벽즘은 볼일 다보고,

이젠 ㅎ쓸 불가서 새벽 조반은 가사될꺼 아니라게

일어나기는 일어나도 코골멍 자

어디 가젠허민 새벽즘은 못자 야.

원 저 어른들은 술쪈 오늘 ㅎ 1키로는 술찔거 담다.

이번 일어나민 우리어멍 뚤이라.

우리어멍 뚤이고 우리아방 뚤인데

이번 일어나면 영허크라.

은이랑 나가 집이 가정강 쓰고,

이 똥이 닷말이건 저 본주 심방 하영하영

아무것도 안먹크라.

에이, 먹어사주.

아니, 갈랑들 먹어. 이팀들 먹던입에 다 먹어

먹던입에 다 먹어. 아따 독헌디,

난, ㄱ건 안먹쿠다. 더러워부나

이제랑이 여시즘 장 이.

(심방은 코를 골며 누워있다)

아이고 귀귀귀귀 귀귀 (악심꽃을 빼서 던진다)

아이고 부뜨면 부떳저

이거 나가 애 쓸거 아니라게

이거 죽여 놔두난게

머리로 꼭허고 눌르민 꽁지가 살아나고

꽁지로 꼭허게 눌렁놔두민 머리로 살아나고

머리로 발로 꽉허게 눌르민

가운데가 살아나고 이걸 어떵허민 조코.

경해도 이 성읍리 어른들 큰굿해여낭

이제 눈와불민 허주만은 봄 나가고 여름 나민

아이고 이리옵서 나허고 ㅎ번 장서를 해보게

장서는 야 여자만 허는것 보다 야, 남자가 ㄱ찌

들어야 장서는 잘돼. 이리옵서 ㄱ찌 야.

삼춘이랑 장구 뚜들고,

날랑 기생ㄱ찌 노래 허명 예.

나아들놈이것 ㅎ끔 장서나 해보게

이거 좀수들 주민 에.

여기서 이 불턱560) 멘드랑 에.

근데 이제 상불턱 중불턱 신촌 진드르 가민

원두막이여 이거 잔치집이여 슬문 돌앗저.

[저 정공철이 세번째 장개감덴 슬문돌아]

세번째 장개가면 슬문돌아

그말은 맞아 장개는 가도 혼자만은 못살꺼난

근데 이 슬문 돌아줄 친구는 이신가.

[아 그건 화서]

화서 아니 근데 그때되민

다 이사람들 놀리민 낭그늘에 못갈껄

그냥 요거 갓다놔뒷당

물주멍 키왓덴 안헐거라

어디 저 박경훈 소장님

이거 슬문내여건 어떵 전통혼례식 헐 생각엇수꽈.

[세번째 장개 갈 때랑]

세번째 장개갈 때랑

[새거에 당헐거]

새거에 당헐거 아이고 아니 될로구나

아이고 나일이여 나가 답답허다.

저 두엣 영혼들 영혼들 쓴거 가저옵서.

경해도 이 정공철이 심방이 영허젠

이런거 저런거 꺽끄젠 이 굿을 허는디

요놈의 심방들 세염창아리 어시

불쌍허다 불쌍허다 허멍

그자 들그루어시 베껴먹자 여성들만 이시민

아이고 아이고 수레멜망악심질로

모든 거 꺽어맞자. (하며 악심꽃을 꺾는다.)

전친이 천주 전친이우다.

고조 증조부 당조부 꺽어간것도

오독똑기 꺽어맞자.(악심꽃을 꺾는다.)

당조부 하르바님 우자 진자 사월 스무날,

남평문씨 할마님 시월 초 하루날,

창녕성씨 할마님 영등달 스무여셋날,

꺽어간것도 오독똑끼 꺽어맞자.(악심꽃을 꺾는다)

큰 아바지 봉자 주자 씁네다. 일본서 꺽어간곳도

오독똑끼 꺽어맞자.(악심꽃을 꺾는다)

셋아바지 스물혼설 정칠월 스물아흐렛날

꺽어간것도 꺽어맞자.(악심꽃을 꺾는다)

김씨 셋어머니 죽은 사혼(死婚) 해엿수다.

꺽어간곳도 오독똑끼 꺽어맞자(악심꽃을 꺾는다.)

허늘 ᄀᄃ 부모이비지

예순여섯 나는 해에 ᄉ월 스무여드렛날,

꺽어간것도 오독똑끼 꺽어맞자(악심꽃을 꺾는다.)

제주고씨 어머님 스물다섯 나는 해에 오월 보름날

꺽어간것도 오독똑끼 꺽어맞자(악심꽃을 꺾는다.)

파평윤씨 할마님 대답허라.

본주가 대답해 나중에 무싱거엔 금직허다.

파평윤씨 어머니 쉬은혼설 나는 해에

양력으로 칠월 열이틀날

꺽어간 것도 오독똑끼 꺽어맞자(악심꽃을 꺾는다.)

족은 아바지 이달 열ᄒ롯날 꺽어간 것도

오독똑끼 꺽어맞자(악심꽃을 꺾는다.)

불쌍헌 동생 강수 스물두설 나는 해에 칠월 초이틀날
꺾어간것도 오독똑끼 꺾어맞자(악심꽃을 꺾는다.)
큰고모님 큰고모부님 꺾어간것도 꺾어맞자.(악심꽃을 꺾는다.)
족은 고모님 고모부 꺾어간것도 꺾어맞자.(악심꽃을 꺾는다.)
큰 외가에 하르바님 할망 군위오씨 할마님
외삼촌 꺾어간것도 오독똑끼 꺾어맞자(악심꽃을 꺾는다.)
당 외가에 파평윤씨 하르바님 외조모 할마님
꺾어간것도 오독똑끼 꺾어맞자(악심꽃을 꺾는다.)
이모님 이모부 꺾어간것도 꺾어맞자(악심꽃을 꺾는다.)
사촌동생 군대에서 저싱간 영혼 꺾어간것도
오독똑끼 꺾어맞자(악심꽃을 꺾는다.)
큰고모 할마님 어디가면 무방친이앤 해연
시집을 가도 일부종서 못허고
아기 어서 무우유아허던 고모할마님
꺾어간건도 오독똑끼 꺾어맞자(악심꽃을 꺾는다.)
셋고모 꺾어간것도 꺾어맞자(악심꽃을 꺾는다.)
족은고모 아홉설에 꺾어간것도
오독독끼 꺾어맞자(악심꽃을 꺾는다.)
오춘 조카 꺾어간것도 오독똑끼 꺾어맞자(악심꽃을 꺾는다.)
어머님 난 애기도 꺾어간것도
오독똑끼 꺾어맞자(악심꽃을 꺾는다.)
고씨 어머님 난 애기 꺾어간것도
오독똑끼 꺾어맞자(악심꽃을 꺾는다.)
쉬은 두설도 스물혼설 위에 꺾어간 것도 꺾어맞자(악심꽃을 꺾는다.)
열두살 버티어 허잰허단 보난 그 아기 꺾어간것도
오독똑끼 꺾어맞자(악심꽃을 꺾는다.)
한라산 놀이패 이하성 양용찬 최정안 양동철 김경율 이주호
꺾어간것도 오독똑끼 꺾어맞자(악심꽃을 꺾는다.)
사춘 오춘 육춘 칠춘 팔춘 구춘 십춘 일가 궨당 방상
꺾어간것도 오독똑끼 꺾어맞자(악심꽃을 꺾는다.)
쉬은 두설 앞이 들어 악심들어 흔잔 술먹으민 나오라 들어가라

더먹게, 1차가게, 2차가게, 3차가게,

허당 보민 오토바이도 어디 내분줄 몰르고

영허는것도 오독똑끼 꺽어맞자(악심꽃을 꺽는다.)

스물혼설이영 어멍이영 강 살아

어떤 때 악심주는거 꺽어맞자(악심꽃을 꺽는다.)

아방이 전화와시민 아방안티 돈만 돌렌 허영

다른 말은 아니 ᄀᆞ앙 해붐며 섭섭허게 허는것도

오독똑끼 꺽어맞자(악심꽃을 꺽는다.)

열두설이 다리에 발목에 성장판은 지장주고

혈을 ᄀ르지 못허게 허고,

뻬에 나쁜균이 들게허고, 신경에 인대에

풍문조외에 주는 것도 오독똑끼 꺽어맞자(악심꽃을 꺽는다.)

돈 보냉 놔두민 백만원 보내도 그거고,

오십만원 보내도 그거고, 아이고 돈 보냉 놔두민

어멍이 어멍이 들엉 열두설 핑게잡아

아방안테 돈보내라 돈보내라 하는것도

오독똑끼 꺽어맞자(악심꽃을 꺽는다.)

돈 보내 놔두민 학원에 갈꺼 허는 거짓말 하는것도

오독똑끼 꺽어맞자(악심꽃을 꺽는다.)

아이고 병원에 갈꺼여

돈보내라 허는것도 꺽어맞자(악심꽃을 꺽는다.)

요건 어멍허민 조코, 경해도 아씨들 앞이 들어

좋게해도 우울증같이 불러주는꼿도

오독똑끼 꺽어맞자.(악심꽃을 꺽는다.)

성제간에 불목지게허고,

성제간에 이력 안되게 허는것도 꺽어맞자(악심꽃을 꺽는다.)

당주ᄉ록 몸주ᄉ록 신영간주ᄉ록

이제사 당주를 무어근에 조상업어 댕기젠 해영

아이고 아무디 완 심방 사람 댄 해라

우리 귀한형 질치레 가랜 허카 영헨

빌레 와가민 해말림 주는것도

오독똑끼 꺽어맞자(악심꽃을 꺾는다.)
큰 아방 가가민 미운정 들게허는 것도
오독똑끼 꺽어맞자(악심꽃을 꺾는다.)
갈 때 이마에 만원짜리 떡허게 부쳐가가민
큰아방은 미워도 돈은 조은거 아니까 이
애기들은 다 경해게 돼서.
그냥 빈손에 가지 마라.
올레 가걸랑 만원짜리 딱하나 부쳐가민
이굿허멍 우선 제일 고생허는건
KBS방송국장님 편집국장님 총무국장님
또 우선 제일 고생하는거 강인창 PD님
아이고 이리가도 말못허고 저리가도 말못하고 이
그냥 어떻허민 조코 머리만 쓸멍 댕기멍
악심주는것도 꺽어맞자(악심꽃을 꺾는다.)
서울 출장 가면 이,
갈 땐 돈 좀주켜, 가며는 돈 못주켄허는 거
이거 아니 뒛덴헤여그네 이,
컴퓨터에 입력해 놔두면 이,
지와부는거 이런 악심주는 것도
꺽어맞자(악심꽃을 꺾는다.)
우리 카메라영 영상팀이여 비디오 팀이여
열심이 찍젠헤영 놔두민 저 삐뚜러들게허고
어떤땐 저거보난 숫자도 맞추는데
숫자도 안맞춰지게끔 허는것도
꺽어맞자(악심꽃을 꺾는다.)
우리 사진기사들 아이고 곱닥한 얼굴들 찍젠
찰각찰각 해당보민 이거 사진기사들 압픠 들엉
숭문조왜 주는것도 꺽어맞자(악심꽃을 꺾는다.)
이거는 이제 우리 전통문화연구소에 감직허다
아멩해여도 우리 박경훈 소장님
아이고 서심방님 어떻허민 조을꺼꽈게

아이 첨, 난 다신 이일 안허쿠다 예.

강인찬 PD도 안해도 나도 안허쿠다

영허민난떡험지까 나도 심방 안해쿠다

경허면 속상하게 시리

이리가면 됨직해도 안돼고

심방도 빌엉 놔두면 안오캔 허고

또 장소도 빌려 댕기면 허면 안돼캔 허고

아이고 이런 악심이 들엇구나

이 악심도 꺽어맞자 (악심꽃을 꺾는다.)

전통문화연구소에 책도 맨들걸랑 잘 풀리게 허고

직원들도 말잘듣게 허고,

연구소도 잘되게 허고,

우선 문박사님 굿밭에 오면 집⁷⁷지 웃엇당

집바껫디 나가민 각시만 얻지 못헹 그냥

[그냥 여인맞 찾어]

어제도 그제도 우리 각시도 와실꺼라.

고경희 형수님 꺽어간것도 오독똑끼 꺽어맞자(악심꽃을 꺾는다.)

저 앞이 들어 악심들게 허지 마라근에

죽은 신병도 거두게 허고, 꺽어맞자.(악심꽃을 꺾는다.)

우선 경해두 일본서두 오ㄱ이

서울서도 오고 경해신디

연구자들도 여기서 볼 때는 다 알암직헤신디

서울가면 아이고 말 몰라부난

이건 어떤 말인고, 이건 어떵헌 건고 영허는 것도

오독똑끼 꺽어맞자(악심꽃을 꺾는다.)

안팟공시 신에 신청 아기들 떡먹던 아기들

꺽어간것도 오독똑끼 꺽어맞자(악심꽃을 꺾는다.)

울란국에 범천왕에 대재김에 살의살성 불러주는 것도

오독똑끼 꺽어맞자.(악심꽃을 꺾는다.)

성읍리 이장님 노인네 부녀회 청년회 학생회

이디 완 밥해주는 우리 조왕에 이모들,

절믄 이모들, 밥해주난
허다 조왕에 스록 들게 허지 맙서 영해여
성읍리도 이굿 헤여나글랑561)
큰 고목나무 쓰러진거 동티살도 들게허지 말고
성읍리 ᄌ순도 다 펜안허고 굿헌 보람도 이실거난
그런거 다 오독똑끼 꺽어맞자.(악심꽃을 꺽는다.)
경해여도 나가 암만562) 서순실이가
욕심이 없고 착허고 인심이 좋댄 해여도
요걸 냉겨 놔두사 다시 큰굿해여 벌어먹젠
소장님이야 이거 다 꺽언 건덕지가 어시면
굿해먹을 일이 어서 안되여
안돼여 이건 냉겨야 되어.
어떵허민 좋고 이거 어떵헙네까.
(악심꼿 들고 인정을 받는다)
ᄇ조은 단골님 꺽읍네까 맙네까.
이것도 야 욕심이 보통이 아니라,
잘 먹어지민 옴막허게 들러먹고,
ᄌ으민 멜락허게 바까불어.
우리 세식구꺼 세식구꺼
이젠 고싸563) 거느린 사람들 알앙 헐테주.
악심꼿꺽어주랜 해시난
이젠 우리 일본서온 내상
일본서온 내상,
일본서도 와근에 잘되렌 해신디
(악심꼿 들고 인정을 받는다)
이수자 선생님,
아이고 우리 문무병 박사님
(악심꼿 들고 인정을 받는다)

---

561) 하고나면
562) 아무리
563) 전에

이거 첨

[무사 무신 자만 촛안뎅기는 것굴이 이상하게]

경해사 경해서 앞으로 편안하게 해주게

그 악심들게 허지마랑 야

아이고 주멩인 오늘 털어분직허다

내일도 써야할 건디 어떵허민 조쿠가.

오늘 다 털리민 큰일낫저

꺽어맞자. 이가 너 손도 들어가야 됨직허다

고만 조강 이가 안 됨직허다

아이고 아이고

이게 걸어사주

아이고 우리 강기찬 PD님 잘왓수다

(악심꼿 들고 인정을 받는다)

아이고 고생허는 어른

아이고 아이고 이제 다 걸엇신가

이젠 걸사람 업수꽈

아니 거긴 어디서 온 어른이우꽈

간드락 소극장 대표 왓수다

(악심꼿 들고 인정을 받는다)

아이고 고맙수다 아즈근에

우선야 엔돌핀이 팍팍생겨

혼 일년은 더 젊게 보일쿠다

내일 아침에 봐봅서 얼굴 주름살이 하나 없어졌을 꺼우다

난 화장실에서 볼땐 관광객인줄 알앗신디

이젠 다 걸어졌신가

이젠 어디 걸사람 없수꽈

아이고 이젠 다 걸어진거 담다

[카메라감독 고라실때 아니했수다]

카메라 감독 냇덴 두번 가민 저 아즈망 나쁜 아즈망 해여

인정 하영 받앗시난

저 본주 단골님 저 올래간 나만 꺽어동 오쿠다

경해여 오독똑끼 꺽어맞자

니 머리 곱다 나 머리 곱다

푸세각시 머리 곱닥해다 이

요거 도리 손당들 사람들 줫시민

이 끌래기에 매일 곤질러건에 우럭 낚으레 갈만허다

이거 우리 강대훈 심방 줬으민

북마리나 마감지

우리 정공철이 아즈방 줬으민

오토바이 실러 댕기당 이

망치질이나 햄지

김녕 서순실이 심방은 돗제허면 이

이거 이거 담앙 댕길만 허다

아이고 수레멜망 악심질이로구나

(본주 푸다시)

풀어내자 풀어내자

수레멜망 악심질로 풀어내자

옛날 옛적 청계왕도 삼시당

백계왕도 삼시당

[이공본풀이]

원진국 대감님, 부재로 잘삽데다.

김진국 대감님은, 가난 공서삽데다.

원진국 대감님은, 부재로 잘사난에, 아기 생각나고,

김진국 대감님은, 가난허게 사난에, 아기생각 어시난,

옵서 우리, 연수룩 가겐허난, 원진국 대감님은, 강답엔 강나록

수답엔 수나록, 모답엔 모나록, 상벡미 중벡미, 외벡미 츨려간다.

가삿베 구만장, 송낙베 구만장, ᄃ릿베 구만장, 물멩지 강멩지 츨리고

김진국 대감님, 가저갈꺼 어시난, 벡미 ᄒ대 메쓸, 가저아정

596

동게남[564] 은중절, 올라간다

은분채에 도금올려, 수륙올리나네

김진국 대감님이, 가난한 집에 중매가 난, 가난헌 집이 안보내켄허난

아바님아, 나복력 나팔저난, 날랑은 김진국 대감 아들, 사라도령안티

시집을 가쿠덴 허난, 중메를 가난에, 허락을 협데다. 이바지 오는고,

신랑이 오는고, 신부가 가는고, 가는날 저녁에, 생불을 주난에

월감부이, 아기야 배여가다

옥황상제님이, 서천꼿밧에, 멩진국 할마님 요청이

꼿감관 꼿생인, 시겨줍센 허난

사라도령아, 서천꼿밧디, 올라오라근, 꼿감관 살레오렌 허난

아이고 설운 낭군님아. 나도 가쿠다. 어서 걸랑, 가단 보난

해는 일락서산에, 다지엇구나.

어욱페기 의지혜연, 무정눈에 줌을자난, 천앙둑이, 목을 놓고

지하둑이 목을 들런 초지반반 울어가난, 설운 낭군님아

저 둑은 어디서, 오는 둑입네까.

재인들어, 재인장제, 만연들어 만연장제, 우는 둑이앤 허난,

날랑 저디 강, 몸종으로 풀앙두엉, 갑서 발병나난

못가쿠다 기영허라, 제인장제집이, 먼올레에 들어사멍

몸종 삽서, 몸종삽서허난, 제인장제님이, 큰년아 나고보라

셋년아 나고보라, 저 종 사지맙서. 우리집 망헐네다.

족은년아 나강보라. 아바지 몸종삽서.

배안에 애기랑, 은백냥주고, 어멍이랑, 돈백냥 주엉 사난

이국에 법은 어떵헙네까

우리국에 법은, 두갓아 갈라질 적에, 밥흔상 츨려줍네다

밤흔상 츨려주난, 상동낭용얼레기[565] 반착갈란, 본메[566]를 주어간다.

설운 낭군님아, 밴애기 이름이나, 지와도 갑센허난,

아들랑 나컬랑, 신산만산 할락궁이, 똘랑 나커들랑,

할라대기로 일름을 지우라.

---

564) 동관음사(東觀音寺)
565) 사랑의 증표로 애인이 주는 상동나무로 만든 반쪽 머리빗
566) 증거물

어서 꼿감관 살레, 서천꼿밧디 가부난,
된벌역567) 시겨간다, 몸허락 아니 허여가난
아기가 나난에, 할락궁이 난다, 된벌역 시기난, 어머님아.
콩이나 보끕서, 콩을 보까가난난, 어머님 올레서, 아바지 불럼수다.
나가보난, 남술국자, 작박이여, 비치락568)이여, ᄆᆞ딱 가져단
방석아래 꼴안, 아자두고, 어머님아 콩캄수다, 어서옵서
콩을 젓젠허난, 남술이여 국자여, 작박이여 곰박이여, 아무것도 어시난
어머님아 손으로 저십서, 손으로 저서가난, 어머님 흘목심엉 바른말 헙서.
우리 아바지, 어디 갓습네까.
제인장제님이, 느네 아방이엔 허난
우리 아방 ᄀᆞ뜨민, 무사 된벌역, 시킵네까. 바른말 헙서
느네 아바지, 서천꼿밧에, 꼿감관 살레 갓저.
본메본장, 내여줍서. 상동낭용얼레기, 반착 내어준다
어머님아, 느쟁이 범벅 소금 닷되노앙, 두개만 멘듭서
멘들어 주난, 어머님아, 나 나가불거들랑, 나간디랑 ᄀᆞ찌맙서.
먼올레 나가난, 천리둥이 만리둥이, 드리쿵쿵 내쿵쿵, 주꺼간다.
니도 놈의집, 종살이 허고, 나도 눔의 집이, 종살이 헤염시니,
느쟁이 범벅 먹어네, 천리를 나간다. 만리를 나간다.
발등친물, ᄌᆞ등친물, 목 친물을 넘으난
서천꼿밧디, 궁녀청 신녀청, 은대양 놋대양에, 물을 질어
꼿밧에 물을 주엇구나
꼿밧에 가단 보난, 부제집이 애기들은, 칭찬받고,
가난헌 애기들은, 차롱차게 남박세기, 깨진 사발에, 물을 질엉 가당 보민
옷 다젖엉, 꼿밧디 물을 못주민, 꼿감관안티, 매를 맞암구나.
수양버들낭 우에, 올라간다
상손꾸락, 꺽어근, 피가벌겅허난, 꼿감관은, 꼿빈장569), 나오랏구나.
검뉴울꼿이 된다, 귀신이냐, 생인이냐, 옥출경을 일거가난
아바지 춫앙 오랏수다. 내려오라, 상동낭용얼레기가, 맞앗구나.

---

567) 심한 노동
568) 빗자루
569) 꽃검사

598

상손가락, 쫄라놓고, 은대양에 물을 뜨난, 피를 맞추난, 합수가 되엇구나..

설운 아기야. 느네 어멍, 느 나오라부난[570]

초공전에 초대김, 이공전에 이대김, 삼공전에, 삼대김을 받아,

청대섭에 목걸려, 신동박 아래, 누웟구나.

어멍 강 데령오렌허난, 어머님 살릴꼿, 슬 올를꼿, 피 올를꼿,

오장육부, 살아날꼿 꺽은다. 우심웃일꼿, 싸울꼿 꺽은다.

수리멜망악심꼿, 꺽어 아전

제인장제 집이오란, 일가에 방상들, 몬딱옵서,

우심꼿 내여노난, 팍 우서간다. 이제랑 싸울꼿 내놔보저

내놧더니, 느머리 나머리, 싸워간다.

멜망꼿을 내노난, 다 죽어간다.

죽은똘 아기가 허는 말이, 오라바님 허여가난

느영나영, 피가 석엿느냐, 우리 아바지가 느네집이 갓나

느네 어멍이, 우리집이 오라샤. 우리는 아무도 필요업는, 일이로구나

우리 어멍 죽연 어디간, 묻엇느냐. 바른말 허랜

신돔박 아래, 간 보난에, 뼈만 솔그랑 허난

어머님, 뼈를 모돠다건, 술올를꼿, 피올를꼿, 오장육부, 살아날꼿 노난

어머님아. 이건 뜨리는 매가 아니라, 어머님 살리는 매우다

홍남체로 때리난, 어머님이, 와들렝이 살아난다.

어머님 누웟난디, 가리에 흙인들, 내블수가 잇으리아

동글동글, 일곱방울, 열네방울, 안팟으로, 스물오돕, 방울이여

고리안동벽, 청너울 백너울, 법을 마련헌다

수리멜망, 악심질이라근

시왕올라 청너울 아저서 뿌려–

(악무)

[푸다시]

서 서 서 서

---

570) 나와버리니

허쉬 허쉬 허쉬 허난

어서 나고나가라/ 요 메징이 들엇구나/

천왕메징 지왕메징/ 인왕메징/

동에 청메 서에 벡메/남에 적메 북에 흑메/ 중앙 황신메징/

요 메징이 들엇구나/ 정월이라 상상 메징/ 이월이라 영등 메징/

삼월이라 삼진 메징/ ᄉ월이라 초파일메징/ 오월이라 단오 메징/

유월이라 유두 메징/ 칠월이라 칠석 메징/ 팔월이라 추석 메징/

구월이라 구두 메징/ 시월이라 단풍 메징/ 동지달은 자리아래/

육섯달은/ 자리우에/ 꼴려나 오던/ 요 메질이 들어나 놓고/

쉬은 두설/아야 머리/ 아야 가슴/ 오장육부/ 삼배 소열/ 소태 들어낫구나/

이거 문씨 ᄌ순도/ 앞이 들어/ 풍문을 주는/ 굿보레뎅기멍/

악심질이/ 들어낫구나./ 박씨 ᄌ순도/ 굿으로 악심이라그네/ 풀어내자./

편집국장 성은 몰르나네/ 이 ᄌ순 앞이 들어/ 풍문조왜/ 주는 악심/

혈압 올르는징/ 당뇨 올르는징/ 언지/ 단지/ 초지/ 풀어내자./

조상 오랑/ 얻어먹저/ 영ᄒ오랑 얻어먹저/ 이런 악심이랑/ 나고나가라./

동설용에 서설용/ 남설용은 북설용/ 거부용신 대용신에/

갑을병정무기경신임계/ 자축인묘진사오미신유술해/

예순육갑 낮마치에 가던/ 악심이로구나/

하늘문장 쓰던 칼은/ 천근들어 칼이로구나/

지아문장 쓰던 칼은/ 백근들어 칼이로구나/

인하문장 쓰던 칼은/ 신이 맹도칼은/ 아사 들며/

(신칼점)

(심방 물을 뿜으면 혼자들 흩어진다)

(악무)

허쉬허쉬

(장고를 치며 앉아서)

동해용궁 할마님전, 난산국도 풀엇수다

본산국도 풀엇수다 (장고)

동해용궁 ᄄ님아기라근

쉬은 두설 앞이 엣날 신창할마님, 집이간 당집절집이서
장성해여 흔둘만이 나오란, 초걸레 이걸레 삼걸레 못 베끼어 (장고)
오늘라건 신창할마님 집이서, 불도스록 당주스록까지
불러주던 악심도, 급을 갈라갑서. (장고)
앞이 들어건, 숭엄주고, 살차 동생들 못살게 꺽어가고
할마님 생불꼿 주어건 노아두민, 피로시처 물로시처 간 아기
악심주는 것도 거둬근에, 청주독에 청스록 거둬갑서. (장고)
탁주독에 흑스록 거둬갑서.
소주독엔 백스록도 거둬근 모두 (장고)
수리멜망악심질로, 흔설 적에 간 아기
두설 적에 간 아기, 시설 적에 간 아기
니설 적에 간 아기, 다섯설에 간 아기
♀섯설에 간 아기덜 (장고)
일곱설에 ♀돕설에 아홉설에 아직 고만 나둡서.
열설에 간 아기들, 열흔설 열두설에 간 아기
열세 설 열네 설에 간 아기들 (장고)
열다섯 안에 피로시처 물로시처 간 아기
엣날 효열자에 간 아기들 (장고)
경징경세에 간 아기, 만경징에 간질병에 간 아기들
교통사고 만나건 간 아기들 (장고)
내창에서 간 아기 물에빠저 간 아기, 거리에서 간 아기들
몬딱 아기 스물흔설 열두설 악심주는거 (장고)
방안방안 구억구억 묻어지던, 모든 건 다 거둬근
굴미굴산 아야산 태역단풍 조은디
몰똥 새똥 유기전답 조은디, 전송허저 허십네다.

구천왕구불법 아야삼싱 구삼싱
동해용궁 할마님 두이로, 악심주는거 몬딱 거둬강
청결처 조은 질로 태역단풍 조은 질로
몰똥 새동 조은질로 전송허십네다. (장고)
방안방안 구억구억 묻어지고 허던걸랑

저먼정으로 곱갈르난, 부정도 탕천헌듯 허십네다.
부정서정이랑 청감주로 입수해수헙네다.
잠시만 점주허여십서. 물흔적 먹엉
서천꼿연질드레 도올려 드립네다. 에~

(악무)

〈꼿 타레 듦〉

서천꼿밭, 삼천천제석궁 당클에서 생명꼿(동백꼿)을 따서 손에 들고, 동백꼿 가지로 머리에 얹은 물동이의 물을 사방에 뿌리며 노래 부르는 대목을 〈꼿 타레듦〉 또는 〈거부춘심〉이라 한다.

서천꼿밧에 도올라 도생깁네다
서천꼿밧에 도올라 도생기난, 조은 구낭지기 땅이 잇구나.
이삼ᄉ월 봄고사리 왔디, ᄌ진눈 앞 탕천 헌듯
땅이 무캉무캉 짐이 올람구나.
꼿씨 드릴만헌 터라 허염수다.
터 닦으자 대 닦으자
대 무난 울성알성 내려 토성
금성도 둘릅네다 에~

터다까 대다까 대무어
울성 알성 내외 토성 금성
우둘루고 좌둘루난 꼿씨 드릴만 헙네다.
꼿씨 타다근 서천꼿밧디 꼿씨 드리치레 갑네다.
(꼿씨를 뿌린다.)
서천꼿밧에 꼿씨 드리치난
다시 거부춘심 간 보난, 작박에 침을 노앗구나

다시 거부춘심 간 보난, 떡잎이 되엄더라.

다시 거부춘심 간 보난, 동드레 뻐든가지 서드레 얼거지고

서드레 뻐든가지 남드레 북드레 중앙드레 뻐덧구나.

다시 거부춘심 간 보난, 동이 ᄆ잣구나.

다시 거북춘심 간 보난, 동이 ᄆ잣단 꽃이 피엇구나.

다시 거부춘심 간 보난, 종지만썩 사발만썩 설쇠만썩

낭푼만썩 대양민썩 버럭버럭 꽃이 피엇구나.

다시 서천꽃밧이 거부춘심 간 보난, 갑자기 검뉴울꽃이 되엇구나.

꽃밧에 물을 주라 헙네다.

궁녀청 신녜청 정남청은 소남청, 은대양 놋대양에 물을 떠다

서천꽃밧에 물주레 갑네다 에~

(물그릇을 얹고 댓잎으로 물을 떠 뿌린다)

(악무)

(머리에 얹은 물그릇의 물을 떠 뿌리며)

서천꽃밧에 궁녀청 시녀청 정남청 소남청

은대양 놋대양 물을 떤 꽃밧에 물을주난

부재집에 애기들은 이세상에 나도,

은ᄀ릇 놋ᄀ릇 밥먹던 애기들은 죽엉가도 꽃밧에 물을주제 허민

은대양 놋대양 머리에 잉엉 서천꽃밧에 물을 주민,

이 아기들 주는 꽃은 곱닥허게 잘 피우고 ᄀᆷ지도 ᄀ물지도 아니허민

꽃감관 꽃생인한테 칭찬을 듯고

이 세상에 가난헌 부모에 난 아기들은 남박새기 차롱착에 밥먹던 아기들

깨진 사기그릇에 밥먹던 아기들은 죽엉가도 서천꽃밧에 가민

물주렌허민 남박새기에 차롱착에 깨진 그릇에 물질어 가당보민

물은 다 세라부렁 머리도 저지고 양지도 저지고

옷답섭도 저지고 치메저고리 저정 꽃밧에가 물을 주젠허민 물어성 못주민

꽃감관 꽃생인님 꽃빈장 나오라건 송낭막뎅이로 아랫종아릴 때려가민

비새ᄀ찌 울어근 이세상드레 돌아상 날 나아준 아바지,

날 나아준 어머니 무신 날에 날 낥데가.

이 세상에서도 고생하던 난 서천꼿밧디 오라도 매맞이고
쉐정당 ᄆ정당에 팔걸엉 울고 송낭막뎅이로 매맞앙 울엄수댄
비새ᄀ찌 우는 아기들이로구나 예~

이간주당 안네도 설운동생 스물두설이
조은 공부허저 우리나라 일선군인 간 오란
삼일 만에 총각머리 등에지어 서천꼿밧에 간 설운 동싱도
오늘 꼿밧에 인정 걸어주건 서천꼿밧에 강
이때ᄁ지 공부못헌거 설운 성님 인정하영 걸엄시난
대학공부허고 조은신발 사신고 조은옷 사입고
먹고픈 거 사먹고 책가방도 사고 작기장571) 연필 사고 헙서.
고모님 아홉설에 서천꼿밧간 설운 고모님
육촌 조캐도 네설에 서천꼿밧 간 아기들
고씨 어머님이 난 아기 어릴적에 피로시처 물로시처 간 아기
쉬은 두설 우이로 성님인듯 헙네. 서천꼿밧 간 성님
불쌍헌 연담이 우에 서천꼿밧 간 아기 수정이 우이로 서천꼿밧 간 아기들
안팟공시상에 떡먹던 아기들 팔저궂인 유학성제들 난 아기들
아이고 요즘은 시국이 조으난 집이 떼여동 뎅기주만은
엣날은 굿허래 뎅기젠 허민 구덕도 지고 애기도 업고 허영
굿허래가민 정이월 칼날ᄀ튼 ᄇ름쌀에 마당구석 눌굽에
검질속에 쉐막속에 눕저서 굿 허당 보민 멩졸라 간 아기들
오늘은 인정 하영하영 걸엄시난 서천꼿밧에서 매맞게 맙서.
홍낭체로 맞게 허지 맙서.
영해여 쉬은 두설님 인정 하영하영 걸엇십네다.
(머리에 올려놨던 물그릇을 내려놓는다)

나븨역 가자온다
두무역 가저온다
나븨역 ᄃ리자

571) 잡기장, 노트

604

나븨역 ᄃ리자/ 동의역 ᄃ리자/
천왕새 ᄃ리자/ 지왕새 ᄃ리자/ 인왕새 ᄃ리자/ 하늘에 부엉새/
땅아래 도덕새/ 알당에 노념새/ 밧당에 시념새/ 초공전 놀던새/
돈지에 마을새/ 이공전 놀던새/ 서천은 꽃밧에/
입입마다/ 송잎마다 앚던새/
삼공전 놈던새/ 누년상 누불림/ 애믈른 새라근/ 뭄주며 ᄃ리자/
배고픈 새라근/ 쏠주며 ᄃ리자/ 주어라 훨쭉/ 훨쭉 훨짱/

새는 난나치 ᄃ렷습네다.
동방 세물주잔 서방서잔 남방 월해잔
북방 해방지주잔 지녱기난
서천꼿밧에 거부춘심이우다 예~

(동백꽃을 한아름 안고 심방 노래도 하고 사설도하고)
이야홍 야아홍 나돌아간다
너영 나영 두리둥실 놀고요
낮이낮이나 밤이밤에나
춤ᄉ랑이로구나.
이침에 우는새 베기 고피 울고요
저녁에 우는새는 님그리워 운다.

난 지쳣어요. 땡벌 땡벌

니리라리 닐리리 닐리리야
니리리리 니리리리
아니 아니 아니로구나
아니 놀지는 못하리라
니리리 니리리 니리리 릴리리야

[아이고 여보시오]

왜 불르시오. 조용조용 불러야지

당신은 누구라서 나안티 뭐라는거요.

[여보시고 저보시고 ᄆ을이 알면 동네가 알고]

당신은 나ᅙᅩ고 온 사람이지

이집이 본주요 나펜을 들어야지,

본주가 ᄉ정헤도 시원치 안헐건디 손꾸락질허명

이보시오 여보시오 건방지게

그게 아니라, 나말을 들어봅서.

오죽허면 이걸 헙니까.

우리 어멍이 쳇시집을 가난 우리 아방이영 살앙 날 ᄒ나 나신디

우리아방이 멩쫄란 오끗 죽어비연게 죽어부난 우리어멍 나 데령 살젠허난

밥빌어단 죽도 못쒀먹엇주게. 똘ᄒ나 데령 서방을 얻엉 간거라

다심아방572)이난 게 다심아방 괴기 써는디랑 가고

원아방 낭께는 디랑 가지말렌 해신디 아방은 독헌 아방인 생이라573)

다심똘은 배는 크고 말은 안듣고 독허고

아장 앙작허명 움만허난574) 밥을 안준거라.

똘은 데령가난 밥은 멕여살거고 가마솟디 거멍헌 가마솟디

아방어신거 달무민 검질불 슬랑 밥헤영 익은듯 선듯허민 날 불렁

ᄒ저오라 ᄒ저오라 아방오기 전이 ᄒ저 먹엉 이

저레가불라 저레가불라 허당보난

그냥 헌멕에 불치담듯 먹단보난 뱃 이만큼 부러불고

뱃 경헹 부럿주 불고정헨575) 분것도 아니고

소장님 경허지 안허우꽈.

배분 심정은 아무도 몰릅니다.

허리띠가 36이 넘어가민 혈압이 올르고 맞인옷도 어서가고

바른 말을 허여 겐디 나도 나는 나주게

이실직고를 허주. 글 나온거 봣수가.

---

572) 의붓아버지
573) 모양이야
574) 앉아 앙탈하며 울기만 하니
575) 불고 싶어

흰종이에 검은 것이 왓다갓다허고
또 하꼬짝⁵⁷⁶⁾에서 사름이 나와서 말을 ᄀᆞᆮ고
KBS보난 정말 잘나오데
게난 사름이 ᄒᆞ나민 눈이 두게고 둘이민 넷이고, 넷이민 ᄋᆞ돕,
ᄋᆞ돕이민 열ᄋᆞ솟, 열ᄋᆞ솟이민 서른둘익,
서른둘이믄 에순넷이고, 에순넷이민 벡이십팔,
전자계산기가 피류어서, 압산이 더 주아
그게 아니라 나가 할마님안티 가난 곳을 전승허렌허연
허당보난 아이구 석은 비단이나 팔암지기
노랫가락 어서부난 너 죽여불켜
여자영 남자영 모다들언 죽일레 허난 어디 사람들인고,
게믄 그디가젠 허민 어들로 가민 되여
먹성골로
날나준 나어머니 날 납데가 이 세상에서도 고셍허던 낭
매마지고 쉐정당 마정당에 강 발걸령 울고
송낭막뎅이로 매맞앙 울어수게.
비새ᄀᆞᆮ이 우는 아기들이구나.

아멩해도 물은 줄만 핸거라
김ᄴᆞ올꼿이 ᄃᆡ엇더니 깐 틀ᄋᆞᆯ 주어 뇌두난 아멩헤도
[팔어먹은 큰 땅 또 확허게 사난]
그만큼 공이들고 지가 들어시나에
본주심방 잘 들읍서 예
강대원 심방이 ᄀᆞᆮ는말이 펀쯕 마진 말이라
또시 거부춘심 간 보난에
동청목은 서백금 남적화는 북화수
아멩헤도 나도 ᄒᆞ쏠 마음이 ᄒᆞ쏠 나쁜거 달마
으시식허멍 전상이 ᄒᆞ끔 남서
아침이는 이 도둑이 살인은 안나

___
576) 상자

밤이 되민 이거 순실이 도둑질 생각이나
이거 아멩해도 도둑질 생각이 낫구나.
서천꼿밧에 할마님안테 가난
할마님이 ᄀᆞ는 말이 저 꼿을 강 전송시기랜햇주,
도둑질 헹 오랜 해서.
할마님 ᄀᆞ는 말이 요년 셍긴년 요년 셍긴년 허멍
할마님 막 욕햄신게.
할마님 걱정허지 맙서.
나야 정공철 큰심방 본주심방 심부름 해줌수다.
아이고 요년 셍긴년 말만 조조조조 헤가멍
이거 안됨직 헌디 멘날 요년 셍긴년은
거짓말만 헤여.
요집에가도 할마님. 저집에가도 할마님.
무신 감을 ᄒᆞ나 사왓나 허다못해
눈깔사탕 하나 사다 낫나.
멘날 거짓말만 헴서
아이고 할마니 그런말씀 맙서
난 거짓말도 안허엿고
난 할마님 신부름 베끼 더 헙네까.
번직허지 마랜 뒌 맨날 심부름 헐때허멍 맨날 속여만 먹어
할마님 이번이랑 걱정허지 맙서 나 절대 안 속이쿠다
할마님전 불림꼿이여 타짐네까
가지꼿을 타다 유래 전손을 허저 헙네다
할마님전에 가지꼿도 타래 듧네다

(악무)

먹석골로 올레골로 이건 올레골로
요건 마당골로 멍석골로 칙칙헌골로
[그냥 뱅뱅뱅 돌단보난]
요추룩가면 요추룩 요추룩 가면 가질건가

608

[장기모를 동산으로]

북들른 동산으로 대양들른 동산으로

장구들른 동산으로 설쇠들른

우축엔 가젠허민

오토바이 타당 화이바도 안써신디 다치믄 어떵헐꺼.

어떵하리요 성읍리 순경 어신 동내라

에이 그럼 오토바이 타자 부릉부릉

부릉 부릉 부릉

아이 그래도 주인 계세요 주인 게세요

[사람이 와시면 공손하게 말을 해야지요]

아따 이집이 독허다 이

[가는말이 좋아야 오는말이 좋은거야]

아 사람이 조은물건 담지닥지⁵⁷⁷⁾ 공손해야

맞아 아이고 실게청허리 빠진거

좋은물건 가저가면 경허무로사 공손허게 가주이

아이고 영해 ᄒ들ᄒ들강 주인계세요 아 맞아

어 나야 할마님이 아침이

연락이 왓습디다게

우리 ᄌ순들이 오늘 불도맞이 햄시난

ᄂᆞ 심부름 ᄒ곲 헤두랜

맨날 할마님한테도 나도 속암수댄

할마님 이것만 행오라이 저것만 행오라이

경헨 나도 멘날 속단 보난 이번은 할마님이 경해도 이집은

저 본주는 ᄉ나이 혼자만 이서부난

남자가 가민 ᄒ쓸 커시싱 헐꺼난

여자가 강 오랜 헨 나가 와신디

꼿 사쿠가 [예]

사람은 막 좋은사람인데

꼿은 사젠허민 얼마나 왕 사불쿠가

문박사님 잘 ᄀ릅서 꼿사젠허민 돈ᄃ는디
[세식구꺼]
아니 애기라도 ᄒ끔 더 낭 어디강 낭 놔두면
5식구면, 5만원 이면,
이 만원 더 벌건디게
[식구족으난 늘 좋긴좋다]
이제 심방이라 실른거 가저갈거 아니가
우리 점해야 되쿠가
[ᄒ끔 봐봐사]
한번 봐봐사 허면 눈꼼아
눈꼼아 딱 꼼아그네578) 속눈ᄁ지 딱 꼼아
정공철이꺼구나 스톱스톱
스톱스톱 이제랑 것눈은 감고 속눈은 뜨저
뽑아 이건 정공철이거
큰년거 족은년거
아들은 성제 이신 사람목슴 헤낫다가 애기를
사람은 이거 심방이라 ᄀ는 말이 아니라
아지방 마음은 곧으다 예
아니 착허긴 착헌 사람이라
아니 착헌디
원래 장이 안조우꽈.
[장도 안좋고] 응 장이 안좋아
[위는 튼튼헌데 장이 안좋아]
아니 우린 둘다 심방이라부난에579)
나 곱걸랑 아즈방이랑 맞댄허고
타고 날때부터 아지방은 예, 장이 안좋으련 햇수다
이 오장육부에서도 장이 안좋고
그 나머지는 그런 손가락 ᄀ뜬 것도 예

---

578) 감아서
579) 심방이기 때문에

경해도 고생헌거 알아도 예 순탄허게 왓수다
이 꼿으로 봐선야
수정이 어멍은 원래가 다른데도 잇수까 어디 원래가
수정이는 막 벌어지쿠다 이야기는
수정이 꼿은 예, 그런데 이야기가
무슨 속에 기미를 가졋다,
기미 기미를 가진 아이라.
수정이 꼿은 좋수다
근데 연담이 꼿이 연담이 꼿이
야네 어멍이 어디 다녀낫수꽈.
어디 다른 종교를 야는 다른종교를 섬기렌 헌디
연담이는 예, 수정이 하고는 틀리우다.
수정이 꼿은 아이가,
이 아기는 순조롭게 앞으로 크는 과정은
지금은 몰르쿠다만은 앞으로는
수정이는 순탄허게 갈쿠다 복도잇고 받을복도 잇고
또 어디를 가도 인정받아 누군가가 자꾸자꾸 뒤받침이예
이 봉우리 봐봐 뒷바침을 자꾸자꾸 해줄커라예
근데 초년은 초년은 이게 이거 초년으로 봐야주게야
열다섯 열다섯꼬지는 지기기 고생을 히고야
스무살이 넘어가면은 어딜가서 인정을 받아서 계단계단예
성장하는 과정은 뚜렷허게 잘 되쿠다
근데 단지 연담이는 아무리 정을주고
아무리 베풀젠해도 되진 안으크라
이아이는 경허고 꼭 교가 이상헌 교를 감직 허우다 이아이는
부모에 대해서는 이상한 교를 가고
이 아이가 이녁어멍보단 예 또시 다른어멍을 또 섬길켜 이제
연담이는 좋게 보지는 못허쿠다 이꼿으로 봐서는 야
이 아이는 평생 외로운 길을 갈쿠다 연담이는 예
야네 어멍이 지금 어디 몸이 아팟수다예
[건강하질못해여] 몸이 아파서 지금예

연담이가 평생 지어야 될짐 달므다
이거는 평생 쥐어야 될짐 예
이제는 뭐 더
거 돈도 ᄒᆞ끔 노난 보는 것도 ᄒᆞ끔 하난 존네.
[간단명료허게] 아뗑해도 죽으면 죽은거라

조은 꼿씨를 탓습니다.
꼿씨에 타당남은건
시군문 연도리에 내여다간 저먼정에 주잔입네다
꼿감관 꼿생인님 주잔입네다
정남청은 소남청 궁녀청은 신녀청
황세군관 도세군관 만이만이 열두주잔입네다 예~
개잔개수 헙네다
할마님 멩도리 복도리랑
동살장 심방우전으로
나숩고 나수와 드리겟습네다예~

게메 ᄂᆞ키클 때 잘먹엉 키 키왕 놔둘걸

(당클위에 메엇던 할망ᄃᆞ리를 내린다)
저 뽄조은 단골랑 안방에가 앉읍서
우리랑 파삭 춘운디 앉으커메 야
[어 뽄조은 단골이여 지세존 단골이지]
어 지세존 단골이여 안에 앉읍서 우릴랑 파삭 추운데 앉으커메

⟨할망다리 나수움⟩

당클에서 내린 신다리(할망다리)를 당주방으로 거두어드리는(나수어가는) 과정을 말한다. 안에서는 본주심방(안공시)이 밖에서는 집서관(밧공시)이 잡는다.

할마님 노각성조부연줄
멩ᄃ리 복ᄃ리 물멩지 강멩지랑
본주 단궐 쉬은 두설과 스물ᄒ설
안으로 나숩고 나수와
지세조은 단골님 요레 얼굴 마주봅서.
나숩고 나수자/ 나숩고 나수자
[본주심방은 안에서 신다리를 차곡차곡 개어 나간다]
멩도리 나수자/ 복도리 나수자/ 쉬은두설 멩도리/ 스물ᄒ설 멩도리,
열두설 멩도리/ 나숩고 나수자/ 멩지 ᄃ리로/강멩지 ᄃ리로/
세양베 세미녕/ᄃ리로 나수자/할마님 노각성/ 조부연줄도/ 나숩고 나수자/
천왕불도 할마님/ 지왕불도 할마님/ 인왕불도 할마님/ 석화산석불법/
멩진국 할마님/ 동청목 나수자/ 서백금 나수자/
남적화 나수자/ 북화수 나수자/
아기들 공부허건/ 앞이멩에 너른 의견/ 듯이멩에 ᄲᆞ른 의견/ 글재주 나수자/
열두설난 아기/ 열다섯 곱게 커근/ 중학교 삼년 공부헤근/
고등학교 삼년 공부헤근/ 대학교 수능시험 잘보게 협서/
조은 대학가게 시겨줍서/
조은 직장 가게 협서/ 아들손지 똘손지/ 외손지들/ 하영하영 나게협서
나숩고 나수자
[서로 신다리를 잡아당긴다]
나숩고 나수자
야 독허다, ᄒᆞ룰 헤전 허단보난

본주가 알앙헐테주 인정도렌 안해도 착헌 본주라 (신칼점)
아이고 고맙습네다.
아이고 경해도 인정이라도 하나 더 받을꺼 아니우까
경해도 스물ᄒ설이나 스물ᄒ설은 항상 멀리 등에지고
열두설 난 아기나 (신칼점)
아지방아. 열두설 덕분에 살아지쿠다
연담이랑 이거 경해도 나 멩지라브난

미녕이랑 흔자 끝엉가카
[안돼 안돼 아따 참]
우리 단골 독허다

〈석살림〉

할망다리를 나수어드리면 〈석살림굿〉을 하는데, 이 굿은 궤궤잔잔하게 가라앉은 제장에 신명을 불어넣어 신나락하게 하고 신과 제장의 심방과 구경꾼 모두 춤을 추며 노는 뒤풀이굿이다. 이 굿의 순서는 〈상촉권상〉, 〈바랑탐〉, 〈덕담〉, 〈군웅덕담〉, 〈조상본풀이〉, 〈탐불〉이나 〈서우젯소리〉로 진행된다.

[상촉권상]
불도연맞이로 옥황천신 삼불도님
월광일광님 칠원성군님은 옥황으로 승천해여 잇습네다.
멩진국할마님이랑 송낙지로 동살장 심방으로 메살리저 헙네다.

나무아미 탐불아.

천왕불도 할마님 지왕불도 할마님
인왕불도 할마님 석화산석불법 멩진국할마님
송낙지로 나숩네다 에~

안태종여래불도 할마님
홍씨여래 강씨여래 안씨여래 할마님도
송낙지로 나숩네다 에~

나무아미 탐불아 에 [나무아미 탐불아]
올라간다 나무아미 탐불아 [나무아미 탐불아]
탐불불러 석양을 가저 [나무아미 탐불아]
송낙지도 나숩네다 [나무아미 탐불아 '

천왕불도 지왕불도 [나무아미 탐불아]

인왕불도 할마님 [나무아미 탐불아]

석화산은 열불법 할마님 [나무아미 탐불아]

송낙지로 나숩네다 [나무아미 탐불아]

탐불불러 나숩네다 [나무아미 탐불아]

동백장은 서백장으로 [나무아미 탐불아]

할마님 내궁전 금베당으로 [나무아미 탑불아]

걸레베도 올립네다 [나무아미 탐불아]

(바랑을 치며)

바랑끈도 올립네다 [나무아미 탐불아]

금바랑 전지 받아갑서 [나무아미 탐불아]

옥바랑 전지 받앙 갑서 [나무아미 탐불아]

스물흔설 키와줍서 [나무아미 탐불아]

열두서도 키와나 줍서 [나무아미 탐불아]

아기들 곱게 키와그네 [나무아미 탐불아]

할마님 옥바랑 지언에

그래도 뚤삼천은 잘 됨직허우다

옥바랑 지엇구나

할미님전 소명 올른 언동상

이미 오른 초든상 삼위 오른 삼선향

울릉도 조금상 가지넘출 다려

세발도든 주홍아반 백탄숫불 능글능글 피와올려 할마님전

(악무)

(향로춤)

삼천천제석궁 열시왕

연양당주 삼시왕 삼하늘 고 엣선성님

이집안 일월제석 삼본향 주문도청

안팟공시 엣선성님[77]지

상촉권상입네다.

(악무)
(향로춤)

(악무)
(주잔춤)

상촉권상 우올리난. 초잔은 청감주, 이잔은 졸병주
제삼잔은 고함탁주, 우거린건 졸병주, 알거린건 타박주
돌아다끈 한한주, 부성대에 부성잔, 지래분부 비와 올리난
정씨로 하신충, 쉬은두설 받은 잔입네다
당주아기들, 뜰아기 스물흔설, 아기 열두설 받은 잔입네다
서집서관 받은 잔입네다
청대섭 우올리며, 할마님 삼천천제석궁 열시왕
연양당주 삼본향 일월 주문도청,
안팟공시 옛선성님 ⁷⁷지 해방지주잔입네다

(악무)
(주잔춤)

허쉬~
조상님 받다 남은건. 상관은 놀고가저, 하관은 먹고가저
상당이 받다 남은건 중당이 받읍네다
중당이 받다 남은건 하당이 받읍네다
하당이 받다 남은건 주석 말석 이알 ⁷⁷지
시군문연도리에 내여다가 초아정 이아정 말명입질에 떠러진 임신들
오늘 불도맞이 혈적에 떠러지던 임신들이로구나
어시러기 멩두 더시러기 멩두
원살축이 신살축이 개움투기허던 이런 멩두발이로구나
이 동네에 큰낭지기 큰돌지기 엉덕지기 수덕지기들

만이만이 열두주잔입네다
열두주잔 지넹겨 드립네다
위가 돌아갑네다 지가 돌아갑네다
낳는날 생산 ᄎ지허고, 죽는날은 물고 호적 ᄎ지허여 옵던
삼본향 한집님전 상촉권상입네다

(아ᄆ)
(향로춤)

상촉권상을 우올리난, 한집님은 우선 이 올레강 큰굿을 허난
안할마님 보름웃또 삼천백매 문호부인
창할망 옥토부인 광주부인 개당일뤠중저 한집님네
동원할망 모름밧에 배돌려 오던 선왕당 한집
모실포 본향 서사니물 개로육서또
북촌은 여산주 노산주 웃손당 금벡조 셋손당 세명주 내알손당
소로소천국 가지갈라온 가릿당 한집
김녕 큰도안전 큰도부인 알성세기 내외 천ᄌ님
보름웃또 동래국 소궁전 마누라님
궤네기 일곱차 테ᄌ 웃손당 셋손당 알손당
ᄂ모리 일뤠 한집 한게 하르방 내외
남당일뤠 거씨 하르방 할망
세계하르방님ᄁ지 상촉권상을 올리난
위가 돌아갑네다 제가 돌아갑네다

[조상본풀이]
일월이여 일월이로구나
강남가민 황제군웅 일본가민 소제군웅
우리나라 대웅대비 서대비
연양탁상 좌우접상 인물 족지병풍에 놀던 일월이로구나
정칩이 물고물근 일월. 산신이여 아방국은 구엄쟁이
어멍국은 신엄쟁이 ᄃ리알 송씨영감, 지달피 감퇴 마세조총

궝아진 존지 메아진 존지, 언설 단설 녹민옥설 거느리어 옵던 산신이여
선왕님은 임을 받은 선왕 공을 받은 선왕, 마윽하이 토시염분 지장나
용두머리 놀던 신중선왕님은, 내일모래 굿 끗나가민
요왕질을 치고, 요왕에 저싕간 설운 동생, 요왕 수중질을 잘치어 다끄고
선왕님은 장저맞이 벨코사 올리저 영협네다.
일월이로구나 문씨 할마님 펜으로 일월이여
성씨 할마님 펜으로 일월이여
고씨 할마님 이씨 할마님
큰어머님 펜이 파평윤씨 어머님 편으로 일월이로구나
이간 주당 안에 쉬은 두설 몸받은 당주일월 몸주일월 신영간주 일월이로구나
마흔ㅇ돕 초간주에 놀던 일월, 서른ㅇ돕 이간주에 놀던 일월
스물ㅇ돕 하간주에 놀던 일월, 펭저생인질 유저생인질에 놀던일월
서강베포땅에 놀던 일월, 삼천기덕 일만제기 멩두멩철에 놀던 일월
아강베포 직부잘리 호럼줌치에 놀던, 일월 제석님이로구나
ᄒ채 둘른 굴송낙 지애 ᄀ른 굴장삼
아강베포 직부잘리 금바랑 옥바랑
광발에 꼿이여

(악무)
(향로춤)
(신칼점)

[바랑탐]
(조심띠를 어깨에 메고 도랑춤과 바랑춤
2・3박의 제북제맞이굿)

(바랑점)
(신칼점)
지치고 다첬구나
심이척에 오늘 ᄒ룰 헤전
그나저나 잡아먹을 쉐그추룩

오늘 지치고 모래 지치고
글피 지치고 허당 보민
어떵허민 조을 건고
조상님들은 막 지꺼젓고
본주도 지꺼져신지 본주고라 놀래불르렌 허카
덕담 불르렌허카 본주안티
아따 저이 듣던 놀래로구나

[덕담]
어제 오늘로 놀고가자
어제 오늘 오늘은/ 오늘이라/ 날도 조아/ 오늘이라/
둘도야 조아서/ 오늘이라/
생겨들이자/ 굿이로구나/ 생겨들이자/ 굿이로구나/
천왕베포/ 지왕베포/ 인왕베포를 생겻더니/
이제청을 설연헙기는/ 국은 대한민국/ 제주도는 제주시/
조천읍은 북촌리/ 1151-2번지에/
가지높은 신전집/ 지애 너른 절당집/
어주애 삼녹거리/ 서강베포땅집/
궁의아들/ 삼성제 논줄로/
저싱삼시왕 이싱삼하늘/ 고 옛선성님/
황씨선성/ 임씨선성/ 이씨 선성님이 놀고가저/
이씨 하르바님/ 임씨 할마님/
양씨 할마님이/ 놀고나 가저/
일월이로구나/ 일월이여/

[군웅본풀이]
군웅하르바님은/ 천왕제석/ 군웅에 할마님은/ 지왕제석/
군웅에 아바지는/ 낙수개남/군웅에 어머님/ 절수개남/
아들이사/ 삼성제 나니/
큰아들은 동해요왕을 ᄎ지를 허고/ 셋아들은 서해요왕을 ᄎ지를 허고/
족은 아들 대공단에 머리삭발 허니/ 하늘 ᄀ른 굴송낙/ 지애 ᄀ른 굴장삼/

아강베포 직부잘리를 둘러나 메고/ ᄒᆞᆫ착손엔/ 은바랑을/

ᄒᆞᆫ작손엔 옥바랑을/ 들러나 놓고/

강남드레 응허난 황제군웅/ 일본드레 응허난 소제군웅/

우리나라에/ 대웅대비 서대비/ 인물 족지병풍에 놀던일월/

정칩이 일월이 놀고갑서/ 할마님 펜에 일월조상님 놀고나 갑서/

어머님 펜에 일월조상님 놀고나 갑서 (신칼점)/

답답헌 조상님네 간장을 풀려/ 산신도 일월이요/ 요왕도 일월 선왕도 일월/

불도도 일월/ 놀고나 갑서/ 고맙수다 예/ 놀고 가저/

당주도 일월이로구나/ 몸주도 일월 놀고갑서/ 신영상간주 일월 놀고갑서/

마흔ᄋᆞ돕 초간주에 놀던일월 (요령)/ 서른ᄋᆞ돕 이간주에 놀던일월 (요령)/

스물ᄋᆞ돕 하간주에 놀던일월 (요령)/ 궁의아들 삼형제 서울 상시관 올라/

첫째 과거는 못내받고/ 이채 과거는/ 큰아들은 문선급제 셋아들은 장원급제/

족은아들 팔도 도장원 허엿구나/

어수애 비수애는/ 상도래기 놀매물색 영감에 호신채에/

벌련뒷개에 놀던일월/

삼만관숙 육방하인/ 피리단자 옥단절/ 행금주대에 놀던 일월이여/

삼천기덕은 일만제기에/ 멩도멩철에 놀던일월/

대천문에 놀던일원, 대상잔에 놀던일월/ 요령 홀글제대에 놀던일월/

시왕대번지에 놀던일월/ 황씨 선성님/ 주잔간장 고친간장을 풀려 갑서/

김씨 선성님도 놀고갑서/ 이씨 선성님 놀고갑서/

이씨 하르바님 임씨 할마님/ 양씨 할마님 놀고나 갑서/

손때 무든 조상이우다/ 조상님네 간장풀려/

정씨로 쉬은 두설 머리쯤에 운동허영/

앞이멍에 너른이견/ 뒷이멍에 ᄲᅥ른이견/

글재주 활재주 내와줍서/ 말명도리 내와줍서/ 젯도리 내와줍서/

명산명점을 허게나 헙서/ 상통천문 기지역신을/ 허게나 헙서/

상단골 중단골 하단골도 내와줍서/

부재단골 아이단골 이층집 단골로/ 골목 진 단골도 내와나 줍서/

큰굿 족은굿 성주풀이 귀양풀이/ 일월맞이 불도맞이/

덩더러쿵 지어건 마깨포지고/마깨포지엉 가건들랑/

둥둥안채 지어건 들어오고/

천보답 만보답으로/ 당주를 울담을 지키고/
도전으로 성을 싸게시리 (신칼점)/
이때꾸지 조상꾸지 조상가심이 답답헤엿습네다./

이 조순은 절대 경아니 헐꺼나 아이고 고맙습네다 (신칼점)
만신을 다풀려 경해여도 전싱 그리친 몸이난
삽시왕 군문으로 아이고 고맙수다 (신칼점)
아이 절헙서 아이 나조순 착허덴헴져
조상님 고맙습네다

[서우젯소리]
조순도 이제랑 호끔 저 마당에 강 한쏠 놀쿠다.
조상님아. 저 마당에 강 혁지근허게 놀아사 될거난
서우제 닻감기소리로 놀고가자.

어야 어야 어야 디야 상사디야에
떳구나 떳구나 떳구나/ 칠산바다에 조기선 떳네/ 아아아야 어야허야/
노피 뜬건 청일산이요/ 늦이 뜬건 흑일산이요/ 아아아야 어야허야/
해밀아기 들풍내로/ 신정국에 대축대로/ 아아아야 어야허야/
낮도 영청 놀고가거/ 밤도 영청 놀고가자/ 아아아야 어야허야/
무첫구나 감겻구나/ 쉬은 두설에 다무첫구나/ 아~아아야 어야허여/
불쌍허고 적막허던/ 부모조상들도 놀고나 갑서/ 아아아야 어야허야/
설운 동생도 놀고갑서/ 아까운 아기도 저싱을 가나 에/ 아아아야 어야허야/
외가에 조상도 놀고갑서/ 큰외가 죽은외가 영가들이여/ 아아아야 어야허야/
이름좋은 고경희 형수/ 무첫구나 감겼구나 다 풀령갑서/ 아아아야 어야허야/
(모두가 함께 춤을 춘다)
한라산 놀이패에 놀던/ 조상영혼도 친구도 놉서 예/ 아아아야 어야허야/
혼잔술에 위탁헌조상/ 무첫지고 감겨낫구나/ 아아아야 어야허야/
아기구덕에 동자들이 놀고/ 궂인물 항아리에 호박씨가 놀듯이/ 아아아야
어야허야/
둥실둥실 놀아나보저/ 요때 아니놀민 어느 때 놀리야/ 아아아야 어야허야/

양단어깨랑 들싹거리고/ 엉뎅이라근 혼들혼들/ 아아아야 어야허야/

요왕이 놀면 선왕이 놀고/ 선왕이 놀면 요왕이 놀고/ 아아아야 어야허야/

삼시왕도 실피 놉서/ 삼하늘도 실피 놉서 예/ 아아아야 어야허야/

유정싱에 뜨님아기도/ 실피실피 놀앙갑서 예/ 아아아야 어야허야/

고 엣선성님도 놀앙 갑서/ 기탁헌 조상 ᄌ순드레/ 아아아야 어야허야/

동해요왕/ 청요왕 놀자/ 아아아야 어야허야/

서해요왕/ 백요왕 놀자/ 아아아야 어야허야/

남해요왕/ 적요왕 놀자/ 아아아야 어야허야/

북에요왕/ 흑요왕 놀자/ 아아아야 어야허야/

동해요왕 광덕왕/ 서해요왕 광인왕은/ 아아아야 어야허야/

남해요왕 광신왕은/ 북해요왕 광해왕 놀자 얼쑤~/ 아아아야 어야허야/

요왕이 놀면/ 선왕이 논다/ 아아아야 어야허야/

선왕이 놀면/ 영감이 놀고/ 아아아야 어야허야/

선흘곳/ 아기씨 선왕/ 아아아야 어야허야/

기메곳/ 도령님 선왕/ 얼쑤~ 아아아야 어야허야/

대정곳/ 영감님 선왕/ 잘헌다 아아아야 어야허야/

완돈가민 덕판선왕/ 육지선왕 진대선왕/ 아아아야 어야허야/

일본가민 곰배선왕/ 가메상이선왕이요/ 아아아야 어야허야/

영감에 놀자/ 참봉에 놀자/ 아아아야 어야허야/

야체 금체/ 놀고나 가자/ 아아아야 어야허야/

선왕님이 실피실피/ 놀당 갑서/ 아아아야 어야허야/

상선 중선/ 하선을 놀아서~/ 아아아야 어야허야/

할라산엔 초기연발/ 웃두리랑 당유지로/ 아아아야 어야허야/

해각이랑/ ᄆ이 청각 실러노코/ 아아아야 어야허야/

쏠항에랑 쏠실르고/ 울랑이랑 울시르고/ 아아아야 어야허야/

장항에랑/ 장실르고/ 잘헌다 아아아야 어야허야/

벵뒤와당/ 실보름 불어/ 아아아야 어야허야/

진도안성/ 진도나 밧성/ 아아아야 어야허야/

추연보건/ 놀던보게/ 아아아야 어야허야/

국강강정/ 가오리까/ 아아아야 어야허야/

메말도 바당우로/ 가오리까/ 아아아야 어야허야/

우럭바당 갈치와당/ 멜치와당/ 아아아야 어야허야/
울랑국은/ 내놀려 놀고/ 아아아야 어야허야/

(빠른 장단)
(본주심방 정공철이 마지막꼬지 춤을추고 절을한다)

[주잔권잔]

주잔들랑 내여다 나사민
산신뒤에 군졸들 요왕뒤에 군졸들
선왕님뒤에 군졸들
(소미는 술잔의 술을 댓잎으로 케우린다)
쉬은 두설이 일본동경으로 오사카로 큰굿 족은굿 이꼬마 절로
호당야마로 하꼬스꾸레 사꾸라무지로
핫도리 강화로 전철 신간센 타멍 뎅길적에
얼굴이 조아 반긴 임신 ᄆ음씨가 조아 반긴 임신들
주잔입네다 칠머리당굿에서 행사뎅길적에 당질칠때에
4.3행사 맡앙 뎅길적에
인자취에 발자취에 똘라들던 임신들
성읍리 거리거리 골목마다, 큰낭지기 큰돌지기 오충지기 비충지기
이 ᄃ량 안에 ᄂ는 임신들
굿허염댄 허영 놀아도, 우리들은 거느리지 안해여
감주ᄒ잔 술ᄒ잔 못어먹던, 조상들꼬지 말명입질에도
떠러지지들 마랑 하영하영 먹읍서 삼주잔 입네다
삼주진 지넹기난 밤도 집엇습네다.
조상님네도 즘잡서.
생인들도 즘을 자겟습네다.
일만팔천 신전님전 도령법입네다.
영 굿햇수다 본주단골님야
영 굿해엿수다. 고생햇수다.

5. 다섯째 날

〈관세우〉

《초 · 이공맞이》

〈역가올림〉

《공시풀이》

5. 다섯째 날
〈관세우〉《초 · 이공맞이》〈역가올림〉《공시풀이》
(10월 17일 월요일, 음력 9. 21.)

〈관세우〉 강대원

에~ 동성개문입네다.

(악무)

에~동성개문 에~ 조끔시난 옛날 옛적
구한국시절 법입네다 건,
열두도벽 전방모사 시절이 되어 지어건 삽네다.
영허운디 저녁에는 누워자라
이십팔수 스물♀돕번 도련법 금주노아난 법
잇어지어건 사고 아적은 일어나라,
삼십삼천 세 하늘 서른세번 금중 놓아난법 잇십네다
천하낙홰⁵⁸⁰⁾ 둘러받아 취침령도 노레 갑네다.

(악무)
(양손에 요령을 울리며)

---

580) 요령

지침령 노나네

어허 자던 신우엄전 조상님 깨어나는듯 영허는데

도에전은 천왕독은 목을들러 지왕독은 늘게들러, 인왕독은 지리변변 울어

건 옵데다.

동으로 늬엄들러[581] 서으로 츨릴들러, 남방국은 활곌들러 북방은 츨리치난

먼동금동 대명쳔지가 붉어 옵네다

일일동성 상경개문 기동력[77]지 노와,

(악무)

(양손에 요령을 울리며, 도랑춤)

기동력도 한편에 마련허여,

이에 자던 신전 조상님 깨고 일어난듯 영헙네다.

정신만발 각 신우엄전 조상님네 일어사 오는듯 영헙네다.

인 인의왈 신 신의왈 인입네다.

생사름도 아적[582]에 일어나 우선 정신츨리저,

담배 흔대 피와 정신차려사는법 아니우까.

신우엄전 조상님에 집안자손 원고피고자,

인타 전사 특향 상축기권상 괴괴료이 피위들러

(향로를 피워 들고)

안으로 양궁 동백저 할마님 전슁궂인 하신충

경자생 받아든 지국정성 둘러받아

저 마답 천지천왕 좌우독[77]지 신부쩌―

(악무)

(향로춤)

---

581) 잇몸 들어 열리는 모습의 표현임

582) 아침

상촉지권상 신부쩟더니마는, 정신이 츨려오른듯 신전앞이 묽고 청량허는듯
집안 ᄌ순 경신생 앞질ᄭ지 묽고 청량헌듯 영협네다.
영허고 방안소제허저. 우선,
일흔ᄋ돕 고모살장 지게살장 모람장 열림네다.
자리단속ᄭ지 청량 삼백정성 흑장사, 가로단이 홈단이 옥쇠 잠깐은 열리어

(악무)
(향로춤)

열려사나 인 인의왈 신 신의왈 입네다
자리단속헌 신우엄전 조상님네나 ᄌ순들 깨고 일어나면,
이에 아적 세수법 잇습네다.
하늘로 ᄂ린물은 천덕수 산서 땅으로 솟은물 지덕수
산새벽 옹금종금 ᄂ린 연찬물 되어지어 습네다.
구비 좁은 초양초대접 솝솝드리 들러받어
(물그릇의 관세우 물잔 들고)
이에 각 신우엄전 조상님전 신세우물 위올립네다.

(악무)
(물잔을 올린다.)

관세우물 위올리난, 인의왈 생사름도, 얼굴 물블라 딱으는법 아닙네까.
(수건을 받아든다)
신의 조상에도 신세우 수건받아들라 헙네다.
일문전 주문천관 들어가, 이에 석자오치 발간기 들러받어
양궁 동백저 할마님 전싱궂던 연양당주 일문전 삼본향
일월 양서마을 영헌 저 마답 천지천왕 좌우독
하늘 ᄀ른 안공시 밧공시 옛 선성님ᄭ지, 신세수 수건도 위올립네다

(악무)
(긴 수건들고 춤)

관세우 수건 위올렷더니마는, 눗닦으고 우의전 몸단정허저 영헙네다.
상동낭용얼레기 들이라, 상동낭용얼레기 들이난
이에 남자 신전 조상님네 머리단속허멍 상통참서.
이에 총각에 신전이랑 총각도 머리빗어 단속허고
여자신전 조상님네도 파마헌 신전들 머리단속허고
시가머리도 육갑에 갈라따우멍 허여삽서
분상식 눗상식 허여 삽서.
각호연당 만서당 도망끈도 예 노래갑네다.

(악무)

도망끈 노코 생사름도 세수 눗씻어 몸단장허민,
변소갈 신전조상들 변소도 가고
아침에 츤공기 츤노릇 이에 맞젠허연,
저 마답 울성장안583) 산설물설 낳데 좌우독 거리마다 돌아다닙네.
신전조상인데 갈산질산 흐터져 잇는듯 허난 천하낙훼금정옥술발584) 둘러받아
오리정 정대우로 만서당클에 신부쩌
(양손에 요령은 든다)

(악무)

삼선향 삼버리줄 제청에 신수퍼 앉을제 설제 몰라 오는듯
이에 금강머들585) 선녹미쌀로 우아쩜수다 좌아쩜수다
천제석궁 안시왕 동백저 할마님 전싱굿고 팔저굿던 성은 정씨우다
경자생 하신충님 몸받은 안당주 밧당주 삼하늘 어진조상님네
일문전 삼본향 양서마을 일월 영가 흔벡흔신 신공시 옛선성77)지
위아쩌난 또 인 인의왈 신 신의왈 인이 오르다 담배 흔대 생각납네다.

---

583) 집 울타리를 크고 넓게 두른 것
584) 요령
585) 쌀(백미)를 일컫는 말.

등양상촉은 지권상 둘러받아
양공 저마답 천지천왕??지 재차 삼선향 신부찜네다.
(향로를 받아든다)

(악무)
(향로춤)

삼선향 신부쩌 위올리난 인의왈 신이우다.
생사름도 아적 조반식사 때 술ᄒᆞᆫ잔 감주ᄒᆞᆫ잔

(삼주잔을 받아든다)
청주ᄒᆞᆫ잔 생각이 나는 거 아닙네까.
이 집안 성은 정씨로 경자생이우다.
어렸을적부터 단명헐듯 허난건 전싱궂인 신의 집안이멍
불도 몸받은 신의 집안이며 알수없이 몇개월 살다오랑
좋은공부 허저 영허여 저 천주교 뎅기단도 버쳐지고 아바지 어머니 사별로
이에 좋은 공부허여 관직생활 못허고 떠돌이 생활허여 뎅기다근
또 이에 삽십서른너머 서른다섯 나던 해 후년부터
제주 칠머리보존회 사무장 들어가
이에 모든 걸 다 연습허여가며 곧 마은 나던 해부터는
신의옷 입어 전싱궂인 신녜 잘 만나
전싱궂어 신의 밥먹고, 신의옷 입고, 신의 행공발신을 허여건
이런 후에 17년동안 살단보난 금년 눌삼재고 귀인 선인 상봉되어지고 대운에
제주 KBS방송국 덕택으로 제주전통문화연구소님네 덕택으로
신묘년 열ᄋᆞᆺ셋날 제겨들고 열일뤳날 아적부터 신우엄전 조상님네 신메와
신의아이 때 역가 초역례 바쳐 하신충되어 당당헌
신전조상에 신복입어 신의 밥먹고 신의 좀자고 신의 행공발신을 허옵시고
만민중생 화련공덕허여 살저 이에 텁니다.
금번이 받아든 정성이우다.
초잔 청감주 이쳇잔 자청주 세삼잔 돌아다끈 한한주 지리분분 비위들듯
청대섭 위올리며 양공 할마님 전싱궂인 안초공 밧초공 삼을

안당주전 밧당주전 어진 조상 문전 본향 마을 군웅 일월영가
저마답 천지천왕 좌우독 안공시 밧공시 옛 선성꼬지
해방지주잔 위올립네.
(삼주잔 댓잎으로 케우린다)

(악무)
(주자춤)

해방지주잔 각 신우엄전님전 위올렷더니 저 먼정에 주잔 내여다
말명입질 언담 젯ᄃ리 떠러진 신의 조상님네 주잔들 드럽수다.
신묘년 신구월 열ᄋ셋날 제겨들고 만당도 설연 기메도 설연해여
기메코ᄉ 올릴적 일문전 대청한간 천보답상 만보답상으로
초감제연ᄃ리에 말명입질에 언담에 떠러진 신전 초신연맞이 초상계
이에 천제석궁 출물권매장 올릴적 안시왕 할마님 연양초공 삼하늘
연양 내외당주전 드리어 권매장에 떠러지고 문전본향 마을이여 군웅영가
신공시 옛선성님네꼬지출물공양 올릴적 떨어진 신전조상님 주잔이우다.
지나간 밤 꿈에선몽 남가일몽 비몽사몽 주사야몽
불러주던 신전조상 뒤에 온 군졸들 위로헙네.
멩두멩감 삼ᄎᄉ 일어날 시간에 살첸몸심 피고덜고 안고가던 ᄎᄉ님
애ᄆ르고 목ᄆ르고 시장허기 버친 ᄎᄉ들 주잔 드렵수다.
저마답 천지천왕 저싱염라대 알로 좌우돗대
알로 큰낭 큰돌곱 밑에서덜 밤이는 ᄎᆞ 노릇 맞고
이에 낮은 ᄄ신 볕 맞으며 비의지 ᄇ름의지 노릇의지덜 허며
앉어건 겨울 아니 들어부난 겨울되민 이에 눈 맞을꺼
몰 의지허듯 ᄎᆽ으며 기다리던 신전님네
주잔 권권허고 본조은 단골에 정신네들
KBS방송국에서 영 제주전통문화연구소 각 성친들 오랏수다.
오란 고달프게 일허당 강 뭐 좀자는디
야 나나이 거니려냐 술ᄒ잔 아니줘라
감주ᄒ잔 아니줘라 허던 아적 남자 여자 이에 신전님네
ᄆᆞ짝 주잔들 드렵수다. 주잔들 드려가며

천왕 지왕 인왕 손에 나려 돌려 월력 시력 손에들
겁살 재살이여 천살뒤에 시군졸들 많이들 열두주잔 권권협네다.
개잔 개수허여 불법전 위올려 들여가며
신우엄전 조상님네도 생사름에 관세우 신전에 신세우법 아니우꽈
본주 단골 정신네들 이에 믄짝 너나 어시 세수허래 가겟습네다 예—

《초 · 이공맞이》 양창보

초 · 이공맞이는 심방집 큰굿에서 가장 중요한 굿이다. 〈초 · 이공맞이〉는
신풀이(神解)인 〈초공본풀이〉에 입각하여 무조신 '젯부기삼형제'가 과거를 반
납하고 심방이 되어 어머니를 구했으며 하늘에 올라가 삼시왕이 되었던 이야
기, 유정승 따님에게 무병을 주어 최초의 심방이 되게 한 이야기 등을 〈초공
신질치기〉로 풀어 나가며, 꽃풀이[呪花解]인 〈이공본풀이〉의 할락궁이가 서
천꽃밭에 가서 환생꽃을 따다 어머니 원강암이를 어떻게 살려 내었는가 하는
내용을 〈이공 꽃질치기〉로 풀어나가는 맞이굿이다.

〈초 · 이공맞이 초감제〉

[베포도업]
(홍포관대를 입고 초 · 이공맞이상 앞에서 요령과 신칼을 들거 서서)

준지너른 금마당 마당 붉음으로,
천지염라대를 가늠을, 허고 좌우독 어간허고,
전싱팔저 기렴헌, 초공 임정국 상시당 하늘님과 이공서천 도산국
초 · 이공연맞이 어간되어 잇습네다.
어멍은 아기보저 아기는 어멍보저,
부모 자식이 일부 흔잔때 당해여 잇습네다.

초 · 이공연맞이로 제청 신설입이외다.
(요령 흔들고 초 · 이공맞이상에 절한다)
(신칼을 들고 사방에 절함)

(악무)
(베포춤)

초 · 이공연맞이로
천지혼합을 제이르니, 천지 개벽시 도업이 되어옵네다.
천지 개벽시 도업으로.

(악무)

천지개벽 제이르니, 혼합이라 허는것은
하늘머리 지ㄴ추고, 땅의머리 지ㄷ투어 천지합수되고,
개벽이라 허는건, 천개에 ㅈ허시고 지벽에 축협네다.
인허시니 상갑저년 갑저월 갑저일 갑자시 개문허고
땅은 을축년 을축일 을축시에, 개문허니 천지개벽허고
낮도 왁왁 밤도 왁왁헌 시절에
갑을동방은 전운성, 경신서방은 지녜성,
병정남방은 노인성, 임계북방은 태금성,
낮인 일광 밤인 월광 월일광. 선우성별님 도업이 되어옵네다.
선우성별님 도업으로

(악무)

도업을 제 이르난
하늘과 땅이 열린 후에, 산과 물이 급갈릅데다.
산은 보니 산베포 물은 보니 물베포 도업허니
천왕베포도업을 제 이르난
태고에 천왕씨(天皇氏) 이목덕(以木德) 왕허여, 석이섭진허고

성제 십이인 각일만팔천시 도업허고
지황씨(地皇氏)는 화덕으로 왕허여,
성제는 십일인 각 일만팔천시 도업을 제이릅네다.
인왕씨(人皇氏)는
성제 구인 범 일백오십세 합 사만오천시 도업허고
유소씨(有巢氏) 시절엔
신농씨(神農氏)허고 집을지어 살고
수인씨(燧人氏) 시절엔 수인 화식허고
복희씨(伏羲氏) 시절에는
시에 팔괘허고 단수육갑을 마련허고
여화씨(女媧氏)후에 유궁궁우(共工氏)
백황(柏皇). 태정(太庭) 중앙(中央) 역윤 열련
혼돈 호얀 지왕 갈천(葛天) 음광부에
풍성 강성 열다섯 십오성인질 도업이 되어옵네다.
십오성인질 도업으로

(악무)

도업을 제 이르난
염제신농씨(炎帝神農氏)는 인신우두허니
삼백초 우수초약 열두가지 시만곡 보리농작허고
태호복희씨(太昊伏羲氏) 제곡고신씨(帝嚳高辛氏) 제요(帝堯) 제순(帝舜)
전욱고양씨(顓頊高陽氏)시절에 민신이 체귀허니
남정중화정려 불러 ᄉ천에 속신허고 ᄉ지 송인해여
귀신과 생인의 ᄀ을 갈르고
은왕(殷王) 성탕(成湯) 주무왕(周武王) 공저 문선왕 도업허니
성도 개판허고 안ᄌ 주ᄌ 노ᄌ 도업허니
인간 목숨 괴롭고 죽고 사는거를 생각해여
인도에 북방 정반왕의 태자 석카모니 불법을 동양삼국에 전손해여
당마다 절마다 당도설연허고 절도 설연헌 노자 생인 도업을 제이릅네다
신법이라 허는 것은 옛날 초공 임정국 상시당 하늘님

성진땅은 황금산 웨진땅은 적금산
외하르방 임정국 외할마님 김정국 부인님이
아기 어서 절간 법당 춫아가 원불수룩을 올린게
노가단풍 아기씨 탄생해엿습네다.
아하~ 이 아기가 방안에 갇혀두고 천하공서 지하공서 살려 올라가니
황금산에 주접선성은 ᄒ를날은 일기좋고 고요헌 날에
소서줌들 모여놓고 저 달으 곱기 곱다마는
우리 절간 백문 오르고 수룩드려 낳은아기 노가단풍 아기만은 못내헙네.
어느 누게가 노가단풍 아기씨안티가
권재를 받고 본메를 받아오는 이 시민, 소사를 벳겨 대ᄉ를 씨워주마 영허난
지나가던 황주접선성이 눌려드러, 저가 갓다 오겟십네다.
영허여 어서걸랑 기영ᄒ라
굴송낙 비단장삼 아강베포 직부잘리 등에지고,
내려사 노가단풍 아기씨 권재받저 들어사
권재를 받고 본메를 두어두고 황금산에 도올르니,
노가단풍 아기씨는 궁안에 앉아
옷다지 알다지 미다지 가로다지 엽다지,
이른ᄋ돕 고모살장 모람장 지게살장을 설연허니
나올수도 어서 숭험주니 유태를 아젓구나.
아바님 오란 아바님에 시찌나고 어멍눈에 ᄀ리난
나갈때에 느진덕이정하님 돌아아전
부모하직해여 올레밧기 나가난, 정신이 아뜩헌게 앞을 볼수 어선
아이고 이만하민 어찌허리 눈을 번찍허게 떤 보니.
앞에 철쭉그뭇이 번뜻허난
아이고 오라 일로 가게 가단보니, 관관세에 불이 붙고
거친물 거친다리 넘고 건지오름을 넘고,
동해청산 서해백산 남에적산 북에흑산 넘어상
청수와당 백수와당 적수와당 흑수와당 넘아사
낙수와당 수삼천리 넘어건에, 황금산에 들어가 선신문안을 드리난
날 찾아올 사람이 어디잇느냐

날 찾아올라믄 ㅊ나락 굽[586]으로 까고 쓸을 만들어
절간법당에 들이난 나 각시가 분명허다만은
절간법이라 허는 것은 부배간 법이 엇다.
적금산 불도땅에 도ᄂ려
초ᄋ드레 본멩두가 탄생허고, 열ᄋ드레 신멩두가 탄생허고
스물ᄋ드레 살아살죽 삼멩두가 탄생을 해엿습네.
몸 목욕시겨 일곱설이 나던 해에 글공부 허저허니
가난허고 서난허고 애비없는 호로자식이여
큰아들은 베리물 시겨, 둘찻 아들은 굴묵지기,
싯찻 아들은 선성님에 담배불 심부름허멍
넘어가멍 어깨넘어로 글 ㅎ자를 보아 쓸거 어시난,
굴목에 들어가 재를 끈어놓고
손으로 꽌관 눌러 손가락으로 글을 씌어 그거를 배와가니,
젯부기 삼형제라 영험네.
그루후젠 과거보아 동방급제 허난,
아무때도 심술 개움투기 헌 ㄴ들 관가에 눌려들어
어째 양반의 자식은 과거를 아니주고 중에 자식을 과걸 줍네까.
영허난 어찌 헐도레가 잇느냐.
도임상 츨려주어봅서
츨려주니 청근채먹고 청감주 아니먹고 영허여가난
아이고 저거봅서 중의자식이 분명 아니 헙네까.
과거에 낙방을 해연 연추문 부수와두고 내려오단
삼천선비가 앞에오란 노가단풍아기 심어아전
너네 아들 지은죄로 전옥에 갓당 하옥을 시겨부난
아이고 이만허면 어찌허리
정하님이 머리풀어 품을 전하난,
일관노 이기생 삼만관속 육방하인 다 돌려보내여두고
머구낭 꺽어 방장대 짚언 내려상 어멍 현상보저 허니
신체는 엇고 물멩지 단속곳 ㅎ나 본메로구나.

---

586) 손톱

그걸 가슴에 쿰엉 외가땅에 도ᄂ리난, 외하르방은 느네 아방 찻앙가라.
황금산도단땅 주접선생이 느네 아방이여 영허난
아바님 찻앙가저 황금산에 들어가니, 큰아들 불러놓고 뭐가 좋더냐.
도임상 받는 것이 좋읍데다 영허니, 초감제를 허라
둘째 ᄂ은 홍포관대 조심띠 좋읍데다.
초신맞이 허라.
족은아들 불러놓고 뭐가 좋더냐
청일산 백일산 관속들이 좋읍데다.
영허난 크게 놀로구나.
삼시왕을 바라나고 바라들라.
영허여 웨진땅을 ᄂ려사, 너사무녀도령 삼성제광 육항렬 맺어
유저낭 팽저낭 벌목해여 신전집을 짓고 신산곳을 도올라
먹사오기 세사오기 뷔어다 새동올라 울랑국범천왕[587] 대제김[588] 소제김
소리좋은 삼동메기 슬장구 설연해여
지픈궁에 든 어머님 야픈궁에나 올려줍서
하도 정성 드리난 아기들 효성으로 어머님 죄 풀려나와
이제부터 효자노릇 허겟습네다 영허난, 옥황상제에 분부로서
너네 삼형제는 인간 사람이 아니라 저성 삼시왕에 도올르라 허니
어머님아 우리 삼형제 어시면, 어느 누가 집을 수장하여 줍네가.
ᄆᆞᄑᆞ름 불건 ᄆᆞᄑᆞ름 벽을 의지허다 옵서
하늬ᄇᆞ름 불건 하늬ᄇᆞ름 벽을 의지허다 옵서
이벽 저벽 보름도벽 뜻도벽
우리들 삼형제 보구정허건[589] 어시렁[590] 새별보멍 시름십서
밤중에는 밤중새별 붉아가건 동산새별 보멍 시름 쉬당옵서
이벽저벽 보름도벽 뜻도벽 새별 상간주 마련허던,
초공 임정국 삼시당 하늘님
오늘은 금마답에 대로 들러 천지염라대를 어간허고

___

587) 북
588) 큰북
589) 보고 싶으면
590) 몰래 숨어 다니는 모양

좌우독 생명을 옆이다 앗쳐놓고 초공은 임정국 상시당 초공은 신불휘
이공서천도산국 서천꼿밧 황세군관 도세군관 꼿감관 꼿셍인
궁녀청 서녀청 무동력이 팔선녀
꼿궁녀청들 돌아다놓고 꼿궁녀청들 거느리고
신산만산 할락궁이 제인장제 만연장제 거느려오던 이공서천도산국
초·이공연맞이로 천왕베포 도업이 되어옵네다.
천왕베포도업으로

(악무)

천왕베포 도업은 제 이르난, 지왕베포 도업을 제이릅네다.
인왕베포 도업을 제이릅네다.
산베포도 도업 물베포도 도업
왕베포 국베포 원베포 신베포, 제청 신도업이 되어옵네다.
제청 신베포 도업으로

(악무)

[날과국 섬김]
제청 신베포도업을 제일러 드립네다.
이 제청 설연허기는 날은 어느 전
날이오며 금년 해는 수년장네
양력은 2011년 10월달 오늘은 열일뤠날입네다.
음력은 신묘년 애산 신구월달 오늘은 스무ㅎ를날입네다.
금마답에 초·이공연맞이로 제청을 설연허고 신전에 축원자는
어느고을 어떠헌 인간 백성이 이공서 이축원 발괄 말씀을 여쭙네까.
국은 갈라 갑네다.
서양각국이 강남은 천자국 일본은 주년국
우리나라 남방국 대한민국 입네다.
송태조 개국허고 한양서울 한성서울 경성서울 우리나라 조부올라 상서울
안동밧골 자동밧골 먹장골 수박골 불탄대골 마련허고

경상도 전라도 일제주 이거제 삼진도 사남해 오강화 육칸도 섬가운데
제주절도는 장강청수 ㅅ백리 주이안에 무인도 섬이온데
진시왕 말기때에 동남동녀 거느려 제주섬을 거처
본메 내와두고 서으로 돌아가니 서귀포 본메두고
제주 성안으로 배대봉허여 배를타저허니
고량부 삼성친이 배를 못타고

(악무)

고량부 삼성친이 제주도 입도해여 살게되난
집도 절도 어시난 모흥굴 들어가 비의지해여 살단보니
일본서 주년국에서 벽랑국에서 뜨님아기 삼성제가 제주입도해여
제주백성들 벌어지어 살게되엇십네다.
정의원 대정원 모관 판관이고 각진은 조방장
명월성부터 만호를 설연해엿습네.
제주 섬중은 옛날은 이산 앞은 절오벽 저산 앞은 당오벽
산천영기 소렴당 어싱생 단골머리 아흔아홉골을 마련허고
남문 바꼇 고량부 삼성 후에 각 성진이 입도해여 오늘날꺼지 살앗십네다.
면과 도장을 여쭙네.
본메에 출생지는 제주도 서귀포시 시관네 대정읍서 인간 탄생을 헤여시난
어린때부터 조실부모 허다실피 이녁은 객지 나오라
결혼햇다 실패되어 나사근
서른넷 서른 다섯부터 이 밥을 먹어
이젠 제주도 ㅅ백리에 소문나고 권위 위품나게 댕깁네다.
영허여 사는 성은 정씨로 금년 경자생 쉰에둘님 받은 공서이옵고
낳은 아기 아방 그린 아기들 큰뚤은 스물하나 족은뚤은 열두설
뚤성제 옆에 어서도 밤낮을 모른허고
뚤생각해여 비새ㄱ찌 우는 쉬은두설인데
어느 밥이 없어 밥을 줍서 옷이 없어 옷을 줍서
이공서 아닌들 여쭙네까마는 없는 밥과 없는 옷은 빌면 밥 얻으면 옷이온데
일제 천금에 귀헌것은 천지지간 만물지중 유인이 최귀허니

속이요 인자는 이기요 오륜야라 성인이 말씀이 잇습네다.

춘추는 열연록이옵고 왕의 손은 귀불귀라 헙네다.

춘하추동 ᄉ시절 가운데는 봄삼사계는 만화방찬

여름 삼사계는 녹음망초성화시

가을 삼사계는 낙엽단풍 엄동설한 남어사 명춘 삼월 호시절 돌아오면은

잎도 피고 꼿도 피건만은 인간은 부모님 은덕에 탄생해여

삼십은 흔대 육십은 환갑 칠십은 고희법이옵고 팔십은 상연이고

구십 절명ᄁ지 살아도 좀든날 병든날 걱정근심 다 제하면

단 삼십도 못살아 죽는 백성인데 그중에도 천생만민 필수지라 하엿십네다.

낳는 날부터 그뒤로 밥을 먹고 돈 벌어 살건만은

하고 많은 직업가운데 ᄂᆞᆷ이 못하는 심방되어 나사면

벗들 동창 친구 친정 성제간안테 미움받고

경허여도 나 사주팔저난 어찌할 도리 어서 나사건 아닌 천대도 몬 받고

아닌 구속도 몬 받고 영허여 뎅기명 남이 눈치보고

눈치밥 먹고 허단 보난 말명도 배와지고 연물 두드리는 것도 배와지고

영허는게 심방되어 나사도 어느 의지할 곳이 어서지난

곰곰 생각허는 것이 그전부터 농담ᄀ찌 얼굴도 닮고 영허난

너네 아방허라 영허여 사람들이 ᄀᆞᆫ단보니 입이 시작이 되연

그만 성은 양씨로 갑술생 인연맺언

갑술생은 나이 많아 내일 모래 팔십이 되난

조상님도 갈 곳을 ᄎᆞᆺ아보저 영허는 것이 조상 실력으로 당기어 영

이런 생각에서 얼핏 대답해영건 조상 모사가라 영허여

모상 간 집에 오란 당주를 모시난

아이고 이일을 어떵허민 좋고 이젠 심방이 되엇구나.

영헌 것이 없는 설움도 나고 없는 눈물도 나고 영허단 보난

나라에서는 이런 큰굿을 재현허저 영구 보존허저 영허니

총책임은 성은 박씨로 임인생 곧 쉰광 성은 문씨 박사님을 어간해여

신에아이 불러서 이노릇 어떵허민 좋습네까.

영허시난 두 일뤠 열나흘 보름을 헌댄 영허난

어떵허민 보름을 굿을 헙네까

영허니 우리ᄉ가에서는 두 일뤠 열나흘 밤도일뤠 낮도일뤠 허민말주 만은

640

전성궂인 집안에는 밤낮 열나흘 ᄒ끔시면 보름ᄀ찌라도 헌다 영허난

어느 누게를 지목을 아쩌

그것을 연유공서 닦으고 약밥약술 메겨 어인타인 금린옥린 감봉수레 두멍

심방을 만들어사 헌덴 영허난 아자 곰곰 생각허니

다 지만씩 독도 지앞이썩 끈어먹는 제격으로

전성궂어 난 삼멩두 다 모사십네다.

ᄀ 가운데도 멩두없ᄀ 서처ᄀ단헌[591] 정공철이 이 아기 돌아당 의논해여

초신연질 발라주기가 어찌헙네까

그것도 좋은 말이우다.

영허여 돌아단 허니 얼핏 대답을 해여 홍해호련 연주발발 신영백문허여

택일을 받아사 헐건디 열ᄋ드렛날 시작을 허젠허니

열ᄋ드렛날이 넘고 스물ᄋ드렛날이 당허민 열흘밖에 아니되고

그게 두달굿을 허난 우리 하루 앞뎅겨 열일뤠날 허여

그믐날 마치기가 어찌헙네까

그것도 좋은 일입네다

일사를 보니 열일뤠날도 생기도 맞고 하강일이 되니

이날도 좋습니다 영허여

큰심방 메우기는 성은 문씨 아니우다 성은 서씨로 금년에 신축생 쉰에ᄒ나

내일모레 인간문화재 될 아기 집서관을 메겨

당주문 열려 상안체 짓우로 도올려 씨는 집도 놓아두고

대로 들러 공개행사로 허젠허민 기왕에 성읍민속마을 민속집을 빌어

제청을 설연허고 초감제로 옵서

기메코ᄉ 문전 초감제 신메웁고 신거두와 초신연맞이 초상계 신메와

기초바리 설반공허고 오방낙개 시군문 잡앗습네다.

각당에 오르며 ᄂ리며 천하금공서는 양근맞처 도올려 보세 신감상 연도리로

각각 구성지 죄상을 풀려두고 굿법을 설연허던 초공 임정국 상시당

이공서천도산국 삼공주년국ᄭ지 난산국 신을 풀엇습네다.

세경 신중마누라님ᄭ지 난산국 풀어두고 옥황천신 불도연맞이로

할마님 멩도리 복도리 좀전이 나수와 안상실로 잉어메살려

---

591) 쓸쓸한

속히 노념을 해여두고
지나간밤 거세여 오늘은 금마답에 초공 임정국 상시당 하늘님
어멍은 아기보저 아기는 어멍보저
부모와 자식 일부ᄒ잔 때가 당해엿습네다.
이공서천도산국 번성꼿 환생꼿을 줍서
뜰성제라도 멩복을 잇어줍센 영허여 등장을 들고
초·이공 연맞이 때가 되엇습네다.
각 일만팔천 신우엄전님에 초·이공연맞이 어간되엇습네다.
올라사면 천군지군 인왕만군 ᄒ합 후에 개벽이고
개벽 후에는 월일광 선후성별 도업님도
초·이공연맞이로 도업헙서.

(악무)

도업을 드립네다.
낮에는 일광 밤에는 월광 월일광 선후성별님도 도업을 드립네다.
오늘날 날도 ᄯ또허고 ᄇ름이랑 세계불지마랑 지금과ᄀ찌 솔랑솔랑 불어줍서
영허여 드립네다. 드려두고 삼황오제 성인도업도 드립네다.
옥황상제 대명왕 지부서천대왕 산으로 가면 산왕대신
물로 가면은 팔대요왕 대신님
절ᄎ지는 석가여래 인간ᄎ지 태고삼망 청용산 대불법 안태종 여래십전보살
명진국 할마님도 초·이공연맞이로 도업헙서.
전싱궂인 집안에 삼신여래 불도님과
연양불도 당주불도 일월조상님도 신도업헙서.
드려두고 얼굴ᄎ지헌 혼합 천조별금산 마누라님도 신도업 헙서.
날궁 달궁 월궁 일궁 지픈궁 야픈궁 삼제삼궁 초공 임정국 상시당
안초공 밧초공님도 초·이공연맞이로 신도업 헙서

(신칼점)
(악무)

영허는거 봐서 영허는거 봐서
[아이고 삼춘실력이난 협주 우리실력은 영됩니까게]
[역시 대골아 심방은 심방이다]

이공서천도산국 주량산 이하에 잘살아난 잘먹고 잘씩는 원진국 대감님과
가난허고 서난헌 김진국 대감 각시는 모르쿠다.
절간 법당은 찾아 월불수룩을 드릴 게
가난헌 김진국은 아들을 낳고 부자로 잘 살아온 원진국은 똘을 난
십오세 되어 혼연을 맞아 서천꽃밧으로 도올르저허니 가다가 그만
원강부인 유태아저 만삭되어 어욱밧에 들어간 좀을 자는 것이
천왕 둑 목돌려 울어가난 저 둑은 어디 둑입네까
이골에 재인장제 만연장제 집이 둑이엔 허난
아이고 경허민 그집 종으로 팔아두어 갑서.
종으로 팔아두언 서천꽃밧 꼿감관으로 들어산 원강아미는
재인장제 없고 똘이 얼굴이 호탕해여 눌려들언 아이고 심심풀이나 허젠허난
그만 문밖에 아재들을 혼번을 내 두드리난
아이고 이년 버력이나 씌어보자 영해여
버력에 번처건 콩볶으는 신산만산 할락궁이 그걸 아전 하다
난 본말 허지맙서 해영건 아방촛아간 설운아기야
혼자 강 어멍살려 오랜허연 처음엔 웃임꽃 두번째는 싸움꽃이여
세번째는 수레멜망악심꽃을 내여주난 그걸 아저 재인장제 집이 들어완
아이고 죽일팔로[592] 들어가난
나 재주봅서
처음에는 웃임꽃을 내여주난 배들을 잡으멍 웃임웃고
두번째는 싸움꽃을 내여주난 느머리 나머리 느뺨나뺨 곡끼멍
주먹으로영 태권도로영 유도로영 그만 싸움이 벌어저 가난
세번째는 수레멜망악심꽃을 내여노난
재인장제 잡안에 멸망을 들이난 족은 똘아기 놀려들어
아이고 상전님아 날랑 살려줍서

---

592) 죽일 판으로.

나가 상전이냐 느가 상전이냐

영허난 우리어멍 죽여 어디 던젓느냐

청대 ㄱ대왓듸 강 봅서

간 보난 술은 다 어서지고 뼈만 남앗구나.

살오를꼿 뻬오를꼿 걸음걸이 환생할꼿 놓아건

방울 방울 방울 방울 모두다 놓고

ㅅ가집에 ㅅ당클 메연 스물 열네 방울 심방집이는 스무ㅇ돕 방울 해영

신전에 강 위망을 헙네다.

초·이공연맞이로 초공임정국 상시당

이공서천도산국님도 (신칼점)

초·이공연맞이로 이거 무사 영신을 둘르멍

아장해도 좋댄 나이들면 다리 아프난 아자도 좋댄 경해도 이거봐 이거

둘이 의논들 허멍 똑같이 군문지고 똑같이 그냥 아이고 일찍도 경핸게

또다시 경허믄 저

삼공안당 주년국 올라사민 웃상실 강이영성 이서불

내려사민 알상실 홍은소천 너설부인 은장아기 놋장아기 가문장아기

월매 마퉁이 신선비 거느리고 드님도 전상이여 나님도 전상이여

순보산에 대전상이여

글허기도 전상이여 활허기도 전상이여. 농업짓기도 전상이여.

심방하기가 큰전상이로구나.

카메라맨들 카메라 저끝에 아장 꿉꿉졸멍 정신차리멍

욕들으멍 허는것도 큰 전상이주

그뿐만 아니라 설운아기들 가방들 둘러매멍 굿보래 오는것도 큰전상이여

저거 소나이 산디 지집아이 산디 주둥이 보난

수염이 탁발허는게 소나이로구나

전상들이랑 내놀리자

말제에 삼공주년국연맞이로 전상놀이는 내여 놀리쿠다.

들여가며 시왕님네들 시왕가민 신병서 원앙가민 원병서

짐추염나 태산대왕 도병서 태산대왕님도 신도업을 드립네다.

불위본서 진관대왕 식본자심 초관대왕

수의왕생 송제대왕 칭량업인 오관대왕

당득작불 염라대왕 단분출옥 변성대왕
수록선한 태산대왕 불착사호 평등대왕
탄지멸화 도시대왕 권성불도 십오 전륜대왕
지장대왕 생불왕 좌우독 십오동저 판관 십육ᄉ제관장 삼멩감 중에도
당주멩감 몸주멩감이랑 안으로 신수퍼 삽서
들여가며 어찌후에는 삼ᄎᄉ관장님도 신도업을 드립네다.
그뒤후로는 세경신중마누라님 사가에는 조부일월
전싱굿인 집안에는 직부일월
상세경 신중마누라님도 신도업 헙서.
들여가며 군웅일월 삼신제왕 제석일월님은 이집안 정씨 집안에
요왕도 일월 선왕도 일월 부모조상 메어옵던 요왕과 선왕의 일월입네다.
들여두고 그뒤후론 당주일월 몸주일월 높이 놀던 일월조상님은
젯부기삼성제가 과거보아 급제를 허난 연단위에 올라상
직지를 받을 땐 얼마나 높이놀던 일월입네까.
과거 낙방되어 죽성주 상시당 서강베포땅에 ᄂ려사 전싱굿인 심방이 되어
아니 눈물을 못 흘릴 땐 어제 놀던 일월조상님도
오늘은 초·이공연맞이로 신도업 드립네다.
당주일월 몸주일월님도 신메와 드립네다.
들석 문전 날석이도 일문전 대법천왕 하늘님 중에도
제주절도 각서본향 한집중에는 웃손당은 금백조 셋손당은 세명주
내알손당은 ᄉ로ᄉ천국 아들가지 ᄯᆞᆯ가지 벌어지엇구나.
큰아들은 거멀 문국성 둘째는 정의 선왕당 이ᄆᆞ을
안동안 밧동안 내동안 외동안 ᄆᆞ른밧에 배돌려오던
선왕당한집 저안에는 안할망 관할망 눈게할망 마병할망
집안에 오랏습네다 ᄀᆞ찌 동참헙서
들여두고 일뤠ᄯ 열일뤠ᄯ 스무일뤠ᄯ 한집님도
ᄒᆞ반일반 도업을 들입네다.
영허고 본적지는 모실포 서산니물 개로육서 한집과
어 현새 거수허기는 북존리 가릿당 해신당 한집도 ᄒᆞ반일반 석살립네다.
정의는 선왕당 대정은 거멀문국성 광정당 시내왓당 한집
돌리당 한집 남문바꼇 과양당 신산태우 서우정

서운당 한집 남원통은 각시당 동문통은 운지당
산지용궁 칠머리 감찰지방관님도 신도업헙서.
서문바껫 ᄀ시락당 궁당한집 동미륵 서미륵 합허민
열두본향 한집도 신도업 허옵소서
들여가며 이 영가 놀던 본향은 표선면입네다.
표선이 저 바당 금백조 백주 노산국 어멍국은 월캐미어
아방국은 돈오름 문국성 상오보름웃또 한집님과
하천리 개로육서 한집 넘어사면 하천미 고처 한집
신천미 가름한집 선씨일월 상오라방
편한 바당 요왕 영개 밧개와당 거느리던 한집 신도업을 드립네.
들여두고 그당을 설립허고 그당을 앚던 옛날 선성 왕손님 영가 흔병님은
내일 대신왕 앞으로 상 흔상 놓아 잘잘이 시방관 올리겠습네다.
들여두고 그뒤후에는 임영간 오랏습네.
동산앞 주리벋던 돗아대토 하늘당토 부인내려 요왕하늘 요왕부인
강씨는 상단골 오씨는 중단골 한씨는 하단골
강씨아미 ᄆ차오던 마흔대자 상방울 오씨아미 ᄆ차오던 서른대자 중방울
한씨아미 ᄆ차오던 스물대자 하방울 아끈방울 한방울
중당산 도리연모작에 마처오던 알당 요왕또 신도업 헙서
웃당은 일뤠한집 신임신중또 아기마을 상마을 군뱅방 매뱅방
일관록 이게성 삼만관숙 육방하인들 거느려오던 제 토산한집 ⁇ 지도
초·이공 연맞이로 신도업헙서 (신칼점)
들여두고 영혼님네는 내일 대신왕앞으로 상들 다 츨여놓고 웃배 아정
시방광 일개후로 사나와질쿠다
오늘은 영가옵센 허민 잔뜩 낭 모시쿠다.
영허난 옛날 선성 황서님네
곽곽 주역 이실픈 ᄉ광절 제갈공명 대선성 선중헙서
밧공시는 성은 서씨로 신축생 몸받은 일월조상님은
영허고 안공시는 김녕이라 황씨 임씨 이씨 선성님
경허난 안팟양공시로 옛날 선성님네 선중을 헙서
흔어깨로 오랏십네다.
나철에는 성은 양씨로 갑술생 둘째는 성은 강씨로 신사생

세째는 강씨 안전 을유생 네째는 성은 오씨로 계사생입네다.
몸을 받던 일월조상님도
오늘은 만딱 고란헌ᄀ찌 잔 ᄒ잔이라도 협서 구경 오랏십네다.
성은 고씨로 정해생 몸을 받던 일월조상님도 ᄒ반일반 선중을 협서.
들여두고 제주도 정의 대정 모관 임춘춘경 메고
월일석 ᄀ려오던 선성님이랑 초·이공 연맞이로 (신칼점)
어시럭 멩두발 어시럭 멩두발 살죽 멩두발랑
천지왕 골목 바껏딜로 잘 전진해엿시민
석시마다 수리영 각서 심으령 잘 대접을 (신칼점)
이거 무사아시 잘아니거느려저 그거우꽈 (신칼점)
들여가며 상당알 중당 하당 초서 말서 이하없이
초·이공 연맞이로 신도업 협서 (신칼점)
신도업을 드려 보난 초·이공연맞이로 신전님 오젠허민
천리땅 만리길 만리땅 천리길이 부정이 만해옵네다.
부정 서정 신가이고 내카이멍
설운 낮낮히 도려올리겟습네다.

〈새ᄃ림〉 오춘옥

(감상기와 물그릇을 들고 초·이공상 앞에 서서)

준지너른 마당 붉음위로
어멍은 애기를 보저 애기는 어멍을 보저
부모 조식에 일부ᄒ잔 때가 되엇수다.
초·이공 연맞이로 일만 각 팔천 신우 조상님
신이 구퍼 하강해여 ᄂ리시는 길에 부정이 탕천해여 옵네다.
서울물은 임석어 부정되고
산지물은 궁에청 신에청 손발 씻어 부정허고
조천 금동지물은 정동 ᄆ발굽 씻어 부정허난
산으로 ᄂ릿물은 나무덩굴 석어 부정허고

거리 골짝에 ㄴ리는 물은 인가 가중 개구넹이 손발씻어 부정되난
그 물 저 물은 다 버려두고 하늘로 ㄴ린 천덕수
지하로 솟은 봉천수 수도 꼭지 ㄴ린 은하 봉천수
굽이 너븐 초동 초대접 웃소북이 들러받아
파랑은 청대석 우겨 몬 올리며 물감상도 아뢥네다.

(물이 들어있는 그릇을 들고 악무)

안으로 연향당주전 어간되엇수다.
안팟으로 물감상 입네다.

(안으로 들어가 악무)
(밖에서 악무)

물감상 아뢰오난 묽고 청량헌 물입네다.
부정도 갤만헙네다.
서정도 나카일만 오리 안도 부정갑니다.
오리 바껏 십리안 십리 바껏 ㅁ을안 동내부정 거리 질태장도 부정 갭니다.
저 올레 금줄 날 홍줄에 홍줄날 금줄에도 부정 갭니다.
황토ㄷ리에도 부정 갭네다.
준지 너른 금마답 하늘이 칭칭허게 천지 염라대도 세왓수다.
천지 염라대 좌우독기에도 부정 갭네다.
안으로 ㅅ해열두당클에 어주애 삼녹거리 서강베포땅 신전집 무어수다.
안당주 밧당주 고옛선성님 오시는 질에도
안으로도 연향당주전에도 부정 갭네다.
제청방안 웃자리여 알자리 넉무자리 회멍석
서새 비새 뒤초석에도 부정 갭네다.
제물에도 부정 기메전지 놀메전지 대통기 소통기 나븨여기 줄전기
지리여기 영산기 부정 갭네다.
기메 놀메전지 천보답에 만보답에 고리 안동벽에 신동벽에 부정 갭네다.
본주지관에도 부정 갭네다.

굿보레 오신 단골에도 부정 갭네다.
신의신청에도 부정 갭네다.
약먹어 약내 주사맞아 주사내 눌낭 눌핏내
언설내 단설내 메감내 종경내 갭네다
끄끄렁네[593] 부정 갭네다.
눈으로 본 부정 갭네다.
입으로 먹은 부정 손으로 ᄆ지근 부정
눌낭 눌핀내 언설 단설내 ᄆ을 공양 제청 방안 부정서정이랑
초 · 이공 연맞이로 안으로 바껏드레 바껏딜로
안드레 들이카이고 나카입네다.

(악무)
(들고 있는 물그릇을 감상기로 움직이면서 물을 케우린다.)

부정은 안으로 바껏드레 바껏디로 안드레 들이카이고 나카여보난
조상님 앞장에도 물이 ᄆᆰ아올듯 ᄌ순 앞장에도 물이 ᄆᆰ아올 듯 허십네다.
이물은 아무듸나 비와불민 마당 너구리
땅 너구리 줒어먹어 못쓸듯 헙네다
지붕 상모루에 올리민 옥황 방울샌 돈돈이 주서 먹어 못 쓸듯 헙네다.
기픈물엔 용이놀고 야픈물엔 새 아자 놉네다.
초 · 이공연맞이로 용광 새랑 낱낱히 들여올리자.

천왕새 ᄃ리자/ 지왕새 ᄃ리자/인왕새 ᄃ리자/
하늘엔 부엉새/ 땅아랜 노닥새/
안당에 노념새/ 밧당엔 시념새/배고픈 새라건/
쓸주며 ᄃ리자/ 애물은 새라건/
물주며 ᄃ리자/ 주워라 허얼쩍/주워라 저새/
초 · 이공연맞이로/ 어멍 애길 보저/
애기는 어멍을 보저/ 품우에 ᄌ식이/ 일부ᄒ잔 때가/ 되엇수다./천군지군님/

---

593) 타는 냄새, 또는 짐승의 털 따위가 타는 냄새

인왕만군/ 혼합시 개벽시/ 열다섯 십오야 성인님/
오시는 질에도/새 아자 옵네다./
요 새를 ㄷ리자/ 올라 옥황 상저님/ 청룡산 대불법/ ㄴ려 지부 ㅅ천대왕/
산 ㅊ지 산왕대신/ 물 ㅊ지 팔대용신/ 절 ㅊ지 서산대사/ 육환대ㅅ ㅅ명당/
인간 ㅊ지는/ 삼불도할마님/ 오시는 질에도/
새 아자 옵네다./ 요 새를 ㄷ리자./
날이 하민 날궁전 ᄃᆯ궁전/ 안초공 밧초공/ 안이공 밧이공/ 안삼공 밧삼공/
오시는 질에도/ 새 아자 옵네다./ 요 새를 ㄷ리자./ 시왕감사 신병서/
원앙감사 원병서/ 도시는 도병서/ 짐추염나 범ᄀ뜬/ 서천 대왕님/
불위본서 진관대왕/ 식본자심 초관대왕/
수의왕생 송제대왕/ 칭량업인 오관대왕/
당득작불 염라대왕/ 단분출옥 번성대왕/
수록선한 태산대왕/ 불착사호 평등대왕/
탄지멸화 도시대왕/ 권성불도 오도전륜대왕/
지장대왕 생불대왕/ 좌독 우독/
십오동저 판관/ 십육은 ㅅ제님/ 이구제왕/ ㅅ십ㅅ 판관님/ 오시는 질에도/
새아자 옵네다./ 요새를 ㄷ리자/ 안으로 오는/ 성은 정씨로 경자생/
쉬은둘님 몸받은/ 안당주 밧당주/ 마흔 ᄋ돕 초간주/ 서른 ᄋ돕 이간주/
스물 ᄋ돕 하간주/ 연향은 육고비 동심절/ 고모살장 시개살장/
솜솜드리 조사 붙엿수다/ 안당주 밧당주/ 고 옛선성님/당주하르바님/
당주할마님/ 당주아바님/ 당주어머님/ 당주도령/ 당주애미 당주벨감/
어주애 삼녹거리/ 서강베포땅에/ 신전집을 무어/ 팽저낭 비어단/
마흔ᄋ돕 초간주를 설연허고/ 비저나무 비어단/ 서른ᄋ돕 이간주를/
신풍낭 비어단/ 스물ᄋ돕 하간주를 설연해여건/ 동심절 육고비 무어/
쉬은둘님 몸밧은/ 안당주 밧당주/ 당주조상님/
고옛선성님/ 초·이공연맞이로/
쉬은둘 경자생 정씨ᄌ순/ 당주질 발라주저/ 초공질 발라주저/
이번첨 기회에 초·이공에/ 역가를 바쳐건/
십 칠년 동안에/ 서른 다섯설에부터/
신의밥 먹어 삼시왕/ 삼하늘에 덕으로/ 고옛선성님네/ 덕택으로 옵서/
멩두 이서 살고/ 좋은 금전 벌어/ 행궁발신 해오난/ 초역례를 바쳐건/

650

하신충으로/ 당당헌 상신충에 올려/

큰심방 자격을 받아/ 조상에 역가를 바치저/

당주질 발루저 허시는데/ 몸받은 당주 조상님/

오시는 질에도/ 새똘라 옵네다/

요새를 ㄷ리자./ 천왕가민 열두멩감/ 지왕 열혼멩감/ 인왕 아홉멩감/

청멩감 백멩감/ 일흔ㅇ돕 도멩감/ 오시는 질에도/ 새아자 옵네다./

요새를 ㄷ리자./ 천왕ㅊㅅ 지왕ㅊㅅ/ 인왕ㅊㅅ/ 삼시왕 몸받은/

멩두 멩감 삼ㅊㅅ/ 십이대왕 몸받은/ 대명왕 삼ㅊㅅ/ 열시왕 몸받은ㅊㅅ/

선망 조상/ 후망 부모님/ 형제일신 안동헌/ 영가 ㅊㅅ님/ 본당 신당 ㅊㅅ님/

오시는 질에도/새아자 옵네다./ 요새를 ㄷ리자/ 상세경 직부세경/

안으로 안칠성/ 직부칠성님/ 오시는 질에도/ 새아자 옵네다./

일문전 하느님/ 오시는 길이여/ 남도엄전 저집서/ 물도엄전 저집서/

낳는 날 생산/ 죽는 날은/ 물고 호적 ㅊ지헌/ 이 성읍리 안할망/

삼본향 한집님 오시는데/ 대정 모실포 상모리/ 토주관 한집님 오시는데/

김녕 조상 뒤후로/ 발이벗어/ 삼본향 한집님/

오시는 질이여/새 아자 옵네다/

요새를 ㄷ리자./ 군웅일월/ 산신일월 요왕일월/ 이에 당주일월/ 선왕일월님/

오시는 질에도/ 새아자 옵네다 요새를 ㄷ리자./ 선망조상/ 후망부모/

형제일신/ 고조이알로/ 쉬은둘 정씨로 경자생/ 몸을 받은 부모조상/

오시는 질이여/ 새 아자 옵네다 / 아팠ㅅ공시/

안공시로경자생/정 씨로 몸받은/

신공시 부모 조상님/ 오시는 질이여/ 밧공시 조상은/ 서씨 상신충/

신축생 몸받은/ 신공시 부모 조상님/ 초감제 청허듯/ 옛 선성님/

어서 오시는 질에/ 새 아자 옵네다 요 새를 ㄷ리자./ 터의지신/ 오방신장님/

각항지방/ 마당지게 올레/ 어귀정살 지신님/

오시는 질에도/ 새 아자 옵네다./

배고픈 새라건/ 쓸주며 ㄷ리자/ 애물른 새라건/ 물주며 ㄷ리자./

주어라 훨짝/ 훨주훨짝/ 요새야 근본이/ 어디라 허든고/ 옛날 옛적엔/

하늘은 옥황에/ 문왕성 문도령/ 금세상 자청비/ 착험도 착훨성/

안창게 드는곳/ 서수왕 뚤애기/ 은수이 덕으로/

시녁을 못드난/ 몸거진 방안에/

이열에 죽더라/ 석달 백일 만에/ 문 열어 노난에/ 새 몸이 갑데다./
머리도 두통새/ 눈으로 공방새/ 귀에는 월귀새/ 코로는 푸릉새/
입으로 악심새/ 가슴에 자결새/ 오금엔 조작새/ 남자에 공방새/
여자에 휘말림새/ 요새가 들어서/ 살착살렴에/ 제ᄉ주 제팔저/
허서나게 허고/ 그리치게 허는 새/ 쉬은둘 앞장에/ 가정에 풍파여/
재물에 손해여/ 살착살렴/ 휘말림 주는 새/ 스물ᄒ설/ 열두설 앞장에/
신병을 주는 새/ 집안 안에 대찬이력/ 안되게 허는 새/ 주어라 헐짝/
헐주헐짝/ 동서남북드레/ 짓놀아 가는곳/ 밧공시 안공시 당주ᄉ록/
몸주ᄉ록/ 신영간주ᄉ록/ 본멩두ᄉ록/ 신멩두ᄉ록 신청에/
소도리 끼나게 허고/ 부론후론 공론을/불 러나 주는새/ 주어라 헐짝/
주어절씩/ 채끝엔 메로구나./ 천왕은 열두 멧질/지 왕 열한 멧질/
인왕 아홉메/ 일이동이 청매/ 오육서이 백매/ 삼서남이 적매/
칠팔북이 흑매/ 구십은 중앙 황신매/ 정월은 상산멧질/ 이월은 영등멧질/
삼월은 삼진멧질/ 파일메 단오메 유두메/ 칠석메 추석메/ 만공메 단풍메/
봄에 늦은메/ 이불우이 덮은메/ 자리아래 끌린메/ 언메 든멧질/
요멧질 들어서/ ᄒ어깨 두드려 가민/ 집안에 청ᄉ록 백ᄉ록/
쉬은둘 앞장에/ 대찬이력 안되고/ ᄒ잔 술에도/ 시름을 시끄게 허고/
신병을 불러 주는메/ 요 멧질로/
시왕 올라 청너울로
아주 얼싸 풀어내자.
서- 내라 써 써 써내라

(푸다시)
(신칼점 입으로 물뿌림)

허쒸~
초·이공연맞이로 굿인새는 낱낱히 ᄃ렷수다
동방 청이실잔 서방 백이실잔 남방 적이실잔 북방 흑이실잔
새물지잔잔 지넹겨 드려가며 원을 들민 사례법 잇습네다.
신을 들민 도래법 잇습네다.
초·이공연맞이로 천왕초군문 잡앗구나.

652

천왕 신감상 신나수와다
천왕 초드레도 들러뵙네다예~

(향로춤)

천왕 초드레 둘러뵈난 천군님이 응허시는듯 허십네다.
천이실잔 지넹기며 지왕도래가 올라온다
지왕 이군문 잡앗구나.
시왕 신감상 신나수와
지왕드레도 둘러뵙네다예~

(향로춤)

시왕드레도 둘러뵈난 지군님도 응해여 ᄂ립네다.
지왕 흑이실잔 지넹겨 들여가며 인왕 도래가 올라온다.
인왕 삼서도군문 잡앗구나
인왕 신감상 신나수와다.
인왕 삼ᄃ래도 둘러뵙네다.

(악무)

〈도래둘러맴〉

인왕 도래 둘러뵈난 인왕만군님이 응해여 ᄂ리는듯 허십네다.
인왕 백이실잔 지넹겨 들여가멍 제청을 설입허난 제청 도래로구나.

(심방은 돌래떡과 제물이 담겨있는 차롱을 든다.)
만당을 설입허난 만당도래
초당을 설입허난 초당도래 안도래 밧ᄃ래가 올라온다
안도래 밧ᄃ래 연당 만당 제청 도래 둘러뵈저 허시는데 아이고 요디렌 보난

안으로 바껏드레 바껏길로 안드레 들이놀고 넘놀려

(차롱을 들고 악무)
(악무)

당주ᄃ래 몸주ᄃ래 신영간주ᄃ래가 올라옵네다예~
아이고 성은 보난 정씨로 경자생 쉬은둘 어느 부모조상 불리 어신 새삶 나듯
어느 부모 어멍 아방 허랜헌 요 심방질 아니고
저 모슬포 상모서 태어나 여라 오누이에 ᄉ남일녀중
큰아들로 소생허난 중학교 댕길 때에 설운 아바지 돌아가불고
대학 어렵게 들어가 댕길 때 어머님 몹쓸병 들어 돌아가불고
하늬ᄇ름에도 의지가 잇고 샛ᄇ름에도 의지가 잇건만은
어느 고을 의지헐 때 엇고
농촌에서 어신 가정 태어난 살단 보난 양친부모 안현 아이들
이애기들 동서막급허게 해여도 돌아가부난
대학 댕길때 한라산 놀이패로 해영
아이고 친구 벗해여 어울리멍 허단 보난 요런 신기가 붙엇던가
71호 칠머리당 무형문화재 사무실에 사무장으로 취직해여 뎅기멍 허단 보난
서른 다섯 나던 해부터 심방들과 ᄀ찌 김씨 성님 의지해여
회장 의지해영 저형수 의지허멍 굿판에 뎅겨가는 게
연물 두드림도 배웁고 말명ᄃ리도 배웁고
어디가민 나동싱아 새도 도려보라 푸다시도 해여보라
공연도 해여보라 요래 아장시게 ᄀ아보라
영해여 가는 게 요심방 기초가 되어 곧 마흔 나던 해 와흘 굿 간
아이고 요 나 쾌지라도 입엉
석살림굿 ᄒ번 해여보랜게 신자리에 나사 어깨들렁
춤추기 시작허고 그 굿을 해여오는게 초처 이처 속에 머리에 든 거 잇고 허난
심방질을 해여 말명ᄃ리 터저간 아이고 공철이 빌언가게 오랜허라
아무가 돌앙가게 허는 게 정의도 오랜허민 푸다시도 가고
귀양풀이도 가고 성주풀이도 가고 ᄉ당클굿도 가고 모관도 가고
칠머리당 영등 손맞이굿에 강 ᄀ찌들

654

어느 회때마다 행사때마다 몬 ᄀ찌 서둘멍

앞장 상 기메도 허고 요왕 질도 치고 허단 보난

중간에 4.3행사 잇어 4.3공원에 강 4.3행사도 허고

테래비 화면에 나와 제주도민 전국민이

아이고 저 아무가이여 학교동창들 한라산놀이패들 몬

아이고 저 우리 아무 형님 우리 선배 우리 친구

저디 완 굿해염저 신방해염지 허래허ᄀ

일본으로 동경으로 대만으로 중국 나라ᄭ지

어떤 땐 행사 들어오민 아이고 후배들 한라산 놀이패 회원들

삼사십명 거니려 강 공연해여 오고 요심방을 허민 천년을 살멍 만년을 살멍

돌아오멍 이백년을 삽네까만은

나 팔저가 날 올려 장개 강 스물ᄒ설 난 저 똘어멍과 이 살렴 끝내 못살앙

혼자 몸 되고 열두설 난 죽은 어멍과도 살다보난 뜻이 아니 맞안

혼자 몸되고 집도 절도 어서 제주시내 이골목 저골목 집 빌어

아이고 신구간 되민 이불보따리 들러 이사 뎅기고

어느 형제가 어느 누게가 단돈 백만원 요거 부처

집세라도 내여 살랭허는 의지헐 때 엇고

혼자 살다보난 버는것 닮아도 벌어오랑 쓰당보민

적지지 못허고 ᄆ음 고생허멍 쉬은두설ᄭ지 살앗수다.

이이고 몇 년 전부디 양씨부모 이에 일흔ᄋ둡님

부모 ᄌ식ᄭ치 허멍 지내여오고 지나가는 말같이 아바지 허게 아들허게 해연

ᄀ든 말이 잇어오는 가운데 올금년 당허난

제주도 KBS방송국에서 기록 냉기저 큰굿 제주도 보유가 되건

디가 몇년 되고 허난 큰굿 자료를 냉기저 이 행사를 허저

이제 제주도 전통문화 연구소에서영 의논을 해연 합심을 해연

요 일을 허젠허난 정공철 심방을 해여도 조상도 엇고 아직ᄭ진

어디 멩두도 물린거 엇고 당도 멘디엇고 당주도 엇고 영허난

이번 기회에 공철이 신굿 부쩌건 제주도 큰굿 기록도 냉기고

이왕 우리 고생허는 발레 심방도 하나 키왕 큰 심방도 내와주고

우리도 좋은 일이고 본인 ᄌ순에도 좋고 허댄

의논이 되어 연락을 해가는 것이 양씨 부모 안연 아바지 아바지 삼고

안연 어멍 김씨 어머님 어멍 삼고 안연 아들 아들 삼아

돌은 낭허지 낭은 돌허지 허연 요굿을 허저

ᄆ음을 먹어논 게 올 금년 신묘년 되엇수다.

전싱굿인 상구월 초ᄋ드렛날은 하귀에 부모 아바지네 집이강

일흔ᄋ돕님 곧 여든 몸 받은 당주전에 간 빌언

당주 지우고 당주에 아바진 하직을 허고

이 아들 쉬은둘 정공철이 머리쯤드레

이 아들 머리쯤드레 조상님 운둥헙서

양단어깨 강림헙서 해연 당주 지완 이조상 업언

저 북촌 쉬은둘 사는 집으로 오란 당주 설연 해엿수다.

서씨로 상신충 집서관을 매연 요 굿을 허게 되난 설연해여 조상모셔다

이에 구월 열에 ᄇ름날은 성읍리 민속마을

요 초가집 굿 헐만헌 요집을 알아봐 보난

요집으로 모셔오란 당주설연해연 멩두조상 모셧수다.

열엿세날은 서씨로 상신충 쉬은하나 김녕삽네다

몸받은 당주문 열렷수다.

삼천기덕 일만제기 부모조상 업언 팔저궂인 동기간들 거느련

요 집안으로 요굿 허젠 해연 정씨로 경자생 초신질 발라주저

역사기록도 냉기저 겸서겸서 허연 업어오라건

이에 마당 ᄀ득 천지염라대 신수푸고

이에 좌우독기 세완 삼버리줄 줄싸메고

대통기 소통기 나븨역 줄전기 나븨역 줄전기

지리역 양산기 안으로 ᄉ해열두당클 줄싸 매엿수다.

당주전 안당주 밧당주 어주애 삼녹거리 서강베포땅 신전집 무어

이에 고옛선성님 어간허고 삼시왕 삼하늘 어간해여

안팟으로 제청을 설연허난 기메코ᄉ 넘어

어제 불도맞이 허고 초감제 청헌 조상

오늘은 초·이공연맞이로 준지너른 금마답

아이고 하늘이 ᄀ득허게 천지염라대 좌우독 어간해연

천지염라대 의지해연 초·이공맞이로 우알상 신거니 제청 무언

부모는 애길 보저 애기는 부모 보저 일부ᄒ잔 때 되난

이번 첨 당주ᄃ래 몸주ᄃ래 신영간주ᄃ래 마흔ᄋᆞ돕 초간주ᄃ래
간장석던 이ᄃ래 술석던 이ᄃ래 십칠 년동안 심방질 허저 뎅기멍
고생해여 번 역갈 푸다시 강 단돈 만원이라도 줴도 고맙수다 고맙수다 허멍
일본 강 그 돈 똘랑 강 눈물지멍 번 역가 4.3행사 뎅겨 공연 뎅겨 번 역가
큰굿 간 번 역가 족은굿 간 번 역가
아이고 ᄂᆞᆷ의 뒤로 뎅기멍 흔푼 돈을 두푼으로눈물로 세수허멍
이에 불선가위 낡인 내낭가위
아이고 본주성님도 이번은 초·이공맞이고 고옛선성님네여
아이고 신질을 발라주저 설운 아시
성도 술도 안 붙어도 친성제보다 더 친해고
아이고 이거 방송국 직원들 편집부장들
아이고 인정 걸엄수다.

(돌아다니며 인정을 받는다)

카메라 매영 뎅기는 ᄌᆞ순들도 뎅기멍 ᄉᆞ고도 나지맙서.
사진도 잘 찍어지게 헙서.
아이고 큰심방 몸 받아오랑 속암수다.
큰굿 족은굿 뎅겨 부모조상 덕에 번 역가우다 쓴 역가우다.
사진 찍은 기자들도 족아도 인정 하도 인정 고생허멍
이집 저집 촬영허멍 번 역가 월급탄 역가 요래 인정 걸어봅서
아이고 운전기사님 하간거 시꼉 모든 기구 시꼉
이레 시꺼 오고 ᄂᆞ리우고 올리고 허당 기구도 다치게 맙서.
카메라 매영 뎅기멍 사직 찍으멍 고생해연 번 역가리우다.
아이고 상구월ᄃᆞᆯ에 고옛선성님네 이씨 부모 어머니네 모다들엉
의논허멍 이 행사 이 굿 기록에 잘 냉겨
이똘 이애기 설운 쉬은하나 이름나게 허고 무사히 절넘게 헙서
성읍리 ᄆᆞ을에 이장 어른도 편안히 일눕허낭
아이고 그 이장 허락해부난 성읍리 오란 굿해난
사고남저 굿인일 남저 허게마라건 동네도 편안허게 헙서
부엌에 들어 밥해여 주젠허난 성읍리 성님들 ᄆᆞ 각성받이들 속암수다.

가스에도 하다 넋나게 맙서
실수허게 맙서 전기에도 실수허게 맙서
제주도 KBS방송국직원 본사직원들
제주도 직원들 ᄆ 고생허는 ᄌ순 각성받이들 자동차 탕
낮만 보름동안 출근 퇴근허고 숙소에영 뎅기멍 하다 다치게 맙서.
컴퓨터에 기록헐 때도 실수허게 말고
편집헐 때도 실수허게 말고 카메라맨들도 뎅기멍 다치게 맙서.
전통문화연구소에서 연구소직원들 소장님네
이에 모두들 방송국 국장님네 고생해여 ᄒᄆ음 ᄒ뜻되어
이 제장을 일룬 요 굿이우다.
이번첨 정씨ᄌ순 경자생 쉬은둘 초신질 발람수다.
초역례 바쳣수다.
밤인 불썬가위 낮인 내난가위 청사초롱 불을 밝혀
고생허멍 족아도 좋수다.
이집 저집 대정 정의 모관 아이고 굿인단골 좋은단골 아니 ᄭᆯ려
일로도 오랜 허민 가고 절로도 오랜 허민 가고
고생해여 번 역가 인정 서정 많이 걸엇수다.
스물 ᄒ설도 공부도 열심히 잘 해영
훌륭허게 좋은 직장 가전 시집도 잘 가 살게 옛말 곱게협서.
열두 설도 열심히 공부해영 이애기 ᄆ음 허터지게 맙서
발에 신경도 정상되어 이애기 하단 이에 성장 지장 잇게 마라 도와줍서.
아이고 고씨로 큰심방 굿 구경오란 모든 물정이 훤허난
아이고 나도 오민 인정걸어 주컬
아이고 고맙수다 고맙수다
고맙수다 고맙수다.
아이고 맞아 이왕이면 다홍치마로 하면은 맞아
배울건 배와 맞아 배울건 배와 상구월이고 전싱궂인 집이고 초역례고
이건 팔도동간은 유학성제이고 신의 물줄 한 물줄
이거 곱닥헌 옷 입은 심방 우선 인정 걸어봅서 굿허는 심방이여
아이고 강씨ᄌ순도 이리 인정 걸어봅서
[조상의 덕택으로 먹고 입고 행동허나]

그건 맞은 말이주게 글으카하다

나도 안 글아

다른뜻은 아니고 오늘 당주 연맞이라 올커니

[시왕맞이도 잇고 요왕맞이도 잇고]

그건 그거고 맞아 옛선셍님

초공 신질이라 초공 신질이라

찬옥이 선님 하르방 아시 인정걸어붑서.

하르방나시 돌에 인정걸어부러

일흔ᄋ돕님도 혼역헌 수소미이고 아바지고 어머니고 영허우다

인정걸엄수다예~

[아니 요것도 못받나]

주지않는 걸랑 주멩기가 어떻했습네까

안주는 걸

[받을사람은 다 받앗데부난]

[고복자 심방만 걸면 다 걸엇시민 다 걸엇다게]

아니 안건 건 사실인데

이늠의 큰심방이 안 되쿠다.

애물치만 먹어겻신구라야 인정걸엇수다.

돈으로 천냥 은으로 만량 인정 많이 받아다

당주ᄃ래 몸주ᄃ래 신영간주ᄃ래 안ᄃ레 밧ᄃ레

성은 정씨로 경자생 쉬은둘 당주ᄃ래 몸주ᄃ래

마흔ᄋ돕 초간주ᄃ래 서른ᄋ돕 이간주ᄃ래 스물ᄋ돕 하간주ᄃ래

당주 몸주 신영간주ᄃ래 도업둘러뵙네다.

(인정받은 차롱을 들고 밖과 안을 돌며 악무)

당주전에서 옛선셍님 길에서 앞을 발라줍서.

(악무)

안ᄃ래는 안드레 밧ᄃ래는 밧드레

안으로 바껫드레 동실동실 음 울려

(악무)

안ᄃ래 당안으로 들여 올렴수다 밧도래 바껫으로

(악무)
(도랑춤)

안ᄃ래는 안드레 들여 올렷수다
밧ᄃ래는 밧드레 내놀리고
당주 몸주ᄃ래 초간주 이간주 상간주 ᄃ래
넘 놀리고 내놀리난
연당알 굽어보난 너사무 아들 너도령
밤도 일뤠 낮도 일뤠 울어가고 울어 오랏구나.
원불수룩이나 들염시민
전싱궂인 구월 초ᅌᅳ드레 본멩두도 살아올듯
열ᅌᅳ드레 신멩두도 살아올듯
스물ᅌᅳ드레 살아살죽 삼멩두도 살아올듯 허십네다.
안팟 신공시 쉬은둘 경자생
정씨ᄌ순 몸받은 안공시 조상에서영
성은 서씨로 상신충 쉬은하나
신축생 몸받은 밧공시 옛선성님에서
앞도 트멍 뒤도 트멍 큰굿도 나수와 올듯[594]
아진팽제도 나수울듯 족은굿도 나수울듯
성주풀이 불도맞이 일월맞이 귀양풀이도 나수울듯 올레코ᄉ 철갈이도
아이고 새심방 굿 잘 해염저.
수덕 좋댄 해연 북촌오란
아이고 남자심방 젊은심방 이젠 멩두도 모셧젠 해여라

594) 앞으로 막혀있는 틈이 열리고

660

굿 잘 핸댄 해여라 수덕좋댄 해여라

올레코ᄉ도 해여 도랜허고 넋도 드려 도라하고

푸다시도 해여 도래고 태세도 해여도라

요왕의 지도 해여도라 요왕맞이도 해여도라

영허멍 동서우로 막개포 지어낭 덩드렁포 일롸올듯

안간주가 잦아지게 밧간주가 휘어지게

닷주대가 부러지게 연향대가 휘어지게

먹을연 입을연 나수와 올듯 헙네다.

초·이공연맞이로 서씨로 상신충 쉬은하나 앞장에도

아즈방네 집이 수정이 아방네 간 큰굿해주고 행사 좀 해연

신질을 발라두어 놔 두난 조상에 앞을 발라

큰굿 족은굿 먹을연 입을연 나수와 올듯 허십네다.

초잔 이잔 지넹기멍 원불당 제북제맞이 굿이외다.

[젯북제맞이굿[595]]

(요령 신칼을 같이들고 위아래로 흔듦)

호역밀도 살아옵서 신역밀도 살아옵서

살아살죽 삼멩두

(신칼점)

수룩드리다 남은 주잔은/ 고찌반은 걷어다/

울란국에 상계 중계 하계/ 억만육계 무어들여가멍/

알잡식은 심으로 와당/ 식을 명잡식 저/면정에 내여당/

여주이청 진주이청 박주이청 무주이청들/ 주잔권잔 입네다./

북통 골라 오던 선상/ 장구통 골라 오던 선성/

북선성 조막손이/ 장귀선성 명철광대/대양선성 와랭이나/

설쇠선성 누저왕은 나저왕/몰려오던 선성님네 주잔입네다./

---

595) "원불당 젯북제맞이 굿입니다."하며 "당당 당당당" 하는 리듬에 맞춰서 바랑을 친다.

천문선성 덕환이/상잔선성 덕진이/ 신칼선성 시왕대번지/
요령선성 홍글저대/주잔입네다. /
당반선성 기메선성 놀메선성/천보답에 앞든선성 만보답에 앞든선성/
고리안동 신동벽 자동벽에 앉던 선성님/주잔입네다. / 주잔허다 남으민/
영기지기 몸기지기 영서멩기 파란당주깨지기 선배 후배 마후배청들/
창 들른 이 기 들른 이/영가메 호신체 놀던 이들/ 주잔입네다. /
아이고 성읍리 마을/민속촌 민속마을 집을 빌어 정씨로/
경자생 상구월 초 중에/열일뤠날부터/날 택일을 해왓구나. /
요 굿 헌댄 허고 KBS방송국에서 영/ 제주도 전통문화연구소에서/
정공철이 신굿해여 주엄젠 해랜/날 받아 소문나 가난/
저 올레로 갑돌멍 비온날/ 우장식엉 기다리던/ 허던 신전 주잔입네다. /
안초공에 밧초공에 안이공 밧이공에/ 놀던임신/
안삼공 밧삼공 전에/놀던임신/ 당주뒤에 당주ᄉ록 불러주던 임신/
본멩두 신멩두ᄉ록/불러주던 임신/ 주잔 받읍서,
성읍리 안할마님 뒤에/ 관청할망 마방할망 뒤에/ 주잔들 받읍서. /
관가베슬 직함 ᄆ을제/ 포제 거리제 도청제 받던 임신/
큰낭지기 큰돌지기 엉덕 멍덕 수덕지기/
안할마님 오신 집 옆이/ 관가베슬 정의고을 원 살아난 집/
요번 태풍 낭 씨러저 집 씨러질 때에/ 성주지신에 나무목신에 놀던 임신들/
이 ᄉ방에 오충비충지기/ 동설용에 서설용에 남설용/
북설용 꿈에 선몽허던 임신/
쉬은둘 꿈에 선몽 몸받은 일/ 상신충 꿈에 선몽/
팔자굿인 형제간드레/ 꿈에서 허던 임신/
KBS방송국 직원드레/꿈에 선몽허던 임신들/
이에 전통문화연구소 소장에/편집국장 각성받이 ᄌ순드레/
꿈에선몽 낭게일몽/
비몽서몽 허던 임신/ 어느날이면 요굿허저 인정받앙 가저/
저 올레왕 언노루 ᄎ이슬 맞던 임신/ 성두부지 낮두부지 성읍리 ᄆ을ᄆ을/
거리거리 동네마다 야 놀던 임신/ 저 오충비충 지기들이여/

말멩 젯도리 떠러진 임신어시

옛선성님 뒤우로 어스럭 더스럭
꼬부랑 멩디발 개움투기허던
멩디발ᄭ지들 삼주잔 입네다예~
잔은 개잔 개수해여 올립네다.
초 · 이공연맞이로 어멍은 애기 보저 애기는 어멍보저
부모 ᄌ식 일부ᄒ잔 때가 되엇수다.
추처 이처 용광 샌 ᄃ렷습네다.
성읍리 양씨아주버님 상신충 억만드러 도신네
이에 금마불생 나상 설웁던 공서는
삼ᄃ래 대전상 시군문 연ᄃ리 내여다
초군문 이군문 삼서도군문 열리레 가겟습네다.
신의 제자 잘못허고 불찰허고 몽롱헌일랑
죄랑 이 자리에 삭 벌랑 소멸 시겨줍서
안팟신공시 옛선성님 이알로 굽어 신 청하려헙네다.

〈군문열림〉

금마답에 초 · 이공연맞이로 시상한 생인도업을 드렷습네다.
부정히고 서정히니 부정 서정 신기이고 내키어
새는 낱낱히 ᄃ려 잇습네다.
천왕가도 삼ᄃ래 지왕 삼ᄃ래 인왕 삼ᄃ래 신나수와
안ᄃ래 밧ᄃ래 연당ᄃ래 주당ᄃ래 안으로 바껏드레
부정 서정은 신가이고 내카여
어 당주ᄃ래 몸주ᄃ래 둘러뵈고 신나수왓습네다.
원불수룩은 올려 옛날 선성님전 주잔권잔 들이고 들이다 남은 것은
신에 신청에 먹거리리 지거리리 홍글련 대잔치 내려와 드려가며
초 · 이공님은 하강을 허저 허시는데 신이와 인이 다릅네까.
오저허면 군문은 열려 들고 나고 행헙네다.
천왕 초군문이 어찌되며 지왕가민 이군문 어찌되며
인왕 삼시도군문이 어찌되며 몰라옵네다.

천왕가도 삼ᄃ래 대전상 시군문 밖에 위올리며
하늘 옥황 열려옵던 금정옥술발 천왕낙회 압송허고 시왕 청너울 둘러받아
초군문 이군문 삼시도군문 돌아봅네다.

(악무)

천왕 초군문 시왕 이군문 인왕 삼시도군문 돌아봅네다.
옥황도성문 저싱은 서천 지옥문 인간 생불문
동에청문 서에백문 남에적북 흑에흑문 돌아봅네다.

(악무)

초군문 이군문 인왕삼시도군문 돌아보앗습네다.
옥황 도성문 저싱은 서천 지옥문 인간은 생불 환싱문
동에청문 서에백문 남에적문 북에흑문 천지중앙 황신문 돌아보앗습네다.
이 집안은 전싱굿던 집안이요
안으로 당주문이 어찌되며 몸주문이 어찌되며
마흔ᄋ돕 상간주문 서른ᄋ돕 중간주문 스물ᄋ돕 하간주문
새별 상간주문이로구나
연향육고비 동심절 본메놓던
연향당주문이 어찌되며 본주문이 어찌되며 몰라옵네다
시왕 청너울 둘러받고 옛날 노가단풍ᄌ지명왕 아기씨 전싱팔저 그르처올 때
금정옥술발로 문을 열어보니 팔저전싱이 그르치엇구나
노가단풍아기 쳇전싱을 그르처올 때에 금정옥술발 천왕낙행 둘러받아
일흔ᄋ돕 고모살장 서른ᄋ돕 모람장 빗골장안
어 상개 중개 하개문ᄭ지도 돌아보자.

(신칼점)
(악무)
(앉은춤)
(입무)

연향 당주 삼시왕 도군문을 돌아보니
어느문에 문직대장 감옥성방 옥사장이 엇습네까.
문문마다 인정을 달라 문문마다 서정을 달라 헙네다.
이 집아 전싱궂던 성은 정씨로 금년 쉰은둘 삼시왕의 덕으로
벌어먹고 벌어 쓴것도 아뢰옵고 금년은 제주KBS방송국 은덕으로
시의 성방득 오라건 ᄀ찌 고생을 허고 ᄀ찌 노렴을 해여
쉰에두설 초신 연질 발라주저
오늘은 초·이공연맞이 어멍은 아기보저 아기는 어멍보저
부모 자식이 일부ᄒ잔 때가 당해엿습네다.
뎅기면서 설쇠 두드령 돈 흔푼 벌어다 먹고 살아나고
대양도 두드령 흔푼 두푼 벌어다 먹고 살아나고
추물공연 본풀이 석살림굿 요왕맞이 선왕맞이 하면서 벌어먹고
하고 어디강 전새남 육마을해여 벌어먹고 벌어씌어난 역가 속대전은
문민마다 인정을 달라헙네다 서정을 달라헙네다.
인정 역가 받아다 어 문직대장 감옥성방에 재인정을 걸러갑네다. (요령)
초군문에 재인정잔 이군문에 재인정잔
삼시도군문에 재인정잔입네다.

(신칼점)

안으로 당주 삼시왕 도군문에 들어사민
일행중에 삼시왕 덕택으로 앞이멍에 보른이견 뒤이멍에 너른이견
없는 몸짓 없는 춤도 나수와주고 얼멩 말멩ᄃ리
기픈 문쇠ᄁ지라도 나수와 줍센해여
연향당주 삼시왕 도군문에도 재인정 걸레가자

(악무)

인정 역가를 타과에 걸어올리난
하도하도 정공철이 착허다 하도하도 그만허면 초신연질 발루와

약밥약술은 먹고 어인타인 금린옥린 감봉은수레 들만허다 영해여 납네다.
인정 역가 타과이 걸어올렷더니만은 신에 성방에 열릴 수가 없습네다.
이날 주던 삼문은 열두 집서관이 수개철로 열려난 법이 잇고
신전 오는 문은 신의 성방이 영기 솔발로 열려난 법이 잇습네다.
하늘 옥황 도성문 열려옵던 금정옥술발 시왕 청너울
일문전 본도 영기 신감상 압송하며
초군문 이군문 인왕삼시 도군문도 열려

(악무 추다 감상기들 든다)

천왕 도군문 지왕가민
이군문 인왕 삼시도군문 열려줍서

(감상기 들고 악무 도랑춤)
(앉아서 악무)
(앉아서 요령 흔들다 신칼점)
(악무 도랑춤)

옥황 도성문 서천 지옥문
인왕 환싱문 동에청문 서에백문
남에적문 백에흑문 황신문77지 열려줍서

(감상기 들고 악무)
(신칼점)
(앉아서 악무)

안으로 들어사면 연향당주 삼시왕이로구나
당주문이여 몸주문이여
신영간주 삼시왕 문이 어찌되며 몰라옵네다.
노가단풍 아기씨 전싱팔저 그르처 오던 금정옥술발 둘러받고
안 감상관 물으와다 연향당주 삼시왕 도군문도 열려

666

(악무 추다 안으로 들어감)
(신칼점)
(앉아서 악무 추다 밖으로 나옴)
(서순실 심방에게 요령을 주고 서심방은 요령 흔들며 악무)
(감상기만 들고 악무 추다 도랑춤)

초군문 이군문 삼서도군문
안으로 연향당주 삼시왕 도군문 열렷습네다.
곱게 열려주면 아니 열려주면 모릅네다.
밧멩두는 성은 서씨로 쉬은하나 몸받은 일월 삼멩두이옵고
안멩두는 성은 정씨로 쉰에둘 몸을 받아오던
일월삼멩두 신에 제청은 둘러받으며
물감옷도 하나 올리라

(산판점)
좌우돗도 열린군문
(산판점)

열렷십네다.
안으로 연향당주 삼시왕 도군문이 어찌되며 몰라옵네다.
삼시왕은 바라나고 바라들저
연원은 성은 정씨로 쉰에둘 이번 이굿 허거든
당주문을 활짝 열려 천지 게천문을 열려
없는 말명도 나수와 줍서
없는 젯ᄃ리도 나수와 줍서
없는 몸짓도 나수와 줍서
마흔ᄋ돕 상단골 돌아 도와줍서 서른ᄋ돕 중단골
스물ᄋ돕 하단골 억조창생
만민수원 재민 재단골을 나수와 줍서
큰심방 팔명해여 제주도

요보당도 큰굿도 없고
요보당도 공개방송도 없고 험네다 영허난
제주도 KBS방송국 덕택으로 이번 이 기도를 해염시난
아무쪼록 좋은 일은 돌아 환싱 시겨줍서
당주문 몸주문 신영상간주문도 열려

(악무)

당주 삼시왕에 여쭙네다.
어느 맹두가 앞사고 뒤사는 것을 고립을 드리자 하는 게 아니라
군문을 잡으멍 안드레 들어사멍 나사멍
정씨로 쉰에둘 앞질 연질 신질이라도 잘 발루와 줍센해여
당주문 몸주문이로다.
신영당주 삼시왕이랑
일월 삼멩두 안팟멩두 둘러받아 동굴동굴 쇠놀림굿596)이어

(안으로 들어가 악무 추다 여러 명의 산판을 모아 산판점)
(서순실 심방이 진행)

마흔 º 돕 초간주 문을 열리저
서른 º 돕 이간주 문이로구나
스물 º 돕 하간주 문이로구나
어주애 삼녹거리 서강베포땅 문이로구나.
팽저생인질 유저생인질 (요령)
문을 열리저 허시는데
안공시로 성은 정씨로 쉬은 두설
몸 받은 선성님은 황씨 임씨 이씨 선성님

---

596) 심방집 큰굿에서 굿을 맡아 집행하는 심방들의 멩두(밧공시)와 본주 심방의 멩두(안공시), 이 안
팎 공싯상의 엽전을 모두 놋그릇에 담아 흔들다가 당주방에 가서 놀리다 도랑춤(回轉舞)을 추고
나서 한꺼번에 던져 점을 치는 종합적인 무점법(巫占法)이다. 이렇게 점을 쳐 산을 받으면, 모두
가 점괘에 대한 종합적인 풀이를 하여 "신길을 바로 잡는다.(신질을 발룬다.)"

이씨하르방 얼굴은 관옥이요 몸은 풍신이라

천상ᄀ뜬 지레야 노용산ᄀ뜬 고운 얼굴

그 굿한덴허민 저 김녕서도 거리 웃품나고

제주시 칠머리당 당베 절베 멘 공서

애산 신베를 메여 권위웃품나고

동네 굿판에 가도 권위웃품나던

이씨 하르바님 몸 받은 주상 삽시왕에 종명허난

성은 정씨로 신질을 발루저 허십네다 동참헙서

임씨 할마님 양씨 할마님 (요령)

더군더나 성은 정씨로 나준 하르바님 (요령)

성은 정씨로 심방정씨 아닙네다만은

어느 곳을 의지헙네까 조상도 의지엇고

부모도 의지어서 이번 참에 당주전으로 신이구퍼

이 아기 신질 발루저 허는데 다들 동참헙서.

황씨 선성 이씨 하르바님 임씨 할마님아

쉬은 두설이 애산 신구월 초ᄋ드레날

양씨 부모님한테 강 이 조상을 모셔다가 (요령)

당주를 설연해여 초역례 초신질을 발루저

약밥약술 타저 어인타인 수레감봉 막음을 주저

남천기덕 일만제기 멩두멩철을 비저

홍포관대 조심띠 헐루래비 허튼짓을 타저 영헙네다.

남수화지 적화지를 타저

공시부모 조상님도 초신연질 발루는데

당주질을 발루저 영헙네다.

밧공시로 신의 성방 몸받은 신공시로 보난

설운어머님 몸받은 조상님 진내편 김씨 하르바님 임씨 할마님 삼불도

웨진 하르바님 웨진 족은 하르바님 부모 할마님

몸받은 조상 조천 정씨 하르바님 초신질 어머님 발루난

몸받은 조상님은 벵뒤 진밧가름 물ᄏ실낭 상가지 솟아나

고씨 대선성님 김씨선성님 안씨 선성님

서김녕 김씨 대장간 고운 얼굴 본메 보고

대전무른 전기도 군포 국일공예사에
본메노난 앞건도간 한도간 앞건지기 한지기
앞건몰래 한몰래 몸받아 오던 선성님 임씨 삼춘이로구나.
불쌍헌 신의성방 초신질 발라준 선성님은
황씨 임씨 이씨 하르방 이조상 신질 발라줍네다.
다 이신질 발라준 조천 정씨 하르바님 동참헙서
설운 안씨 선성님도 이름좋은 안사인 설운 부모님도
제주 무형문화재 71호 인간문화재를 받아 뎅기다건
삼시왕에 종명허던 설운 안씨 부모님도
신질 발루저 헙네다 동참들 헙서들 (요령)
그뒤후로 하씨 삼춘 고씨 큰어머님도 동참헙서
얼굴모른 서씨부모 아바지 동참헙서
설운 이씨 설운 나 장품 나 부모님
아이고 오늘^꺼지만 살앗시민 이굿 오라건
배로들러 영헐걸 이직 생혼입네다.
이씨 부모님아 동참해영 이 굿 모칠태^꺼지
앞이멍에 너른 이견 뒤이멍에 고른 이견 내와
명산 명점을 허게되어 정씨로 이름은 공철이
쉬은두설 신질을 발르레 오랏습네다.
이씨 부모님도 다 동참헙서
(요령)
이씨 부모님 몸받은 조상님은 육간제비 돈제비
현씨일월 조상도 동참을 헙서
맹생 큰아바지도 동참을 헙서
시왕바친 할마님 동참을 헙서
정씨 하르바님 한씨 할마님이여 동참헙서
정씨할마님 정씨부모님 이씨 부모님 동참헙서

[쇠놀림굿]
(낭푼에 산판을 모두 담아서 들고)

670

안씨부모님도 종달리 오씨 하르바님

김씨 어머님도 동참을 헙서

(낭푼을 흔들며)

그뒤후로 웨진편 스물다섯에 유래전득을 해여옵던

웨진할마님 막녀 이모님네 다들 동참들 헙서

신풍 큰물당 김씨할망 역개낙수 통영 문씨영감

도려들어 동도월 조마호 조철밧

원당으로 붉은 작지 가메오판 일어나나

열눈이 그중에 맹오안전 맹오부인

도래모 사랑 박씨 하르바님 질친밧도 박씨 하르바님

세죽은밧 김씨 하르바님 월정 빈겡이 박씨 할마님

골막 개움우로 천하월색 지리대천문에 놀던 조상

친구좋은데 하르바님 형제옹 선질머리

웨진조상 논밧거리 웨진조상 동거리도 웨진조상님네

김녕 큰삼춘네 내외간 큰누님네 내외간

(낭푼을 흔듦)

조카 종호 내외간도 이번 신질을 발루젠 오랏수다.

당주질을 발루젠 다들 동참헙서

이씨 부모님 초신질 이신질 발라준 선성님도

안공시 몸반은 선성님네 다들 동참을 헙서

 (낭푼을 흔듦)

본 어께 오랏습네다.

양씨 삼춘님 부배간 몸반은 부모조상

다들 동참헙서 정씨 오라바님 내외간

몸반은 부모조상님네 다들 동참 헙서

안씨 김씨 이에 몸반은 조상 다들 동참헙서

설운 문씨 성님 몸반은 부모조상

(낭푼 흔듦)

성은 송씨로 서른네설 웨진 부모조상님네 다들 동참헙서

성읍리도 오민 양씨선성 정씨선성 김씨선성

오씨선성님 고씨 선성님네들도

이번 처음 초신질을 발루저
 (낭푼 흔듦)
당주질을 발루저 헙네다 다들 동참들 헙서
표선면도 가민 신씨 대선성님 신명옥이
하르바님에서는 공씨선성님도 동참헙서
남원은 가민 신금연이 설운 할마님네도
당주질 바르젠 헙네다 다들 동참헙서
학수물 가도 조씨 선성님 학선이 선성님네 동참헙서
서귀포 가도 박씨 임봉주대 박씨 임봉주대
박성옥이 하르바님 박희심이 하르바님네
김씨선성 김용주 선성님네 다들 동참헙서
김대연이 설운 아즈바님 동참헙서
광건이 오라바님네도 초공연질로 다들 동참헙서
모실포가도 다마장 사둔님네
서문밧은 문통경 양씨선성 홍씨선성 홍씨 선성님
벵뒤하르바님네 한림은 가면 이성룡에
하귀가민 강종규 설운 삼촌 생혼질로
설운 이만송에 삼촌님네 문능리 삼촌님네 다들 동참을 헙서
변유환이 성님네 동참헙서
창옥이 하르바님네도 다 동참헙서
제주시가민 고씨 대선성님 내파골 김씨 임씨 김씨
남문 통문 문옥선 설운 삼촌님네
대정은 가민 설운 삼촌님 황도화 삼촌님네
설운 왕절 삼춘 친정땅은 이성읍리 바레옵네다.
왕절삼춘님네도 초공연질로 다들 동참헙서
홍상옥이 하르바님네들 동참헙서
홍씨 선성님 산지가도 김씨 할마님 설운 김씨 할마님
하르바님 할마님도 다들 동참헙서
화북가민 망건이 하르바님네도 동참헙서
강신숙이 설운 아즈바님 아바지네 삼형제
홍씨 말젯 어머님네도 다들 동참헙서

삼양읍 가민 이원순님 동참헙서
삼양은 가민 양씨삼춘 양씨 선성님
설가물개 임씨선성 김씨할망 영수 설운 삼춘님도
초공 연질로 다들 동참헙서
신촌가민 정씨선성 정씨 하르바님
고씨할마님 윤주 설운삼춘도 동참을 헙서
조천을 오민 정씨선성 안씨선성 김씨선성님네
다들 초공연질로 다들 동참을 헙서
함덕오라도 고씨 선성님네 김씨하르바님
김씨하르바님 만봉 설운 삼춘님네
연준이 삼춘 상원이 삼춘 심팽이 삼춘 연옥이 조카 선성님네들도
선흘가민 각대기 선성님 고씨 선성님네 다들 동참헙서
북촌은 가민 홍씨선성 김씨선성
동북은 가민 고씨선성 박희준이 설운 삼춘님네
초공연질로 다들 동참을 헙서
김녕은 고씨선성 서씨 이씨 연씨 할마님
월정가민 백장일뤠 임씨선성 배롱개 고씨선성 터낭거리 김씨선성
김씨할망 김씨선성님도 다들 동참헙서
행원은 이씨 강씨 고씨 선성님네 동참헙서
한동은 가민 큰아시 셋아시 족은아시 허정화 하르바님
세도리 삼춘네 부배간도 초진연질로 다들 동참을 헙서
평대가도 모사랑 박씨선성 질친밧도 박씨 선성이로고나
모사동산 박씨선성 송당하르바님
송당은 고씨 대선성님도 다들 초공연질로 다들 동참을 헙서
상세화리 가민 정씨 대선성님이여 대준이 하르바님네도
평대도 산옥이 금옥이어멍 금순이어멍
고씨어멍님네 다들 동참을 헙서
하도 강씨 하르바님 강씨 할마님 배씨선성
신에안도 이씨 신에밧도 이씨 이씨선성
송씨할망 정씨선성 설운 이씨 몸받은 조상님네다.
종달리 가민 달건이 선성님네 강수녀 선성님네 이씨선성님네

시흥리가민 이씨선성 변씨선성님네 다들 동참협서
동남은 가민 정씨선성 정씨삼촌님네
한씨선성 김씨선성 한씨선성님네
한씨선성 몸받은 한씨선성 이씨선성 김씨선성님네 다들 동참협서
신풍리가도 문일이 어머님 홍매화 할마님네 다들 동참협서
부산은 가민 고충역 선성님네 동래부산 놀던 선성님네
일본땅에 갈적엔 일본땅에 놀던 선성님네 다들 동참을 협서
천문선성 덕환이 상좌선성 덕순이
요령선성 홍글저대 신칼선성 시왕대번지
북선성은 조막손이 장구선성 명철광대
대양선성 와랭이 설쇠선성 누저왕에 나저왕에 놀던선성
멘공원에 멘황수 도공원에 도황수
임춘춘경 아산지옥 벌려오던 선성님
천보답 만보답에 고리안동벽 신동벽에
놀메선성 기메선성 당반선성
떡선성은 이애기 밥선성은 저애기
술선성은 이태백이 얼굴좋던 선성님네 몸치좋던 선성님네
굿잘허고 소리좋던 선성님네들도 다들 초공연질입네다.
성은 정씨로 이름은 공철이 쉬은두설
이번처음 초역례 초신질을 발루저 헙네다.
다들 동참들 해여 신질 발라줍서
저먼정에 나사민 어시러기 멩두 더시러기 멩두
큰심방을 해여도 으씩개씩 허던 이런 멩두발들이로구나.
저 연향당주ᄉ록 몸주ᄉ록 신영간주ᄉ록 불러주고
당주를 모셔 올적에 똘라오던 임신
당주집을 벋어 이리오라 굿 해여 갈 적에
상안채에 중안채에 하안채에 똘라들던 이런 멩두발
팽저생인질 유저생인질에 놀던 멩두발
제절앞에 모사멩두 사멩두라건
저먼정에 잠시 금 갈릅서
안멩두랑 밧멩두드레 밧멩두랑 안멩두드레

동글동글 내놀리며 신질 발루젠 오랏습네다.
신의성방 몸받은 조상이랑 앞을 서고
쉬은두설 몸받은 조상이랑덜 떨어집서
본멩두 신멩두 아멩두라

(악무)
(낭푸의 사꽈으로 아으로 들어가 점을 본다)
(신칼점)

(양창보심방이 진행)
당주문 몸주문 신영상간주문을 열럿습네다.
그당 앞에 앚던선성 가던선성 옛날 선성 오던 시군문이로구나.
선생 축에 못 간 건 울란국 범천왕
대제김 소제김에 놀던 동안도 굿구경 오란 ㄱ찌들 아자 논다 헙네다.
옛날선성 황순임네 오는 시군문 열린 고무
(산판점)
일월 군문을 잡아도 ㄱ찌 잡고 영해엿구나.
그뿐 아니라 상당알 중당알 하장 조서 말서에
아홉제 삼백 일흔ᄋ돕 시군문 열린 고무

(엽전점)

감은공서 연당 알
(산판점 신칼점)
천왕 초군문 열린데 인정잔
시왕 이군문 열린데 인정잔
인왕 삼시도군문 열린데도 인정잔 입네다.
안으로 연향당주 삼시왕 도군문
옛 선성오는 시군문 열린 데도 인정잔 지넹겨 들여가며
상당알 중당알 하당 조서 말서ㄲ지
오는 시군문 열린데 인정잔 지넹겨 들여가며

아이고 설운 본주 영허랑 조카 나 아들인 허랑 조카

이것도 혼란 저것도 혼란 무신고랑 열대 설운 아기야

누가 놈이 아명 ᄀᆞᆮ고 씨고 너만 정신 츠리고 잘 해 불민

모든 게 다 니덕으로 해는 정성을 다 누게가 아는 이

설운 아기야 이 아방도 얼른 정신차려 동서남북 걸릴 때 어시 뎅기멍

더도마랑 아방 마냥 굿해여 뎅겨도라 영허여 설운아기 부탁이로구나.

오늘은 이점사 참 여러 점사가 나고 불편헌 점도 잇엇저만은

다 이절 저절을 어떵허는 이 다 풀려 불라

영허여 오늘은 점사가 내려 잇이난

그도 알라 영허여 분부 말씀은 여쭈와 들여가며

잠깐 쉽서 오리정 신청궤로 신을 메와 드리겟습네.

분부 말씀은 여쭈어 들여가면 초 · 이공연맞이로 시군문은 열렷습네다.

요기 저기 북이 건당 해여 옵네다.

신소미 덕걸이라 기걸이라 헙네다.

ᄂ단어깨 금시 약공 둘러받고 신소미여 거느리고 금제비 둘러받아

오리정 신청궤로 신메웁네다.

(쌀이 담긴 조그만 그릇을 든다)

천군 이군 인왕 만군 옥황상제 지부 서천대왕님 안으로

(그릇에 담긴 쌀을 신칼로 케우린다)

오리정 신청궤로 신메웁네다.

(악무 추며 움직이면서 가는 곳마다 쌀을 신칼로 케우린다)

산으로 산신대왕 물로 대서용궁

백팔여래 사명당 일만 불도 할마님[77]지라도

오리정 신청궤로 신메웁네다.

날궁 달궁 월궁일궁 (쌀뿌림)

초공은 임정국 상시당

오리정 신청궤로 신메웁네다.

(악무)
(쌀을 케우린다)

어~ 좌정헙서

(도랑춤 신칼점)

안초공님은 연향당주 삼시왕으로 영허여 삽서
오리정 신청궤로 신메웁네다.

(악무 추며 쌀을 케우린다)
(안으로 들어가서 각 당클 앞에서 쌀을 케우린다)
(밖으로 나와 도랑춤 추다 신칼점)

안이공님도 오늘은 초 · 이공 연맞이로 어서옵서
밧이공이랑 맑게 들러

(아무추다 쌀을 케우린다)
(조무는 요령을 흔듦)
(안으로 들어감)
삼천천제석궁에도
(밖으로 도랑춤 추다 신칼점)

밧삼공님도 오리정 신청궤로 신메웁네다.

(악무 추다 쌀을 케우린다)
(안으로 들어간다)

오리정 신청궤로 신메웁네다.

(악무 추다 밖으로 나옴)
(도랑춤 추다 신칼점)

초·이공연맞이로 깃발 보멍 내리저 연발 보멍 내리저 험네다.
성진땅은 황금산 ㄴ단땅 주접선성 웨진땅은 적금산
외하르바님 임정국 외할마님 김정국부인
초공아방은 황금산 ㄴ단땅 주접선성
초공 어멍은 저산앞 주리벋고 이산앞 발이벋던 노가단풍 ㅈ지명왕아기씨
원구월은 초ㅇ드레 본멩두 열 ㅇ드레 신멩두 스물 ㅇ드레 살에살죽 삼멩두
궁에아들 삼시왕 오늘은 신이수퍼 사저 신이 수퍼오저 허시는데
앞이 선배 뒤에 후배 마후배 일관록 거느리고
이게성 삼만관숙 육방하인 거느리어 내려옵네다.
삼천선비 거느려오던 삼공 주년국ㄲ지도
영기 몸기 연서명 사명 오초로 오리정 신청궤로

(신칼점)
(감상기를 들다)

오리정 신청궤로

(감상기를 들고 악무 추다 안으로 들어감)
(안에서 악무 추다 밖으로 나옴)
(밖에서 악무 추다 다시 안으로 들어감)
(안에서 악무 추다 밖으로 나옴)

오리정 신청궤로 신메웁네다.

(장단이 매우 빨라짐 악무 추다 안으로 들어감)
(안에서 악무 추다 밖으로 나옴)
(밖에서 빠른 장단에 도랑춤)

678

(산판점)
(도랑춤)
(요령으로 바꿔든다)

오리정 신청궤로 신을 메왓습네다.
좌우벽에 점지헙서
본주지관님 절허기랑 내일랑 대신왕 앞으로
대신왕도 청허여 역가받아들고 삼시왕도 청허여 역가받아들고 영허쿠다.
받앙 숭보지 맙서 들여가며 그뒤후에는 삼본향 연ᄃᆞ리가 건당해엿습네다.
웃손당은 금백조 세손당은 세명주 매알손당은 ᄉᆞ로ᄉᆞ천국이로구나.
큰아들은 거멀 문국성 한집이로구나
이 마을은 안동안 밧동안 안외도안 외동안 모른밧에 배돌려오던
선왕당 한집 안할망은 관할망 매병할망 매병할망 집이로구나
할마님이여 동문밧은 열ᄋᆢ드레 서문밧은 스무ᄋᆢ드레
상을 받던 본향 한집님도 오리정 신청궤로 신메웁네다.
정공철 포태양상 저 모실포 석산님을 좌정하던 개로육서 연산주허고
지금 현재 몸받은 살아옵던 가릿당 해신요왕 부인네 옵서 들여두고
혼적은 김녕 큰도안전 큰도부인 안성세기 밧성세기 내외천촌님과
그뒤 후에는 ᄂᆞᄆᆞ리 양주거식일뤠 한개하르방 한 개할망
게네기 ᄉᆞ천국 태자님도 어서옵서
정의는 선왕 대정은 광정당 모관은 시내왓당 한집이로구나.
남원 바꼇들엔 광양당 신산태호 올라사민 서운당 한집이로구나
남문통은 각시당 여래불도 동문통은 운지당이로구나
산지 용궁 칠머리 감찰 지방관님이로구나
해지고랑 일뤠중저 서문바꼇 ᄀᆞ시락당 궁당 한집이로구나.
동미락 서미락 제주시에 본향한집도 열두 신위전 한집이로구나.
오늘은 오리정 신청궤로 신을 메와 드리저헙네다.
ᄆᆞ을 ᄆᆞ을 ᄎᆞᄎᆞ이 벌어지던 각서본향 한집은
내일날 대신왕전 맞이로 헹착을 살리멍 잘 청허겟습네다.

〈오리정신청궤〉

오늘은 일곱자 동개걸이 석자오치 풀찌걸이
신감상 앞송허며 오리정 신청궤로 신메웁네다.

(왼손 감상기, 오른손 멩두칼 왼팔에 풀찌걸이을 걸치고 춤을춘다)
(신칼점)

일월조상님이로구나 차차 청허겟습네다.
그뒤후에는 청해여진 토산 한집마누라님
도다사저 당토하늘 당토부인 내려서 요왕하늘 요왕부인
강씨는 상단골 오씨는 중단골 한씨는 하단골
강씨아미 ᄆ처오던 마흔대자 상방울
오씨아미 ᄆ처오던 서른대자 중방울
한씨아미 ᄆ처오던 스물대자 하방울
아끈방울 한방울 중당상 볼모작에 ᄆ처오던
우알당 한집님도 오리정 신청궤로

(악무)
(조무는 조상옷이 담긴 바구니를 들고 도랑춤)

신청궤로 신을 메왓습네다.
묽고 묽은 일월조상님이로구나.
이집안은 산신일월이여
내려사민 요왕도 일월이여 선왕도 일월이로구나.
모실포 산이물에 좌정하던 선왕일월이나
모실포에 개당에 돈지 선왕이로구나.
그뿐아니라 이집안은 당주일월이여 몸주일월이여
일월조상님은 젯부기 아들 삼형제가 과거보아 동방급제허난
연단위에 올라사 직지 받을 때는 얼마나 기분이 좋고 영해시니
아 높디놀던 일월조상이여

과거에 낙방되난 죽성주 상시당 어주애삼녹거리 내려사
유저낭 탱자나무 벌목해여 신전집을 짓고
전승궂인 어머님 지픈궁에 들엇건 야픈궁에나 올려줍서.
낮엔 원불 밤엔 수룩 원불당 원수룩 드리멍 삼형제가 비새ㄱ찌 울엄구나.
낮에 놀던 일월 조상이여
당베에 ᄆ첫구나 절베에 ᄆ첫구나 궁베에 ᄆ첫구나
멩공 다단신베 양궁 상실베 첨비개 백비개 어러비개 가마비개
팔만금세진에 맞춰오던 일월조상님이랑
오늘 초 · 이공연맞이로 금마답에 받아들러 오리정 신청궤로

(바랑춤 추다 바랑점을 보고 신칼점을 본다)

[잘도 간다 놀러간다]
[정의고을 넘어온다 예]
지치고 다치고 고리떡에 휘모지고 이거 못씰로구나.
일월 조상은 그냥 노는 것만 좋아해영
자 목청은 구질퍽 해여도 뒤끝은 잘 받아줘사

(노래)
어제 오늘/ 오늘이라/ 날도 좋아 오늘이라/
내일 당천 오늘이면/ 성도 금만 가실터이냐/
뎅겨들여라/ 고대로구나/ 뎅겨받으라 고자로다/
요때는 어느 땐고/ 화라충탄 환화방찬/
해는 좋구나/ 가을이로구나/
오곡 백과가/ 다 늙어간다/
거두어 들여건/ 만고풍년이 되엇구나./
이리 불러도/ 뭐시놀래/ 저리 불러도 뭐시놀래/
앵겨 들여라/ 호사로구나/ 앵겨만 들여라/ 호사로구나/
군웅에 시조를/ 넹겨보자/
군웅에 본판을/ 넹겨보자/
군웅하르방은 천왕제석/ 할마님은 지왕제석/

아바님은 낙수개남/ 어머님은 절수개남/
아들이사/ 낳는 것이/ 삼성제가 솟아난다./
(모두가 함께 춤을 춘다)
큰아들은/ 동해와당을 ㅊ지를 허고/
둘째아들은/ 서해와당을 ㅊ지를 허고/
족은 아들은 솟아나니/ 우리와 ㄱ뜬 팔자로구나./
우리들이 대공단에/ 머리삭발허니/
줄장삼을 둘러입고/ 비단 장삼을 둘러입어/
한손에는/ 은바랑들고/ 또 한손에는 옥바랑 들어/
한번을 뚝딱 둘러치난/ 강남은 가민 황제군웅/
두번을 뚝딱 둘러치니/ 일본은 가민 소제군웅/
우리나라/ 대웅대비 서대비/ 열려 충신이요/
병풍그늘 알로 놀던 일월/

군웅에 시조를 챙겻구나/ 군웅에 본판을 챙겻구나/
이 집안은/ 전싱궂인 집안이여/
당주 삼시왕을 어간 허엿으니/
삼시왕도 놀고싶소/ 삼하늘도 놀고싶다./
앞에 선배들 놀고십소/ 뒤에 후배를 놀고싶소/
마후배청들 놀고싶소/
들여가며/ 그뒤후에는 동면기 끝날이로구나/
일월조상은/ 당베 절베 궁베 메여/
양궁 상실베 ㅁ첫구나/
청비개 백비개 어러비개 가마비개 ㅁ첫구나/
어진 간장을 풀려놉서/
들여가면 그뒤후에는/
홍포관대 조심띠/ 상비단 섭수쾌지 ㅁ첫구나/
아무쪼록/ 이 성읍리 ㅁ을이 편안허고/
가가호호에 만수무강을 시겨주고/
오늘도 부엌에서 고생허는 ㅈ순들/
삼시왕에서 굽어술펴/ 쫄른 멩이랑 질게질게 잇어줍서/

682

영허여건 삼시왕에 등장들어/ 편안하게들 허옵네다./

아무쪼록 풀려줍서./ 일월조상도 풀려놉서./

뭇친일랑 나무아미타불로 놀고 가자/

나무아미타불로 놀자/

흔채 두채 새올라간다./

일월조상 뭇친일랑/ 오늘날로 맘 풀려 놉서/

조상님이 신나락 허민/ 즈순 압질이 붉아집네다,/

양단어깨 추켜들러건/ 뒷마당은 진소리로/

즐른 마당은 즐른 소리로/ 허영허여 허영허영/

허여따 거리로 놀고갑서./ 허야허야 어어야 어허요/

뒷마당은 진소리로 놀고/

즐른 마당은 잔소리로 놀자/ 허야허야 어어야 어허요/

신전이 놀저 일월이 놀저/ 허야허야 어어야 어허요/

정공철이 신가심이/ 뭇친 일도 다 풀려놉서/

허야허야 어어야 어허요/

일월조상님으로 간장간장 믄 풀려 사는듯 헙네다.

들여가며 본향뒤에 오르는 일월조상

일월조상 뒤에 오르는 옛날 선성님

옛날 황수님네 오늘 초·이공연맞이로 저먼정 옵네다.

잔을 받아들고 금정옥술발 들러 받으며 탱글탱글 요령소리 들으멍 옵서

깃발소리 들으멍 옵서

오리정 신청궤로 신메웁네다.

(요령)

옛날 선성 황수님네

성은 서씨로 쉰에흔설 몸을 받던 밧공시 옛날 선성님에 옵서

연줄 연줄 예전날 선성님네여

다 아니 고른들 모릅네까 흔저옵서 영허고

안공시는 성은 정씨로 쉰에둘 몸받은 조상님도

오늘 연발보멍 신발보멍 어서내려 오리정 신청궤로 신을 메와 드리쿠다.

팔저동관은 유학성제라 허엿습네다.

성은 강씨로 몸받은 일월조상님이영

성은 오씨로 계사생 몸을 받던 선성님네여 어서옵서 (요령)

성은 정씨로 을유생 몸받은 일월조상님네여 어서옵서 (요령)

들여두고 그뒤후로는 성은 정씨로 합신질을 받은 선성님네나

성은 이씨로 금년 기축생 몸받은 일월조상님도 어서옵서 (요령)

성은 고씨로 경해서 몸받은 일월조상님도

오늘은 굿보레 오랏수다 이레옵서.

성은 김씨로 김팽수 몸받은 조상님도 신걸리마라 흔저옵서.

저먼정에 옵네다 쓸정미 둘러받으며 오리정 신청궤로 신메옵네다.

다들 옵서. 안으로 섬에 살저 드리쿠다.

(앉아서 합장기도 후 신칼점)

다 상당알 중당알 하당 조서 말서 이양어시

오리정 신청궤로 신을 메우난 오다가 금마절진 해여 옵네다.

신감상 앞송허며 팔만금세진 치며 오리정 전송처로 신메웁네다.

(악무)
(요령)

재차레로 신청궤로 신을 메왓습네다.

떠러진 신전 어시 떠러진 백관 어시 고양고양 상을 곱게 받아 삽네까

일월 삼멩두에서 (산판점)

감은 공서 연반상 협서 (신칼점) 고맙습네다.

영허민 이굿 마치는데는 크게크게 (산판점)

당을 일롸 내실러쿠나 (신칼점)

구부렁 신부렁 헐일도 엇고 (신칼점) 고맙습네다

좋은 제사 분부는 받앗습네다.

재처 여쭐 말씀은 우알라 좌우접상에

신이수퍼 사시는 신우엄전님전

유공지 재물은 유언이 불식이라 허엿습네다.

정성들여 각서추물은 금공서 올리고
간장석던 선성님이랑 초방광 섭을 올리게 사나우면
신의 아이는 연당알로 동경 예필출 허겟습네.

〈여가올림〉

(소미가 역가상을 들고 본주 심방 앞뒤로 흔든다. 본주심방은 상 앞으로 손을 대서 답례를 한다. 본주 심방 절을 3번 한다. 역가상 방향을 바꾸어 반복한다. 소미는 역가상을 내려놓고 본주에게 술과 계란안주를 주고 인정을 받는다. 본주는 절을 하고 자리로 돌아간다.)

〈방광침〉 이승순

초 · 이공연맞이로
어명은 아기보저 아기는 어명보저 삼공때가 되엇수다.
정씨 쉬은 두설님 몸받은 연양당주 심시왕 삼천왕
아빙국은 횡금신주집신성님 이밍국은 직금신
이산 압은 발이벋고 저산 압은 줄이벋던 왕대월산 금하늘
노가단풍 ᄌᆞ지명왕 아기씨 되엇수다.
알로내려 안공시로 몸받은 옛선성님 밧공시로 몸받은 옛선성님전
천보답은 만보답 고리안동벽 자동벽 신동벽
은동 놋동 주석 삼동인 둘러메여 역가 바쳣수다.
초 · 이공연맞이로 옛선성님 옵센 헐때 선심방광 올립네다.
정씨 쉰에둘님 몸받은 연양당주 안팟공시로
날로 ᄃᆞ로 월로 일로 시로 방광 월일경
초방광이랑 초 · 이공연맞이로 옛날 고옛선성님과
부모조상 성제일신님네 몸받은 선생님네 사나옵서 (징)

초방광 월일경으로 사나와 드립네다.

날과 둘은 어느 날 올 금년 2011년도

해는 신묘년 둘중엔 원전싕 팔저궂어 오던

원구월돌 초ㅇ드레 본맹두 신구월돌 열ㅇ드레 신맹두

상구월돌 스무ㅇ드레 살아살축 삼맹두 솟아난

원구월돌 오늘날은 스무ᄒ루날

어느 고을 어떠헌 ᄌ순이 이공서 올립기는

국은 갈라 갑네다.

강남 든건 천저국 일본은 주년국

우리국은 대한민국

첫 서울은 송태조 개국허난 둘째 한성서울

셋째 경성 넷째 동경 다섯째 상서울 마련헙긴

안동밧골 좌동밧골 먹장골은 수박골 모시정골 불턴대궐

경상도는 77관 전라도는 57관 충청도는 33관 마련헙긴

일제주는 이거저 삼진도는 서남해 오강화 육제주

남해바다로 뚝 떠러진 제주 섬중

우도라도 ᄉ백리길, 좌돌아도 ᄉ백리길 되엇수다.

동네 갈라 갑긴 집도 절도 어서 지어 본데 고향 산천 태슬은 땅 놓아둔

제주시는 조천읍 넘어사난 북촌ᄆ을 남의 셋간 빌어

마흔ㅇ돕 초간주집 서른ㅇ돕 이간주집

스물ㅇ돕 하간주집 마련허여 연양당주 몸받아 삽네.

팔자궂인 이름좋은 정공철씨 쉰에둘님 받은 공섭네.

성진조상 웨진조상 그리웁고

하늘ᄀ뜬 난 부모 아바님 살아온 게 생초목 불이되어

육민내지 엄마 뚤랑 강 사는 아기들

일녀아기 정씨로 스물ᄒ설 하녀아기 열두설 받은 공서 올립네.

어떠허신 연유롭서

몸받은 연양당주집 몸주집 신영간주집 놓아두어 ᄆ을 넘으멍 재 넘으멍

성읍리 민속촌 초가삼칸을 빌어 옥황드레 열일뤠날부터 쇠북소리 울려근

청헌 원정 올립기는 밥을 줍서 옷을 줍서 이 공서 아닙네다.

밥과 옷은 어서도 얻어서도 옷입네다 빌어서도 밥입네다.

천지지간 만물지중에 유인최귀협고 속이요 인자는 이기지 오륜법 중 가운데

하늘과 땅 사이에 가장 귀허고 아름답고 소중헌건 우리 인간 아닙네까.

저산천 초목들은 구시월 설한풍 돌아오민

잎도 지엉 낙화되고 꼿도 지엉 떨어졌다가도

명년 춘삼월 돌아오면 죽은낭에 송애 낭

잎은 돋아 청산되고, 꼿은 피어 화산되어

청산 화산은 제몸 자랑 허건마는 우리 인간은 부모 혈연 탄싱허여

용천에 악막헌 금전벌어 ㅎ근이나 살저살저 나븨놀듯 새놀듯

오만 고생 다 허당이라도 저싱 몸받은 삼추스님 내려상 저싱 글렌허면[597]

어디 영이라 거역헐 수 없어지어 저싱길이 어딜론고 ㅎ번 가면

산이 높아 못 오고 물이 짚어 못 오고 배가 없어 못 오는 곳 아닙네까마는

이간 군문한 서처고단허고 혈연단신헌

정공철씨 경자생 본디 태술은 부모조상 땅이고

태술은 고향산천 제주시 서문 바껏 나사면 한경면은 살게 되엇습네다.

양친부모 몸 여라 아바님 네 성제 가운데 말쩻 아바님 여라 형제 가운데

큰아들로 탄싱허여 옛날 쉰에둘님 나 주던 부모 아바님 양친부모 살아생전에

세경땅에 박헌 농업농사지어 비가오나 눈이오나

ㅂ름이 부나 궂인 옷 벗은 날 어시

ㄱ생ㄱ생 허멍 어느제랑 이 아기들 삽사형제 삽시 배부른 밥 멕이고

오동지달 백눈위에 칼날ㄱ뜬 ㅂ름살 돌아오라가민

등 또신옷 입지저 양친부모 살아생전부터 고생고생허멍

이 아기들 어느제랑 여라 형제 키와건 어머님 아바님 거리 걸식 허여도

좋은 공부시겨 아들뚤 출세허여 돌아오멍 살젠허던 양친부모님도

쉰에둘님 하늘ㄱ뜬 부모 아바님도 육십전이 몸에 신병들어

인간종명 해여불고 낳은 어머님 살아생전

쉰에둘님 어머님 뱃속에서 탄싱허연 커가난 몸으로 이런 신병인 듯 본병인 듯

죽도 살도 못허여 지금ㄱ뜨민 좋은 약도 잇고 주사도 잇주만은

살아가는 건 너무나 가난허고 서난허난

---

597) 가자하면

옛날엔 아기 낭 아기가 아프고 괴로와 못 커가도

팔저궂인 신에 당주 알로도 강 놓고

삼신 불도 할마님 불도 알로도 강

열다섯ᄁ지 키와줍센 허여 논 시절이 되어지난

어릴 때 열설 미만에 팔저궂인 저 용당알 할마님신데 당주 알로 불도 알로 강

쉰에둘님

신충알로 열아들 팔저궂인 집안에서 살아도 몸은 점점 죽을 사경 되어가고

클수록 놈광ᄀ찌 성 올르지 못허난 허당 버치난 조상이 어디 잇시리 영허여

천주교 믿엉 영세ᄁ지 받고 영허여 가는 게

쉰에둘님 낳아주던 어진양ᄀ뜬 어머님도

고생허멍 살단보난 몸에 신병 본병이 악화가 되어지어

길러둔 이 아기들 놓아두고

천지사람 막사람 되어부난 쉰둘님

큰아들로 탄싱을 허여도 나 갈 길이 어딜론고

어린 동생들 잇고 놈광ᄀ찌 쉰둘님

고생허멍 이라도 국민학교 6년 중학교 3년,

고등학교 3년 대학ᄁ지 마처 좋은 공부는 허여도 놈광ᄀ찌 관록 못내 먹고

좋은 직장생활 못허시난 저 놀이패에 들어가

여라이 선후배들 거느리어 연극허래 뎅기멍

뎅겨도 이녁 팔저를 다 이기질 못허난 의지의지 허는게

제주시 칠머리 71호 사무실에 들어 강 간장 타멍 오장 타멍 눈물로 세수허멍

사무장으로 큰행사도 맡고 족은 행사도 맡고

쉰에둘님 놈은 드러본 고생은 못허멍 살아오다

글이랑 전득허멍 활이랑 유전허고 어느 부모조상전 유기전답이랑

좋은 재산이랑 물림허여건 편안히 삽네까마는 대학 학교ᄁ지 나오라도

글도 활도 재주도 못 허난 서른다섯 나던 해에부터 이전싱을 그리치난

팔저궂인 유학성제간들 비가 오나 눈이 오나 ᄇ름이 부나

오랜 허민 오고 가랜 허민 가멍

낮엔 내난가위 마련허고 밤엔 불싼가위 마련허여

전처 후처 마련허여 팔저복력 그리치어 좋은 심방질을 허영 살아도

놈광ᄀ찌 어느 양친부모 기덕엇고 형제간들 여라형제 잇댄 허여도

손위에 누님은 육민내지가 살아불고 아까운 말젯동생 젊어 청춘 때에
총각머리 등에서 잇시상 천지 ᄉ랑허여 죽어 이별되여 불고
좋은 직장이나 생활허멍 출세나 허여시민
어느 부모조상 물림 헌 재산 어서도
고향이나 들어가 살주마는 아이고 좋은 전싱 그리처 뎅기난 고향 들어가기도
ᄒ역으론 부질엇고 일가 강단헌 정씨 집안에
형제 일가방상 ᄇ기도 부질엇고 영허난
제주시에서만 거리걸식 허다시피허멍
가숙 아니 테와근 전처 후처 마련허여 살젠 노력허여도 인간 아니 테우난
ᄂ의 산천에 난 ᄯ들이라도 성제 스물ᄒ설 열두설 육민내지강 멀리 살아불고
ᄂ광ᄀ찌 심방질을 허여도 어느 부모조상 어느 형제간 ᄀ뜬 직업을 가저
ᄀ찌 뎅겨건 기십 못살고 영허여도 모진 것이 목슴이라
궂인 말을 ᄀ라도 예 좋은 말을 ᄀ라도 예
나가 전싱이 이만 베끼⁵⁹⁸⁾ 아니된 몸이로구나 영허여
저 백눈 위에 칼날ᄀ뜬 ᄇ름살 우이라도 남군 북군 제주시로 아이고 이거
수정이 아방 굿 오랜허민 ᄒ잔술 먹당이라도
나븨ᄂ듯 새ᄂ듯 오토바이 타아정
거리거리 ᄆ을 넘으멍 재넘으멍 아이고 굿밧듸 강 ᄂ 문드려분 고생은
몬 허멍 살아오는 거엔 입이 당대 영청헌 사무실에서 장남비슴치기 핸
ᄑᆯ저ᄀᆾ인 양씨부모 아바님 벨모레 팔십 ᄂ도록 살아도
ᄂ광ᄀ찌 ᄯ은 잇어도 이녁 혈로 난
어느 아들하나 전대전순 유전 헐 아들하나
어서진 부모난 아이고 공철아 생각허민
니도 서체고단한 몸 나도 서체고단한 몸 되여지난
느나 나나 아장 생각허민 ᄒ팔저 ᄒᄉ주 몸이 되여지난
오라, 날 부모허고 ᄂ 아들허여 이거 우리 부모 조식해여 맺어보게
앚을 때마다 만날 때마다 이말을 ᄀ앙놔두난 넘어가는 말이 진담이 되어지어
금년 신묘년 들어사난 쉰에둘님 지금ᄁ지는 어느 몸받은 조상도 어서지고
심방질을 허여도 ᄂ광ᄀ찌 당주설연도 못허여

---

⁵⁹⁸⁾ 밖에

이녁 혼자 오랜허민 오고 가랜허민 가는 몸이 뒈엿수다마는
너무 정녜가 불쌍하고 적막허난
옛날은 팔저궂인 신에 집안마다 몇 년 ᄒ번씩
산대 세와근 낮도 영청 밤도 영청 큰굿을 허엿수다마는
이제는 시대가 시대만치 어느 팔저궂인 집이나 ᄉ가칩이라도
큰굿이 점점 사라지어 옛것도 어서지고 옛풍속도 어서지어 가난
아무리 국법이라도 옛날것은 이거 기록에나 헌책에나 남아
냉경 놔두게 보존허주긴 영허시어
금년은 들어사나 KBS에서 전통문화연구소에서
더군다나 몸은 불편 쓰러저난 끝에 몸은 불편허엿수다만은
이름좋은 문무병 박사님 제주도안에서는 이거 민속으로 허여건
공이들고 지가드난 모든 여라 선생님네 덕택으로
이왕 이 자료를 남기는 굿을 허젠허면은
본가 어시 무슨 굿을 헙네까 영허시난
아자 생각허단 제주에도 남군 북군 제주시에도 심방질을 허여
당주를 모셔 뎅겨도 ᄒ번 초신연질을 못 발루고
당주 삼시왕 삼천왕에 대역가를 못 바친
팔저궂인 신녜들도 많고 많아도 아자
생각허여보난 적막헌 불쌍한 일만 아닙네다.
이루후제 모다들어 신질을 발라주고 영허여도 초처 이처 이다음에
사라져가는 풍속이라도 되살릴 신애를 허주긴
여라밧딜로 수소문허멍 생각허멍
장래성이 많은 이름 좋은 정공철 쉰에둡님 본가로 아저 이굿을 허젠허난
원정성[599]에 팔저 기렴헌 제주시 서문바껫 나사면 하귀마을 경허여 삽네다.
원전싱 팔저ᄉ주 기렴헌 양씨부모 아바님 일흔ᄋ둡님
김씨부모 곧 여든님 수양양재 들어 일월삼멩두 옛날 권위웃품 나던
이하 조상 선생님 일월삼멩두 원구월달 초ᄋ드레 본멩두 솟아난 날로 강
이 조상 모셔당 쉰에둡님 사는데 마흔ᄋ둡 초간주집 서른ᄋ둡 이간주
스물ᄋ둡 하간주 연양당주집 몸주집 신영간주집 연양불도집을 설연허여

---

599) 원전생(元前生) 무당은 원래 전생(前生) 팔자가 사나워서 된다고 함

날은 받으나 신전에는 하강에 ᄌ순에는 생기복덕 좋은 일정 잡앗수다.
초집서는 어떵허리 양씨선성 아바님 초집서 메겨 요 일을 어카 허단
나이도 웬만해여지고 영허난 양씨부모 아바님 놓은 ᄃ리로
원전싱 팔저ᄉ주 기렴헌 성은 서씨 도신네 됩네다.
신축생 의논허여 애산 신구월달 열ᄋ셋날은
안팟공시 몸받은 연양당주문 열렷수다.
몸주문 열렷수다 신영간주문 열렷수다.
팔저궂인 유학형제 거느리어 ᄆ을 넘으멍 재 넘으멍
성읍리 민속마을 문화재로 지정된 초가삼칸을 빌언오라
열ᄋ셋날부터 옛날 옛성인님네 천우 지방법으로 마당 붉음이로
천지에 월덕기 좌우돗기 나비줄전기 삼버리줄 안으로는 ᄉ해열두당클
삼천천제석궁 어간허고 안으로 안시왕 삼본향 마을 연양당주 알로 내려
연양탁상 우전으로 할마님과 군웅일월 제석님을 옵센 옵서 청허시저
열 일뤠날은 기메코ᄉ 넘어 들엇수다.
옵센헐 땐 신공시상 갑센헐 때 연공시상 됩네다.
일문전 어간허여 천지염라대 어간허여 천보답은 만보답 초감제상 신수푸고
안팟공시 설립허여 서씨 도신네 쉰에하나님
낮엔 ᄎ볕 속에 밤에는 ᄎ 이슬 속에
거울없이 놀고허던 일만팔전 신전님네
옵ᄊ어옵ᄊ어 청히어 ᄉ헤팔방 문을 열렷ᄉ다.
신맞이 넘어들고 초감제 신맞이에 떠러지던 신전님은 도래 안상계로
각호각당드레 살려옵센 허난 상당 중당 하당 주서 말씀ᄁ지 얼굴ᄀ멍 넋ᄀ멍
천하금공서 설운원정 올렷수다.
옛날 칠대지약 팔대지 선대조상 후망부모 형제 일신님
지픈궁에 이신 부모조상님네
죄목죄상을 다 풀려 옵센 허여 보세신감상 넘어 들엇습네다.
초공 난수생 질로 안팟공시 옛날 고옛선성님네
몸받은 선생님네 일부ᄒ군잔 들엿수다.
이공 난수생 삼공 난수생 직부일월 세경 난수생ᄁ지 신을 풀어 잇습네다.
어제 스무날은 마당 붉으민 금마답으로 여궁녀 아기들이라도 저 아기들

잘 그늘롸줍센[600] 허여 천지 중앙 천지 옥황 천신 불도 연맞이 넘어 들어
어제 간밤[77]지 할마님은 삼송낙 전지로
동살장 심방우전 서살장은 방안우정으로
할마님 몸쌍드레 잉어 메살려 잇습네다.
오늘 스무ᄒᆞ를날 준지너른 금마답으로
천지염라대 어간허고 좌우독기 어간허여 마당 붉음위로 초 · 이공연맞이로
어멍은 아기 보저 아기는 어멍 보저 기픈궁에 든 어머님 야픈궁드레 옵서
야픈궁에 갓건 어머님을 신가심을 열리저 영허여
오늘은 초 · 이공연맞이로 선신방방 올리저 영협네다.
초 · 이공연맞이로 초공 성하르바님 천하대궐 금주님 지하대궐 여주님
초공 하르바님은 천하대궐 임진국대감 지하대궐 김진국 부인 되엇수다.
초공 아바님은 황금산 주접선성 초공어멍 적금산 이산 앞은 발이 벋고
저산 앞은 줄이 벋던 왕대월산 금하늘
노가단풍 ᄌᆞ지명왕 아기씨 되엇수다.
옛날 궁의아들 젯부기 삼형제 아방 어시 컨 이거 세상 삼형제 탄싱허여근
일천선비들 일천 서당에 강 글공부 배우는데
어머님아 우리 일천선비를 글공부 허는디 강
굴묵지기나 허고 불지기나 허영 글이나 배우쿠텐허여
삼형제가 간 굴목지기 불지기 채지기로 허멍 일천선비들 이거 등 너머로
ᄒᆞᆫ 자 두 자 글을 배우멍 허는게 옛날은
이 아기딜 공책도 엇고 연필도 어시난
굴묵지기허멍 손바닥에 재를 꼭꼭 눌려건 재 우티 ᄒᆞᆫ 자 두 자 글을 쓰는 게
이 아기들 이때에 젯부기 삼형제가 이름 생명 되엇수다.
일천 삼천 선비들 서울 상시관에 과거보래 가게 되난 어머님아 우리도 강
과거 보쿠댄 허난 바농질허여 품삯 번돈 모아주난
삼천선비 두에 젯부기 삼형제 과거보래 가는 게 알로 대사님 올라오단
앞에 가는 삼천선비들 과거를 해여도 낙방될 듯 뒤에가는 젯부기 삼형제
과거 당선될 듯 ᄇᆞ름섭에 삼천선비 귀에는 들리난 삼천선비 의논허여
아이고 우리 저 젯부기 삼형제 들앙갓단 우리가 과거에 낙방될로구나 허여

600) 지켜주시라

가단 배좌수 집이 이시난 배낭 웃틀에 올려두어

삼천선비 상시관에 과거들어 가보난

그날 밤 꿈에 배좌수 꿈에 배낭 우티 얼거지고 틀어전 꿈에 선몽되어

오란보난 무지럭 총각 삼형제가 배낭 우티 걸터 앉앗수다.

아이고 우린 올라가도 내려오도 못허는 젯부기 삼형제가 되엇수댄 허난

야 이거 다님 풀어 알드레 배 떠러치완 내려오란 배좌수 집이서

보리밥에 묽츰이⁶⁰¹⁾로 시장끼를 멀리고 삼시관에 들어가 큰성우

천지흔합 천지개벽 베포도업을 썬

삼천선비 과거를 보아도 다 낙방이 되어가는 구나.

상시관이 이글 쓴 아기들을 춫아 들이라.

수양버드낭 아랫간 젯부기 삼형제 춫아드련 이글을 써보랜 허난

발가락에 붓을 잽전 이레활활 저레활활 써 가난

설운 아기들 너무나 영력허고⁶⁰²⁾ 똑똑허다.

야 이거 과거 주엇구나.

일천 삼천선비들 중의 ㅈ식을 과거를 줄 수가 잇습네까.

배옥상을 꾸며 멕여봅서

술과 안주는 상알드레 다 내려와 부럿구나.

과거낙방 되어간다.

손재주라도 우리 뵈완 가쿠덴 허연 연주문을 맞처

젯부기 삼형제 중의 ㅈ식이라ᄃ 이 아기들 과거를 줄만허댄 허여

그때에 삼형제가 삼만관숙 육방하인 거느리어 오라 가는게

삼천선비 옥황에 등장을 들언 중이 노가단풍 ㅈ지명왕아기씨 방탕허게 나저

궁에 가두와도 물멩지 단속곳 걸언

아이고 젯부기 삼형제 오란보난 어머님 간 곳 엇고

지동에 물멩지 단속곳 걸어저시난

우리 어머님 지픈궁에 갑데가 야픈궁에 갑데가

웨진국을 춫아가난 설운아기들 니네 아방 ㅊ지클랑 황금산을 춫앙가민

알도레가 잇댄허연 황금산 주접선생신디 간 절 삼배 드리난

---

601) 물 말아 놓은 것

602) 영리하고

아이고 설운아기들 중의 ㅈ식은 상통 차는 법이 어시난 머리삭발 허랜허난
대공단 고칼드려 머리삭발허여 절삼배 올리난
설운 아기들 너네들 어멍 ㅊ지커들랑 좋은 심방질이라 허랜허난
그때는 궁의 아들 삼형제 어머님만 ㅊ젠허민 심방질을 못 험네껜 허연
큰아들은 초감제 셋아들은 초신맞이 족은 아들은
삼시왕을 바라나고 바라들멍
ㅊ사오기 먹사오기 축성 상시당 어주애 서강베포땅 들어강
마흔ㅇ돕 초간주 서른ㅇ돕 이간주 스물ㅇ돕 하간주집 마련허고
마흔ㅇ돕 고모살장 서른ㅇ돕 빗골장 스물ㅇ돕 모란장 동심절 마련허여
설운 어머님 옥황에 등장을 들언 그때에는 옥황에서 설운 아기들
어머님을 ㅊ젠 좋은 전성 그리처구댄 영허여 어머님 상봉허난
어머님 지픈궁에 갓다옵데가 야픈궁에 갓다옵데가
우리 어머님 ㅊ젠 좋은 전성 그리처수댄 허여 좋은 전성 그르천
유씨 엄마 놓은 연줄로 정공철씨 쉰에 둘님도 좋은 전성 그르천 뎅겸수다.
오늘은 초·이공연맞이로 신전 ㅊ지 ㅎ합시는 개벽시 천지왕 지부왕 인부왕
대소별왕 총명부인 열다섯 십오생인님도 사나옵서.
저싱법 이싱법 마련허던 대소별왕님도 사나와 드립네다.
천근 지근 인왕 만근님네 사나와 드립네다예~
올라사면 옥황상전 ㄴ려사면 땅ㅊ지 지부ㅅ천대왕님네
산ㅊ지는 산신대왕 동에청룡 산왕대신 서에백제 산왕대신
남에적제 상왕대신 북에흑재 산왕대신님네
할로영산 오백장군 오백선생 백마장군 백마선생
여장군 여신령에 몸받아 오던
산왕대신님도 사나와 드립네다.
물ㅊ지 팔대요왕, 절ㅊ지는 ㅅ산대사 육관대ㅅ 홍법대ㅅ ㅅ명당님
인간 우전 불도님도 초·이공연맞이로
날로 둘로 월로 일로 시로 방광
월일경 사나옵서

(징)

694

사나와 들여가면 궁이외다 궁이외다 지픈궁도 궁입네다
야픈궁도 궁입네다 예~
지퍼 야퍼
신임 초공 천제석궁 상시당님도 사나와 드립네다.
초공하르바님 초공할마님 초공아바님 초공어머님네
당주벨감 당주도령 당주아미 됩네다.
사나와 드려감네다
그뒤후로는 청개왕도 상시당 백개당도 상시당 주량산
이알은 원진국도 상시당 김진국도 상시당 되엇수다.
원강아미 사라도령 할락궁이 재인장제 집에 수레악심 불러주던
이공서천도산국님도 사나와 드립네다.
삼공 안당 주년국님네 사나옵네다.
시왕 그뒤로 전병서는 신병서는 원앙감사 도서 짐추염나
태산대왕 법ㄱ뜬 ㅅ천대왕 시왕 삼멩감님네도 사나와 드립네다.
들여가면 그뒤후로는 땅도 집서 엄전님 물도 집서 엄전님
낳는 날은 생산 받고 죽는 날은 물고 장적 호적 인물도성 ㅊ지허던
웃손당은 금백조 셋손당은 세명조 알손당은 ㅅ천국 아들가지 뚤가지
갈라옵던 한집님 굴하르바님네 굴할마님네 되엇수다 사나와 드립네다.
이 ㅈ순 일곱고비 ㅇ돕간주 마른밧 배달림 솟아난 문오안전 문오부인
동문밧 ㅊ일뤠 남문밧 열일뤠 서문밧 ㅅ무일뤠
개당한집님 동원할망 객세할망
수직할망 창밧할망 염색할망 안동골 광주부인 막동골 축일한집
개동산 개당 한집님 사나와 드립네다.
내외동산 상교상천 성방이방 포도사령 불리방 ㅊ지하고
낮에는 깃발로 밤에는 신불로 목사 원님 ㅊ지한 한집 양서본향 한집님네
하모 갯밧 석사니물 일뤠중저 해녀부 ㅊ지헌 삼천 초기연발 ㅊ지허던
한집님네도 사나와 드립네다.
초·이공연맞이로 각서본향 한집님네
날로 둘로 월로 일로 시로 방광
월일경으로 사나옵서.

(징)

사나와 들여가며 팔저복력허며 이름 좋은 정공철씨
몸받은 안공시로 밧공시로 옛날 선생님네 옛날 황서님네
글선생은 공접네다 활선성은 거접네다. 불도선생 노접네다.
유씨엄마 대선생님 남천문밧 유정승 뜨님아기 혼 일곱살 나던해에
안명 천지되어 일흔일곱 나던해에 대천겁을 저우리던 유씨 대선생님네도
사나와 드립네다.
안공시로 쉰에 둘님 몸받아 오던 조상님네
오늘은 신공시로 사나와 드립네다.
웨진편은 밧공시로도 진외편 김씨하르방님네 첵불일월 임씨 할마님
삼불도 몸받은 조상님네 웨진하르바님 첵불 족은 할마님도
첵불일월 고모님네 몸받은 불도일월 어머님도 일월 밧공시로 어머님
초신질 발라주던 정씨하르바님네 몸받은 조상은 벵뒤 진밧가름 허멍
코ᄉ 수산한 상가리 솟아난 고씨 대선생님 안씨 김씨 서 선생님네
서김녕 임씨 대장간 불매 경기도 국일공예사 몸받아 오던 조상님네
초신연질 발라주던 양씨 부모님네
황씨 임씨 이씨 이씨 하르바님네 임씨 하르바님네
그 뒤후로 이 신질을 발라주던 정씨 하르바님네도 안팟공시로들 이부풉서.
안씨불도 하씨 삼춘님네 고씨 큰어머님네 서씨 부모아바님네
삼신질 발라주던 대역례 바쳐주던 이씨 부모 아바님네도
오늘은 쉰하나님 큰굿 오랏수다.
밧공시로들 이부풉서
양씨 김씨 선생님 부모 조상님네 큰누님 셋누님 양씨 맹서님 어머님네도
신공시로들 이부풉서.
그 뒤후로 강씨 성님 몸받아오던 하르바님 할마님
아바님네 웨진 삼춘님 몸받아 오던 선생님네
몸받아 오던 선생님네도 신공시로 이부풉서.
강씨 오라바님 몸받아 오던 하르바님 할마님
아바님 어머님네 몸받던 조상님네
또 이에 고씨 당주하님 뒤후로도 산신첵불 불도일월 어진 조상님네

696

사나 신공시로 신의아이 이부풉서.

또 이에 오씨동생 몸받아 오던 옛선생님네 신공시로 이부풉서.

고씨 형님 몸받아 오던 옛선생님네도 초신 팔저궂인 유학형제들

초신질 이신질 삼신질 대역례 바쳐주던 옛 선생님네 신공시로들 이부 풉서.

신의 아이 부배간 몸받아 오던 선생님네

초신연질 발라주던 진씨 부모님네도 신공시로 신수풉서.

주의 모관 대정가도 천저금저 정의가도 천저금저

멘공원 멘횟수 도공원에 도횟수

입춘춘경 월일석 발롸오던 옛선생님네

초·이공연맞이로 간장석던 선생님 오장석던 선생님

목청좋고 굿 잘허고 언담 좋고 대제김에 소제김에 놀던 선생님네

날로 돌로 일로 시로 방광

월일력으로 안팟공시로 사나옵서.

(징)

사나와 들여가며 초·이공연맞이로 쉰에둘님 하르바님네 할마님네여 영

아버님 어머님 고모님네 성진조상 웨진조상

아까운 성제일신 영가영신님네도

내일모레 시왕을 옵센처영 시왕앞으로 저싱 사남 올릴 때랑

영신님 칭원 헌 원정 올려안네쿠다.

초·이공연맞이로들

날로 돌로 일로 시로 방광

월일력들 사나옵서.

(징)

초·이공연맞이로 초방광 선신방광 드렷수다.

〈추물공연〉

받다 이건 안초공 밧초공 안이공 밧이공 안삼공 밧삼공
고 옛선생님네 안팟공시로 선생님네
각서본향 양우 영신님네 받다 남은 주잔은
저먼정 나사민 초 · 이공연맞이로 영기 몸기 지기들 영서멩기 지기들
앞엔 선봉대장 두엔 후봉대장 몰 들른 이 기 들른 이 가메 들른 이
삼만군사 누비군사 거느려오던 임신들
안팟공시로 당주ᄉ록 몸주ᄉ록 신영간주ᄉ록 본당ᄉ록 신당ᄉ록 영가ᄉ록
얼어부서 주어가던 임신들
주잔권잔 들여가며 잔도 개수헙네다.
대도 개수허여 불법전 위올려 들여가며 설운 장기 앞에 받아 아장
열두 가막쇠 부전올려 오른손엔 채를 받고 왼손엔 궁을 받아
천하금공서 설운원정 올리건 받아 하렴헙서

(초 · 이공상 앞에 앉아서 장고를 치며)
공시 공신은 가 신 공서
제주 남선 인보역 서준왕 서준공서 올립네다.
올금년 신묘년 둘 중에는 원전싱에 팔저궂어 오던
원구월달 초ᄋ드레 본멩두 신구월달 열ᄋ드레 신멩두
상구월달 스무ᄋ드레 삼멩두 솟아난 둘입네다.
국은 갈라 생기난 국도 생기던 국입네다
아찌던 도장 고단 단금 여쭈던 말씀 전 위올립긴 (장고)
저 ᄌ순 사는 당주집 몸주집 신영간주집
현주소는 제주시는 동문바꼇 나사면
조천읍은 북촌마을 (장고)
되염수다. 북촌마을에서
마흔ᄋ돕 초간주 서른ᄋ돕 이간주 스물ᄋ돕 하간주집
가지 노픈 신전집 지애 노픈 당주집 몸주집 무어건 살암수다.
팔저궂인 정공철씨 경자생 받은 공서 올립네다.
육민내기 강들 살암수다.

일녀 애기는 스물흔설 하녀 아기

할마님 지친 ᄌ순 열두설 받은 공서 올립네다.

(장고)

어떠허신 연유로서, 이공서 이원정 올립네까.

먹다 남은 이공서 아닙네다.

쓰다 남은 연양 상괴상 곱이첩첩 괴여노앙 이공서도 아닙네다.

쉰에둘님 난 날 난 시 기박허여 화련주를 매여나난

어릴 때부터 ᄂ은 보면 성헌 몸 같아져도

쉰둘님 열설 미만부터 천출 운출

저몸에 신병 득주가 되어지어

아찐 장제 장적 물던 물저 물든

연풍낭에 누에머리 흔들어가듯

죽도 살도 못허난 난 어머님 살아생전

이 아들 저 용당 팔저궂인

신에 당주 알로 몸주 알로 가건 신충에 아기로

멧들 간 살고 영허여도

몸에 신병은 떠나지 아니 허여

양친부모 죽어서도

스무 설도 넘고 삼십세가 넘어가도 (장고)

선배 후배 거ᄂ리어 연극허래 뎅기고 영허여도 팔저복력

다 삭이지 못 허여건 팔저 그리치기는 서른다섯 나던 해에

성은 김씨 병술생 되엿수다.

심방이나 배왕 허랜 허난 좋은 심방질 허저허여

설쇠두드림 대양두드림 북두드림 장구두드림 (장고)

큰 아진굿 산굿 다 배와도 ᄂ광ᄀ찌

당주 설연도 못 허시고 몸받은 조상도 어서지어건

팔저궂인 성제간들 오랜허민 오토바이 탕 강

굿만 해영 오는 몸이 되엇수다마는 (장고)

올금년 들어사난 죽을낭 밑에도 살낭이 되어지어건

나무는 돌을 의지 돌은 흙을 의지허여 사는 세상 되어지난

원전성에 팔저복력 궂인 양씨부모 아바님 김씨어머님

ᄒᆞᆫ팔저 ᄒᆞᆺ주가 되어지난 수양양재 들어건
조상 물리고 연물 물리고 원구월ᄃᆞᆯ 초ᄋᆞ드레 이 조상 모셔당
북촌에 강 이녁 사는디로 강 당주를 설립허엿수다.
몸주를 설립허엿수다.
(장고)
지금ᄁᆞ지 이 ᄌᆞ순 몇십 년 간 심방질은 허여도 거부량허게
ᄒᆞᆫ번 초신질도 못내 발루고 삼시왕에 역가도 ᄒᆞᆫ번 못 바치난
금번은 여라 선생님 덕택으로 (장고)
초신질도 발루고 삼시왕 삼천왕에 역가도 바치시고
영허여 이 앞으론 심방질을 뎅겨도 당당허게
좋은 전싱 그리처 하신충으로라도 뎅기저 영헙네다.
(장고)
오늘 스무ᄒᆞ루날은
준지 너른 금마답에 초·이공연맞이로
어멍 지픈궁에 든 어머님 야픈 궁드레 옵서
야픈 궁에 든 어머니 신가심을 열리저
어멍은 아기 보저 아기는 어멍 보저 영 허여건
초·이공연맞이 때가 되엇수다.
(장고)
올라 옥황상제
ᄂᆞ려사면 땅ᄎᆞ지 산신대왕 팔대요왕님네도 상받읍서.
절ᄎᆞ지 서산대ᄉᆞ 원효대ᄉᆞ 사명당 홍법대사님네
인간ᄎᆞ지 불도님네 상 받읍서
초공 성하르바님 천하대궐 금주님
지하대궐 여주님네 상 받읍서.
초공 원진국은 천하대궐 외하르방 임진국 대감님
뒤에 김진국 대감님 상 받읍서
초공 아바님은 황금산 주접선생님 상 받읍서
초공 어머님 이산 앞은 발이 벋고 저산 앞은 줄이 벋어가던
왕대월산 노가단풍 ᄌᆞ지명왕아기씨 궁의 아들 상 받읍서
너사무너도령 상 받읍서

(장고)

각서오본향 한집 상 받읍서

안팟공시로 고 옛선생님네

몸받은 부모조상 선생님네 상 받읍서.

(장고)

양우 영신님네도 상 받읍서.

(장고)

들여가며 초정성을 받읍서.

천왕가도 금공서 지왕가도 금공서

인왕가도 금공서 되엿수다.

강남서 온 대책력 일본서 온 소책력

우리나라 노적 책력 받읍서.

저 올레에 금줄낫네 홍줄 매엿수다

홍줄낫네 금줄매엿수다

황토다리 꼬랏수다 금마답으로 (장고)

천지염라대 받읍서 대통기도 받읍서 소통기도 받읍서

좌우독기 받읍서 나븨줄전기 삼버리줄 받아나삽서.

(장고)

화초병풍 연양탁상 받읍서

슬전지 받읍서 너을기로 기메전지 받읍소서

천보답상도 받읍서 만보답상도 받읍서

마흔오돕 초간주드리 서른오돕 이간주드리

스물오돕 하간주드리로 받아나 삽서

은농 눈동 주석 삼동에 대백미는 소백미 올렷수다.

고리안동벽 자동벽 신동벽 받읍서.

금바랑 옥바랑 받아삽서.

(장고)

구름ᄀ뜬 백돌래 얼음ᄀ뜬 백시리 받읍소서

삼곡마령 받아나 사옵서

머리ᄀ진 기제숙 받아나 사옵소서

(장고)

어떤 것이 정성입네까

삼중과일 사과 능금 배로 포도로 받아나 사옵서

ᄑ릿ᄑ릿 미나리채 고사리채 두발납작 콩나물채 받아나 삽서

게알안주 받아나 사옵소서

이 정성 올립네다.

초쳇잔 청감주 이쳇잔 졸병주 돌아닦은 한난주

영노 삼주잔 받읍서.

동의와당 은하봉천수 받읍서.

촛불권사 받읍서.

어느 건 허젠허민 공이 아니 들며

어느 건 허젠허민 진들 아니 드오리까.

공든답은 재겨줍서 지든답은 재겨나줍서

금번 쉰에둘님 이 정성을 올리건

안팟공시에 몸받은 선생님과 조상에서

이 ᄌ순 앞이멍에 ᄲ른 이견 내세와 줍서

둿이멍에 너른 이견 내세와 줍서

어신 말멍 젯ᄃ리 나수와줍서

상단골도 나숩서 중단골도 나숩서 하단골도 나숩서.

(장고)

먹을 연도 나숩서 입을 연도 나숩서

육민내지 강 사는 스물ᄒ 설 열두 설 이 아기나 아멩이나

급헌 전보 급헌 서신 오게 마랑 잘 그늘뢔줍서.

쉰둘님 오토바이 탕 뎅기는 질

관청에 벋치고 인명에 축허고 제명에 낙누 헐 일

ᄒ잔 술을 먹엉 뎅기당 어느 손땅에 발질에

넋날 일도 혼날 일들 겁날 일들

ᄂᆷ앞이 굿인 모략 들 일들 나게나 맙센 영허여

오늘은 초 · 이공연맞이로 금공서 올렴수다.

떠러진 옛선생 조상어시 ᄒ반 일반 채나 금공서 올렷수다.

멩과 복이랑 양공시 상으로 멩과 복이랑 다 재겨줍서 예~

(장고)

초·이공연맞이로 금공서 설운원정 올렴수다.

상당이 받다 남은 주잔 중당이 받습네다.

중당이 받다 남은 주잔 하당이 받습네다.

하당이 받다 남은 주잔 도물림허여 도아전시켜 저먼정 나사민

옥황 두에 지부ㅅ천대왕 두에 놀던 군졸들이나 산신 두에 놀던 군졸,

팔대9왕 두에 놀던 군졸 서사대서 두에 놀던 규졸들,

초공전 두에 놀던 군졸들, 이공전 두에 놀던 군졸들,

옛선생뒤에 당주ㅅ록 몸주ㅅ록 신영간주ㅅ록

불도ㅅ록 쳇불ㅅ록 불러주던 임신들

본향 두에 본향군졸들 신당군졸들 주잔권잔 헙네다.

상궤지기 중궤지기 하궤지기들 영가영신 두이로도 얼어 벗어

추워 굶어가던 임신들 주잔헙네다.

깃발보멍 연발보멍 굿소리 들으멍 오던 임신들

큰낭지기 큰돌지기 이 도량에도 굿소리가 멧칠 멧날을 해여가난

꿈에 선몽 남가일몽 주사야몽 들어주던 이런 임신들 주잔 권잔 드립네다.

잔도 개수헙네다 대도 개수허여 불법전 위올려 들여가며

초·이공연맞이로 둘 셋 넷 다섯 산이나 곱게 받아 (제비쌀점)

이굿을 해영가도 하다 눕 앞이 별말을 들어도 죽은 듯이

쇽쇽[603]히고 횔일 정성 잘 허고 (제비쌀점)

어디 벌어 먹을더라도

며칠날 오랭해도 가지마랑 가지마랑 (제비쌀점)

영허민 소지중에 든 몸이라 몸도 편안하고 옛선생님에서 몸받은

게도 누구말따라 녹은 태운 어른이라 녹은 똑 영해여 가민

어디서 귀양풀이를 해 도랜허난 또 일이 남직허다 원 제비점을 보난

영허민 몸도 편안허고 (제비쌀점)

몸받은 조상님에서나 하나 두개 세개 네개 다섯개 열한방울

일상 생기라 고맙습네다.

몸도 건강허고 앞으로 왕 굿도 잘 나고 몸 건강해 애기들이 편안허건

---

603) 조용, 침묵.

이번에 서씨 선생님 덕택인줄 알고 여라 선생님 덕택인줄 압서 양
편안 허크라.
고맙습네다 천하금공서 설운 원정 올렷수다.
불법이라 불법전드레 위올리며 신의아이 안팟공시 옛선생님
이 알로 굽어 신청입네다.
나 영 공연햇습니다 양 나 영 공연햇수다
고생햇수다. 고생햇습네다

〈초공 신질치기〉 양창보

〈초공 신질치기〉는 〈초공본풀이〉를 연극적으로 풀어나간다. ᄌ지명왕 아
기씨는 청녀울을 쓰고 스님에게 시주를 내주다 임신을 하게 되고, 부모님께
임신한 사실을 감추려고 분장식하는 대목이 이어진다. 머리를 빗고 단장을 하
는 과정을 해학적으로 표현한다. 세수하는 흉내를 내고, 산판을 두 발 사이에
끼워서 거울로 삼고 화장하는 시늉을 한다. 거울을 본다. 연지를 바르고, 눈
썹을 그리고, 신칼채 머리타래처럼 나란히 펴 머리를 빗으로 빗는다. 다 빗
은 머리는 뒤로 넘기고, 빗에서 이를 잡는다. 잡은 이를 입에 넣고 씹는다. 뱉
는다. 빗은 머리를 땋는다. 댕기를 묶고, 뒤로 감아 비녀를 꽂는다. 신화의 희
극적 연출이다.

(군복차림의 양창보 심방이 신칼을 들고 마당의 초·이공맞이상 앞에서 진
행)
초·이공연맞이로 초공 시군문은 열렷습네다.
오리정 신청궤로 신을 메와 오르며 ᄂ리며
초방광 금공서 양궁 뭇처 잇습네다.
초공 임정국 삼시당 하늘님 안으로 드는 질에 어간이 되엇습네다.
어멍은 아기 보저 아기는 어멍 보저
부모자식이 일부ᄒ잔 때가 당해엿습네다.
초공 신질 연질도 돌아보자

(악무)

연양당주 삼시왕 질도 돌아보자

(안으로 들어간다)
(악무)

초공 당주 삼시왕 질을 돌아보난
어멍은 아기 보저 아기는 어멍 보저
부모자식이 인연 상봉해여 일부ㅎ잔 때가 당해여 돌아보니
축선교 상시당 어주애삼녹거리 질이여 유저낭질이여 팽저낭질이여
왕대월산 금하늘 질이 당해여 옵네다.
이젠 어찌하면 좋으리 이질 빌어 닦으라 헙네다
면을야 필양 불란허고 도장을 잡히려 허대영 가남이 부족허고 신도청[604]을
맞이 허엿구나
신도청은 김녕 사는 서순실이 신도청을 메기난에
초감제 허고 불도맞이 해여나고
아이고 지치고 다쳐 내일은 시왕맞이 허젠 허난 ㅎ끔 쉬어서 헙네다.
대시헌 대남은 신의 아이 성은 양씨로 갑술생 나이는 조금 많지 일흔ㅇ돕
이 되엇수다.
어 신도청 맞이 허쿠다.
맞이 헛더니만은 이질은 선신문안은 드리난
이질 옛날 선성님에 빌던 질이로구나.
황수님에 빌던 질입네다.
밧공시 성은 서씨로 쉬은ㅎ나 몸을 받던 연줄대고 본메놓고 물려주던
선성님네가 빌던 질입네다.
안공시는 성은 정씨로 쉬은두설 몸을 받앗습네다.
몸받은 선성 연질위에 빌던 질이옵고 ㅎ 어깨로 오신 성은 강씨로

---

604) (神道廳)「신방(神房 : 巫覡)들」을 뜻함.

신사생 일흔하나가 빌던 몸을 받던 조상님에 빌던 질입네다.

성은 강씨로 을유생 몸을 받던 부모조상 형제간들이 빌던 질입네다.

들여두고 성은 오씨로 계사생 몸을 받던

부모조상 수양 부모님네가 빌던 질이고 닦으던 질입네다.

들여가며 성은 정씨로 갑신생 몸을 받던 선성님네가 빌던 질이옵고

들여두고 그뒤로는 성은 이씨로 기축생 몸을 받던 조상 성진성편이여

친정편 조상님네가 빌던 질입네다 닦으던 질입네다.

이질 빌어 닦으라 허시는데 이 ㅁ을 양씨선성 또위 양씨선성 또위 양씨선성

고씨선성네 빌던 질이옵고

아이고 설운 곰보누님 왕재연 누님네 빌던 질입네다.

이질 빌어 닦으라 헙네다.

정의 대정 모관 놀던 선성님네가 다 여쭈젠 허민 내일 이런 때가 되어 모실

러 오나

선성님 빌다 남은 질랑 제석궁 하늘도 놀 휘어 맞으며 동서우로 굿 드리며

(악무)

연양당주 삼시왕에 줄이 번나 발이 번어간다

연양당주 삼시왕에도 질 발롸

(악무 추다 안으로 들어가 악무 추다 나온다)

(신칼점)

동서러레[605] 배려보난 아니 본만 못해여 옵네다.

한라산 만쓱 다랑쉬오름 만씩 안제오름 만씩 덤덤이 재겨지엇구나

이만허면 어찌허러 선흘곳 들어가 들굽낭 작대기 둘러받아

동서레레 구급드레 치와

(치우는 시늉)

---

605) 동,서쪽으로

연양당주 삼시왕에 주리 번나 발이 번나

(안으로 들어가 치우는 시늉 하고 나와 신칼점)

동서레레 치왓더니만은 아니 안치운것만은 못해여 옵네다.
ㄱㄹㄱ지 한ㄱ지 왕대왓 죽심ㄱㄹㄱ찌 어짓비짓 해여
임정국 상시당에 들 수가 없습네다.
이만허면 어찌허리 제석궁 들어가
은답 위에 목겡이로 풀리 불리 일러

(치우는 치늉)

연향당주 삼시왕에 줄이 번고 발이 번나 당주 질로 갈라

(안으로 들어가 치우는 시늉하고 나온다)
(신칼점)

불리불리 일롼 보난 이거 아니 일른 건만 못해여 옵네다.
일리기니 큰 봉에 ㅈ온 봉애 외긋드긋 일어남데다.
일어나니 큰 봉애 ㅈ은 봉애 부수단 보난
큰 돌이여 족은 돌이여 마세등드레 일어납네다.
큰 돌 난건 군웅일월에 떠받고 ㅈ은 돌 옥돌 차돌랑
동서레레 본산드레 치와

(과일을 바닥에 굴린다 좀진돌을 대체로 사용)

연양당주 삼시왕에 주리 번나 발이 번나 당주질을 발라

(과일을 굴려 안까지 굴려갔다 나온다)

동서레레 치왓더니만은 큰돌 누워 난디는 누벽허고
즉은돌 누워난디는 여맥혀여 온다.
이만허민 어찌허리요 제석궁 들어간 건
옛날 전싱궂인 삼맹두 치워주던
모리대기 ᄀ뜬 발로 평균치 발라
연양당주 삼시왕에 줄어 번나 발이 번나 당주질을 발라

(악무 추다 안에서도 악무추고 나온다)
(신칼점)

발랏더니만은 이것도 평균치를 못 해여 옵네다.
제석궁 들어가 미레깃대[606]로 동서레레 ᄆ짱 밀어 올리자
연향당주 삼시왕에 주리 번나 발이 번나 당주질을 발라

(신칼점)

동서레레 미레깃대로 밀엇더니 이도 평균치를 못해여 옵네다.
밀어가난 아끈 구듬 한 구듬이 일어납네다.
제석궁 참빗 타다 동서래래 씨러

(빗질하는 시늉을 한다)

연향당주 삼시왕에
줄이 번나 발이 번나 당주질을 발라

(안까지 쓰는 시늉하고 나온다)
(신칼점)

동서래래 씨러 가난 칠련한게 질이 되엇는지 모인구듬이 재차 일어옵네다.

---

606) 반죽을 평평히 밀어 고르는 길고 둥그런 나뭇대

이슬 이슬 천왕 청이실로 줍제왓더니만은 구년 수위 질이 되어옵네다.
들이면 니축허고 나축해여 어질로구나.
마른다리 놓자 청소새 백소새 입이 너븐 소왕소새 도리도 노레가자.
본향당주 삼시왕에 줄이 벋나 발이 벋나 당주질을 발루자.
(신칼점)
너미 거창시러와 오실 듯 허는구나
청소새 밧에 청나븨 날아든다
백소새 밧에 백나븨 날아든다
나븨나븨 줄전 연나븨 다리를 놓자
연양당주 삼시왕에

(안으로 들어가 나븨 뿌리고 나온다)
(신칼점)

나븨다리 노앗더니 하우지어 오식해영
불본나븨는 불드레 날아들고 꼿분나븨는 꼿드레 날아들어
나븨들이 동서레레 훨훨 날아 뎅기멍
퍼뜩허건 공철이집으로건 나븨몸에 환생허여 동서남북 훨훨 날아뎅기멍
어딜가는고 허민 쉬어가민 어 요정으로 어 요정은 마라
아니면 고방술집으로 [고방술집도 마라게] 고방술집도 마라
기영허민 동으로도 상단골 서으로도 상단골 남으로 북으로도 상단골
어른아이 남녀노소 수언 단골 나수와 주저 헙네다.
또 하나 퍼뜩게 날민 서순실이 집으로 날아강
동으로도 서으로도 큰 굿이여 족은 굿이여
도당클 내세운 굿이여 중당클 굿이여
앚인제 일월불도 연맞이 나수와 줍네다.
나븨들이 노앗더니 하우지어 모실로구나
물멩지 강멩지 초공도리 놓자 선성도리 놓자
노앗더니 올정실정 받은 신세 정을 갈아보난 서른밧에 짜먹은 미녕이여
광목이여 실영목이여 헙네다.
느귀 나귀 내권개 ᄀ뜬게 올근귀가 바릉바릉 실근귀가 곰당진다.

일년을 먹고 살을 쏠을 금강모들 쏠정미로 ᄀ개ᄀ개 매우러 가자.

(쌀을 손으로 한움큼 집어 케우린다)

매완보니 복눈위에 거름이로구나
부도덕 마도덕해여 모식해여
대한게 대전상 소한게 소전상 열두징 금시리
삼천에서 도리 송편ᄃ리도 노레가자

(떡을 들고 안당 문 앞에 갔다 옴)

ᄃ리를 노난 익은 음식이 ᄃ리 난
귀신도 먹저 생인도 먹저
이걸 아니저랑 나야들이 어떵허민 좋으리요
[애끼멍 먹읍서 애끼멍]

(본주심방은 인정건다)

[우리 세 식구] 세 식구? 만약에 세 식구
저 열명 오른 ᄌ순들랑 들이쌍 내부려도 좋아?
세 식구만 거느리랜 올은 말이여~
이 원정을 많이많이 받아다
초공 임정국 상시당 하늘님전에 도올려 드립니다.
와랑차랑 돗는 물에 호피들도 만저허민 홍글래 홍가운드레 놓자 (요령)
연향당주 삼시왕에 주리 번나 발이 번나 당주질도 발루자.

(요령 흔들며 안으로 들어갔다 나온다)

이 ᄃ리 놓아보니 너무 야단시로와 못쓸듯 허는구나
이 ᄃ리는 어떤 다린고 허난 노가단풍 아기씨가 전성팔저 그리처올 때에
금정옥술발로 문을 알아보난 팔저전성을 그르치엇구나

아방국은 천하 임정국 대감님 지하에 김정국에 부인님
부배간을 맺어 천하거부 일부재로 잘 살앙
이십 스물 삼십 서른은 넘어가도 남녀 간에 자식 없어 호의탄식허다
단대목에 절간을 춫아 수룩을 드리저
절간법당드레 소곡소곡 올라가는 길이여
연향당주 삼시왕에 줄이 번나 발이 번나

(요령 흔들며 안으로 들어갔다 나온다)

절간 법당에 수룩드려 가젠 허난 정성을 어떵 드리코 허니
송낙베도 구만장 가사베도 구만장 상백미도 일천석 중백미도 일천석
하백미도 일천석 대추남 은저울로 백근 양대 준준이 채와아전
원불수룩은 올라가 낮에는 원불 밤에는 수룩을 드럿더니
돌아가건 부배간이 천생베필을 무어봅서
집안으로 돌아와 좋은 일자 택일을 받아 부배간이 합궁일을 무엇더니만은
그만 그날부터 유태를 아저 김정국부인님이 수룩들 내여가난
밥에는 밥내 물에는 물내 장에는 장칼내 먹구정허다 열달 고만 준삭차
아이고 배야 받아라 받아라 허단 배려보난 구월들이 당해엿구나
탄싱허여보난 여궁녀가 탄싱해엿구나
늦은덕정하님아 저먼정 나고 보라
시절은 어느 때 되엇느냐?
구시월 단풍이 들엇습네다
이 아기 이름이랑 노가단풍 아기로 이름을 지와도라
영해여 살아가는 중에 이 아기 흔 설 두 설 호강허게 키와보자
여름철에 나난 상다락이 노념허고 가을철에 나난 중다락이 노념허고
겨울철에 나난 따뜻한 보일러 방에 하다락에 노념을 허단 배려보난
어느 동안 열다섯 십오세가 되엇구나
나라에서 영이 나긴 임정국 대감님이랑 천하공서 살려오란
지하에 김정국 부인님이랑 지하공서 살려오라 허난
아이고 이 아기 남자 조식 フ뜨민 택실로도 돌앙갈 걸
여자 조식인 따문 돌앙가질 못 해여 궁안에 들여앉혀놓고

웃다지 알다지 미다지 가로다지 읍다지
이른으돕 고모살장 서른으돕 모람장 지개살장을 설연 해여놓고
아바님이 즁근 문 어머님이 수레를 두고
어머님이 즁근 문 아바님이 수레를 두어
나가멍 정하님 불러다놓고 아기씨랑 궁기로 밥주고 궁기로 옷 주엄시라
영해여 두언 천하공서 지하공서 살레해여 올라가는 질이여

(요령 흔들며 악무)

연양당주 삼시왕님이 줄이 번나 발이 번나 당주질로 발루자.

(요령을 흔들며 안으로 들어갔다 나온다)

천하공서 지하공서 허래 가부난
ᄒ를 날은 동개남 은중절 법당지컨 대사님이
고요한 달밤에 소사중들을 모아놓고
저 달은 곱집 곱다만 우리절간 명문오르고 수록드려 난
노가단풍 아기만은 못 해여 옵네다.
어느 누게 노가단풍 아기씨안티가 권재를 받고 본메를 두는 자가 잇이민
소사를 벳기고 대설을 씨워주마 영허난 지나가던 황주접선성이 늘려들어[607]
예 저가 갓다오겟습네다~~. 경허라
혼침 질른 굴송낙 귀드레 담듯 치고 드든여빌은 장삼 둘러입고
아강베포 직부잘리 등에 지고 백팔염주는 목에 걸고 손에 단주를 끼고
하늘 ᄀ른 철죽대를 지퍼아저
소곡 소곡 소곡 시권재상을 받으러 도ᄂ립네다.
임정국 대감집 원정 굴문 바껫 들어가 소승은 뵙네다 소승은 절이 뵙네다
절당에 대사가 아닙네다
황금산 도단땅 주접선성 지시를 받아 내려사 권재를 받고
본메를 두저 오랏십네다.

---

607) 날아들어

712

이집은 아바님은 어머님은 지하공서 살래 가부난
나 손으로 권재를 드리건 받앙갑서
아니됩네다 늦은덕 정하님
손으로 닷되 줄 체엣 것을 상전님 손으로
가지깽이 하나가 맞서질 못헙네다.
영허난 우리 아기씨는 궁안에 앉아십네다
일흔으돕 고모살장 서른으돕 비꼴장을 설연허고
아바님이 중근 문 어머님이 수레 들고 어머님이 중 근 문 아바님이 수레 두어
천하공서 지하공서 살려가부난 개건 분부랑 여쭙서 그문을 올면은
시권재 내여줄수가 잇습네까
어서걸랑 그리허라 가까이 올라오라
흔 발 두 발 들어가 흔 번을 둘러치난 천하가 진동허고 (요령)
두번을 둘러치니 지하가 요동을 헌다
세번을 둘러치난 서른으돕 상거심 조심통쇠가 질로 설강허게 열아지엇구나
노가단풍 아기는 하늘을 보카 청너울을 덮어씌고
두번을 둘러치난

(빨간 천을 입에 물고)

[흔짝 손은 어디갓수과]
옥황에 단수육갑 잡으레 올라갓수다
권재라 하민 한방울이 떨어지민 멩이 떨어지고 복이 떨어지고
혼방울도 흩지 말게 높지덜 낮으덜 터르르허게 비와 내줍서
흔짝 손은

(빨간천에 쌀을 담아줌)

흔방울도 흘치지말게 높지들러 늦이 비와줍센허난
전대기 좌우로 보난 알드레 잘잘잘잘 흘렷구나
아이고 아이고 무럭 은제 녹제로 방울방울 줍단보난
어느새 없는 손이 내돌아 아기씨는 깜빡깜빡 놀래연

안으로 활닥허게 들어가 권재를 받아 금법당에도 올립네다.
들엿더니만은 어데 대사님은 나가젠 허난
문을 열 줄 알고 닫을 줄 모르느냐
금정옥술발 둘러받아 흔 번을 둘러치고 두 번을 둘러치난
서른 0 돕 상거심조심 통쇠 질로 설강허게 해여 닫아두고 지깍허게 닫아두고
올레 바껫드레 나가난
정하님이 이중아 저중아 양반의 집이 못 댕길 중이여
후욕을 해여가난 돌아서 하는 말이 지금은 나에게 후욕을 해여도
앞으로 두서녁 둘만 잇어보라
날 찾아올 생각이 무지무지 생각난다.
영허난 이 중 저 중 수상허다 돌려들어
송낙기도 반착 철죽대도 반착 꺾어 본메를 주엇구나
대사님은 절간법당으로 도올르는 질이여
연양당주 삼시왕에 줄이 벋어간다 발이 벋어가다 당주질을 발루자

(요령을 흔들며 안으로 들어갔다 나온다)

당주질을 발루왓습네다
그날부터 노가단풍 아기씨가
그만 그만 어떵인지 밥도 싫어저가도 물도 먹으면 냄새나고 밥에는 밥내
물에는 물내 장에는 장칼내 세금세금 정갈래
돌콤돌콤 틸ㄷ래도 먹구정허다
풀사퀴도 먹구정허다
사과도 먹구정허다 밀감도 먹구정허다
허단 배려보난 일곱 0 돕둘이 되어가난 배는 부릉배가 되엇구나
이만허먼 어떵허리요 정하님이 서신은 올리되
삼년 살 베실 일년에 마처옵서
일년 살 베실랑 당 사흘에 마청옵서
집안에 우환이 들엇습네다.
올레로 워낭소리가 살랑살앙 나난
아바님이 오는가보다 어머님이 오는가보다

아바님은 밧사랑에 좌정허고 어머님은 안사랑에 좌정을 해여
아바님한테 선신을 가젠허난 어떵허민 좋으리요
해가 올라라 돌거울러라 몸거울러라
몸거울 해거울 돌거울도

(산판점)
(신칼을 목에다 걸음)
(세수하는 시늉)
(이 잡는 시늉)
(산판 엽전으로 다림질 하는 시늉)
(머리 빗는 시늉)
(얼굴에 크림 바르는 시늉)
(거울 보며 단장하는 시늉)
(화장하는 시늉)

연양당주 삼시왕에 주리 벗어 갑네다 발이 벗어 갑네다 당주질을 발루자.

(신칼점)

해거울 돌거울 몸거울 ᄃ리노아 아버님앞에 뒤으로강 선신을 드리난
아이고 어떵해여 반드시 아니 오고 뒤우로 오느냐
아바님아 그말 맙서
기집자식이 어찌 엄중헌 아바님 앞에 번듯이 나가버립네까
오단 배려보난 눈은 곰박눈이 되엇구나
어찌허여 곰방눈이 되엇느냐
늦은덕 정하님 저년 궁기는 좁게 해여부난
아이고 글로 바리멍 절로 바리멍 헐겁털겁 배리단보난 곰박눈이 되엇수다
아이고 코는 어떡허여 멀덕코가 되엇느냐
오유월 감기는 개도 안 걸린다는게 개만도 못허구나
고뿔걸려 콧물내려 실단보난 영 코는 멀덕코가 되엇수다.
입은 어찌해여 작박ᄀ찌 늘어낫느냐

하도 울단보난 늘어낫습네다
배는 어찌해여 부릉배가 되엇느냐
아이고 아이고 부모님 잇을 땐 홉으로 되로 마련허단
아바님아 어머님아 저년 괄세현 사흘 먹을 것도 흔 때에 서들건
아기 개밥 퍼주듯 바락바락 푸어주어 부난
너무 먹어 창제낭이 모양이 되엇수다.
이 핑게 저 핑게 설운아기 착허다
이제랑 어멍한티 선신을 가사아껀
아이고 오늘은 외편이 아니라 우리 어멍도 날 나멍 경허민 식구허난
어멍한테 다 무슨 송패가 잇시리야
불런치매 광 허랑이 주서입언 허리뒤딱 배리딱
어머님에 선신문안이여

(신칼점)

문안을 드리난 설운아기 굴른 기미를 복허게 씨엇구나
아이고 배락곡절이 잇는거 담다 이리 오라 보저
옆드레 심어단⁶⁰⁸⁾ 곱게 앉혀놓고 옷거름 클러라 가슴을 해처라
확허게 해처보난 젖고구리가 거멍해엿구나
아이고 이년아 저년아 대동강에 ᄆᆞ끌 년아 멍에 씨와 밧걸래나 이년아
아이고 안 아방 알면 청대섭에 목 걸려 죽인다.
어떵허민 좋느니 경해여도
아무 때 알면 알거 아니가
아방한테가 사실이 영 햇수다난
이거사 무신 말인고 양반에 집이 잘 되엇저
자객 밧듸 버텅 걸라. 뒷 밧듸 작두 걸라.
저 놈을 부르라 칼춤을 추라.
사웨당 찔르라 한패를 꽂으라 죽이기로 대량을 허야 가난
늦은덕정하님이 상제님아 저의 불찰로 영허난 나부터 죽여줍서

─────────────
608) 잡아다가

716

어 그것도 옳은 말이지
정하님 심허다 형클에 올려매라 죽이저 해여가난
노가단풍 아기가 놀려들언
하님이사 무슨 죄가 잇습네까
나가 영허라면 영허고 저영하라하면 저영하는 하님인데
나 죄지 하님 죄는 아니우다
젓두 옳은 말이여 죽이기가 아니되나 죽이는 대시으로
귀양정배를 마련을 허라 영해여 나가젠 허난
아바님은 경해여도 아기 상한 ᄆ음이라 가다 길 막히건
이걸로 치멍 넘어가라
아바님은 금봉채ᄃ리를 내여준다
어멍은 시집 갈때에 치매 한 ᄃ리 다 아니해여주느냐
열두폭 금서우레 홋단치마 내여주언 그거를 받아
아버지 어머님아 잘 살암십서
안녕 안녕 안녕 빠이빠이
경해여 올레 바꼇에 나가난 대정치멍 말제가리라도
동으로도 질이 나고 서으로도 질이 난다.
동으로 서으로 질이 나난 나 어디로 가면 좋으리요
정신이 아뜩한 게 아잔 어디를 가면 우리 살길이고 영해여 아잔
ᄆ정 눈에 ᄌᆞ이로구나 잠이 소ᄀᆞ히게 들언
번뜩허게 깨어난 보난 앞이 철죽 그뭇이에 나앗구나
오라 일로 가게 글로 가게 혼저 가게 가단 보난
조그만 산에 불이 붙엄시남 저건 어떤 산인고
말도맙서 어느 부모가 ᄌ식 내여보내여뒁
아니 산에 불인들 아니 붙습네까
아이고 너 말도 옳다
혼저 가게 혼저 가게
어데 저거 보라
물이 우로 알드레 내려올건듸 알드서 웃트레 올라감시니
우리가 가는 게 거꾸로 거신 물이 아닙네까
장개가고 시집가는데 서방이 새시방에 각시들래 오라사 혈걸

우리부터 먼저 장개가는 일이 이거 옳은 일이 아닙네다.

혼저 글라 가게 혼저 가게

혼저가게 혼저가게 혼저가게

가단보난 우는 퍼지고 아랜 토라진 산이 잇구나

저거는 어떤 산인고

아이고 아이고 건지산이옵네다.

이리 옵서 심어단 놓고 머리 곱게 눌런 머리 풀어 머리 목욕해여

시갑머리 육갑에 갈라다와 방패 건지허여 건지산 넘어갓구나

동에 청산 서에 백산 남에 적산 북에 흑산을 넘으난

청수와당 백수와당 적수와당 흑수와당 낙수와당 수삼천리가 당해엿구나

연양당주 삼시왕에 줄이 벋어갔나 발이 벋어갔다 당주질도 몰르자.

(안으로 들어갔다 나온다)

낙수와당 수삼천리 행도 허고 소생강인도 허고

수삼천리 당허난 집에 질르던 강아지가 늙언 죽으난 대껴부난

거북으로 환성이 되던 나 등에 돌아집서 영해여

낙수와당 수삼천리를 남겼지 허고

서천강연ᄃ리 노안 넘어갈 때 허고 영허난

어느 것이 옳은 일이로구나

낙수와당 수삼천리 넘어가난 축성주 상시당

어주애 삼녹거리 서강베포 당해엿구나.

아이고 원천강 금법당 초군문이 당도하엿습네다.

초군문에 당도허난 문직대장 감옥성방 옥사장이

인정을 아니 주면 아니 냉겨부러쿠단 허난

인정 쓸 돈은 어서지고 예야 이리 오라 보저

어머님 해여준 열두폭 금서우레 치마 잇느냐 잇수다

이리 가저오라 그걸 혼폭씩 ᄇ리멍

열두 대문 인정주어 넘어 산을 허리밖에 아자 넘엇구나

바려 보난 정하님이 여덥폭 치매를 입어시난

이리오라 네폭째 확 ᄇ련 확허게 감아아전 치매로 해연 입언

들어간 소송은 저리 뵙네다.

아이고 주인님 주접선성을 찾아노라 햇수다.

영허난 들어가 날 찾아 올 사람이 어디 잇느냐

날 찾아올 사람이거든 천하로 내여놓고 이거를 콥으로 깡 쓸을 만들엉

식동에 그뜩 채왕 안으로 들이라 영허난 아이고 아이고

나락은 흔말 지민 쓸은 닷되도 아니 나오는데

어떻허민 좋고 경허난 낮에 우리가 허당 허당 버치 일이사 어떻 허민 좋느니

우리 앉앙 시키는대로 까보게 천하로 받아아잔 흔 방울 두 방울 까단보니

먼질 갔고 시장하고 배고파 무정눈에 줌이로구나 잠시 소곡허게 드난

옥황에 운지새 마늘새 영낙새 호박새 종대기 알롱새 박주리 요근새

다 내려오라 입으로 오조조조허게 몬딱 깜구나

자다 깨어나니 새들은 아잔 주서 먹음시난

요새야 요새야 경 아니해도 좋은 틀에 너네꾸지 돌래면 되느냐

쭈어 헐쩍 허게 도렷더니 놀아가는 생이 놀개 부름에

채는 다 불려두고 쓸만 남앗구나

그걸 식동에 채우난 그뜩허게[609] 차앗구나

아이고 정한 법당에 들이난 나의 각시가 분명허다만은

절간이라 하는 게 부배간 법이 없다.

어딜로 가리요 적금산 불도땅드레 도느리는 질이여

연양당주 삼시왕에 즐이 번나 받이 번나 연향당주 산시왕질도 발라

(안으로 들어갔다 나온다)
(신칼점)

불도땅에 도느려[610] 구월 초♀드레가 당허난

아이고 배야 아이고 배야 아이고 배야 해산기가 당해엿수다.

해복이 무어냐 아기 낳는 거 마씸게

경해여 받으라 받으라 맥을지난 가망일시나 해사아클

---

609) 가득하게
610) 내려

난 보난 아들이로구나

목욕통에 몸 목욕시켜 청대구덕 쏘곱에 눕전 윙이자랑을 허단보난

열ᄋᆞ드레 당해여 다시 아이고 배여 아이고 배여 경해여

ᄂᆞ단작 저드랭이 둘러 나완 보난 이것도 아들이로구나.

목욕통에 몸 목욕시켜 청대구덕 쏘곱에 눕저 윙이자랑 허단보난

스무ᄋᆞ드레 당허난 아이고 배여 배여 배여 허단보난

성들 나오난 자리 부정허고 서정허다

어머니 오복가심 질로 나완 보난 이것도 아들이로구나.

목욕통에 몸 목욕시켜 청대구덕 쏘곱에[611] 눕저 놓고

윙이자랑 이 아기들 이름이나 지어보저

초ᄋᆞ드레는 본맹두 열ᄋᆞ드레는 신명두

스물ᄋᆞ드레는 살아살죽 삼맹두로 이름을 지완

윙이자랑을 허단보난 일곱살이 나난 일천서당에 글공부를 허젠

아들들 아전 들어가 공부허레 오랏수댄 허난

아이고 삼천선비 ᄒᆞᆫ돈에 못 붙어

애비엇는 호로자식이여 하도 천대를 받으난

노가단풍 아기가 그 아기들 돌아아전

들어가 큰아들랑 굴목지기로 들여줍서

셋아들랑 삼천선비 베리물 심부름이라도 시겨줍서

ᄌᆞᆨ은아들랑 선생님에 담배불 심부름이라도 시겨줍서

영해여 들어가 공부를 허젠허난 씰 건 어시난 삼형제가 굴목에 ᄂᆞᆯ려들어

재를 끈어놓고 손바닥으로 꼰꼰눌러 손가락으로

글을 지는 것이 천하에 문장 글이로구나.

영해여 열다섯 나는 해에는 상시관에 과거를 보레 오랜허난

이 아기들 삼형제도 과거 보레 올라가젠 허난

삼천선비가 ᄀᆞ찌 올라가단 보난 대사가 내려오멍 아이고

앞이 선비들은 과거를 못 붙으켜마는

뒤에 오는 삼형제는 과거에 동방급제가 된 듯허다

영 그만 중얼거려부난 그만 그걸 삼천선비가 들언

611) 속(裏)에

올라가단 배고을 당허난 배낭 위에 배가 누릿누릿 띠웠구나

삼형제를 불러다 놓고

너네 저 배낭 위에 올라가 배를 땅 내려오면 ᄀ찌 갈 꺼고

아니면 여기서 떼여동 가켄 영허난 어서걸랑 기영헙서.

굽은디 굽억 굽은디 굽억 해여 높은 데로 치들여 올려 보내여 두고

삼천선비 도망을 갓구나.

도망을 가부난 쏘급에 배는 잔뜩 타고 내려가도 못허고 올라가도 못허고

아자 비새ᄀ찌 울엄시난 배좌수님이 밤에 누워 자단

꿈에 선몽하고 낭에 선몽해여 나가저 허난 청사초롱에 불밝혀 나간 보난

아 아기들 삼형제가 배낭위에서 아자 비새ᄀ찌 울엄구나

설운 아기들아 다님을 클렁 배낭 알드레 떠러치와두고 너네 삼형제 내려오라

내려오란 얼굴을 보난 천하일색이로구나

과거를 보면 급제를 해염직허다.

날이 붉으난 동문도 잡고 서문도 잡고 남문도 잡어 들어갈 수가 엇었구나

한쪽 모퉁이를 지나가젠 허니 풋죽612) 할머니가 풋죽을 풀암시난

우리 시장허난 한그릇 씩 사 요기를 해연

들어가젠 허난 어찌해여 안 들어갑네까

동문 서문 남문 잡앗수다 아이고 그것도 예사 할망이 아니로구나

그러지 말고 우리 아들이 상시관에 지동토인 노려잇이난

글을 써다 날 줍서 경허민 상시관에 들여주쿠댄 허난

어서 걸랑 기영헙서 해여

그때에 종이전에 종이사고 붓전에 붓사고 벼루사고 먹사고 영해여

글을 지와 가는디 풋죽 할망 아들이 나왕 잇이난

상시관 앉는 자리에 톡 놔두라

영허난 기영헙서

간 톡 허게 노난 과거를 보는데

이 글을 쓴 자는 나서라 영허난 아무도 나서는 자가 엇구나

토인이 허는 말이 그걸 쓴 자는 성 바껫에 잇습네다.

일관록도 나서라 이기셍도 나서라 이걸 쓴 자 잡아 대령허라

---

612) 팥죽

영해여 잡아들여가난 이거 너네 씨엇느냐

예 씨엇습네다 다시 한번 씨어 보겟느냐

이만씩헌 글이사 부디 손으로 씁네까

붓을 발가락에 잽저아전 휘휘허게 쓰여가난 세상에 없는 글이로구나

영해여 상시관에서 큰아들은 동방급제, 셋아들은 문선급제

즉은 아들은 팔도도장원을 해여 앞에 선배로구나 뒤에 후배로구나

마후배를 거느리어 내려오젠허난 아무때도 심술허고 개염투기한 놈들

관가에 밀고를 들어가는 게 어찌하여 양반의 자식은 과거를 아니 주고

중의 자식은 과거를 줍네까 영허난

어찌 알 ᄃ래가 잇느냐

한번 도임상을 출려 놓아봅서

도임상을 출려 앞에 ᄀ득하게 노난 미나리 청근채나 청감주나 먹고

제육안주 조소지는 아니 먹으난

저거 바려봅서 중의 아들들이 아닙네까

과거에 낙방이 되엇구나.

삼천 선비가 허는 말이

도임상을 출려주난 청근채만 먹고 제육안주 조소지는 아니 먹으니

저거 바려봅서 중에 자식이 분명 아닙네까

영허난 과거에 낙방을 시켜 부난 비새ᄀ찌 울멍시르멍 나오라

아이고 삼천선비가 하는 말이 너네 삼형제가 연주문을 부수우면

과거를 준댄 허난 ᄂᆞ려들어놓고 삼천선비가 허는 말 들어놓고

군병방에 ᄂᆞ려들어 천근활 백근살 오니동동 바라들어

큰아들 설랑허게 노난 상머를 맞첫구나.

셋아들 설랑허게 노난 태지동을 맞첫구나.

즉은아들 설랑허게 노난 편방을 맞처 연주문을 설랑허게 부수어나 두언

아이고 아이고 이만한 선비들을 그냥 놓아두면 되리야

영해여 삼형제가 재차 과거를 보아 아전

앞에 선배 뒤에 후배 마후배 청일산을 둘러타고

와라처라 들러라 와라 영허멍 내려오는 가운데 삼천선비가 내려오란

늦은덕 정하님을 시겨놓고 너네 상제님은 전옥에 가두와시난 죽어시난

ᄒᆞ저 품이나 전하라 "어떵헙네까" 머리 풀러 뒤갑으로 졸라매라

혼짝 손이란 빼라 혼짝 손이란 끼우라 울명시르멍

올라가다보난 삼형제가 과거보앙 내려왐시난

아이고 상제님이 과거가 무엇 입네까

어떵허면 좋느니 이거 벌써 안왓노라. 상제님은 죽어 출병막 해엿습네다.

이거사 무신말인고 일관록도 돌아가라 이게성도 돌아가라

삼만관숙 육방하인도 돌아가라 돌려 보내여 두고

우선 바빠난 행경버선 벗고 두건을 쓰고 동네나 벋은 머구낭을 꺽어놓고

채가 들건가근에 방장대를 설연해여 아이고 대고 내려오랏구나

어머님의 현상이나 보저 현판을 떼어보니 신천은 어서지고

물멩지 단속곳 하나뿐이로구나

그걸 가심에 쿠멍 아전 정하님 심어놓고 우리 외가 땅을 フ르치라

외가 땅에 들어간 선신을 드리젠 허난

양반에 집에 함부로 들어가질 못 헌다.

어 백도 바껏에 업데여라 업데여가라

게도 불쌍한 생각이 난 거라 배석자리 주라 배석자리 펴완

절을 허난 너네 아방을 츳앙가지 왜 외가땅을 오랏느냐

너네 아방은 황금산 ㄴ단땅 주접선성이 너네 아방이니라

영해연 칼이나 하나 줍서

뭘허겟느냐

괴기보이 급제히어 관기에 들고천 놈들 모가기 다 비와 주이겟습네다.

중에 자식들은 몱게 놀아야 한다. 몱게 놀아야 한다.

몱은 칼을 주는 것이 멩두로구나

그리허여건 황금산에 도올라가젠 허난

너네들 업데저난 초석이나 그냥 가저가리요

안네 들이면 물붙든다. 뭐라 둘러매여 가부난

큰굿해여 갈 때는 신자리 몰아저 가분데 헙데다.

영해여 황금산에 들어가 큰아들은 하늘천자 올레로 오랏시니

문문자를 설연해여 아바님은 본에 문문자를 설연해엿구나.

아버님은 큰아들 불러놓고 뭐가 좋더냐

과거를 보난 뭐가 좋더냐 도임상 받는 게 좋읍데다

게건 초감제허라

둘찻 놈은 뭐가 좋더냐
평일산이 좁데다 홍포관대가 좋옵데다 허난
초신맞이 허라 족은아들은 관숙이 좁데다 영허난
게거들랑으네 삼시왕을 바라나고 바라들라
영해여 삼시왕을 바라나고 바라들어 낫습네다.
연양당주 삼시왕에 줄이 번나 발이 번나 당주질로 발르자.

(안으로 들어갔다 나온다)
(신칼점)

삼형제가 죽성주 상시당 어주애 삼녹거리 내려사 보난
너사무 너도령 질에서 울엄시난 서로간에 항렬을 맺엇구나
육항렬 맺어 유저낭 팽저낭 벌목해여 신전집을 지어놓고
어궁또 어머님을 좌정헐 데를 설연허고
당주전도 설연허고 연당알도 마련을 해여
육항렬에 신산골 도올라 목사오기 실사오기 베어다
울란국에 범천왕에 대제김에 소제김에
소리좋은 삼동메기 살장구 설연해엿구나.
오늘 임정국 상시당 드는 질랑 소리 좋은 울랑국 범천왕 대제김 소제김
소리좋은 상동메기 살릴 ᄃ리도 놓자.

(심방 장고를 들고 소리를 내보며)

연양당주 삼시왕님의 줄이 번나 발이 번나 삼시왕 길도 발롸.

(안팎을 오가며 신칼점)
(악무)

삼시왕 질을 발루왓습네다
어머님 기픈궁에 들엇건 야픈궁에나 올려줍서 영허여
낮도 영청 밤도 영청 기도 원정을 드려

724

어머님이 죄 풀려 나오라
삼천천제석궁 어궁또에 좌정헙서
영해여 좌정을 헙서
영허난 에에 좌정을 허니 어머님아
일천기덕 삼만제기 궁전궁납을 어멍궁은 도올려 두고
저싱 삼시왕으로 도올라 삼시왕에 실령으로
천하대궐 유전승 ᄯ님아기 탄생해여
(영기 멍기 들고)

예순일곱 나던 해에 대명천지 눈 어두아 삼시왕에 도올라
너비재고 질저라 백근 장대로 저울리니 근수가 부족허다니 나오란
십년 동안은 도를 닦아 다시 올라가 너비 재고 질재난
너비도 맞다 질도 맞다 헙네다.
아아 일천기덕 삼만제기여 무르와 가라 영허난 삼만제기 무르와다
안체포 걸머지어 아랫녘에 자복장저 집에 들어가
안으로 열두당클 질사매고 밧으론 천지염라대를 설연하여
삼시왕을 바라나고 바라들어낫습니다.
초공 임정국 상시당 가는 딜랑 영사명기랑 사명오초도 사려

(기를 들고 바삐 뛰며)
(악무)

삼시왕에 줄이 벋나 발이 벋나 연양삼시왕 질도 발루자.

(신칼점)

에헤 전정록이 내려온다.
동해바다 쉐철이 아들 불러다 아방국이 놓던 천문
"야, 푼을 가져오라."
일월 삼멩두 길을 놓앗씁네.

(소미가 양푼에 엽전 천문을 넣는다.)

아방 주던 개천문이여 어멍 주던 개상잔이여
시왕대반지도 오늘은 초 · 이공연맞이로
본멩두도 다리 놓자. 신멩두도 다리 놓자.
삼멩두도 다리 놓자.

(심방 양푼을 내리고 소미는 양푼의 술을 뿜는다)

[쇠놀림굿]
(악무)

본멩두 신멩두 다릴 놓앗습네다.
안으로 들어서면 오늘은 아직은 초공연질이난
몸 받은 검 집사관 서씨로 신축생 몸 받은 설운선생님이랑
앞에서 길 가리키고 신길 연길을 발롸줍서,
어어 성은 정씨로 경자생 몸 받은 설운 선생님이랑
아직은 길이 뒤떨어져도 좋습네다.
어어 안멩두 밧멩두 들러 받아 쇠놀림 굿이야.

(심방은 마당에서 상방으로 들어가 양푼을 놀리며 춤을 추다가
당주방에 양푼을 던져 종합 산판점을 한다.)

던지고 나서도
(신칼점)
"앞에 선 것만 놓아."

(심방은 안팟공시의 엽전과 상잔들의 위치를 살피며 신의를 아뢴다.)
(마당에 요령들고 서서)

어어 초공 임정국 상시당 가는 길은 제고비 돌아갔습니다.

〈이공 꽃질치기〉

〈이공서천 도산국 꽃질치기〉는 이공 꽃길치기라 한다. 심방은 〈이공본풀이〉를 연극적으로 풀어나가다가 억새 다발로 만든 악심꽃을 다 꺾은 다 올레 밖으로 나가서 던지고 잔을 드려야 한다. 그래야 집안의 나쁜 것들이 다 밖으로 나가게 된다.

제가 돌아 갑네다 위가 돌아 갑네다
이공서천도산국 질이 당해엿구나.
이공서천도산국 질은 주량산 이하에
원진국도 상시당 김진국도 상시당 사라국은 사라도령
원강아미 신산만산 할락궁이 재인장제 만연장제 서천꽃밧에 들어간 건
황세군관 도세군관 꽃감관은 꽃셍인 궁녀청 서녀청 무등역에 팔선녀
꽃궁녀청들 거느리어 안으로 신이 수퍼 사저 허시는데
이공서천도산국 질도 돌아보자.

(악무)
이공 서천도산국 질을 돌아보난 주량산 이하에
사라국도 사라대왕 옳습네다.
부자로 잘 살아난 원진국 대감님과
가난하고 서난한 김진국 대감님이 삽데다.
원진국 상시당 각시도 모르고 김진국 상시당 각시도 모릅네다.
이십 스물 삼십 서른은 넘어도 남녀 간에 자식 어서 호위탄식허다
오라 우리 절간 법당에 수룩드리면 애기를 난댄허난 수룩드리러 올라가게
부자로 잘살아온 원진국은 바라바리 주워 실러 잔득 실러 올라가고
김진국 대감님은 가난허게 서난허난 ᄆᆞ음으로부터 정신을 츨리멍 들어가
원불수룩을 드리어 나오멍 허는 소리가
니가 아들을 나난 내가 뚤을 나난 내가 아들을 나난 니가 뚤을 나난
우리 사둔 구덕ᄒᆞ사[613]허여 사돈 맺는 것이 어떠허냐

---

613) 아기 구덕에 눕혀 키울 때 미리 서로 약혼시킴.

어서걸랑 기영허주 해연 둘이 언약을 맺어놓고

내려오라 낳는 것이 김진국은 아들을 낳고 원진국은 똘을 낳는구나

김진국 아들은 사라도령으로 이름을 지으고,

원진국 뜨님아기는 원강아미로 이름을 지엇구나.

이 아기들 어렸을 적부터 구덕ᄒ사를 허주 영해여 언약을 맺엇더니만은

이 아기들 열다섯이 넘어가난 사라도령이 허는 소리가

아바님아 원진국 대감님집에 한번 가봅서

어떵해영 가느니 사돈일체 맞아봅센해여 가봅서

가난614) 가난하고 서난헌 집안에 똘을 아니보낼키어 영허여 돌아온다

다시 한번 더 가봅서. 두 번을 가도 거절헌다 세 번을 갑서 허난

원강아미가 앉앗단 아바님아 어머님아 다시 오랏거든 허겁을 해여봅서

지 복력 해줍네까 팔자와 복력대로 사는 거 아니우까 영허난

기영ᄒ라 해여

세 번을 들어가니 허락을 해여 사돈일체해여 혼연을 맺엇구나.

원강아미는 유태를을 아자 놓고 어딜로 가리요

꼿감관 꼿셍인으로 영위를 하난 서천꼿밧에 가젠 허난 나도 ᄀ찌 가쿠다

부배간이 가다가다 해는 일락서산에 넘어가고

갈 길은 멀어지고 해는 일락서산에 넘어가난

옵서 우리 여기서 긴밤이나 세어가게 꼿밧에 들어가 누워 자는 것이

초경 때가 넘고 이경 때가 넘고 밤중 야삼경이 넘어간

천왕 ᄃ은 목을 둘러울고, 지왕 ᄃ은 날개 들렁 울고,

인왕 ᄃ은 지리왈왈 울어가난

저건 어디 ᄃ 입네까

이 마을에 재인들 재인장제 만연들어 만연장제집이 ᄃ이엔 허난

아이고 난 ᄂ시ᄂ시615) 걸음을 못 걸으쿠다.

그집이 종으로 팔아뒁 갑서

얼마나 받으면 되겟느냐

날 랑은 돈으로 백냥을 받읍서.

---

614) 갔더니
615) 도저히

소곱에 아기랑 은으로 천냥을 받읍서.

영허여 아적에 재인장제 집에 들어가멍 종이나 삽서

큰뚤아기 나가보라.

그종저종 사지맙서 우리집안 망할 종입네다.

셋뚤 아기 나고보라.

그종 사지맙서 우리집이 망할 종입네다.

족은뚤 아기 나고보라

아이고 그종 삽서 우리집에 부가허고 지가헐 종이우다.

경허고 아바님 심심헐 때 그뒤강 발이라도 막암직허우다.

영해여 돈 백 냥 주고 사아전 들어가 ᄒᆞᆯ날 종방에 누워시난

앞이 어득어득허난 누구냐 생인이냐 귀신이냐

나가 생인이우다 누게가 되느냐 재인장제노라

어떵해연 옵데가

아이고 얼굴은 보난 하도 탐이 난 곱닥허길래 내영 오란 영허난

이 세계 풍속은 어떵헌지 몰라도

우리계 풍속은 밴 아기 낭 오독오독 앉아가사 부배간에 상봉을 헙네다.

너네 법제 법대로 허라

그 아기 낭 오독오독 앉아가난 다시 들어가니

아이고 장제님아 이 아기 걸음을 해여

금마답에 마대기 물을 타건에 노념놀이 해어사 부배간에 만납네다.

너네 대로 허라 경해연

다시 다시 들어가난 이 아기 열다섯 난 세경땅에 장지를 걸머지엉

세경땅에 농ᄉ농업 해여사 부배간에 상봉을 헙네다.

영허난 경허랜 해여

이 아기 세경농에 장지를 걸머지고 세경땅에 간

농ᄉ농업을 해연 들어가젠 허난

아이고 머리맡에 대단 마께를 놧단 앞성문에 성문이형 허느냐 달랑 두드리난

아이고 정각머리 때려부난 아이고 아이고 요년한테 속앗구나 속앗구나.

댄 버력이나 시겨보저

ᄒᆞᆯ날은 너날해여 의사깨어가건에

아홉말지기 갈고 벌리고 씨뿌령 벌려뒝 오랜허난

아이고 벌려 두언 오난 오늘은 멩망일에 씨를 뿌렷으니까 거두어 오라.
좁씨 ᄒᆞᆫ방울 씨 ᄆᆞᆮ딱 거두와 ᄒᆞᆫ방울이 떨어지난 배려보난
장삼 개염지가 물언 들어감시난 경 아니해도 좋을듯
족은 씨앗은 언제ᄭᅡ지 덜래면 되느냐 허리를 똑히 발르는
아이고 개염지 허리 ᄀᆞ찌 어늑 어늑 어늑 해엿구나 그걸 지와아저 드리난
낮이는 할락궁이랑 멍석 다섯 짐을 ᄀᆞᆯ리고
결국 밤이랑 퇴끼에 일곱동이를 꼬라 영허난
그것도 허쿠다.
원강아미랑 낮에랑 명주 다섯동을 타고 밤이라 꼬리 일곱동을 감으라 영허여
버력을 이기난 그것도 착착허게 해여가난
아이고 ᄒᆞ를날은 비도 촉촉허고 허는데
할락궁이가 어머님아 어머님아 콩이나 볶아줍서
뭣하겠느냐 이때ᄭᅡ지 뎅기멍
친구 벗들한테 얻어먹음이나 허주 한번 주어본 도래가 없습네다.
어디 콩이 잇느냐
장제집이 울안만 씰어도 콩은 되서 아니 나옵네까.
콩을 닷되 놔 버덕버덕 볶아 감시난 할락궁이 ᄂᆞᆯ려들어
어머님아 올레에 누게 불럼수다.
저기 나가 봅서 보내여 두고 빗자락이영 숟가락이영
남재영 베숙이영 다 ᄀᆞᆸ저 뒨
어머님아 콩은 다 타부럼수다 재기옵서.
올아래 철그시난 아이고 급허민 손으로라도 저십네다.
손으로 젓잰 허난 어머니 손을 꼭 허게 잡아
솥장 알드레 눌러놓고 어머님아 바른말을 헙서
우리아방 어디 갓수과.
아이고 재인장제가 너네 아방이여
아니우다 아니우다
어머님은 아바님 간곳 ᄀᆞᆯ읍서[616]
이손 노라 ᄀᆞᆯ으마

___
616) 말하십시오

너네 아방은 꼿감관 꼿셍인으로 들어섯저
영허여 범벅 두덩어리만 만드라줍서 만드라주난
하다 날 본 말 허지 맙서
그거를 아전 신산만산 할락궁이가 도망을 가는구나.
가다가다 천리둥이 물젠 허난
느도 그집이 종이여 나도 그집이 종이여
이거나 먹엉가라 범벅 한덩어리 던저주난 그걸 먹으멍
몬 먹는 투망해여 천 리를 넘어가고 만 리를 넘어가 발등에 치는 물이 잇구나
준등이에 치는 물이 잇구나 목에 치는 물도 잇구나 넘어가는구나
서천꼿밧에 도오를질로도 가라대처

(악무 추며 안으로 들어갔다 나와 신칼점)

서천꼿밧에 도올라 상가지에 아잔
아기들 흔살적에 간 아기 두설적에 간 아기 열다섯 십오세 안에 간 아기들
하도 아기들 불쌍허고 영허난 버드낭 위에 아자둠서
숭엄을 주어보니 볼뜩 흘연강풍을 들어놓고 악심꼿을 주어가는구나
이거 누가 이렇게 해엿느냐
아까 청이동자우다 이리 잡아오너라
돈아다 놓고 부난 너네 성진역이 어디냐 웨진역이 어디냐
우리 아바님은 사라도령이라 헙네다
우리 어머님은 원강아미라 헙네다
난 신산만산 할락궁이우다.
영해여 아바님과 친연 상봉해여 경허거들랑

[악심꽃 꺾음]
수레악심멜망꼿도 내여주고 싸움꼿도 내여주고 사람 살리는 꽃을 내여주언
그것을 아전 재인장제집에 놀려드난
죽일 팔로 둘러가니 나 좋은 재주를 배완 와시난 재주허는 거 봄서
기영허라 이제 경허거들랑 일가제중 소등이 놉들을 다 모여옵서
모여다 놓고 처음엔 웃임꼿 내여 노난 카카카카 웃어간다

두번째는 싸움꼿을 내여 노난 니머리 나머리 니뺨 나뺨 곡끼우고
태권도로 유도로 가라대로 그냥 막 싸움을 벌어지엇구나
그 틈을 보고 수레악심을 내여 노난 재인장제집이 멜망이 되엇구나.
죽은 똘아기는 옆에 잇다 상전님아 날랑 살려줍서 영허난
나가 상전이냐 너가 상전이지
영해여 우리 어멍을 어디 죽엿느냐?
청대 ⌜대왓디617)간 죽엿습네다 영허여
어 재인장제 만연장제 집이 수레악심멜망 질이 어찌되며 몰라옵네다
초편 이편 재삼편 돌아보자.

(악무)
(상 밑에 있는 악심꼿을 손으로 가리키며)

[돌아볼 때도 무섭게 돌아봐사야 가라대로]
돌아보난 못 봣저
큰상에 잇엇구나 [야] 야 날보러 야
아이고 돌아보난 왕성허게 대썹 묶어놓고 답다
이걸 어떵허민 좋고 큰심방 [예] 그냥 내불주 나사
무신 이 집이 뭐 꼰일 잇는 사람이라
[원이 잇나 어시나 야 저 아방이라부난 본주단골하고 같이 강]
[아방이영 아들은 의논을 해봅서]
[아방 죽어도 난 말아]
[죽엇으니까 아방을 돌아보지]
[본주단골한테가 의논헙서]
[아바지 아바지]
간 들어보난 아방헌 일을 아들을 어떻게 아느냐고
[애기 없는 집은 먹는 집이 다 먹어 사쿠다]
손수 지은 죄를 손수 치워서 산다
이거 아들을 낳지 말믄 말주

---

617) 갈대 밭에서

[아들을 낳기는 곱게 아들을 닮수다]

게메 말이로고 강부자 오생이 허고

오생인 죽엇저

[혼자 복잔해 혼자 못가] 탁처부러

너는 ᄀ찌 강 ᄀ찌 갈라먹젠 천만에 소리라

[동이도 안 가리면 나 삼춘 안해쿠라]

[아이거 임부루 낪둘검]

넘어 가주 간 보난 하난 남 쾨여 하난 죽허여

죽으면 죽엇지 눈은 못 뜨게 햄신게.

[왁왁허게]

[죽으면 죽어도 눈은 못 뜨켄]

요런 투망에 술을 주민 좋댄 헌다.

옛날 누구 아방 모양으로 차 탕갈 돈을 안네거들랑

그걸로 질해여 가멍 술먹엉 차 아니타고 걸언 갓저

[병원 들어가민 실허레가고 실허래가면 병원 들어가고]

[두견이 아방도 다 죽어가던 술이 일아난]

[와들랭이 일어나 그거 먹어 죽엇더냉게]

수레악심 멜망꼿이랑 삼신살 불나추어 듯하다

(술이 담긴 술잔을 들어서 던진다)

[잘 먹엇디 만세]

강복아 강부자 간 보난

[가도 혼자만 가면 안돼]

애기야 혼자만 가게

가만잇자 게거들랑 벗을 찾아 김녕 가민 서심방허고

또 여든이 어멍 똘허고 여든이 아씨허고

[영식이 각시하고 정이 어멍허고]

[또 유행이 어멍허고]

또 잇주 또 잇어

저 어디레 가니 위미리 가민 오춘옥이허고

[수정이 어멍허고]

[어제도 수정이 아방이고 그제도 수정이 어멍이고]

오춘옥이허고
[이상허도 일로가도 수정이 아방 일로가도 수정이 어멍이라니]
[수상허다 맞아 생각해 볼만 잇어]
또 잇주 성안가민 사라봉에 사라빌라 가민
정태진이허고 승선이 서방허고
[이칩이 사위허고]
정칩이 아들허고
또 잇주 각시 서문통 가민 강칩이 똘 한칩이 며누리
[각시고라도 어멍어멍 허는 사람이여]
각시더러 어멍어멍 어멍허는 사람 잇주게
죽어버렷저
[어 삼춘 용담 로터리 가면야]
[아기 같으면 벌테고]
[아들 같으면 불량쟁이고]
[또 집이 가민 착헌 서방이라]
쓸두루외허고 강대원이허고
상부아방허고 하귀가면 양창보하고
또 양심방허고 김찬옥이허고 김찬옥이 허고
[김찬옥이 서방 양창보허고]
어멍어멍 허는놈 허고
이만허면 이루는데께 충분허다
돌려들어 수레악심 멜망꼿도 다잡으라

(상 쪽으로 가 찾아서 든다)
(띠다발로 만든 악심꽃을 들고 흔들며)

[대감이 왔어 대감이]
왔구나 왔구나 내가 왓소이다
내가 왓소이다

(꽃을 흔들며)

[옛날 오방근이가]

[정뜨르 가시어멍이 귀양코지를 나서]

[아이고 사위야 가걸래 초감제 헛길래 방광침 처도랜 허난]

[알앗수댄 해놓고 술을 왕창 먹은 거라]

[아이고 사위왓댄 방광치르난]

[날로 들로 햄시난]

[엄나 내가 왓소 내가 왓소 허난]

[엄마 내 아들 왓나 내 아들 왓나]

[엄나 술흔잔 주쇼허난]

[사발에다가 술을 바락바락 비완줘븐거라]

[먹어아저]

[엄나 나 인제 가요]

[경허난 잘 왓구나]

왓구나 왓소이다 내가 왓소이다

베뱅이 넋을 빌고 박수무당이 왓구나

누가 왓느냐 소리도 한마디 엇 (꽃을 흔들며)

어찌하면 좋을꼬 (꽃을 흔들며)

바라 니네 할아비 왓는데 들어올 곳에 말할 적에 굿 합서

힌미디도 말이 없니 이 문딩이 손이

그러면 안이성혀

이 문딩이 손이 재겨봅서

[굿을 혼자 어떻게 해]

[이거 아무것도 아닌]

[어릴 때부터 죄 진거여]

아이고 아이고 이거 달랑달랑 허꺼가민

정공철이가 ᄆ음먹언

눈이 앞으로 돌고 뒤후로 돌고 해가사

[안돌아도 개쌍놈 버문거라도 개쌍년]

[영감놀이 끝난 식당에가 갈비를 먹는디]

[아멩해도 조가멩생이라 이 참한 과부잡년]

그게 아니고 나 진작 곧건 들으라 이
나허고 정희하고 공철이하고 일본을 가신예
가신예 권문찬오란 강주 앞에 보난
특급 청주가 잇시난 저거 봣신게 저거 저거 저거
저거 마신게 나게오라 저거 마심 저거 마심 허길래
아이고 저거 마심 허는 게 혼잔 아니 줄 수가 어선
혼크라스 비와전 그거 먹어 넣 자라
두크라스 먹으면 체해여 못 산다 난
아이고 혼클라스 먹으민 나 잠자부는데
그걸 앉아 몬딱 먹어 몬딱 먹으니
이제는 술이 아롱고롱 헐꺼 아니가
바꼇에 나가 돌아뎅기단 문짝 두드리멍 들어오란
아버지 아버지 일어납서 일어낭 놀래그랩서
아이고 날 돌아아전 어딜가는고 허니
선학국간 맥주 한병을 불러놓고
아니 아이 먹켄허난 아니 맥주 흔 병을 꺼꾸로 재여놓고
이년들 다 죽이겟다고 말이여 그 안에 잇는 여자들
이년들 다 죽이겟다고 그냥 해여두난 어떨 거야
그것들은 전화 들어 경찰에 고발해지 안해여
일본서 고발해놓으면 저거 저가랑 차이게
[아들은 망나니 아들 키왔구나]
경해내자 어떵어떵헌 집에 나가
이제는 붙잡아 집이 돌아와시니
돌아오저 앉으난 저 벽에 정이 아즈난
이 개쌍년 죽여 불켄허멍이
아이고 재떨이들은 탁 맞치난
그것이 문짝 맞앗으니깐 햇지 정의 대가리 맞아시민
추쿠어시 죽을 거 그러나 맞지 아니 현
경해여도 아이고 저 백정놈
[그 스록을 다 걷어줍서게]
경허난 이스록 저스록 다 꺽어 무칭해여

글아본덜 소용이 없고 요거요거
나 힘 때에 그만헌것은 못 허리야

(악심꽃을 무릎에 놓고 꺾는다)

흑묻어 영허민 하나둘

(악심꽃을 밑에 놓고 훌쩍 뛰며 밟는다)

[족헌거 틀어저 부럿어] 족헌거 틀어저 부럿어
아이고 나 아들이 이젠 틀어지나 안틀어지나
실고 또 시난 맞주 내여 불어
틀어지고 안틀어지고 지네 집이 가분 거
경헌디 넣 잡아도 소용 엇고 아멩해도 소용 엇고
공철아 넌 앞으로 벌어먹을 날이 만만허우께
난 다 되엿시니 이거나 요거 주거들랑
어디 강 모시는고 허니 쓸 흔푼이 해여
이거 가운데 흰 거 당주방에 강 영 모상 놔두라
와글와글[618] 해가민 이
동으로도 술 들어오고 서우로도 술 들어 오고 처께 이
양주도 오고 정종도 오고 소주도 오고
청주도 오고 영허는 거난
요거요거요거 어떵 회장 집이 놔두라
마라 고는 말 내입에 고는 말
아니 듣는 건 호로자식이여
[다 들어도 그 말은 안 들으켄] 안 들으켄
[꺽어맞자 해붑서] 꺽어맞자
아이고 아니 들어도 아니 될꺼고
성은 정씨로 쉰에둘 몸받은 영가 흔병이여

---

618) 술이 괴어 오르는 모양 또는 그 소리.

고조양심 개껴가던 것도 개껴맞자

증조부 양허영 개껴가는 것도 개껴맞자

당주보양 허신 개껴가는 것도 개껴맞자

큰아바지 큰어머니 개껴가는 것도 오독또기 개껴맞자

다시 제청 아바님 어머니여 삼부처간도

개껴가는 것도 오독또기 개껴맞자

노 골을 거무신 아드님부터 먼저 고남 신게

셋아방 셋어멍 개껴가던 것도 오독또기 개껴맞자

[검은 건 글이요 흰 건 종이우다]

검은 것은 글이요 흰 건 종이로다

개껴가던것도 개껴맞자

(다시 제청)

족은 아방이지 숙부가 뭐야 숙부 개껴가던것도 개껴맞자

동생 개껴가던 것도 개껴맞자

고모 다시 고모부 개껴가던 것도 개껴맞자

작은고모 고모부 개껴가던 것도 개껴맞자

외하르방 외할망 개껴가던 것도 개껴맞자

어 군위오씨에 오서방이로구나 개껴가던 것도 개껴맞자

외삼춘 제주고씨 개껴가던 것도 오독또기 개껴맞자

외조부 파평윤씨 개껴가던 것도 개껴맞자

외할망이로구나 이모님에 이모부님에

사촌동생이로구나 개껴가던 것도 개껴맞자

아니 칠 영가 고모할망네 개껴간 것도 개껴맞자

어 큰고모 셋고모 개껴가던 것도 개껴맞자

당주악심꼿도 개껴맞자 몸주악심도 개껴맞자

신명도 악심도 개껴맞자

집안에 천변 조회를 주엉

가정에 풍파를 주어오던 꼿도 개껴맞자

쉰에하나 나은아기 신병 불러주던 것도 오독또기 개껴맞자

들여두고 그뒤후로는 집안에 금전에 손해재벌에

낭패를 불러주던 것도 오독또기 개껴맞자

팔저궂인 신의동간들 개껴가던 것도 오독또기 개껴맞자
나은 아기들 나은 아기들이명 살앗시리야
개껴가던 것도 오독또기 개껴맞자
울란국 범천왕 대제김에 소제김에 살고 살던 불러주던 개껴맞자
집안에 청ㅅ록 별ㅅ록 나무광대경 저녁 산신ㅅ록 요황 선황 ㅅ록
불러주던 것도 오독또기 재껴맞자
저거 봐 저거 돈놀이 허카부댄 이제는 저렴도 저렴도
[연담이 수정이]
[그것들 나준 인정으로 각시도 거리지마라]
[에에]
이리 갔다 놔
[돈도 안 벌어주는 각시]
갔다 놔 오독 또기 개껴맞자
너머리 곱다 나머리 곱다
청소당 모들 비바라기들 푸세각시허영 동박질을 몰랑
아가씨 눈은 따박따박
어-허 이런
[우리 성아씨한테도 인정받읍서]
[성이형 아씨한테]
[맞수디 적당이 받이]
[인심들 좋다 인심들 좋아]
이런 악심이난 방안방안 꾸억꾸억 짓묻어지엇구나
악심이랑 안으로 바꼇드레 어 실어방송이여

(악심꽃을 들고 악무를 추다 밖으로 던져 버림)

실어방송 시켜가며 주잔권잔 내여다 저싱가면 수레악심멜망꽃
가양삼싱 구천왕 구불법 구삼싱들 많이많이 주잔받아 어
악심꽃이랑 살아환명 환수헙네다.
서천꽃밧에 도올라 거부춘심헙네다.
거부춘심을 허난 악심꽃을 제초하니,

좋은 문잡이들허고 향직이하고 정해엿구나.

[꽃씨들임-거부춘심]

울들르고 대문코제 닦아 서천꼿밧에 꼿씨 드리레 가자
꼿씨 드려보난 다시 서천꼿밧에 올라 거부춘심을 허난
순난 시에 잎이 나고 가지나며 똘내가 낫구나
삼월 삼진일에 당해여 서천꼿밧 도올라 거부춘심이외다.
어느 때 버럭버럭 환성꼿이 되엇구나
품에 번성꼿이 되엇구나
영해여 오늘은 아멩해도 아니될켜
저 본주 강 꼿 도둑질 해여오게
너는 아들 어시난 어디 강
장깨뽀 해영 아들하나 낳고
나도 아들이 어시난 나는 아들을 못 난다만은
이제 천지를 지나도 이 넌 아마도 나올꺼야
[어디 가건에 아들 봉가물지 몰라도 아버진 아들 못 봉글거라]
난 아들을 못 봐
[그냥 벌 받아 됩니다]
벌을 받으면 좋주
[이왕하는 거 아버지가 도둑질 해붑서]
[징역이나 나가 살쿠다]
[이건 아들이 아니다]
[공이 들고 지가 드난 번성꼿이 되언]
(노래) 얼씨구나 절씨구나 지화자 좋네
아니나 놀진 못 허리라
(번성꼿을 손에 든다)
돈 들엇구나 돈박꼿 피엇구나
이보다 더 좋은 꼿이 잇느냐
얼씨구 절씨구 지화자자 좋구나
뭘 심방들 모냥 둥글랑 둥글랑 둥글랑
선비들 걸어가는데 말이여

[걸음도 박자가 잇어야 걸어도 지치질 안해주]
[손도 엉덩이랑 흔들고 발이랑 놀리고]
[어깨랑 장단에 마춰 춤을 추고]
아니여
[좋은 가락 한번 더 해봅서게]
[좋은 가락 한번 더 해봅서]
좋우 가락 (노래)
양도 명산 얼은 물은
감돌아든다고 무병노화로다.
일락은 서산에 해는 떠러지고
월출동경에 달이 솟아 오르고
[삼춘 어제 죽어분 사람들은 오죽 억울해우꽈]
[이 노래를 못 들언] 맞아
경허난 내놔불라
내놔불라 거짓말 해면 안된다.
야 이리오라
이거 갖다근에 당주전에 올려불라
[예 고맙수다]
옳지. 말 잘 들으면 우리 아들이여
서천꽃밧이 꽃을 타다 번성꽃은 분자워 쳐난
그만 보난에 싫다헙네다.
꽃은 꺽어다 좌우로
궁녜청 불러라 신녀청 불러라
신여청 불르라. 궁녀청 불르라.
불러다 팔선녀 신녀청 불러다

[꽃춤]
(두 신소미가 동백 꽃다발을 들고 부딪치며 꽃춤을 춘다)
(악무)

[이 나라 인심은 아니다 큰 심방 오래 꽃춤을 추래허니]

[여자끼리만 허면서]
[그럼 남자남자끼리 해봐봐]
[오춘옥이 하고 당주심방]
[해보자 해보자]

(오춘옥 심방과 강대원 심방이 꽃춤을 춘다)

[이제 남자 둘이 해봐]

(본주심방과 당주심방이 꽃춤을 춘다)
(정태진 심방과 오춘옥 심방이 꽃춤을 춘다)

초·이공 질랑 치고 비고 닦앗습네다.
어느 꽃이 떨어지고 안 떠러지고 모릅네다.
일월 삼멩두로 알아 올렷습네다.

(신칼점)

아이고 잘 해염수다.
서천꽃밧 꽃놀이 뱃놀이 해엇습네다.
ᄌ순들 나사 이제랑 ᄒ끔 창부타령을 허나
양창보 타령을 허나 양산도를 부르나
ᄒ끔들 춤들 추어 운동들 해사주.
어 박소장 박소장 이리옵서
이제 우리 헐 일은 거의 되시난
앞으로 30분 내지 한 시간
이제 자유 시간을 줘시난
얼씨구 타령을 허나 창부타령을 허나
양창보 타령을 허나 걸랑 이제는 ᄆ음대로 해영
이제 ᄒ끔 놀아도 좋수다
경허난 문선생 심어다 놓고

카메라 감독들 대려다 낭 이제랑

(타령을 부르며 논다)

아니아니 놀지는 못하리라/
노세 노세 젊어서 놀아/ 늙어지면 못 노리라/
낡무는 십일홍이요/ 달두 차면 기우나니/
인생 일장은 춘몽인데/ 아니나 놀진 못하리라/
닐리리 닐리리/ 아니나 노지는 못하리라/

(오춘옥심방은 노래하고 모든 사람은 춤을 춘다)

기나긴 밤에/ 잠자리끼지도/ 당신이 나를 뚝 때릴 적에/
아프라고 때렸을까/
사랑에 넘쳐서 때렸으니/ 조금도 섭섭이 생각마오/
얼씨구 정말좋네/ 아니 노지는 못하리라/
어야노야노/ 어야노야노 어기여차/ 뱃놀이 가잔다/
어수룩 달밤에/ 꾀고리가 우는 소리/
시집을 못간 노비발년이/ 환장이 낫구나/
이야노야노/ 어야노야노 어기여차/ 뱃놀이 가잔다/
아침에 우는 새/ 배고파 우는 새/
저녁에 우는 새는/ 임그 리워 우는 새/
어야노야노/ 어야노야노 어기여차/ 뱃놀이 가잔다./
열두시에 오라해서/ 우대마끼를 주엇는데/
일이삼사에 몰라서/ 새로 한시에 오랏구나/
어야노야노/ 어야노야노 어기여차/ 뱃놀이 가잔다./
우리집에 서방놈은/ 명태잡이를 갔는데/
바람이랑 불거들랑/ 석달 백일만 불어라/
어야노야노/ 어야노야노 어기여차/ 뱃놀이 가잔다./
발길이 바뻐서/ 택시를 탔더니/
운전수 씨부랄 잡놈이/ 연예를 걸자네/

어야노야노/ 어야노야노 어기여차/ 뱃놀이 가잔다./
일본에 동경항이/ 얼마나 좋길래/
똑？뜬 날을 두고/ 연락선 타는고/
어야노야노/ 어야노야노 어기여차/ 뱃놀이 가잔다./
입바디가 곱길래/ 정을 주엇더니/
말머리가 미워서/ 정떨어지는구나./
어야노야노/ 어야노야노 어기여차/ 뱃놀이 가잔다./
요년이 나만큼만/ 사랑을 한다면/
가시밭길 천리라도/ 맨발로 가리라/
어야노야노/ 어야노야노 어기여차/ 뱃놀이 가잔다./

《공시풀이》 정공철

〈공시풀이〉는 멩두(명도) 요령, 신칼, 산판 등 굿할 때 모시는 명도를 모신 공싯상 앞에 앉아 본주 심방이 심방 선생들, 즉 유씨 대선생 이후 모든 심방 조상인 옛 선생들을 청하여 축원하고 대접하면서 "독두전에 게알안주 상받읍 서.(닭고기에 계란안주로 상을 받으십시오.)"하며 공싯상의 내력, 심방이 된 내력을 풀어나가는 제차다.

(장고 장단)

초·이공 연맞이로 이~
초공 신줄 이공 연줄
웨우 들러 ᄂ다 ᄂ다 들러 외오
감아 맞고 휘어 맞앗습네다.
안으로 성은 정씨 쉬은 두설 신의아이 경자생 몸 받은 안공시로
몸 받은 부모조상님과 밧공시로 검 집사관 성은 서씨 신축생 억만 상신충

744

몸 받은 안팟공시 부모조상님네 고 옛선성 황수님네
신공시 대풀이 어간이 되엇습네다.
몸 받은 부모조상님네 신공시 대풀이로 일부(一杯) 흔 잔이외다.

(장단)

공시는 공시는 가신공서
저외전 난산은 본은 갈라 옛노연 서준왕 서준 공서
엄전에 말씀전 공신말 여쭙네다.
날은 갈라 어느 날 둘은 갈라 어느 전 둘이 오면 (장고)
올 금년 수년장제 해론 갈릅기는, 2011년도 신묘년 둘은 갈릅기는
원전싱 팔저굿인 애산 신구월 둘
초우드레 본멩두 열우드레 신멩두 스무우드레 살아살축 삼멩두
궁의 아들 삼형제 솟아나던, 애산 신구월둘 스무흐룰 날이 되엇수다.
어느 고을, 어떠한 ᄌ순이 이 공서며, 국도 생겨오던 국이외다.
도장도 앉저오던 도장인데 어-엉
우리나라 대한민국 제주특별자치도
제주시는, 동문 바껏 나사면 조천읍은 북촌리 1151번지
가지 높은 절당집 지애 너른 신전집, 당주집을 무어
시는 ᄌ순인데 원전싱 팔저굿인 신의 아이
성은 정씨 경자생 쉰에둘 받은 공서웁고
삼천 여궁녀 아이들 큰뚤 스물흔설, 족은뚤 열두설 받은 공서외다.
들며 날며, 사는 용궁 안에, 어떤 따문
이 기도 이 공서 말씀 올리느냐, 영험기는
밥이 없어 밥줍서 옷이 없어 옷을 줍센허여, 올리는 이 공서 아니외다.
이거 사는 주당 놓아두고 표선면, 성읍민속ᄆ을
옛날 마방집 빌려 오라건, 이 제청 설연험기는
옷과 밥은 없으면 빌어도 옷이고 얻어서도 밥입네다만은
천지지간 만물 중 유인최귀 허니, 하늘과 땅쇠에 가장 귀헌 건
초로(草露)ᄀ뜬 우리들 인간 목숨 아닙네까.
춘추는 연년록 왕의 손은 귀불귀법이난

저 산천 만물 푸십새는, 금년 오랏다 구시월 동지섣달

모진 설한풍에, 낙엽단풍 지엇당이라도

명년이라 춘삼월 ㅎ시절이 근당허면은,

죽엇던 낭에도 가지마다 송에 돋아나고

꼿도 피고 입도 돋아 청산 화산되어, 각기 제 몸들 자랑 허건만은

우리 인간들은, 금세상을 솟아난, 이십 스물 넘고, 삼십 서른 근당허여

하늘 공은 천덕, 지하님 공은 은덕, 부모조상 은덕은 호천만극이라

부모조상 은공 다 못내 갚어

그날 운수가 불길허여 어차 ㅎ번 소불유가 되면

열두 몸에 일곱모작 조근조근 묶어, 저 산천 엄토감장허면

몇백 년이 지나도, 다시는 인간으로 살아 돌아 환싱, 못허는 게

초로ㄱ뜬 우리들 인간 목숨 아닙네까.

우리 인간들은, 칠십은 고희에, 팔십이 절명이라 영 허엿어도

병든 날과 병든 시 좀든 날과 좀든 시 근심걱정 다 제하고 보면

단 사십도 못 살아 가는 인생들, 촛불은 ㅂ름 앞에 촛불ㄱ따 지고

아적날 토란잎에 이슬ㄱ뜬 인생들 아닙네까. (장고)

이간 군문 안에, 불상헌 원정 말씀 올립기는

신의 아이 성은 정씨로, 경자생 쉰에둘, 부모혈속 떠러질 때에

저 대정읍은, 모실포 상모리 3086번지에서

아바님네 형제간 오형제 가운데에, 나 나준 아버님은, 말젯 아들로 솟아나도

큰아버님 젊은 때 일본 주년국 강 살아불고

셋아버지도 젊아 청춘 스물미만 안에, 인간 떠나부난

말젯 아들로 솟아나도, 큰아들 노릇허고, 가지 종순 노릇 다 허멍

어 이전 없는 몸은 몸에 난 고생고생 허멍

입장혼연 허는 게 고씨 큰어머님, 만나건, 저 누님 단뜰 애기 ㅎ나 솟아난

그때엔 나라에 육이오 전쟁 난 때 난

가숙ㄲ지 노아두언 일선 군인 간 오란 보난, 큰어머님은, 신병 들어 누웁단

저 누님, 서너 설에, 인간 떠나부난, 아바님은 저 누님 고생 아니 시기시저

영허여, 홀아방으로 저 뜰 하나 의질허영 살아가는 게

그때에 족은 고모님이 신역 아니 강

ㅎ집이 살고 영 헐 때난, 족은 고모님신디 맡겨두엉

746

족은고모님이, 키우다실피, 영 허다건, 족은 고모님도, 나이 들엉
신역 가게 되난, 이 아기 그늘 놔 줄 사람 없고 영허난
신에 아이, 낳아준 윤씨 어머님, 얻어 만나, 부배간 무어 사는 것이
아들 이서 성제, 솟아나난, 아바님은 강단허여도,
어머님은, 저 누님 다슴티허염젠 말 아니 듣젠허여
이 뜰들 아들들 보다, 더 생각허고, 영허여 살아가는 것이
그 때에 아버님은, 뜰이 여ㅈ식이 공부허민 무시거 헐것꼬 허연
중학교도 가지마라 고등학교 가지 말라건, 영허여도
어머님이 들어, 중학교 고등학교 다 시키고, 낳은 아기들 아들 네 성제도
아멩이나 나가 고생허여, 이 아기들랑 박헌 놈은 농ㅅ는, 아니 시기저
영허여 그때엔 농ㅅ만 짓어건, 이 아기들
다섯 오누이에 공부 시키질 못 헐꺼난
농ㅅ 아니 지을 때엔 어머님, 불채정시허고 거름정시허멍
눔이 석던 눔이 골목마다, 다 뎅기멍 속아울라 다 후비고
눔이 굴묵 들어강 불채 훈줌이라도, 다 걷어보저
영허여 집집마다, 아니 뎅겨본 집 어시 다 뎅기멍
좋은 금전 벌어건 아기들 좋은 공부 시켜주젠 허난
아닌 고생 다 허멍 살다보난에
아이고 누님도 신역 가불고 아들 네 성제만 그늘 놓아건
살젠 허난 아바지 어머니 아너 고생 다허멍 살아가는 것이
어머님은 아바지 젊은 때부터, 몸에 병이 들어 어-허
저 서울 대학병원ㄲ지 가난, 진찰을 허여도
병명아니 나오란 이 아바지 살려보젠 허여
좋은 초약이 잇뎬허민 아니 써본 약이 엇고
어- 영허단 배려보난, 당신 몸에는,
신병 드는 저리 몰란 다리 아프고 하간디 관절이 다 아프고 허여
병원에 강 진찰을 허난, 간경화에 놓여, 병원에 입원 허여사 된댄 허난
그때에 입원허여, 좋은 금전들여, 좋은 약을 쓰고
좋은 주사를 허여봐도 가건 어서, 신의아이 스물넷 나는 해에, 불쌍헌 어머니
아이고 우리 족은 아시 중학교 2학년 때, 인간 떠나부난
아 나 낳아준 아바님도 처가숙이어도,

하늘이 다 무너지고, 신의 아이들 네 성제도

어-허 하늘이 다 무너지어, 영허여 살아가는 것이,

아바님도, 예순여섯 나는 해에

끝 내 못 살아, 인간 사별되어 부난, 불쌍헌 설운 말젯 동싱도

이 동싱 고등학교 졸업허여 저 부산, 수산대학에 합격을 허여도

그때에 신의 아이도 대학 댕길 때고 셋동생도, 대학 댕길 때고

영허난 흔 집이 세 형제간 대학을 다닐 수 엇이난

신의 아이 간 설운 동생아 나가 이제 일이년만 잇이민 졸업 헐거난

나 졸업할 때꾸지 널랑 군대 갓다 오라건, 대학을 입학 허랜 허난

어서 기영헙센 허여, 설운 동싱허고, 군대 군대 근무허여건

군대에 제대허연, 사흘 째 되는 날, 친구 벗들과 어울려 저 바당에 놀러간 게

어이구 그게 저승질이 되언 저 요왕에서, 인간 사별 되여불고, 영허시니

삼 형제만 남아 서귀포로 모슬포로 제주시로, 다 각리각산허여, 사는 것이

신의 아이도 저 마당극 허는 딜로만,

뎅기단 배려보난 이십 넘고 삼십 서른이, 넘어건

입장흔연 결흔허는 게, 인연 아니 되어, 첫 살림 산짓이별 허여 두고

둘째 살림도, 끝네 못 살안 산짓이별 허여두고, 그때 이후로

이만허면 어떵허민 좋으리요, 김씨 회장님 얼어 만나건,

저 무형문화재 71호 칠머리당 영등굿,사무장으로 근무를 허다

이만허면 어떵허리, 나도 좋은 전싱을 그르치자, 서른다섯 나는 해에

신의 아이도 좋은 전싱 그리쳐, 신의 밥을 먹저, 신의 옷을 입저

신의 줌을 자저 영허연, 전싱 그르쳐, 김씨 회장님 내외간을 의질허여건

연물 두드림, 소리 쓰는 거 새 ᄃ리는 거 공연허는 거,

석살림 질 치는 거 다 배와건

살아오는 가운데에, 영허여도 어느 의지 헐,

조상 하나 엇고, 당주도 엇고 영허시난

양씨 부모 아버지 김씨 어머님네도,

여러 아이들 낳아도, 아기들이 인연 어서건,

서처 고단허난, 수양부모 아버지 어머니 부모자식 간을, 무어건

저 조상을, 물리켄 허여 수양 부모자식 연을 맺어두고

올 금년은, 애산 신구월 둘, 초ᄋ드렛 날

저 하귀로 간 몸 받은 연양당주에, 하직을 허연
몸받은 조상님 신의 아이 머리쯤 운둥을 헙서, 양단어께에 강림을 헙센허여
신의 아이 사는 저 북촌 집으로나
마흔ᄋᆞᆸ 상간주 서른ᄋᆞᆸ 이간주 스물ᄋᆞᆸ 하간주
뜻불어 뜻도벽, ᄇᆞ름불어 ᄇᆞ름도벽, 동산새별
동심절 연향 육고비, 누울려건 당주집 무어놓고
이번이, 제주 KBS과 전통문화 연구ᄉᆞ 제주도에 지원을 받아
제주큰굿, 재현을 허게 되난, 신의 아이가 본주로 들어사, 내림굿을 받저
초신질을 바치저 몸받은 부모조상님이
초역가를 바치저 ᄆᆞ음 먹고 뜻 먹고 의논공론허여
올 금년 애산 신구월 둘, 몸받은 연향당주 몸주문을 열리고
초집사관은, 검신녀 억만도신녜, 상신충 서씨 아주마님,
몸받은 연향당주 몸주문 열려
상안채는 짓우로 중안채는 짓알로 하안채를 거느리고, 팔저굿인
부모 아바지 어머님네 삼촌님네 팔저굿인 유학성제간들, 앞을 세워
이 성읍리, 옛날 마방집으로 오라, 당반설연허고, 기메발둥허여
기메헌디 기메잔을 받읍센허여, 기메코ᄉᆞ 넘어나들고, 뒷날 아적은,
천지천왕, 지도지왕 인도인왕, 천신기 지ᄂᆞ리고, 지신기 지도투와
천지염라대, 좌독기 우독기, 지리여기 양산기 나븨줄전기,
심깅오름지법ᄉᆞ코, 줄씨메고
안으로 ᄉᆞ해연당클, 입구자로 추켜매고,
초감제 연ᄃᆞ리 천보답상 어간을 허여
초감제 연ᄃᆞ리로, 천상천하 누병대 영실당 노는 신전님네
옵서 옵서, 청허여 떨어지고 낙루헌 신전, 초신연맞이 넘어 들엇수다.
초상계 연ᄃᆞ리로 금동탈 임신, 금동 탑서, 옥동탈 임신, 옥등을 탑서
마니연동 쌍도로기 호속매, 월매월산 둘러타며
옵서옵서 청허여 연당만당, 각호각당으로, 우아찌고 좌아쩌
맛이 좋은 금공서 설운 원정 넘어들엇수다.
어하, 뒷날은, 관세우 도령법을 넘어들어, 보세신감상 연ᄃᆞ리로
옵서 청헌 신전님네, 올 발며 실 발며 당반전지 발며
각호각당 만서당드레, 도오릅센 허여,

ᄌ순들 잘못헌 죄목죄상 풀려줍센 허여
초시에 이시에 삼시에 바처, 도지마을 장발괄굿, 넘어들엇수다.
그 뒤우로는, 원전싕 팔저궂인 초공 난산국, 넘어들엇수다.
이공 서천도산국 난산국 풀고, 삼공 난산국, 넘어들엇수다.
뒷날 아적은, 세경신중마누라님 난산국을 풀고
옥황천신 불도, 연맞이로 천왕불도 할마니 지왕불도 할마니 인왕불도 할마니
석ᄉᆞ대별상 홍ᄌᆞ국마누라님네 알로 ᄂᆞ려,
북두칠원대성군님에, 등장을 들엇수다.
넘어들고, 옛날은, 신전님도 취침을 헙서
우리 신의 아이들도 취침허엿다
오늘 아적 개동녁에, 초 · 이공연맞이로,
부모는 자식을 보저, 자식은 부모를 보저
부모자식 상봉을 허여, 일부ᄒᆞ잔 넘어들엇습네다.
초공 신질, 이공 연질, 치고 닦앗습네다.
좌가 돌고 위가 돌아 오랏습네다.
공시대풀이가, 어간이 되엇수다.
초공 신줄, 이공은 연줄
어어어– 이 인연으로, 웨우로 ᄂᆞ다, ᄂᆞ다 들어 웨우로,
감아 휘어 맞앗습네다.
어어 또이전, 공시대풀이로, 부모는 아기 보저 아이는 부모를 보저
얼굴 상봉허여 일부ᄒᆞ잔 허다 남은 건
공시대풀이로 일부ᄒᆞ잔 때가 되엇습네다.
아아, 기픈궁은 야픈궁, 월궁일궁,
초공 불법 임정국 상시당 하늘님네도, 일부ᄒᆞ잔 헙서
초공 성진땅은 황금산이외다.
웨진땅은 적금산이외다.
초공 성 하르바님 성 할마님도, 공시대풀이로, 일부ᄒᆞ잔 헙서
초공 웨진 하르바님, 천하대궐 임정국 대감,
웨진 할머님은 지하대궐 김진국 부인
아버님은 황금산 도단땅 주접선성님
초공 어머님은

750

이산 줄 벋고 저산 줄 벋어 왕대월산 금하늘 노가단풍 ᄌᆞ지명왕 아기씨
일부ᄒᆞᆫ잔 협서, 궁의 아들 삼형제외다.
애산 신구월 ᄃᆞᆯ, 초ᄋᆢ드레 본멩두 열ᄋᆢ드레 신멩두,
스무ᄋᆢ드레 살아살축 삼멩두,
젯부기 삼형제, 공시대풀이로, 일부 ᄒᆞᆫ잔 협서
너사무 너도령, 어머님은, 물멩지 단속곳
바라듣고 바라나며, 육항렬 무어수다.
너사무 너도령도, 공시대풀이로, 일부ᄒᆞᆫ잔 협서.
그뒤후로는, 초공은 신불리 이공은 꼿불리외다
이공서천도산국 청개왕도 상시당 백개왕도 상시당 원진국 김진국 상시당
사라도령 사라대왕,
원강아미 원강부인 신산만산 할락궁이 천년장제 만년장제 꼿감관 꼿셍인
황세군관 도세군관들, 열다섯 십오세 미만 안에
서천꼿밧 가던 정남청 시녜청을 거느리멍, 공시대풀이로 잔을 받읍서.
삼공안땅 주년국이외다.
노불휘 노전상 전상ᄃᆞ리외다.
글 허기 전상, 활 허기도 전상, 장ᄉᆞ 사업하고,
농업 농ᄉᆞ하는 일도 전상 ᄎᆞ지외다
팔저기렴허여, 요 심방질 허는 일도 것도 전상 ᄎᆞ지외다.
웃상실은 강이영성 이서불 알상실 홍은소천 너선부인
은장아기 놋장아기 가믄장아기, 월매 마퉁 신선비들, 거느리멍
공시대풀이로, 잔을 받아삽서.
안초공 밧초공 안이공은 밧이공 안삼공 밧삼공님네,
공시대풀이로, 잔을 받아삽서.
드려두고 그 뒤으로는, 삼시왕에 명을 받아오던, 멩두멩감 삼ᄎᆞᄉᆞ 관장
공시대풀이로, 잔을 받읍서.
열다섯 15세 미만 안에, 저싱 유무와 망정허야,
서천꼿밧, 간 아기들, 안동하여 가던
구천왕 구불법 도령아미 ᄎᆞᄉᆞ님네도, 공시대풀이로, 일부ᄒᆞᆫ잔 협서.
들여두고, 안팟 신공시로, 몸받은 부모조상님네,
글선성은 공자외다 활선성은 거저

심방선성 남천문밧 유씨 대선성님, 공시대풀이로, 일부ᄒᆞᆫ잔 헙서.

몸받은 신공시 고 옛선성 황수님네, 일부ᄒᆞᆫ잔 헙서

밧공시로, 성은 서씨로, 억만 도신녜 상신충

몸을 받아오던 밧공시로, 밧공시로, 몸을 받아오던, 조상님네도

공시대풀이로, 일부ᄒᆞᆫ잔 때가 되엇습니다. 잔을 받아삽서.

밧공시로는 몸을 받아 오던, 선성님은, 진내편 김씨하르방

첵불일월, 임씨할마님, 삼불도 조상, 외하르방 첵불, 작은하르바님

첵불조상님네, 고모할마님, 불도 조상님네,

어머님 초신질 발라주던, 정씨하르바님네

몸받은, 조상님은 벵뒤 진밧가름, 물ㅋ실낭 상가지에서, 솟아나던

고씨 대선성, 안씨 김씨 대선성님네, 서김녕도 임씨 대장간 불매, 선성님네

경기도 국일공예사, 몸받은 조상 초신질

또 이전 양씨 부모, 발라주엇수다, 잔받읍서.

황씨 임씨 이씨 선성님네, 이씨 하르방, 임씨할마님네

양씨 할마님네, 공시대풀이로, 잔을 받읍서.

이 신질 발라주던 선성님, 정씨하르바님, 잔받읍서.

안씨부모, 하씨부모님네, 또 이전

고씨 큰어머님, 서씨부모 아바님네도, 공시대풀이로, 잔을 받아삽서.

삼신질 발라주던, 대역례 바쳐주던, 이씨선성님네

아직 생혼에 잇수다 또 이전, 공시대풀이로, 잔을 받아삽서.

안공시로는, 양씨 아바지, 몸받은 조상, 신의아이가 유래전득 허엿수다

몸받은 조상님은, 저 김녕은, 임씨선성님, 이씨 선성님, 또 이전

눌굽이 하르바님, 이씨 선성님네, 눌굽이 할마님 임씨 할마님, 양씨 할마님네

공시대풀이로, 잔받읍서.

신의아이, 부모조상님, 심방정씨 아니외다만은,

물에 물줄 신에 신줄 아닙네까

부모 아바지, 고씨 어머님 윤씨 어머님네

설운 제간도, 공시대풀이로, 일부ᄒᆞᆫ잔 헙서.

들여두고, 또 이전으로, 강씨 삼촌, 몸받은 선성님네, 한생수 설운 삼촌님도

공시대풀이로, 일부 ᄒᆞᆫ잔 잔을 받아삽서.

들여두고, 정씨형님, 정씨 이씨 아즈마님,

내외간 몸을 받은 부모조상 일월 삼멩두
어진조상님네도, 공시대풀이로, 잔을 받아삽서.
그뒤후로는, 강씨형님, 몸받은 부모조상 일월삼멩두
어진 조상님도, 공시대풀이로, 잔을 받아삽서.
오씨 아즈마님, 몸받은 부모조상 일월삼멩두, 어진조상님도
공시대풀이로, 잔을 받아삽서.
홍씨동생, 어머님 연줄로 쳐여, 또 이전
신의 밥도 먹저, 신의 옷도 입저, 신의 줌을 자저 영협네다.
어머님 고씨 아즈마님, 몸받은 부모조상 일월삼멩두, 어진 조상님도
공시대풀이로, 일부흔잔 헙서.
설운 김씨 선성님, 회장님네 내외간, 몸받은 조상님네
김씨회장님 내외간 신의아이, 질 그르처주어
설쇠두드려, 대양두드림 북두드림, 소리 쓰는법, 새드림이여
공연허는 거, 질치는 거 석살림 굿 허는 거,
공선말을 배와주고 가선말을 배와주어
부모 7찌 생각을 허고, 형제간 7찌, 생각을 허여건간에
저 칠머리당 영등굿, 보존회로 허여, 영허여 뎅기다
이번 참에, 이 큰굿 헐 때에, 동참을 못 허여부난, 불목지엇수다.
몸받은, 신공시 옛 선성님에서, 입을 목을 풀어, 화애동참 시겨나 줍서.
몸빋은 부모조싱님네, 몸빋은 조싱님은, 지 멩두와
정의고을 정의현감 한양고을 한양일월, 악심전에 놀던 선성님네
또이전 양씨아미, 원애굿던 조상님네여,
양씨 큰할마님에, 이씨 불도 할마님네도
공시대풀이로, 또 이전으로, 잔을 받아삽서.
저 큰굿보존회에, 전수생 이수생 전수장학생, 회원들 몸받은 부모조상님네여
저 칠머리당 영등굿에, 전수조교 이수생 전수생들
회원들 몸받은 조상, 당주전에 잇는 선성님네
고씨 선성 홍씨 선성님네, 설운 안사인 설운 삼촌님네도,
공시대풀이로, 일부흔잔 헙서.
대정면에 놀던 선성님네, 정의면에 놀던 선성님네
모관에 놀던 선성님네, 일부혼잔 헙서.

동문밧은 나사민, 저 화북은, 옛날 이원신 대선성님네도, 일부ᄒ잔 협서
강신숙이 설운 삼촌님네, 형제간들, 일부ᄒ잔 협서
저 삼양은 가물개 이원신님네, 대선성님네, 공시대풀이로, 일부ᄒ잔 협서.
설운 김영수, 설운 삼촌님네, 신의 아이가,
저 영등굿 보존회 사무장으로 가시난
북은 영치는 거여 정 지는 거여 영 헐때랑 요런 말을 고랑 굿허라
영허멍 고라주던, 신의 아이가 댕김 시작허난
김씨 삼촌 아이고 이제나 나이 들어부난 갈디도 엇고
굿 잘허여영 큰 심방 대랜 허여
신의아이한티 ᄀᆞᆯ아두어건, 뒷날 아적 동부산 가는 배에서
바당에 떨어지어 요왕에, 인간 떠나부난
시신은 저 대마도로 올랏젠 허난 그 소식을 들으난,
신의아이도 눈이 캄캄허엿수다.
설운 영수삼촌님도, 신의아이 이번, 조상 올려아전 이번 초신질 발라수다.
신의 아이 앞질 발라줍서.
영수 삼촌님도, 공시대풀이로, 일부 ᄒ잔 협서
저 신천 고씨 고군찬이, 선성님네도, 일부 ᄒ잔 협서
조천은 정씨 선성님네, 공시대풀이로, 일부 ᄒ잔 협서
저 함덕은, 김만보 설운 삼촌님도, 공시 대풀이로, 일부ᄒ잔 협서.
설운 동생 영철이, 하르바님네
하늘ᄀᆞ뜬 아바지 어머님, 몸받은 조상님네도, 공시대풀이로, 일부ᄒ잔 협서.
들여두고, 저 동복은 가민, 박인주 설운 삼촌님도
신의 아이 스물혼설 나는 해에, 저 함덕 굿 구경 가시난
인도 지도 허여주던 선성님도, 공시대풀이로, 일부ᄒ잔 협서.
저 김녕은 가면, 서씨 아즈망, 몸을 받은 선성님네
밧공시로, 다 일럿수다, 몸받은 조상님도, 공시대풀이로, 일부ᄒ잔 협서.
저 행원은 들어사면, 설우시던 이씨삼촌님네
ᄒ대 두대 수물다섯대, 몰려오던 선성님네 이씨 선성님,
ᄂᆞ는 질에 잇수다 신의 아이 초신질 발람수다.
공시대풀이로, 일부ᄒ잔 협서.
들여두고 그뒤후로는, 저 세화리 가면, 강씨 선성님네, 일부ᄒ잔 협서.

저 하도가면, 고씨 아즈마님, 몸받은 조상님네여,

강씨 선성님네, 일부ᄒ잔 협서.

저 성산은 가면, 강씨 선성 정씨 선성님네, 일부ᄒ잔 협서.

양씨 삼촌 몸받은 조상님네도, 일부ᄒ잔 협서.

저 고성은 오씨 동생, 몸받은 조상님네도, 일부ᄒ잔 협서.

저 신풍리, 이씨 삼촌 몸받은 부모 조상님네

ᄯᅩ 이전, 뒤개ᄆᆞᆯ 하르바님, 홍씨 선성님네

홍연화, 홍매와, 설운 선성님네도, 공시대풀이로, 일부ᄒ잔 협서.

표선은 들어사면은, 신왕수 대선성님네, 일부ᄒ잔 협서.

저 남원은 들어사면은, 오씨 아즈마님, 몸받은 조상, 일부ᄒ잔 협서.

신씨 선성님네, 일부ᄒ잔 협서.

설운 팽수 형님네 몸받은 부모조상님도, 공시대풀이로, 일부ᄒ잔 협서.

들여두고, 저 서귀포 들어사면은, 박씨 선성님네, 박씨 선성님네

신씨 선성님네, 몸받은 부모조상들, 일부ᄒ잔 협서.

을숙이 아즈망, 몸받은 산신첵불 일월 삼멩두,

어진 조상님도, 일부ᄒ잔 협서.

오봉도, 설운 삼촌 몸받은 조상, 설운 동생,

태호원이 몸받은 조상, 공시대풀이로, 일부ᄒ잔 협서.

설운 오방근이 설운 성님도, 산 때에 아시야 성님아 허멍,

기깝게 뎅기디, ᄉᆞᆷ시왕에 종명허엿수디, 설운 성님도

신의아이 초신질 발람수다. 성님도, 공시대풀이로, 잔을 받아 삽서.

들여두고, 저 중문리는 가면, 색달리 강씨 삼촌은,

몸받은 부모조상, 일부혼잔 협서.

저 열리 김멩서님, 설운삼촌님도, 신의 아이 외할마님과

가건허게 뎅기단 삼시왕에 종명허엿수다. 공시대풀이로, 일부ᄒ잔 협서.

또 이전으로, 그 뒤후로 안덕면 들어사면은,

이모래 놀던 선성님네, 일부ᄒ잔 협서.

저 모슬포 들어사면은

양씨 선성, 다마장 선성님네도, 공시 대풀이로, 일부ᄒ잔 협서.

저 한경면에 놀던 선성님네, 공시대풀이로, 일부ᄒ잔 협서.

설운 동생, 고탁현이, 몸받은 부모조상, 웨진 하르바님, 웨진 할마님네

설운동생 몸받은 부모조상님네도, 공시대풀이로, 일부혼잔 협서

저 한림은 들어사면은

설우시던, 김덕수 설운 삼촌님, 몸받은 조상, 공시대풀이로, 일부혼잔 협서.

옥순이 아즈바님, 몸을 받은 조상님네도, 공시대풀이로, 일부혼잔 협서.

저 애월면은 들어사면은

저 하귀에, 강주 홍주 삼춘, 내외간 몸받은 부모조상님네

일월 삼멩두, 어진조상님네도, 공시대풀이로, 일부혼잔 협서.

이만성이 설운 삼촌님도, 공시대풀이로, 일부혼잔 협서.

양씨 선성님, 몸받은 부모 조상님네도, 일부혼잔 협서.

아이고 이철수다 수양아바지 큰 누님이 됩네다.

신의 아이에 수양 큰고모님이 될 처지우다. 이름 좋은 월선이 고모님도

이번에, 신의아이 초신질 발람수다. 어 큰고모님이여

맹선이 족은 고모님도, 공시대풀이로, 일부혼잔 협서.

들여나 두고, 그뒤후로는, 서문밧에, 놀던 선성님네

한씨삼춘 몸받은 조상, 일부혼잔 협서.

저 남문통은, 대정 삼촌님, 삼촌님도 산 때엔 설운 조캐야, 영허여

인도지도 허여주던, 대정 삼촌님도, 공시대풀이로, 일부혼잔 협서

들여두고, 또 이전으로,

신의 아이 선생 연질 다 몰라 못거느립네다 허실제라도

하당 숭광 죄랑 초부감제 협서.

떠러지고 낙누헌 조상 어시, 공시대풀이로 다 일부 혼잔 이외다예~ (장고)

옛선성님도 일월, 어시럭이 멩두, 더시럭에 멩두, 고부랑 멩두발들,

또 이전 울란국에, 범천왕 대제김 소제김에, 살이살성 불러주던 멩도발들

산담 넘고, 울담 넘던 멩도발들, 모사멩두발들,

용미제절에, 묻어가던 멩도발이여

이런 멩도발들랑, 저 올레로 절진허여십서.

석시석시마다, 공시대풀이 헐 때마다

시공명 잡식으로들 만상대우허여 안네리다예~

(장고)

들여두고, 옛선성님전, 아뢰말쓸 잇습네다.

신의아이, 성은 정씨 경자생 신에 둘이오다

신의아이, 서른다섯 나는 해에, 이 질로 전성 그리치엇습네다.
이번에서 신구월들, 열일뤠날부터,
초신질을 발루와 초역례를 바치저, 영허염수다.
부모조상님에서 신의아이 머리쯤에 운동을 허여
앞이멍 묽은 지애 총명 들은 이견 뒤이멍 보른 이견 나수와
없는 말명 젯ᄃ리, 언담을 나수와 줍서
야당어깨 좋은 몸짓도, 나수와 줍서
신공시 옛선성님에서, 마흔ᄋ둡 상단골 서른ᄋ둡 중단골 스물ᄋ둡 하단골,
나수와건 큰굿 족은굿, 나수와 먹을 연을 나수와 줍서
입을 연을 나수와줍서.
건위나다 웃품나다, 수덕좋다 영급좋다허여, 건위우품을 나수와줍서.
저 아기들, 산짓 이별허여 사는 아기들
스물ᄒ설 열두 설, 이 아기들도, 공부허는 ᄌ순들이외다.
앞이멍 보른 이견 뒤이멍 묽은 뒤에 총명, 너른 이견 나수와
허는 공부에도, 덕든 걸음 나수와, 활장원 글장원 시겨줍서.
들여두고, 하다에 안팟신공시로, 당주ᄉ록 몸주ᄉ록
신영간주ᄉ록, 날일들 나게 맙서.
갑을동방 경진서방 병오남방 해주북방으로, 막아줍서.
날로 가면 날역, 들로 가면 들역, 월역 시력 다 막아줍서.
마ᄃ 씨ᄃ 남은 멩가 복이랑 금동 퀘상ᄃ레
아찐동 밧찐동 곱이첩첩 다 재겨줍서.
(장고)

신공시대풀이로 일부ᄒ잔 넘어들엇습네다.
받다 남은 주잔들랑 저먼정 내여다가
어시러기 멩두 더시러기 멩두 고부랑 멩두발들
개염투기허고 울란국에 범천왕에
대제김에 소제김에 살이살성 불러주던 멩도발들
주잔들 많이 권권 지넹겨 들여가며
오늘 공시대풀이로 일부ᄒ잔 드렷습네다.
떠러진 조상 어시 다 잔을 받아사 이번 이 신질 발르거든 부모조상에서

그만한 덕을 나수와 걱정말라건 안팟공시

일월삼멩두에서 환급을 시겨줍서.

(산판점)

신의 몸받은 일월 삼멩두에서도 걱정말라

(산판점)

고맙습네다

가문공서도 좋수다만은 그만헌 덕을 나수와 준다건 삼시왕 군문으로

(산판점)

[나가 조상을 이제와 모셔 오난]

[굿 끝날때꾸지 안공시부터 거느려야 되]

황씨 임씨 이씨 하르방 임씨할마님 양씨할마님네

신의아이 머리쯤에 운둥허여

이번 초신질 발르고 영허면 일월삼멩두 어진 조상님에서

신의아이 머리쯤 운둥허고 양단 둑지에 강림을 허여

조상덕에 먹고 입고 행궁발신하게 허여 시왕 시름은 지나돼 걱정말라건

삼시왕 군문으로 몸받은 아바지 어머님 설운동생도

이 아들 이 형님 넘기는 질 발르와준다.

걱정말라.

(산판점)

가문공서도 좋수다만은 삼시왕 군문으로

(산판점)

잘허쿠다. 이제꾸지 거부양 허여수다만은 앞으로 잘허쿠다 영허난

(산판점)

고맙습네다. 시왕대번지에서도 걱정말라건 군문 잡읍서.

한꺼번에 군문을 잡아서 신의 아이가 안심을 허고 서씨 아즈마님

몸받은 조상에서도 초신질 발르왕 그만한 덕을 나주와 준다건

군문으로 (산판점)

아이고 고맙습네다.

떠러진 선성님에 어시 다 그만한 덕을 나수와 만ᄉ망 나수와준다

거밀상잔하나 똑끼 막음을 줍서

잘허쿠다 신의 아이가 아직 미혹허여부난

선생연질 다 못 거느리고 허엿수다만은
숭광 계랑 조부감질허여 일후제 잘허구 허쿠다
이상잔 막으로 환급허여줍서.
(산판점)
아이고 고맙수다.

〈초공다리 나수움〉 서순실

초공다리를 당주방으로 메어드는 굿으로 "나숩고 나수자"하며 신길을 놓았
던 다리를 밖에는 심방이 잡고 안방에는 본주가 잡아 서로 당긴다. 심방은 인
정을 받으며 조금씩 양보하고, 본주는 사력을 다하여 안방으로 다리를 당기어
차곡차곡 개어 놓는다. 이를 '메어 든다'고 한다.

준지너른 금마답 마당 붉으민
천도천왕 지도지왕 인도인왕 삼간지 오륜지법으로 천지이망주고 신수푸고
좌우독은 신수퍼 대통기 소통기 지리여기 양산기
나븨나븨줄전 나븨 도래놓고
안ᄋᆞ로는 ᄉᆞ해 염두맙서당클 줍싸메여
준지 너른 금마답은 초·이공연맞이로
연맞이당 신맞이 신맞이당 연맞이로 어멍 아기 보저 아기 어멍 보저
부모 자식이 일부ᄒᆞᆫ잔 해여 잇습네다.
당주질도 발랏수다 몸주질도 발랏수다.
이공질도 발라 잇습네다.
신금이 연줄 걷어다 가마 맞고 휘어 맞아 하신충 정씨로 쉬은 두설
은지 모룻 제비꿀려 상동마개 설운 장개 요섯부체 든변난변 제와건
ᄂᆞ단손엔 채받고 왼손엔 궁을 받아 기픈궁은 내올리고 야픈궁은 신가심 열려
안팟공시 고옛선성님ᄁᆞ지 일부ᄒᆞᆫ잔 해여 잇습네다.
초·이공연맞이로 받다씌다 남은 건 웃지방 걷웁네다.
지붕상모를 올리고 알잡식은 걷어다 저싕염라대 알로 신수퍼

억만육계 수계 무읍네다.
또 예 알잡식은 내여다 시군문 연ᄃ리 금마절진헌 임신
지 삭이며 정씨로 하신충 몸받은 안공시 부모조상님은
당주전드레 신수퍼읍네다.
신의 성방 몸받은 밧공시는 밖으로 신수퍼 잇습네다.
당주ᄃ리 몸주ᄃ리 신영간주ᄃ리도 나숩고 나수자

(장단에 맞춰서)
나숩고 나수자/당주ᄃ리로/ 몸주야 ᄃ리로/ 상간주 ᄃ리로/ 중간주 ᄃ리로/
마흔ᄋ돕 초간주 ᄃ리에/ 서른ᄋ돕 이간주 ᄃ리에/
스물ᄋ돕 하간주/ ᄃ리로 나수자/
물멩지 강멩지에/ 새양베 새미녕 ᄃ리로/ 나숩고 나수자/
초공 임정국/ 삼시당 하나님/ 성진당 황금산/
주접선성님 나수자/ 웨진땅은/ 천하야 임정국/
지하에 김진국 부인님/ 나숩고 나수자/
이산 앞은 발이 벋고/ 저산 앞은 줄이 벋어/
왕대야 월산은/ 금하늘 노가단풍/ ᄌ지명왕아기씨/ 나숩고 나수자/
원구월 초ᄋ드레/ 본멩두 나수자/ 신구월 열ᄋ드레/ 신멩두 나수자/
상구월 스무ᄋ드레/ 살아살축 삼멩두/ 나숩고 나수자/
서울 상시관 올라갈 때/ 청만주 애미/ ᄂ다들러 웨우/ 웨우들러 ᄂ다/
질을야 갈릴적에/ 청비개 흑비개/ 어려야 비개로/ 나숩고 나수자/
젯부기 아들 삼형제/ 초체여 과거올려/ 둘체여 과거는/
문성급제/ 장원급제/ 팔도도자원/ 나숩고 나수자/
어수애 비수애/ 쌍도래기 놀매월색/ 벌련뒷개 영가메/ 삼만관숙 육방하인/
피리단전 옥단절 소리내난/ 나숩고 나수자/
어주애 삼녹거리/ 서강베포 내리난/
궁의아들 너무 벌란허게 낫구나/ 물멩지 전대로/ 목결려 기픈궁에 가두난/
좋은 과거물련/ 행경벗어건/ 무툰 두건쓴다/
두루막 벗어건/ 어깨에 둘러메고/ 머구낭 방장대 짚언/
어머님 출백막 해치난/ 물멩지 단속곳 가저/
웨진부모땅은/ ᄎᄋ앙가난/ 배석자리 내여 줍데다/ 배석자리도/ 나숩고 나수자

너사무 너도령 삼형제/ 육학렬 무으난/ 너사무 너도령/ 삼형제 나수자/

황금산 도올라/ 설운 아기들/ 초전싱 그리치난/

성은 정씨로/ 쉬은두설에/ 서른에 다섯설에/이전싱 그리치어/

북두드림 장구두드림/ 곧마흔 나는해에/ 쾌지입어 석살림/ 해엿수다/

설운아기들아/ 어멍 ᄎ지컬랑/ 심방질 허랜허난/

굴미굴산은/ 아야산 올라가건/ 물상오기/ 새상오기 똘라다/

첫째북은 똘라/ 아바지 절간/ 법당 북을 설연허고/

이채북은 똘라다/ 상동막 설운 장구/ 설연 허고/

세채북은/ 똘라다가/ 상동막 설운 장구/ 설연 허난/

울난국 나수자/ 상동막 살장구/ 나숩고 나수자/

설운 아기들/ 백ᄆ래왓을 내려/ 아끈도간 한도간/ 아끈지기 한지기/

아끈ᄆ레 한ᄆ래/ 동해와당 세철이/ 아들 불러다/ 전명록이 내려/

남천문에/ 개를 새겨건/ 하늘 부멍 오랏구나/ 하늘천자/

땅으로 보멍 오랏구나/ 따지자로 구나/ 물으멍 오랏구나/ 물을 문자/

남천문에/ 개글 새기난/ 아방 중게천문/ 나숩고 나수자/

어멍준 모육상잔/ 나숩고 나수자/

옥황도성문 열려옵던/ 금정옥술발/ 나숩고 나수자/

설운 아기들/ 상시관 도올라/ 뭣이 좋앗니/

큰아들 도임상 좋데다/ 초감제 받으라/

셋아들 어수애 비수애/ 쌍도래기 놀메월색/ 별려뒷개 좋데다/ 초신맞이 허라/

족은 아들은/ 삼만관숙이요/ 육방하인/ 행금주대 소리가/ 좋댄 허난에/

홍포관대 입어/ 시왕대를 짚어/ 바라나 보라/

초쳉 올려라/ 초공하늘/ 이쳉 올려라/ 이공하늘로/ 삼쳉올려라/ 삼공하늘로/

옥황에 쇠북소리 울리난/ 어머님 기픈궁에/ 가두왓다건/ 아픈궁에 내올리난/

ᄒ득한헌 어머니/ 나오랏구나/

어머님아/ 어주애 삼녹거리에/ 서강베포땅 내리난/ 팽저생인질/ 유저생인질/

팽저나무 비어다/ 마흔ᄋ돕 초간주/ 유저나무 비어다/ 서른ᄋ돕 이간주/

신풍나무 비어다/ 스물ᄋ돕 하간주/ 지어간다/

ᄇ름부난 ᄇ름뚜벽/ 뚜두난 뚜두벽/ 동산새별/ 신영상간주/ 나숩고 나수자/

동심절 나수자/ 마흔ᄋ돕 모람장/ 서른ᄋ돕 빗골장/

스물ᄋ돕 고모살장/ 나숩고 나수자/

신전집 무어건/ 어머님 요디싶서/ 춧앙올 소순 잇수다/ 저싱드레 가젠허난/

양반이 잡으레 오는칼/ 여든닷돈 칼이요/

중인잡으레 오느칼/ 일흔닷돈 칼이요/

팔저궂인 형제간/ 찾으러 오는칼은/ 흔닷돈 칼이여/

시왕은 대번지 설연 허난/ 나숩고 나수자/

삼시왕 올라가단 보난/ 유정승에/ 뜨님아기 일곱설에/ 놀암시난/

아바지한티 강/ 파란공에 육간제비/ 곰드레 채우난/

열일곱 나난 눈 어둡고/ 스물일곱 나난 눈 뜨고/

서른일곱 나난/ 눈 어둡고/ 마흔일곱 나난에/ 눈을 뜨고/

쉬은일곱 나는 해에/ 눈 어둡고/

예순일곱 나는 해에/ 눈뜨어 나린 영 내려/ 조북장제집이 강/

초고비 이고비 삼고비/ 사고비 오고비 육고비/

백지알 대기 눌려/ 십년만에 굿해도랜 허난/

시왕 법난에 잡히난/ 삼시왕에서/ 바껏에 업댄건 누게냐/

유정승 뜨님아기/ 물멩지 전대로/ 목을 걸려 올리난/

백근이 못내 찬/ 무당서 내여 주어/

예순전 집이 가건/ 통솔을 해여건/ 삼시왕 업댄 허난/

약밥약술 내여주라/ 어인타인/ 수리감봉 막음/

삼천기덕/ 일만제기도 내여주라/

궁전궁납 내여주라/ 멩도멩철 내여주라/

신소미 내여주라/ 금제비 내여주라/

홍포관대 조심띠/ 헐루래비 내여주라/

남수화지 쾌지도/ 내여주라/

신줄 연줄/ 당에 당베 절에 절베/ 멘 공서 아산 신베에/ ㄴ다들러 웨우/

아래녁에가/ 큰 굿해여 오라/ 일흔일곱 나는 해/ 삼시왕 종명허난/

이 ㅈ순도/ 이번 첨은/ 정씨로 쉬은두설/

난날 난시 팔저가/ 험악허고/ 일곱설 나는 해에/

신창 할망 알로간/ 일곱설 나는 해에/ 흔두달 살아오란/ 죽억살악 해여도/

설운 쉬은두설/ 초등학교 중학교/ 고등학교 대학교 공부허난/

서른다섯 나는 해에/ 무형문화제에/ 71호/ 김씨형님/ 부배간 흘목심어/

각장석어 슬석어/ 눈물지엉/ 북두드림 장구두드림/

대양두드림/ 새ᄃ림 추물공연/

곧 마흔 나는/ 해에 쾌지 입어건/ 석시를 오르난/ 일월맞이 불도맞이/

초·이공맞이/ 질치는거/ 성주풀이 가는거/ 푸다시 허는거/ 다배와도/

불쌍헌 정녜/ 하늬ᄇ름에도/ 의지가 엇고/ 어느 조상도 허는일/ 아니라건/

ᄂᆞᆷ의 소미로만 뎅기멍/ 살아가는게/ 일본으로/ 정의 대정으로/ 댕겻수다/

이번 첨 양씨 부모님/ 조상 물려주난/ 이 조상은/ 김녕 황씨 선성/

임씨 선성/ 이씨 선성/ 이씨 하르바님/ 임씨 할마님/ 양씨 하르바님/

이름좋은 눌곱이 하르방 허민/

건위우품나는/ 조상님도 안공시로/ 당주전으로/ 신을 수퍼/

머리쯤 운둥협서/ 양단어깨에/ 강림허여건/ 허튼 말명허게 맙서/

명산명점/ 상통천문/ 기지역신허게 시겨줍서/ 심방 정씨 아니우다/

설운 아바지/ 설운 어머님/ 고씨 어머님/

윤씨 설운 어머님/ 불쌍헌 설운동생도/ 당주전드레/ 신을 수퍼건에/

이 아기/ 의지허게 헙서/ 설운 성님/ 의지허게 헙서/

신의성방 몸받은/ 밧공시로도/ 신의 아이도/ 열네설 나는 해에/

이 심방질 배우난/ 곧 스물 나는 해/ 신질 발라건/

안칩이 간 첫 공시받아/ 초신질 이신질/ 삼신질 발랏수다/

대역례 바치난에/ 이번엔 신질 발르랜/ 오랏습네다/

설운어머님/ 당주질 발라줍서/

진내편 김씨 하르바님/ 임씨 할마님/ 웨진 부모조상/ 당주질 발릅서/

설운/ 어머님 초신질 발라주언/ 정씨 하르바님/ 동참헙서/

몸받은 조상님은/ 벵뒤 진밧가름/ ᄆᆞᆯᄏᆞ실낭 상가지에/

솟아난 고씨선성/ 안씨선성 김씨선성/ 동참헙서/

김씨 삼춘님/ 신의아이 이신질 삼신질/ 발라주고/ 안씨 부모님/ 하씨 삼춘님/

고씨 큰어머님/ 서씨 부모아바지/ 당주질 발루저/ 나숩고 나수자/

이씨 부모님/ 나숩고 나수자/

이씨 부모님 몸받은/ 웨진 조상님네/ 나숩고 나수자/ ᄒᆞᆫ어깨 오랏수다/

양씨 삼춘 부배간/ 몸답은 부모조상들/ 설운 누님 누이들/ 나숩고 나수자/

강씨 삼춘 몸받은/ 부모조상 선성님/ 설운 정씨 오라방/

이씨 성님 몸받은/ 부모조상님네/ 오씨 성님 몸받은/ 부모조상님/

강씨 아즈바님/ 몸받은 부모조상/ 송씨로 서른넷/ 몸받은 부모조상/

성읍리 양씨선성/ 양씨선성 정씨선성/ 오씨선성 고씨선성/ 나숩고 나수자/

멘공원 멘황수/ 도공원 도황수/ 옛날 선성님/ 황순임 나수자/

곽곽선성 주역선성/ 이승불 소강정/ 선성님 나수자/

천문선성 덕환이/ 상잔선성 덕신이/ 요랑선성/ 홍글저대/ 시왕대번지/

북선성 조막손이/ 나숩고 나수자/

대양선성 와랭이/ 설쇠선성은/ 느저왕 나저왕/

정의가도/ 천주국주 대선성/ 모관와도/ 천주국주 대선성/

입춘춘경은/ 화산지옥/ 볼려오던 선성님/ 천보답만보답/

고리 안동벽 놀던/ 선성님네/ 나숩고 나수자/

놀메선성/ 기메선성/ 당반선성/ 자리비선성/ 떡선성 이애기/ 밥선성 저애기/

술선성 이태백이/ 나숩고 나수자/

언담좋은 선성님 나수자/ 굿잘헌 선성님 나수자/

소리좋은 선성님 나수자/ 몸짓좋은 선성님 나수자/

마흔으돕 상단골/ 서른으돕 중단골/ 스물으돕/ 하단골 나수자/

어른단골 아이단골/ 나숩고 나수자/

골목진 단골도 나수자/ 부자 단골도 나수자/

큰굿도 나수자/ 죡은굿 나수자/

일월맞이/ 불도맞이/ 성주풀이/ 요왕맞이/ 요왕 질 치는거/ 나숩고 나수자/

덩덩푸를 지어 낭/ 둥둥안채 지영들고/ 둥둥안채 지영나건/

막개포 지영들고/ 보답으로/ 성을 싸게 헙서/

하당 이 ᄌ순/ 안간주가 낮아지게/ 밧간주가 휘어지게/

연향대가 휘어지게/ 도전으로/ 나숩고 나수자/

먹을연 나수자/ 입을연 나수자/

전새남 육마을/ 나숩고 나수자/

동으로 서으로/ 이 굿해여 나걸랑/ 굿도 해여주래 해여건/ 나숩고 나수자/

나숩고 나수자/ 나숩고 나수자/

(베를 당겨 서로 뺏음)

경험으로서 아방은 아멩해도 우리편인게 아멩해도 우리편이라

어떵허쿠가 삼춘 한발만 배련가카 [배련가]

삼춘 ᄒᆞᆫ발만 가저가주

[안되여] 안되여

그럼 저 뒤틀에 나앉아봅서

이거 홍정을 잘해야되 삼춘야

우리 오늘 이거를 벌어사 오늘밤에 고생한 댓가가 잇을건 아니야

일단은 [갈르게] 걱정맙서 나가 하영 받앙 야

삼춘이랑 천원 먹을랑 남나게녜야 백원만 먹케메야

일월삼멩두 조상에서도 이번첨 신질 발루레

돈 노는거 보명 산받으게 이거 나중에 안주면 우리 손해주게야

아가가 아가가

[저뒤 나부렀구나게]

봅서 삼춘 여산 잘해지 안햇수꽈

이거 산받아 낳으면 그냥 공짜로 넘어가 불뻔 햇신게

오늘일로 당주질 발랏수다

몸주질 발랏수다 당주ᄃᆞ리 상간주ᄃᆞ리 중간주ᄃᆞ리

하간주ᄃᆞ리로 나숩고 나수왓수다

이거 어떵현 두장만

경해도 삼시왕인데 삽십만원은 못 둘러도 삼만원은 올려야돼야

일로 신을 수퍼 (산판점)

군문으로 해여서 경헤민 (신판점)

군문을 해여사 될꺼아니우꽈

이것이 어떵헌 일이우꽈 외상잔 하나 막음도 좋수다만은 (산판점)

조상님 조상에서 잘허캔 마당에서 약속을 햇수다

약속을 해엿시난 (산판점) 아니라 잘 마음을 다듬어

군문을 지어서 합네까 조상님

허산바산 맙서 이건 어떵헌 일이우꽈 이일을 끝나가민 (산판점)

먹을연 입을연 시왕대번지에서도 (신칼점)

초감제헐 때도 ᄒᆞ끔 공시풀이 헐때도 ᄒᆞ끔 했지만은

사람이란게 산사람이랑 약속은 예

어긋날수도 잇어 나 미안허우다

잘못햇수다 야

오늘 나 삼춘한테 잘못해영 나가 빌듯이 그렇지만
조상하고 생인하고 약속을 어기면 뭔가 대갑 죄를 크게 치루는 거라예
그줄 안해쿠단 허는 삼시왕 군문을 좀시난 아즈방도 이제라건에
아버지랑 아버지 나름대로 자식으로 잘 보답을 허고
조상은 나에 조상이로구나
내가 이 심방질 뎅기는 날 동안은 모셔건에 그저 허주나지도 않을거고
이 조상은 먹으면 먹은값혀 하도 영급잇는 조상이난 나 잘모셔 뎅기쿠대
영 해봅서만은 크게 손해가질 안음직 허우다
삼춘 산질로 방은야 그렇게 섭섭 안햄직 허우다
[고맙습네다]
좋은 분부 좋은 점사 여쭈와 드렸습네다
주잔들랑 내여다 시군문 연ᄃ리에 내여다
이 조상 모셔올적에 모를넘고 재를넘고 월산백리 도랑것질허멍
올적에 당주설연혈적에 당주하직혈적에 똘아오던 이런 임신들
어시럭 더시럭 모사멩두 삼멩두 개움투기허던
[삼춘 천원만 주켄]
난 이천원 나두 천원 조상 천원 다 천원 좋앗어

6. 여섯째 날

6. 여섯째 날

〈관세우〉〈초 · 이공 메어듦〉《본향놀림》《시왕맞이》
《제오상계》《칠성본풀이》〈석살림〉

(10월 18일 화요일, 음력 9. 22.)

〈관세우〉 정태진

상경 개문입네다
상경개문 허난 초경 이경 서산 기픈 밤중 되엇구나
대명천지가 붉으는 듯 헌다
천왕땅은 목을 둘러 온다
지왕땅은 줄기치어 온다
인왕땅은 날개들러 지리반반 울어간다
은동 금동 대명 천지에 붉으는 듯 헌다
수성개문 동경개문 상경개문입네다

(합장인사)

상경개문허난 잉헌이도 삼하늘 드른이도 삼하늘
삼십삼천 서른 세하늘 도업허난 옛날 황제 헌원씨 시절에도
아침 일어나면 금중을 올리는 법 저녁에는 도령법이 잇습네다
그리말고 옥황도성문 눌려오던 금정옥술발 둘러받아 취침령도 돌으레

(요령을 사방을 다니며 흔든다)

아침 취침령 허난 신이와 귀신 귀신 이와 생인 다를바 잇습네까
아침 취침령 노난 자다 깨는듯 허는구나
그리말고 각호 만서당에 개패문도 열려

(사방에 걸려잇는 지전을 들처본다)

개패문을 열렷수다
귀신과 생인이 다를 바가 잇습네까
신이 누워난디 이불자리 개는 법이 잇습네다
영허여 신이 개패문 열여다지 가루다지 문을 열렷수다
그리말고 청오장 백오장도 걷어가자

(합장하며 사방에 인사한다)

청오장 백오장도 걷엇습네다
걷엇더니만은 148생인도 아침이 일어낭 이불을 개어불면은
옛날엔 저녁에 불 인준허영 놔뒀당
전동하리에 양천하리에 붙인준처는 법 잇습네다.
그리말고 초미 연단상 이미 제단상 삼산양 담배불 권상이우다
(향로 들고 사방을 돌아다니며 인사드린다)

담배불 권상허난 신전님네 일어난 정신츨리고 영허여 잇이난에
이제는 의복단장허게 되어습네다
그리말고 아침에 일어나면 세수를 해여야
이복도 단장허고 몸도 단장허는 법이 되엇습네다.
동해와당 은하 봉천수 ᄉ왕초대접 둘러받아
각 신우엄전 세수물도 드립네다
(물그릇을 들고 각 당클을 둘러본다)

관세우 수건[619] 올렷습네다
세수를 해여나면은 늧[620]을 닥아야 하는 법입네다
주문도청 들어가 관세우 수건 신세우 수건도 위 올립네다
(미녕 수건을 들고 각 당클을 돌아다닌다)

관세우 수건 신세우 수건 위 올려 잇습네다
위 올리난 세수를 해여난 끝에 칠보단장법이 잇습네다
영허난 진양도폭 입을 신전 입고
가다마이 노마이 입을 임신 입고 그뿐 아님이라건
시왕전에 입을 홍포관대 조심띠 위올립네다 삼백도래 진서양 위올립네다
할마님은 만상 쪽도리 호양몌 감퇴 위 올립네다
위올리며 신우엄님네 이제는 거울삼식 분삼식해여
얼굴에 분 바를 임신 분 바르고 구르머 바를 임신 구르머 바릅서
연지 곤지 바를 임신이랑 연지 곤지 발루옵서
남자 임신일랑 나까올리실 임신 나까올리고
로션 발르고 스킨발르고 포마드 발르고 헙서
그리말고 각 신우 엄전님네 상동락 용흘래기도 위 올립네다

(각 당클에 합장인사)
상동락 용흘래기 바첫습네다
젊은 신전들은 포마드도 발르고 영헙서 들여두고
신우님네 시부 단장 해엿습네다
그리말고 각 신우엄전 두건망건 놉네다
두건망건 허난 아침 일어 나면은
귀신이왈 생인 생인이왈 귀신 다를바 잇습네까
담배를 흔대 피워야 하는 법입네다
엽초올려 시름초 위 올립네다
진 담배 총 세모작 둘러온 담배통 됩네다

엽초올려 담배포 담배통도 도올려

(사방에 합장인사)
담배포 위올렷습네다 그리말고 초미 단상 삼위 삼선향에게도 피와올려
각 신우엄전 담배불 권상이우다예~

(향로들고 사방에 인사한다)

담배불 권상허난 아침 해장법이 잇습네다
영허 잇으니 그리말고 초잔 청감주 이처찬 철령주 제삼자 조소주
지름이 봉봉 두어다가 사기 제기 은잔 녹잔 츨여놓고
각호각당 만서당클 신우엄전님전 해장잔 일부 흔잔 이외다

(삼주잔 들고 사방에 댓잎으로 술을 케우린다)

일부 흔잔잔 지녕겨 잇습네다
받다 씌다 남은 주잔들랑 저면정 나사면은
어느 여간 관세위여 저면정 받아먹저 받아씌저 허던 임신들 주이 뵙네다
어-허 초공전에 군졸이여 이공전에 군졸이여
삼공전에 군졸이여
시왕뒤에 군졸이여 주잔권잔 드립네다
삼공 개잔 뒤에 놀던 임신들이여
후봉 개잔 뒤에 놀던 임신들이여
몰들른 이 기들른 이 뒤에 놀던 임신들 많이 주잔 권잔 드립네다
들여가면은 큰낭지기 큰돌지기들 많이 주잔입네다
어제 간밤에 꿈에 선몽 낭에 일몽 비몽서몽 주사야몽 불러주던 임신들
주잔 권잔 입네다 주잔 권잔은 개잔개수 해여다
불법전 위올리면은 신우엄전님네랑 아잔
재자리에 신수퍼 하염업서예

〈초·이공 메어듦〉 서순실

초공길과 이공길, 신길과 꽃길을 치었던 초·이공다리를 당주방으로 메어 드는 굿으로 "나숩고 나수자"하며 신길을 놓았던 다리를 밖에는 심방이 잡고 안방에는 본주가 잡아 서로 당긴다. 심방은 인정을 받으며 조금씩 양보하고, 본주는 사력을 다하여 안방으로 다리를 당기어 차곡차곡 개어 놓는다. 이를 '메어 든다'고 한다. 다리를 안방으로 당겨 차곡차곡 개어 놓은 다음은 심방이 집안의 조상을 놀리는 〈석시〉 또는 〈군웅석시〉라는 석살림굿을 한다. 이 과 정을 '잉어메살린다' 또는 '메어들여 석살린다'고 한다.

준지너른 금마답에— 마당 붉으민 어간 해엿습네다
천도천왕 지도지왕 인도인왕 삼강지 오륜지법으로
천신기는 지나춥고 흑신기는 지도투고 천지이망죽은 신수퍼
좌우독기 우독기 신수푼난 삼버리줄 줄싸매엿습네다
대통기 소통지 지리여기 양산기 나븨나븨 줄전 나븨 예—
ᄃ리놓고 안으로 ᄉ해열두만서당클 줄싸매여
천왕왕도 ᄂ닌날 지왕왕도 ᄂ닌날
인왕왕도 ᄂ린날 조상엔 하강해
ᄌ순엔 생기복덕 길어 맞치기는
신묘년 전싱굿인 애산 신구월은
가지 노픈 신전집 지해 너른 절당집
현재 거주헙긴 북촌입네다
당집 절집 무언 하신충 정씨로 쉬은 두설님이
초신질을 발루저 초역례 역가 올리저
ᄆ음먹언 오기는 표선면은 성읍리 이간주당
이집 빌어 오란 천상천하 영실당 누병대천 놀고
고랑빗발 새빗발 노는 조상 청허저
열이셋날 기메설여허고 당반 설연허고
열일뤠날은 아침 개동여래

772

초체올려 초공하늘 이체올려 이공하늘

삼체올려 삼공하늘

옥황드레 쇠북소리 울련 일문전 천보답상 신수푸고

준지 너른 금마답 저싱 염라대 천지 이망죽 신수푸고

좌우독은 신수퍼 초감제 연ᄃ리 옵서 청헌 조상

초신연맞이 초상계 금공서 올려 잇습네다.

보세 시감상 연ᄃ리 넘엇수다

밧초공 안초공 밧이공 안이공 밧상공 안상공 신을 풀엇습네다

세경신중 마누라님 직부일월 상세경 난산국은 신풀어

스무날은 옥황천신 불도 연맞이 옵서 청허고

어제 스물ᄒ를날 초·이공연맞이로

연맞이당 신맞이 신맞이당 연맞이

어멍 아기보고 아기는 어멍보고

부모 자식 상봉해여 일부ᄒ잔 허저

초·이공연맞이 옵서 초방광 금공서 올려

당주질을 발랏습네다.

이공 서천 도산국 질을 치여 잇습네다

어젯날 쉬은 두설 아잔 공시대풀이

고옛선성 부모조상 신공시 부모조상님네

일부ᄒ잔 처난 밤ᄃ 기픈 밤이 디언

어젯날 밤에 도령법을 놓고

오늘 아적은 취침령을 눌려 잇습네다.

초공 임정국 삼시당 하나님 양공실로 신수푸저

이공서천 도산국에 양공실로 신수푸저

고옛선성님 안팟공시 선성님에 안으로 신수풀 때가 되엇습네다

받다 씌다 남은 건 웃지방 걷엉 지붕 상모를 놀립네다.

또에 웃지방 걷엉 저싱 염라대 알로

좌우독에 삼천 일흔ᄋ돕 시왕시군병 지 삭여 잇습네다

초공은 시줄 이공은 연줄 삼공은 노줄 신줄 연줄 걷어다

성은 정씨로 이름은 공자 철자

나이는 쉬은 두설 생갑은 경자생 신질 발람수다

이 ᄌ순 신질 연질 걷어당[621]

양단어깨 ᄂ다들러 웨우 들러 ᄂ다

가마맞고 해여맞아 영기 몽기 둘러 받아

초공 신줄 이공 연줄 고비연줄 걷어당

초공 임정국 이공 서천 도산국

옛선성님 양공시로 잉어 메살립네다

(본주심방은 군복차림에 베를 몸에 싸고 있다)

(서순실 심방은 향로를 들고 본주심방은 감상기를 들고 사방 인사를 한다)

(본주심방은 각 당클을 돌며 악무 추다 도랑춤을 춘다)

(안당클과 밧당클 왔다갔다 하면서 신명나게 악무를 춘다)

(안당클에서 밖으로 엽전을 던져 점을 본다)

(서순실 심방은 안에서 향로춤을 춘다)

(삼주잔을 들고 삼주잔춤을 추며 각 당클을 돌며 댓잎으로 술을 케우린다)

(본주 심방을 둘러메고 있던 베와 군복을 벗는다)

초 · 이공연맞이로 초공 임정국 삼시당 하나님

이공서천도산국 고옛선성님 안팟공시 부모조상 선성님네

양공시로 잉어 메 살려드렷습네다

주잔들랑 내여다 나사민 상관은 놀고가저 하관은 먹고가저

상당에 받다 남은 건 중당에 중당에 받다 남은건 하당에

하당에 받다 남은 건 주석 말석 기약[77]지 내여다가

할마님 뒤에 걸레삼싱 뒤에

밧초공 안초공 밧이공 안이공 뒤에

밧삼공 안삼공 뒤에 시왕 뒤에

선배 후배 마후배 조삼베 걸남베

기 드른 이 창 드른 이 행금주대 드린 이

삼멩감 삼ᄎᄉ 뒤에 세경일월 조상 뒤에

본당 신당 영혼 뒤에 안팟공시 옛 선성님 뒤후로

저먼정 당주 조상 뒤에
어시러기멩두 더시러기멩두 모사멩두 사멩두
어주애 삼녹거리 서강베포땅 노는 임신
팽저생인 질 유저생인질 노는 임신
초간주 이간주 삼간주 뒤에 노는 이런 멩두발들
아강베포 직부잘리 호럼준치
삼처기덕 익마제기 멩두멩척 뒤에
상안채에 중안채에 하안채에 노는 임신들
큰굿 족은굿 댕길적에
일본으로 행사 뎅기멍 정의 대정으로
모관으로 대 세운곳 탁상고 성주풀이 귀양풀이 일월맞이
불도맞이 헐 때 똘라들던 이런 임신들이로구나
시군문 연ᄃ리에 내여다가 이거 성읍리 오란 이집이서
열일뤠날부터 굿 소리난 오라도
우리들은 무사 술 ᄒ잔 아니 주엄신고 해여
먹저 씩저 허던 이런 임신들이로구나
밤에 누워 꿈에 선몽허던 이 낭에 일몽허던 이들
많이많이 주잔 지넹겨드립네다
이 올레에 천년 묵은 큰낭지기 큰돌지기
셍덕지기 수덕지기 뒤에 노는 임신들
많이많이 열두 소잔 개잔 개수해여 올립네다
위가 돌아갑네다 재가 돌아갑네다
초공은 신줄 이공은 연줄 삼공은 전상줄
신줄연줄 고비연줄 성은 정씨로 쉬은 두설
하신충 양단어깨 ᄂ다들러 웨우 웨우들러 ᄂ다
가마맞고 휘어맞아 양공실로 잉어 메살려잇습네다
이 베는 누구가 메던 벱네까 영헙거든

(본주심방의 몸에 둘르고 잇던 베의 끈을 잡는다)

옛날 옛적 궁의아들 삼형제가 양반 풀앙 무반삼아

난 어멍 춧잰허난 초체올려 초공하늘 이체올려 이공하늘
삼체올려 삼공하늘 옥황에 쇠북소리 올려
어머님 지픈궁에 간 어멍 야픈궁에 내올립서
야픈궁에 간 어멍 신임 삼천천제석궁드레
내여 보내여 줍센 해연 영혈적에
궁의 아들 삼형제가 메다 유래전득헌 벱네다.
삼시왕으로 올라갈 적에 양반이 원수갚음 허젠허난
유정승뜨님아기 파란공에 육간제비 채완
유정승뜨님아기 흔일곱 설에 신병 들어
열입곱은 나난 눈 어둡고 스물 일곱 나난 눈 뜨고
서른일곱 나난 눈 어둡고 마흔 일곱 나난 눈 뜨고
쉬은 일곱 나난 눈 어둡고 예순 일곱 나는 해 눈을 떠
아랫녁에 내려 조북장제 집이 간
초고비 이고비 삼고비 사고비 오고비 육고비
백지알대김 눌려 십년 만에 굿 해여주랜 허난
시왕법란에 잡히난
삼시왕에서 업대헌 건 누게가 되겟느냐
유정승뜨님아기가 됩네다.
부정이 만허다 삼선향을 부정가여건
물멩지 전대로 목을 걸려 올리랜 영해여건
백근이 못내 차난 무당서를 내연 신전집이 오란
통독해여 삼시왕에간 다시 업대해연
물멩지 전대 흘목을 걸련
꼿가마 은저울대 저울이난 백근량이 찰 적에
약밥약술 내여주라 수레감봉 막음을 주라
어서 삼천기덕 일만제기 멩두멩철 궁에 내여주라
섭수괴지 내여주라 홍포관대 조심띠로 내여주라
신줄 연줄 고비연줄 내여주라 ㄴ다들러 웨우 웨우들러 ㄴ다
가마맞고 휘어맞아 삼천기덕 내여주난 금제비청 내여주라
신소미 내여주랜해여 니나난예 난 이후 영해여
아래녁 내려강 조부장제집이 강

큰굿 전새남을 해여 삼시왕에 종명허엿습네다.

유정승뜨님아기가 양단어깨 감아맞던 이 베가 되옵네다.

고 옛선성님네가 메다 유래전득헌 벱네다.

안공시로 성은 정씨로 하신충 쉬은 두설

몸을 받은 선성님은 저 김녕 황씨선성 임씨선성

이씨 선성님이 메다 유래전득헌 벱네다.

이씨 하르바님두 눕굽이 하르바님 눕굽이 학마님

굿 잘허고 언담 좋고 수덕 좋고 춤 잘 추던 선성님네

양씨 할마님네가 메다 유래전득헌 당베 절베 베가 되옵네다.

심방정씨는 아닙네다만은 쉬은 두설이 어느곳을 의지허네까

아바지 어머니 설운 나준 어머니

설운 동생이랑 안공시로 다 동참을 헙서

쉬은 두설 양씨부모 아바지 일흔♡돕님이

억만들어 도신네가 되옵네다. 메다 유래전득헌 벱네다

당주뜨님 곧 여든님 친정부모 형제간들 메다 유래전득헌 벱네다.

아홉 공시로 드느리민 신의아이 설운 어머님 양반이 집에 ㅅ당공쟁이 나난

좋은 가정 무자기 축년 4.3사태에 살차 목숨 저가정에 해여두고

아기 낳은 후에 대령 살젠 허난 첵불불도 조상 놓은 연줄로

마흔셋 나는 해에 전성을 그리치어

미흔일곱 니는 헤에 ㅈ천 정씨 히르바님 오라

초신질을 뽈를적 메던 벱네다.

불쌍헌 설운 어머님 다들 메던 베로구나

진내편 김씨 하르바님 첵불 임씨 할마님 삼불도

족은 하르바님 첵불 외하르바님 첵불

고모할마님 삼불도가 메다 유래전득헌 벱네다.

신의 성방도 이 전성을 양반의 집에 ㅅ당공쟁이랑

부모고향땅은 적금산인데 어릴적 아바지 산 이별해여

어멍 쿰에오란 이 제주 오란 초등학교 허여 가는데

어느 점서 알아보난 열일곱나민 죽넨 영허난

설운 어머님 이 뚤 무신일 이실카부덴 흘목심어

이전성을 그리치어 곧 스물 나는 해에

초신질을 발라 안칩이강 첫 공시상 받앗습네다.
설운 안씨 설운 삼춘님 무형문화재 71호에 인간문화재가 되난
아이고 나들러라 전수생허라 순실아 큰굿 죽은굿 나도
오랜 해영 가민 굿허라 굿허라 허멍 기십 살려주어
이굿 배완 스물다섯 넘어 이십삼 년 전에
행원이씨 설운 나 삼춘님 만나건 나 굿배와 줍센허난
어서 기영ᄒ라 해여 도업치는 거 굿 허는 거 초공 푸는 거
메여드는 거 시왕맞이 허는 거 불도맞이 허는거
신공시대풀이 허는 거 안팟공시 신갈림 허는 거 당주질 치는 거
아이고 설운 순실아 열심이 열심이 배완
우리들 삼시왕에 가불들랑 건 ᄎ래ᄎ래 잘 해여사 된다.
심방을 허민 거부량해여도 아니 된다.
거짓말 해여도 아니 된다.
영허멍 고리차 주던 이씨 부모님 덕택에 이 전성을 그리치난
초신질은 양씨 삼춘 몸받은 안공시 조상이 초신질 발라주엇수다.
이신질은 조천 정씨 하르바님 발르고
삼신질 대역례 이씨 부모님이 발랏습네다.
설운 정씨 하르바님 메던 유래전득허던 베
몸받은 조상님은 벵뒤 진밧가름 물ᄏ실낭
상가지 솟아난 고씨 대선성님
한씨선성 김씨선성님이 메다 유래전득헌 벱네다.
서김녕 김씨 대장간 고운 얼굴 고운 본매주난
임씨 삼촌님도 신에 번혀 저싱을 갓습네다.
설우시던 안씨 설운 삼촌님도 메다 유래전득헌 베우다.
하씨 삼춘 설운 고씨 큰어머님도 동래 부산에서
건위우품나던 설운 큰어머님 메다 유래전득헌 벱네다.
설우시던 얼굴모른 서씨부모 아바지도 동참을 헙서.
이씨 부모님 아직은 생혼질에 잇습네다.
설운 삼촌님 어서도 이번첨 이굿 재현 해여
앞으로 정씨로 하신충 쉬은 두설 이신질 발루와
설운 삼촌님 덕택으로 제주도 큰굿을 살리제

열심이 열심이 양씨 삼춘이랑 강씨 아주바님이랑
정씨 오라바님 내외간 강씨 삼춘님네
다 고생해염수케 설운삼춘님도 메다 유래전득헌 벱네다.
할마님 육간제비 돈제비 현씨일월 맹씨 큰아바지 최씨부모
이씨 하르바님도 메다 유래전득헌 베
한씨 할마님도 건위우품나던 메다 유래전득헌 베
정씨 할마님도 동참협서,
종달리 오씨 하르바님 김씨 할마님네 아이고 옛날은 이공질 치민
이공질은 특허게 잘 치어오던
김씨할마님이 메다 유래전득헌 베가 되옵네다.
웨진편 스물다섯대 유래전득허던 청금 목탁이로구나.
웨진할마님이 메다 유래전득헌 베
광녕할마님이 매다 유래전득허 베가 되옵네다.
신촌 큰물당 김씨할망 역개 낙수통경 문씨영감
도련들어 금고을 조만호 조철방 원당오름 붉은 작지가메 오판 일어나니
열눈이 그등해 맹오안전 맹오부인 도래모사랑도 박씨 하르바님
질친밧도 박씨 하르바님 쇠죽은밧 김씨 하르바님 월정 빈갱이 박씨 할망
골막 게우ᄆᆞ를 천하월색 지리대천문에 놀던 조상
증고조 웃대 하르바님 형제우들 선질머리 놈밧거리 통거리 웨진 조상님네
긴녕 큰산춘네 내외간 큰누님네 내외가
백근이 아방네 내외간 이씨선성 고씨선성 강씨선성님이
메다 유래전득헌 베가 되옵네다.
혼 어깨로 오랏수다 양씨 삼춘님은 안공시로 거니렷습네다.
강씨 삼춘님도 설운 친정 큰아바지도 건위우품나건
심방집이 굿은 당주연맞이는 어느 누게가 슘을 볼수 엇게
이름 좋은 강봉원이엔 허민 건위우품나던 하르바님 내외
이번첨 정씨로 쉬은 두설 신질을 발르는데 삼시왕에서 다 동참을 해여
다 발라줍서 강씨 하르바님 메다 유래전득헌 벱네다.
몸받은 조상님은 삼멩두 동과양의 고운몸매 무언 당주전에 잇습네다.
설운 생소 설운 삼춘님 아이고 살아시민 오라 ᄀᆞ찌
아이고 나 아시야 영 허멍 동참헐 걸

설운 한씨 삼춘님네 메다 유래전득헌 베가 되옵네다.
몸 받은 아바지 첵불 고모님 육간제비 처부모 어머님 몸 받은 조상
허씨 선성 이씨 선성 해녀박물관에 잇습네다.
메다 유래전득헌 베가 되옵네다.
정씨 오라바님도 난날 난시 팔저가 그리치난
열서너섯 나는 해에 나준 부모 서처고단하고 혈연단신해여
이 전성을 그리치어건 전성 그리치게 허던
부모조상이 메다 유래전득헌 베가 되옵네다
이번 천도 아무리 괴로워도 이 동싱을 생각허난
열일다 제처동 오라 고생해염수다.
이씨 선성님 몸받은 양반이 집이 ㅅ당공쟁이로구나.
친정 하르바님 친정 할마님 설운 아바지 어머님네가
메다 유래전득헌 베가 되옵네다.
오씨 성님 몸받은 원당 할마님 강씨 선성 김씨 선성 안씨 선성
시부모 조상드레 메다 유래전득헌 베가 되옵네다.
송씨로 서른네설 이아기도 한참 사는 저 살림 남은 신병벋치나네
어머님과 흘목심어 뎅기젠 해여건
궁에 밥을 먹저 궁에 줌을 자저 궁에 행실 허저 허십네다.
어머님 몸받은 부모조상 신에 안도 임씨 신에 밧도 임씨
물동산 최씨 송씨 할망 송씨 선성
영순이 어멍 영순이네 한ᄆᆞ을서 유래전득헌 조상
웨진 외하르바님네 불쌍헌 외할마님도 굿 잘허고
언담좋고 소리좋던 건위우품나던
양씨할마님 메다 유래전득헌 베가 되옵네다.
어머님 편에 진내편으로 강칩이 첵불 일월이로구나.
웨진편 몸받은 부모조상 어머님
설운 외삼춘님 메다 유래전득헌 베가 되옵네다.
고씨에 설운 하르바님 옛날 고맹선이 핸
넘인 심방집이 고분맹두 잘 맞던 선성님입네다
이번 참에 다 동참을 해여
신질을 발라주저 메다 유래전득헌 베가 되옵네다.

이베는 이ᄆ을 양씨선성 양씨선성 정씨선성 오씨선성
고씨선성 설운 왕저 삼춘님네 메다 유래전득헌 베가 되옵네다.
알로내려 표선에 가민 신씨 대선성님 명옥이 명근이 서너 오누이 선성님네
홍씨 선성님네가 메다 유래전득헌 베가 되옵네다.
지도 신질이난 선성진들은
당베 절베 매운공서 아산 신베로 다 거느립네다.
납월은 가민 신금년이 학마님 혓제우들 메던 벱네다.
박수물가도 조씨선성 학선이 성님 메다 유래전득헌 베
서귀포도 가민 박씨 임봉주대 박씨 임봉주대 박성옥이 하르바님
박기심이 하르바님네 메다 유래전득헌 베
김용주 선성님네 사형제가 메던 베로구나.
그뒤 후로 박남알 선성님네 부자지간 메던 벱네다.
신대연이 아즈바님도 메던 베로구나
오방근이 오라바님도 메던 베로구나
덕수가민 김덕수 설운삼촌 메던 벱네다.
열리가민 김명선이 설운 삼촌님네
모실포가민 다마장 사둔님네 메던 벱네다.
한림은 가민 이성룡에 설운 선성님이 메던 벱네다.
서문밧은 문통경 양씨선성 양씨선성 홍씨선성 홍씨선성
문용이 삼춘님네 변유회 선성님에 메던 벱네다.
벵뒤하르바님네가 메던 벱네다.
하귀오면 강종규 설운 삼촌님 설운 이만숙이 삼촌님네
도곤에 문창옥이 하르바님네가 메던 벱네다.
제주시는 오민 고씨 대선성 도황수가 메던 벱네다.
내팟골 김씨선성 김씨선성 또 옛 김씨선성 남문통은 문옥선이 설운 삼촌님
굿 잘 허고 언담 좋고 소리 좋고 영개 잘 놀리던 문옥선이
설운삼촌님네 형제우들 메던 벱네다.
설운 문성남이 아즈바님이 메던 벱네다.
설운 대정 삼촌님도 심방집이 굿을 허민 잘허고
나이들어 이세상을 삼시왕에 종명허던 대정 삼춘님네 메던 벱네다
강도화 설운 삼촌님네가 메던 벱네다

산지가면 김씨선성 김씨할망 한일하숙 할마님네
홍상옥이 하르바니네가 메던 베가 되옵네다.
제주 무형문화재 71호에 몸받은 선성님이 메던 벱네다.
화북 벨도 오민 망근이 하르바니 메던 벱네다.
강신숙이 설운 아즈바님 강씨 삼춘님네 삼형제
홍씨 설운 삼춘님네 메던 벱네다.
서씨 웨진 조상이 메던 베로구나.
삼양은 오면 이원싱님 금새기 삼춘님 양씨선성님
설가물개 김씨선성 김씨선성 김씨할마님네
이름좋은 김영수 설운 삼춘님 메던 베로구나.
신촌은 오민 고씨 할마님 윤주 설운 삼춘님네 메던 벱네다.
정씨선성 정씨선성 메던 베로구나
조천 오라도 정씨선성님네 메던 벱네다.
한씨 김씨 선성님이 메던 베
함덕오라도 김씨선성 김씨선성 만보 설운삼춘님네 메던 베우다.
연준이 상원이 삼춘네 메던 베로구나.
심팽이 삼춘 국화 연옥이 연심이 설운 삼춘님네 메던 벱네다.
북촌 오라도 홍씨선성 김씨선성 메던 베로구나.
동복은 오민 고씨선성 설운 백근 박홍조 설운 삼춘님
굿 잘허고 언담 좋고 소리 좋고 장타령 잘 허고 추는 것도 잘허고
서우젯 불러가민 산천초목이 울고 영허던 설운 박인주 삼춘님
아이고 저싱은 고독이 어서 성읍리드레
쉬은둘 신질 발루젠허난 다들 동참해여
설운 인주삼춘 메던 베로구나.
김녕은 다 거느렸수다 고씨선성 메던 벱네다.
무주 월천가면 배롱개 임씨선성 백장빌레 고씨선성
터낭거리 김씨선성 김씨 할망 설운 삼춘님네 메던 베
행원은 거니렷수다 한동 가민 큰어시 셋어시 족은어시 선성님
허정화 하르바님 내외간
설운 세도리 삼춘네 부배간도 메던 베가 되옵네다.
저 평대가민 모사랑도 박씨선성 불금웃또 박씨선성

모살동산 김씨선성 송당하르바님 산옥이 선성님네
금순이 어멍 금옥이 어멍 도깨 삼춘님네 메던 벱네다.
송당가도 고씨선성님 메던 베우다.
상세와리 가민 정씨 대선성이 메던 베로구나.
대준이 설운 하르바님네가 메던 베로구나.
하도는 다 거니렷수다 종달리가민
달곤이 서섯님네 갓수여 설운 선성님네 이씨 선성님네 메던 베
시흥리 가면 이씨선성 현씨선성 메던 베
저 동남은 가민 조씨선성 정씨선성 정씨삼춘
한씨선성 한씨선성 김씨선성 메던 베우다.
수산가민 조씨선성이 메던 벱네다.
우도 연평가민 한씨선성 양씨선성 김씨선성 메던 베가 되옵네다.
산내끼 신황수님 메던 베
저 신풍리가면 문일이 어멍 홍매화 선성님네 메던 벱네다.
동래부산에서 놀던 고중녀 선성님네 메던 베로구나.
일본 주년국땅에 놀던 선성님네가 메던 베가 되옵네다.
굿 잘허고 언담 좋고 수덕 좋고 춤 잘추고 허던 선성님네 메던 베로구나.
신질 연질 고연질 쉬은 두설 양단어깨 풀어 맞고 풀엇더니만은
당에 당베로구나 절에 절베로구나
맨 공서 아산신베랑 정씨로 쉬음 두설 몰받은 안공시로
아주어 풀어 풀엇더니만은 당베는 당드레 풀엇수다
절베는 절드레 풀엇수다
맨 공서 아산신베는 안공시로 풀엇더니만은
아끈도간 한도간이 아끈돈지 한돈지가 올라온다
아끈가메 한가메가 올라온다
아끈돈지 한돈지도 감아맞아
(베를 양팔에 감는다)

아끈가메 한가메도 감아맞아
(베를 양팔에 감는다)

동글동글 도지마을굿이여
(왼쪽으로 돈다)

아이고 이거 어떵허민 좋고
나 일이여 나 일이여
아이고 요일은 어떵 허민 좋고 문박사님 아시 어시난 헐수가 어수다
이거 무사 영 절박 소문적박 시긴거 닮으꽈
[우리 아시 뭐가 안 풀린거우까]
아씨 죄척이주 아이고 아이고 이때까지
거부량이 만허고 이거 본주 이시민 이걸 어떻게 풀거우꽈게
이걸 아방이라도 품서 아방이라도 풀어사주
[니 잘못이주 본주 잘못이 아니여]
아이고 아방은 아닌거 닮다 다시 아방은 진짜여
[최고맞이헌 선성이 죄책이여]
죄책이여 아이고 아이고
니 단절 백이여 핑계 어신 무덤이 어디 잇시랴
니 쇠불이 아니민 축담이 무사 무너지리야
알아들웁디까
우리나라 일도도벽 전방에서도
저 바당을 건너가고 건너오젠 허민
한백상을 머리에 이엉 건너가고 건너오는 법입네다.
시에를 받아들이라 영헙네다.
함덕 한사곤장 고는데 질노끼에
우랑 꼬라주고 알랑 퍼준 등들펭에
(조무는 술병과 잔을 쟁반에 담고 사방인사를 한다)
초잔은 청감주 이잔은 졸정주 제 삼잔은 고암닥주
돌아닥은 한난주 부성대에 부성잔 수복이 뜨고
물펜[622]이나 돌래나 상백미 중백미 외백미
일천복음 삼천냥 인정받아 삼천천제석궁

---

622) 떡 이름

열시왕 연향당주 삼시왕 삼본향 연향탁상 주문도청
안팟공시꼬지 둘러뵈난 연당급이 온다 만당도비 온다.
연당 만당 곧 이기자

(장단에 맞춰서)
연당 만당 곧 이긴다./
남은 것은 저먼정에 내야다가/ 나사민 옛날부터 부세신감상 헐때/
모든 조상님이 일만팔천 신전님과/
젯ᄃ리로 안팟공시 옛선성꼬지 다 잔받는 법입네다./
요작에 보세신감상 헐때/ 못다 내여 잘못해엿수다./
저먼정에 내여다가/ 상당이 받다 남은 건/ 중당이 받읍네다/
중당이 받다 남은 건/ 하당이 받읍네다./
하당이 받다 남은 건/ 저먼정에 내여다가/
할마님 뒤에 걸레삼싱623) 구덕삼싱 어깨삼싱/
밧초공 안초공/ 밧이공 안이공/ 밧삼공 안삼공 뒤에 잔 받읍서./
(조무는 삼주잔에 댓잎으로 술을 케우린다)
시왕뒤에 선배나리 후배나리 삼만관숙 육방하인
걸남베 조삼베 기드른 이 창드른 이/
행금주대 드른 이 받읍서/ 삼ᄎᄉ 삼멩감 뒤에 받읍서/
연향당주 삼시왕 삼하늘 유정승 ᄄ님이기 고옛선성 뒤ᄒ로/
어주애 삼녹거리 서강베포땅에/ 팽저생인질에/ 유저생인질에 노는 임신/
삼천기덕 일만제기 살이살성 불러주던 임신/
멩도멩철이/ 살이살성 불러주던 임신들/
당주ᄉ록 몸주ᄉ록 신영간주ᄉ록/ 불러주젠 허던 임신들/
ᄎᄉ님 뒤에 행위 바쁜 ᄎᄉ님네/ 질이 바쁜 ᄎᄉ님네/
ᄆ모르고 허기지고 시장헌 ᄎᄉ님뒤에/
삼본향 한집 뒤에/ 오름산이 봉산이 서저구리 귀막우리/
청칼에 청두실멩 흑칼에 흑두실멩 백칼에/
백두실멩 뒤에/ 주잔들 지넹겨 드립네다./

---

623) 아기 업는 멜빵의 수호신

일월조상뒤에 군졸들이여/ 저먼정에 내여다가 /
저먼정에 당주일월 몸주일월 신영간주 일월뒤에/
군졸들/ 영혼님네 저싱벗들 저싱친구들/
안팟공시/ 옛선성님 뒤후로도/ 많이 주잔 지넹겨 드립네다./
저먼정 내여다 청대고고리 알로 노는 임신들 어제 간밤에/
꿈에 선몽 낭에 일몽 비몽서몽허던 임신들/
이 성읍리/ 거리거리/ 골목골목/ 노는 임신들/ 많이 주잔입네다./
주잔 지넹기난/ 장발광 굿이외다예~ /
(각 당클에 인사)

장발광 굿을 허난 맴메 풀어지듯 아주 얼싸 풀어집네다.
삼천천제석궁 이알로 안팟공시 이알로, 억만육계수계 무읍네다예~
억만육계수계 무으난, 초 · 이공 연맞이로 양공실로 잉어 메 살리난
얼굴 글며 녹 글며 산본향 한집님전 위가 돌아갑네다.
신의성방이 잘못헌 일이나 불찰헌 일 잇건, 죄랑 삭시킵서 벌랑 풀려줍서
안팟공시 옛선성님 이알로 굽어 승천 하렴입네다예−

《본향놀림》 이승순

〈본향놀림〉 또는 〈토산당신놀림〉은 이레할망을 위한 〈아기놀림〉과 여드레
할망굿인 〈방울침〉을 한다.

초 · 이공연맞이로 신베 연베는 걷어 원전싱 팔저 기렴헌
정씨 쉰에 둘님 양단 둑지[624]에 잉어 저러 맞아 안상실로 메살려 잇습네다.
삼천천제석궁 양서본향 안으로 안시왕 양서ᄆ을
각호각당에 초미 올라 연단상 이미 조단상 삼선향도 신부찝네다.

---

624) 어깨

(향로춤)
(주잔춤)

각호각당 일만팔천 신전님전 상축지권상 신부첫습네다.
영로 삼주잔 신부찌난 상관이 받다 남은 주잔 중관이 받읍네다.
중관이 받다 남은 주잔 하관이 받읍네다.
하관이 받다 남은 주잔 두물립허여 두하전 시겨
저먼정 나사면 천지 염라대 뒤우로 놀던 임신들 좌우독에 놀던 임신들
옥황 지부서천대왕 뒤에 놀던 임신들
산신대왕 뒤에 다섯 용신 뒤에 서산대사
할마님 뒤에 놀던 임신들
초공전 안초공 밧초공 안이공 밧이공 안삼공 밧삼공 뒤에 놀던 임신들
시왕 ᄉ제 삼멩감 뒤에 삼ᄎᄉ 뒤에 놀던 임신들
각서 양호 영가 영신 뒤에 꿈에 선몽 낭에 일몽 비몽서몽 들여주던 임신들
많이 주잔 드립네다 잔도 개수 헙네다.
베도 개수허여 불법전 위올려 들여가며
낭도 집서 엄전님 물도 집서 엄전님
낳는 날은 생산 ᄎ지허고 죽는 날은 물고 장호적 이물두싱 ᄎ지허던
웃손당은 금백조 셋손당은 세명주 알손당 소천국
아들가지 ᄯ기지 갈리웁던 흰집입네다.
ᄆ를 넘어 알당 요왕국 ᄋ드렛도 웃당 사당과 신네 심정도
아기 낳자 상ᄆ을 업게낳자 중ᄆ을 걸레낳자 하ᄆ을
각서오본향 한집님전 초미연당상625) 이미 조단상 삼선향 신부찌며
연노 삼주잔ᄭ지 본향한집님전 신부찝네다.

(향로춤)
(주잔춤)

한집님전 상축지권상 지돗텃습네다.

---

625) 「초미」는 초무(初舞) 「연당상」은 「저단상(紫檀香)」의 조운(調韻)

일부 영로 삼주잔 들이난 한집님 뒤에
어름산이 봉산이 서재구리 받아오고
청나라에 군졸들 백나라에 군졸들
배 파선 해여 올 때에 양하 후 벗은 이 알 벗은 이
변방에 겁탈에 죽어가고 각서오본향 한집님 뒤후로도
상궤지기 중궤지기 하궤지기들 본당군졸 신당군졸
당비릿 물비릿 징 불러주던 이런 군졸들
많이 많이 지넹겨 들여가면
저 ㅁ를 넘어갑네다 재가 넘어갑네다.

⟨ᄋᆞ드렛도 본풀이⟩

옛날 동춘면은 서춘면 가문면입네다.
옛날 나주 영산 영급 수덕이 좋아지난
그 ㅁ을에 상관장이 들어와도 삼년 준삭을 못 채우난
ᄒᆞ를 날은 헐추리 선비 넘어가다
나야 저런 과거야 준 다음에야 삼년 준삭을 못 채우리야
ᄒᆞ를 날은 헐추리 섬에 초경 이경 야사 삼경 영농성이엔
야 열 칠팔세 난 곱닥헌 처녀 아기씨가
도임상을 들러야 들어오라 가는구나
헐추리 선비님 귀신이냐 생인이냐
귀신이건 옥황드레 올르고
생인이건 어서 나고 가랜 후육만발 허여가는구나
영농성에서 깨고보난 생시인듯 꿈인듯 되엿구나
ᄒᆞ를날은 나주영산 구경이 좋다길래
지동토인 거느리고 운하칭칭 닫는 말 둘러타고
나주영산 중어리가 근당 허난
본낭개 저진낭개가 담숙허여 말을 행할 수가 엇엇구나.
야 지동토인 말이로다
헐추리 선비님아 이산은 넘젠허민 영기실력이 좋아지난

말 머리 코ㅅ를 지내야 이산을 넘읍네다
뭔 말 코ㅅ를 지내겟느냐
나주영산 중허리를 바려봅서
늬귀에 풍경들 영헌 곱닥헌 열 칠팔세 난 처녀 아기씨가
상동낭용얼래기 둘러받아 돔박지름 머리에 발르고 웨우ㄴ다 빗엄구나.
헐추리 선비 눈에 바려보난 야 청군낭군 ᄀ튼 대명이가
ᄒ 아구린 옥황드레 올리고 ᄒ 아구린 지하드레 내렷구나
지동토인아 여의주나 물엇느냐 불의주나 물엇느냐.
이 골에 불 잘 놓는 불한당 개 잘 ᄯ리는 청서령 불러다
(요령을 흔든다)
늬귀나귀 불삼방 틀어 늬귀나귀 불삼방 틀엇더니만은
금바둑 옥바둑이 환성이 되어가는구나
그때야 시절은 강씨성방 오씨성방 한씨성방은
산으로 가민 고사리여 초기여 해촌으로 가민 우미정각허여
상선 중선 하선 무어 서울 장안에 장사 차로 간 오다
종로 네거리를 근당 허난
강씨 성방 눈에 금바둑 옥바둑이 눈에 펜식 해엿구나
이걸 제주 가저 가면 본당도 삼을 듯 신당도 삼을 듯
ᄒ 재산이엔 해여 배창아래 곱전
제ᄌ래 ᄋ저 깃발은 재ᄌ래 종종 날려두
멩지와당626) 실ᄇᄅ름이 아니 나가난 아무 때도 답답허난
아는 겸수 춫아강 문복을 허난 배코ㅅ를 하면 알도래가 잇수댄 허여
그때에는 백돌래 백시리에 ᄌ소주 삼장 츨려놓고
뱃머리로 간 반구삼채 덩덩 울리난 명지와당 실ᄇᄅ름이 나가는구나
어디로 배를 붙이리 열눈이 수진포로 배를 붙여가는구나
배를 붙여가는 게 강씨 성방 눈에
열 칠팔세 난 처녀 아기씨가 확허게
뱃머리에 몬저 눈썰미에 내려가는구나
선왕님아 노시리나 헙데가 어느 누구 길 인도를 허여주리

---

626) 명주바다, 명주처럼 곱고 잔잔한 바다

송씨 할마님 땅도 내 땅이여 물도 내 물이여 허여가는구나
어느 ᄆᆞ을에 앚아 좌정헐만 헙네까
난 토산을 들어가고 보면
여자가 하나 아자 좌정 헐만헌허다사 좌정헐만한 허댄허난
그때에는 웃건쟁이 치돌아간다 알건쟁이 치돌아간다
삼달리 곰밴물 나고 보난
시름도래 시름 쉰다 마음도래 마음 쉬어가는구나
가는 게 개로육서또 아자 주전 장기 뒤다
곱닥헌 처녀아기씨가 넘어가 가난
남자의 기십으로 그대로 둘 수가 엇언
예약없이 놀려들어 흘목을 비어 잡으난
얼굴모른 남정네 이내 흘목 잡아난디 고대로 두리야 허연
웨우칭칭 ᄂᆞ다칭칭 잡아난 흘목을 곱저 아전
요왕 황제국에 등장을 드난
아이고 개로육서또 말을 들어시민
아자 사 먹을연 입을연 나수와 줄걸
ᄒᆞ를 날은 도산 요왕국으로 간 석ᄃᆞᆯ 열흘 앚아사 기다려 봐도
어느 ᄌᆞ순 밥 ᄒᆞ 그릇 허여 오랑 먹으라 쓰라 아니 허염구나.
ᄒᆞ를 날은 먼 바당드레 바려보난 피란 팔대선이 홍당망당 떠시난
나도 한번 요술이나 부려보저
신청풍쏠 내여놓아 삼시번을 부끄난
잔잔허던 바당이 갑자기 모진광풍이 짓일어나는구나.
그때에 옛날은 강댁에 구덕 고댁에 ᄯᅳ님아기
강댁에 구덕ᄒᆞ사 강칩이 구덕ᄒᆞ사허여 놔둘 때 난
ᄒᆞ를 날은 아기씨는 늦은덕 정하님 거느리고
올리수에 가 연서답을 허저 와라차라 연서답을 허누랜 허난
연서답허단 바려보난 어느 동안 잔잔허던 바당이 모진 강풍이 일어
배ᄂᆞᆷ들이 우도 벌겅 알도 벌겅 돈물이나 춫아먹젠 올라 오람구나.
늦은덕 정하님 아기씨 상저님아 밑이나고 조름이 나고
ᄒᆞ저 몸이나 곱집서 뱃ᄂᆞᆷ들이 올라 오람수다.
아기씨는 허단 서답 놔두고 묵은각단밧 짓ᄃᆞᆯ아간다

세각단밧 지들아가는 것이 아 뱃놈덜은 국이 근당허여 오고
아기씨 상저님 밑이 나고 조름이 나고 이네 몸이나 곱젠헌게
머리를 곱는 게 머리에서 꿩은 푸두둥이 나는 게
어느 동안 뱃놈덜 널려들어 아기씨 몸에 덮쳐
닛적나적 조부홀렛적이여

(악무)

닛적나적 조부홀렛적 허여부난
늦은덕 정하님 간 보난 아기씨는 어느 동안 새파랗게 죽어 감구나
늦은덕 정하님 아이고 아기씨 상전님아
죽을지라도 혼 말곡지를 일러둥 죽읍서
날랑 죽은 뒤에랑(요령) 저 가시오름 강칩이 구덕ᄒ사허여 놔두난
입으로 훼 부릴 때가 잇댄 허여 가는구나.(요령)
죽언 애미산에(요령) 쌍표를 허여 무덤을 허여두고
아닌게아니라 구덕ᄒ사헌 딜로
ᄒ를날은 가시오름 강칩이 단똘아기 보리방애 물적전
오유월 방애 이어방애 이어방애 지엄썬 (방애) 집단
강칩이 단똘아기 지든 방애귀 둘러차두고(요령) 시련광징을 나가는구나
답답히고 급급히난 대정문에 간 문복을 지난
아이고 아기씨 살리컨 어서 붉은 날 붉은 택일을 받아
전새남을 헙센허난 (요령)
그때에는 바껏질로 천지염라대 좌우독기 신수푸고
나븨줄전기 삼버리줄 ᄉ에당클 매여
금마답으로 나간 초·이공연맞이 때가 근당허난
아바님아 어머님아 신의성방님아 이게 누구울른 굿입네가
아이고 설운아기 살리젠 니우른 굿이엔 허난
아바님아 어머님아 금동쾌상을 열고보면 알도리가 잇수댄허연
금동쾌상을 열고보난 강멩지 물멩지 고리비단 홍화지를 확허게 클런보난
아바님 첫 서울 갔다올 때에 아기씨 시집가젠 허면
강멩지 물멩지 고운옷이라도 해여주젠 (요령)

이거 들언보난 청만주 애미 백만주 애미가 빽빽이 말라죽어시난
아바님아 어머님아 이게 나에 울른 굿입네까
신의 성방님아 이게 나의 울른 굿입네까
나에 울른 굿이건 (요령) 눈으로 본대로
청만주 백만주에미 빽빽이 말라 죽엇시난
재매치 재식 재신상 자리 보존 철용 열두 가지
황메물색 일곱 가지 초롱물색 앞게방석 자리철용
마흔ㅇ돕 상방울로 서른ㅇ돕 중방울로
스물ㅇ돕 하방울로 이내 간장 풀려줍센 허여
말제에랑 ㅅ신 요왕으로 상선 중선 하선 무어 배 잘놓고
저 금마답에 (요령) 황밧갈쇠라도 이꺼내영 나 목슴 대신
대납대명 해여주면 아기씨 살려납네덴 허연
재매치 제에 신상 가야 자리보존 앞게방석 출렷수다.
한집님 원전싱 팔저ㅅ주 기렴헌 정공철이 쉰에 둘님은
고향부모 고향 선영의 땅이고 난 땅도 서춘면 사곕네다.
그뒤 후로는 양씨부모 아바님 일월삼멩두 몸받던 조상 뒤후로
줄이 벋고 발이 벋던 한집입네다
이 ㅈ순도 좋은전싱 팔저 그리처
한집을 풀앙 먹고 입고 행궁발신허여 뎅깁네다.
쉰에 둘님 삼본향 각서 본향을 풀곡
한집을 풀앙 낮엔 내난가위 밤엔 불싼가위 마련허여 뎅깁네다.
한집님전 오늘 얼굴곱고 마음좋고 성은 정씨 팔저궂인 쉰에 둘님
(앉아있는 본주심방의 어깨에 고가 메여있는 미녕을 걸쳐 놓는다)
한집님전 얼굴감상 메치감상 몸집 감상 시겨 금하벌석 불러앚정
한집님 양단둑지에 조왕그물 망지그물 씌우멍 일격이랑 사나옵서

〈방울품〉

(장단에 맞춰서)
사나 사나건 사나갑서/

원전싱에 팔접네다 /

원전싱 ᄉ줍네다/

팔저궂인/ 정공철씨 쉰에둘님도/ 좋은전싱 그리처 뎅기멍/

각서본향을 풀고/ 한집님을 풀아/

내난가위 불썬가위/ 마련허여 뎅깁네다/.

한집님/ 남군 북군 뎅기멍/ 제주시로 일본으로 ᄆ 뎅기멍/

한집닊에/ 거부량허 죄 풀려줍서/

눈으로 보아 눈꼴헌짓/ 손으로 태살허고/ 발로 봐 뭉긴 죄/

엇습네다. 한집님아/ 전서일에 잘못헌 일/ 후서일 몽롱헌 일/

죄랑 잇건 삭 시/고 벌랑 잇건 풀려줍서/

쉰에 둘님/ 머리에 동춘 살어름지에/ 모세절망징/ 풀려줍서/

눈에라건/ 본냥게 초지 낭개/ 돌앙나팔징 한나팔징/ 걷어줍서/

코에 송임제/ 입에 하메징/ 강씨아미 ᄆ처오던/

마흔ᄋ돕/ 상방울로/ 풀려줍서/

풀어내자 (매여있는 매듭고 하나 푼다)

요방울은/ 오씨아미 ᄆ춰오/던 서른ᄋ돕/ 중방울에 감겼구나/ ᄆ첫구나/

오른둑지 청비개/ 걷어줍서/ 왼둑지 흑비개징/

등태 일태 이태 삼태 사태에/ 오태 육태/ 감겨진 일/ 풀려줍서/

서른ᄋ돕/ ᄆ처오던 오씨아미/ 한집이 풀어사듯/ 풀어풀어/ 풀려줍서/

한씨아미 ᄆ처오던/ 스믈ᄋ돕 하방울에/ 간겼구나 ᄆ첫구나/ 다쳤구나./

(매여있는 고를 잡은 상태에서 본주심방의 몸에 댄다)

이 가슴에/ 가심 답답허고/ 오장 답답/ 심장 답답헌 징/ 걷어줍서/

건아심맛징/ 걷어줍서/ 목으로랑/ 아끈지침 한지침/ 걷어줍서/

양손 떨리고/ 허리디스크 징/

양다리에/ 알리곡 실리는 징/

어디 도망 안가나 손에 물중/ 풀려줍서/

한집님에서/ 열두 신베에 감겨진 일/

쉰에 둘님/ 한집님 죽는 법 엇습네다/.

한집님은/ 열 번 죽어 아홉 번 죽어/ 열 번 환싱하는 법 아닙네까./

한씨 아미/ ᄆ처오던/ 스물ᄋ돕 하방울에/

(매듭 고를 하나 푼다)

열두 신베에 감겨진 일 풀려줍서

강씨아미 상방울/ 오씨아미 중방울/ 한씨아미 하방울/

뒤이로/ 개남모작 볼모작/ 도리모작/ 한모작에 감겼구나 /

이모작 가운데 들엉/ 사는 살렴도 해말렴 주고/

본병 신병 주고/ 버는 금전에/ 해말렴 시겨주던/

볼모작 도리모작 한모작/

이 가슴에 절일어 가듯이/ 삼천고에/ ᄆ첫구나/

석벽ᄀ찌 싸이고/ 돌담ᄀ찌 박히고/

열두 뼈마디 마디에/ 박혀지든/ 개남모작 볼모작도/ 풀어풀어/

(매여 있는 고 하나를 푼다) 풀려줍서/

한집님/ 이 ᄌ순 불러아저 풀렷수다/

한집님 뒤로/ 동의 갈용머리에/ 서의 백용머리랑/

칠성와당/ 허구와당드레 아주얼싹 풀어

(본주 심방의 머리위로 고가 다 풀린 천을 추켜서 흔든다)

(천을 밖으로 던진다)

(입으로 물뿌림)

허쉬- 허쉬- 허쉬허쉬

알당 ᄋ드렛도 마흔ᄋ돕 상방울 서른ᄋ돕 중방울

스물ᄋ돕 하방울 한집님전 풀엇수다

한집님 받다 남은 주잔

저먼정 나사면은 어름산이 봉산이 서재구리에 받아오고

당비릿징 물비릿징 받아오던 본당군졸 신당군졸

저 ᄌ순에 좋은전싱 팔저 그리처

내난가위 불썬가위 마련허여 한집을 풀아

남군 북군 제주시로 일본으로 몬 뎅기멍

뎅길 때에 몽롱허고 잘못헌 일 오늘은 대로 들러

한집님전 저먼정 주잔 권잔들 드립네다.

주잔 꿈에 선몽 낭에 일몽 주사야몽 들여주던 이런 임신들

주잔권잔 많이많이 지넹겨 들여가며

〈일뤠또 본풀이〉

아기ᄆᆞ을 상ᄆᆞ을 아기ᄆᆞ을 중ᄆᆞ을 아기ᄆᆞ을 하ᄆᆞ을이 되엇습네다.
옛날 소천국에 족은 아들 아방국에 골리나고 어멍국에 시찌난
무쉐설캅 짠 귀양청배를 보내여 가는구나.
ᄒᆞ를날은 황저국이 처녀 ᄆᆞ을 거리로 나오란 보난
무에낭 상가지에 서울선비ᄀᆞ뜬 도령이 앉앗구나.
큰 ᄯᆞᆯ애기 나고 보라
아바님아 저하늘에 별이 송송 허엿수다
셋 ᄯᆞᆯ애기 나고 보라
나고보난 물절은 잔잔허고 무수워서 못보쿠다
족은 ᄯᆞᆯ애기 나고보라
나고 보난 아바님아 무에낭 상가지에 서울선비ᄀᆞ뜬 도령이 앉앗수다.
큰ᄯᆞᆯ애기 셋ᄯᆞᆯ애기 내려오랜 허여도 눈도 거듭 아니 뜨는구나
족은 ᄯᆞᆯ애기 무애낭 상가지에 아진도련님 도련님 내려옵센허난
서른ᄋᆢ돕 늿바디 허우등싹 허여가는구나
큰ᄯᆞᆯ애기 셋ᄯᆞᆯ애기 방으로 들랜허여도 눈도 거듭 아니 뜬다
족은ᄯᆞᆯ애기 방으로 들어가라
서른ᄋᆢ돕 늿바디 허우등싹 웃어가는구나
할저국이 족은 ᄯᆞᆯ애기 사위하나 못 멕이리야
동창기도 열려간다 서창기도 열려간다
남창기도 열려간다 북창기도 열려가는구나
아자 먹어가는게 밥도장군 술도장군 떡도장군 괴기도장군
석달 열흘 아자 먹어가노난 동서남창귀가 비어가는구나
황저국 ᄒᆞ를날은 사위 손 쓸 곳 엇구나
족은 ᄯᆞᆯ애기 어서 남편 거느리어 어서 나고 가랜허난
소천국에 족은아들 이거 가숙 거느리어 고향산천을 ᄎᆞ아가저
들어오란 바려보난 어머님이 먼 올레에 아잔 콩 물림질해연
눈에 꽁깍지가 들어 어머님 죽을 사경이 되엇구나.
아이고 어머님 치매통을 받읍서 치매통을 받으난
신청풍ᄊᆞᆯ 내어놓안 삼십은 부꾸난 어머님 콩깍지가

치매레 떠러지어 펠롱허게 살아나가는구나.
죽으라고 귀양정배 보낸 아기 살아오란
어머님 눈에 콩깍지 내여 나를 살렷구나
설운 아들 후첩도 마련을 허여 오랏구나
그때에는 양도 부배간 집으로 간 보난
남자에 살던 혼자 살던 집안이 아니로구나
그때에는 요왕 황저국 족은 똘애기
아이고 설운 낭군님아 이게 어떵헌 일입네까
아무리 보아도 이거 남정네 혼자 살아난 디가 아닙네다
바른말을 협센허난
그때에는 소천국이 족은아들 할로영산 오벡장군 뜨님아기
입장갈림을 허여던
ᄒ를날은 심심허고 야심허난
산천구경이나 들어가젠 허연
산천구경 들어간 이산 저산 구경허단
애가 칭칭 몰르난 톡진 발자국 빌레에
물이 골라시난 오고생이 물을 빨아먹언
미심풀로 기실이 난 끼끼렁 냄새가 당천허난
낭도 물도 없는 대정 마라도 가닥이 섬으로
귀양정배 보내엿댄 허난
요왕 황제국 족은 똘애기
설운 낭군님아 그만썩 헌 일에
귀양정배 보내민 난들 살아집네까
나라님도 ᄒ를 아장 삼세번을 실수를 허는 일입네다.
귀양정배 풀려오지 안혀민
나도 이집 바꼇에 나고 가쿠댄 허난
어서걸랑 기영ᄒ라
큰성님 귀양정배 풀리레 대정 마라도로 간 보난
그 얼굴 모른 성님아
귀양정배 풀리레 오랏수댄 허난
아이고 얼굴모른 나 동싱

귀양정배 풀리러 오랏건 혼저 강

걸렝기 일곱허고 지쉥기 일곱허여 출려 오랜허난

다시 재처 집으로 돌아오란

걸렝기 일곱허고 지쉥기 일곱허여 아기는 받는 게

하나 두개 일곱 아기가 되엇구나.

아이고 설운 성님아

아기 일곱 설엉 낳제허나

얼마나 애가 큰큰 몰릅디가 설운 성님이랑

바당 꾸이로 오멍 해삼이나 산도록허게 잡아먹으멍 옵서

날랑 아기 일곱 업어아정 웃한질로 ᄃᆞ름질허여 집으로 가쿠다.

어서걸랑 기영ᄒᆞ라

족은어멍 애기 일곱 업어아정 웃한질로 ᄃᆞ름질허여 집드레 가단 보난

산방산뒤 바람 잔 밧이 잇엇구나

삼동이 가물가물 익어시난 태역밧에 애기 일곱 부려두고

삼동이나 탕 먹어가젠 애기 일곱 부려돈

삼동낭에 도라전 삼동 타 먹단 바려보난

어느 동안 해는 일락서산에 기울어지고 날은 어둑와지난

급허게 애기 업는 것이 ᄋᆞ섯 애기 업어 아전

집으로 간 아이고 성님아 애기 받읍서 애기는 받는 게

ᄒᆞ니 두게 받단 보난 ᄋᆞ섯 애기 되엇구나

아이고 이년아 저년아 아이고 이거 아기 하난 어디려부럿시니

벌써 다심티 해염시냐 후육만발 허여가난

아이고 그런것이 아닙네다.

삼동 타먹단 보난

애야 이건 애기 하난 오꼿 이거 문드려졋구나

다시 재처 삼방산 뒤 바람 잔 밧 일러븐 애기업어 ᄎᆞ지래

〈아기놀림〉

일러븐 아기 ᄎᆞ지래 간 보난 애기는

진진헌 봄에 벱 와랑와랑 나는디
ᄒ를 해원 눕젠 내부난 가마귀야 오란 눈도 ᄆᆞᆮ딱 조사 불고
아이고 아긴 이거 어멍 춫안 이래저래 태역밧에 누워 둥글단 바려보난
야 이거 얼굴도 피로 유혈이 낭자되고 몸뚱이도 유혈이 낭자되고
진진헌 봄벱 와락와락 나는디 눕젠 해부난
얼굴도 그냥 대알대알 맞쭈게 몬딱 이거 얼굴도 대알대알 만딱 이거
야 벳겨지고 야 영허엿구나
야 그리말고 큰어멍 해준 던대떡이여
셋어멍 해준 좀매떡 족은어멍 해준 좀매떡 주멍 아기울음 달래여

(애기옷 둘러메고 악무: 애기 업개춤)

아이고 큰어멍 해준 좀메떡 던메떡 주멍 아기울음 달렘수다
아기가 먹다 남은 건 애기업게가 먹고
애기업게가 먹다 남은 건
저먼정 떼껴불민 넘어가는 개나 주서먹주
아이고 땅땅해여 쾅쾅해연
야 이거 영허난 굿을 햄주
떡 하나라도 한집님 애기씨 주젠허는데
바려봐, ᄆᆞᆮ딱 몰르단 벋치난 곰도 피고 영허엿구나
이것도 코커리 시처주민 몰싹행 맛 좋만허여.
야 이거 애기 업다 남은 건 업게 업다 남은 떡
저먼정 나사민 한집님 뒤후로 얻어먹저 얻어쓰저 허던
야 이거 임신들 주잔 권잔 드립네다.

들여가며 애기 둘러업엉
이제는 쓸을 정미소에 강 몇번 확 내려왕 허주만
아이고 옛날은 이거 보리타작허고 보리도 몰방애 가그냉에
보리 비어오민 무사 경 꺼리오민 꺼리운디 그냥
야 이제 그거 ᄆᆞᆮ딱 보리 타작허여 ᄆᆞᆮ딱 도깨로 두드려

798

이젠 방애[627] 허영 푸는채로 ᄆᆞ딱 부꾸앙
옛날 청비발 애기씨들 불러당
굴목낭 방애에 도애남 절구대에
아이고 애기업엉 방애나 정
우리 ᄒᆞ저 방애정 우리 아방 어멍 오면 저녁 밥 해영 안넬 거
밧디강 오민 저거 안해민 나가 매 맞주게
이년 생긴 년 혼저 애 우는 애기 업엇이라도
경 아니면 잔 투멍이라도 혼자 방애 지영
어멍 아방 밧에서 드르 강 오민 밥해 나두랜 허난
니 무시거 늬 놀래만 탐허멍 뎅겸시냐
아이고 혼저 방애정 어멍 아방 저냑[628]이나 행 안네저

(노래) 이어 방애 이어 방애
이어도 방애야 이어도 방애야 이어도 방애야
이어도 방애

이젤랑 영 정은 호를 해원 지어도 어멍 아방 밥을 못 행 안넬거난
ᄌᆞ직ᄌᆞ직 짗게

(ᄈᆞᆯ른노래) 이어 히 이어—허 이어 방애야
이어도 방애야 이어도 방애

아이고 울지말라게 무사 경 울엄디게.
ᄒᆞ저 방애정 어멍 아방 안티 나 욕들지 안허젠 허민
밥을 빨리 행 안네야 헐꺼난 더 ᄌᆞ직 짗저.

(더 빠른노래) 이어방애 이어방애
이어방애 이어도 방애야 이어도 방애

---

627) 방아, 절구와 연자매를 통틀어 일컫는 말
628) 저녁

아이고 이거 춤 요망지게 잘 저젓저.

영허민 방애나 잘 (쓸점)

아이고 이거 나 먹어 불크라 ㅇ섯방울이라 방애 잘 저젓저.

요망지게 그자 들어산 방앤 기자 늦은방애로 조진방애로 막 잘 저젓저.

아이고 이거 이승순이 다 되엇저

한복이라도 곱닥허게 입엉허주.

언치냑 이거 이 업게가 그냥 막걸리 먹으명

이 치매에 것광 애기난 사람 건수 못 허듯

아이고 입은 것 꽝 생긴 것 꽝

얼굴은 보난 뺀주룩허게 요망저 잇주만은 이거 옷은 무신거라.

이거 방애 젓저 푸는채로 푸는채로

어저껜 ㅂ름이 일로 막 그냥 서에서 동드레 간게

이거 오늘 성님 무신 ㅂ름인고 양

푸는 ㅂ름 푸는채로 이거 쓸 나가블카부댄 게 쫙 벌려 앉앙

푸— 푸— 푸— 푸—

아이고 흔방울도 안 흘릴 욕심이 보통이 아니라

아이고 아이고 푸— 푸— 아이고

(키로 쓸 쭉정이 고르는 시늉)

푸— 푸— 푸— 푸—

쓸 한방울 안 나감수게 아니 부자 될크라

쉰에 둘님 아이고 이제 큰굿 족은굿 이젠 막 해영 맡앙 뎅기명

도전으로 도전으로 성을 쌈직허우다 야

아이고 큰 개나 질롸당 저거 저 늙은이들

우리 늙어가민 뭣허러 왐시넨행으네 지켜영 물리지나 않으민

우리 다행이우다.

나도 올해 그런 괄세 받앗수다.

잘 해주단 보난 영허난 이거양 영허난 아이꼬 아이꼬

(그릇에 쓸 담음)

아이고 이젠 채로 처야주

영허난 옛날은 이제는 굿도 허젠허민

쓸푸대 톡 갖다 굿 허젠 허민

제비 잡잰 허민 그것이 막 이건 경해도 좋은 쓸이라

옛날은 굿을 허젠 허면은 우선 쓸부터 할마님 경햇지야

우선 쓸부터 해다그넹에 청 아이고 요건 초감제

이전 이거 제비쓸이여

요건 불도맞이 요건 초ㆍ이공맞이

요거는 시왕맞이 영허멍 톡톡 부류 구덕에 남 쓸치멍 내놔수게양

이젠 어디시난 경해도 처야주게

경해도 우리 옛날 법이 잇시난

다 영허는 거난 이거 처야주

아이고 영허난 할마님 옛날은 쓸 치민

흔짝 손으로 채 영허고 영영치민

채아래 쏘래기는 애기들 밥해주고

아이고 채우에 쓸은 양 조상들 양 물쓸허고

경허난 심방들 강 굿허젠허민

아이고 돈벌어 살젠허난 채 아래 쓸은

배고픈 아기들 구명도식허고

채 우에 쓸은 조상 적선 해염수다 영현 허지양

잘 알암지양 할머니양

이이고 채 지 쏘래기료 쏘래기료 흔 번 먹어봅

(애기한테 밥 주는 시늉) 먹어

안적은 니 몇 개 안 돋아부난 씹엉주렌 허염수게 할머니가 게

나가 딱 씹어 주젠허난 게

영현 씹어 아이고 착허다

영허민 푸는채 질이여 채질이여 (쓸점)

큰성님 어디 가봅디까

사둔님 이거 세봅서

난 양 오섯개 밖에 못 세 오돕개꼬지 나가 못 세주게

멍청해부난 [나가 눈이 붉으냐?]

아니 게 그거 오돕 방울이꽈 몇방울이꽈

[오덥방울] 나가 셀 줄 몰라부난 안넷주.

막 자랑으로 ᄋ섯개ᄭ지 세는데 ᄋ돕개ᄭ지는 못셔
[이거 뭣해가]
아이고 저리 앉앗구나게 막 그냥 원 [쓸주면 먹고 보난]
겨난 나가 이거 여름애기 너무 업으민 산퉁이 물르고
겨울애기 너무 업으민 발곱고 손발 고사 추워 얼어
그리 말고 업은애기 부려 일천 조사굿입네다.
(업고 있던 애기옷을 부려놓는다)
(애기옷을 때리며)
에이 나 원 애기도 요년아 요년아
너 나신디 뭐 빤스 하나 사줘네 이 오줌 빌착이 싼 거 바려봐.
옷 다 젖엇어
[ᄀᆞᆫ는 어멍은 나멍서라 어멍 빤스도 산 안넵디까?]
이봐게 경이야 허주만은
아이고 애기 업언에 방애지고 푸늠채허고 막 쓸 치단 보난에
아이고 그냥 발착허게 그냥
[애긴게 애기부령 오줌도 안 쎄우고 허난 게 어떵 게 그냥 싸사주]
오줌은 또 오줌은 어떵사 기냥 막 싸 놔신디
아이고 나도 옛날에는 아홉살ᄭ지 오줌 쌋주 [맞아]
오줌 싸민 아버지가 군 출신이라 우리 아버지가 하두 패라왕
아버지 발러레 넛당 이녁 오줌 싸지면은
슬-허게 나 옷 갖당 톡 더껑 밤새낭 아버지 발만 못 오게 허는거라.
경허는디 아이고 오줌도 빌첵이 싸고
이거 춤 니 서늉이나 나 서늉이나
이거보라 이거 이거 얼굴이영 태역밧디 눕전 내부난
막 얼굴이영 데실데실 영허난 막 ᄎᆞᆫᄇ름 나가고 영허난 양
저 ᄆᆞᆫ딱 보난 야 새똥일언, 새똥이난 얼굴이 막 데닥데닥
옛날은 이제는 막 삼푸린스가 좋주만은
옛날은 저디 젊은이 아가씨들은 모를꺼라
옛날 깻잎 해영 할머님 알아점지양
깻잎해영 물에 영영허민 푸달푸달허민 그걸로 머리 ᄀᆞᆷ곡 양
저 감저떡 비누 알아집니께

802

여기서 아무도 몰릅니다게

삼춘밖에 모릅네다 어머니 게난

[흔저 머리 곰저게 ~ 게난 그애긴 감자떡 비누로만 머리 곰아사되켄?]

아니 게난 옛날은 경햇댄 말이주기~~

요즘은 샴푸 샴푸로 이거 막 이 박박 해야크라

우선이 저 꼬글락 꼬글락 헌 쉰에 둘님 머리부터 우선 박박 밀어야크라

막 새똥 일언, 새똥 일언 이, 막 니도 괴고

솔박 어이 솔박 가져와 니 빗게 챙빗이여

[근디 옛날 우리 동네 육지 사람이 완 살아신디]

[앚으민 애기들 옷 갖다당 이를 잡는디 이]

저 벨남석에 앚앙 그냥 벨남석에 아장

[피 폭 허게 뽈아먹고 이 겁데기는 이 푹 허게 밭아불곡]

아니 니가 이 막 허게 컨게.

아이고 아이고 큰 이게. 아이고 거멍허게 뿡뿡이 맞저

아이고 문박사님이나 하나 멕이카 똑허게 씹어먹게

안 먹켄 에 안 먹켄 근디

나도 하나 먹어보쿠라

[아이고 감기걸리켜게 목욕시키다 말고]

아이고 배지근허다이

아이ᄀ 니 큰큰헌 건 이

[경허영 무사 그건 먹엄수과? 추저분허게

아고 피가 왜 추접허니? 이거 먹으민 단백질인데~~~]

배지근 헌게 니 먹으난

아부지 아부지 가랑에 군감저 이신게

군감저 하나 줘, 군감저 하나 줘 영현

아이고 머리나 곰저사켜 야 요샌 샴프 린스로 (머리 감기는 시늉)

수정아 게난 큰 애기도 정가는 거주만은 수정인 더 정이 가는거라

아이고 요것이 요망지기가 사우나 가민 나신디

참 할마니예도 안 허고 어딜로 붙든 고모산디

흔번은 나신디 고모에 불럿당 흔번은 이모에 불럿당

아이고 요놈의 새끼 허민 아니 나올 돈도 나왓주 나가게

[맞아] 불쌍형 나오는 것이 아니고 아까왕 게

언강이 요 언강이 보통이 아니라

[정지에 강 물 ᄒ끔 뜨똣허게 데와다 주민 조켜]

아고 맞수다. 감기 안 걸리게게~~.

아이고 맞수다 삼춘야 이디 양 귀 막은 사람만 이신셍이우다.

[목욕도 시기고]

고만 십서게. 머리 ᄀ점수게. 이제 양 ᄂ옻도 싯치곡

흥 흥 흥-흥

ᄂ옻시처 흥-해영 착 뿌려 두엉

이거 이거 곱닥헌 수건 이신게

아이고 곱다 눈꼽제기영 코는 조깽이 우선

근디 지집아이는 강알을 잘 씻어사

이디 오부제기를 잘 씻어사 이디

[이거 아칙이 아방도 굿 헐 때 목욕 ᄐ옹 서답 잘 씻언게 애기도?]

애기도 애기도

남자들은 아무디나 골경 탁탁 털민 그만이주만은

[쉬 말을 해] 쉬 그만 쉬허게 영 안앙게 아자

쉬- 쉬- 쉬- 이거 받앗주게 쉬 행보민

옛날은 지집 아이들은 오줌 싸면은 손으로 확 씰엉

어머니가 손으로 확 씰엉 착 뿌지데겨 뒹

옷에 삭 쓸고 경해낫주.

이제난 옛날은 화장지가 어디셔게

영현 오줌싸나민 삭 손으로 닦아뒹 착 뿌려두엉 삭 쓸고 경해연

우리도 커서.

야 애기 목욕도 ᄆ딱

[이집도 부자집인게 늦은덕정하님도 나이든 유모할망 잇고]

그냥이 상전보다도 더 술천 목욕도 시기고

[목욕을 시키라 게]

(강순선 심방이 아기 목욕 시기는 걸 도와주려고 등장)

고만십서 천천이 허게 이게 무신 어디 도를것꽈게

[늦은덕 정하님하고 애기 어멍은 먹을 거 낭 싸우곡 맨날 싸우는 폼이라]

아니 게난 사둔님은 무사 경햄수꽈 사둔이 멀허래 방해해영
아이고 흔저흔저 앉아 목욕을 시겨사.
원 이거 애기 목욕시키는데 젖겡이영 강알이영 콜콜이 씻치게,
분 허여 오라 젖겡이도 발루곡 그디도 발르곡 경해사
ᄉ락ᄉ락허게 볼라사주 아이고 막 기냥 목욕도 시기고
야 훤허다 이제 얼굴이
야 고와 머리 ᄀ지고 세수 시기고 목욕 시기고
이거보라 목욕이영 다 시기난 난
흔번 놀켄.

(노래) 니나노난 노난 노야
니나노난 노난 노야

아이고 ᄄ노래로 불러도랜

(노래) 짝자꿍 짝자꿍 도리도리 도리도리
줌메줌메 줌메야

윙크 윙크 또 이짝에 윙크
힘세다 힘세다 어-후 힘세다
이뻐 아이고 이뻐
이거 애기가 하도 요샌 기냥 테레비들 나노난
나민 옛날은 엄마 허는디 이전 돈부터 헌데
나멩이 돈부터허고 우선 세살만 나가민 휴대폰 사두랜 허고
하도 역아노난 이거 아방도 아방영ᄀ찌 일본도 몇번 뎅겸주게
일본가민

(노래)시나노 요로요미노 시나노 요로요미노
아침 오하요우 고자이마스
인사 콘니찌와 저녁인사 곰방와 아이고 춤 영리허다
경현 한국인사로 안녕히 잘 주무셨습니까 안녕하세요

경허고 중국말도 잘허주 애기가 중국말로 몰땅에와 띵땅와 운동화

아이고 중국말도 잘허곡이

아이고 이 애기가 미국가민 하이 할로우 땡큐

[아방이 제주대학을 나왔거든]

[겨난 이 영어도 잘 혀 잘해여 ABCD도 ᄒᆞᆫ번 시겨봐봐]

잘해여 ABCD 잘 허고

[어저께 ᄀᆞᆮ는 거보난 하늘천 따지도 잘 험직허다]

하늘천 따지 잘 해여 걸랑 잘해여

하늘천 따지 강알 왓디 누르왁

무시거 무시거 이거 니가 아이고 한자 강대원이 오라방이나

불러당 한자를 ?리처사주 안 되크라

아을러부유 아이 러브 유, 유 러브 미

사랑합니다 사랑하세

아이고 중국말로 일본말로 못 허는 게 어신게.

한국으론 담배 일본말론 다바코

미국가민 씨가렛또 참 이거 잘 해여 요거

자 이젠 노념도 잘 햄서.

막 이젠 고만 이서게.

이젠 하도 막 목욕해노난

이젠 이 막 먹어노난 노념해놓고 허난 자켄 지천

오늘도 오늘만인 맞주 맞주 게난

오늘도 오늘만이 시왕맞이를 안 혀도 오늘도 오늘만이 낼도 낼만이

이거 어떵 아방이 술 먹엇신가

어저께 막걸리 멧 잔은 먹엿저만은

무사영 [자랑 자랑 자랑]

아이고 좋다.

아이고 젖 먹여 젖 먹여

ᄒᆞᆫ짝으로만 멕이면 ᄒᆞᆫ짝 젯만 큰다 양쪽으로 골고루 멕여사주

아이고 괄락 먹단 그냥 무시게 애기 먹당 곡끼민 사고밧디 강 풀어줘야 허메.

이 애기 어명들 잘 들어 우유 멕이단 막 곡낌에 사고밧디 강

코 코 빌어줘야 허메. 아긴 졸바로 눕저점서게

못 눕점주게. 아이고 막 젖멕엿저 자 이제랑 자 웡이자랑 삼도삼곡

(노래) 웡이자랑[629] 웡이자랑 금동개야 옥동개야

ᄒ저 자라 자라 자라 ᄒ저 ᄌ 자라
ᄌ자사 왕이자랑 왕이자랑 저레 가민 왕이자랑
모관드레 가민 웡이자랑
이거 시에서 누게야 불르민 예 허고 함덕가민 야 허고
제주도서도 ᄎ 이거 말이 제주시에서는 멍석
함덕 가민 덕석 이거 ᄎ 우리가 살질 못 해여
(아기 아방이 등장하듯 정태진 심방이 등장하여)
자 이거 애기 눈 거 ᄒ저 삼 삼아사
느네 아방 이제이
[ᄀ찌 세여 ᄀ찌]
[저레 가게 소나인 안 혀는 거]
[아니라 이젠 아방도 아기 흥글어]
[흥그르게 흥글어]
[저 사람이랑 ᄒ저 그 물레 짜 이]
[자랑 자랑 자랑]
(아기 흥글던 아방이 구덕을 쏩아 아기가 구덕 밖으로 떨어진다)
아이고 이놈의 아방 ᄒ 잔 먹어그넹이,
아이고 저리 나가게 애기 구덕 엎어그넹에
애기 생길 줄이나 알주
[소나인 경허민 안 되여]
애기 생길 중이나 알주 이눔아
너 술값 물젠 나 삼 짜점신게
애기 잠 자는데 저리 ᄒ저 나고가라 이눔아
애기는 허저
[자랑 자랑 자랑]

---

629) 자장가의 전, 후렴구

[우리 개똥이 자랑 자랑]

잘 재웁서양,

흔저 해사 아방 술값 물곡 야 담배값 노름값도 빚도 물곡

삼도 짜곡 멍도 짜고 미녕도 짜고

아고 그만 흥급서.

너미 흥그난 너미 좀 잘때 흥그러나민 버릇 됨니께게.

게민 난 어떵 일 출립네까 [맞주 맞주]

좀 잘 땐 좀자 경현

삼짜그넹에 경해사 이제 아방 노름빚도 물곡 양

술빚도 물고 이번에 굿해난 것도 물고

가는데 마다 그냥 막 빚을 부처노난

가는디 마다 빚 전 살아노난 양

살지 못혀 뒷집이강 원에 들곡

양 이제 삼 삼상 이젠 아이고 이거 애긴 크르렁 크르렁

아이고 아이고 나도 졸아왕 애기구덕 발로 함마 엎어불크랑게.

참 이거 큰일나 야 이거 삼 다 짰저.

맞주 영허면 (쌀점)

야 이거 애기 일천 모르게 다 햇저 다 햇저.

견디이 이거 아방 춧앙 가켄 이거.

아멩 생각해도 경허는 것이 아니라 아멩해도 아방 춧앙 가사주630)

이거 안돼여 아따 경허멍

자 이거 오늘 애기 적시 우유 값이영 과자 값이영

(애기를 안고 본주심방에게 가서 인정을 받는다)

이건 아방꺼 이건 큰언니꺼

(본주심방 아기 옷에 인정을 건다)

아이고 큰아방 아이고 큰아방

(애기를 안고 제청 안에 있는 문박사님에게서 인정을 받는다)

[공부 잘 허여 이]

아이고 큰아방도 인정 하영 걸엇시난

---

630) 가야지

야 ᄆᆞ딱 큰 아버님 공부 잘해여 공부 잘허캔 허난
저 셋아방 어디 가부런신고 나 꼭 ᄎ지크라 셋아방을
[박경훈 어디갔어 박경훈]
어디가부럿신고 셋아방
제주시에간, 아 돈해결허래 간 빚해결허래
야 인정하영 받앗수다
ᄀ리말ᄀ 애기는 어멍부저 어멍은 애기부저 허네다
그리말고 어멍신더레 지올립네다.

(아기를 상에 내려놓는다)
(신칼점)

어멍국 뒤으로 신내려 위올려 드렷수다
한집님 받다 남은 주잔 저먼정 나사민
아기 상ᄆᆞ을 군졸들 아기 중ᄆᆞ을 곤졸들 아기 하ᄆᆞ을 군졸들
어름산이 봉산이 서재구리에 청나라에 군졸들 백나라에 군졸들
본당 군졸 신당 군졸들 쉰에 둘님 저몸에 신병본병 불러주던 이런 임신들
큰낭지기 큰돌지기 석상지기들 꿈에선몽 낭에일몽 주사야몽 들여주고
어느제랑 한집님 돌앙 저 올레에 우장 썽 비 기드리듯
얻어머저 얻어쓰저 허던 이런 임신들 주잔 권잔입네다.
주잔 권잔 많이 지넹겨 들여가며
이간 군문안 원전싱 팔접네다
원전싱에 ᄉ주가 뒈엿수다
정씨로 경자생 난날난시가 험악허여
어릴때부터 죽도살도 못허여
몸에 신병 득주가 되어지여 저 팔저궂인 신녜
당주 불도알로 신충애기로 강
몇달간 살아오다 이거 이십세가 넘어 천주교를 뎅기고
영허여도 저 몸에 신을 항상 멎청 뎅기는게
연극을 허여 저 선배 후배 거니리어 동서남북으로 바쁘게 뎅겨도
항상 몸은 신을 재와 죽억살억 ᄂᆞ광ᄀᆞ찌 건강허질 못허시난

팔저그리치기는 서른 다섯 나던 해에부터

좋은 전싱 그리처 이 전싱을 그리처 뎅겨도 눔광ㄱ찌 어느 부모조상

좋은전싱 그리처 조상 물림헐 듸 엇곡

어느 형제간 팔저궂인 형제간 잇엉 인도 지도 못받고 영허난

지금ㄲ지는 초신질도 발르지도 못허고

삼시왕에 역가 한번 못올려 좋은 심방질 해영 뎅겨도

의지헐곳 없게 거부량허게 댕겼수다만은

헌데 금년은 신묘년 들어사 원구월돌

초ㅇ드레 본멩두 신구월돌 열ㅇ드레 신멩두

상구월 열려 스무ㅇ드레 살아살축 삼멩두 팔저궂인 전싱 돌로 허여

좋은 일자 여러 선생님 덕택으로 팔저궂인 형제간 덕택으로

팔저복력 기렴헌 양씨 김씨 양도 부배간 수양 양제들어

영급 옛날 크게 놀아오던 영급 실력잇는 일월 삼멩두

이조상을 초ㅇ드레날 물려다 저 북촌 가지 높은 신전집

연향당주집은 몸주집 신영간주집 불도집을 설립을 허여

구월달 열ㅇ셋날부터 오란

금마답으로 천지월덕기 신수푸고 좌우독좌우독기 안으로

열두당클 안으로 삼천천제석궁 안시왕 양서본향ㅁ을 알로 연향탁상

동살장 동백쟁해로 할마님 군웅일월제석을 청허여 잇습네다

오늘은 이거 팔저궂고 복력궂인 연향 마흔ㅇ돕 상간줍네다

서른ㅇ돕 중간주 스물ㅇ돕 하간주 마흔ㅇ돕 빗골장 서른ㅇ돕 고모살장

스물ㅇ돕 모람장 동심절에 육고비에 놀고오던 몸받은 당주일월입네다.

몸주일월입네다 신영간주 일월입네다

옛날 유정승 ㄸ님애기 놓은 연줄로 좋은전싱 그리처 뎅겸수다

금번은 성은 정씨 정공철씨 쉰에둘님

몸을받은 선대 조상 연향 탁상 우전으로

군웅일월 삼진제왕 제석님 집안간 어느 산신 요왕 쳇불 일월님과

몸받은 연향 당주일월 몸주일월 신영간주일월 간장간장 풀리저 영헙네다

그리말고 몸받은 연향당주전으로 초미연단상 이미조단상

삼선향도 신부찜네다

(향로춤)

몸받던 연향당주전으로 삼선향 신부쩌난 쉰에둘님 되엇수다
오늘은 몸받던 당주일월 몸주일월 신영간주 일월입네다
삼선향 신부쩌수다
연향탁상 우전으로도 군웅일월 삼신제왕 제석님전 신부쩌 들여가며
중의 행착 츨리랴 대ᄉ 행착 츨리랴
신의 아이 어느 절간법당 부처 지컨
중의 대ᄉ는 아닙네다
그리말고 ᄒ침 들러 굴송낙 두침 들러 비락장삼 염줄목탁을 타저 헙네다
이집안에는 팔저궂어 오던 집안입네다
옛날 젯부기 삼형제 서울 상시관에 과거보레 올라갈 때
어주애 삼녹거리 근당허난
청만주 애미가 웨우들러 ᄂ다들고 백만주 애미가 ᄂ다들러 웨우돌아
청비개 흑비개 어러비개 틀어비개 행패허우난 설연한 법으로써
그리말고 ᄒ침 들러 굴송낙 두침 둘러 비락장삼 염줄목탁
금바랑 옥바랑 타멍 만주에미 홍걸레베도 타래

(향로 들고 도랑춤)
(앉아서 고깔을 쓰고 녹색띠를 들고 추켜서 흔들다 오른쪽 어깨에 걸치고
왼쪽 옆구리에 묶는다)
(바랑을 들어 바랑을 치면서 춤을 추다 바랑점을 본다)
(요령 신칼을 들고 도랑춤을 추다가 신칼점)
(삼석을 치는 조무들은 서우젯 소리를 잠깐 한다)

야 지치고 다쳤구나
원전싱 팔접네다 원전싱 ᄉ주로구나
정공철씨 쉰에둘님 좋은전싱을 팔저 그리처 뎅겨도
처음으로 당주를 설립허여
당주일월 몸주일월 신영간주일월이 놀저 영헙네다
집안으로 선대조상 후망부모 몸받은 일월 삼신제왕제석도 놀저

직부일월 세경도 놀저 영헙네다
배사람은 내일내일해도 우리 팔저궂인 신의 성방들은
비가오나 눈이오나 ㅂ름이 부나 밤이라도 오랜허민 오곡 가랜허민 가고
신의아이 연당알은 밤낮 굽어 신청헌 몸이 되엇수다

(노래)
어제 오늘은/ 오늘이라/ 날도나 좋아라/ 오늘이여/
달도 좋아라/ 오늘이라/ 손 그런/ 내처지로/
아니놀고 허는/ 못허리라/
앞마당에는 남서당 놀고/ 뒷마당에는 여서당 놀고/
(조무는 어깨에 걸쳐 메여 있던 녹색띠를 풀러준다 노래는 계속한다)
월매딸 춘향이는/ 이도령 품에서/ 놀고가고/
주주찬찬/ 이태백이는/ 적벽강산에 놀고간다/
이팔청춘 소년들아/ 백발보고나 웃지마라/
어제청춘 오늘백발/ 나도야 늙어/ 백발이 되면/
오던 님도 아니오/고 나무도 늙어/ 고목이 되면/ 오던 새도 아니오고/
꼿도 피엇다 시들으면/ 오던 나븨도 아니온다/
가는 세월을/ 누가 막으며/ 오는 백발을/ 누가 막을손가/
생겨만 드리저/ 코ㅅ로다/
생겨만 드리저/ 코ㅅ로다/
천왕베포도업/ 지왕베포도업/ 인왕베포도업을 생겨들이저/
산베포나 물베포나/ 원베포 신베포/ 제청 도업을 제 일르난/
이 제청 설연헙긴/ 제주시는 북촌/ 팔저궂인 정씨로/ 쉰에 둘님/
가지 노픈 신전집/ 지애 노픈/ 연향당주집 몸주집/
신영간주집을 지어/ 초ㅇ드레날 당주집을 설립허여뒨/
열ㅇ셋날/ 성읍리 민속촌으로 대로 둘러/ 초신질을 발르저 영헙네다 /

군웅일월 삼신제왕 제석님네/ ㅁ친 간장을 풀려갑서/
군웅에 하르바님은 천왕제석/ 군웅에 할마님 지왕제석 /
군웅에 아바님은 낙수개낭/ 군웅에 어머님 해수개낭/
아들이사 나는 게/ 삼형제가 솟아난다/

큰아들은 황혼이요/ 셋아들은 황금이요/ 족은아들은 황서랑이가 되엇구나/
큰아들은 나다가/ 동의와당 광덕왕 ᄎ질헌다/
셋아들은 나다가/ 서의와당 갈룡신 ᄎ질헌다/
족은 아들은/ ᄒ역궂인 팔저여/ ᄒ역궂인 ᄉ주가 되엇구나/
대공단 고칼드려/ 머리 삭발허고/ 비락장삼 염주목탁 목에 걸치고/
은줄 단줄 목에 둘러/ 강남드레 ᄒ번 뚝딱 ᄯ리면은/ 강남은 가면 천자군웅/
일본ᄃ레 ᄒ번 뚝딱 치면은/ 일본은 가면 주년군웅/
우리나라 대웅대비 서대비 갑술방에는 저 창베나/
을유방에 청배 받던 일월/ 화초병풍 알로 솔전지 그늘 알로/
삼녹정 삼송낙 천지알로/ 받던 일월 군웅일월/
삼신제왕 제석님네/ 간장간장을 풀려 갑서/
ᄆ친 간장을 풀려가자/

야 이집안엔 원전싕에 팔접네다
원전싕에 ᄉ줍네다
아버지네 여라 형제 되어도 말젯아들 말젯아버지 장남으로
여라형제 탄생허여도 누님 이거 손우이 누님도 육지 넘어 강 살아불고
족은 말젯 아시도 군인 갔다왕 요왕 영가가 되어 불고
어릴때부터 심충아기로 강 멫달 간 살아도 병 아니 낫고
친주교에 뎅괴도 몸이 신병 벋혀 이니 낫고
이거 초 중 고등 대학 나오랑 좋은 공부를 허여도
글도 활도 어느 ᄂ광ᄀ찌 좋은 직장 생활도 못허난
서른다섯 나던 해에 이 전싕을 그리쳣수다
전싕을 그리쳐 뎅겨도 어느 부모조상 허던 일도 아니고
어느 부모 조상 좋은 전싕 그리처 어느 조상 물림헐 듸 엇고
그렇다고 어느 형제간 좋은 전싕 그리치고 안 허난
팔저궂어 서른다섯부터 저 남군으로 북군으로 일본으로 뎅겨도
지금ᄭ지는 이녁 몸받은 당주 설립도 못허고 몸주 설립도 못허고
몸받은 조상도 엇고 지금ᄭ지는 허공허천으로 댕겻수다
죽을 낭 밑에도 살 낭이 잇엉
금년 신묘년 들어사난 여러 선생님 덕택으로

팔저궂인 유학형제 덕택으로 죽을 놈은 혼배에 오르는 체격으로
팔저전싱궂어 이거 팔십평생 좋은전싱 그리처 살앗수다
저 애월읍 하귀 양씨 부모님 김씨 어머님 수양 양재 들어
원구월달 초여드레 원전싱 팔저 스주 기렴헌 초집서를 매겻수다
도신네 이름 좋은 서순실 금년 쉬운 하나님 구찌 강
조상 물려다 북촌 사는 딜로 강
당주 몸주 신영간주를 설립을 허엿수다
지금꺼지는 초역례도 못 바치고 초신질도 못바르고
삼시왕에 어느 벌어먹은 역가도 한번 못 바치난
날은 받으난 애산 원구월들 열으셋날 좋은 일저 받아
팔저궂인 몸받은 처음으로 이거 정공철씨 몸받은
연향당주문 몸주문도 열렷수다
쉰하나님 당주문 몸주문 열려 열으셋날부터
제주도 소문난 성읍리 민속무을 민속촌
옛날 문화재로 지정된 마방집 초가집을 빌언 오랏수다
열으셋날부터 기메 설립허고 당반 설립허여
열일뤠날은 금마답으로 천오지방법으로
저싱 염라대를 설립허고 좌두독 나븨줄전지
안으로 열두당클 삼천천제석궁
안시왕 양서본향 무을 알로 연향당주 연향 탁상 알로
알로는 군웅일월 제석님을 청허여 초감제 넘어 들엇수다
초신맞이 넘어들고 보세신감상 넘어 들엇수다
초·이공 삼공 직부일월 세경 난수생 넘어 들엇수다
스무날은 준지 너른 금마답으로 옥황천신 불도 연맞이 삼송낙 전지로
할마님 몸쌍 들어 잉어 메살려 어젯날은 초·이공연맞이여
오늘은 초공은 신베 이공은 연베입네다
신줄 연줄은 걷어다 양단둑지에 잉어 절어 맞아
양상실 양공실 연향당주로 잉어 메살렷수다
석시석시로 간장간장 풀리저 영헙네다

(장단에 맞춰서)

814

몸을 받아오던 쉰에 둘님/ 눈물짓던 상간주/
간장 석던 서른 이돕 이간주/ 오장 석던 스물 이돕 하간주가 되엇수다/
옛날 젯부기 삼형제/ 서울 상시관에 들어가 과거보아도/
중의 지식인 허여/ 과거 낙방 시겨부난/
우리 과거 아니주어도/ 손재주나 부리쿠댄 허여/
천근활대 연주문 활을 쏘아/ 삼만관숙 육방하인 일관로 일기생 거느리어/
악라차락 들어올 때/

삼천선비 옥황에 등장을 들어 노가단풍 지지명왕아기씨
젯부기 삼형제 방탕허게 낳댄해연 기픈궁에 가두어 부럿구나
늦은덕 정하님 품편지 쥐언
젯부기 삼형제 과거허멍 뭣허멍 등장을 허면 뭣허리
다 돌려보내여돈 오란보난
아닌게 아니라 어머님 이거 물멩지 단속곳 걸어졋시난
아이고 설운어머님아 어딜 갑데까
어딜가민 어머니 추지랜 해연
웨진국을 춫안가난 웨진하르바님 니네어멍 추지컨
황금산 주접선생을 추잔가랜허난
황금산 주접선생을 추잔 간 절삼배를 드리난
중의 지식은 상통치는 법 엇댄히난
대공단 고칼들여 머리 삭발해여 절삼배를 허난
설운 아기들 어멍 추지커들랑
좋은 전셍이나 그리처 심방질이나 허랜 허엿구나

(노래)
그때에 궁의 아들 삼형제/ 유저낭 탱저남 비어다가/
어주애 삼녹거리/ 서강베포땅을 들어가건/
마흔 이돕 상간주/ 서른 이돕 중간주/ 스물 이돕 하간주집 마련허고/
마흔 이돕 고모살장/ 서른 이돕 빗골장/
스물 이돕 모람장/ 연향육고비 동심절 무어놓고/
기픈국에 든 어머님/ 어머님 춫젠해여/

좋은전싱 그리처 수댄허여/
일월삼멩두 츨려/ 좋은 전싱 그리처 오게 되엇수다/
쉰에 둘님/ 서강베포 문 들어 강/
초간주에 놀던 당주일월/ 이간주에 놀던 일월이여/
하간주에 놀던 일월이여/ 연향 육고비에 동심절에 놀던/
당주일월 몸주일월도 풀려갑서/
ᄇ름분다 ᄇ름뚜벽/ 뜻멋다 뚜뚜벽/ 동산새별 연향 상간주 무어수다/
젯부기 삼형제/ 당주 설립 허엿수다/ (신칼점)
당주일월 몸주일월 신영간주일월도 놀고갑서/
당주불도일월님네 놀고갑서/

당주 하르바님 성진국은 천하대궐 금주님 지하대궐 여주님
당주 웨진국은 천하대궐 임진국님 대감님
지하대궐 김진국 부인님 황금산 주접선생님
초공 어머님은 적금산 이산 앞은 발이 버도 저산앞은 줄이 벋던
왕대월산 금하늘 노가단풍 ᄌ지명왕아기씨
궁의 아들 삼형제 너도령 삼형제 뒈엿수다
당주아미 당주도령 당주벨감 당주일월도 다 놀고갑서 (신칼점)
그 뒤후로 연향 탁상 우전으로 직부일월 상세경 정칩이 어느 산신 일월이나
불도첵불일월님네 요왕일월님네 (신칼점)
간장간장 다 ᄆ친간장이랑 다풀려갑서 (신칼점) 고맙수다
조상이 낙허면 ᄌ순이 낙헙네다
어기여차 소리로 간장이랑 잠시잠깐 놀고가자

(노래)
ᄒᆞᄆ를나 놀고가자/ ᄒᆞᄆ를 나건 풍악에 놀저/ 아 아하야 어허야 어허요/
신전이 놀저/ 조상이 놀저/ 영가가 놀저/ ᄌ순이 놀저/
아 아하야 어허야 어허요/
저 산천에 눈 묻은 줄은/ 육천만 동포가 다 알건만/
아 아하야 어허야 어허요/
정공철이 쉰에 둘님/ 저 가심에 불이 붙은 줄/

어느 조상이 어느 누게가 알건고/ 아 아하야 어허야 어허요/

나 팔저가 날 놀리고/ 나 ᄉ주가 날 놀렷구나/ 아 아하야 어허야 어허요/

성산포 일출봉에/ 해뜨는 구경도 마냥도 좋고/ 아 아하야 어허야 어허요/

사라봉 등대우에/ 해지는 구경도 마냥도 좋다/ 아 아하야 어허야 어허요/

산지포 돗대위에/ 갈매기 많이도 쌍쌍이 날고/ 아 아하야 어허야 어허요/

가을속 풀잎속에/ 꿰뚜레 많이도 슬피도 우네/ 아 아하야 어허야 어허요/

쉼에 둘닙 전싱귱게/ 나주던 아바님 어머님 흘로 동생이여/

아 아하야 어허야 어허요/

팔저전싱 그리치던 당주일월/ 몸주일월도 놀고나 갑서/

아 아하야 어허야 어허요/

ᄇ름뚜벽 뚜뜨벽에/ 놀저고 오던 일월이 놀저/ 아 아하야 어허야 어허요/

당주 하르바님 당주할망/ 당주 어머님 당주아바님 아 아하야 어허야 어허요

서강베포에 본받아 오던 신전에 몸받아 오던 당주 일월/

아 아하야 어허야 어허요/

신전도 놀저/ 조상도 놀저/ 얼싸얼싸 아 아하야 어허야 어허요/

이 ᄌ순에/ ᄆ처나 오던/ 얼싸얼싸 아 아하야 어허야 어허요/

의탁대던/ 임신이 놀저/ 아 아하야 어허야 어허요/

선왕에 근본이 어딜론고/ 요왕에 근본이 어딜론고/ 아 아하야 어허야 어허요/

강정이라/ 베락꽈선/ 아 아하야 어허야 어허요/

요왕뒈엔 선왕이요/ 선왕 뒈엔 영감이 놀저/ 아 아하야 어허야 어허요/

한라산은/ 장군선왕/ 아 아하야 어허야 어허요/

선흘곳은 아기씨 선왕/ 도령가면 도령선왕/ 아 아하야 어허야 어허요/

청순가면/ 숯불미 선왕/ 아 아하야 어허야 어허요/

조수낙천 삼대받이 얼싸얼싸 아 아하야 어허야 어허요

상잔으로/ 중잔으로/ 하잔으로 받던 임신/ 아 아하야 어허야 어허요/

정공철이 놀고가자/ 문박사님이 놀고가자/ 아 아하야 어허야 어허요/

양단 둑지 추켜나 들러

(빠른 장단에 모두가 춤을 춤을 춘다)

[절헙서 당주에 절혀]

[아니 속에 옷을 벗어줘사주게]

받다 씌다 남은 주잔/ 저먼정 나사민/
서우젯 닻강개 소리/ 들으멍 오던 임신들/
풍악소리 들으멍/ 오던 임신들/
쉰에 둘님 뒤후로/ 당주ᄉ록 몸주ᄉ록/ 신영간주ᄉ록/ 불도ᄉ록/
마흔ᄋᄃᆞᆸ/ 고모살장 뒤에 놀고/ 서른ᄋᄃᆞᆸ 빗골장/ 스물ᄋᄃᆞᆸ 모람장에 놀던/
어주애 삼녹거리/ 서강베포당에 놀던 군졸들/
남자죽어 남사귀/ 여자죽어 여사귀/ ᄒᆞᆫ잔 술에 의탁되고/
두잔술에 침노되던 임신들/
성읍ᄆᆞ을/ 성안에 성 배꼇디 놀던/ 꿈에선몽 낭에일몽/ 놀던 임신들/
불도ᄉ록 첵불ᄉ록/ 얼어버서 추워 굶어가던 임신들/

저먼정 주잔 권잔입네다.
주잔권잔은 많이 지넹겨 들여가며 신의 아이에 송낙 벗어
안주받고 장삼벗어 술받으멍 안팟공시 옛선성님 이알로 굽어 신청입네다
불법전이랑 초상계로 위가 돌아가겟습네다
아이고 영 나 굿했수다 고생햇수다

《시왕맞이》

〈시왕맞이〉는 죽음의 문제를 해결하는 굿이다. 심방은 〈영개울림〉을 통하
여 사령의 맺힌 한을 풀어 줌으로써 이승에서의 미련과 죄업을 씻어준다. 그
리고 집안에 환자가 있는 경우 "이 주당(住堂) 안에 아무개 몇 살 난 아이 정
명이 다하였으니 시왕에서 정명을 보존시켜 달라"고 빌고, 그 대신 천하에 동
성·동년·동배의 사람이 있을 터이니 환자 대신 잡아가 달라고 '대명대충(代
命代充)'으로 액을 막는 것이다. 따라서 〈시왕맞이〉와 〈질치기〉는 큰굿에서
최고의 절정을 이루는 부분이며, 사령의 길을 잘 치워 닦아 '저승 상마을'로
보내는 사자 천도를 통하여 산 사람[患者]의 병[恨]을 고치는 실제적인 문제

를 푸는 단계이다.

〈시왕맞이〉 굿은 〈초감제〉 → 〈천지왕본풀이〉 → 〈토산당신놀림〉 → 〈토산당본풀이〉 → 〈새나움〉 → 〈방광침〉 → 〈추물공연〉으로 이어나간다.

(삼석울림 : 악기의 모든 소리 장단을 침)

《제오상계(용놀이)》 강대원

〈제오상계〉는 굿의 절정이라 할 수 있는 〈시왕맞이〉와 〈삼시왕맞이(당주연맞이)〉에 들어가는 예비굿으로 아직 미참한 신들을 재차 청하여 모셔 놓고, 화려하고 웅장한 자리에서 신들을 향응 접대하고, 굿을 준비하는 과정을 보여준다. 〈제오상계〉는 ①풍류놀이→②방애놀이→③전상내놀림→④용놀이(갈롱머리)→⑤뱀장사놀이의 순서로 진행된다.

〈용놀이〉는 신들을 모시는 당클에 청룡·황룡의 두 구렁이가 들어서 있는 모습을 설정하는데, 시각적 효과를 위해 양쪽 당클에 긴 광목천을 바닥까지 늘어지게 드리워 놓은 것이다. 당클이 하늘이고 바닥이 땅이라고 할 때, 구렁이의 머리는 하늘에 꼬리는 땅에 드리워진 것이며, 이는 신성한 제장이 부정 탄 것이 된다. 그러므로 심방은 이 두 구렁이에게 술을 먹여 잠들게 하고, 잠이 든 뱀 '천구아구대맹이'를 신칼로 죽이고, 뱀의 골을 후벼 파서 약으로 파는 뱀장사 놀이를 한 뒤, 제장에서 뱀을 퇴치하여 치워버리는 순서로 진행된다.

〈제오상계〉는 간단히 하면, 〈시왕맞이〉를 하기 전에 미참한 신들을 재차 청해 불러들이는 청신의례이지만, 격식을 갖추어 하면 〈대사퇴치설화〉를 의례화한 〈용놀이〉가 '굿중 굿'으로 삽입되는 〈아공이굿(뱀굿)〉이다.

(안당에 미녕을 기메 위쪽으로 둘러친다)

(밖에서 감상기를 들고 치면서 사방인사를 하고 외곽으로 징을 치면서 한 바퀴 돈다)

(안으로 들어와 징을 치면서 사방인사를 한다)

(앉아서 장고를 치면서)

안으로 전싱 궂고 팔저궂인 성은 정씨로 경자생
하신충 몸을 받은 연향 안초공 연향 밧초공 삼하늘 연향
안당주 밧당주 연향당주 심시왕 어진 조상님과 전득받은
어진 조상님 어간해여 낮도 영청 밤도 극락
신계 원불 엄중헌 각 신우엄전 조상님에 축원헙다
금번이 제오제상으로 신우엄전 조상님네
제주 삼읍 토주지관 보름웃또 알손당 소천국
웃손당 금백조 셋손당 세명주 보름웃또 이마을 삼서오본향 토주지관
원고자 마을 본주마을 토주지관 한집님네 신메우저
내일날 명부전은 대신시왕 십전대왕 이에 연맞이 삼신왕 어건헙고
삼멩감 대명왕 어간허여건 원정 듣다가 알로 내려 사옵시면
황송허고 옵덴 되어지어 삽네다
올리옵긴 일문전 삼본향 어간허고
울선장안 순력 돌아 만당 열명 허엿수다
제오상계로 신수퍼 하강들 허여 삽서에

(장고 장단)
공시는 가신 공서말씀, 올리옵긴 황송헙긴
어느고을 도장면 마을 사는, 초로인생 받아든 신기원불 (장고)
영헙기는 국도장 생겨오던 국도장 면 ○을 번지 됩네다 (장고)
세계각국중 남선부주 대한민국 남방중 뚝 떠러진
이섬중 전라도 속헌데 호남 들이다 (장고)
일제주 물로 방방 돌아제 이섬중 땅은 노거 금천지 땅입네다 (장고)
산은 명산 한로영산 좌우돌아 장관척수 ○백리우고 (장고)
그옛날 무인도 시절 섬도자를 쓸때, 만물 푸십세 제 짐승 소생허고
초로인생 제일 먼저 산성치는 몬공서

820

고씨 양씨 부씨, 삼성진인 제일먼저살고

두번째는 항파두리 김통경 시절에 몽고인이 오르라 (장고)

구십육년 살다가는 인생 가고 이점중 떠러저 사는 인생 살적 (장고)

이태왕인 시절 각성진 올라건 살앗수다, 영허여 사옵신데 (장고)

그때 섬중 사는 인생 육상엔 농ᄉ 해상엔 해상영업 아니되고

초로인생 병들어 초약이 무효되어갈때, 구억문 좋은 선성님네

하라영사 영기실력 수덕 매두 당로벽도 마련 적로벽두 마련하야

신도법은 공신헙고 불도법 소중허게 웃찬허난, 살기에, 편안허여 살때

영천 이완 목사 시찰들어, 삼읍은 이성읍리 대정읍 제주 마련허고 소관장은

이 마을 현감살고 대정 원님 살고 주무관은 판관살고 명호는 만호설연 (장고)

곽진들어 조방장 삽네다

명월진 대정진은 서귀지에 이 성읍진 동남진 하도 별방진 (장고)

조천진은 화북진 제주진 마련허여 (장고)

당로벽은 부숩고 절로벽은 불천수 시겨갈때 (장고)

남은 미양 절은 안동절 되옵데다

이 섬중 첫째 이름 모라도 둘째 이름 탕나도 세째 이름 탐라도

네째 이름은 탐라국 다섯째 이름은 제주도 여섯째 이름은 평화에 섬중

일곱째 이름은 제주특별자치도가 되엿엿수다 영허온디 (장고)

문명이 발전되어가난, 섬도자는 길도자로 바꽈지며

리는 면 면은 읍 읍은 시가 됩데다

동도 설연되고, 남북군이 갈라지고 1980년도 8월 1일부로는

중문면과 서귀읍이 합숙되어 서귀포시가 될적

이군 이시 칠읍은 오면인데 (장고)

2006년 7월 1일부로 군은 어서지고 시가 읍면동리를 다 관리허여 삽데다

영허고 이 서귀포시 표선면 성읍리 도량청청오랑 이 기도 굴복원정 지원자

현주소 올립네다, (장고) 제주시는 동서문밧 조천읍 북촌리고예~ (장고)

남의주택 거주건명허여 삽네다

임씨로 원 본적지 조상부모 태설은 땅은,

서귀포시 대정읍 상모리 되어지어 삽네다

ᄉ가 주당 아니우다 아바님 뼤빌고 어머님 술빌은 눔난날에 낳고

눔난시 이세상을 소생허여 삽네다 (장고)

저 육지로 나가 명산대천 가지노픈 신전집 절집 찾아가면은 머리삭발허고
부처님 상저일 몸이우다만은 (장고)
우리 제주사는 그예날 소생때부터 화산 악산이고
이 목서시절 영급실력 수덕읫는 절도 엇고 당도 어서 지어사고 (장고)
부모 혈속 빌어낭 어리고 미옥헌 때우다
칠팔세에 책가방 들러 초등학교 글 공부갈 연세에 (장고)
죽억살억 허다건 제주시 한경면 신창리 사는 (장고)
신창 할마님 몸받은 조상알로 놓아건 육칠개월 고생허다 (장고)
부모 ᄎᆞ자 오라건 글공부, 허고 제주 공부 허여견 살다 (장고)
이십 스물 넘고 삼십 서른 넘어사 사십굽을 왕
이에 서른다섯에 제주도 칠머리당 보존회 사무국장으로 들아강
이에 사는게 그 디서 북두드리며 뭔 패와 산 이리헌게
해로 17년동안 신의밥 먹고 신의 옷입고 신의 ᄌᆞᆷ자고
신의 행궁 발신을 허여건
살아오는 ᄌᆞ순 전싱굿고 팔저굿인 하신충 정씨 (장고)
이에 나온 생갑은 쉬은둘님 (장고)
경자생이우다 부배간이 난애기
아들 맛잡이 큰딸아기 정씨궁녀 스물ᄒᆞᆫ설 (장고)
족은딸이우다 열두설 받아든 신기원불 (장고)
이에 어떤일로 남생기 여복덕 신묘년은 신구월ᄃᆞᆯ
열ᄋᆢ셋날 이부락 이집 빌어 아저 오라건 (장고)
이 축원 발괄이우다 원정 듭긴 신의 조상님 덕이우다
부모님의 덕인가 몰라지어 삽네다 (장고)
올해금년 대길헌 운이 신의 밥먹어 17년동안 살단 보난 (장고)
제주도 KBS 방송국과 제주도 전통문화연구소에서 독보즙을 받고
이 기도를 허게 뒈엿수다
헌데 조상은 어서 어떵허리 영헌것이 (장고)
아닌부모 부모삼고 아닌자식 자식삼아 (장고)
아들 부모 자식 부모 헌것이
전싱굿인 양씨 부모 갑술생님 상신충 억만도신네
내외간 몸받아 옵던 조상님 갈때 올때 어서지어 이조상님을 (장고)

전득을 받게 되어수듯 전득을 받게되고 이 기도 허제헌 것이 (장고)

전승팔저 기렴헌 성은서씨 신에 초역례 쾌지에 역가

이역례 도폭례 삼역례는 관디례 서역례 대역가를 받친

상신청 억만 도신네 신축생이 됩네다 (장고)

인도지도 받으며 양씨부모 양씨부모 아바지 잇는딜로 강

신구월 초으드렛날, 조상업어 사는 주택으로 당주설연 허엿수다 (장고)

몸주 설연 신영상간주 설연 허여놓고 (장고)

이 기도는 구월 열일뤠날부터 이 기도 시작을 허게 되어 산 허난

삼일전 앞서 오라건 안으로 안초공 밧초공 삼하늘

안당주 밧당주 연향당주 삼시왕

설두을 허여 당 전승굿고 팔저굿인 신에 상신충님 ᄆᆞ짝 오라건 (장고)

대청한간 마령우전으로 입구재도 만당설연을 허엿수다 (장고)

바껫딜로 천도천왕 지도지왕 인도인왕

삼강 오륜지법 설연을 허엿수다 (장고)

열일뤠날 아침 묘진시가 황도시 되어지어 사난

본주 하신충과 경신네 억만 상신충 (장고)

나사건 하늘 옥황으로 등수들고 지하로 등수들여

재시간에 천지천왕 저싱염라대 신수푸고

지도지왕 인도인왕 좌우독 신수퍼 잇습네다

인으로 오리 이 기도 시작 허엿수디

초석 이석 삼석 올려 (장고)

본주 하신충 대신대납 경신네 상신충 억만도신네

이에 일문전 대천한간 어간허고 (장고)

신ᄀᆞ래대전상은 천보답상 만보답상 고리 안동벽 신동벽 쌍쌍이 무어

하늘ᄀᆞ른 안공시 밧공시 책상ᄀᆞ찌 받아 아자 세상 생인 도업

이싱 전갈 저싱드레 원정들어 초감제 넘어들고 (장고)

도둘림 출물공양 넘어들고 (장고)

또 이전 초감제 떠러진 조상님은 초신 연맞이로 오씨 신애가 나사

청발허고 떠러진 신의조상 초상계 연도리로 신의집서 (장고)

옵서 청허여 안으로 삼천천제석궁에 초아정 축원 올렷수다 (장고)

안시왕전님에도 출물공양 축원헙고 전승굿인 정씨 하신충 경자생 몸받은

안초공 밧초공 삼하늘 안당주 밧당주 연향당주 삼시왕에 (장고)

원정들엇습네다 강씨 당주 상하님 (장고)

굴복허고 문전본향 양사마을 군웅제석

이에 하늘 ᄀ른 안팟공시 옛선성ᄁ지

출물공양 넘어 보세신감상 연ᄃ리 넘엇수다

양씨 신에 억만 도신네 됩네다 갑술생님 (장고)

연공시로 안팟 초공 난산국 경신네 상신충님 신풀어 복주잔 받아 들고예

이공 난산국 넘어들어 이에 삼공 난산국

모진 전상 정씨 형님 내놀리고예-(장고)

그날 저녁 도령노앙 뒷날 아적에는

또 이에 강씨로 신사생인 당주 상하님 (장고)

난산국 신풀엇수다건 마당 ᄇᆞᆰ으민 옥황천신불도

일월 월일광 연맞이 군웅 일월칠성 연맞이로 (장고)

이 집안 정씨 하신충님 나은 아기들 잘 키와주난 고맙수다

앞으로건 좋은인연 만나가건 이에 아까운 저 여손들 가지번성 시겨줍세

원정드려 멩도리 복도리 송낙제 친날은 잉허건 메살려 잇습네다 (장고)

잇어옵고 마당 ᄇᆞᆰ음위로 전싱굿고 팔저굿던 (장고)

안초공은 밧초공 하는 걸리 (장고)

삼공은 아니우다 연맞이로

이집안 시왕 악심 멜망 구천왕 구불법 악심 다잡아 제출허여

오늘 나적은 진하늘로 (장고)

잉어 메살려 또 예전

차례로는 오늘 명부 대신 시왕

이에 십전대왕 문쇠ᄎ지 삼멩감 대명왕 ᄎᄉ 청허여

등장 들일인데 어째 혼석시가 늦단보난 내일날은 (장고)

신구월 오늘 스물이틀날 이에 시왕 서릿만 햇수다

내일 스물 사흘날은 청헐겁네다 (장고)

주인모른 공서 잇수가 인생이나 신전이나 다를바 없습네다

우리나라 생사름 대통령도 이제주 섬중 온댄 허면은 (장고)

우선은 도지사남이 앞서 전송지대처로 나사사 허는게고 또 시장님듯

경찰국장 경찰서장님네 전부 전송지대처로 나사는법 아니우까 영허여

우선 제오제상으로 각산 지산 흩어진 신우엄전 조상 님네 (장고)

삼본향ⁿ지 삼읍 토주지관 ᄆ이 제청의

굴복허저 험네다 천이 감동험서 신이신중 발원험서

큰나무 덕은 없수와도 큰어른이 덕은 잇는법

은항성 그늘은, 강동 팔십리를 비추고 그늘 노는 법잇고

신의 조상덕은 부모 호천망극

백골이 난방일지라두 다 갚을수 없는 일이고다

오늘 삼읍 토주지관 보름웃또 이ᄆ을 토주지관 이에 정씨로 하신충

고양산천 토주지관 현주소 사는 토주지관님네,

전송지대처로, 신수퍼 ᄂ립소서 (장고)

신도업 제일러 드립네다. 들여가고 (장고)

이ᄆ을 성읍리 성읍리 우선 모름밧 배돌린문은 문오부인 삼서오본향 한집

들여두고 현주소는 저 북촌리 토주지관, 알로내려 삽네다

이에 저 모실포 상하모리 ᄎ지헌 석산님은 송씨할망 일뤠중저 한집 (장고)

이 성읍리는 두번째 거리 넘수다. 대정 과양당 신에 외땅 한집(장고)

알로내려 갑네다. 알손당 소천국 웃손당 금백조 셋손당 세명주

토주지관님 각 부락 마을 ᄎ지헌 신도본향⁶³¹⁾ 한집님네

내일날 대신왕 연맞이로 전성지대처로 신도업허여 ᄂ립소사예- (장고)

이에 삼서오본향 보름웃또 삼천백메 전송지대처로 ᄂ리는

시ᄀ문이 어끼피며, 돌ᅡ지어 삽네다 초군문도 돌아보저

이군문도 돌아보저 상서울 낮 도군문, 돌아보저

문민마다 선신허여 돌아보난 문직대장 도래감찰관 옥선아잔 아적없고

인정되어걸랑, 저정되어걸랑 영이나 삽네다 이에 성은 정씨로 하신충

경자생님 받아든, 인정이우듯 나은아기 큰아긴 스물혼설 족은아긴 열두설

삼인명 식구, 받아든 인정이우다

아적은 단골어선 ᄂ이 뒤에만 예

뎅기명 밤엔 불선가위 낮엔 외난가위 눈온날 비온날 ᄇ름분날 어시

오토바이 탕 뎅기명 신의 조상님덕으로 벌어먹고 벌어쓴 역가

되어감네듯 청감제 조수지로 (장고)

---

631) (神道本鄉) 갖가지 본향신

문민마다 많은 인정 받아드난 인정과독허다 시군문 열려가라 영이납네다
초군문 열린듯, 재인정잔 이군문, 삼서올라 도군문, 열린듯
이ᄆ을 성읍 선왕당 한집문, 삼서오본향 문열린뒤도,
재인정잔, 현주소 북촌 한집,
고향산천 모실포 석산님은 송씨할망 일뤠중저 (장고)
이에 보름웃또 알손당 소천국 웃손당 금백조 셋손당 세명주
아들라기 일곱형제 거멀 문국성
둘째 아들 선왕당 성읍 셋째아들은 대정 광정당
넷째아들 시내왓당 다섯째 도리손당 (장고)
여섯째우다 삼양 시월도병서님과 동서벽 협정헙네다
일곱째는 궤네기 큰당한집 이우다
아들라기 열ᄋ돕 똘아기 스물ᄋ돕 손지방석 일흔ᄋ돕 칠손손기
가지갈라오던 어진 토주지관 강
모실 ᄎ지헌 토주지관도 신도업헙서예- (장고)
문 열린디들 재인정잔 지넹겨 들여가며 곱게 제오제상으로 전송지대처로
어진 한집님네 우알 양서본향ᄁ지 ᄂ리는문 고양 열려줍서 (신칼점)
착허댄 햄수다 단골님양 [아이고 고맙수다]
들여가며
안으로는 연향 안초공 밧초공 삼하늘
연향 안당주 밧당주 삼시왕 어간허고(장고)
안으로오민 대천한간 만서당클 일문전 들서기 문전 날서기 문전
일뤠로 대법천왕 하늘님 삼서오본향 한집 어간허고 바껏딜로
천지천왕, 어간해엿수다
대통기 소통기 지리여기 양산기 나븨여기 줄전지 어간해여 (장고)
천말을 타멍 ᄂ립서. 신말을 타멍 ᄂ립서.
번 구름은 벌련뒷개 쌍가메 둘러타며, 홍허며, 살려살려 살려옵서
제오제상 전송지대처로 신메와 드립네다. 들여가며 (장고)
어느신에 조상헙네까
성읍리마을 ᄎ지헌 선왕당 한집 알로 삼서오본향 내립소서 (장고)
들여가며 또이전 저 북촌 들어가민,
어진 토주지관 한집 영등 이월ᄃᆞᆯ 좋은날저 택일로

영등맞이, 대질 받읍네다, ᄂ립서, 고향산천은, 대정읍 상하모리 ᄎ지헌

석산님은 송씨할망 일뤠중저님도, 이에, 홍허며 물부려 하메권잔 받으며

천마타며 ᄂ립서, 신마타며 ᄂ립서

번구름[632]은 벌련뒷개 (장고)

쌍가메 둘러타며 이에 신묘년 애산 신구월ᄃᆞᆯ 오늘 스무이틀날

시왕 대전상 설립을 허고 내일날은 청헐겁네다

전송지대처로, 살려옵서

들여가며 또 이전은

알손당은 소천국 웃손당은 금백조, 셋손당은 세명주 (장고)

ᄉ로ᄉ천국 아들라기 이에 큰아들이우다

덕천 거멀 문국성 둘째아들 이마을 선왕당 모름밧 배돌린한집

셋째아들 광정당, 살려 살려 살려 옵서

넷째아들은 시내왓당 한집

다섯째아들, 옛날은 도리 지금은 대천동 산신일뤠

여섯째 아들은, 들어사민, 삼양가민

시월도병서광 동서벽 허엿수다, ᄂ립사

이에 일곱째 아들 궤네기 김녕 큰당, 한집 ᄂ립서

제주 성안읍중 동문통은 운지당 화북은 가릿당 심양 시월도병서 (장고)

신에 들어사민 과양당 또 이전 연동은 능당 (장고)

오라리 돌래당 삼양일이산동 ᄀ시락당 ᄋᆞ녀부인 궁당한집 (장고)

저 북국민학교 뒤쪽으로 가민 동미륵섬이라 은진미륵

토주지관올라 남문통은 옛날 각시당 한집

도남은 서운당, 열두 시우젓 한집님, 들여가며 (장고)

부락마다 ᄆᆞ을마다 ᄎ지헌 한집이우다

ᄆᆞ짝들 전송지대처로 홍하며 살려 살려 살려 살려옵서 (장고)

들여가며, 떠러지고 누락되고 낙루헌 신의 조상들 어시들

삼본향 삼읍 토주지관 보름웃또 ᄆᆞ짝 ᄂ려 하강협서

(신칼점) 막 고맙수다

백번천번 고맙습네다

---

632) 뭉게구름

이에 들여가며 삼ᄃ래 우심상 어간허고
이마을 토주지관 삼서오본향 보름웃또 신수퍼 하강허저 헙네다
쓸정미 둘러받으며 초펀 이펀 재삼펀 오리정 신청궤로 신메웁네다

(악무)

이에 토주지관 한집이여 북촌 한집이여

(악무추며 신칼로 쌀을 케우린다)
(걸어놓은 미녕천 내림)
(신칼점)

신메왓더니만은 오는한집 가는듯 가는한집 오는듯 헙네다
신감상 물으와 압송허여 금세진 쉬어건 올립네다
금세진 쉬어다 문전본향 당클로 신메왓수다
이에 신메우단 보난 오던 신전이 가는데 오는듯 헙네다
구시월 나무잎사귀 떠러진듯 헙네다
천하 금정 올솔발 둘러받아 정대우

(감상기 요령들고 악무)

정대우 신메왓다 정대우 신메우난 이에 앉을지 설지 몰라지옵네다

(쌀을 손으로 잡아서 케우린다)

우아찜네다 좌아찜네다 우버려 좌버려 신버려 드리난
이에 앉고보난 대감네 눌낭 눌핀네 탕천허는듯
부정 삼선향 둘러받아 신가여 내카여
이에 집안 ᄌ순 하신충 일룬 정성 청감지 조수지로
일배일배 부일배장 잔받은거 남은걸랑 내여다건 말명 입질 언담
젯도리 떠러진 신전들 많이 삼본향뒤에 당 아닌 당군졸

올레 어귀지기 시건명 잡식 받아오던 시군졸들
많이들 많이 주잔 재삭여 들여가며 ᄒᆞᆷ만 지처저십서예–

신묘년에서 신구월 됩네다
스물허고 이튿날 마당 밝으민 이에 대신시왕 연맞이 어간되엇습네다 만은
스물사흘날 대신시왕 연맞이 신기원불 올릴기우다
오늘 제오제상으로 삼읍토주지관 신메와
신이 굽어잇는 앞으로 세경숲이 어간 됩네다
신의 조상에 영이 낫기를
이에 늘래와 찌부르라 푼내와 찌부르라
늘래와찌 푼내와 찌불러단 니나니 소리로
연부쩌 웃저 날저 걷으며 신의아이 됩네다
성은 서씨 신애 대신 대납으로 가마비어 저러맞자

(노래) 니나니 나노/ 나노야/
니나니 나노/ 나노야/
니나니 나노/ 나노야/

(고가 묶여있는 미녕천을 몸에둘른다)

니나니 나노/ 나노야/ 니나니 나노/ 나노야/ (반복)

니나니 난노로 풀내와찌 늘래와찌 불러외며
울적날적 가마비어 저러 맞앗수다
고리안동벽 신동벽 신의 아이 성은 서씨 신축생 억만 도신녜
대신대납 잉어 저러 맞으며 이에 세경숲에 돌래갑네다

(감상기 들고 악무추며)

(노래)
니나니 나노/ 나노야/ 니나니 나노/ 나노야/

니나니 나노/ 나노야/ 니나니 나노/ 나노야/

(심방은 백지로 싼 떡, 이공 전상떡 '고리동반633)'을 머리에 엊는다)
(악무추며)

니나니 나노/ 나노야/ (반복)

(앉아서 감상기 흔든다)

조상이여 조상 정칩이 조상인디 나 이거 이제랑 이
자 시간도 그렇고 이
자 해보자 이
이제야 한거리 와라지마랑예
천천히 해보자고 이거랑(감상기) 저리 저리 놔불고
자 이거 조상 조상인디 나
상받젠 허난 이늠의 조상이 엇고
ᄉ록 들어 ᄉ록 ᄉ록 ᄉ록들어 어쩌면 좋아
답답햇주게이 답답해연
[답답허민 굿을해야 사클]
[굿을 허자하면 제주나 한병]
[내여놔 사클]
제주 한병을 허저하면은 무신거냐 감주도 허고
술도 닥아 사주게 이
경허민 알앗수다
술 닥으레 갈까 ᄆ저
[아니아니]
경마랑 경헌 우선이 쏠물에 컥
[아니 우선 ᄀ는말 고라나]
쏠물에 컥 쏠물에 컥

---

633) 여기서는 환자에게 병을 일으키는 죽음의 꽃 'ᄉ록'이다

쓸물에 커는디 아 나들님의 집종년들보라
물을 흔사발이나 걸어 이걸 나 다멕이지
[채염창아리 막아저]
이저 저 쓸이 쓸 물에커
쓸저 물에커 그래 커사주게
쓸에 물에 커사주 [잘시쳐]
[좁살은 새양내나고 곤소리도 새양내나다)
물에 컷지 물에컷고이

(물그릇에 쌀가루를 넣는다)
저 물에 컨거 이제 건지사주 건지면 알아서 달달세여
알아 달달 세꺼난 받아건에 이 [질구덕에]
[질구덕에 받아 차로영 받아그네]
아이고 고라고라 이놈의 새끼 정치까리 어따
본죽이나 해다놧시니 이거 물 빠가주게

(손으로 쌀가루를 반죽한다)
저 방에가 물어아뜬 무신거냐 코클리냐 잇시냐
아무 아침이야 허문 이 코클러기 저 문딱 청신알서게
에 착히디 낫디 아이고 착첨두 이
이거 굴문안 방에 놔구게 도개남 들게
근데 방애이 문딱 묵께니 에이그
[이어 이어 이어도 방애]
(방아로 찐 가루를 먹어본다)
아이고 떫어
너네들 이리와라
구찌 [이어도방애] 새글러간다

(양창보 심방이 가까이에 가 앉는다)
마라 저리가 됐고만
[저거 방에도 부정탄사람 가민 안돼여]

(가루를 채로 걸르는 시늉을 한다)
채로 골라 전 이편허고 채우에 꼬르라그내
제수굿 백시리에 들여놓고 제수굿 매와 삼덕개왕 불사멍
이거 잘게 찌어건에 이
떡은 잘쪄
자기 물너그넹이 찌어
찌어 잘찌여건에 이
[경해민 손으로 막 부벼]
막부벼 양쪽손으로
[이제 시리 앉혀야 된다]
오메기떡이다 오메기떡
[시집가면이 애기 곱닥헌 애기 남직허다 떡을 막 곱닥허게 맨들아]
[떡을 두어개 맨들어주게]
하나만 맨들어도 돼 [하나만 맨들어도 돼]
[어멍한테 매만 맞으게시리 아까운 쏠을 다 해라불멍)

(떡을 만드는 시늉)
[아이고 곱닥허게 맨들엇어 아이고 고막 뚤르멍]
오메기떡은 강 터지잖아
[만들고 손에 묻은 떡 반죽을 먹는다)
나 오메기떡 핸 이 손모르떠
오메기떡 하나 먹고가
요거 요거 아이고 허거 먹어봅서

(만든 오메기떡을 본주심방에게 가저가고 본주심방은 도망간다)
본주가 맛을 봐서는거주
추저분들아 아니먹기엔 조상위헐꺼난
조상위헐꺼난 아니먹기에
자기 쏠만 사주게이
자기 삼질 않으민 이거 아니되여 그 너무 오래가면이

저 불놔불과 불때 [불꺼졌저]
아 푸 아 푸

(불붙이는 시늉)
[업드려 잘 불어 사]
나 불 잘 초마점서
이젠이 망뎅이 간다 술닦어
술담젠 야 족은년아 망뎅이 가자오라게
초불해 낮저 이불해낮저 초불 이불 제삼불 해낮저
물 ᄒ금 가자오라 이제 술 닥으사주게
[뜨뜨한 방에사 놔둬야 더 잘되여]
너무 되다
[너무 되다 알록지게 해야 호솔 맨들기도 좋아]

(물을 더 넣는다)
[손을 휘 젓어부난 호술 올라오는거 담다]
이거 더껑 놔둬사 더껑 나둬사 보가주 궤우주게이
코사 바까부난 허시여 더껑 영 싸그네이
[호설 냄새남저]
올리왓저 올리왓저 저 이거 보라게
단골님 이거 ᄒ술 들어봅서게
[멕여야되여 조상한테 바칠걸 ᄒ저 먹으면 대레게)
저 고소리 들이라
고소리 들여 술닥으자
술닥으는데 주지소늠 세무소
세무서에서 오는디 이거 닥아사주
닥으정 허믄 이

(술 맛보는 시늉을 한다)
아따 이거보라 젊은년 오줌싸는 소리같이 쭉쭉 잘고리

(입에 물엇던 술을 그릇에 벳으며 나는 소리)
늙은이 오줌누는거 살살살살헌게
이거 내려오는 소리가이 오따 이거 오줌싸는게 넘게 잘잘싼다
[본주 성한테 앞뒤로 돌아상 해야며]
[술을 닥아산지 안닥아산지 몰라) 맞주맞주
성님 술담그는거 보꾸가
[조상에 올릴때는 술안먹어]
나 성님앞에 아니가저 햇주 아니가라 햇지만
부끄게시리 맨드라 놓고 주시소님 오기전에
(술을먹음)
[앗 저기 왐서 왐서] 무시와 [세무소]
저 주시소(세무소)에서 왓어
[물어 입에 가득물어]
이거 너무 먹엇저 너무먹으니 구역질 올라와
[애기뱃신가] 몰라
나이고 도둑놈 오기전에 다 먹어치울거라
등들허고 죄 줄일아들 난 못걸린다
[술잔을 던저 점괘]
잘먹엇저 잘먹엇구나 조상이
이젠 잘먹엇시난 우선 굿 허젠 허민
날택일부터 봐서야 저 정공철이 심방집에 하신충이 들어
아이가 하신충 돼게 되난에
[저기 북촌 사람들이라] 북촌사람이난
심방은 저 김녕 서동네 살고 허난
[학교동네]
학교동네 뒷동네 사난에 택일받으레 정사표하자
(신칼점)
이거 어떵현 ᄒᆞᆷ
에이 택잘햇저
택일받아놓고 이제랑 술 닥은거 이 지주 조근조근 짓자
우선 정일에는 정인헌것은 성산면 표선면 남원읍 서귀포

본향 지주가 우선이주 이 본향지주부터 우선짗자

근데 우리북군도 마찬가지라 본향을 잘 대접해사

(신칼점)

조이배자 (신칼점) 아이고 잘햇저

또 초감제 짐을 지주짗자

조이배자 (실칼점) 잘햇저

또 이제라구에 시맞이 지주짗자

조이배자 (실칼점) 공개허자 잘햇저

자 그다음에는 각당에나 초상계로 각당 권매장77지

조이배자 공개허자 (신칼점) 조이배자 공개허자 (신칼점)

이거 때문에 말썽이 하나쩌 영허고 또 이제랑 보세감상

[막걸리도 북거불고 청주로만 쓰젠허난이 소주가저오라]

이제 보세감상 지주짗자 조이배자 공개허자 조이배자 잘햇저

그다음에 초공본풀이 풀자 (신칼점) 잘햇저

이공풀자 삼공풀자 세경풀자 (신칼점)

조이배자 초채이신 막좋은디 좋은소리에 넘이 돌암저

또 이제랑 불도맞이 지주짗자 (실칼점) 잘햇저

저 지리족으로 나사면이 쪼글락해도 토글락헌게 잘해여

이제 초·이공맞이허자 제주쪽은 잘햇저

또이제랑 매여든자 조이배자 (신칼전) 아이고 무신 처우까

그날 제일지내다 밤 깊어 전일에 말썽 하수자 공개허자

조이배자 잘못햇수다

또 이제랑 무신 굿헐꺼니 안네오랑 대풀이허자 공개허자 (실칼점) 잘햇저

또 본향 놀림허자 조이배자 요년 먹은년 관세이꼬나 곳다

요년 죽일라

또 군웅놀자 (신칼점) 잘햇저 참 목침 조라는 잘해여

재오상계 허자 (신칼점)

요걸 지래쪼간 관세허저 어떵 기분나빠

요놈의 자식 죽일라

양궁 연향 당주삼시왕 어간 해여

아다시피 아궁이굿으로 넘어들며

이에 지가 돌고 위가 돌아 오랏수다
고리안동벽 신동벽 구제시에 굽허옵네다
전상 뒤에 지가 돌고 위 돌아갑네다
오리정 신청궤 신메우며
예 이 집안 정씨 하신충 대신 신의 아이 머리통드레 잉어 맞아
(전상떡을 머리에 얹고 잇다)

(연물)

아야 아야 [내 경 헐줄 알앗주]

(머리 아픈 시늉)
저런 저년아 무시거 어떵 어디강 박치기 햇햇저 박치기랑 마랑
다가 새끼 머리 고만히 놓앗고마는 아가 아가 아가
아이고 머리여 아야 머리야 머리여
머리 동수산 무쉐 철망 아구기안더 [아가아가] 이 집의 본주심방네
술 혼잔 먹어그네 깨어가민
아가리 머리 막 아파 허주게 이
[막걸리 하영 먹어서 이]
이거 전상 전상이언 허믄 그저 내려와라
날들 좀 보시오 날 날 봐 날 날 봐 나 뭐인 줄 알아

(아픈 모습 시늉)
임뎅이 풍경 달앗거든 저 훈장할라고 풍경
그렇지 풍경 달아 아고아고
이것도 거 누게 본주 단골 심방님이 그거 막걸리 하영 먹어불민
아파하는 거 내선사려담는거 내렴저 내려가난 이
우선은 성편은 생기젠 허민 눈 망뎅이 망뎅이 성편 말은 외편 말이여
아이고 눈망뎅이여 눈망뎅이여 눈망뎅이 청걸리 아가 이거 조왕 동티여
그저 무싱것고 게멘 어디 일진 방에 간
못 잘못 박어버린게 나도 경해나서

어 아이구 내려암저
[좋은 약이 이서]
뭐 뭐야 무신 좋은 약 어느 신약이라 좋은 약허게
[당줄에 비저낭 동줄에]
무시거 저 얼레기 해다근에 얼레기던에 울렁 무신
코 염뚱이 먼저 아고 아고 코 흥 흥 전상
[ㄱ것두 전상이여]

(전상떡 고리동반은 머리에서 코에 내려와 잇다)
전상 어어 아가리 아 아아 어어
나 봐 아픈 게
[사람이 흘들엄신가]
아이 아야 아아
못헐 말도 다햄저
이것도 자꾸들 풍징 거찌로 허는 전상
나 감저 이거어디
목 돌아전 죽은 귀신 걸렷저 이거
목 돌아전 죽은거
어디가 목 돌아정 죽은 거 걸려난 이
오늘 이디 소랑 따 최풀이 히젠
아니주 저 이디 본주 단골 심방님
하신충 예 하도 돈벌러 막 뎅기다 오민
막 지침도 허고 막걸리도 먹어나는양
뒷날가민 이거 감기 걸리젠 햄싱가
목아파 이거 허는 전상

(병을 주는 전상떡은 목에 걸렷다)
(전상떡 고리동반을 가슴에 대고)

아이고 모름밧 아이고 모른디
아이고 가심 탕탕헌게

아가 아가 나 무시게 잘못헌건 어신디게
이거 무신거 펜가 아니 심장병인가
아가가가 점점
[가슴은 아픈데 먹던 쇠주로 캉허게 때려불면이]
[가슴은 안아파도 사람은 죽어]

(고리동반 배에 대고)
어 이약 잘나네 이어 이어 전상
위 위 위 일본은 가민 이
한국은 오면 위
아이고 병원에 간 진찰허난
아가가가 아가가가
위암인가[전상] 무신거 이거
하고 고라봐 전상
아이고 배야 [아이고 배또롱이여]
어제 그저게 나 저 혼자만 잘허느난
어떤 놈 늘려들언 뒤로 무싱거
민드릌드뜻헌 거 쑤왁허단 빼연 가부런게 만은
[만병 통치약 이서] 무신약
약 말만 해가민 아이고 아기고
[놀콩을 골아다 얼음물에 탕 혼사발 먹어]
[딱 배북이 걷어 마른바닥에강 업더저]
[크르륵 끄르극 허명 이]
전상 [전상 만상이여]
잔 소낭 가운데 그 고랑
야 이거 보라 고들고들 햇저
선생님 이리 와 봅서들
이리와봅서 가운디 고들고들 허는거 알아질러고
가운데 고돌고돌 해는거 알아저
꺾어져 부러샤 가분뎅이 이거
계륵 요건 고만 셔 오드렝이 고만셔

아이고 이것도 전상이여
성은 정씨로 경자생 하신충
이에 머리빡 아프는 전상도 내놀리자
이마빡 아프는 전상 왼눈에 ㄴ단눈에 코에 입에
목에 가슴에 배에 가운데 동네 이에 아프는 전상이로구나
천지왕 골목으로 여기서 질로 먼질은 이리 동넨
이 동넨 옛날 현감 살아난 동네우다 성읍
저 대정 또 경 안허면 모관 옛날 원님 모관 판관 살아나는 디로
막 먼데 명월 만호 살아난 딜로 내놀리고 대놀리자

(뒷머리를 만지며 돈다)
아이고 아이고
아이고 아이고 아이고 뒷대가리여
뒤대망이 뒤대망이 아고 아프다
[김일성 혹달린거 같으다]
거기꼬지는 아직은 안 내려왔거든
김일성이 잇어난지는 아직 안 내려왔거든 아자
[머리 허물 낫저]
아 아가 아이 아이
[발쩨다 발쩨]
발쩨도 안 왔거든 아작
이거 전상
이게 젤아지 김일성이도 걸리고 이거 이거 김일성이도 이거 걸리고

(전상떡으로 뒷목을 만지며)
이것도 또 무싱거니
발쩨 이제사 발쩨
양창보 어디 가싱고
세식이나 ㅎ끔 들여보컬

(앉은 자세로)

무신건 살고 죽네 잘 꼬라

(일어서며)
아이고 이것도 전상 전상
오냐 옳게 오그라젓 쪗네 아뜰러그머

(곱사등 자세로)
놀암수과? 아고 잘헌다
이것 등창난건이 바당에 강
잉 그이 큰거 잡아당
거 저 뚜껑 때영 그 디 춤지름634) 놓앙635)
춤지름 아니고 청 청 나그네 궤와
그걸 같다 [붙이면] 대기면이
좋긴 좋대 사람은 죽어 좋긴 좋아도 사람은 죽어불주
아고 아고 난 모른다 이거 이거 아고 내렴저
일룬 일룬 일룬 골은전도 일룬 꽝(접작뼈) 일룬 꽝 이거
일룬 꽝 아고 경 안해도 일본 가난
아이구 대원이도 이거 오그라젓구나
하르방은 예 봔 이거 이것도 전상
이것도 쉰둘이 허는 전상
알동네 미지꽝 미지꽝 [새끼 똥고망] 미지꽝
[꼭지 돈는데] 옛날 원숭이 새끼들 보면양 도636)는디
아이고 아이고 이것도 전상 뒷대망이 아픈거 전상이여
뒷목아지 아픈거 전상이요
등에 삼범 전상이여
이에 고른 전등이 미지꽝 아픈거
모진 전상은 천년 군웅베드레 내놀리자
[잘한다]

---

634) 참기름
635) 놓고
636) 입구

뭐야 너거 씹할 놈이라고 된장 맞을꺼
[동드레 서방 얻으로 돌암저]
[귀막은 할망 동드레 서방 얻으러 돌암저]
여든 난 할망 아들나네 무신거 어떵현 흉바났더니 엉
아들난 흉반 그거 빌어도랜
[겨난 여든 난 할망신디 돈 많대니 간보난]
[두둑놀이 간 돈은 엇고]
[에이 이놈아 할망 흔번 강탈이나 해주어 가건에]
[강탈은 옷 입언 돈노렌 허난]
아이고 아니여 여기 어떤 땐
저 대양이영 북이영 안 두드릴 땐
말을 잘 알아듣는디
[대양 두드리고 북두리당 보민]
귀막안 이거 전상 전상

(전상떡 어깨에 대고)
아 이거 욱지여 웃둑지
웃지 웃둑지 [둑지 웃둑지]
아적 개패보도 못시겨 고라신게 헌디
니먼 게끄느데 년들
[가라 고래신가]
저 이거 어디간에 저 밴두리형네 그 목지기

(목붙잡고 휘청걸으며)
이쩌 이쩌 허명
[큰데 하도 따라부난 어깨 아팟저]
그러면 전상이로구나 전상
풀이여 이거 신경통인가 각기요통인가 뭐신고
이것도 전상
손거림 거림이여 전상 아이고 창부삼촌 어디 가부리지
그말 고라도 허면

말이 맞아야 대답을 헐 건디 말이야
[뭐에 뭐에] 손거림 전상 [손가락]
아이고 겨드랭이 조껭이 [아이고 조껭이]]
[허물났저 저기 왐수게 큰심방]
조껭이 아픈데 무신약 허면 좋아
[받으면 채라] 아야 아야
아이고 알르레기 갈비뼈 늑막염 간장염
아이고 전상
이젠 제란 일룬이여 전상

(다리 저는 시늉)
언니야 우리동네 누게 닮다
잘됐다 이젠 니기미 씨발놈 문딩이 새끼가
[금덕 고무니까 들려도]
엇 뭐야 좋지 뭐
아이고 독식아부 전상 이젠 무신 거냐
옛날 누게년 죽으난에
다리 한각을 돌라 양각을 돌라단 디딜팡 햇다는게
허벅 허벅 허벅 허벅
허벅 허벅 허벅 허벅 [허벅지]
신경통
아이고 왁세꽝 정반꽝 도르기꽝
이것도 씩씩 막 아프주게
영 오그라진거 때문에 발삐쭉 허민 얼릉 못펴왕 이
이건 강대원이 각시 들린 것 닮다
고만이 앉앗당 이 발을 펴지 못행
와닥탁 해서 좋아 이것도 전상
아이고 일본가민 종학이 삼촌
모른척 허영 아이고 정갱이
성문이 꽝 하르방 각시
성문이 꽝이엔 허난 야임마

우씨 아방아니야 성문이 홍성문이
아이고 이것도 전상
안구머리 밧구머리 전상
아이고 발가락
삼촌 발가락은 무싱허면 좋아 쇠곱허영
쇠꼽에 데경 [신날로 해야 막 흘터야 한다]
아이구 아이구 전상 만상이여
왼귀에 어깨여 풀이여 조껭이
아이고 갈립배
일룬 엉치 다리중에
아픈거 이집이 정씨 하신충 허는 전상이랑
천지왕 골목드레 저 대정 원님살이
명월 만호살이 부가하고 지간데로 내놀리자

(전화 통화하는 시뉴)
잡것이 전라도랑께야 그리여
강대원이 각시가 서방허영 갓다고
아이구 병원에 누엇어
뭐시냐 한국병원에 누엇어
[양창부 심방이 78이 해단보나 48이영 각시언어 감서레]
[저런 미친년]
아이고 게민 이것도
정씨로 쉬은 두설살 허는 전상이로구나
[굿허레 가퀜허연 안가부난 욕 들엄서라]
거 허는 전상 내놀리자 웃지여
웃지 이것도 넘이 목 두둘렷저
목 두들어부난 아팟저
[오타바이 타고 밤에 뎅기다 보난]
어깨 아판 이 전상 내려온다 풀
풀 전상 손거림도 전상

(손가락을 가리키며)
[손은 왼쪽 이거 해부난]
웬 겨드랭이 웬 겨드랭이네
늑막인가 팬가 조껭이
이것도 전상
이제랑 일룬 일룬 일룬
[찌찌 가봐 찌찌] 찌찌 찌찌는 뭐가 안돼
이것도 전상 엉치 아프는 거 이것도 전상
다리 토멕이 아프는 거 어 전상
또 그다음엔 왁세 동그랑꽝 정반꽝 아프는거 전상
또 하르방신디 또 감고운
종학이 하르방 아니그라도
성문이 하르방 아프는거
응 모르둥이 아프는거 전상
안구마리 밧구마리 발띠딤이 전상 발거림 전상
정씨로 경자생 하신충
이에 허여오는 전상
명월 만호 대정 원님 사는 디 부가허고 징 안뒤로 내놀리자
내놀려 들어가며 본주제관 불러 아찌멍
이래 돌아 앉으라 모진 전상이랑 문드레 돌아앉으라

(본주 심방을 앉히고 전상떡을 몸에 대며)
전상 만상 풀어 풀어 풀어내자
이에 어릴적부터
모진 전상은 다 못 풀어 삼십서른 넘어 서른다섯부터
칠머리 보존회에 들어가 일하다 곧 마흔 나던 해후년부터
신의밥먹고 신의옷입고 신의줌자고
오 신에 오 말식 허엿구나
풀어 풀어 풀어내자
(푸다시)
머리에 동수산 무쉐철망

이에 뒤에 왼귀 ㄴ단눈 코에 잎에 목에 가심 장열 배에
설냉 가운데 또 풀어 열여나 사면 또 이전 뒤 이거
뒤에 목에 등에 산번 오른쪽 등에 알리고 달리는 징
풀어내자 또 이전 넘어
엉치드러 성편 외편 왼귀 ㄴ단귀 양단어깨 양풀수족
이에 손걸림 징 겨드렝이 들어 일른뼈에 엉치뼈에 들어
오른다리 왼다리 들어 어제임은 신병 본병 불러주던
시군졸들 풀어내자 아사나며 쫓아내자

(푸다시)

허쉬- 풀어내자 적금산 청ᄉ록도 풀어내자
남개와당 적ᄉ록 서에와당 백ᄉ록 메와다
흑ᄉ록이여 이ᄌ순 부모일찍 빌어 당신 헐쩍에 봅서
일곱 ᄋ돕설부터 전싱굿고 팔저굿던
연향 안초공 밧초공 연향 안당주 밧당주 ᄉ록으로
신병을 불러 본병을 불러 주던 ᄉ록이여 전상이여
풀어내자 나고나가라 또이전은
어딜론가 허옵건
에 앞요료 이에
신묘년 신구월은 ᄋ드레날 양씨 부모님이
저 조상 물려다 당주 설연허고
밤에 불선가위 낮엔 외난가위 마련허여
마흔ᄋ돕 상단골 서른ᄋ돕 중단골 스물ᄋ돕 하단골
어른 재민 재단골 뎅기는 길에
안채포 상안 중안 하안채에 딸라오더 시군졸들 풀어나 내자
알로내려 또이전 ᄉ록이냐
요거보라 터신 지신에 ᄉ록 풀어내자
허여 성주 ᄉ록 빌던 조왕 칠성 ᄉ록 올라산으로
산신 중산촌 신당 본당 제석 ᄉ록 선왕 ᄉ록이여 나고가라 겁살 재살
천산 지살 연살에 월살 이에 박남적마 이태 화개살에

가던 시군졸 나력 돌력 월력 시력
ᄉ록이라 아사지면 아사라빌어

(푸다시 후 신칼점)
(입으로 술뿌림)

전상 만상네 놀려 들엿수다 뒤에 시군졸들
식월명 잡식으로 청감주 조수지로 얻어먹저 씌저
상안채 중안채 하안채 안채포에들 돌아뎅기던
군졸들 많이들 주잔 권권해여
지가돌아갑네다 위가 돌아갑네다
이에 지돌고 위돌아 갑기는 초공 신줄이외다
이공은 연줄 삼공에는 이에 전상 베우다
알로 내려 연향당주전 당주베 몸주베
신영상간주베가 되어지어
사고 시왕에는 청비개 백비개 적비개
흑비개 어러비개 팔만 금세진이우다
성은 서씨 신에 억만 상신충 본주 정씨로 경자생
하신충 양단어깨 가마비어 맞일
이에 전상이랑 신영양단어깨 대신 가마비어들어

(악무)

가마비어 절어 맞앗구나 가마비어 절어 맞으난 이게
누구 매에 맞던 용의 전상베냐 영허여 사녀옵거들랑
옛날 정씨 전싕궂고 팔저궂어옵던 연향 안초공 밧초공 삼하늘 알로
안당주 밧당주 연향당주 삼시왕 어진 조상 궁의아들 삼형제
밸낭[637]오르는 젯부기우다
삼성제 이에 메에 영기 실력 수덕으로 이애건 성은 경신네우다

---

637) 배나무

846

아니우다 이집이 본주 하신충이우다

전상베 메여 맞저 헙네다

앞으로 당당헌 신애가 되어 대신은 이집 축원 원정은

성은 서씨 이에 신축생 도신녜 상신충이우다

몸받은 조상님네 안공시로 들어삽넨다

곽곽주역선성 이에 글선성 불도선성

멩도 소미 심방 선성 자리 당반 기메

보답 각 출물선성 보고 메여 맞던

용이 전상베가 되어지어 삽네다

성은 정씨 하신충 경신녜 서씨로 상신충

대신대납 가마비어 저러 맞암수다

알로 도ᄂ리어 삽네다

어느 누가 메여맞던 용의 전상베 안공시로 됩네다

일월삼멩두 전득주던 황씨 임씨 이씨

한씨 선성님네 양씨 선성님네 메여 맞던 용의 전상베에

성은 정씨로 하신충 이에 경자생이 앞으로

이에 메여 맞을 용의 전상베 되우다

또 이에 성은 서씨 아즈망 이에 신축생 상신충 도신녜우다

이에 메여 맞던 용의 전상베 되어지어 삽고

방공시로도 전득주던 설유

이에 문씨 어머님 외편으로 주리벋고

발이 벋어오던 불도여 첵불이여 어진조상

이에 영기로 실력으로 수덕으로

지금 현재 용의 전상베 메여 맞읍네다

이에 신의아이 양단어깨 가마비어 절어 맞읍네다

성은 양씨로 갑술생님 내외간 김씨로 당주 상하님 임신생이우다

아이고 이번이 이 기도 넘어불민 이제 집이 조상도 엇거난

아이고 메여 맞아 잇디 못할때

나이도 웬만 되불고 영 되엄수다 메여 맞던

용의 전상베 내려사민

성은 강씨 당주 상하님이우다 신사생이우다

이에 몸받은 양우조상 뒤후로 하늘?뜬 과장님 산댁에
또 이전 안씨 형님이우다
이에 전득주던 시무모님에 친정부모님네 메여맞고
가마비어 맞던 용의 전상베우다
이에 정씨 하신충
또 이전 서씨로 상신충 메여 맞는 용의 전상베
가마비어 절어 맞읍네다
알로 내려사민 정씨 형님과 이씨 동생 상신충 당주 상하님도
이에 메여 맞저 붉은나븨 넙드듯
이에 메여맞고 전득허여오던
용의 전상베 몸받은 어진 조상님네
또 성은 오씨 아즈마님 이우다 계사생 상신충이우다
몸을 받은 조상님네나 지금 현재 정의 사면 대정 삼면 모관 오면으로
이에 돌아뎅기며 메여맞는 용의 전상베
신의 집서도 조상 부모로 전득된 용의 전상베
이 ᄆᆞᆯ에 살던 양씨 양씨 또 최씨 정씨 정씨 오씨 고씨 선성님네
메여맞던 용의 전상베우다
이에 정의 사면 대정 삼면 모관 오면
ᄆᆞᆯ마다 면마다 읍마다 이에 메여 맞던
용의 전상베랑 신의 아이 양단어깨 가마비어 마저

(악무)

가마비어 절어 맞으난 당이 당베에 절이 절베에 궁의 궁베가 신이굽어
옵니듯 신의아이 또 신의 아이 성은 정씨로 경자생 하신충 내려사면 서씨로
신축생 상신충 억만 도신네
이에 대신대납 메여 맞은 걸랑 궁대랑 궁베 당베랑 당대라 자사 풀어

(몸에 둘른 베를 풀어낸다)

당의 당베 궁의 궁베 풀엇수다

신의 신베랑 안공시 밧공실에 아자사 풀어

(묶여잇던 베를 풀고 베를 잡고 흔듬)

풀엇더니 만은 동해와당[638] 청용머리
서이와당 백용머리 남이와당 적용머리 북이와당 흑용머리 부퍼옵네다
청용머리랑 산천천제서군ㅇ로
(베의 고를풀고 동쪽 당반전지에 베를 걸처놓는다)

서에와당 백용머리랑 안시왕 연향 안당주 삼시왕에 무어
(베의 고를풀고 서쪽 당반전지에 베를 걸처놓는다)

무어수다 남에와당 적용머리랑 일문전 삼본향드레 무어
(베의 고를풀고 남쪽 당반전지에 베를 걸처놓는다)

삼본향드레 무어가며 요왕 황제국 질이 어간 되엄수다
청금산 청요왕 적금산 적요왕 백금산 백요왕
흑금산 흑요왕 질 당해여 옵네다
쌍용수 타다
이에 미녕 심싱제 훈애기 절곡에 좀제우며 요잉길로

(약무)

요왕 황제국질 돌아보난 아끈듬북 한듬북 아끈벌망 한벌망 질
제석궁 오늘 또 비어맞으난 비어맞앗구나
비어 맞으난 동해 홍단 서에 홍단 남기 홍단
훈애기 절고개에 뜨고 오라간다
똥작대기 둘러받아 치우라

---

638) 동해바다

(신칼로 걷어내는 시늉 하다 신칼점)
시왓꾸나 껀코지 한코지 일어온다
은답이영 놋답이영 곰베영 철괴여 받아들러 트멍으로 질르멍
은곰베 놋곰베로 받아
(신칼점)
요왕질 다첫저

〈전상 내놀림〉

단골님 나 이제 저냥 가쿠다
[춫아지건 갑서]
뭐라고
[올일 춫아지건 가래]
올일 춫아지건 가랜
올일 춫아지건 가라
보른날에 무사 말한마디 어시양 냉정허다
견디 짐도 벤짐지민
[방울 춫나]
짐진 후에 방을 춫나
게난 내가 가불젠허난 벌 죄놓거 이
어지르는거 코거리 치어등가랜
아이고 대답 한끔 해줍셴 허단 보난
어디가부시 질이 족은 양반
저래 나저 무식이 살어 허데해럼신디
삼춘 가라 밥주는이 없어
아자쿠다 아이고 얼마나츰 나임시민 해사
오뉴월에 이 방에 나혼자 치어
게난 날 고로 치우라고
경헌디난 이걸 이
잡정허면은 우선 좀을 자야되

줌 줌을 이 줌을 자야되는디 [기픈줌을 자야되]
그리말고 양공 연향 안당주 밧당주 삼시왕님
신공시 옛선성 들어가 의논 공론 허멍 산신상 불르채 가다
청용 백용 흑용 적용 줌 제우레 가자

(연물)

그만허래이 고만허라
어머니허고 고생이허고 솔색이허고

(들고잇던 술잔을 던지며 한바퀴돈다)

눈배려부난 꼬불켠
잘먹엇저 허민 잘먹거든 내가
어떨님 어서
그렇지 딱 갈라전
탁 갈라젼 여기 잇거든

(술잔을 찾아 바닥에 갇다놓고 앉는다)

나 잘해여 허면은 허면은 잘해여
[허따 거 육가락 노는 손닮다]
저 무신거나 과싸 아그이도 잘먹으꼬
틀림없어 근데 이제랑 이 이제랑 이걸 줌자얏시난
나 돌아보래 가크라
초경줌 이경줌 삼경줌 흔번 가보자 이
아직은 초경이 아니라
아니 흐끔 더 잇시당 오랜 나이고라
[아이고 줌자는 사람이 더 잇다 오랜혀]
게면 두 번째도 강 완
이경줌 지금은 아니 기픈 밤 야서삼경 이

막 개곤해 이 줌들 시간이 됐저 줌들 시간이 돼신디
이걸 종이 팔 대면이 팔딱팔딱 허고
줌잘 때면은 닷대들이 이 만헌 좁팡만 허고
(손둘러 크기를 표현)

또로 줌 아니 잘땐 저 한수리 가민
덕수 흔두마리가 왱- 해면서 막 재미주게 이
영 웽 허푸 허푸
[ᄇ름 하영 부는날은 눈에 가시가 안들어와]
그럼 그거 줌든때 다뜨드기 좁팍만헌 건 어떵허여
[그건 몰라]
몰라 근데 그걸 잡젠허민 이
[연습을 해야]
내가 언월도를 잘 ᄀ라야 되거든
언월돌를 내가 ᄀ는디
고만잇거라 내가 저 신뚤 해다가 이

(신칼을 간다)
우리 아버지 칼 ᄀ적에는 막 칼을 웨우나다 이
막 ᄀ라 실컨
막 ᄀ라
(칼가는 소리냄)

자 이젠 이만허면 틀림업서 델꺼고 이젠
내가 잡는 연습을 해야 되거든
앞으로 오는 구신은 콱 찔러

(앞뒤 위아래로 찌르는 시늉)
내가 먼저 이 먼저 콱 찌르면은 그게 죽어
또 뒤로 오는 구신은 칼을 거꾸로 잡고 콱 하고 찔러
홈마 우리 선옥이 어떵 코찌를뺀 아이고 큰일나

위로 오는 건 위로 꽉 찌르고 알로 오르는 건 팍찌르고 각건

(찌르다 쓰러진다)
뉘기야 너 좀에 찾저
[서방으로 오는건 어떨헐꺼라]
서방으로 오는건 빙 돌멍 나가 다 죽엇거든
동해와당 청용머리도 다 잡으라

(악무)
(당클에 걸쳐진 미녕천을 내린다)

동해와당 청용머리 다잡앗구나
서해와당 백용머리랑 안시왕 연향당주전으로

(악무)
(서쪽 미녕천을 거둔다)

백용 머리 다 잡앗수다
남해 와당 적용머리 북해 바당 흑용머리도 다 잡아—

(악무)
(남쪽 미녕천을 거둔다)

〈뱀장사 놀이〉

흑용머리 다 잡앗구나
이거 츰 오래 햄저 원 아무소리도 아니나
이 퍼펀 어따 게도 무시건 요새 흔 몇일 먹으난 이
뚝뚝 뚝뚝 허는 소리 나부지 이거봐
요새 흔 몇일 먹으난 뚝뚝 허면서 어치건 퍼펀해서 헌게

자 이거 이제랑 죽여 골 내여 골 내여
[골내장 허는게 공초잘 써흠 처야되여]

(골 빼는 시늉)

[잘해여 잘못하면 먹지도 못해여]
무시거니 아이고 지놈의 새까야 곰
이거이거 아이고참 아이고 나담주 나담주
아이고 아까운거 나 이거 플래가야 댕컬
[살 사람 이서 정공철이 표선면 성읍리에서]
[마방집에서 굿헌댄 그냥 그거 먹어그네]
[보름동안허니 힘도 딸리고]
[인삼 녹용대신 맥여도라]

(본주 심방에게 간다)
여보시오 잇어요 나 저 이거 은열새약 궂지않는약 좋은약
할마님 모시는 ᄌ순이 이약을 먹으면 만병통치 약이고 경풍 경세증
또 이게 요가가근에 부말에 거역 단이허고 많이 이거 좋은약딘디 사볼라요
[아니아니]
ᄒ금만 사보시게
[나만 먹어 난 아지 젊은데]
아니 이것도 좋은디 약잇어 좋은약이 뭐가 잇나면은
눈아픈데 젤좋아요 이 약먹어서 아니 좋거들라근에
멜치젓에 고추가루를 닷되만 탕 그걸 다 붙여 놔두면은
멜라지나 깔지나 허여도 아니 아퍼 좋아
이게 또 뭐가 좋냐면은 배아픈데 좋아
이 약먹어 아니 좋거들라근에 콩ᄀ를 닷대면 눌물에 탕먹어
ᄇ름밧 잇는데 가다 별려 앉아 잇으면
ᄒ번은 되게 복발을 허데 두번은 아니아파
또 그다음엔 뭐가 좋냐하면은 이빨 아픈데 좋은게 잇어 이빨 이빨
뭐가 좋으냐 이약 먹어서 아니 좋거들랑

요 저녁편인는데 창잇선게 그 디 가건에
먹돌 두개만 줍세다허고 웃붙뜨기 앞붙뜨기 모사불면은
모사저라 ㄲ지나 멜란데도 다시 안아픔이 좋아
그러께나 ᄒᆞᆫ번
[만병통치약이까 본부 맥여 머리도 다빠저불고]
저 무싱허고
[이 약을 맥여사 이굿 해여건에]
[각시 얻어 잘 살수 잇게]
약값줘 약값줘
아니 상캐헐라 약값이라도 줘야
내가 여기와서 약을 ᄑᆞᆯ앗거든
[난 아직 건강 하당게 우리 성님이 먹어야 건강하지]
성님? 이성님
이 성님 아니허케허민 너가 약값은 낼거냐
[성만 고따도 헐건디 이게 다심성이랑 약줄필요가 어서]
그렇지 그냥 너만 먹어라
(본주 삼방에게 강제로 먹이는 시늉)

[약값 못받아 오는것도 병신이여]
그거 있는 아루양 몸 아니 치는거 어쩔수가 어서
[약은 외상이고 돈은 현금이라고]
그럼 너네 아방이 약은 왜 사먹이고 현금이랜 허난
[경헐 필요가 없어 아들먹을 양은 아방이 값을 내면]
이거 막 하 이거 막 하
개금아 개금아 이리와 발각헌게
[우리집은 아들이나 ᄄᆞᆯ이나 약값은 아방이 내주는 거신게]
이거봐 이거 기름이 봅서이거 기름이 될까 어 새일카부다

(신칼로 골을 떠먹는 시늉)
[아이고 먹는김에 먹어부러게]
커헉 흠 흠

아이고 다 잡앗저
동해 와당 청용머리 서해와당 백용머리 적용머리 다잡앗수다
청용머리랑 천제석궁으로 아자사 풀어 누게가 경을 하니
이건 풀젠 아니허고 막이허단 보난
이러면 막 어파전

(고풀이)

[옛날 문성남이 죽언]
[저 중당클 밧을 가신디]
[형원삼춘이 보새감상을 허랜허난]
[열대자식 인정을 걸래는거라]
[요령을 몰란게 저거들며 팡팡 두들면은 실은 안나고 어깨만 아픈거야]
서해와당 백룡머리랑 안시왕 연향당주전 삼시왕 전으로 풀어

(악무)
(고풀이)

남해와당 적용머리로 구나
또 이에 일문전 이에 삼본향드레 안에안당 풀어맞자
청용머리 백룡머리 흑용머리 모진 갈용머리고구나
풀엇수다 이거 ㅎ끔 도와주라게이
원 아들들 편만들어 이에 풀어 잇엇는데
이에 청룡 백룡 몸천 머구리

(미녕천을 추켜 빙빙돌린다)
(둘둘감긴 미녕천을 돌려쌓는다)
(뱀이 똘똘말린 모양으로 되어잇다)

가불라 이만 해났시난 저 본주 단골앞이 책임지어방
저거 골체나 저 창멕이나 아사오민

856

아사다 담아다 터진밧에 놔부러

[아이고 그거 치와주레 밥주고 술주고 햇어]

니아들맞을것 참새가 죽어도 쨱해서 죽고

비발년이 새끼를 배도 헐 말 잇다는 게

요늠의 자식 너가 너가 너가 죽인거냐

이늠의 새기

오디바로 넘어가멍

치워 치와 빨리 치와라

[행원은 가보난 동지달 눈이 팡팡오는데]

[선왕잇는 집이라]

[동지달에 배오민 날 이거 어떠게]

[그냥 구덕으로 호나핸거 이문가네 살아나자]

알앗다 알앗어

저 무싱거고 잘먹엇는지 안멋엇는지 고소리당이

니애미 수리가 벗어지게 먹엄시어 말암시야

[미녕을 뱀으로 보고 술따러 주는 시늉]

뭐 빡 빡 사남 사는 남써

절먹긴 먹음써 막 배고픈핸게

근데 이거 칩정허민 이거 고라봣자 안비켜

바꾸라 아]바꾸라 처멍이

고라사 어떡헐래 그럼 돈 내놔라

[책임진 사람이 치워사주심]

얼마줄래 칩정저면은 삼대는 이

삼대는 내가 식계명질 못혀

[이거 일대먹을꺼]

또 [이대 먹을꺼]이대 먹을꺼

[삼대 먹을꺼]

겨민 아씨들 못살민 성들는 안보태는가

인심이 얼만해사 이

우리 저 우리 소장님

어디가분겨 초대문서 국장님도 어서

어디 빌레 갓고
[바꼇에가서 인정받고]
바꼇에 강
바꼇에 잇는데 받으라고
견디 누구 덕분이 이리 오랏서
큰 심방 큰집앞에 갓어영
누게때문인데 견디굿이 이게뿐이나 이케보난
십원만줘 십원만
아방 어멍 에이 그
그인간 그 어서도 좋고 뭣 해여
어머니 어디가잇냐
삼촌 나오랏수다 저 아들 때문에
어저께 담배하나 줘부난
담배값으로 이제 아들햄시다 아들내미
아들내미 아들 허고
큰심방 허는거라
이리 와부라 이 큰심방도 와써
[저기잇는 아방한티 저뒤가상 큰굿 자문위원으로 잇슨 어른한테 강]
어느어른 어느어른
이어른 이어른 이 어른
자문위원 자문위원
현숙아 저 우리 누게 어디갓시
소장님 나 헐땐 꼭 돌이나부러 이 어른들
하는디 떡이여
(밖으로 인정 받으러 다닌다)
아이고 소장님 예 예 고맙습니다
저 어른도 줄꺼
아이고 말주게
가난해바라 천원도 좋지만
두개 아이고
노는거 끝

천원은 돈이 아니라 일원도 돈인디

이것도 막 엎어만 접수해영

밥늦게 얼른 푸정은 지킵서 양배추 양배추님

오만원 안오내상도 허고

저 어른은 누게꽈

망태기를 벋어서 알건디

망태기를 딱 써난 모르컨게

[잘모르는 사람이우다]

아이고 그것도 좋습니다 예 예

받아서 이제 그만받으민 이

그만 받으민

[저 인정받으민 이 인정건사람들이랑 재수가 좋다]

그렇지

[아이고 재수가 좋고 말고]

영허민

한집에 천덕 지왕이랑

녹걸리로 (제비쌀점) 마 이거 새밥이네 먹어블라

이게 열두도 담고 열하나도 담고

난 눈이 왁왁이야

이젠 이 아이고 돈도 다 이젠 받고 이

이젠 이걸

(웃옷을 덮어쓰고)

잘들 고리처잉 잘고리처

잘 아니 고리치면 난 뒷발질 해블테니깐

왼편으로 돌아가라고

이레 어디레

어딜가라고

[앞으로 직진]

왼편으로 가랜 허멍

[앞으로 직진 코 앞으로 직진]

직진 이거 이거 벽장 막은창

막은디 막은디

[앞으로 앞으로]

막앗잖아 이거

[그럼 뒤로가 뒤로] 뒤로

[뒤로 달리다 걸린다]

뒤로 가랜허난 그것도 우리 삼춘아냐 뭐

우리삼춘인데 가난 게난

오른쪽으로 가라고

왼쪽 왼쪽가민 이거 잇어 저거 마이크 마이크

[이제 고짝 앞으로 가]

고쨕 야 야 공시 공시

뒤로가라 음마

[심방 본주 앞으로 가면 재빨리 반대쪽으로 달아난다]

자 게민 이걸래 곧작 뒤로 가라고

곤이어 이

하나 둘 셋 넷 한번 더가라고 다섯

또 한번더 여섯 다완

아니 그만 다완 [업더져]

갈라저

(어퍼진다)

갈라저 갈라지난 심엇잖아

아이구 좋다 아이구 나가 심엇구나

나 것도 심엇저

거 좋아 이거 허민

싸늘헌게 이건허민 참 좋아 똠난때 이

동해와당 청용머리 남해와당 적용머리

서해와당 백용머리 흑에와당 북용머리

모진 갈용머리 다 잡앗수다

저마답 나사민 전치천왕 좌우독 앞으로

이에 모진 청ㅅ록 백ㅅ록 나무강데붙은 실문 ㅅ록이랑

내 부끄레 갑네다

(마당에서 전상베를 잡고)

바껏길로 나삿수다 동해와당 청용머리
남개와당 적용머리 서해와당 백용머리
북해와당 흑룡머리 모진 갈용머리 다 잡앗수다
이에 이간 정댁으로
이에 쉬은둘 경자생 집안에 이에 숭엄 저에 불러주던 소록이로구나
당주ㅅ록 몸주ㅅ록 신영간주ㅅ록 초록 소록 이공 삼공 전상ㅅ록들
천지왕 골목바껏드레 내불까

(전상베를 추낀다)

내툭거 드려건 가며
또 이전 먹을연 입을연 상단골 중단골 하단골 재민
재단골 신나수와줄 이에 용이 전상베로구나
용이 전상베라근
이에 성은 정씨 쉬은둘 경자생 사는 주택 연향

(전상베 추끼며)

청용 청용 백용 흑용 먹을연 입을연 신나수와 끌천탕
머리우다 신나수와 되살렴수다예~

(등을 땅에 대고 들어누워 전상베를 끌며 안으로 들어간다)
(본주 앞에 물엇던 산판을 뱉으며)

너 살긴 허겟다
절대적으로 내가 보건데 흑용인데 너 해치는 경자생 쥐띠다
헌디 내가 보건데는 니가 토라이 그래서 참 살아 이

요거 청용허고 요거 적용허고 요거 백용허고

나는 요것을 흑용으로 판단하거든 딴 사람 몰라 내가 판단은 그래요

근데 삼시왕 군문은 이제 것도 마 적용으로 생각을 해야지

그런데 너 잘햄저 굿은 굿은 잘 햄고 니가 거시란 토라도 무신토니

괜찮을거야 그토도

그런데 쥐는 땅으로 놀아뎅겨야 살주

물위에 놀아 뎅기는건 이 살지못헌다

이래서 영해서 해는디

나가 보건데는 흑용이라 괜찮여 이

영허면 근본이 성은 서씨로 쉬은하나님허고 본주 쉬은둘이우다

이에 이거 우알연시 토토로다

맞아도 지고 야 막 좋수다

게난 이 공덕 낮도 영천 밤도 극락

KBS제주 민속 종합 연구소에서 독보줍햄 이 기도 햄시난

그자 나중에 애기나 잘맞고 흔 몇일 정성이나 (산판점)

잘허민 좋아지저

질산이거들랑 또시 성은 서씨아즈마님 몸받은 조상에

외상잔이나 이싕군문도 좋고 양 삼시왕군문 더좋수다

북두 군문도 더 좋고 마씀. (산판점)

크게 뭔 엇이쿠다. [아이고 고맙습니다.]

저디강 절허여. 당주전더레 강 절해여.

각시 잇음 것도 각시 빌엉 헐껀데 말이여

제오제산⁶³⁹⁾으로 세경수피로 전상풀이로 이에 용의 전상대풀이로

이에 축원헐때 축원 원정헐때 원정

굴복헐땐 굴복 햇수다 ᄎ래로

이거 ᄉ가집 ᄀ뜨민 칠성본이라도

이에 풀어 안에서 할건디

또이전 이젠 불켄 햄수다

---

639) 「젯상계」를 일컫는 말. 「젯상계」는 「제오상계」라고도 하는데, 떨어진 신이 있을가 하여 재차 청신
하는 제차명.

불켄 햄시난
옛 또 옛 이전은
이에 신의 조상들 기지역신허고 받아 동축헙서
들여가며 주잔이랑 내여다건
일문전 나사민 말명에 입질 언담에
이에 떠러진 신전님네 제오제상계로
떠러지던 신전이나 세경수피에 떨어지던 신전
전상풀이로 용의 전상베에 떨지던 군졸들
밤엔 츤이슬 낮엔 츤벳 맞던 시군졸들이우다
주잔들 많이들 드렴수다
애몰러 목몰러 멩두멩감 제석
이날 이시간 살선목숨 비고들고
안고가던 츠ᄉ님네 많이들 나력손에 둘역손에
천왕 지왕 인왕손에 가득 시군들 역시경 권권이우다
개잔 개숙허여 불법전 위올리여 신의아이 앞이 걸으멍
뒤걸으멍 앞이 고라저 잇을지라도 순간계량 조부 감질헙서
해는 십년이 돼가난 양
잊어버린게 또 만허고 칙나지 못허는것도 많앗수다만은
신의아이 신공시 옛선성 지달로 고백신청 하렴헙네다
저 단골님 굿했습네다
선생님 굿했습네다
삼춘 굿했수다예
다 고생햇수다
고생햇수다 고생햇수다
우리 나경 경어머님 저 선생님 굿했습네다

《칠성본풀이》 양창보

〈칠성본풀이〉는 제주도 사신(蛇神) 칠성신의 신화를 말한다. 본풀이(神話)

에 의하면, 제주도의 칠성신은 멀리 남쪽 나라에서 들어온 신인데, 함덕에서 잠수들이 주운 무쇠설캅(鐵函)에 실려 온 어머니와 일곱 뜰 뱀신(蛇神)을 말한다. 외래에서 들어온 뱀신들이 함덕→조천→신촌→화북 베린내→ᄀ으니ᄆ루→가락쿳물→일도동에 사는 송대정집에 들어와 송대정 집안을 지키는 안칠성, 밧칠성 부군칠성으로 좌정하고, 다른 형제들은 관아의 각 건물과 과원을 지키게 되었으며, 송대정이 사는 일도동 마을은 그로부터 칠성동이 되었다는 이야기가 〈칠성본풀이〉이다.

[들어가는 말미]
(자리에 앉아 장고를 치며)
칠성한집 마누라님 전에 여쭙네다
안으로 안칠성 한집 바껫질로는 밧칠성 부군칠성 성군칠성
일곱방아 도칠성 한집 마누라님 어간이 되엇습네다
칠성한집님은 물어들면
여의주 물어들면 아강주 금강주를 물어들어 재물보고 돈보고
집안에 억대 복은 시겨주던 칠성한집 마누라님 어간이 되엇습네다
삼선향도 지도투와 위올리고 삼주잔 위올려 들여가며
칠성한집 마누라님 난산국드레 재돌아 협재헙서

[날과국 섬김]
(장고를 치며)
공섭니다~어
공신은 공서는 제주 남선 인부역
석가여래 서준낭 서준공서는 (장고)
말씀을 여쭙네다
안으로 안칠성 바껫딜로 밧칠성 부군칠성
성군칠성 일곱방아 돈칠성 한집 마누라님과
이집안은 연양당주 삼시왕 매사 사옵네다
당주 칠성님도 난산국을 신을 풀저 헙네다
전싱궂은 성은 정씨 (장고)
금년 쉰에둘 어느 웃대 조상님으로

칠성한집 일문일로 삼년흔번 칠성코ᄉ, 흔바 아니옵고
당대도 칠성을 몰랑[640]건 사옵데다만은
이제야 하늘이 노프고 땅이 낮아 온줄을 아옵네다 영허난 (장고)

[칠성본풀이]

칠성한집 마누라님
오유월 삼복시절 닿허민
외도리나 내도리 울성장안 거리마다 뎅겸시면 (장고)
모든 인생들 죽여 타살 허면은 하나 대에 하나는
저싱데리레 가게 되엿습네다 (장고)
영허고 요샌 자동차가 많은 시절이라 자동차 바꾸에 죽엉가도
양이와 쉬어 들판에 뎅기고 영허단 어~ 예수 성당 믿은 사람들은 보면
트더러 대작허연건 차로들 담아먹어
불기 아니면 요게 몸보신 허는거영 (장고)
불고기 구워먹어불기 영헙네다 허난
칠성한집 마누라님에서, 안으로 메살려 얼 뜩갈로 좌정해여 먹을년 먹기불련
목 나주와줍셴 영허여
칠성한집 마누라님
(장고)
난산국이 어딥네까
옛날이라 옛적에 감나무골 미양사 질친밧은 한가름 고장난밧 솟아나던
아방성은 장나라 장설용에 대감님 어멍성은 송나라 송설용에 도의님과
부배간에 정일무어 살앗수다
가난허고 서난허난
그날 그날 아 푸나무 장서를 허여 흔때 두때 구명도식허여
살앗수다
이십 스물 삽십 서른 넘어도 남녀간에 자식없어 호의탄식 허옵네다 (장고)
절간법당 지킨 대ᄉ님이 내려오라
권재를 받저 들어사 소승은 면한 어떵헌 일로 소승을 뵙네까

---

640) 몰라서

우리 절간에 파락되고 당도 떠러지어건 권재삼흡 받아다가 (장고)

헌당 헌절 수리허여, 멩업는자 멩주고 복업는자 복을주저 해영건

시권제 삼문 받으레 내려삿습네다~ (장고)

어 원천강을 아집때가 화주역[641]을 아집때가

중이라 허면은 원천강 화주역 없는 중이 어디 잇습네까

계연 우리 ᄉ주나 ᄒ번 골려봅서[642]

년월일시 골리잡아, 초장걷고 이장걷고 걷단보니 이 집안은 천하거부 부재로

살지 못허고 가난허고 서난허게 살앙

이십 스물 삼십 넘어도 아기 없어 사고무친헌 격입네다예~(장고)

어찌허민 자식보겟습네까

아이고 난날 난시가 칠성에 태운 몸이라 칠성제는 ᄒ번씩 지내여봅서

어서걸랑 기영헙서

가난허고 서난허난 재물을 츨린건 없고 동네 동네마다 뎅기멍

가옥마다 불성마다, 권재 동냥 해여다,

그걸로 정성들여 칠성제를 지내간다

갑을동방 견우성 성신방은 직녀성 뱅정방 노인성

임계방은 태성북도 칠원성군 (장고)

제일에는 태성군 제이에는 원성군 제삼에는 진성군

제사에는 옥성군 제오에는 강성군

제육에는 기성군 제칠에는 관성군 칠성님을 청허시난 (장고)

원성군에 수제자를 불러놓고 허는말이

강남목골을 내려상 보라 장설용 대감이 칠성제를 지냄시난

슬짜기 모르게 들어강 손외상 하나만 주머니 소급에 담아 올라오라 (장고)

어서걸랑 기영헙서

원성군이 수제자가 내려온다 (장고)

강남목골 들어산 보난 장설용 대감집이 칠성제를 지냇고나

슬짜기 모르게 주머니 소급에 손외상 하나 도둑질해여 올라간다 (장고)

장설용에 대감과 송설용의 부인님

---

641) 畵周易, 사주(四柱)와 궁합(宮合)을 풀이하여 그림으로 나타낸 책
642) 가려 보십시오

칠성제 지나 제물을 내려오젠 헌게 손외상 하나가 없구나

아이고 이만허민 우리 정성이 불충분 해엿신가

부배간이 아자 호의탄색 해여간다

원성군의 수제자를 불러놓고 허는말이, 강남목골 내려상 보면

장설용에 대감과 송설용에 부인이 부배간이 아자 호의탄식 해염시니

간밤에 칠성제 지난 냅데강 영해여

지난 어떤 영허거들랑 실물이나 아니헙데강

아이고 내려오당 보난 손외상 하나가 엇수다

요거 아니우까 수제자가 내여노난

이게 도둑놈이여 해영건에, 심젠해여가난 (장고)

대ㅅ님은 도망가고 원성군이 수제자도 올라가불고 이리허여~ (장고)

난데엇시 강남목골에 병난이 일어나고

장가성과 송가성을 다 씨멸족 해불랜 영이나난

군병들은 눌려들어, 요건 장가고 요건 송가여 영해여 죽이젠 허여가난 (장고)

아이고 원성군의 수제자가 손외상 내놔 눈을 확확 어둡게해부니

당달 봉ㅅ를 해엿구나

아자 비새ㄱ찌 울어 병난이 일어나난

요겨 병신들이라 무슨죄, 숭패가 잇느냐 영해연 죽이질 말고 살려불라 (장고)

영허난 병난이 끔끔허나 죽을 목심도 살아나고 영해여시난

원성군에 수제를 불러놓ㄱ 허는맘이 (장ㄱ)

강남목골을 내려상보면 장설용의 대감과 송설용의 부인이

안자서 비새고찌 울엄시난, ㅎ저강 물멩지 한섬으로 해영건에

눈을 ㅋ컬허게 ㅋ컬허게 닦아주고 영허라 올라오라 영허난 기영헙서

원성군에 수제자가 내려온다 (장고)

배려보니 장성용에 대감과 송설용에 부인이

병신되어 눈어두어 아자 비새ㄱ찌 울엄구나

아이고 이리옵서 돌아다 놓고 허는말이

이리옵서 물멩지 한섬으로 깨끗허게 딱아가난

어두웠던 눈도 광명천지 밝앗구나

(장고)

붉으나네 부배간에

아이고 이만허민 칠성에 영급이 잇구나
영허난 고마운 사례로 칠성제를 지나보저
아이고 병난이 일어난 목심도 ㅅ면허고 어두왔던 눈도 텃으니
이만헌 고마운 말이 어디 잇시리여 영허여 (장고)
동네동네마다, 뎅기멍 홉으로 동냥허여다가, 칠성제를 지나간다
지내는 소원이 무엇이냐
우리는 남녀간에 자식이 소원입네다 영허시니,
송설용에 부인이 유태 아저간다
열달 ㄱ만 준삭차 낳는걸 보니 여궁녀가 솟아지엇구나 (장고)
여자가 인간 탄생허난 이야기 얼묵덜묵 크는게 일곱설이 나던 해에
나라에서 영이나길 장설용의 대감과 송설용의 부인이랑
신상베 신살내여 올라오라 (장고)
관가에서 영이나니, 아 이기 남자ㅈ식 같으면 택실로나 돌앙가컬
여자ㅈ식인 따문 ㄷ랑가지를 못해여 때여동 가젠허니
가메 부처래되어 볼끈허겐 심언,
노시 놓지를 아니해여가면은 청장완장 가불고
가다가다 이야기가 그만해 용변이 마려우난
그거 손짐을 놓안 용변을 보아 일어사난, 벌써에 가면은 천장만장 가는구나
가멍 도르멍 도르멍 미치정 해여도 가면은 어서지어
질내에서 아잔 비새ㄱ찌 울엄시난 삼베중이 지나간다 (장고)
앞에오는 대ㅅ님아 사름 살려줍서
눈도 아니 떠보고 가운데 오는 대ㅅ님도 사름 살려줍셴 허난
눈도 아니 떠불고
뒤오는 대ㅅ님아 사름 살려줍서 (장고)
아이고 설운 아기 이리오라
돌아전 주머니 소급에 담아전, 뎅기멍 모락모락 제여불고
숭엄을 주어보난 머리는 사람의 머리라도, 몸땡이는 뱀 몸뗑이가 되엇구나
영해여 느즌덕 정하님은
아이고 상제님아 상제님아 삼년 살것일랑 일년에 ㅁ차옵서
일년 살 배실랑건 단 사흘에 ㅁ창옵서 영허여 서신올리난 (장고)
장설용 대감과 송설용 부인이 집안으로 들어완

아이고 아기씨 찾아보저 동서러래 뎅겨도 아씨 춫지 못내헌다 (장고)
아잔건 호의탄식을 해염시니 대ᄉ님이 그 아기 돌아아전
들어가다 올레에 ᄆ팡돌 아래에 어욱패기시난
그걸 해처 똑기노안 졸라메여두고, 들어사며 나사며 소승이 뵙네다
이리허니 소승은 뵈난, 권재고 뭐시고 우리 아기나 춫아도랜 영허난
아기씨는 불르면 듣고 왜허면 들을데 아잔
들을만헌데 아잔 울엄수다 영허난
이중 저중 수상허다 돌려들어 심젠허니, 대ᄉ님은 도망 가고
울성장안 뎅기명 춫단보난 올레에 ᄆ팡돌 아래서 비새?찌 울엄구나
확허게 애전 언주아난 들어가니
서늉은 보난 머리는 사람의 머리라도 몸땡이는 뱀의 형체 되엇구나 (장고)
이만허민 어찌허리 죽이자 허리
양반의 집이 죽일수가 업으난 나쟁이 불러다 무쉐설캅을 채완
동해와당 띠와부난 물아래도 연삼년 물위에도 연삼년 (장고)
썰물들면 서바당 노념허고 들물에는 동바당 노념허고
동서러래 노념해여 뎅겸시난
뎅기단 올라오는것이 제주절도에 들어옵데다예~ (장고)
들어오니 어딜로 들리오 함덕이라 서모봉알로 서물개로 들젠허니
함덕이라 동청 서청 급수 황하늘 서물 할망 지어지어 못네든다 (장고)
뒤꼍 북촌으로 들제 허나, 해시당 가릿당 한집 지어지어 못내든다 (장고)
김녕으로 들젠허난 큰도안전 큰도부인 안성세기 밧성세기
ᄂᄆ리 양주 고실내 한개 하르방 한개 할망 지어지어 못내든다
무정 월정으로 들젠허난 신산국 삼대왕,
대흘동 좌부또 지어지언 못내든다 (장고)
행원으로 들젠허난
나주목사 나주판관 신근드려 절ᄎ석 궁전요왕 대부인 (장고)
남당하르방 남당할망 지어지어 못내든다 (장고)
한동으로 들젠허난, 구월구일 지어지어 못들고
평대로 들젠허난 수대깃또 곳지 택질, 지어지어 못내든다
황마리로 들젠허난 먹덩수처 지어지어 못내들고
서아리로 들젠허난,

수룩넘어들 백조 마누라님과 천제님이, 씌어지어 못내들고
별방으로 들젠허난, 강진 수산땅 도걸호도집서 각시당 지어지어 못내든다
종달리로 들젠허니, 고마 열오름 신산백관 지어지어 못내들고
시흥리로 들젠허난 선신한집 허천두루 송갑수 뜨님아기 (장고)
지어지어 못내든다
오조리로 들젠허니 쪽지부인 지어지어 못들고
수산으로 들젠허니 목지당 지어지어 못들고
성산포로 들젠허난 상하도리 김통경 어마장군, 지어지어 못듭네다
상대로 들젠허니 하루하루산또 지어지어,
못들고 열눈이 그등해로 들젠허니 (장고)
고장난밧 맹오안전 맹오부인 지어지어 못내든다
삼달리로 들젠허난 황서국서 병서, 살아낙수 통정대복 문씨영감,
지어지어 못내들고
상천리로 들젠허난 개로육서한집, 지어지어 못내든다
신천리 들젠허난
신천미 가름한집 송씨일월 상오라방 배난바당 요왕 영개 (장고)
박지화장 지어지어 못내든다
하천리로 들젠허니 고첫당 지어지어 못내든다 (장고)
표선으로 들젠허난, 저바당 금백조 백조 노산주
어멍국은 우물캐미 아방국은 돈오름 문국성
상오보름웃또 지어지어 못내든다 (장고)
갈마리로 들젠허난, 남당할망 남당하르방 지어지어 못들고
토산으로 들젠허니 웃토산 알토산 토산땅 지어지어 못내들고
신흥으로 들젠허난 앞질 큰당한집 지어지어 못내든다
태흥리로 들젠허니 몰레낭 몰토서 새나라 새포서
소금밧에옆 신서낭 지어지어 못내들고, 저하늘에 저별이 웨우들러 왼어깨
ᄂ다들러 ᄂ단어깨 새별 새각시, 동물또 지어지어 못내든다
위미리로 들젠허니 동막말 서막말 고구랑 폭낭 삼천백매 말로른 금배리
고막물은 배여 신선왕, 지어지어 못듭네다
공천포로 들젠허난 한라영조산
동남어깨 황선이 칠오름 동남어깨 백선이 강남천저국

도원님도 씌어지고 건밤넘어 구렁ᄆ들 사위 손 ᄋ돕박이 단마을

어겁지고, 들엄지어, 못내듭네다

하효로 들젠허난 용제부인 지어지어 못듭네다 (장고)

보목리로 들젠허난 보목리가민 (장고)

감낭하르방 감낭할망, 웃조노기 알조노기,

시나무 천관, 지어지어 못듭네다

서귀포로 들젠허난, 동편에 일문관 서편에 지산국 솔동산 거부용신

동태하르방 동태할망 지리할망 지리산쟁이청 알로내려시난

관청할망 씌지어지어 못듭네다 (장고)

법환리로 들젠허난, 배염율이 앞산한집 지어지어 못내든다

강정으로 들젠허난 (장고)

강정 가면은 큰도안전 큰도부인, 지어지어 못내든다

서당할망 지어지어 못들고 월정으로 들젠허니

뒷동산 울란국 제석천왕, 지어지어 못내든다

중문으로 들젠허난, 동백제는 천지천왕 서백제는 하루산 (장고)

어멍국은 진공하늘 진공부인

마흔ᄋ돕 상이도청 수철이 수장남 강정옥이 고자식

앞이는 요왕가지 뒤에는 애산 군졸, 애산 망산 불목당

하당국서 일뤠중저 지어지어 못내들고

열뤠로 들젠허난 닭올레 동백제 천지천왕

서록제 알로산 어멍국은 족다리 대서부인(장고)

난드르로 들젠허난 망밧할망 지어지어 못내들고

법내 법환리로 들젠허니 (장고)

개로육서 한집, 지어지어 못들고 사계로 들면 큰물당 한집 (장고)

지어지어 못듭네다

모실포로 들젠허난 석산이물 개로육서 한집, 지어지어 못들고

날외로 들젠허난 하루하루산또 지어지어 못듭네다

영낙리 축일한집 무릉리도 축일한집

고산도 축일한집 신오도 축일한집 두모 신청 거머들 축일한집

지어지어 못듭네다 (장고)

판포는 꼬막물할망 지어지어 못내든다 (장고)

월령 축일한집 협재도

축일한집 옹포 마대기 빌레 축일한집 지어지어 못내든다

한림은 영등당 한집, 지어지어 못내든다 (장고)

귀덕은 해모살 축일한집, 지어지어 못내든다

금성이라 남당하르방 지어지어 못내들고

곽지로 들젠허난 개똥밧 일뤠중저, 지어지어 못내든다

애월로 들젠허난 남당할망 남당하르방, 지어지어 못내들고

고내로 들젠허난 황서국서 병서 오름허리 요왕국 별궁전 ᄯᅳ님아기

알로내려 세친염감 지어지어 못내든다 (장고)

신엄 중엄 구엄으로 송씨할망 김씨영감 씨어진다 (장고)

하귀로 들젠허난 돌코릿 연산주, 지어지어 못들고

문냉이로 들젠허난 채신당 한집님, 지어지어 못내든다

도그네로 들젠허난 두루빌레 용화국 대하부인, 지어지어 못듭네다

백게 위호리로 들젠허난, 붉은왕도 신임제석 지어지어 못내든다

소도리로 들젠허난 ᄒᆞᆫ도 두도 스물두도 (장고)

오래몰은 철로부인 오름허리 송씨할망 일뤠중저

지어지어 못들고 몰래모로 들젠허난 (장고)

고랑하르방 고랑할망 지어지어 못내든다

다끄네로 들젠허난 궁당한집 지어지어 못듭네다

산지로 들젠허난

산지 칠머리 감찰 지방관 남당 하르방 할망 지어지어 못내든다

화북으로 들젠허난 가릿당 해신 요왕부인 지어지어 못듭네다

가물개로 들젠허난 시월도병서, 지어지어 못들고 설개로 들젠허난

감낭하르방 감낭할망 지어지어 못내든다

신촌으로 들젠허난 날이여 ᄃᆞᆯ이여 월이여 별이여 호금상도 한집

지어지어 못내든다

도천으로 들젠허난에 (장고)

정중아미 정중도령 새콧하르방 새콧할망, 지어지어 못내든다

신흥으로 들젠허난 볼레낭아래 문씨할망, 지어지어 못내들고

함덕이라 들겁건 들어오란 서부봉알로 스문이께에 동글동글 올라오람시난

함덕이라 ᄌᆞᆷ수 일곱은

세경농이 태와 구물망질에 들러 아전 우레들레 가단보난

난데없이 무쉐설캄이 동글동글 떳시난

아이고 욕심이 과하여 너무네 공가저 나무네 공가저

싸움마라 니뺨 나뺨 니머리 나머리 곡지우멍

주먹으로 싸움허라 해염시니 (장고)

함덕이라 손동지 영감은 궤기낭클에 가단보난 삼년을 싸움을 햄시난

아이고 너네들 글소금에 규이시나 은이시나

다 가지알낳고 껍데기랑 알로난 난 삼대 조가비나 헐껴

어서걸랑 기영헙서

열어보난 볼써에 크기상 아기는 한 일곱이 될끼라

고망고망고망 혀만 멜롱 멜롱 멜롱 눈은 팰롱 팰롱 해염꾸나

ᄆ습다 드럽다 추첨허다 도망가난

어울어 동토가 일어난 청눈에는 청육제 보호난 잇시와 간다

아이고 입이어 아이고 야각이여 아이고 가심이여

아이고 배여 일곱이여 씨어

평하 병들언 둥굴어 나란 송씨아즈민 이케허주

이거 어떵헌 일이고 물에 문병이나 해여보저

가물개 이원싱이 한테간 문복을 비난에

외국서 들어온 물츰을 ᄆ지곤 동토우다 어떵허민 좋네까

ᄒ 저강 메도 일곱개 며도 일곱게 독새기도 일곱개 간주도 일곱개 해어ᄂᆞ안

칠성제를 지나봅서

칠성제 지나난 어우러 맨베 풀어지어 평헌 조아부러

어떵ᄒ민[643] 좋으리요 이만허민 어찌허리요

잇는날 물에 절라가민 그전에 츰복 하나 헐때 어시

여러 문대끼 망실이 고독 츰으란 오란,

돈도벌멍 집도사고 밧도사고 해여가니

어떵ᄒ난 넌행경 뭐이가 좋고 재수가 좋아 경해점시니

우리 겉이 칠성제 지날꺼 아니우꽈

나도 ᄒ기여 나도 ᄒ기여

---

643) 어떻게 하면

함덕이라 온 만을에 칠성제로 벌어지엇구나 (장고)

영허시난, 아이고 아이고 함덕 급도앙하는 서문할망은

일년이 넘어도 칠성만 생각허고 본향은 생각을 아니혔구나

함덕서 서늘은 모데단 올라강 들금낭 작대기 해여단

베허멍 흔번 캐우리먼 흔번 선달해엿구나

두번째 우리먼 두번 선달해엿구나 영허멍 (장고)

지나가는중에 일곱째 새끼난 아잔 우리 함덕은 목심사람만 사는지난

오라 우리 성안구경가게

기영협서 일곱이 새끼난 낳아지난 뭐시발 사람손도 못쓰우난

나아지랑 스록질로 상허고, 안고망으로 슬슬허게 기여나가게

밧이랑 대로 질로 가게 오단 보난

만세동산에 올라사 건불리고 신촌 열려문 거리 넘어산

윈당 칠원봉에 올라산건, 고망허고 오단 베릿네가 당허난 돌혹에 물이지난

묵은 벋어 서미당위에 걸처두고 몸목욕허여 새옷입어 아전

흔이물을 올라사난 하도 더워 숨이 고곳허난

요걸랑 ㄱ지만루로 이름지와도 넘어사게

연무경서 당허난, 선비들이 활쏘암시난 영허보래 오직 만스우냐

굽으멍 굽으멍 도망가는것이

동문으로 들젠허니, 동문지기 지어지어 문에든다

남문으로 들젠허니 남문지기 씨어진다

서문으로 들젠허난 서문지기 씨어지고 몬내들고 (장고)

어딜가리요 공덕 동안 수채고망알로 슬슬허게 빠지언

한집 몰팡에 해뜩 해뜩해 누워시난[644] 칠성은 송씨할망 물질러 간보난

제상에 아이가 난 외국서 나완 우리 제주도는 엇다

나이거 태운조상 이거 나 아침에 통드레 들어옵서

슬슬허게 들어가니 (장고)

저마당 마당에 놓안 아이고 아이고 조상님 좌정할때 오랬수까

그집이 청용쪽으로 핑핑허게 사려지난

안칠성은 아래놓고 뒤칠성은 뒤에놓고 청드람지 들루고

---

644) 누웠더니

청주쟁이 덮어 오곡씨를 품어난

어욱어욱 부ᄌ가 되어간다

부ᄌ가 되난 아이고 ᄒ를날은 하도 답답허고

겁겁답답허난 우리 마불림이나 허게 컨주림이나 허게 영허여

외도리도 발고, 내도리도 발고 울성장안 독성에 풀아 뎅기단 (장고)

아이고 이ᄂᆞᆷ의 조상 넘이 먹어 사멍 시룹다

궐력 해우리난, 이집도 못살케여 도망가게

방중안에 집을나와 한라산을 배려보난 캄캄해여 동서남북에

하늘 배려보니 별만 송송허게 나난 요걸아 칠성골로 이름지어도 각에 각당

아이고 배부른 동산 올라산 아이고 아이고 어떵허리요

그리좀 눕게 누워 좀시난 날이 희리버리 붉으난

넘어가는 선비, 넘아가는 관기, 관가에 평민들이 넘어가난

세상이 아니 봐난, 외국들이나 들어왓주

우리 한국서는 이런 조상을 본일이 없구나

멀리서 오젠허난 하도 배고프니 이거나 먹읍서 저거나 먹읍서

하도 대접허난, 넘이먹언 배부러쩌요

요걸랑 배부른 동산으로 이름을 지와도, 우리 ᄒᆞᆫ질로 뎅기멍

얻어먹을텐가 못얻어먹나 우리

각터 지산은 흩어지어 모살게

큰ᄯᆞᆯ아기 어디갔시 나갔시나 이방청은 내ᄎᆞ지우다

둘째 ᄯᆞᆯ은 어데가 성방청은 내ᄎᆞ지우다

세째 ᄯᆞᆯ은 어디갈때 도령방은 내ᄎᆞ지우다

네째 ᄯᆞᆯ은 어디갈때 옥지기는 내ᄎᆞ지우다

다섯째는 어디 지어갈때, 동가원도 내ᄎᆞ지 서가원도 내ᄎᆞ지 (장고)

ᄋᆞ섯째 ᄯᆞᆯ은, 어디갈때 하다나 걱정허지 맙서

걸엉청허게 아무데나 뎅기당 날 또령 죽임을 하나때 저싱에 잡아가쿠다

영해여 동토로 불러주면 칠성 사남도 받아먹고, 받아 씨고다 영해연

각산 제산 흩어저 살기 설연해엿습네다 (장고)

칠성한집 마누라님 난산국을 신을 풀엇습네다

신나락도 헙서 만나락도 헙서

물어들건 여의주나 물어들건 아강주

재물복은 돈복은 모시복은, 억대복은 돈복은 시겨줍써

인복은도 시겨줍써 영허고

쉰두설, 뎅기당 어데강

곱닥헌 여자를 만나 잠깬포에 허거들랑

아들이나 떡두꺼비 겉은 아들이나 ᄒ나 평허게 나수와줍서

영허여 축수염고, 아무쪼록 이굿해여 ᄆ치거들랑

동으로도 전새남 서우로도 전새남, ᄉ당클 굿이여 중당클 굿이여

아진 평쟁 선왕말굿이여 불도 일월 연맞이여 (장고)

누추와 주엄썬 축수엿고, 금년도 참고워덕 나수와줍서 영해여 줍숩네다

[주잔권잔]

칠성한집 마누라님 난산국을 신을 풀엇습네다

주잔 들랑 내여다 아래롱 아기 다리롱 비단 서단 공단 일곱박이 단마을 청들

주잔들 많이 받읍서

눈에 뵘직허던 이런 칠성한집 뒤에 군줄 한집들랑

많이들 받읍서

[분부사룀]

저 쌀이나 날줍서 보저건~

칠성한집에서 ᄒ나 (제비쌀점)

아이고 영도 고마웁네까 (제비쌀점)

영허민 이번 이굿 해여나민 ᄋ섯방울담다

[예 맞수다]

경허민 나는 폭이나 셩 금년 이건 일곱이로가나

(쌀점)

이건 ᄋ돕이여

[고맙수다]

좋은 제서 분부는 받앗습네다

칠성한집이랑 내일모래 당당 허도가면 세경 모사지고 세경놀이해영

안으로 이여차 솔기꾸명 들어오랑 동창궤도 모으고

서창 남창 북창 억만수계 도봉을 허겟습네다~

〈석살림〉 오춘옥

바꼇딜로 천지염라대 천신기 지낮추고
흑신기는 지도투고 좌우돗기 신을 수퍼
하늘이 칭칭허게 상강지 오륜지법을 마련해연
천지 염라 이망 육대 신수퍼 있습네다.
대롱기 소롱기 나비여 즐전기 기리어기 양산기 줄 싸메여 있습네다.
안으로 슨에 열두 당클 줄 싸메엿수다.
전싱궂인 집안이나 어주애 삼녹거리 서강베포땅 신전집을 무언
마흔ㅇ돕 초간주 서른ㅇ돕 이간주 스물ㅇ돕 하간주 안당주 밧당주
고 옛선성님 어간해엿수다.
초에 신이 구퍼옵네다.
삼선향 삼주잔 지도투며 열두 금세악공 둘러받아 일만 각 팔천 신우엄전님
신메와 석살림네다.

(악무)

신메와 날은 갈라 어느 전 날이오며
돌은 어느 둘 금년 해는 신묘년 돌은 갈르난
전싱궂인 상7월둘입네다.
날은 보난 열일뤠날 초감제 메운 신전 오늘은 스무이틀이 되엿수다.
국은 갈라갑네다.
동양 삼국 서양 각국 강남은 천저국 일본는 주년국
우리국은 천하해동 대한민국입네다.
첫서울은 송태조가 개국허난 둘째는 신임서울
셋째는 한성서울 넷째는 왜정 삼십육년
다섯째는 ㅈ부올라 상서울을 마련허엿수다.
안동방골 자동방골 먹자골 소박골 모시정골 불탄대골 마련허난
경상도 77관 전라도 53관 충청도는 33관을 마련허니
일제주섬 이거제 삼남해 서진도 오강화 육칸도 마련허니
그 가운데 제일 큰 섬은 물로 바위 청청도는 제주도 섬입네다.

땅은 보난 금천지 노거지땅이요

산은 보니 한로영산 삼신산 허령진 산입네다.

동소문밧 서른ㅇ돕 대도장녜 서소문밧 마흔ㅇ돕 대도장녜

대정은 이십칠도 정의는 삼십팔례 주의모관 팔십여리 두루 장관은 ㅅ백린데

영개읍중 도성삼문 이서당을 마련허여 향교상천을 무어

옛날 정의 현감 살고 대정은 원님 살고 모관은 판관 살아

삼고을엔 ㅅ관장 마련헌 섬입네다.

개편되어 북군 남군 제주시 서귀포시 읍면동 급을 갈릅데다만은

이젠 제주특별자치도가 되엇수다.

국은 대한민국 제주특별자치도는

제주시는 구좌에 북촌 거주건명 조천읍 북촌리 거주헙네다.

부모조상 태 술은 고향은 대정읍 모슬포 상모립데다만은

어릴 때 양친부모 여의고 다섯 오누이 이중 장남으로 태어난

살젠 허난 어느 고을 의지 엇고 갈 때 올 때 어서 살단보난

제주시로 이디저디 이사댕기멍 사는 게

현재는 조천읍 북촌ㅁ을 강 살암수다.

성은 보난 정씨 ㅈ순 올해 경자생 쉬은둘 받은 공섭네다.

큰뚤은 스물 흔 설 족은뚤은 열두 설

가며 오며 저 아시들 누님 의지암지 해여 살아가는 ㅈ순인데

오늘 성읍민속ㅁ을 정의고을 옛날 원님살고

관가 벼슬 직함 살던 민속ㅁ을로 오랑

이에 요집을 빌엉 밤도 영청 낮도 영청 낮만 보름 밤낮 흔 둘 오르게

천백기도를 올리고 원성재 재맞이를 올려건

천신을 공덕허고 만신을 공양허저

일만일신을 위루허저 만조백관님을 이망허저 해여

이 공서를 드립기는 밥이 없는 공서도 아닙데다.

옷이 나빠 옷을 줍센 해연 이 불공 아닙네다.

옷광 밥은 빌어밥 얻어옷 철물이나

엇어땅도 돌아오고 잇어땅도 흩어지건만은

천지는 지간허고 만물은 지중허와 유인은 최귀허난

손인자 이기요 오륜지서라건

저 산천 모든 만물 푸십세는 구시월에 설한풍 근당허민 잎도 지어 낙화되고
꽃도 다 지어 떨어졋당도 명년 이철 봄춘 삼월에 돌아오면
가지마다 송애마다
푸리푸리 솟아나민 일년에 ᄒ번씩 제 몸 자랑을 허건만은
우리 인간은 부모 혈속에 탄싱헐 때도 맨손에 탄싱허고
이 세상 살다살다 녹이 떨어저 죽어갈 때도
다 놓아뒁 양손 가짝 페왕 가는 인생 아닙네까
ᄒ번 가민 천년 살 집 만년 살 집을 마련해여 세경 땅 감장허민
뼈는 석어 진토에 묻히고 고운 얼굴 몸천 술은 석어 시내방천 흘러불민
삼ᄒ정 밖에 없는 인생이 아닙네까
천석공 부자도 죽엉갈 땐 맨손으로 가는 인생이요
얻어먹던 게와시도 죽엉가민 땅 석자는 징여가는 초로인생 인데
아무리 젊어 청춘 꽃ᄀ찐 아년 나이 죽어저도 ᄒ번 가민 다신 못옵네다.
나이가 백발이 되어 돌아가도 ᄒ번 가민 돌아오지 못허는 초로인생입네다
강남길이 멀어도 강남 간 제비도 삼월삼진 되민
고향 산천 ᄎᆞᆽ아아저 오건만은
일본 주년국 땅 멀다해도 일본 동경 돈을 벌래간
나 부모 형제들 돈을 벌어지민 고향 산천 부모 동싱 ᄎᆞᆽ아오건만은
우리인생 살다살다 이싱 녹에 떨어저 어처실소 ᄇᆞ름분 날 촛불과 ᄀ뜬 인생
토란잎 이슬만 못 헌 인생 아닙네까
ᄒ 번 가민 다시 못 돌아오는 우리 인생 아닙네까
영공 열석도 가는 질 삼정승 육판서도 가는 질
잘난 사름도 가는 질 못난 사름도 가는 질
어른아이 남녀노소 어시 ᄒ번 가민 다시 돌아올 줄 모르는 인생인데
이 ᄌᆞ순 성은 정씨로 경자생입네다
쉬은둘님 공자 철자님은 대정 모슬포 상모에서
농촌 생활허는 부모 밑에 탄싱허난
누님 ᄒ나 알로 아들만 네성제 사남 일녀 오남매 중 장남으로 태어낭
어린 때부터 농촌에서 고생허멍 어렵게 어렵게 가정환경이 어렵단보난
자라오고 중학교 댕길 무렵 아버님 맹 쫄란 몹씰 병 드난 돌아가불곡
대학 입학해연 얼마 어선 어머님 아파 돌아가부난

아이고 어느 누게 의지 웃고 살단보난 말젯아시가 군인 간 완

총각머리 등에 논 양 바당에 놀레갓당

그날 액수불행허난 요왕에서 돌아가불고

어느 고을 의지헐 때 엇고 어느 할망 어느 큰어멍 족은어멍

나조캐들 나애기들아 요 쓸놨당 밥 해영 먹언 배고프지 말라

살랜 허여 쓸 호 되 도와줄 사름 엇고

멩질이 돌아와가도 아이구 굿인 옷이랑 벗어뒁

요 새옷 입엉 세배가랭 헐 어느 형제 부모 어서지어

살단 보난 대학시절에도 중심을 못 잡앙

연극부에도 들고 동아리에도 활동허고 한라산 소리왓 패에 들어

이런야 장고 두드리는 거 노래부르는 거

이에 오락 허는 쪽으로 해연 이 ㅈ순이 어울리단 보난

그 공부도 열심히 못 허고 이 ㅈ순 살아오는 것이

경해도 어머니라도 멩 질어 오래살아시민

그 대학 졸업장 맡앙 어디 아는 사람 연결 해영이라도

펜대 들러 공무원이라도 허게 해주주만은

가는 게 집 오는 게 집 댕기단 보민 벗데 강 술 호 잔 먹당보민

붉는 줄 모르게 붉아불고 아무 분시 모르게 살단 보난

세월은 혼나 두나 스물댓도 넘고 서른 넘어사

첫 장개간 저 뚤 하나 난 살젠 해엿수다만은

인연이 어섯던가 팔저 전싱이 되어 이만 밖에 아니 되엇던가

제 팔저 그리처 그 애기도 뚤하나 가슥 뚤란가부난 동서막급허고

아이고 다시 살아볼티엔 열두설 난 어멍을 만나 사는 게

서로 마음과 뜻이 못 맞안 그 살렴도 영원토록 이루질 못 해연

꽃ㄱ튼 청춘 아년 나이에 혼자 되단 보난 혼잔 술로 시름을 시꺼지고

밤이 어둑우민 벗 전화 오민 벗데 강 술 먹당보민 12시 1시 2시 3시 되고

그래저래 사는 것이 저 제주시 칠머리당 사무실에 사무장으로 취직해연

아이고 임시 용돈이라도 벌고 한라산 소리왓패에 댕기고 허난

그런 연줄로 의지해여 댕겨가는 것이 이제 회장이우다 김씨 형님 의지해연

굿밧듸도 호번씩 강 연물도 두드리고 허단 보난 신질에 오라건

서른다섯부터 요 신질을 걸어 신에 밥을 먹저 신에 줌을 자저

궁에 밥을 먹저 궁에 행실을 허저
아이고 큰굿도 걸랭허민 가고 귀양풀이도 ᄀ찌 걸랭허민 강
용돈 벌어당 쓰고 성주풀이 푸다시 일월맞이 불도맞이
아이고 공철이는 심방 심방 배왐젠해라 대학교 국문과 나완
아이고 그 심방 북도 잘 두드려라
그만허민 공연도 해보랜 허여가난 심방질 됨직해라
정이서도 ᄋ랜허민 강 벌어다 ᄊᄀ 무괍도 ᄋ랜허민 가고
제주시 나오라 어느 고을 의지어시 놈이 셋방 살멍 사는 것이
곧 마흔 나는 해 김씨 성님과 와산 굿을 가난
석살림 굿을 혼번 해여보랜 해여건
쾌지 입어나산 무시거엔사 ᄀ란 그굿해여져신디
석살림굿을 신자리에 나사 허연게 쾌지입기 시작을 헌게
17년 오르게 소문 들으멍 연줄 연줄 해영
일본 오사카도 산천마다 ᄀ찌강 고생허멍 굿밧듸 강 도와내고
굿해영 돈벌엉 왕 쓰고 어의히민 정의 심방도 오랜허민 가고
대정서도 오랜허민 가고 모관서도 오랜허민 오고
아이고 어떤 땐 나가 무신 일인고
어느 부모조상 이심방질 해여온 연줄 엇고 나 정체가 무신 정첸고
낭을 저도 밥을 먹어살고 물을 지어도 옷을 얻어 살고
허디 못해 영 깅시해여도 밥 ᄉ시서 니 혼지 못 ᄆ으리아
생각허민 어이가 엇고 한강에 ᄀ이 엇고 영천바당 ᄀ이 엇고
아이고 어떤 땐 하도 속상허고 마음에 상처도 받고 정신적 고통도 심허고
그 줌 몰리멍 정월로부터 삼ᄉ월ᄭ지
ᄂ릇허게 붉두륵 줌 혼줌 흘텃허게 못 자멍
칼날같은 ᄇ름살에 아이고 요굿 댕기멍 요만 안혀민 요일 안현들사
나혼자 입에 풀칠 못허리야 아이고 때려 치와불고
아무거라도 해여보젠 허당도 뒷날도 오랜허면 경험센 해영 가고
영허단 보난 어둑어 붉아 열일곱 해 동안 심방자리에 팔저궂인
이에 옛 신의 성방들과 홀목잡아 동서남북 댕견
조상의 덕에 오늘꺼지라도 멩잇으멍 살아오랏수다.
아이고 인연이 되었던가 운명인가 올금년 당허난

이에 KBS방송국에서 전통문화연구소에서 영

제주도 큰굿이 제주야 보유 되건디기 몇 년 되고허난 큰굿을 해영

자료를 넹기고 기록을 넹길 일을 허저 허는 가운데

아이고 본주가 이서야 흘 거고 이왕 허는 발레

아이고 이번이 정골철씨 신굿으로 붙여 의논해여 이 기록을 넹겨

신질도 발라주고 이왕 허는 거 신경 써 허는 발레에 서로가 밀어주겐해연

의논을 허난 본주 ᄌ순도 어서 경험서 다 선후배 사이가 되고 해연

마음을 먹어 의논 허엿수다.

아이고 조상도 엇고 오늘꺼지라도 어느 당주 의지엇고

의지어시 그냥 몸 하나 댕기는 몸이라 양부모 어멍

양부모 아바지 삼겐 ᄀ단 보난

이번 기회에 조상도 물리게 되고 갑술생 양씨부모 아바지 일흔ᄋ돕님

또 이에 곧 일흔 김씨 부모 어머님 저 하귀간 살암수다

몸 받은 조상 물려 올 걸로 허고 마음 먹으난

구월 초ᄋ드렛 날 본멩두 날로 간 하귀 일흔ᄋ돕님

양씨부모 아바지 몸 받은 김씨 어머님 몸 받은 당주를 지왓수다.

서씨 상신충입네다

쉬은하나가 몸 받아 요굿을 허게 되난 양씨 부모님 사는 집이 강 당주지우고

영급 좋은 조상님이랑 쉬은둘 경자생 정씨ᄌ순

양단어깨 강림시켜 강림헙센 해연

당주지완 조상은 업언 오란 쉬은둘 사는 북촌집으로 오란 당주 설연허여

멩두 올련 잔두 걸고 며칠 지내단 어둑억 붉악 구월 열일뤠 날로 날은 받으난

성읍리 마방집 요 집으로 보름날은 쉬은두설에 아이고 조상님 옵서

집이서 허잰 해도 집도 좁고 놈이 집이고 외방이고

방송국에서 KBS방송국에서 전통문화 연구소에서 나

신굿을 해여주잰 해염수다

신질을 발루젠 햄수다

신의 아이에 쉬은둘 정씨ᄌ순 양단어깨 강림헙서 머리쯤 운둥헙서.

옵서 ᄌ순 똘랑 성읍리 민속ᄆ을 굿 헐 집더레 옵센 해연

업어오란 잠시 잠깐 어주애 삼녹거리 서강 베포땅 신전 집 무언

이에 팽저낭 비어다 마흔ᄋ돕 초간주를 설연허고

882

유저낭은 비어다 서른ᄋ돕 이간주를 설연허고
신푝낭은 비어다 스물ᄋ돕 하간주를 설연해였수다.
보름불어 보름뚜벽막고 뜻불어 뜻도벽 막고
동산새별 신연향상간주 연향육고비 동심절을 고비첩첩 늘련
당주를 설연허였수다.
열ᄋ셋날 아침 일출위로 김녕 살암수다
전싱굿이 서씨로 시축생 상시충 집서관ᄋ 메기나
몸받은 당주문 열렷수다 몸주문 열렷수다
상안체 짓위로 중안체 짓알로 하안체 삼천기덕 일만제기 궁전궁납 멩두멩철
부모조상 업어건 팔저궂인 유학형제들 앞을 세우고
삼천기덕 일만제기 멩두멩철 부모조상 업언
이 성읍리 요 집 마방집으로 오란 이 제청을 설연해엿수다.
그날 저녁 들어오란 저녁 저녁붙연 큰굿ᄒ젠 햄수덴
기메코서도 올렸습네다.
뒷날 아척 일출위로 시간 보명 천지염라대 이망주대
천신기는 지낮추고 흑신기는 지ᄃ투고 좌우독기 세완
천지염라대를 신수퍼 있습네다.
대통기 소통기 나븨역 줄전기 지리여기 양산기 이에 불렷수다
안으로 ᄉ에 열두 당클 줄 싸메고
ᄉ이온들 경기생 몸받은 연향당주를 어간헤연 있습네다.
안팟 신공시 어간허고 초감제 연도리로
기메설연 제청설연 제물배당 허엿수다
연양탁상 좌우접상 천보답상 만보답상 일문전 신수퍼 서씨로 상신충 신축생
전주단발허고 신연백무언 나산 천상천하 니별공제 산설물설 나무돌곱
노는 일만 각 팔천 신우엄전님 옵서 옵서 청해여 드렷수다
시군문 열려 분부 슬뢌습네다.
초감제상드레 신메와 살려옵서
신 메와단 이 설운원정 올려 각호만서당드레 다 집집마다
ᄎ례ᄎ례 재ᄎ례로 이에 도올려 앉히어 있습네다.
초감제 청헌조상 초신맞이로 신메와 신천기 신메와 드렷수다.
초신맞이 떨어진 조상 초상계 연도리로 살려옵서

각호만서당드레 올로 발멩 실로 발멩 당반전지 발멩
당반 연단골마다 도올려 잇습네다.
오방각기 시군문 잡앗수다.
기초바리 해엿수다 메징기 지어올련
앞반마다 도도마다 천하금공서 초아멩 올렷습네다.
보세감상 연도리로 역가도 바치고 시에도 올리고 죄목 다시렷습네다.
초채 올려 초공하늘 밧초공 안초공 신뿌리에 난산국을 신을 풀언
옛선성님전 일부ᄒᆞᆫ잔 드렷수다.
이공서천도산국 꽃뿌리로 밧이공 안이공 난산국 올렷수다.
삼공 노전상 노뿌리로 밧삼공 안삼공 얼른 신풀어 잇습네다.
옥황 천신 연맞이로 할마님 생불주언
스물하나 열두설꺼지 키운 똘 성제 잘 키와주언 고맙수다.
열두설 열다섯 고사리배낀 내와줍센허고
쉬은두설 신창할망 심방 당주알로 놓아 예닐곱설에 놓아건
어렵게 어렵게 어릴 때 쬐끼난 키완
불도맞이 앞으로 쉬은둘 걸레베도 베꼇습네다.
어젯 날은 초·이공 연맞이로 준지너른 금마답 마당 붉음 위로
어멍은 애기보저 애기는 어멍보저 부모와 조식이 일부 혼잔 때가 되난
초·이공 연맞이땅 신맞이 신맞이땅 연맞이로
초·이공 연맞이 올려 잇습네다.
초공질 이공질 치고 이에 초·이공 연맞이로
이에 옛선성님에도 일부 혼잔 드려 초·이공 맞이 넘어드난
어제 간밤에 드리젠 해엿수다만은 밤도 늦어불고 노룩도 실리고 허난
조상님네도 침체여 좀 잡센 허고 ᄌᆞ순들도 좀을 자단
오늘은 구월 스무날 아침에 개동 열리로 관세 신세우 올련
초공은 신줄리고 연줄 이에 걷어다가 팔만 금세진 걷고
만주애미 홍걸레베 걷어 쉬은둘 경자생 양단어깨 가마비어 츨아 맞으멍
안상실로 잉어 메살려 있습네다.
대풀이 올렷수다
초·이공 메드련 이에 우알당 한집도 풀고 한집도 산에 오고 석시로 석시로
큰굿엔 열두석 아진젠 ᄋᆞ섯석 족은굿엔 푸다시 삼석

석시로 조상간장 오래 많이 풀려 있습네다.
세경 난산국도 풀어 있습네다.
넘어드난 오늘은 다시 제오제산으로 제오상계로 청해여
제오상계로 이에 궂인전상 ᄉ록은 내놀리고
물어들면 생금 풀으주 팔모 야광주
이에 메꾸이 메 선부이 선 문쇠스렁 상가지 용머리 물어들여 있습네다
제오상계 넘어드난 안으로 안칠성 신주칠성 난산국도 본을 풀어 있습네다
넘어드난 이ᄌ순들 이거 일생 살앙 아바지 어머니도 살아계실 때도
어떵 살다보난 이력이 안 되단 보난 성당에 댕기고
어머니 저 큰아들 키우젠허난
어릴적 하도 쫓경 죽억 살악 죽억 살악 해가난
이에 신창 할망 알로 놓아도 그런저런 거 고치지 못 해여 살당 돌아강
아무 분시 모르게 살앗수다.
혼푼이라도 벌어지민 이것들 배고프게나 마라사컬
얼게나 마라사컬
우리 내외간 고생허고데나 요거덜랑 이루제랑 고생허지 마랑
공부시켜 대학 무뚱 나오건 펜대 잡아 공무원이라도 해영
녹을 먹어 월급탕 생활허게 허잰 허단보난
부모 어머니 아바지 적에 어느 조상한테 혼번 영해 못 받치고
가슴 혼번 못 열려 아무 분시 모르게 살아오랏수다
쉬은두설 난날 난시 복력팔저 기박허난 어릴땐 부모양친 여의여 살단보난
이에 요 심방질을 허게 되연 산절수절도 겪어 분시도 알아도
돈어서 이일을 못 냉견 신질도 못 발르고 멩두도 엇고 당주의지도 엇고 살단
이번 참 KBS방송국에서 이런 기록 자료를 냉기저
전통문화연구소에서덜 허게 되거니 서로 인연이 되언 요 신질을 발람수다
이번 첨 신질 연질을 발라 조상에 초역례 역가올리고
이에 고분멩두 막고 당주질 발라 약밥약술 다멕여
어인태인 금린 감봉수레 두건 당당헌 하신충으로 큰심방 자격을 가져
관디 입어 큰굿도 들어오랑 시왕을 바라들고 바라나게 시겨줍서
아앗은제여 귀양풀이 성주풀이 말명도리 나수웁서. 젯도리 나수웁서.
상통천문 기지역신 하탈지전 소소멩전 허게헙서.

앞이멍 너른이견 뒷이멍 보른이견 어신 언담 어신 예 허우되 나수웁서.

동서우로 상단골 중단골 모관단골 정의단골 대정단골

모실포 궨당들 친구들 친척들 소문 들으멍

아멩허민 돔베위 오른 괴기 칼맞 아니 보느냐

아이고 우의 좋게 우리 성제간

아이고 우리 아시 우리 성님 우리 외펜이 아무가이

성펜이 아무가이 ᄉ지팔저 못드련 심방햄젠 헌게

이왕이건 인연 ᄉ록 빌어당 굿도 허게 허멍

동서우로 궨당에 의지 친구 연줄연줄

어느야 선배 연결허멍 이에 먹을 연 나수와 주게 헙서.

조상 당주에 올레에 오래 오래오래 즘자게 마랑 이조상 업엉

밤엔 불선가위 낮엔 내난가위 방방곡곡 마련해여 댕기게 헙서.

막개포를 지어 나건 덩드렁포 일롸오게헙서.

이제ᄭ지 못 몬 금전 쉬은셋 쉬은넷 나가건 돈도 벌어 통장거득

이천만원 삼천만원 일년에 메왕 저금허고

오년말 벌 건 한 이삼 억 벌엉

이 ᄌ순 고대광실 높은 집도 마련해여 살게 헙서.

남단 북단 너른밧도 아이고 빗정 상 놔두걸랑

아이고 이돈을 삼년 안에 다 벌엉

요 밧상 빚에 물어정 밧도 나수와 주게 헙서.

큰년도 아이고 시집 강 이루제랑 우리 아바지 찾아보게 해영

부모에 소중헌걸 마음을 뉘우치게 헙서.

족은년도 아빠가 나 돈보내주낭

요 공부해연 커졌구나 영 월급타건 아빠 나 요거 번돈 써봅센 해영

일년에 몇번 찾아오고 휴가받으멍

아빠 나 오랏수덴 외손지라도 대여섯 오누이 낭 ᄌ순도 안앙기게 헙서.

어딜로 인연 맞은 가숙도 만낭 중년부터 자리잡앙

울던 옛말 고르멍 살게 도와줍서.

혼 잔 술로 시름 시끄게 마라건 먹던 술도 부모조상 삼시왕 삼하늘 고옛선성

저싱간 하르바님 할마님 아바님 어머님 먼 모다들엉 서로 나수엉

먹던 술도 덜먹게 허고 목에 걸은정 ᄀ찌 가래ᄀ찌 천식식ᄀ찌

886

기관지염ㄱ찌 영허는 징도 걷어줍서 위 나쁜 징 장 나쁜 징 걷어줍서.
오토바이 타아정 보던 디 댕기고 먼디도
젊은 몸으로 오토바이 탕 ᄒᆞ시간쓱 사십분쓱 운전허멍 댕깁네다.
오토바이탕 큰굿 족은굿 댕기멍
넋두 나게 맙서 보름분날 비온날 눈온날 안개낀날 아이고 질도 궂게맙서.
접촉사고도 나게 맙서.
예순 나뭇 나가건 옛말 고르멍
환갑 넘어나가고 일흔굽에가건 ᄂᆞᆷ 부럽지 않은 생활해영
아이고 나도 살단 보난 조상의 덕에 이런 날도 있구나 해뜰 날도 있구나
영해여 울던 옛말 고르멍 살게 시켜줍센 영
이번 첨 제주도 KBS방송국 이에 여러 각성받이 직원 방송국장 덕택이고
제주큰굿 보유되언 이런 기회가 되고 전통문화연구소 소장님
각성받이 직원들 연구허는 ᄌᆞ순들 덕택으로
정공철 쉬은둘 이왕 서로 이 기도허는 발레에 서로 밀어주멍
이에 좋은 인연이 되게 헙서.
형님들 덕이우다 국장님 덕이우다.
소장님 덕이우다 아시 덕택이우다.
십년 후제랑 웃음웃엉 울던 옛날 고르멍
살게 도와줍센해연 이 불공을 드립네다.
이에 서시루 천군지군 인왕만군 열다섯 성인님도
신을 메와 석살려 드립네다.
올라 옥황상제님 청용산 대불법 ᄂᆞ려 지부서천대왕 산ᄎᆞ지 산왕대신
물ᄎᆞ지 다섯용궁 절ᄎᆞ지 서산대ᄉᆞ 육한서 ᄉᆞ명당
인간ᄎᆞ지 삼불도 할마님 신메와 석살려 드립네다.
초공 밧초공 안초공 성진땅은 황금산 외진땅 적금산
저산앞 바리벋고 이산앞 주리벋어
왕대월산 금하늘 노가단풍 ᄌᆞ지명왕 아기씨
원구월 초ᅌᅩ드레 본멩두 신구월 열ᅌᅩ드레 신멩두
상구월 스무ᅌᅩ드레 살아살죽 삼멩두
궁의아들 삼형제 너사무너도령 거느리멍
밧초공 안초공님도 신메와 석살려 드립네다.

밧이공 안이공 청개왕 백개왕 적개왕 흑개왕 상시당
이공 꽃불리로 밧이공 안이공도 신메와 석살려 드립네다.
삼공안당 주년국은 강이영성 어실부인 궁문 구천 은장 놋장 가믄장 아기씨
월매 마퉁이 삼형제 거느려 글읍 활업 농업 사업
아이고 생각도 어시 불럿시요 심방허기도 전상 굿인 전상이랑 내놀립서.
신체 건강허고 멩 장수허고 삼시왕 삼하늘 고옛선성 부모조상에서
쉬은둘 건강허게 하는 전상 동서우로 인연되어 큰굿 족은굿
아이고 하영하영 들어와 앉일 저를 엇고 당주에 조상이에 올려 잇을 절 어시
이삼년 후제부터 내년부터 새 정월부터
먹을연 입을연 나수와 주게 허는 전상이랑
촘진 실허가며 밧삼공 안삼공꺼지도 석시로 신메와 석살룹네다.

(악무)

시왕이여 시왕검서 신병서 원앙감서 원병서
도시도병서 침추염래 범ㄱ튼 소천대왕
제일 진관대왕 초관대왕 송제대왕 오관대왕 염라대왕
번성대왕 태산대왕 평등대왕 도시는 전륜대왕 지장왕 생불왕
좌도나철 오도판관 십오동ᄌ 판관님도 ᄋ섯 십육ᄉ제님ᄭ지
석시로 신메와 석살려 드립네다.
당주전으로는 쉬은두설 경자생 정씨로 공자 철자님
몸받은 연향당주전으로 삼시왕 삼하늘 안당주 밧당주
이에 고옛선성님 옛날옛적궁의아들 삼형제가
서울이라 상시관에 과거를 가난
과거를 해연 비리단절 옥단절 벌련뒷개 영가메 호신채를 둘러탄
어주애 삼녹거리 ㄴ려오난 과거는 다 돌려보내여두고
이에 골미골산 외하르바님신디 강 절삼배를 허난
황금산에 도을르라 황금산에 가난
설운 애기들 굴미굴산 아야산 신산곳을 도올란 실사오리 물사오리 졸라단
첫째 북은 끈어다 아버지 절간 법당 북을 마련허고
이채북 끈어다가 울랑국을 설연허고

셋째북은 끈어다 삼동막 설운장구 설연허고

어주애 삼녹거리 서강베포땅 신전집을 무어놓고

동의와당 ᄂ려산 쉐철이 아들 불러다가 백몰래와 각을 새겨 삼멩두를 지어

어주애 삼녹거리 서강베포땅 신전집을 무어놓고

보름불어 보름뚜벽 뜻불어 뜻도벽

동산새별 신영상간주 연향육고비 무엇구나

설운 어머니 깊은 궁에 들었거 야픈 궁에 내올립서,

야픈 궁 들었건 어머님 깊은 궁 내올립서.

아이고 어머님 없는 이 과걸허민 뭘 허리 과거를 다 돌려된

어머님은 이 세상에 번뜩허게 살아나난 어머님이랑 이디 십서.

아무 날되민 춫아올 사람이 이실거우다.

삼형제가 상시관에 도올른다.

양반이 원수를 갚으저 삼도전 거리를 근당허난 유정승 ᄯ님 애기가 앉아꾸나.

아방국에 간 이에 육간제비를 타당 파란 곰에 지와간다.

유정승 ᄯ님 애기 곧 일곱 설에 벵은 나고 열일곱에 그 눈 어둑어

어둑억 붉각허단 일흔일곱 나던 해 아래녁 조부장제집이 간

큰굿해연 일흔일곱에 대천겁 저울려 삼시왕에 종명해엿수다.

성은 정씨로 쉬은두설도 유정성 ᄯ님애기 ᄀ찌

어릴 때부터 죽억살악 죽억살악 굴채 들러 몇 번

아이고 갈래 줌 높은 질료 가젠쳐단 일곱 설 나는 해엔 신창할망 신디 간

당주알로 불도알로 노멍 키와 오랏수다.

어릴적 조실부모 양친부모 다 돌아가부난 살단보난 서른닷 세부터

신의 밥먹고 신의 줌잔 이에 행궁발신해여

삼시왕의 덕택으로 삼하늘 덕택으로 고옛선성님 덕으로 쉬은둘ᄭ지

죽을 고비 넘으멍 멩잇언 요 심방질 해연 살아오는 ᄌ순입네다.

이번 참에 쉬은둘님 처음으로 어느 의지어시 살단

양씨 아바지 김씨 어머니 몸받은 조상 이에 업어다 당주 설연 해엿수다.

이 민속ᄆ을 성읍리 마방집에 오란 밤도 보름 낮도 보름 ᄒ 둘동안

삼대틀어 초신질 바쳐 지 발르고 초역례를 바쳐

당주질을 발라건 북촌 사는 당주로 강

잘 좌성시키곡 허크메.

이 조상 머리쯤에 운둥해여 큰굿 족은굿 나수와 주게헙서.
안당주 밧당주 당주하르방 당주할망 당주아방 당주어멍
당주도령 당주벨캄 당주애미 고옛선성님꺼지도
연향 당주전으로 신메와 석살릅네다.

(악무)

천왕멩감 지왕멩감 인왕멩감 일흔ᄋ돕 도멩감님도 신메와 석살릅네다.
천왕ᄎᄉ 지왕ᄎᄉ 인왕ᄎᄉ 년직 월직 일직 시직 옥황금부도서
이원ᄉ제 강림부원국ᄉ제 대명왕 ᄎᄉ 삼시왕 몸받은
멩두멩감 삼ᄎᄉ 영ᄎᄉ 본당신당 ᄎᄉ님도 신메와 석살려 드립네다.
일문전도 석살립네다.
조부일월 상세경 직부세경도 석살립네다.
안칠성님도 석살립네다.
직부칠성 조왕할마님도 신메와 석살립네다.
이 ᄆ을 낳는 날 생산 죽는 날 물고 호적 ᄎ지헌 저 모실포 토주관 한집
성읍리 토주관 안할망 마방할망 도엉언할망 관청 한집님
이에 어서 장적 호적 ᄎ지헌 한집님
이 서녁 펜이 관개벼슬 살아난 원님 살아난 집
서녁 펜이 조상 좌정해여 잇수다.
밤도 보름 낮도 보름 조상광ᄀ찌 굿소리 듣고 굿허잰허난 간
본향에도 간 잘 빌고 조상님 옵서.
이에 안할마님 옵센 청해오고 해엿수다.
뭇앙 갈 때도 다시 강 잘 댕기고 허쿠다.
신메와 석살려 드립네다.
모실포 토주관 한집님 개당 일뤠 한집님
김녕 궤네기 ᄂᄆ리일뤠 안성세기 밧성세기 각서 본향 한집 일곱자 대제님
웃손당 금백조 셋손당 세명주 내알손당 소로소천국
아들ᄌ순 열ᄋ돕 똘ᄌ순 스물ᄋ돕 손지방상 실수정 거느리던
삼읍 토주관 한집님도 신메와 석살립네다.
웃당 일뤠 알당 ᄋ드레 돈아사민

당토하늘 당토부인 ᄂ려사민 요왕하늘 요왕부인
애기내청 상마을 어깨 중마을 걸레 하마을 마흔ᄋ돕 상방울 서른ᄋ돕 중방울
스물ᄋ돕 하방울에 ᄂ념허던 우알당 한집님 ᄆ를 넘은
저 토산 한집님 ᄭ지도 석시로 신메와 석살립네다.

(악무)
(신칼점)

들여가며
일월입네다 일월입네다 예~
군웅하르방 군웅할망 이 정칩이 묽고 묽은 일월조상님
오래 마흔이 이애기 심방허난 조상가심 열리저 이굿 해염수다.
어서 신메와 석살립네다.
군웅하르방 천공대왕 군웅할망 옥지부인 군웅아방
낙수개남 군웅어멍 서수개남
아들은 세성제 나난 큰아들은 동의요왕 ᄎ지 셋아들은 서의요왕 ᄎ지
족은아들 ᄒ역 그리친 팔저 대공단 고칼들여 머리삭발을 허고
ᄒ침 질러 굴송낙 두침질러 비락장삼 목에 염주 단주는 손에 걸고
ᄒ짝 손에는 금바랑 옥바랑 ᄌ지바랑 둘러잡아 한번을 뚝딱 치난
강납더레 응허난 황저군웅이 되엇구나.
두번을 뚝딱 치난 일본더레 응허난 소저군웅이 되엇구나.
삼세번 뚝딱 치난 우리나라 대웅대비 서대비
물아랜 ᄉ신군웅 물우엔 요왕군웅
인문족지 벵풍 연향 탁상 우전 넋매물색 황해물색 고리비단 넋나븨에
놀던 일월도 신메와 석살려 드립네다.
정씨펜 정선달 정벨감 부모 어머님 윤씨펜 어머님 뒤후로들 고씨펜
어머님 뒤로 어느 할마님 뒤로 발벗은 일월
불도일월 책불일월 산신일월이라도 잇건 기지역신 협서.
산으로 산신일월 아방국 구엄장 어멍국은 신엄장 도리알 송씨영감
앞을 세와 지달피감퇴 네눈이반둥개 청삽살이 흑삽살이 거느려 놀간 놀래
언설에 단설에 석석 간에 받아오던 산신님 영급좋은 산신님도

신메와 석살려 드립네다 물로 요왕 배로 선왕

동에 요왕 청요왕 서에 요황 백요왕 남에 요왕 적요왕 북에 요왕 흑요왕

청금산 ᄀ금산 수금산 수미산 들물고개 쓸물고개 삼성재 눅고개

여끝 돌끝마다 상선에 중선에 하선에

파산 배에 넋난 선왕님도 신메와 석살려 드립네다.

전싱궂던 쉬은둘 경자생 정씨로 몸받은 연향당주

일월 마흔ᄋ돕 초간주에 놀던 일월

서른ᄋ돕 이간주 스물ᄋ돕 하간주에 놀던 일월

열대자 아강베포에 놀던 일월 일곱자는 구름전대에 놀던 일월

석자오치 직부잘리에 놀던 일월 당주일월 몸주 일월 신영간주 일월

쉬은둘 몸받은 당주 일월 몸주 일원 신영간주 일월꺼지도

신메와 석살립네다.

(악무) (신칼점)

들여가며 선망조상 후망부모 형제 일신

쉬은둘님 어느 고을 의지엇고 어느 부모 조상 물려준

밧 ᄒ 판이 엇고 집 ᄒ채 어시 아바님 어머님 멩 졸라 어릴 때 돌아가비영

고생허멍 살아도 전싱팔저가 기박해여 화련성 매연 나난

어느 부모조상 외펜 성펜 뿌리어신 새삼 나듯 논 연줄 어서도

대학공부해연 문화재 사무실에 사무장으로 댕기곡

한라산 놀이패에 댕기단 보난

어떵어떵 이 신질이 오라가는 게 심방을 해여점수다

서른다섯에서부터 요 심방허난 조상에 이에 가심을 열려 내저

먹장 ᄀ튼 가슴 이열신기 품은 가슴 내눌리져

하느님 덕은 천덕 지하님 덕은 은덕 나부모 조상 살아먹는 몫 입는 몫

아이고 하르바님네 할마님 ᄒ 세상 살아도 ᄂ룻헌 식상

못 살아 저싱 간 부모조상님 먹장ᄀ튼 저가슴 이열신기 품은 가슴

석베ᄀ찌 싸여진 원한 돌담ᄀ찌겉이 채운 가슴을 풀려 드리저.

아이고 ᄌ순이 하고만 해여도

아무도 누게 분시 몰르면 이런 저런 일 못헙네다.

아이고 설운 부모 조부 하르바님 할마님네 ᄉ부체도 신메와 석살립네다.

큰아바지 셋아바지 두부체 아바지 어머니 삼부체

숙부 족은 아바지 설운 나 동생

스물둘 ᄋ왕에서 저싱 간 슬챈 목숨 좋은 세상 못 살안 저싱 간 이아시

아이고 젖은 옷 뱃겨 드리고 허쿠다.

부모조상 아바지 어머니 할르바님 할마님 홀목 심으멍 옵서.

큰고모님 아이고 고모부님 족은 고모님 고모부님 아이고 어서 옵서.

외가에 외하르바님 외할마님 외삼춘님 신메와 드립네다.

위ᄌ부 하 아이고 파평윤씨 어머님 뒤후로도

외하르바님 외할마님 이모님 이모부님 설운 ᄉ춘동생 용성이 군에 간 저싱 간

이 형제도 어서 조상 홀목심어 ᄂ립서 신메와 석살립네다.

질 못처 드려도 호상옷 츨리고 수원미로 지전이영 허영 정설어내쿠다

큰고모 할마님 이에 무이방친헌 영개고모 큰고모

셋고모 아이고 불쌍헌 영ᄒ님 친구벗들 양동철이 김경률이

이주 이하성이 양서 양용찬이 최정화니 벗들 살아시민

아이고 공철이 우리 친구

심방해네 삼대틀언 열일렛날 큰굿 햄젠해라.

우리도 강 ᄒ쓸 후보 해여주고 강 부주라도 해영가게

굿 보레 가게 다 올 친구 벗들 깃발보멍 옵서 연발보멍 옵서.

청대 고고리 가늠허멍 옵서.

연당상내 가늠허멍 옵서.

올북소리 기늠허멍 옵서.

미처 이처 못 거느리고 몰라 못 해영 못 거느린

ᄉ춘 오춘 진내펜 성펜 외펜 영가 친구 벗 영가들 다 ᄂ립서.

영ᄒ님도 신메와 석살려 드립네다.

성은 보난 정씨로 경자생 몸받은 안공시 서씨로 신축생

몸받은 밧공시 안팟 신공시로 삼시왕 삼하늘

유정싱 ᄄ님애기 궁의아들 삼형제 너사무너도령 심방선성 유정싱 ᄄ님애기

거느리멍 신메와 안팟공시로 석살려 드립네다.

안공시로 황씨 이씨 임씨 선성님

눌꼽이 하르방이엔 허민 김녕서 권위난 조상이우다.

어서 신메와 드립네다.

이에 정씨 아즈바님 몸받은 부모조상 양친부모 양씨 아즈바님 양씨 아바지

메와온 조상님 좋은 본메 주던 선성님 부모 하르방님 얼굴모른 조상
외진 조상님 초신질 이신질 삼신질 양씨 아즈바님 발라오던 선성님
굿 잘허던 선성님 설운 누님네 어서 안공시로 신메와 석살려 드립네다
밧공시로 요 일뒤에 집서관 메겨 오랏수다.
이에 서씨로 쉬은하나 신축생 상신충 몸받은 조상 진내편 김씨 하르바님
책불조상도 신메와 석살려 드립네다.
외진할마님 삼불도 조상님도 신메웁네다.
외하르바님 불도조상 족은 하르바님 책불조상 고모할마님 불도조상
설운 어머님 마흔셋에부터 요 심방 해영
아이고 초신질 발라주는 정씨 하르바님 이에 모다드는 조상님
모사에 모밭은 몸받은 조상은 뱅듸진밧가름 물ㅋ실낭 상가지 솟아난 조상
고씨 대선성 한씨 김씨 선성님 신질을 발르레 오랏수다.
이 ᄌ순 앞 발루저 신메와 드립네다.
서김녕 임씨 대장간에 간 본메 좋은 경기도 국일공예사에 간 개천문은
헐언 작고 아저 댕기머 불편허난 잘 개조해여 오란 업어 댕겸수다.
초신질 발라준 양씨부모 조상님 신메와 드립네다.
황씨 임씨 선성 이씨 하르방 임씨 할마님 신메와 드립네다.
이신질 발라준 정씨 하르바님 안씨 부모님 하씨 삼춘네 고씨 큰어멍
서씨부모 아바지 이런질 아니 걸엇수다.
이 애기 앞발루저 신메와 드립네다.
삼신질이여 대역례꺼지 바쳐 준 행원 이씨 부모 조상님
어서 신메와 드립네다예~
ᄒ어깨 오랏수다 신이 물줄 ᄒ물줄엡네다
이에 양씨 아즈바님 김씨 성님 내외간 몸받은 조상은
정씨로 쉬은둘 몸받은 안공시로 신메와 석살려 드립네다.
밧공시로 오는 강씨 형님 몸받은 조상 설운 한씨 아즈바님 임씨 부모조상
신메와 드립네다.
이에 정씨 아즈바님 이씨 성님 내외간 몸받은 부모조상
임신네와 석살려 드립네다.
강씨 아즈바님 몸받은 부모조상
처부모 조상 몸받은 조상 신메와 드립네다.

송씨 조캐 몸받은 부모 어머님

몸받은 외할마님 외 조상 임신내와 드립네다.

신의 아이 계사생 몸받은 오씨아이 몸받은 원당 할마님 일월 조상님

강씨 한씨 김씨선성 얼굴 모른 조상 흔대 두대 임봉주대 김씨 시부모 조상

현씨 수양부모님 이모님 아바님 낳아주던 아바지 어머니

이런 길을 안 걸어도 팔저 궂인 애기 앞 발루저 여의단목 잘 질루저

ᄌ순 댕기는디 애기 댕기는디 ᄀ늘 놔주저 시메와 드립네다

초신질 발라준 이씨 부모조상 이씨선성 눌는 지로 신메와 드립네다.

이에 오씨 성님 한씨 성님 외진편 임봉주대 조상님 신메와 드립네다.

신공시로 성읍리도 안할마님 본향당 경허고

당 설연 절 설연 허던 얼굴모른 각성받이 선성님

이 본향 앞에 앉아 놓던 선성

이 ᄆ을 건위우품 나게 놀던 영급 좋은 선성님

표선이 가도 신씨 대선성 신황수님

맹옥이 하르바님네 서오누이영 장터에 살던 홍씨 할마님 동카름 난지 할마님

고막은야 강씨할마님도 신메와 드립네다.

신천리 하천리 놀던 선성님

신풍리 문일이 어머님네 매화 삼춘네 김시민 성님

몸받은 부모 조상님 난산리 송맹이 터 정씨 난가름도

징씨 선성 그려원 홍려원

얼굴 모른 선성 열눈이 온평리 최씨 한씨 선성 송씨 삼춘님네 신메웁네다.

팔저궂인 집안이 성읍리 완 제주도 큰굿이 보유 되난

자료를 넹기저 KBS방송국에서 대행사도 되고

정씨 ᄌ순 쉬은둘 초신질도 발르고

겸사겸사여 대로 들러 낮만 보름 요 굿을 해염수다.

살아도 옵네다 여의단목 잔 질루저

모관가도 천지금죽 대선성 대정가도 천지금죽

구좌읍 놀던 선성 조천읍 놀던 선성 제주시내 동문밧 서문밧 놀던 선성님

에월읍 한림읍 한경면 안덕면 중문리 안쪽 서귀포 박씨 김씨

임봉주대 대인이 오라바님네 얼굴 모른 조상님 난마 삼춘네 이 아들

저 용주 삼춘네 이에 생옥이 삼춘네 방근이 동생네

살아시민 아이고 우리도 강 굿 보게
큰 행사 해염젠 해라 삼대틀엉 큰굿 해염젠 해라.
ᄆᆞ들 ᄆᆞ음이 들떠시니 물줄 ᄒᆞ 물줄로 올만헌 옛선성님
어서 신메와 석살려 드립네다.
대정가도 천지금주 대선성 모관가도 천지금주 대선성
천군선성 덕환이 상잔선성 덕진이 신칼선성 시왕대번지
요령선성 홍글저대 북선성 조막손이 대양선성 와랭이
이에 장구선성 명철광대 설쇠선성 느저왕 나저왕
자리비 선성 당반비 선성 보답에 놓던 선성 기메선성
놀메선성 고리 신동벽 자동벽에 앉던 선성님 언담 좋고 굿 잘 허고
소미들 안네 끼고 소리 좋고 영급 좋던 제주 산납산대
놀던 선성 관청 굿 도청 굿 허던 선성님 입춘굿 허던 권위난 선성님
팔저궂인 집안 초신질 발려 초역례를 바첨수다.
안팟 신공시로 옛선성님도 신메와 석살립네다.

(악무)
(신칼점)

터에 지신 오방신장
이 마방집 각항지방 물로지신 올레여기 마당신도 신메와 드립네다.
이 서녁편이 안할마님 모시고 큰낭을 이거
고목나무들 몇그루 싯구 허우다.
큰낭지기 큰돌지기 엉덕 먹덩 시게 동서녁 집이 우알녁 집이
터지기 집지기에 동설용에 서설용 남설용
아이고 성읍리에 오란 민속ᄆᆞ을에 KBS방송국에서 전통문화연구소에서들
의논해여도 아이고 돌아봐봐도 이만헌듸 어선
이디 오란 초가삼간집 빌고 마방집 빌언 정씨ᄌᆞ순 삼대틀엉
큰심방 초역례 바치젠 큰굿헌댄 해여라.
날 택일을 받아 놓아가난 저올레 가뒘서 비온날 우상성 기다리듯
KBS방송국 직원 ᄌᆞ순들 국장 ᄌᆞ순들 전통문화연구소 연구소장이여 ᄌᆞ순들
어느 이디오랑 ᄀᆞ찌 고생헐 ᄌᆞ순들이 꿈에 선몽허더니

본주 시방 쉬은두설 꿈에 선몽허던

이 조상 업어단 집이 당주 설연허고 요굿허젠

주순이 걱정해가난

조상이 모 우꼿 들렁 꿈에 선몽 낭개 일몽 비몽 서몽 허더니

저 올레 비온 날 우장 썽 기다리듯 뜻노릇 촌이슬 맞으명

어느 제민 요 굿 시작해여 구월 열일뤠가 되어 굿소리 나가건

우랑 굿도 부앙 가저 숨 호자도 먹엉 가저 이젓도 받앙가저 허던 임신

저먼정 금세절진헙서.

신의 성방더레 꿈에 일몽 남가 일몽 미몽사몽 허던 임신들

모을안에 급헌 어시난 삼촌스랑 저먼정 금세절진헙서.

석시마다 술이여 감지여 초스영 잘 사귀고 잘 지달래락 허민

이굿 모침 동안 어느 직원들이나 사진 찍는 주순들이나

이에 어느야 촬영허는 주순더레 차질에들이여.

사고도 나게 말고 조왕으로도 넋 나게 말고 팔저궂인 동간들도 댕기명

차 질들이영 모 살펴줍서.

어스럭 더스럭 꼬부락 살죽에 멩두발 게움투기허던

삼멩뒤발랑 저먼정 금세절진허멍

석시로 상당알 중당 중당알 하당 초서야 말서꺼지 영기몽기 영서멩기 화랑당

도계지기 몰들른 이 기들른 이 저먼정 금세절진허멍 신메와 석살립네다.

(악무)
(신칼점)

석살리나네 인의와 신의법 다릅네까

초미 오른 연단상은 이미 오른 조단상 울령도 조금상 가지상

능글능글 피와 세발두돈 중아발 백탄숯불 피와 둘러받아 쉬은둘 받은 삼선향

스물호나 열두설 받은 초미 연단상 이미 조단상 상이 오른 삼선향

등양상축 삼주잔꺼지 둘러뷉네다.

(향로들고 악무)
(삼주잔 들고 술 뿌리며 악무)

상당에 받다 남은 잔은 중당에 받읍네다.
중당 받다 남은 잔 하당에 받읍네다.
하당 받다 남은 잔 신공시에 내주대영 저먼정 나사민
밧초공 안초공 안이공 밧이공 할마님 뒤에
영기지기 몸기지기 영서멩기 파랑당도깨기지
큰낭 큰돌지기 제석님 뒤에 세경칠성 문전본향
일월뒤에 영가뒤에 저싱벗 터에지신 오방신장뒤에
안팟신공시 옛선성뒤에 꼬부랑 멩디발 주잔받읍서.
영혼님 뒤에 저싱벗 저싱동간 저싱친구들 삼주잔입네다예
주잔은 개잔개수해여 위올려 가명 삼선향도 재감수협서.
재돌아 갑네다 위돌아 갑네다.
ᄆ를 넘은 저 토산 알당 ᄋ드레 한집님은
강씨성방 ᄆ처오던 마흔대자 상방울 오씨성방 ᄆ처오던 서른대자 중방울
하씨성방 ᄆ처오던 스물대자 하방울 둘러 받앗수다 큰굿엔 열두 석 만판
앚인제 ᄋ섯 석 만판 푸다시는 삼석을 바릅네다.
조상이 본을 다 풀어낼수가 있습네까.
신전에 본을 풀면 신나락 생인은 본 풀민 백년에 원수가 되는 법입네다.
한집님 난산국이 어딥네까 신의 제저 아무 분시 몰르고
앞버린 제자 오씨아이 계사생 잘못허는 일랑 죄랑 이 자리에서 삭 협서.
벌랑 소멸시켜줍서.
열 말 고를 때 ᄒ말 백말 고를 때 열 말 골고대나 십일자 알아 통촉협서.
옛날 옛적 나주 영청 이목서 시절에 삼년을 준삭을 못 채완
봉고파직이 되어 갑데다.
ᄒ를 날은 목서관이 허는 말이 어느 누가 목서관으로 들어사겠느냐
영청 이목서님이 내가 목서관으로 들어사오리다.
단메에 단구종을 츨여내여줍서.
단메에 단구종을 츨여 내여주난 나주영산 금성산을 가저 얼마 아니 가난
ᄆ발이 둥둥 절고 보연 안개 탕천허난 아이고 어떤 소실이꽈
이산은 넘어가젠허민 영기가 있는 산입네다.
우리보다 더 헌 영기가 있겠느냐.

그대로 행차라 얼마 아니 가난 물발이 저라 어 그거 영급있는 산입네까.

안으로 들어간 보난 외주둥에 청지애 집을 돌아 놓고

동풍이 불면서 서풍이 왕강싱강 서풍이 불민 동풍이 왕강싱강

요게 구신입네다.

아이고 안으로 가고 보난 월궁ㄱ뜬 신의 애기씨가

쉬은대자 그 술에 머리 풀어놓고

상동낭 용얼레기 외우비어 ㄴ단총각 노다비어 외우총각 요게 구신입네다.

사람을 놓아 구신이라 허느냐

아니 이 고을에 신의 성방 불러다 굿 삼석을 실럼시민 구신을 볼듯헙네다.

그 고을에 신의 성방 불러다 굿 삼석을 덩덩 울렷더니만은

고비만 슬금 슬짝 뵈옵네다.

구신이 이건 영급을 배우라 정법을 읽었더니

ㅎ린 천왕 ㅎ 아구린린 지왕에 폐와겉다.

팔모 야광주나 물었느냐 금광주나 물었느냐 아무것도 못 물엇수다

금강주도 모른데 뭔 구신이 이해 가겠느냐

이 고을에 불 잘놓는 정포수 활 잘 쏘는 이거제 불러다

당침내기에 불싼발이여

(악무)

당침내기에 불싼발 들런보난 화공이 중천해엿구나.

몸천은 ㅅ라저도 ㅎ정은 금바둑 옥바둑 몸에 환셍이 되었구나.

아이고 요거 제주도 절에 섬에아정 가시민[645]

본당도 삼을듯 신당도 삼을듯 허다.

앉아도 먹을 연이 날 듯허다.

사도 먹을 연 날 듯허다.

입으로 정법이 되엇구나.

제주더레 ㄴ려오저 서울 종로 네거리 많이 노난 시장끼가 바싹난다.

그 보물 내여주멍 ㅎ상을 봅서 술ㅎ상을 봅서.

---

645) 갔으면

우리는 돈을 받아 풀주 그런 보물 받아 물건을 아니 픔네다.

요거 밥도 술도 못 사먹는 보물이여 쓸 곳 없는 보물이여

파랑포에 쌍 강물에 던저두고 아이고 배진고달도를 오란

배를 붙이저 석달 백일을 기다려도 가는 배는 가고 오는 배는 오라도

강씨 안씨 오씨 성방 탄 배는 보름공기 막아 배 놀 날이 어서간다

아이고 겁겁허난 조씨 문의 간 문점을 허난 어떵헌 일이우꽈

당신네 손으로 아니 지은 보물이 싯수다.

화장하야 저예 뱃장 알을 열아보라.

열고보난 파랑포에 싼 바당더레 던진 바둑이 어느 동안 똘라 오랏구나.

요게 들언 천멘지 숭엄을 주엇구나.

화장아야하야 상탕에 목욕허라

중탕에 메를허라 하탕에 소족시꺼 메세보시 떠올려

멧방구 삼채 덩덩 울려가난 멩지와당 실보름난다.

제주바당드레 비츨해여

(악무)

제주바당 어딜로 배도 봉허리 소섬으로 들젠허난 짐질깍기세여 못네 든다.

성산포로 들젠허난 남의나라 침통경 만리토성 세여 못네 든다.

어딜로 배를 대리 저열눈이 묵은 열눈이

새 열눈이 황노알 알로 배를 붙였더니

무등력이 혼 쌍이 놀아난다

선주가 허는 말이 선왕이 ㄴ실해여 ㄴ리는듯 허는구나.

선왕이 ㄴ실해여 ㄴ릴수가 있습네까.

맹오안전 맹오부인에 간 맹암 혼장을 드리난 어디가민 공헌 땅이꽈

아이고 이딘 땅도 내 땅 불두나물 새털?뜬 만민 저 단골도 나 단골이여

어디가민 공헌 땅이 되오리까.

저 토산 메뛰기 ㅁ루를 가고 보라.

혼놈 좌정 헐만한 공헌 땅이 있저 어서 가저 난산일 지돌아

옥꼼배낭 알꼼배낭 통오름 탈선망을 넘어사 저와갱일 넘어사 가난

고칩땅 한집님이 두어장기 두어바둑 두단 천리통을 놓아보난

곱들락헌 처녀 애기씨가 넘어가는구나.

남저의 기십이여 뒤정으로 눌려들언

은도 강토 안해연 저때 ᄀ뜬 저리를 안아간다.

연꼿 ᄀ뜬 저 젖통을 ᄆ지가간다.

흘목을 비어 잡아간다.

아이고 당신이 얼굴은 천하일색으로 고와도 속 ᄆ음 쓰는 건

더러운 북쌍놈마 ᄆ 허는 행실을 가졌수다

더러운 놈 잡았던 흘목을 어떵 그냥 가져갑네까.

은장도리 빼어다가 외우노다 실금실작 깎앗더니 ᄌ지 피가 불끈난다.

물멩지 지우젯 수건 해여단 노다칭칭 외우칭칭 감아두고

양반이 후예로다 팔저를 ᄒ번 그리치주. 두번 어떵 그리칩네까.

옵서 언약이나 허여보게 밤이랑 연불 만나고 낮이랑

신불로 만나게 언약을 해여두고 ᄆ음 또래 ᄆ음시고 시름 또래 시름시고

연도래 연시엿구나.

ᄒ를 날은 제주도 산을 둘러 보난 봄이나는 청산이요

여름나는 흑산이요

ᄀ을이 드난 황산이요

겨울이 나난 백산이요 ᄉ계절 색깔이 변해여

부술을 부렸구나 제주산은 요망지산이로구나.

늦은덕이 정하님이 밥상을 들런 ᄋ라시난

어떤 일로 너의 손과 발이 이와ᄀ찌 고왔느냐

아이고 ᄀ두말고 일루두 맙서.

날마다 연세답을 매날 뽈단보난 나 손과 발이 이와ᄀ찌 고암수다.

나도 허민 고울소냐

아기씨 상저님은 놀던 손과 발이 나보단 더 곱네.

어서 기영허건 전세답이나거저 곤대 서대구덕646) 대빵거리 놓아간다.

세경물 묽게 출련 늦은덕정하님을 거느련

저 토산아래 ᄉ만 올리소에 연세답을 간 와라차라 ᄀ랑꾸나.

늦은덕 정하님이 ᄀ는말이 아이고 어떵허민 조읍네까 상저님아

---

646) 대바구니. 아기구덕을 가리킴.

저래 보난 놈이 나라에 군졸 도둑놈이 오람수다.
예펜엔 본디 본말 버리고 들은디 들은 말 버리라.
허는 세답이나 ᄒ저 허라.
어서가게 와라차라 그 세답을 ᄇ지런이 허단보난
아녀써라 검은 여의 배가 지처간다
우 벗인 놈 알 벗인놈 ᄂ의 나라 팔대선예 군졸이
동으로 서으로 이에 놀려가난 애기씨 상저님 물 잘잘 나는 연서답
늦은덕정하님 거니령 거두와 설어지언
앞건성창을 넘어간다 한성창을 넘어간다.
앞건 숨베기왓 탄숨베기왓 넘어산다.
묵은 각단밧딜 들어사난 어욱페기 쏘곱으로
꿩이 ᄒ쌍 퍼루륵허게 놀아난다.
꿩 곱아난 어욱페기 의지해영
이내 몸천이나 곱아보저 머리도 아니 곱쪄진다
남의 나라에 군졸 동으로도 일곱 명 서우로도 일곱 명
둘려들어 이쩡저쩡 조부연쩡 애기씨 ᄎ래 로 겁탈굿이여.

(악무)

아이고 아이고 어떵허민 좋읍네까
날도허고 둘도헌디 하필이민 상당 파일에 ᄉ만 올리소에
애기씨 상저님 연서답 갓단 놈의 나라에 군졸이 체연 죽엇수다.
아이고 어떵허민 좋으리 우리 토산 메뛰기ᄆ루 알각더레 쌍묘산을 무엇구나
밤이는 ᄎ이슬 낮이는 더운 벳 석달 백일 맞아도 어느 누게 눈디야
감주 ᄒ 잔 술 ᄒ 잔 밥 ᄒ 상 떡 ᄒ시리 쟁반 먹으라 쓰라 아니 해염구나.
ᄒ를 날은 가시오름 강당장칩이 무남동자 단똘애기씨가
남은 옥기드레 ᄒ의 둘앙 시집을 갑데다.
가메 부추레 뚤랑 갑데다. 연 부추레 뚤랑 갑데다.
시집가는 날 저냑부터 어리꽹이 디리꽹이 우루역기 알로
설쇠 진톨구지 졸은톨구지
진하우염 졸은하우염 서방도 몰랑 두리뚜리 시아지방도 몰랑 조악조악

시어멍도 몰랑 조악 아이고 어떵 행 좁네까.

새며누리 해여당 노앙 놈도 ㄱ르멍 후른 허멍 웃을 써라.

슬째기 빌어봐도 일부가 금송양 어서간다.

푸다시 벌풀일 해봐도 일부가 금송양굿 어서간다.

아진제 굿을 해봐도 가금 어서 ㅎ급허난 어디간 일안 어른한테 먼저 문허난

아이고 어떵헌 일이우꽈 당신네 물려먹은 조상이고

조사에 큰구을 해여사 이애기가 살아납네다

살을 도랠 해여줍서.

이와ㄱ찌 배곗딜로 천지염래대를 하늘이 칭칭허게 신수푸고

안으로 ㅅ에 열두당클 줄싸메여놓고 밤도 영청 낮도 영청 두일뤠 열나흘

큰굿을 와라자라 해여가는구나.

초감제가 넘엇구나 초신맞이 넘엇구나.

초 · 이공 연맞이가 되어가난 다 거의 죽다시피 숨만 펄락펄락 허다시피

애기씨가 살아나멍 신의성방님아 누게 울은굿입네까

아기씨 상전님 울은굿이우다.

나 울은굿이거들랑 나눕던 방에 금동쾌상을 열왕보민

우리 아바지가 첫서울 갓다오멍 물멩지영 갱멩지영 잔뜩해영 눌럿수다.

그걸 아사내영 나 간장을 풀렴시민 알아볼 도리가 있을꺼우다

애기씨 눕던방 궷문을 강 열어보난

아녈써라 교비첨첨 물멩지가 잇엇구나. 갱멩지가 잇엇구나.

ㅎ고비 두고비 세고비 절드리나 어처불상 만주애미

실사리가 ㅂ짝 멀란 죽었구나.

요게 숭엄이로구나 요게 숭시로구나

마흔대자 끊어 상방울을 ㅁ처간다 서른대자 끊어 중방울을 ㅁ처간다

스물대자 끊어 하방울 앞건 방울 ㅎ 방울 ㅁ처간다

ㅎ 일곱자 일곱치 끊어 자리보전 대령헌다.

대백지에 몸천 기려간다.

금을 칙그선 용 기려 큰굿에 열두석이 판판을 사내와도

아이고 어떵허민 좁니까 이 애기 살아나기가 어려울듯 허우다.

살아날 도랠 ㄱ라줍써.

큰굿 해나건 뒤맞이를 헙서.

저산꺼지 올랑 곳은 낭을 비어 옵서.
상선 중선 하선 어개 비개 감동선을 지어 놓고
산촌에 나는 산물 진상 초기 진상
농촌에 나는 농복 진상 쌀이여 양석이여 잔뜩 실어놓고
해각으로 ᄂ리건 우미여 정각 구동, 생복, 미역
천배독선 천초듬뿍 실렁 차비 노수 채왕 장독에 장 실르고
물독에 물을 실렁 전배독선 시경 칠산바당 보름절 보멍 배방선 해염시민
알아볼 도래잇곡 애기씨가 살아날듯 헙네다 어서 기영허저.
ᄀᆯ은대로 들은대로 저산꺼지 올라 곳은 낭 비어다가
상선 중선 하선 어선허게 비게 감동선을 짓어간다.
산촌에 나는 초기진상 농촌에 나는 농복진상 하가구려
고동생복 천추도복 매여 전덕을 천배 독선을 실런
보름새 보멍 칠산바당 배전송을 허난
아이고 열두묵에 묶어단 싶은 애기씨가 오글래끼 살아나던 법이우다.
그 법으로 큰굿 해나도 뒤맞이법 앞인제 해나도 뒤맞이법
배돈이 서연신맞이 집도 지서 성주풀이 사람죽어 귀양풀이
큰굿엔 열두석 만판 앉인젠 ᄋ섯석 만판 푸다시는 삼석 만판
정의 동산 앞더렌 유월 나민 초일뤠 초ᄋ드레
열일뤠 열ᄋ드레 스무일뤠 스무ᄋ드레 동지둘나도
초일뤠 초ᄋ드레 열일뤠 열ᄋ드레 스무일뤠 스무ᄋ드레
만민 단골ᄌ순드레 서천재미공연 받는 법이우다.
성은 정씨로 쉬은두설도 저 대정 모실포 상모가 됩니다만은
고향은 이제 멀어지고 외방 나완 제주시 쪽으로 북촌 쪽으로 강 살아도
이녁 태 슬은 땅 무시헐 수 없고 저 동산 앞 한집 우알당 한집님
운설로 산설로 눈으로 본 죄목도 있고
오토바이 탕 댕기멍 바쿠에도 거쩌불고
댕기당 손으로도 거쩌불고 운설로 산설로
눈에 펜식 입으로 속절헌 일이 만만해엿수다.
죄랑 삭 벌랑 소멸시켜 이번 첨 삼대틀엉 초신질 초역례 바치멍
방송국에서 전통문화연구소에서 이번 큰굿 자료 냉기는 발레에
정공철씨 큰굿해여주게 초신질 발라주게 영해여

대로 들러 이굿을 해염수다.
쉬은두설 불러 아쩡 조왕 망지그물 씨와 가멍
석시석시마다 사내와 드리저 헙네다.
앞으로 멘모작 뒤후로 풀려줍서 뒤후로 멘모작 앞으로 풀려줍서.
뒤후로 멘모작 앞으로 캐난모작 두리모작
강씨 성방 ᄆ처오던 마흔대자 상방울 꽂이여.
ᄋ씨 성방 ᄆ처ᄋ던 서른대자 중방울 꽂이여.
한씨 성방 ᄆ처오던 스물대자 하방울 꽂이여.
어 구럭도 구럭굿이여.

(푸다시)

앞으로 맨 모작 뒤후로 풀려줍서.
뒤후로 맨 모작 앞으로 풀려줍서.
개난 모작 두리 모작 촘실에 춤베모작 쉬은두설에 들어
아니 쓸 신경도 쓰게 허고 아이고 신경 쓰단 보난
오장육부 삼배 억십 제ᄉ여래 기관지 천식ᄀ찌
고뿔ᄀ찌 입병ᄀ찌 장나쁜병ᄀ찌 열두 풍문조외 불러주어간다.
강씨성방 ᄆ친 상방울 오씨성방 ᄆ친 중방울 한씨성방 ᄆ친 하방울
ᄉ몰두설 허방울랑 앞으로 뒤우로 이지 시클

(앉아있는 본주앞에서 고풀이)

(장단에 맞춰서)
사나 사나 사낭갑서.
한집님 재매치 재선용/ 자리보전 왓수다/
(미녕을 크게 돌린다)
뜻보전 왓수다/ 한집님 죽는법 엇수다/
아홉번 죽어도/ 열번을 도환생/ 십생구세법/ 있습네다/
한집님은/ 구시월 되가맨/ 묵은 옷은 벗어당/ 설피난 가지에/ 걸처두고/
새옷 골아입어/ 큰 풍낭알로/ 큰 돌알로/ 궁기궁개/ 들어갔다 그네/

생명 삼을리엔/ 재 천둥소리에/ 궁기궁기 마다/

눈은 해떡/ 새는 헬로/ 아리롱 다리롱/

그매치 그선용으로/ 가물가물 노릿노릿/ 살아나건/

동서술력 발고/ 서서술력 발고/ 날래 멍석 깃돌알알/

양에 지스살 미나리왓/ 바라 댕겸시민/ 몹실놈 들리멘/

어떤땐 늙수렁이도 사래노민/ 득도독늠이카부다/ 몹실놈 작대기 들렁/

권력캐울해불멘/ 앵거린 주순은 앵기다/ 눈으로만 보아도 죄목이여/

입으로만 속절해도 죄목이여/ 발로만 넓아도 죄목이여/

입으로 속절영 죄목이여/ 열두 풍문 뒤에/ 불러주어 가민/

비념받고/ 푸다시받고/ 앉인젠 ㅇ섯석 받고/

큰굿엔 열두 석 만판/ 푸다시 삼석을 받읍네다/

한집님은/ 똘랑내 개입서/ 놀핀내 개입서/

청감지 조수지/ 고소리 술로/ 입수협서/ 금천물로 목욕협서/

성은 정씨 주순/ 쉬은두설이우다/

댕기멍 발산 짓은/ 아니방 댕겨집네까/

눈으로 본 죄목/ 입으로 속절헌 죄목/ 오토바이 두발드리기 탕 댕기멍/

바퀴로 ㄱ라분 죄목/ 댕기당 술도 좋아허난/

요거 먹으면 정력에 좋댄허멍/

벗홀림에 그런 술도 먹은 일도/ 있어사신디 모르쿠다/

입으로 먹은 죄목/ 속절헌 죄목을/ 풀려줍서/

놀랑내 개입서 한집도/ 넋날 때 주순도 넉 낫수다/

초넋듭서/ 이넋듭서/ 삼넋듭서/

안내복 밧내복으로/ 넋과 혼 들이건/ 새 가시 올릅서/ (신칼점)

새 비늘 돋읍서/ 새 꽝을 돋읍서/ 새 술을 올릅서/ (신칼점)

동해요왕/ 청용머리로 살아옵서/ 서해요왕/

백용머리로 살아옵서/ (신칼점)

남해요왕 적용머리 북에요왕 흑용머리/ 안시성 용머리로/

터지기로 집지기로/ 살아옵서/ 칠성한집으로 본향한집으로/ 살아옵서/

전상으로서 이에/ 다 잘못해엿수다/

아즈바님 알게 모르게 한짓도/ 죄척이 많허고 눈으로 영/

속절헌 일이영 손으로 진 일이여/ 한집도 여러번 허고/

팔저굿인 몸이랑 한집을/ 풀앙 먹고 입고 행궁해영/ 살아오랏수다/
삼주잔 내여당 본당군졸/ 신당군졸/ 오름산이 본산이 서자운기/
귀마구리 더벅머리 신령들/ 지사게 들어가명/ 이번첨 한집에/ 저싱헌일/
삼시왕 잇인 구시왕/ 이에 열시왕/ 십이대왕 삼대틀엉/
밤도 보름 낮도 보름/ 큰대세왕 큰굿을 해염시다/
조상님아/ 이번 첨에/ 이 죄를 삭 시키고 벌랑 소멸/ 고맙수다 쉬은둘/
숙도 덜 먹쿠다/ 조상 의지해영 댕겨가건/
몸도 편안허게허고 돈도벌엉/ 살게 도와줍서/
한집님이랑/ 이력을 사내와당/ 쉬으두설 쉰디 꿈을/

조왕망지 걷어당 어멍국더레 도올림네다예.
요것보난 동에와당 청용머리가 감어지엇구나.
노단어깨 청주냉이 기어가는 듯
서에와당 백용머리 남에와당 적용머리 북에와당 흑용머리 감아지었구나.
청주냉이 기어가는듯 이ᄌ순에 들어 등살이 ᄋ시식허고
어떤땐 혼자 아즈민 서렷해여 칭원헌 생각도 나고
야 ᄒ잔술을 먹어가민 두잔술을 불러주고
가슴에 목에 기관지 천식ᄀ찌 죽은 코도 자꾸 쑥쑥 후리게 마랑
시원허게 코도 풀어불게 헙서.
이목에 긴ᄋᄅᄌᄀ찌이 ᄆ른기침ᄀᄄ ᄇᄄ기침ᄀ찌이
열두 풍문조의 불러 주었구나.
물어들면 생금풀어주 밤일야광주 메꾸이 맥 선무이 섬
팔저굿인 몸이난 큰굿 족은굿 먹을연 입을연
나수와 오는 용머리랑 저 몸받은 당주전더레 ᄎ짐 칠러 줍서.
이 ᄌ순 방안방안 구억구억 묻어진 당주ᄉ록 불도ᄉ록 술먹는 전상 ᄉ록
마음 못잡는 ᄉ록 신병ᄉ록 불러주는 걸랑
술로술로 거두와 먼곳더레 칠산바당

(고를푼 미녕천을 본주심방 머리위로 흔든다)
(미녕천은 던저놓고 신칼점)

허쉬-/ 허쉬-/ 허쉬- 로다/

초석 이석 재 삼석 시로/ 어시에 쉰두설/ 빌디는 빌었수다/

ᄉ를 띠는 술났수다/ 웃터레랑 전가를 협서/

알러레낭 해론 협서/ 의논협서/ 답협서/ 사발통문협서/

안초공 밧초공 안이공 밧이공은/ 엇난 상궁에 밧상궁뒤에/ 시군줄/

헛-쉬 난 허고 가라/

십육ᄉ제 뒤에/ 당주ᄉ록 몸주ᄉ록/ 신영간주ᄉ록/ 불도ᄉ록 책불ᄉ록/

본멩두ᄉ록/ 신멩두ᄉ록/ 삼멩두ᄉ록 풀어내자/.

세경뒤에 칠성뒤에/ ᄎᄉ뒤에 문전본향뒤에/ 시군졸이 들었구나/

우알당 한집님뒤에/ 오름산이 봄산이 서다오기 귀마구리/

더벅머리 신령이여 나고가라/

서귀포 안할망 뒤에/ 모실포 본향뒤에/

김녕 궤네기 노모리 일뤠한집 뒤에/

삼천백매뒤에 노는 시군졸랑/ 시왕대번지에 써 써 내라/

(푸다시)

허쉬 허쉬허난/ 산도 넘엉가라/ 일본 만쓱가라/

대국 만쓱가라/ 대정썰로 가라/ 모관썰로 가라/

범성진을 ᄎᆞᆺ앙 가라/ ᄒᆞᆫ동납을 ᄎᆞᆺ아 산넘어 물러나고 가라/

산신뒤에 군졸/ 요왕뒤에 군졸/ 일월뒤에 군졸/

야채 금채 옥채 쉬은두설 팔저궂어 심방허난/

일본 오사카 저 간사이 공항으로/ 일본 동경으로/ 이꼬마 절이여/

핫토리가 절이여/ 어느 효당야마/ 누가다 절간마다/ 댕길때에/

가미상에 진자상에/ 곰뻬라상에/ 간노상에/ 나리타하지 망상에/

똘라오던 시군줄일러라/ 허-쉬나 나고 가라/

한라산 놀이패에/ 이삼십명으로/ 이에 밑에 후배 선배 거니려/

중국으로 육지로/ 미국으로 행사 댕길때에/ 똘라오던 임신이여/

나고가라/ 벌풀아 부모에게/ 조상ᄀᆞ찌 어디강 들으민 부모의 원훈이여/

하르방이여 할망이여/ 애기 어신 조상이여/ 동숭이여/

남신든 여신든/ 맹인포랑 먹저 쓰저 허던/ 시군졸들 일러라/

이집 저집 이서 댕기멍/ 터지기 집지기/ 집님제 밧님제ᄀ찌/

어떤 ᄌ순 오라/ 우리집이 살암시니/ 얼굴좋다 이탁/ 마음좋다 저탁/

벗에 술먹으레 댕길때 단란주점이여/ 노래방이여 새각시집이여/

룸싸롱이여/ 이차 삼차/ ᄒ잔술에 침노되었구나/

ᄒ술밥에 이탁해였구나/ 팔저궂어 댕기난/ 큰굿갈때 똘라 오랏구나/

족은굿 갈때 똘라 오랏구나/

어ᄂ 선왕풀이/ 둿제 댕길때에/ 어ᄂ 큰구 족은구 미친굿 두뤼굿/

댕길때에 똘라 오랏구나/

이 ᄌ순 너만 돈벌엉/ 좋은술이영 궂인 술이영 양주영 맥주영/

소주영/ 배설이 카지게 먹었느냐/ (푸다시)

나도 ᄒ잔 도라/ ᄒ잔술에 침노가 되엇구나/ 솔밥에 이탁이 되어/

목에도 흐릉흐릉 허멍/ 천식ᄀ찌 허고/ 죽은 코 자꾸 씽씽허멍 풀게 허곡/

요자귀가 들었구나/ 안내복에 들엇구나/

구나밧내복에 오장육부 삼백서열/

서태 들었구나/ 나고가라/ 어서 나고 가라/ 쉰둘은 ᄆ음 어신디/

아이고 저사람 눈웃음허멍/ ᄀ치 살아보구정 허연 연애ᄒ단/ 끝내 못살아/

죽어가던 처녀죽은 몽달귀신 이냐/ 총각죽은 귀신이냐/

허―쉬난 하고 가라/ 하는구신 천덕/ 땅 구신 지역/

천왕손에 지왕손/ 인왕손에 고뿔에 행불에/ 얼어라 부서라 가더니/

4.3헹시 댕길떼에/ 4.3굿 인에서/ 똘라오던 잡신이여/

총맞아라 칼맞아라/ 얼어라 부서라 굶어라 죽어라 가던/

시군들랑 나사들멍 쫓아나멍/

허쉬야 나고가라/

(푸다시)
(신칼점)
(입으로 물뿌림)

허쉬
아이고 수정이 아방 손 아팡 못 두드리켜 등가시가 왕상 현
하도 뭉클락해노난

허쉬 허쉬

벌풀이 주잔은 내여다가 말명 입질에 떨어진 임신들

먹저 쓰저 허던 임신들 쉬은두설에

이탁헌 임신들 많이 열두 주잔입네다예~

잔은 개잔개수해여 위올리멍

인칙에 초공 메여드린때 알당도 잘풀고 웃당도 잘풀고

조상 간장 잘 풀렸수다.

저 삼방산뒤에 보름잔 구제기 왓디에 애기 일곱개

아이고 큰어멍 돌아오단 삼동 가물가물 익어시난

아이고 이애기들 배고파 홍악홍악 울어가난

그 삼동 타 멕이다 보난 날은 연락서산 다 저물아 불고

아이고 흔저 집드레 오젠 헌게 애기 일곱을 언주와 오단보난

애기 ᄒ나 오글래끼에

아이고 삼방산 뒤에 보름잔 구제기왓디에 떨어지와뒁 났구나

삼방구절 보름잔 구제기왓드레 이 애기 촞으래

(애기 모양으로 만든 옷을 들며)

아이고 어마 어마 아이고 나 애기

아이고 어떵허민 좋으리켄

아이고 니네어멍 하도 샘 섞어전

아이고 오꼿 그 삼방구절 보름잔 구제기왓디 내부난

어멍 촞아 비새ᄀ찌 울엄꾸나

아이고 가마귀 젖눌개 닮은 나 애기야

제비 젖날구리 닮은 나애기야

물아래 옥돌 닮은 나애기야

어머어머 (뽀뽀) 요년 생긴년 언강도 좋고

걸음마 걸음마 걸음마

어머 어머 어머 아이고 기여 기여

어머나 어머나 애기 기여어

오래 오래 내부난

바작바작 아이고 세숫대에 물두 떠오라 족은년아 목욕도 시키고

아이고 나 뚤아 요래 물도 뜨뜻이 데우고

어머 넉들라 어머 정개 넉들라라

어머 넉들라 아이고 족갱이영

뽁뽁뽁뽁 강아리영

아이고 등따리 고르왕

바슬물려지면 복복

아휴 잘밀어 아이고 강아리영

아이고 아이고 지렁네 아이고 요거 오줌 씨어 사켜

쉬-- 아이고 이놈의 새끼 치매자락에 오줌은 오꼿 싸벼라

아이고 어떵허민 좋케

아이고 서심방 빌어단 넋 들이카

어마 어마 기여 기여

아이고 기여게 이거 노리롱 **프**리롱 붉고롱

아이고 허지 말라이

행사가 난 생각만 남저이

어머 넋들라 어머 넋들라

기여 기여 기여

꽁아 꽁아 꽁아 꽁아

아이고 요놈의 새끼 어멍 바쁜걸 알카

어멍 베고픈 컨 알카

아이고 어떵허민 좋고 게매게

아이고 맞아 화토만 치러 댕기고

누게? 그놈의 수정이 어멍

이 수정이 어멍은 원 화토도 검은디 인디 몰랑

꽃 맞출중도 모르는데

[여담이 어멍은 택시타가단 애기 놓고 그냥 와갔데]

건 어떵헌 말

원 원 그 어떵혀 어떤 서방이 누어신구게 애기 보게 될정도면

어 기여 기여

좀매 좀매 좀매야 든대 든대 든대야

짝짜꿍 아이고 어머니게

엄마 나 배고파 젖 머크라
젖 머크라 아이고 누웡 멕여사켜

(누워 코골며 자는시늉)

아이고 노던착도 주곡 왼착도 주곡
줌자크라 아이고 흔저자라
너네 하르방 이불이 팔월명절에 입을 중의적삼 ㄲ슴이여
아이고 중의 바지저고리 ㄲ슴
정월난 멩질에 입을거여
삼도 삼고 미녕도 줓곡 흔저 해사는예
웡이자랑 웡이자랑

(삼베짜는 시늉)

웡이자랑 나라엔 충성도 허고
어멍은 졸으완 부모엔 효자동아
웡이자랑 웡이자랑
일가방상 화목동아
흔저자라 금자동아
옥자동아 아이고 아이고 어머 넉들라
어머 넉들라

(졸다가 쓰러지는 시늉)

삼이영 삼앗수다
ᄀ루도 바수라 채침 정도 허라 (신칼점)
아이고 인칙이 방애영 하영 하영 지었수다 조상님아
[그게아니라] 게슴치랜 또 방애질엔
[아멩해도] 아이고 이거 나 저놈의 큰심방 때문에
또 이젠 애기 부려 업어사켜

912

대충대충 넘젠허난 기쟈
예야게 니네 할망
혼저 혼저 쏠도 바사 나두고
아이고 방애도 찌고 맞아 아 맞아
경해났구나게 그다랑 요망진 각신 잘 해난 살아나쿠나게
아이고 게멘
[쌔시 애기 내블고......]
아이고 게메
들리는건 망나니 말로들려
망나니만 들려
방애 지렌, 방애 지렌
[수정이 어멍은 그냥 .....]
낮인 단말 밤인 서말말
굴목난 방에 도이남절 그때
아이고 어깨 힘드령 지어보자
이여 이옛 이어도 허라
이여 이여 가시오름 강당당 집에
쇠골방에 채글엄서라
헉 헉 헉
(호미질 하는 시늉)

아이고 두 더니만 다락다락 심엉
아이고 느진석이 좋댄혀도 주진석[647] 만이 못헌다
주진석으로 이어 이어 이어도 허라
앞집이도 새신랑 들엄쩌
뒷집이도 새각시 들엄쩌
아이고 나 느즈민 나 돌아강
아이고 흥흥 아이고 이거 이거 큰일났저
흥흥 허단보난 시집못가 환장헐라네

---

647) 빠른장단

방애찐저 다혔수다 (신칼점)

쏠밧은 정이형 (신칼점)

아이고 채도 침정허랜

살살살살 부자 될크냐 가난헌 될크냐

챈 옆집이 사람들

우리 큰년이여 족은년이여 뭔 빌려주엉 어멍 강 오라보민

먼 터주와 부냐 아이고 살살살살

어딱 푸딱 푸딱

ᄉ래기덜 먹으라 마 느네들 ᄉ래기덜 먹으라 마

오늘은 이거 (제비쌀점)

석시로 조상님아 (제비쌀점)

동산앞 한집 일뤠한집에서

아즈방네도 허쓸

어멍 쩍에부터 허쓸

길을 못 닦은 원인도 좀 이서서양

기냥 그것저것 양

영해영 고맙수다 고맙수다

들여가면 이애긴 부련

던데도 허라 ᄌ메도 허라 허는구나

어마 어마 애기야 애기야 가마귀 젖늘게 ᄀ튼 나 똘아

제비 세알래기 닮은 나 똘아,

물아래 물아래 옥돌 닮은 나 애기기야

전메여 던데여 ᄀ싸 다 해시녜아이고 저 기자들이영

영화촬영하는 사람들이영

사진찍는 사람들이영

지천에 사라지크냐

달래여 ᄒ번 노념놀이 그만해영

아이고 저 차에 애기 내부는

어멍 ᄎ장가봐도 그렇고

생긴 아방이나 ᄎ장 가켄

저뒤 성도 피도 안섞인 큰아방이영

다 가볍주만은

저 우리 하르방은 우리 ᄎ장강

아멩이나 돈 이만원만 받앙 와사나

과저도 사먹고 할망이영

아니 우리 친할망은 다인 치킨집 가불고 어떵해게

다슴할망이라도 ᄎ장 수양할망이라도 가민

각히맹시혤듸 기어 게맨 가게

상동골에 중단골에 하단골에 (신칼점)

가래 군문잡안

이거 오래만이이 쉬은둘 큰굿허는데 안 강 안된덴

얼루 아이고 아이고 맹글맹글 아이고 요년

아빠 안녕하세요

아이고 이거 요망지기가 원

쉬은두설 머리아프는것도 걷어갑서

인정 걸어수다 한집님아

스물 ᄒᆞ설도 ᄆᆞ음 안정허게 허고

앞으로 부모 소중헌줄도 알게허고

열두 설도 종애에 슬 좀 올랑

다리도 곳짝허게 예쁘게 키와줍서

아이고 우리 수양할아버지 나 오멋수다양

안녕하세요

아이고 요망지다양 지네 하르방 닮안

요거야 원 경해도양 ᄌᆞ순만이 아까우민 것을 어떵행 줍네가.

할아버지 뽀뽀허켼야 어떵허민 좋고

할머니 안녕하세요

인정 걸엄수다 인정 걸엄수다

할아버지게 만원 줭 나둡서 이제 우리아버지양

큰굿나면 돌아강 백만워 벌어내켼

아이고 이거 요망지기가 원

이른에 ᄋᆞ돕님도 눈에 보이는 낭게도 걷어갑서

곧 ᄋᆞ든님이여 애기들로 저드는 시름도 걷어갑서

목에 기관지 천식도 걷어갑서

아이고 이집 ᄉ춘언니 산디 큰심방 산디 그리가렌

저 우리 하르방은 막 손가락 ᄀ리쳤저만은

천천이랑 가젠 아이고 나 오랏수다

안녕하세요 안녕하세요 안녕하세요

요새 애들은 나면 돈돈 원이고 요망지기가

아이고 공부허는 학생들이 연구허는 분들

밤도영천 낮도영천 정씨ᄌ순 쉬은둘 굿햄젠 허난

부지도 겸서

아이고 매날 매날 밤늦도록 신경쓰고

인정걸엄수다 아이고 고맙수다

아이고 사진도 찍잰허난 우리 고생 허노랭해도

사진찍는 선생님들 몬 수고햄수다

한집에서 하다 이ᄌ순들 차도 운전해 댕기당 실수허게 맙서

놈이 차왕 받아불게 맙서

세운차도 오랑 받아불게 맙서

사진도 잘 찍혀건 이번이

이 기록을 잘 냉기게 시켜줍서

천원도 됐수다 우리 아들들

십원도 백원도 안쓰멍 허당

이고생 허멍 아이고 끝내불고

인정걸엄수다 고맙수다 고맙수다

상단골에 중단골에 하단골에

아이고 인정걸엄수다게 나 오랏수다게

요 똘년 오랏수다

아이고 인정걸아 다 걸어 많이 받아

저 구드레 이신 선생님 ᄎ장 안가면야 앵앵앵 햄신게

아이고 고맙수다 이거 아이스크림 사먹을거

새우깡 사먹을거 고맙수다

쭈쭈바 사먹을거 인정많이 받아당

ᄌ순드레 궂인 악심이랑 걷어다

916

어멍국드레 도올려 드립니다예~
들여가며 재돌아 갑네다 위돌아 갑네다
쇳불도 각각 가침도 목목이로구나
맑고맑은 갑자 상불이로구나
양서마을 일월 조상님전
초미오른 연단상 이미오른 조단상 삼위오른 삼선향
섰은 젓씨로 쉬은둘 경자생 몸받은
어주애 삼녹거리 서강베포땅 신전집을 무어수다
팽저낭 비어단 마흔 아돕 초간주를 설연허고
유저낭 비어단 서른 아돕 이간주를 설연허고
신폭낭 비어단 스물 아돕 하간주를 설연해여
보름불어 보름뚜벽 뜻불어 뜻뚜벽 동산새별 신현상간주
연향 육고비 무어수다
맑고 맑은 일월 조상님전 산신요왕 선왕일월
이에 안으로 쉬은둘 경자생 몸받은 연향당주
고옛선성 안팟신공시 옛 선성님꺼지 삼선향 삼주잔 둘러배멍
훈침 질러 굴송낙 두침 질러 비랑장삼 당발에 꽂이여

(향로들고 악무)

일월조상에서도 당주일월 안당주 밧당주 고옛선성님에서

(향로들고 악무)
(악무)
(신칼점)
(몸에 묶은 녹색띠를 붙잡고 악무)
(왼어깨에로 오른쪽 옆으로 띠를 둘름)
(고깔모를 씀)
(입에 물을 머금고 악무추다 뿌림)
(바랑들고 악무)
(바랑점)

(악무추다 고깔모 벗음)

넋이로다

아이고 어리송 전성궂인 설운 아즈바님네 팔저궂인 성님네
지쳤구나 ᄆ쳤구나 어리송
아이고 설운 우리 성님네 전성이 아니면 요 성읍리 민속ᄆ을에 오라
밤 열ᄒ시 열두시 등등등 나팔저 나전성이 나를 울렸구나
아이고 쉬은두설 오래만이 이런 기회가 오란
생각도 어시 저싱간 진토에 무친 조상들 옵센허난
아이고 나애기야 나ᄌ순아 어떵헌 소실이니
아이고 성당 믿언 등에 십자가 지영간 조상들이여
이건 미신 소린고 자당 꿈을 꾸엇신가
아이고 이건 미신 소린고고 두랑청허는 역시로구나

(서우젯소리)
어제 오늘 오늘은 오늘이여/ 날도 좋아서 오늘이여/
돌도 좋아서 오늘이라/ 매일 장생 오늘이면/
성도헐 만을 가실손가/ 보름산도 놀고가저/ 보름산도 놀고가저/
어제 청춘 오늘 백발/ 청춘이 늙으니 서럽구나/
아침에 우는새는 배가고파 울고/ 저녁에 우는새는 임그리워 운다/
일월이로구나/ 제석이로구나/
군웅하르방 천궁대왕/ 군웅할망은 옥재부인/
궁웅아방은 낙수개낭/ 군웅어멍은 서수개낭/
아들은 낳는게/ 삼형제 솟아났구나/
큰아들은 동의요왕을 ᄎ질허고/ 셋아들은 서의요왕을 ᄎ질허고/
족은아들은 ᄒ역 그리친 팔저ᄉ주여/
대공단에 고칼들여/ 머리 삭발을 허여놓고/
ᄒ침질러 굴송낙/ 두침질러 비랑장삼/
줄줄 흘러라 호피민영 두루마기/ 한삼모시 중에적삼에/
ᄒ짝손엔 금바랑 ᄒ짝손엔 옥바랑/ ᄎ지 바랑을 둘러잡고/

918

혼번이사 뚝딱치난/ 강남드레 웅허난 황저군웅/
두번이사 뚝딱치난/ 일본드레 웅허니 ᄉ저군웅/
삼세번을 뚝딱치난/ 우리나라 대웅대비 서대비에/
물아랜 ᄉ신군웅/ 물우엔 요왕군웅/
인문쪽지 벵풍/ 연향탁상 우전에 놀던일월/
넉매무쇠 광해무쇠/ 고리비단 등나븨에 놀던일월/
정씨집안 일월도/ 가잣가잣을 다 풀려놓서/
부모조상적에 혼번/ 생각도 못헌 일/
쉬은두설 서른다섯부터 팔저궂어/ 신질로 댕겨가며/
쉬은두설꺼지 십칠년/ 모르게 이 심방질 해여오란/
이번첨에 조상님에/ 오랜간만에 ᄆ친간장 풀렴수다/
군웅일월 조상님아/ 산신일월 요왕 선왕일월 조상님네/
오래간만에 간장 간장 간장/ ᄆ친간장을 다 풀립서/
외편이나 성편이나 진내편이나/
발벋은 책불 불도조상에 발이 벋었서도/
ᄆ친간장들 다 풀려놓서/
조상이 낙허민/ ᄌ순도 낙협네다/
연향당주 일월조상도 어서나 놀저/
당주일월 몸주일월/ 신영간주일월로 놀저/
쉬온두설 겡가생/ 정씨 ᄌ순 몸반은/
당주 조상님도 ᄆ친간장/ 다 풀려놓서/
옛날 예적/ 궁의아들 삼형제가 솟아납데다/
이 애기들 삼형제가/ 상시관에 과거를 가난/
문선급제 장원급제/ 팔도올라 도자원을 벌었구나/
입이둥당 과거허여/ ᄂ려온다/
어주애 삼녹거리/ 서강베포당에 ᄂ려사난/
어머님 분펜질 받앙/ 어멍 어시 이과걸 허민 누게가 보리/
정수에도 돌아가라/ 어수애도 돌아가라/
비수애도 돌아가라/ 삼만관숙 돌아가라/
이 과거를 돌려두고/
외하르바님 신디간/ 절 삼배를 해여두고/

설운애기들아 어멍 ㅊ지컬/

골매골산 아야산은/ 신상꽃을 도올라/

실사오리 물사오리 졸라다가/

첫째북은 끈어다가/ 아바지 절간 법당 복을 마련허고/

이채북은 끈어다/ 울란국을 설연허고/

세채북은 끈어다/ 삼동막 설운장구

ᄋ섯부천 열두공 까막쇠 /든변 난변을 내와놓고/

어머님 동의와당 ㄴ려사네/

백몰래 청몰래와 끈어/ 이에 쇠철이아들 불러다가/

하늘부멍 오랏구나/ 하늘천제/

땅부멍 오랏구나/ 따지제여/

물으멍 오랏구나/ 물을문제/

일월삼멩두/ 개글 새겨 내여준다/

어주애 삼녹거리/ 서강베포땅에 오란/

어머님/ 깊은궁에 들었건 아픈궁에 내올립서/

설운 어머님 금세상에/ 번뜩허게도 살아난다/

어머님이랑 마흔ᄋ돕/ 초간주 서른ᄋ돕/

이간주 스물ᄋ돕/ 하간주집 무어놓고/

지게살장 고모살장/ 동심절 육고비를 무어놓고/

설운 어머니랑/ 이디 십서/

아무날 아무때가 되민/ ㅊ장 올사람이 있을꺼우다/

궁의 아들 삼형제/ 상시관에 도올르저/

삼도정꺼지 근당허난/ 이에 유정싕 ᄯ님아기씨가/

심근돌에 ᄆ팡돌에서 놀암더라/

아방궁에 도올라간/ 육환제비 타단/

유정싕 ᄯ님아기/ 파란곰에 채와 논다/

유정싕 ᄯ님아기/ ᄒ일곱설에 신병난/

열일곱설에 그눈 붉아/

스물일곱에 눈어둑어/ 서른일곱에 눈이붉아/

마흔일곱 눈어둡고/ 쉬은일곱 눈이붉아/

예순일곱 눈어두어/ 하도 급급허난 날엔 역키나 ㄴ려사저/

아래녁이 조부장제집이강/ 일흔일곱 나던 해에/

전새남 해여/ 큰굿해여/ 삼시왕에/ 종명해였수다/

성은 정씨 ᄌ순 쉬은두설도/

유정싕 ᄄ님애기겉이 부모 혈속에 탄생을 허난/

어릴때부터 죽억살악 죽억살악/ 태역 벙댕이가 들락들락/

골채 아정 묻으레 가졍허니/ 숨 폴락거려 살아나고/

기우제허나 일곱설 나는 해/ 시챵할망 알로가/

당주불도 알로 놓안/ 피와 오랏수다/

성은 정씨 경자생/ 쉬은두설/

중학교 대학교때/ 양친부모 돌아가불고/

사남일녀중에/ 큰아늘 놓나건/

어는 돈없고 재산없고/ 의지헐곳 어시 살단보난/

저 문화재 칠머리당 사무실에/ 사무장으로 취직허고/

한라산 놀이패에/ 어울리며 댕기단 보난/

신기가 붙어/ 서른다섯 나는 해부터/

신의 밥을 먹고/ 신의 ᄌᆷ을 자고/

공서엔 말배왔수다/

북두드림 장구두드림/ 대양두르림 연물치기/

말명 젯ᄃ리를 배왔수다/

곧 마흔ᄒ나는헤에/ 멍서구갔단 서살림굿 채ᄇ랜 허난/

신자리에 나산/ 쾌지입어 큰굿도 석살림굿도 허였수다/

십칠년 오르게 일본으로/ 정의로 대정으로/ 큰굿 족은굿 댕견/

삼시왕에드게/ 돈도 벌어 쓰고/

기일제서도 허고/ 먹고 입고 행궁허멍 살아오고 멩 잇언/ 살았수다/

이번 첨에/ 제주도 KBS 방송국에서/

전통문화연구소에서/ 큰굿 자료 기록을 냉기저/

성읍리 민속ᄆ을/ 마방집으로 오란/

정공철씨 쉬은두설/ 삼대틀엉 신굿으로 허염수다/

쉬은두설 몸받은/ 마흔ᄋ돕 초간주 일월 놀고삽서/

당주 하르방/ 당주 할망 당주 아방 당주 어멍/

당주도령 당주벨감/ 당주애미/ 서른ᄋ돕 이간주는/

팽저낭은 비어다/ 마흔ㅇ돕 초간주여/

유저낭은 비어다/ 서른ㅇ돕 이간주여/

신풍낭은 비어다/ 스물ㅇ돕 하간주여/

연향육고비 고모살장 지게살장/ 솜솜들이 조사 붙엿수다/

당주일월도 놀고갑서/ 몸주일월 신영간주일월/

열대가 아강베포에 놀던 일월/ ㅎ일곱설 직부잘리에 놀던 일월/

적자오치 호럼준치에 놀던 일월/

간장석던 당주일월/ 슬석던 당주일월/

양씨 아바지 일흔ㅇ돕 몸받은/

영급좋은 황씨선성/ 이씨 임씨선성/

고옛선성님네 ㅁ다 일심해여

쉬은두설 머리쯤에/ 양단어깨 강림해여/

김녕 눈꼽이 선성 눈꼽이/ 하르방이 허민 권위난/ 조상입네다/

앞이멍에 너른 이견/ 이ㅈ순 얼굴모른 ㅈ순/

얼굴모른 조상 업언 댕겸수다/

뒤이멍에 너른 이견/ 말명ㄷ리 젯ㄷ리도 나수와 줍서/

올리 요 굿해여 신질 발르고/ 초역례 받처/

고분멩두 맞고해여/ 당주질을 발라/

어인태인 금인멩분/ 감봉수레 두어/

약밥약술 타멱영/ 조상앞에 허가맡아/

당당헌 하신충에 들어건/ 이 조상 업어 댕겨가건/

ㅁ관으로 정의로/ 모실포 대정 퀜당들도/

나 좋케해야 비양도 해여도라/ (신칼점)

배연신도 해여도라/ (신칼점)

집짓엉 성주풀이도 허여도라/ (신칼점)

북촌단골 시에집 빌엉 살아단/

아는 부모 겉은 단골/ (신칼점)

어느 전통문화연구소에 아는 선배/ (신칼점)

KBS방송국 직원들이여/

상단골 중단골도 나수와줍서/ (신칼점)

보름단골 구름단골 정월나가건 섯둘나건/

올리코시 단골이여/ (신칼점)
문전 철갈이 칠성굿은/ (신칼점)
단골들 바라바리 나수와 줍서예~/

조상에서 발라 줌직 허우다
[예 고맙수다]
아즈바님만 ᄆ음잘먹고
조상에 영 놀래 댕기멍이라도 잔이라도 잘 벌고 양
해염십서 비념이고 음식허고 예 예 허고 댕겨시민 야 나사줄듯 허우다 양
당주일월도 ᄆ친간장 풀렸수다
어느낭에 아진새는 울고가민 어느낭에 아진새는 울고 갑네까

어-양 어허양 어야디야 상산이-이~
어허어양 어혀여
높이 든것은 청의산이요/ 노지 든것은 흑미산이여/ 아-아아 아야 어서어서
한로영산은 장군님 선왕/ 서늘곳은 아기씨 선왕/ 어허어양 어혀요/
대정가민 영감선왕/ 기메코서는 도령선왕/ 어허어양 어혀요/
팔도명산을 생겨보자/ 팔도야 명산을 세어나 보저/ 써 써 어허어양 어혀요/
서울이라 먹장골서/ 하정싕 아들여사 일곱성제 솟아난다/ 어허어양 어혀요/
한경도는 배두산에/ 두만강 줄기로 노념을 허고/ 어허어양 어혀요/
평양도는 묘향산에/ 대동강 줄기에 노념을 허고/ 어허어양 어혀요/
강원도라 금강산에/ 해금강 줄기에 노념을 허고/ 어허어양 어혀요/
황해도는 구월산에/ 임진각 줄기에 노념을 허고/ 어허어양 어혀요/
경기도라 삼각산엔/ 한강줄기에 노념을 허고/ 어허어양 어혀요/
충청도라 금강산에/ 금강줄기에 노념을 허고/ 어허어양 어혀요/
경상도라 태백산에/ 낙동강 줄기에 노념을 허고/ 어허어양 어혀요/
전라도라 지리산에/ 용림소 줄기요 노념을 허고/ 어허어양 어혀요/
제주도는 한라산에/ ᄉ해바다에 노념을 허니/ 어허어양 어혀요/
흩어지난 열네동서/ 모여지난 일곱동서/ 어허어양 어혀요/
망만부튼 세피리에/ 깃만부튼 도폭을 입고/ 어허어양 어혀요/
한뽐부튼 곰방대에/ 만주애미 철쭉대에/ 어허어양 어혀요/

청사초롱에 불을 밝혀/ 어뜩허면은 천리를 가고/ 어허어양 어혀요/
여저로 보민 남저로 변신/ 남자로 보민 여자로 변신/ 어허어양 어혀요/
먹기나 좋은건 조수지요/ 맛이나 좋은건 제오감주/ 어허어양 어혀요/
서씨 밥도 좋아나 오고/ 어양 어양/
영감이 놀저/ 창공이 놀저/ 어양 어양/
쉬은두설 정씨ᄌ순/ 큰굿 족은굿 댕길때여/ 어양 어양/
어디 술먹으레 댕길때에/ ᄒ잔술에 이탁이 되고/ 어양 어양/
얼굴이 좋다/ 반겼구나/ 어양 어양/
마음씨 좋다/ 반겼구나/ 어양 어양/
밤인 노민 ᄒ품에 자저/ 낮인 허민 ᄒ상에 먹저/ 어양 어양/
돈 벌어 오라가민/ 술먹으레 가불게허고/ 어양 어양/
가정살림 풍파주고/ 페선이여 반대게허고/ 어양 어양/
안내복에 ᄆ쳤구나/ 써 써 안내복에 ᄆ쳤구나/ 어양 어양/
배끈마다 솔끈마다/ ᄆ친걸랑/ 어양 어양/

(악무)
(입으로 물뿌림)
(본주심방과 같이 악무)
(요령 두개를 들고 본주심방과 악무)
(악무)

주잔은 내여다 시군문 연ᄃ리 나사민
쉬은두설 어릴때부터 넋날때여
아이고 아시 여먹을때영 아방 죽을때영 어멍 돌아갈때영
어느편 넋이 아니납네까
부모일찍 돌아강 거리거리 해메고 속상해 울멍 댕길때에
대취허민 ᄒ잔술로 요기 해영 잘때 시장기날때 이탁헌 임신
일본 댕길때에 가미상에 똘라오던 진자상에 간노상에
산천마다 두지명산 받아 놀던 임신들 주잔 받읍서
첫살렴 소답이영 울멍댕길때 두언살 살렴 소당 울멍댕길때
위탁헌 임신들도 주잔 받읍서

ᄒᆞᆫ잔술에 ᄒᆞᆫ술밥에 짐노허고 얼굴좋다 ᄆᆞ음좋다 위탁헌 임신들 주잔입네다
쉬은둘님 아이고 이거 어릴 때로부터 분시몰란
성당에 댕기단 이젠 어머니 아바지 질치민 이번 첨엔
등에 업은 십자가를 배껴 초초 이 몇년후론
ᄆᆞ음먹언 어머님네 성당 배꼇디 나왕
이 애기가 팔저궂어 심방을 허난
ᄋᆡ에 남골당ᄋᆞ라두 영 잘 모시제 해염수다,
영혼님네 애둘른가슴 풀립서 싫던가슴 풀립서.
주잔받읍서 방송국에서 주최허고 전통문화연구소에서 합심을 해연
삼대틀엉 정공철씨 해여줘보게 삼대틀엉 신질을 발라줘보게
요날 택일 받안 성읍리 민속ᄆᆞ을 마방집으로 오람젠 허난
저 올레에 각 들던 임신들 영기 몽기 영서 멩기 지기에
아이고 굿 시작허젠 보름날 조상업어올때 똘라오던 임신이여
잠시잠깐이라도 신전집무어 당주설연헐때
똘라온 임신 본멩두 신멩두 뒤에 노는 들이여
꿈에선몽 낭개일몽허던 임신 주잔받읍서.
어느 재민 저 구월 열일뤠날 되언 대세와 큰굿해가난 우리들 오랜허건
우리도 술ᄒᆞᆫ잔 줄껀가 저올레랑 갑도랑 미처 못 거니려 못 얻어먹은 임신들
큰낭 큰돌뒤영 넉멍덕지기 안할망뒤에 노는 임신들이여.
동ᄉᆡᆯ용에 시녈8에 남선8에 가축인ᄆᆞ
진사오미 신유술해 방에 가던 임신들이여.
ᄒᆞᆫ자자기 날에 고대연이 짐통경에 진좌수날이 무저년 기축년 시절 오던 임신
낭개절양 무래험서 허던 임신 말명 젯ᄃᆞ리 떨어진 임신없이
많이 열두 수잔 지넹기멍 오늘 영해영 (산판점)
이굿해여 잘 시왕에 등장들고 삼시왕에 역가 받치고
신질을 발르고 당주질 발라 양 (산판점)
양씨바지 몸받은 조상 머리쯤 운동해영
이굿 ᄆᆞ처 당주를 의지해영 살고 (산판점)
ᄒᆞᆫ잔 술이라도 덜먹엉 ᄆᆞ음을 고맙수다 영해염시민
초처 이처 단골 ᄌᆞ순도 나수와주고 몸도 편안허고 그전담전 영 (산판점)
이 조상과 인연이 맞앙 기력도 되고 황씨 이씨 임씨 선성님네 (산판점)

항상 멩심해영 공시로도 잘 거느리고

고맙수다 서씨도 상신충 조상 업어 오라 강 (산판점)

걱정일사 들라일라 ᄀᆞᆯ암직헙네까 (산판점)

시름은 있어도 서로 허지 않음직 허우다 양

아주머니가 집이가도 당주조상

기자 멩디업어 와시걸랑 책벌어 막살 꾸준이 멩심해여 양

어디 왔당도 들어와가건 조상에 음료수라도 ᄒᆞᆫ잔현 걸고

잘 햄십서 그전 닮지 아녕 일루쿠다

예 게고 이녁 자신이 세설난 애기로 ᄒᆞ르르 쉬은 넘엇수꽈

우리 ᄀᆞᆯ르면 듣고 안ᄀᆞᆯ르면 안듣읍니까 만은

술을 과음허당은 쉬은 일곱이낭 백남이 일은 하지 못해여 아즈방 양

걸랑 미리부터 잘 이제부터 ᄆᆞ음 먹엉

ᄒᆞᆞ슬 술을 ᄒᆞᆞ슬 멀리 ᄒᆞᆞ슬 정때징 헙써양

경허민 환갑이 넘어가민 울던님 말 ᄀᆞᆯ아질거우다

상당은 불법 어간되었수다

ᄀᆞᆯ아도 ᄀᆞᆯ아오는 분부고 팔저궂인 집인양

예 내일도 굿해영 ᄀᆞᆺ고 분부는 슬라 들여가명

신의아이 잘못헌일 몽롱헌일 죄랑 이자리에 삭시겨줍서

벌랑 소멸시켜줍서

이에 안팟신공시 연향당주 고옛선성님 이알로 굽어 신청하렴 헙네다

밤도 짚어 뵈었수다

조상님도 이에 취침령 올령 ᄌᆞᆷ을 잡서

ᄌᆞ순 도령법 놓아 ᄌᆞᆷ을 잡서

신의 아이도 ᄌᆞᆷ잤단 낼은 대신 시왕맞이로 삼시왕 맞이영

잘 청해여 드리겠습네다예~

본주 단골님 나 굿했수다

몸받은 심방 굿해였수다

형님네 아즈방네 나 영 굿해

아이고 사진찍는 분들 다 속았수다 양

카메라맨 영 고생했수다

고생했수다 굿했수다

제주큰굿 자료집 1

초판발행일 | 2019년 12월 31일

지은이 | 문무병
펴낸곳 | 도서출판 황금알
펴낸이 | 金永馥

주간 | 김영탁
편집실장 | 조경숙
인쇄제작 | 칼라박스
주소 | 03088 서울시 종로구 이화장2길 29-3, 104호(동숭동)
전화 | 02) 2275-9171
팩스 | 02) 2275-9172
이메일 | tibet21@hanmail.net
홈페이지 | http:// goldegg21.com
출판등록 | 2003년 03월 26일 (제300-2003-230호)

ⓒ2019 문무병 & Gold Egg Publishing Company. Printed in Korea

값은 뒤표지에 있습니다.

ISBN 979-11-89205-56-0-03380

*이 책 내용의 전부 또는 일부를 재사용하려면 반드시 저작권자와 황금알 양측의
 서면 동의를 받아야 합니다.
*잘못된 책은 바꾸어 드립니다.
*저자와 협의하여 인지를 붙이지 않습니다.
*이 책은 문화체육관광부, 제주특별자치도, 제주문화예술재단의 기금을 지원받아
 발간되었습니다.
*이 도서의 국립중앙도서관 출판예정도서목록(CIP)은 서지정보유통지원시스템
 홈페이지(http://seoji.nl.go.kr)와 국가자료종합목록 구축시스템(http://kolis-
 net.nl.go.kr)에서 이용하실 수 있습니다. (CIP제어번호 : CIP2019052280)